Compresión de audio y vídeo

MEDIOS DIGITALES

TÍTULO DE LA OBRA ORIGINAL:
A Practical Guide to Video and Audio Compression

RESPONSABLE EDITORIAL:
Eugenio Tuya Feijoó

TRADUCTOR:
Hilario Paredes Jiménez-Balaguer
Rocío Irigoyen Irigoyen

ILUSTRACIÓN DE CUBIERTA:
David Villanueva Ghisleri

Compresión de audio y vídeo

Cliff Wootton

ANAYA MULTIMEDIA

Edición española:

© EDICIONES ANAYA MULTIMEDIA (Grupo Anaya, S.A.), 2006
Juan Ignacio Luca de Tena, 15. 28027 Madrid
Depósito legal: M. 51.279-2005
ISBN: 84-415-1972-2
Printed in Spain
Imprime: Anzos, S. L. - Fuenlabrada (Madrid)

Este libro está dedicado a mi amigo Bernard Fisk.

Agradecimientos

Cuando se escribe un libro como éste, es el resultado de los esfuerzos y la buena voluntad de muchísima gente. Me gustaría agradecer especialmente a "J y Lo" (Joanne Tracey y Lothlórien Homet) de Focal Press por orientarme a lo largo del proceso de escribir este libro. Gracias a Gina Marzilli, que nos guió por el buen camino desde un punto de vista administrativo. Becky Golden-Harrell condujo hábilmente el manuscrito a lo largo del proceso de producción, gracias, Becky. Vamos a hacerlo otra vez. Cara Salvatore, Sheryl Avruch y su equipo de expertos gestionaron hábilmente el proceso de edición. Gracias chicas, habéis conseguido que me resulte un camino de rosas.

Por supuesto, sin los productos que hay en el mercado, tendríamos muy poco éxito con nuestros propósitos. Me gustaría enviar un cálido agradecimiento al equipo de Popwire, en Suecia. Anders Norström y Kay Johansson han sido tremendamente útiles. Durante los dos últimos años, he disfrutado al conocer a los miembros del equipo de QuickTime de Apple Computer. Gracias a Dave Singer, Rhondda Stratton, Tim Schaaf, Vince Uttley y Greg Wallace por su ayuda e inspiración. Chicos, hacéis cosas maravillosas. Simplemente seguid haciendo lo que hacéis.

Sin abandonar Apple, me gustaría expresar mi agradecimiento a Sal Soghoian por indicarme algunas cosas realmente impresionantes que se pueden conseguir con AppleScript. Gracias a Envivio por algunas conversaciones llenas de ideas, pensamientos e inspiración, especialmente el tiempo pasado con Rudi Polednik, Frank Patterson y Sami Asfour. Un saludo también a Diana Johnson, Dave Kizerian y Matt Cupal de Sorenson y a Annie Normandin de Discreet. Gracias por estar ahí cuando necesité vuestra ayuda. En las últimas etapas de desarrollo del libro, Janet Swift y Barbara Dehart de Telestream llegaron con la frialdad necesaria para poder utilizar archivos de Windows Media en un Mac sin esfuerzo.

A los que tanto trabajan en MPEGIF (anteriormente conocido como M4IF), Rob Koenen, Sebastian Möritz y vuestro equipo, gracias por el tiempo y la paciencia empleados en explicarme cosas. Espero que sea éste un camino que podamos recorrer juntos mientras se adoptan en todo el mundo nuevos estándares MPEG.

Conservo muchos amigos de mi época en la BBC que han compartido de forma altruista su experiencia y conocimientos. En primer lugar está Russell Merryman, que produjo el dibujo del elefante y que también fue responsable, con Asha Oberoi, Robert Freeman, Saz Vora y John Nicholas, de los estudios dedicados al concepto de multimedia comprimido en formato MPEG-4 allá por el año 2002. Gracias también a Julie Lamm, John Angeli y a todo el personal del departamento News Interactive.

También debo expresar mi agradecimiento a aquellas personas, empresas y organizaciones que me permitieron cortésmente utilizar sus imágenes en este proyecto o dedicaron parte de su tiempo a hablarme de su trabajo: Christopher Barnatt de la *University of Nottingham;* Simon Speight y Mark Sherwood de Gerry Anderson Productions; Guan de Etiumsoft; Jim Cooper de MOTU; David Carew-Jones, Anna Davidson y Paul Dubery de Tektronix; Diogo Salari de DPI Productions; los chicos de M-Audio; el equipo Web de ventas de Apple Computer; Grant Petty y Simon Hollingworth de Black Magic Design; Julie Aguilar de ADC Telecommunications; Victoria Battison de AJA Video Systems, y Amanda Duffield de Pace Micro Technology.

Me gustaría también dar las gracias a Ben Waggoner por compartir muchos de sus secretos de "Maestro Compresionista" en conferencias. Ben, he aprendido muchas cosas nuevas de ti siempre que he asistido a alguna de tus presentaciones. Muchas gracias por animar a la gente de la forma en que lo haces.

Índice de contenidos

Prólogo

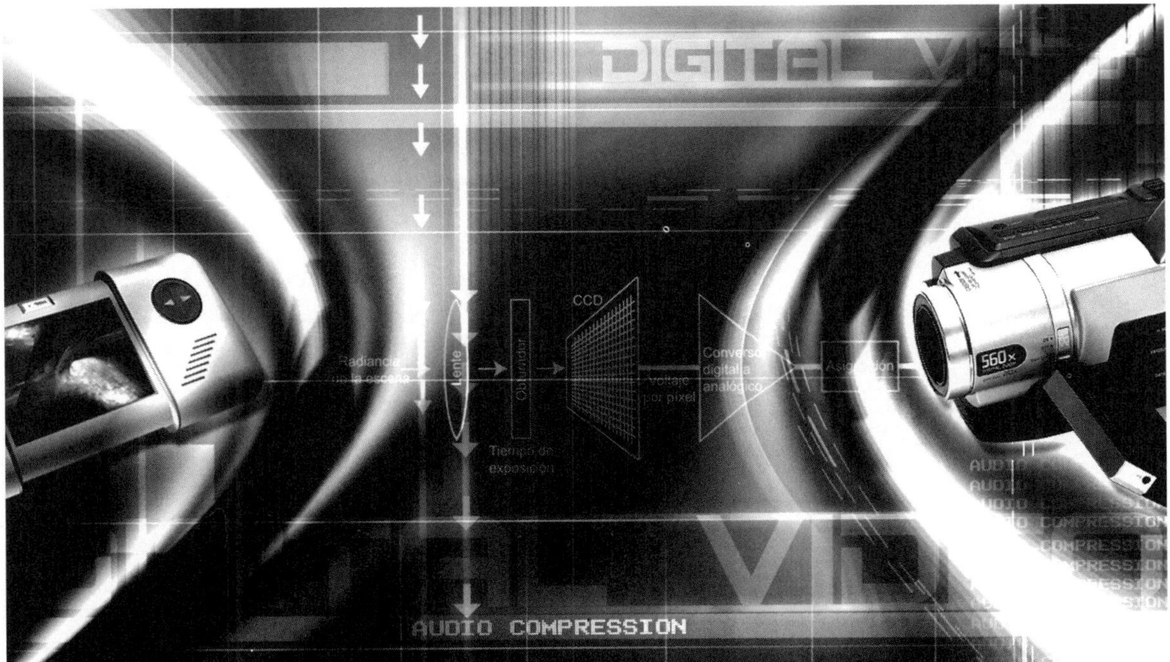

Radiancia
Lente
CCD
Voltaje por pixel
Tiempo de exposición
560x
AUDIO COMPRESSION

Los últimos años han sido excelentes para la industria del vídeo digital. No mucho antes del cambio de milenio, los sistemas de edición de vídeo digital eran costosos artículos de equipamiento que sólo podían permitirse las principales cadenas y compañías de producción. Resulta sorprendente pensar que ahora se dispone de la misma capacidad en un portátil tal y como sale de fábrica, y que ya incluye el software necesario por unos 1200 euros. Se trata de una capacidad con la que hemos soñado contar en nuestros escritorios desde hace 15 años. El precio del hardware y el software necesarios para llevar un servicio de emisión por televisión entra ahora dentro de las posibilidades de cualquier organización o persona que desee implicarse en ese proyecto.

Recuerde el auge de las publicaciones que se produjo cuando se lanzó la Apple LaserWriter con Adobe PostScript y aquellos primeros programas de composición mejorados compatibles con Word versión 1 ó MacWrite. Ahora nos encontramos en un entorno con medios digitales y, aunque algunos utilicen estas potentes herramientas para crear auténticas patochadas, se divierten enormemente y aprenden a la vez una gran cantidad de cosas. En su momento, algunas personas con aptitudes se destacarán y de ellos saldrá la siguiente generación de nuevos talentos que dirigirá la industria cinematográfica y de la televisión durante las dos próximas décadas.

Cuando Joanne Tracey me pidió que preparara una propuesta para este libro, me di cuenta (como la mayoría de los autores con los que he hablado) de que no sabía tanto como pensaba del tema sobre el que me disponía a escribir. Así que este libro ha sido un viaje de exploración y descubrimiento para mí, como espero que también lo sea para usted. Y aun así, tampoco nos percatamos de lo que ya sabemos, por lo que espero que se descubra a sí mismo diciendo, "Sí, eso lo sé" mientras prosigue con su lectura.

Mejoramos día a día a través de los esfuerzos que realizan las personas que nos rodean. He sido especialmente afortunado al disfrutar algunos años repletos de verdadera inspiración con algunas personas de la BBC con una mentalidad similar. Compartíamos todos el mismo enfoque inquisitivo respecto a la forma en la que podrían funcionar los noticiarios de TV interactivos. Ahora que cada uno a tomado su propio camino, echo de menos aquellos momentos más refrescantes que el agua en los que aparecíamos con algunas ideas sorprendentemente ambiciosas. Algunas de estas ideas están presentes en algunos proyectos que hemos ideado y desarrollado. Algunos deben aún adoptar una forma tangible. Estoy seguro de que lo harán, a medida que adoptemos e implementemos las nuevas tecnologías MPEG-4, 7 y 21.

Aún vivimos un momento muy emocionante de la industria del vídeo digital. El códec H.264 está alcanzando un enorme potencial y aún queda mucho por hacer para que alcance todo el éxito posible. Más allá está la posibilidad de crear servicios de televisión de alta definición y experiencias multimedia interactivas con las que hasta ahora sólo cabía soñar.

La compresión de vídeo puede ser un asunto muy pesado en el mejor de los casos, y aquí lo veremos en profundidad. Pensé que ilustrar el concepto con un dibujo (véase la primera figura del capítulo 1) sería de utilidad, puesto que este tema puede resultar bastante abrumador y he intentado conscientemente quitarle hierro al asunto. La finalidad de este dibujo es acercar el tema al lector y hacer que resulte lo más accesible posible a aquellos lectores que no hayan podido obtener sus conocimientos a partir de la experiencia.

En algunos capítulos encontrará algunos consejos o sugerencias interesantes. Se han incluido porque son importantes en relación con los temas que se tratan, pero también con la idea de que sea posible hojear rápidamente el libro para obtener rápidamente algunos conocimientos que le resultarán de gran utilidad. Han salido de algunas de esas tormentas de ideas sobre vídeo digital con colegas en los distintos lugares en los que he trabajado y en los foros en línea. Se trata de una cierta sabiduría popular basada en las experiencias de mucha gente y destinada a aclarar un poco el tono del libro.

He disfrutado más con mi trabajo en este proyecto que con ningún otro libro en el que recuerdo haber estado involucrado. Espero que también disfrute del libro y que lo encuentre útil, a medida que se convierta poco a poco en un compresionista más experimentado.

Para terminar, me gustaría decir que los aspectos más cuidados de la publicación se deben al durísimo trabajo de la editorial y cualquier fallo que encuentre será responsabilidad mía.

Cliff Wootton
Crowborough, Sudeste de Inglaterra

Capítulo 1

Introducción a la compresión de vídeo

Punto de partida

Nosotros (es decir, usted y yo) vamos a explorar juntos la compresión de vídeo. Se trata de un viaje repleto de descubrimientos y sorpresas. La compresión puede resultar sobrecogedora en este momento, pero como dice el viejo proverbio chino, "Incluso el viaje más largo empieza con un solo paso". Dirijámonos juntos hacia este territorio desconocido, tranquilamente, yendo paso a paso hasta alcanzar nuestro destino.

La compresión de vídeo es como...

Realmente es como intentar meter un piano de cola por la ranura de un buzón de correos o hacer pasar un elefante por el ojo de una aguja.

De hecho, pensamos que el ejemplo del elefante constituía una descripción tan apropiada que mi amigo Russell Merryman hizo un dibujo para ilustrar el concepto.

La compresión de vídeo es una especie de negociación. Pregúntese qué constituye una experiencia de vídeo óptima para sus clientes. Eso determinará los aspectos en los que tendrá que ceder. ¿Cuáles de estos factores son los más importantes para usted?

- Calidad de la imagen.
- Calidad del sonido.
- Velocidad de fotogramas.
- Ahorrar espacio en disco.
- Mover contenido por la red rápidamente.
- Ahorrar ancho de banda.

Figura 1.1.
¿Es muy complicado?

- Reducir la sobrecarga de reproducción en reproductores antiguos.
- Portabilidad entre plataformas.
- Portabilidad entre reproductores.
- Estándares abiertos.
- Costes de licencia de las herramientas.
- Costes de licencia por el uso de contenidos.
- Beneficios procedentes de los clientes.
- Administración de derechos y control de acceso.
- Reducido coste de mano de obra en la producción.

Es necesario que sopese estos factores. Algunos de ellos se excluyen recíprocamente. No es posible ofrecer una gran calidad con un sistema económico al que se le haya proporcionado material de baja calidad grabado en una cinta de VHS de segunda mano. Los algoritmos de software son cada vez más sofisticados, pero el viejo adagio que dice que "si se introduce basura se produce basura" es perfectamente aplicable a la compresión de vídeo.

No se trata sólo de comprimir vídeo

Los aspectos prácticos de la compresión de vídeo no sólo implican la forma en la que se colocan los interruptores en el codificador, sino que también es necesario tener en cuenta el contexto: el contexto al que se dirige el vídeo y el contexto en el que se implementará el vídeo una vez procesado.

Juntos exploraremos una gran cantidad de conocimientos que son necesarios a la hora de tomar las decisiones óptimas para la compresión de vídeo. El propio proceso de compresión es casi trivial si lo comparamos con el aspecto contextual y la actividad de preprocesamiento.

¿Qué es un compresor de vídeo?

Todos los compresores de vídeo comparten características comunes. Las iremos viendo aquí y, para cuando lleguemos al final del libro, comprenderá todo lo que significan estos términos. De hecho, estos términos describen paso a paso el proceso de compresión de vídeo:

- Diferencia de fotogramas.
- Estimación del movimiento.
- Transformada discreta del coseno.
- Codificación de entropía.

¡Ufff! Probablemente piense en este preciso momento que esto va a ser demasiado complicado. Absténgase de devolver el libro en la estantería inmediatamente. El proceso de compresión es menos complicado de lo que se piensa. Si lo despiezamos y trabajamos con los distintos elementos uno a uno, verá lo fácil que es. Pronto, andará diciendo cosas como "Voy a hacer codificación de entropía durante el resto del día", cuando lo que quiere decir realmente es que va a volver a casa pronto porque no tienen nada que hacer esta tarde. Podrá reírse secretamente a costa de sus colegas porque lo sabrá todo sobre la compresión de vídeo y ellos no.

La elección fundada es suya

A pesar de todos los argumentos existentes sobre la mejor tecnología que se pueda usar, en un último extremo sus decisiones pueden verse determinadas por el departamento de marketing que pretende llegar a un número mayor de espectadores. Estas decisiones deberán verse respaldadas por sólidos estudios y datos. Por otro lado, es posible que se basen sólo en habladurías. Las consecuencias de estas decisiones restringirán la elección de los códecs exclusivamente a los que sean compatibles con la plataforma seleccionada. No obstante, siempre tendrá algo de libertad para innovar en la creación del sistema de producción.

La compresión de vídeo es sólo una pequeña parte de todo el proceso. Este proceso empieza por decidir lo que se graba, prosigue con la edición y composición de la grabación, y suele terminar con su distribución en algún tipo de medio extraíble o sistema de emisión. En un entorno doméstico, el proceso completo puede incluir la captura directa de vídeo analógico y su posterior digitalización y eficaz almacenamiento en un servidor de vídeo doméstico. Esto es lo que hacen las grabadoras de vídeo personales TiVo, y la compresión constituye una parte esencial del funcionamiento de dicho producto.

Antes de comprimir nada, suelen ser necesarios una gran cantidad de preparativos. Es muy importante preparar el contenido primero para que el resultado que produzca el compresor sea el óptimo. Como norma general, un 90 por 100 del trabajo se realiza antes de empezar a comprimir realmente. El contenido de este libro refleja esta norma general: en torno al 90 por 100 del mismo trata sobre aspectos que se necesitan saber para ese 10 por 100 de tiempo que destinará a comprimir vídeo de la forma más efectiva posible.

Do you speak compresionish?

Es posible que algunos lectores no estén familiarizados con la jerga que utilizamos aquí. Puede ser que palabras como "códec" no le digan nada en este momento. No se preocupe. Iremos explicando la jerga a medida que avancemos.

> La palabra códec procede de la fusión de "codificador/descodificador" y se emplea para referirse a ambos puntos del proceso: comprimir el vídeo y ampliarlo de nuevo a un formato visible durante la reproducción. Es necesario utilizar codificadores y descodificadores compatibles, por lo que suelen estar asociados cuando se distribuyen en un sistema como QuickTime o Windows Media. En algunas ocasiones, el codificador se incluye sin coste alguno y se incluye con el descodificador. En otras ocasiones, deberá adquirir el codificador por separado.

¿Liado entre cables?

Debido a la existencia de tantos tipos de conectores diferentes, se incluyen diagramas que muestran cómo se conectan los distintos elementos siempre que sea necesario. Al final del libro hay imágenes con los conectores más comunes que encontrará y se le indicará para qué sirven. Incluso en un sistema modesto, semiprofesional, puede haber hasta 10 conectores diferentes con un cable especial para cada uno de ellos. Tanto los sistemas FireWire como USB tienen distintos tipos de conectores en función del dispositivo utilizado. Resulta muy fácil confundirse. La explicación para que haya tantos tipos de conectores diferentes está en garantizar que sólo se conecten equipos compatibles. La mayoría de las veces no pasa nada si conecta el cable que tiene en la mano izquierda al conector que hay en el hardware de la derecha (es cierto, si es zurdo la cosa irá al revés). También resulta de utilidad saber si estas conexiones se pueden establecer en funcionamiento.

Las conexiones que se pueden establecer en funcionamiento son aquéllas que se pueden conectar sin problemas cuando el equipo está encendido. Esto se aplica normalmente a las conexiones de señal pero no a las conexiones eléctricas.

Algunos equipos de hardware, como las unidades SCSI, no deben conectarse ni desconectarse nunca cuando se encuentran encendidas. Por otro lado, las interfaces Firewire para las unidades de disco están diseñadas para que se puedan conectar en funcionamiento.

¿Ya tiene algunos conocimientos?

Es posible que ya conozca los temas tratados en estos primeros capítulos. Más adelante veremos aspectos más complejos del proceso de codificación y asumiremos que ya conoce la teoría de los primeros capítulos, o que al menos los ha leído.

La compresión de vídeo no es algo exactamente nuevo

Durante años, la compresión de vídeo ha sido un tema propio de especialistas. Las conexiones a Internet de banda ancha se han hecho comunes, mientras que los consumidores han adquirido cámaras digitales. Todos estos consumidores necesitan software de compresión de vídeo.

El truco está en obtener la máxima compresión posible con una mínima pérdida de calidad. Examinaremos la compresión desde un punto de vista práctico, en función del origen del material original. Deberá conocer la forma en la que la película y la televisión recrean las imágenes y las principales diferencias entre ambos soportes. Entonces realizará las elecciones óptimas al preparar un trabajo de compresión en el sistema.

No es necesario que comprenda exactamente las matemáticas que hay detrás del proceso de codificación. Este conocimiento sólo es vital si crea productos de compresión de vídeo para su venta o si estudia los aspectos teóricos de la compresión.

No obstante, algunos conocimientos sobre el funcionamiento de los codificadores resultan de utilidad. En muy contadas ocasiones, presentaremos algunas fórmulas matemáticas cuando sea inevitable.

Nos centraremos principalmente en los aspectos prácticos de la codificación de contenido de vídeo. Una vez que haya leído este libro, deberá ser capaz de comprar productos que están en el mercado y conseguir que funcionen de forma conjunta. Sin embargo, este libro no es un tutorial sobre el uso de ningún producto concreto. Veremos la compresión de una forma genérica, de modo que pueda aplicar sus conocimientos a cualquier herramienta que desee utilizar.

Este libro no trata sobre la elección de una plataforma concreta

Veremos una amplia variedad de códecs y herramientas, y es importante escapar de las exageraciones del marketing y ver estos productos con independencia de gustos, prejuicios y preferencias por una plataforma.

Personalmente, prefiero las tecnologías basadas en Apple porque me permiten concentrarme en mi trabajo en lugar de dedicarme a administrar el sistema. He utilizado una gran cantidad de sistemas diferentes, y hay algo en el diseño de los productos de Apple que se corresponde de forma intuitiva al modo en que creo que realizo un trabajo creativo. Quizá prefiera trabajar en un sistema basado en Windows o Linux, que pueden ser adecuados para tareas concretas.

Hay herramientas de compresión disponibles para la totalidad de los sistemas operativos más utilizados.

Este libro trata sobre la filosofía y el proceso de compresión. La plataforma es irrelevante aparte de para elegir un códec o flujo de trabajo concreto que no sea compatible universalmente, aunque hasta este problema empieza a resultar obsoleto a medida que avanzamos con herramientas de portabilidad y con un uso más extendido de estándares abiertos.

En algunas ocasiones, la industria pasa por alto soluciones de tecnología menos conocidas que merece la pena tener en cuenta, y de las cuales he intentado incluir ejemplos. Pero el espacio es limitado, así que le pido que no se ofenda si no incluyo su favorita.

Arrinconar al vendedor

Deberá armarse con los conocimientos suficientes para saltar a la cancha de las ventas y realizar preguntas incisivas sobre los productos que le ofrezcan. Consulte siempre las especificaciones detenidamente antes de comprar.

Si tiene la oportunidad, pruebe con instalaciones de referencia y lea críticas antes de comprometerse con un producto. Si este libro le ayuda en este propósito y evita que cometa un costoso error, entonces habrá cumplido un importante objetivo: proporcionarle los conocimientos necesarios para realizar las preguntas adecuadas y comprender las respuestas que le proporcionen.

Pruebas, pruebas, pruebas

Pruebe su propio contenido en todos los sistemas que cuya compra baraje, y demuéstrese cuál es el mejor. Las demostraciones que suelen realizarse a posibles clientes se realizan en circunstancias idealizadas y muy bien estudiadas, con grabaciones que pueden haberse seleccionado óptimamente para resaltar los puntos fuertes de un producto.

He asistido a presentaciones de este tipo, y cuando se realizan pruebas con grabaciones proporcionadas por clientes, el sistema no ofrece ni remotamente el mismo rendimiento. Por supuesto, en algunas ocasiones, los productos se ajustan a las especificaciones (e incluso las mejoran), lo cual es bueno para todos. No hay ningún sustituto para la diligencia durante el proceso de selección.

Definir el territorio

Si se encuentra ante la perspectiva de una comilona, es una buena idea empezar con pequeños bocados. La compresión de vídeo puede resultar algo indigesta si intenta comprenderlo todo de una vez.

Para empezar, es necesario comprender los sistemas de imágenes en movimiento y cómo se originaron. Al principio de este libro veremos los formatos de película, ya que han estado presentes durante un período de tiempo mayor. También resulta de utilidad comprender cómo funciona la televisión analógica. Gran parte de la complejidad de los sistemas de compresión es necesaria porque lo que hacemos es comprimir lo que en su momento fue una señal de televisión analógica.

Utilizaremos la metáfora del viaje para ilustrar lo que iremos viendo a lo largo de los capítulos de este libro.

Decidirse a viajar

En el capítulo 2, examinaremos el contenido de lo que se desea comprimir y por qué queremos comprimirlo. Esto incluye las plataformas y sistemas que usaremos para ver el vídeo comprimido durante su reproducción. Si simplemente desea una descripción general de las razones por las que es importante el proceso de compresión, el capítulo 2 es un buen lugar donde empezar.

Elegir el destino

En los capítulos 3, 4, 5 y 6, veremos formatos físicos para el almacenamiento de imágenes en movimiento. Examinaremos las velocidades de fotogramas, tamaños de imagen y diferentes aspectos de las películas, así como las distintas formas en las que el vídeo se transmite y presenta en nuestro sistema de compresión de vídeo. Es importante conocer si trabajamos con contenido con una definición alta o estándar. Transmitir imágenes grabadas en película es bastante diferente a las imágenes de televisión debido a la forma en la que las emisiones televisivas entrelazan las líneas de una imagen. No se preocupe si en este momento no le resulta familiar el concepto de entrelazado, ya que lo veremos detenidamente más adelante.

El entrelazado separa las líneas pares y las impares y las transmite por separado. Permite reducir la velocidad de fotogramas total a la mitad de lo que sería necesario si se mostrara toda la imagen progresivamente. Como consecuencia, reduce el ancho de banda necesario en un 50 por 100, por lo que se trata de una forma de compresión.

En realidad, el entrelazado es un tipo de compresión bastante tosco, debido a los artefactos que introduce y el nivel de complejidad del procesamiento necesario al intentar eliminar los efectos no deseados.

Esta compresión tosca es uno de los resultados habituales de comprimir el vídeo lo máximo posible, lo que suele reducir la calidad de la imagen. Los artefactos que se ven son signos visibles de esa compresión.

Escuchar con atención

Ha pasado mucho tiempo desde que los espectadores dejaron de estar preparados para las películas de cine mudo.

Más adelante veremos cómo codificar el audio que vamos a utilizar con nuestro vídeo. Dado que el muestreo y la compresión de audio y vídeo son básicamente iguales, los artefactos que afectan a uno, afectan al otro igualmente. Tan sólo se presentan de forma diferente antes nuestros ojos y oídos.

Consultar el mapa

En los capítulos 8 a 14, investigaremos cómo funciona realmente un codificador. Si conduce un coche, es posible que no sepa cómo obtener la mezcla adecuada de combustible y aire mediante la introducción de ajustes en el carburador. Pero todos los que conducen un coche saben que se pisa el acelerador para avanzar y el freno para detenerse.
De forma similar, no es necesario utilizar fórmulas matemáticas para comprender la compresión. Las imágenes son útiles. Si lo intenta usted mismo es aún mejor.

Confeccionar la mejor ruta

El capítulo 15 trata sobre la codificación en vivo. Se trata de contenido que se distribuye como una serie continua de imágenes y cuyo ritmo debe mantener el sistema. Existen pocas posibilidades de pausar o almacenar en vídeo los elementos para trabajar con ellos más tarde. El sistema debe procesar el vídeo a medida que lo recibe. Se trata con frecuencia de una parte importante de un servicio de transmisión en secuencias mucho más grande que distribuye el vídeo codificado a muchos miles, o incluso millones, de suscriptores. Ha de funcionar con total fiabilidad todo el tiempo, en todo momento. Esta capacidad se verá comprometida si realiza desde el principio elecciones por debajo de los niveles óptimos.

Cambiar su mentalidad sobre los sistemas fundacionales que ya haya implementado puede resultar muy difícil o imposible.

Hacer las maletas para el viaje

En el capítulo 16 veremos cómo almacenamos vídeo en archivos. Algunas aplicaciones requieren tipos de contenedores específicos y no funcionarán si el vídeo se presenta en el tipo de archivo incorrecto. Es parecido a cuando se toma un vuelo de una compañía aérea comercial. Es posible que la maleta no tenga la forma y el tamaño adecuados, o que pese demasiado. Tiene que hacer algo al respecto para que pueda subir al avión. Lo mismo ocurre con el vídeo. Es posible que necesite realizar algunas conversiones en los archivos de vídeo antes de presentar el contenido para su compresión. En el capítulo 17 veremos los formatos de cinta.

Inmigración, visado y pasaporte

Al viajar a otro país, es necesario asegurarse de tener los papeles en orden. En el contexto de la codificación de vídeo, es necesario asegurarse de contar con las licencias adecuadas. Necesitamos el control de derechos porque el contenido que codificamos no siempre será el nuestro. Los clientes de reproducción toman sus propias decisiones en función de los metadatos del contenido, o bien pueden interaccionar con el servidor para determinar cuándo, dónde y cómo se puede reproducir el contenido.

El cliente de reproducción es el aparato de hardware, aplicación de software, reproductor de películas, o complemento de página Web que permita ver el contenido.

En el capítulo 18 veremos la administración de derechos digitales (DRM, *Digital Rights Management*) y los problemas comerciales.

Tarjeta de embarque

¿Dónde desea colocar el vídeo comprimido finalizado? ¿Realiza esta tarea con la idea de archivar contenido? ¿Hay algún servicio que vaya a ofrecer al público? Esto se suele denominar implementación. Se trata del proceso de distribuir contenido en el lugar adecuado y lo veremos en el capítulo 19.

En la pista de rodaje

El capítulo 20 trata sobre la forma en la que el vídeo comprimido se transmite en secuencias a los clientes. La transmisión en secuencias se puede realizar en distintos formatos. En ocasiones distribuimos un programa, pero incluso en ese caso distribuimos varias secuencias de contenido al mismo tiempo. El audio y el vídeo se procesan y distribuyen al espectador de forma independiente, aunque parezca que se distribuyen conjuntamente. Se trata en realidad de una ilusión porque están perfectamente sincronizados. Sin embargo, resulta evidente cuando no están sincronizados, y puede ser su responsabilidad solucionar el problema.

Girar y despegar

En los capítulos 21 a 25, echaremos un vistazo a la forma en la que se ha aplicado estos principios de diseño de códecs al mundo real. Aquí es donde veremos las herramientas disponibles de forma general y lo que ofrecen en especial cada una de ellas. Algunas de ellas son propietarias y otras se basan en estándares abiertos. Se trata de aspectos importantes que conviene tener en cuenta al seleccionar un códec para el proyecto.

Aterrizar de forma segura

En el contexto del vídeo con algún destino, los capítulos 26 a 28 versan sobre los reproductores de cliente para los que crea el contenido. El uso de estándares abiertos contribuye a llegar a una audiencia más numerosa. Tenga precaución con aquellas situaciones en las que es obligatorio el uso de un reproductor específico. La causa está en la selección de un códec propietario o en que el estándar abierto no es completamente compatible. Esto puede ser accidental o intencionado.

Las compañías que fabrican codificadores y reproductores anuncian a veces que son compatibles con un estándar abierto, pero lo distribuyen en un contenedor propietario. Veremos algunos pros y contras de los reproductores disponibles.

Aprender a volar en solitario

En estos momentos, es posible que esté ansioso por experimentar con su propia codificación. Es posible que se enfrente a la tarea de desarrollar un sistema de compresión, lo cual puede resultar abrumador. O quizá tenga algo de experiencia con el uso de estos sistema y desea probar algunas alternativas. En cualquier caso, el capítulo 29 le servirá de ayuda en la configuración de su propio sistema de codificación. Mientras, examinaremos las implicaciones que tiene para los sistemas pequeños y cómo se adaptan a las empresas comerciales. Esto debería resultarle de utilidad, independientemente de que configure sistemas de codificación a gran o pequeña escala.

Circuitos y colisiones

En el capítulo 29 montamos el hardware, y en el 30 le añadimos el software. Esto resulta mucho más sencillo de hacer, ahora que los estándares abiertos ofrecen aplicaciones con interoperabilidad. Aunque puede adquirir toda la compatibilidad a través de un solo fabricante, lo mejor es elegir el mejor producto para cada una de las partes del proceso, incluso en el caso de que diferentes fabricantes los confeccionen.

Los estándares ofrecen un punto de comprobación de compatibilidad que permite obtener pruebas de que es necesaria la realización de tareas de corrección en una aplicación. Si tiene algún contenido que presente problemas, las herramientas de compatibilidad con los estándares pueden ayudarle a aislar el problema de modo que pueda proporcionar comentarios informativos al fabricante del códec. Un problema de integración puede deberse a una exportación no compatible desde una herramienta, o a que los mecanismos de importación de la siguiente etapa del flujo de trabajo no se hayan implementado correctamente.

Turbulencias en el camino

En el capítulo 31, empezaremos a ver cómo enfrentarnos a los aspectos más peliagudos de la compresión de vídeo. Probablemente sufra algunos golpes durante el camino mientras intenta manejar la compresión de vídeo. Estos encontronazos se manifestarán en una secuencia de vídeo particularmente difícil de codificar. Sin duda el presupuesto destinado a la velocidad de bits será limitado y es posible que la complejidad del contenido requiera más datos de los que puede enviar.

Así que tendrá que renunciar a algo de complejidad para reducir la necesidad de ancho de banda. Disminuir la calidad de la imagen es una opción, aunque también se puede reducir la velocidad de fotogramas. Las oportunidades para mejorar la calidad del vídeo codificado empiezan cuando se planifica lo que se va a grabar.

Travesía en solitario

En los capítulos 32 a 38, tendrá la oportunidad de practicar con el sistema de codificación que acabamos de crear. Discutiremos pequeños y complejos detalles, como son las tareas de escalar y recortar, la reducción de la velocidad de fotogramas y los efectos que tiene el ruido del vídeo en el proceso de codificación.

No se preocupe por el elevado número de factores que hay que tener en cuenta. Si se es sistemático en su uso no aparecen demasiados problemas.

Planificar más viajes

En el capítulo 39 se trazan algunas conclusiones y se dirige la vista a otros posibles destinos. También veremos lo que puede ser el futuro de los sistemas de compresión de vídeo a medida que el mundo los adopta y se adapta a un escenario de vídeo completamente digital. El alcance de este libro sólo permite la inclusión de una cantidad limitada de este tipo de material de referencia, aunque ésta debería ser suficiente para permitirle obtener más información en Internet. Cabe destacar el sistema de resolución de problemas del capítulo A, diseñado para ayudarle a detectar problemas de calidad en el vídeo codificado. De forma similar, debido a restricciones de espacio, no nos sumergiremos en los aspectos más intrincados del audio y el vídeo. Hay muchas tecnologías de producción de vídeo y sonido envolvente de gran interés que sólo se pueden mencionar aquí, con el fin de no abandonar el tema del proceso de compresión. Le recomiendo que dedique algo de tiempo a visitar los sitios Web de los fabricantes y descargue documentación técnica relacionada. No hay ningún sustituto para el tiempo que dedique a investigar y aprender más cosas sobre esta tecnología por su cuenta.

Convenciones

El tamaño de la película siempre se especifica en valores métricos medidos en milímetros (mm). En algunas ocasiones, la digitalización se expresa como puntos por pulgada o líneas por pulgada. Los tamaños de las pantallas de televisión siempre se miden diagonalmente en pulgadas. En la mayoría de las ocasiones, esto carece de importancia para nuestros fines, ya que nosotros describimos las imágenes digitales medidas en píxeles. El área de la imagen de las películas se mide en mm y, por lo tanto, medir la resolución de exploración de películas en puntos por mm parece un compromiso sensato.

Las imágenes de televisión se exploran con líneas entrelazadas y los ordenadores emplean un diseño de exploración progresiva. La diferencia entre ellas está en el orden de distribución de las líneas en la imagen. Las velocidades de fotogramas también son diferentes.

La convención para describir un formato de exploración consiste en indicar el número de líneas físicas, el modelo de exploración y la velocidad de campos. En el caso de las pantallas entrelazadas, la velocidad de campos es el doble de la velocidad de fotogramas, mientras que en el caso de las pantallas progresivas, son iguales. Por ejemplo, 525i60 y 625i50 describen los formatos de visualización estadounidense y europeo, respectivamente.

Al hablar de codificación de vídeo, es muy fácil confundir bits y bytes. En la tabla 1.1 se resumen las magnitudes básicas que utilizaremos.

Tabla 1.1.

Unidades de medida.

Magnitud	***Unidad de medida***	***Abreviatura***
Transferencia de datos	Bits por segundo	bps
	Miles de bits por segundo (kilo)	Kbps
	Millones de bits por segundo (mega)	Mbps
	Miles de millones de bits por segundo (giga)	Gbps
Almacenamiento de datos	Bytes	B
	Miles de bytes (kilo)	KB
	Millones de bytes (mega)	MB
	Miles de millones de bytes (giga)	GB
	Millones de millones de bytes (tera)	TB
	Miles de terabytes (peta)	PB

Magnitud	Unidad de medida	Abreviatura
Niveles de audio	Una décima parte de un bel (deci)	dB
Fotogramas	Fotogramas por segundo	fps
Transporte de cintas	Pulgadas por segundo	ips
Resolución de pantalla	Puntos por pulgada	dpi
Resolución de película	Puntos por mm	dpmm

En las abreviaturas que utilizamos, fíjese en que la B mayúscula se refiere a bytes, y la b minúscula es bits. Así que GB quiere decir gigabytes.

Cuando multiplicamos bits o bytes por cada incremento, el valor 1.000 se sustituye en realidad por el número en base 2 más cercano equivalente. De esta forma, para obtener kilobytes multiplicamos el tamaño de la memoria por 1.024 en lugar de 1.000.

A medida que conozca los números representados en potencias de 2, empezará a ver patrones que aparecen en el mundo informático, y le ayudará a determinar el valor correcto que se debe seleccionar al definir parámetros.

Apenas hemos comenzado y esto ya se empieza a complicar, pero no se preocupe, que llegaremos al fondo de todo a su debido tiempo. Todo se hará más claro si perseveramos a medida que avancemos por los distintos temas capítulo tras capítulo.

Códecs

La terminología relacionada con la compresión de vídeo ya es en sí lo suficientemente confusa sin que tengamos que preocuparnos por códecs que tienen varios nombres para lo mismo.

Hay una gran cantidad de términos y conceptos poco comunes que se deben comprender. Es incluso más complicado para el principiante cuando se lanzan códecs nuevos con varios nombres.

Los códecs más recientes se describen a lo largo del libro, pero uno concretamente resulta más confuso que los demás, incluso entre los profesionales con más experiencia.

El códec MPEG-4 parte 10, conocido también como H.264, forma parte de una gama de codificadores de vídeo incluida en la tabla 1.2.

Tabla 1.2.

Nombres de códecs MPEG.

Convención	***Descripción***
MPEG-1	El "abuelo" de los códecs MPEG. Donde empezó todo.
MPEG-2	Probablemente el códec de vídeo más popular hasta la fecha si se considera el número de implementaciones realizadas.
MPEG-4	Una gran colección de estándares de codificación de audio y elementos visuales que describe contenido de audio, vídeo y multimedia. Se trata de un paquete de unos 20 estándares de componentes diferentes diseñados para trabajar conjuntamente en la creación de experiencias completas, interactivas y que combinan varios medios. Conviene tener cuidado de especificar una parte del estándar MPEG-4 y no referirse simplemente a la totalidad. Evite ser ambiguo cuando describa el vídeo como MPEG-4.
MPEG-4 parte 2	Específicamente, el componente de codificación de vídeo estandarizado originalmente en MPEG-4. Los algoritmos de compresión de la parte 10 se han mejorado, pero la forma en la que la parte 2 se puede codificar en el canal alfa es más flexible. Cuando se hace referencia al vídeo en formato MPEG-4 sin especificar la parte 2 ó 10, probablemente se desee hacer referencia a la parte 2, aunque esto puede cambiar, ya que la parte 10 ocupa una posición cada vez más dominante a medida que se adopta gradualmente el códec H.264.
MPEG-4 parte 10	Un esquema de codificación más reciente y superior desarrollado de forma conjunta por la ISO MPEG y la ITU. Este códec constituye un hito significativo en la tecnología de codificación de vídeo, y la importancia que tendrá en la distribución de vídeo durante los próximos años será muy amplia. Se espera que su impacto sea al menos como el del MPEG-2 en el momento de su lanzamiento. Es probable que la codificación de vídeo MPEG-4 parte 2 quede desfasada y que la gente empiece a utilizar el término MPEG-4 para hacer referencia a la codificación de vídeo MPEG-4 parte 10.
JVT	Siglas en inglés (*Joint Video Team*) del equipo que trabajó en el estándar MPEG-4 parte 10, H.264. El estándar se denomina a veces códec de vídeo JVT.

Convención	Descripción
AVC	*Advanced Video Coding* es el nombre que se da al códec MPEG-4 parte 10 en el estándar. Aunque el término AVC es popular entre los departamentos de marketing, parece que H.264 se utiliza más en los documentos técnicos de los fabricantes.
H.26L	Una de las primeras versiones de prueba del códec H.264.
H.264	El número uno actual de todos los códecs del grupo de estándares MPEG. Se trata del sistema de codificación de vídeo más detallado y cuidadosamente desarrollado hasta la fecha.

Para ceñirme a la terminología al uso, usaré el término H.264 para hacer referencia a lo largo de este libro al códec más reciente, siempre que no me refiera concretamente al códec en el contexto referido a MPEG-4 o AVC. Habiendo observado su uso entre la comunidad de la compresión de vídeo durante algún tiempo, he visto que los ingenieros usan el término H.264 y el personal comercial o de marketing emplea AVC.

Aún más confusión suscita el estudio de los códecs de Windows Media, ya que se presentan con SMPTE para su ratificación como un estándar abierto. Todas las convenciones de nomenclatura de la tabla 1.3 se han empleado en documentos sobre códecs y compresión de vídeo. A no ser que sea necesario hacer referencia al códec de Windows Media con un alias diferente, en este libro usaremos el término VC-1 en la medida de lo posible.

Tabla 1.3.
Nombres y alias de códecs SMPTE VC-1.

Convención	Descripción
Windows Media Series 9	La terminología original utilizada cuando Microsoft era el único "propietario" del nombre del códec.
WM9	Abreviatura empleada frecuentemente. La emplearemos aquí cuando hagamos referencia específicamente a Windows Media Series 9 y no a la versión SMPTE estandarizada.
WM8	Una versión anterior de Windows Media.
WM7	Una versión aún anterior.

Convención	*Descripción*
WM6.5	La versión más antigua que se menciona en la actualidad en las especificaciones de productos.
VC-9	Uno de los nombres propuestos para la versión SMPTE estandarizada de WM9 que apareció durante 2004.
VC-1	En apariencia, el códec se denominará oficialmente VC-1.
VC1	Tenga en cuenta que el códec puede aparecer también en alguno documentos como VC1 (sin el guión). Esto es importante a la hora de realizar búsquedas en archivos basados en texto.
WM10	La versión más reciente de los códecs de la serie Windows Media. Se trata de una versión beta de la plataforma del sistema operativo Windows.

¿Y después qué?

De modo que partimos juntos en un viaje de descubrimiento a lo largo del resto del libro. Para cuando lleguemos al final, debería descubrir que, aunque la compresión de vídeo puede ser compleja en ocasiones, esta complejidad viene dada por un gran número de pequeños subsistemas. Por separado, creo que resultan bastante fáciles de comprender, por lo que no debe asustarse por la complejidad. Al principio supone todo un reto, pero tras un poco de experiencia y un vistazo al capítulo dedicado a la codificación práctica, todo deberá encajar perfectamente. Al final del libro sabrá perfectamente cómo crear un sistema de compresión pequeño, mediano o grande con los componentes de hardware y las aplicaciones de software disponibles.

No me cabe ninguna duda de que estará tentado de empezar ya mismo a manipular las herramientas de compresión. Si es así, los primeros capítulos del libro son importantes porque en ellos se describe la causa por la que los resultados que se obtienen no son los esperados. Si se acerca a la compresión por primera vez, es especialmente importante que lea estos primeros capítulos con el fin de comprender aspectos fundamentales. He intentado organizar los capítulos de una forma lógica para ir adentrándonos en ideas más complejas a medida que avancemos, y estos primeros capítulos constituyen la base para los siguientes.

Capítulo 2

Por qué es necesaria la compresión de vídeo

Incluso el viaje más largo empieza con un solo paso

De modo que está pensando en comprimir algo de vídeo. Puede parecer un asunto sobrecogedor, pero no lo es realmente. Si empieza paso a paso, pronto cogerá las riendas de todo el asunto. En este capítulo, veremos la historia y la importancia de la compresión de vídeo junto con sus aplicaciones prácticas, que constituyen sólo algunas de las razones por las que ha decidido iniciar hoy este viaje. En la actualidad, existen bastantes productos y servicios disponibles que no serían posibles sin compresión. Hay muchos más en proceso de desarrollo. Veamos lo que nos depara nuestro viaje.

La compresión es necesaria porque...

La distribución de audio y vídeo digital a través de las redes disponibles en la actualidad es simplemente imposible sin comprimir primero el contenido.

Para ponerle en antecedentes, ha existido un deseo de ofertar servicios televisivos a través de las redes telefónicas durante años. Se realizaron diversos intentos durante los años 80. Finalmente, ninguno de ellos tuvo éxito porque la información no se transmitía con la suficiente rapidez a través del cable.

Ahora nos hallamos en el umbral de poder comprimir servicios televisivos lo suficiente como para que se puedan transmitir a través del ancho de banda disponible para los usuarios de la banda ancha. El punto de encuentro de ambas tecnologías es un umbral muy importante. Más allá del mismo, se ponen a disposición de los usuarios servicios aún más sofisticados a medida que el servicio de emisión de televisión en vivo ocupa un porcentaje aún menor del ancho de banda disponible.

Así que, a medida que el ancho de banda aumenta y los compresores mejoran, todo tipo de formas nuevas de disfrutar de los servicios de Internet y la televisión pasan a estar disponibles en línea. Por ejemplo, es posible incluir un servicio de información meteorológica como una presentación interactiva y descargarlo en segundo plano. Si se almacena en un disco duro local, siempre estará disponible cuando se solicite, al instante. Se puede distribuir una copia actualizada en segundo plano con la frecuencia necesaria. Es posible desarrollar servicios similares en relación a información detallada sobre vuelos comerciales, condiciones del tráfico y resultados deportivos.

Comprimir implica renuncia

Comprimir vídeo consiste en adoptar los mejores compromisos posibles sin perder demasiada calidad. En este sentido, cualquier cosa que implique la cantidad de vídeo por codificar contribuirá a reducir el tamaño total de la secuencia o archivo de salida finalizado.

La compresión no sólo implica mantener un tamaño de archivo reducido. También está relacionado con la optimización del rendimiento de los datos (la cantidad de datos que se transmitirán de forma continuada a través de la canalización de reproducción para mostrarse en pantalla). Si no comprime el vídeo correctamente, no se ajustará a la canalización, por lo que no podrá transmitirse en secuencias en tiempo real.

Reducir el número de fotogramas que se distribuirá contribuye a reducir la capacidad necesaria, pero el movimiento se muestra entrecortado y poco realista. Mantener un elevado número de fotogramas puede significar que debe renunciar a cierta cantidad de datos por fotograma. Esto conduce a una pérdida de la calidad y a que la imagen se muestre como conformada por bloques. Dar con el parámetro adecuado es complicado porque cierto contenido se comprime con mayor facilidad, mientras que otros materiales crean picos en la velocidad de bits requerida. Se puede permitir a dicho pico absorber momentáneamente una velocidad de bits superior, en cuyo caso la calidad permanecerá igual. Asimismo, también puede limitar la velocidad de bits disponible. Si lo hace así, la calidad se verá reducida momentáneamente y, a continuación, aumentará una vez ha pasado el pico. Un buen ejemplo de esto es un fundido entre dos escenas comprimidas con MPEG-2 para la emisión de servicios televisivos que operan dentro de una velocidad de bits limitada y fija.

En primer lugar hay que digitalizar

Aunque es posible realizar algo de compresión cuando el vídeo aún se encuentra en forma analógica, sólo es posible obtener una elevada relación de compresión si primero se convierten los datos en una representación digital y, a continuación, se reduce la redundancia. El proceso de convertir una forma analógica en una forma digital se conoce popularmente como digitalización. Ahora contamos con técnicas para representar digitalmente prácticamente cualquier artículo que podamos consumir. Todo el mundo se encuentra en proceso de digitalización, aunque aún no hemos llegado al extremo de vivir en el mundo de *The Matrix*.

Los procesos de digitalización sólo suelen implicar la creación de una representación de una vista. La estructura del vídeo nos permite aislar una vista en un momento concreto pero, a menos que apliquemos una cantidad de procesamiento mucho mayor, no es posible aislar los objetos de una escena o reconstruir el modelo espacial tridimensional de una escena.

Existe software que permite la realización de ese tipo de análisis, pero es muy complejo. No obstante, produce una compresión de gran eficacia. Así que estándares como MPEG-4 permiten usar modelos tridimensionales procedentes del mundo real. Dicho contenido tendrá la estructura necesaria para sacar partido a este tipo de compresión porque se conservó durante el proceso de creación.

Los efectos especiales del cine emplean la digitalización de modelos tridimensionales y vistas en dos dimensiones para combinar componentes de la escena creados artificialmente con imágenes del mundo real. Aun así, es necesario tomar numerosas medidas al grabar las placas (metraje).

Compresión espacial

La compresión espacial comprime una sola imagen. El codificador sólo considera ese dato, que está autocontenido en una sola imagen y que no mantiene ninguna relación con otros fotogramas de la secuencia. Este proceso ya le debería resultar familiar. Lo utilizamos siempre que capturamos imágenes con una cámara fotográfica digital y las cargamos como un archivo JPEG. Las imágenes en formato GIF y TIFF también constituyen ejemplos de compresión espacial. Los códecs de vídeo sencillos simplemente crean una secuencia de fotogramas fijos que se codifican de esta forma. *Motion JPEG* es un ejemplo de cómo cada uno de los fotogramas se distingue de los demás.

El proceso empieza con datos no comprimidos que describen un valor de color en un punto cartesiano (X-Y) de la imagen. En la figura 2.1 se muestra un mapa de píxeles básico de una imagen.

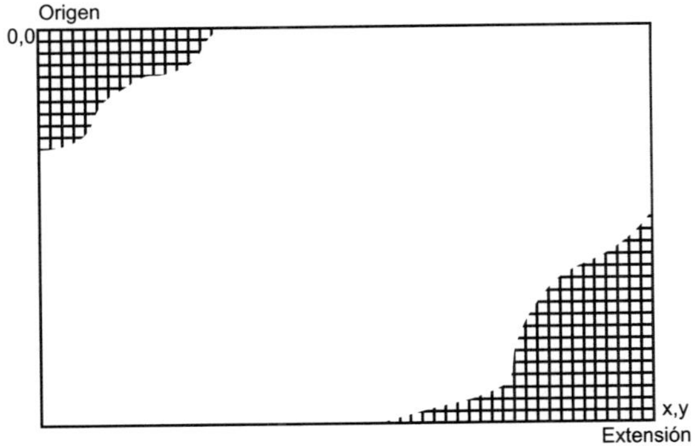

Figura 2.1.

Mapa de píxeles de imagen sin comprimir.

El siguiente paso consiste en aplicar algo de codificación *run-length*, que es una forma de describir un intervalo de píxeles cuyo valor es el mismo. Las descripciones de la imagen como, por ejemplo, "los píxeles 0,0 a 100,100 son todos de color negro", se registran en el archivo. En la figura 2.2 se muestra una descripción mucho más compacta.

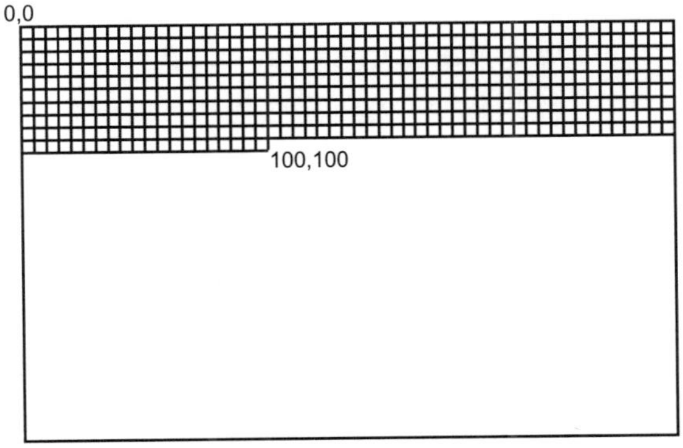

Figura 2.2.

Codificación run-length.

En este mecanismo de codificación se asume que la codificación trabaja con líneas o las explora. En caso contrario, simplemente describe una línea diagonal.

La técnica de codificación *run-length* elimina muchos datos redundantes sin que se pierda calidad. Un compresor sin pérdida como éste reduce los datos en un 50 por 100 aproximadamente del tamaño original, en función de la complejidad de la imagen. Esto resulta especialmente útil en el caso de grabaciones de animación de celdas.

El formato de imagen TIFF usa esta técnica, denominada a veces compresión LZW en honor a sus inventores, Lempel, Ziv y Welch. El uso de la codificación LZW está sujeto al pago de cuotas de derechos de autor en caso de que desee implementarla, porque los conceptos incrustados en ella están patentados. Esto debería incluirse en el precio de compra de cualquier herramienta que adquiera.

El siguiente nivel de compresión espacial en lo que a complejidad se refiere es la técnica JPEG, que descompone la imagen en macrobloques y aplica la transformada discreta del coseno. Este tipo de compresión empieza a convertirse en una compresión con pérdida. Las pérdidas mínimas pasan desapercibidas para el ojo humano, pero a medida que aumenta la relación de compresión, la imagen se degrada visiblemente.

La compresión mediante la técnica JPEG reduce los datos aproximadamente en un 10 por 100 del tamaño original.

Compresión temporal

La presentación en vídeo está relacionada con el tiempo y la presentación de imágenes a intervalos regulares. El eje temporal nos proporciona posibilidades adicionales para ahorrar espacio, ya que busca los elementos de redundancia de las imágenes.

Este tipo de compresión siempre es con pérdida. Se fundamenta en el concepto de detectar las diferencias existentes entre imágenes sucesivas y describir dichas diferencias, sin tener que repetir la descripción de ninguna parte de la imagen que esté sin modificar.

La compresión espacial se emplea para definir un punto de partida o fotograma clave. Después de esto, sólo se describen las diferencias. Se obtiene una calidad razonablemente buena con una décima parte del tamaño de datos original del formato sin comprimir primitivo.

Se están realizando estudios para investigar formas aún más complejas de codificar el vídeo sin que sea necesario que el descodificador trabaje con mucha mayor intensidad. Las innovaciones introducidas en los codificadores proporcionan factores de compresión tremendamente mejorados durante la vida útil de la implementación del reproductor, sin que sea necesario reemplazarlo.

Un atajo hacia la compresión temporal consiste en perder algunos fotogramas, aunque esto no es recomendable. En cualquier caso, no se trata de una opción idónea para las retransmisiones de televisión, ya que éstas deben mantener una velocidad de fotogramas constante.

Figura 2.3.
Eliminación de fotogramas para la compresión temporal.

¿Por qué es necesaria la compresión de vídeo?

Los proveedores de servicio y los propietarios de contenido buscan constantemente nuevos sistemas para sacar provecho del material que poseen. Por esta razón, la tecnología que ofrece un medio que facilita la entrega de dicho contenido a mercados nuevos les resulta muy atractiva. Los propietarios de contenido requieren un sistema eficaz de distribuir contenido en repositorios centralizados. También son necesarias formas baratas y eficaces de proporcionar a los usuarios finales dicho contenido. La compresión de vídeo se puede emplear tanto en el momento en que el vídeo se importa al flujo de trabajo al principio de la cadena de contenido como en el momento de la entrega. Si utiliza la compresión de vídeo a la entrada, deberá tener mucho cuidado de no introducir artefactos no deseados. Por motivos de archivación y transcodificación, sólo se debería almacenar vídeo de origen sin comprimir, siempre que pueda permitirse suficiente capacidad de almacenamiento.

Algunos ejemplos del mundo real

Examinemos algunos de los posibles escenarios en los que la compresión de vídeo puede resultar de utilidad. En algunos de estos ejemplos, la compresión de vídeo permite desarrollar toda una actividad comercial que no sería posible de otra forma. Echaremos un vistazo a diversas áreas empresariales para ver cómo la compresión les sirve de ayuda.

Periodismo móvil

Las operaciones de obtención de noticias solían requerir de un grupo de gente que saliera a la calle a trabajar con un equipo pesado y muy costoso. A medida que ha progresado la tecnología, las cámaras se han hecho más pequeñas y fáciles de utilizar. El personal de una película solía incluir un ingeniero de sonido, un cámara y un productor, así como el periodista objeto de la grabación. En la actualidad, es muy probable que la cámara la lleve el propio periodista y que se pueda preparar para que funcione de forma automática. Las noticias que se emiten en la actualidad tienen su origen en videófonos, minicámaras y teléfonos móviles habilitados para la captura de vídeo. La calidad de estas cámaras mejora con rapidez. Para mantener un tamaño y peso cómodos para su transporte, la capacidad de almacenamiento, en lo que a hardware se refiere, está muy limitada. La compresión de vídeo aumenta la capacidad y, por tanto, el tiempo de grabación disponible al condensar los datos antes de que se lleve a cabo la grabación.

La práctica actual consiste en grabar con una pequeña cámara de vídeo digital (DV), editar la grabación en un portátil y, a continuación, enviarla a la base a través de un videófono o transceptor vía satélite. Evidentemente, la calidad no será la misma que con una cámara de estudio, pero es sorprendentemente buena, aunque se emplee una elevada relación de compresión.

En la actualidad se intenta determinar si se pueden obtener resultados óptimos con un dispositivo PDA pertrechado con una cámara de vídeo y un teléfono móvil integral para enviar el material al cuartel general. El principal problema es el tamaño de la imagen y el ancho de banda disponible para su distribución. En la figura 2.4 se muestra un diseño de ejemplo proporcionado por Christopher Barnatt.

Figura 2.4.

Prototipo de reproductor de vídeo PDA. Fuente: cortesía de Christopher Barnatt.

Juegos interactivos en línea para varios jugadores

Los sistemas de juegos multijugador en línea se han popularizado durante los últimos años. El realismo de las imágenes aumenta constantemente y, por ende, la necesidad de hacer pasar una cantidad de bits creciente por un conducto muy estrecho. La dificultad aumenta conforme crece la popularidad de un juego, ya que es necesario distribuir simultáneamente un número de secuencias mayor.

Los juegos en línea se diferencian en gran medida del vídeo normal, porque para que un juego resulte atractivo, requiere que algunos aspectos de lo que se muestra en pantalla respondan a sus acciones. En caso contrario, la experiencia no es lo suficientemente interactiva. Existen algunas técnicas útiles que se pueden aplicar para reducir la velocidad de bits necesaria. Por ejemplo, hay partes de la imagen que pueden ser estáticas. Las imágenes estáticas no precisan de una velocidad de fotogramas concreta de un fotograma al siguiente, ya que permanecen sin modificar. Sólo se deberán distribuir los píxeles que incluyen objetos en movimiento.

Los juegos más sofisticados se encuentran en evolución, y la interactividad se hace más interesante si almacena en la caché los distintos componentes visuales de la escena en el hardware de reproducción local y, a continuación, se combinan como sea necesario. Esto permite la aplicación de ciertas técnicas de realidad virtual para animar el fondo de una imagen muy estática.

Sin embargo, la compresión sigue siendo necesaria para reducir los activos de estos componentes a un tamaño razonable, aunque se proporcionen desde un CD-ROM o caché local.

Los nuevos códecs basados en estándares nos permitirán disfrutar de juegos mucho más sofisticados. Códecs como el H.264 son muy eficaces. El aprovechamiento completo de las posibilidades que ofrece el estándar MPEG-4 le permitirá crear áreas no rectangulares de fusión de vídeo en movimiento. Después podría asignar dicho vídeo a una malla tridimensional que represente un terreno, o incluso una cara. El estándar MPEG-4 también ofrece mecanismos de construcción de escenas de modo que se puedan proyectar activos de vídeo en un entorno tridimensional en el reproductor. De esta forma, el usuario puede controlar el punto de vista. También reduce la velocidad de bits necesaria para su distribución, ya que sólo es necesario distribuir como objetos componentes las versiones planas, en dos dimensiones, de contenido. En la figura 2.5 se muestra un ejemplo de un juego interactivo de billar americano de gran calidad desarrollado por Etiumsoft. A medida que la escena se hace más realista, la compresión de vídeo contribuye a hacer que el tamaño de juegos como éste sea lo suficientemente reducido como para distribuirse en línea a través de algún tipo de formato de disco extraíble que se puede revender.

Figura 2.5.

¿Hace una partida?
Fuente: cortesía de Etiumsoft.

Apuestas en línea

Los sistemas de apuestas en línea se agrupan en ocasiones en la categoría de juegos en línea, lo cual puede ser apropiado en ciertos casos.

Pero los juegos en línea tienen más que ver con la interrelación entre grupos de usuarios y pueden implicar la transferencia de grandes cantidades de datos entre ellos.

Los sistemas de apuestas pueden ser una extensión de las salas de apuestas existentes en el mundo real donde se hace la apuesta y se espera al resultado de una carrera de caballos o evento deportivo en una pared repleta de pantallas de monitores. La transferencia de esta pared de monitores a la pantalla del televisor u ordenador doméstico se realiza gracias a una eficaz y económica compresión de vídeo. La compresión en tiempo real salta aquí a la palestra porque sólo se puede introducir un retraso de unas pocas fracciones de segundo: los usuarios finales han apostado su propio dinero y querrán consultar los resultados de forma oportuna.

Otro ejemplo es el de una partida de póquer virtual. Éstas se basan a menudo en simulaciones mediante realidad virtual de una escena, pero con una compresión adecuada, es posible transmitir en secuencias una partida real a cualquiera que desee conectarse y observar. Es posible convertir en virtual una baraja de cartas simulándola en pantalla, y es posible usar un sistema de videoconferencia para permitir la observación de las expresiones faciales del resto de jugadores de la partida.

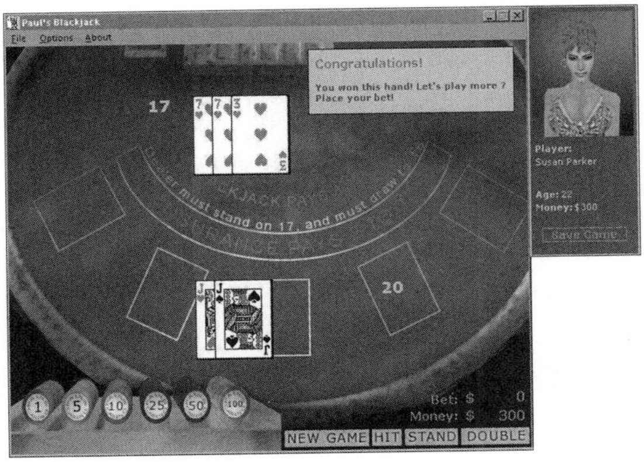

Figura 2.6.

Ejemplo de casino en línea.
Fuente: copyright © Diogo Salari.

Cobertura de noticias y eventos deportivos

De todos los géneros de contenido diferentes que las emisoras ofrecen a los usuarios finales, las noticias y los deportes comparten algunos aspectos particularmente importantes que afectan directamente a la forma en que se comprime el vídeo para su presentación. En la figura 2.7 se muestra un ejemplo de la consola de vídeo de BBC News Online (`http://www.bbc.co.uk/news/`) que presenta clips de vídeos de noticias para los usuarios de banda ancha en el Reino Unido.

Las noticias y los deportes son eventos muy ricos en información. Los sistemas de archivación tienden a ser grandes en ambos casos por la gran cantidad de material disponible. Los metadatos asociados al contenido facilitan los procesos de búsqueda y de administración de derechos digitales (DRM). Es posible acceder fácilmente a un contenido que se encuentra ampliamente disponible, aunque es posible controlar su reproducción. Es posible que sea necesario cifrar y codificar el contenido. También se emplean otras tecnologías, como las marcas de agua, que presentan algunos problemas técnicos adicionales. En general, las técnicas de protección de derechos que se encuentran disponibles suponen una carga adicional a los ya de por sí sobrecargados sistemas de compresión.

La naturaleza del contenido informativo implica que el material se debe codificar rápidamente y presentar lo más pronto posible tras el evento.

Figura 2.7.

Consola de vídeo de banda ancha de BBC News. Fuente: cortesía de BBC News Interactive.

Lo mismo se aplica a la cobertura deportiva y a los servicios que presentan las mejores jugadas de un evento deportivo para poder seleccionar y codificar fragmentos de contenido de forma rápida, sencilla y fiable.

Estas demandas conducen a la implementación de proyectos de gran infraestructura, como el sistema Jupiter basado en BBC Colledia implementado en la sección de noticias. Esto facilita que se compartan los activos multimedia tan pronto como empiezan a llegar. Varios equipos pueden realizar las tareas de edición de forma simultánea; a continuación, los paquetes finalizados se enrutarán hacia los servidores de transmisión en una lista para realizar la distribución hacia el servicio de retransmisión televisiva nacional y hacia Internet.

Publicidad

La publicidad en Internet empieza a hacer uso del vídeo para presentar contenido más atractivo. Los códecs más recientes como H.264 permiten la presentación de los macrobloques en disposiciones geométricas bastante sofisticadas. Ahora es posible ajustar vídeos a los tradicionales rectángulos publicitarios de Internet que presentan una relación de aspecto tan diferente a los del vídeo normal. Es posible que la creación del vídeo requiera el uso de herramientas de edición de vídeo que permitan emplear tamaños de trama que no sean estándar.

Para obtener más información sobre estos tamaños estándar, visite el sitio Web (en inglés) del *Interactive Advertising Bureau* (`http://www.iab.com/standards/index.asp`).

Videoconferencias

Las grandes empresas han utilizado la videoconferencia durante años. Ya en los años 80, las multinacionales estaban preparadas para hacer uso permanentemente de las líneas que proporcionaban las líneas de telecomunicaciones para conectar las oficinas centrales de Estados Unidos con las filiales europeas. Esto solía requerir que se destinara una sala exclusiva a tal efecto y era lo suficientemente costoso como para que sólo hubiera una emisora de videoconferencia por instalación. Sólo podía participar simultáneamente un grupo reducido de personas, y el uso de la tecnología estaba destinado a reuniones importantes. Ahora se puede hacer uso de la videoconferencia desde un ordenador de sobremesa o un teléfono móvil. Esto sólo es posible porque la compresión de vídeo reduce la transferencia de datos a una minucia si la comparamos con los sistemas de hace unos pocos años.

Las aplicaciones de videoconferencia carecen en la actualidad de los niveles de interoperabilidad entre sistemas competidores de los que disfrutan los usuarios del teléfono para hablar. Todo llegará. Por ahora, los sistemas que se introducen están abriendo camino al hacer que esta tecnología se encuentre disponible para el público en general y establecer los principios fundamentales de cómo debe ser la infraestructura que la soporte.

En la figura 2.8 se muestra un ejemplo de una interfaz de usuario de videoconferencias avanzada que admite a varios usuarios simultáneamente. Se encuentra disponible en el sistema operativo MacOS X versión 10.4 y se denomina iChat AV.

Figura 2.8.

Interfaz de usuario de iChat AV de Apple.

Medicina a distancia

El uso de aparatos remotos y técnicas de realidad virtual en el ámbito de la medicina empieza a facilitar lo que se ha venido a llamar "telemedicina", en la que un experto de algún aspecto concreto de la medicina participa en una operación quirúrgica que se realiza en otra parte del mundo. Evidentemente, aquí surgen problemas en relación a la necesidad de que se proporcione información de fuerza cuando se maneja instrumental médico de forma remota. En otro caso, ¿cómo podría el cirujano que realiza la operación "sentir" lo que el instrumento hace en el sistema remoto? Los jugadores de ordenador han empleado sistemas de retroalimentación de fuerza durante algún tiempo. El reto consiste en adaptar esto a otras situaciones y mantener una experiencia remota completamente sincronizada. La compresión de vídeo es una tecnología crítica que permite distribuir múltiples vistas de cámara simultáneas a gran distancia. Esto también es aplicable a los sistemas de representación de resonancia magnética, ultrasonidos o rayos X que podrían proporcionar información en tiempo real a un cirujano remoto. El requisito aquí está en una elevada resolución, ya que las imágenes de rayos X se digitalizan en escala de grises para obtener una mayor profundidad de bits y una resolución muy superior a la televisión. Esto incrementa, evidentemente, la cantidad de datos que se deben transferir.

Educación a distancia

La gente joven suele tener aptitudes especiales para la tecnología, y prontamente participan en juegos interactivos y aplicaciones educativas de vídeo y sistemas informáticos. La comunidad educativa ha acogido con los brazos abiertos las simulaciones por ordenador, los juegos y el software interactivo. Algunos de los productos de CD-ROM más avanzados se diseñaron con fines educativos. Con igual entusiasmo, la comunidad educativa ha acogido el uso de Internet, principalmente a través de sitios Web. La compresión de vídeo ofrece la posibilidad de implementar un tipo de medios aún más completo para su uso en sistemas educativos.

Esto mejora el disfrute de los consumidores cuando participan. De hecho, puede ser una oportunidad excelente para algunos niños con dificultades de aprendizaje.

Asistencia en línea y servicios de atención al cliente

Los sistemas de ayuda en línea pueden incluir asistencia guiada mediante vídeo. Cuando se diseña e implementa un sistema de este tipo, es importante evitar la alienación del usuario. Hacer que éste se sienta como si hablara con una máquina sería contraproducente. Los sistemas de respuestas automáticas incomodan a algunos usuarios debido a la naturaleza estéril del intercambio. Un sistema de ayuda basado en cambios no resultará mejor parado y producirá una experiencia insatisfactoria a menos que esté respaldada por un sistema de inteligencia artificial perfectamente diseñado.

Entretenimiento

Los juegos en línea y las apuestas pueden entrar dentro de la categoría de entretenimiento. El uso de la compresión de vídeo con otras formas de entretenimiento también es posible. Las ventas de DVD han despegado más rápido de lo que cualquiera podía haber predicho. Su fabricación es barata y ofrecen características de valor añadido que contribuyen a mejorar el disfrute de los espectadores.

El estándar MPEG-4 permite la compresión de material interactivo de tal manera que la actual especificación de DVD no puede igualar. Los discos de DVD mixtos con contenido interactivo en formato MPEG-4 y los reproductores compatibles con este formato podrían conducir a un renacimiento de la creación de contenidos similar al que tuvo lugar a mediados de los 90 con los CD-ROM.

Cuanta más cantidad de vídeo se pueda comprimir en paquetes más pequeños sin que se pierda calidad, mejor será la experiencia de los espectadores dentro de un formato de distribución (disco) o capacidad (velocidad de bits) equivalente.

El códec H.264 se extiende progresivamente como el formato natural para la distribución de contenido de televisión de alta calidad (HDTV) en DVD y permite el almacenamiento de programas de definición aún más extensos en los discos ya existentes de 5 y 9 GB.

Religión

Todas las religiones mayoritarias tienen presencia en Internet. Hay sitios Web que describen su filosofía, teología y orígenes. La compresión de vídeo ofrece una forma de implicar a miembros de la comunidad que no pueden asistir físicamente a las distintas ceremonias. Incluso se les puede permitir su participación a través de la retransmisión de vídeo en secuencias. Esto puede entrar perfectamente dentro del presupuesto de las iglesias medianas y grandes, y como los costes son reducidos, incluso las comunidades más pequeñas pueden implementar este tipo de servicio. Hay grandes ventajas sociales que se derivan del uso de sistemas de compresión de vídeo basados en la comunidad. Tales aplicaciones se pueden desarrollar en torno a las tecnologías de videoconferencia con unos costes bastante reducidos.

Comercio

De una forma bastante inesperada, los programas de teletienda se han convertido en unos de los más populares de la televisión. Éstos parecen ofrecer un tipo de visionado extrañamente atractivo. Los valores de producción tienen un coste muy bajo, y aún así la gente sigue sintonizando estos programas. La emisión de estos programas a 4,5 megabits por segundo (Mbps) vía satélite resulta demasiado caro. A medida que la tecnología de banda ancha mejora su oferta a los consumidores, estos canales pueden distribuirse a velocidades de bits muy inferiores a través de una infraestructura de red. Una variación de esto que se puede combinar con un sistema de videoconferencia lo constituyen las aplicaciones de empresa a empresa. La palabrería de las ventas, demostraciones y todo tipo de reuniones comerciales, seminarios y presentaciones que se pueden realizar gracias a una rápida y eficaz compresión de vídeo.

Seguridad y vigilancia

La sociedad moderna requiere que una gran parte de nuestros viajes y actividades cotidianas se realicen bajo vigilancia. Una persona que viaja desde casa a una estación de ferrocarril en coche, después toma el tren y, a continuación, el rápido sistema de transporte urbano puede ser capturado perfectamente por unas 200 cámaras entre su casa y la mesa de la oficina. Se trata de una cantidad de vídeo enorme, que hasta hace poco se grababa en cintas VHS, en ocasiones con una baja resolución, reducidas velocidades de fotogramas y de cuatro en cuatro con el fin de ahorrar cinta.

En la actualidad, se introducen sistemas más recientes que usan compresión de vídeo para preservar la calidad, incrementar las velocidades de fotogramas y automatizar el almacenamiento del vídeo en repositorios centralizados. Mediante el uso de vídeo digital, los sistemas de búsqueda y reconocimiento facial podrán estar conectados al repositorio. Será posible perseguir a los sospechosos de una cámara a otra sincronizando las secuencias y reproduciéndolas juntas.

Esto es algo bueno si ayuda a seguir y arrestar a un malhechor. Los legisladores tendrán que trazar una delicada línea que separe el uso adecuado de esta tecnología para la sociedad en su conjunto y que no se quebranten nuestros derechos en nuestra vida diaria sin la intervención del estado. Es posible que no esté de acuerdo o que no se sienta cómodo con este tipo de vigilancia, pero es seguro que continuará desarrollándose.

Grabaciones obligatorias

Las emisoras están obligadas a grabar sus emisiones y almacenarlas durante 90 días, de tal forma que si alguien desea hacer una reclamación sobre algo que se dijo o es necesario resolver una cuestión legal, quede alguna evidencia para admitir o rechazar dicha reclamación. Estas grabaciones se denominan grabaciones obligatorias, y solían realizarse mediante un banco manual de grabadoras de VHS a razón de 8 horas de vídeo por cinta, con lo que se requerían tres cintas al día por cada canal. La BBC produce al menos seis servicios televisivos que precisan este tipo de supervisión. 90 días de grabaciones requieren 1620 cintas, que deben estar etiquetadas, catalogadas y almacenadas para poder acceder fácilmente a ellas en caso de que así se solicite.

La grabadora TX-2 fue desarrollada en una plataforma Windows y diseñada de acuerdo con los requisitos de las organizaciones legales, de modo que las cadenas británicas pudieran almacenar 90 días de contenido en un sistema automatizado. Esta grabadora se basa en un nodo maestro con secundarios conectados, que pueden gestionar hasta 16 canales en un sistema configurado en ala. El acceso a las grabaciones archivadas se realiza a través de una interfaz basada en Web y el vídeo se transmite en secuencias al cliente que lo ha solicitado.

Esta grabadora no sería posible si no existiera la compresión de vídeo, y es un buen ejemplo del tipo de producto que se puede desarrollar en una plataforma como Windows Media que se ejecute en un sistema operativo Windows, o la tecnología de otro fabricante.

Dado que se trata de un sistema basado en software, es posible configurar la relación de compresión y, por lo tanto, la capacidad y la calidad del almacenamiento de vídeo. Es posible almacenar menos vídeo con una calidad mayor, o extensas grabaciones de baja calidad. La elección es suya.

Procedimientos de conferencia

El uso de grandes pantallas en las conferencias es cada vez más popular. Estas se alimentan mediante las grabaciones realizadas por cámaras profesionales, y el vídeo se suele capturar y distribuir entre los participantes tras la conferencia. Los procedimientos de conferencias de Siggraph, por ejemplo, hacen un uso importante de la compresión para crear el disco de procedimientos en DVD, y los procedimientos de conferencias del desarrollador de Apple han sido una exhibición de la maestría de Apple con los procesos de producción y flujo de trabajo en vídeo, así como de su trabajo de ingeniería en códecs.

Vídeo de banda ancha a demanda

Durante 2004, la BBC probó un sistema llamado Internet Media Player (BBC iMP). Este sistema presenta una guía de programación electrónica (EPG) para un período de 14 días. El usuario explora los listados de EPG y puede ver cualquier programa de la semana pasada que no haya visto. Asimismo, es posible programar una grabación para los próximos días. Con el fin de proteger el contenido adecuadamente, las pruebas de BBC iMP se realizan en una plataforma basada en Windows compatible con la funcionalidad DRM de Windows Media. Si el reproductor iMP se usaba en un portátil conectado a un servicio de banda ancha fijo, el material descargado se podía transportar y ver de forma remota. Esto permite al vídeo ser tan portátil como la música que se escucha en un walkman o un iPod.

Los próximos experimentos en el ámbito de la televisión emitida a través de la banda ancha explorarán algunas interesantes técnicas de intercambio de archivos destinadas a aliviar el ancho de banda que necesitan los proveedores del servicio. Para que esto funcione, es necesario disponer de sólidas y fiables soluciones de administración de derechos digitales (DRM), o el modelo de superdistribución dejará de contar con la aceptación de los proveedores de contenido.

Sistemas de cine en casa

Las películas de Hollywood están diseñadas para verse en una gran pantalla y en una sala oscura con un sistema de sonido envolvente. Ahora existe un mercado creciente de equipamiento que se puede instalar en casa para proporcionarle la misma experiencia. La definición de los medios es principalmente estándar, pero ya se emite contenido en alta definición. Durante los próximos años se lanzarán más servicios de alta definición. Pantallas planas de plasma, LCD o LED se encuentran disponibles en tamaños de hasta 60 pulgadas. Si desea un tamaño mayor, considere la posibilidad de adquirir un sistema de proyección.

Con grandes tamaños de pantalla, sirve de ayuda aumentar la resolución de la imagen proyectada, lo que puede requerir algún hardware especial para escalarla e interpolar los píxeles adicionales. Con estos tamaños de pantalla tan grandes, cualquier artefacto que resulte de la compresión sería demasiado evidente. Será necesaria una mayor velocidad de bits para que sea posible obtener una relación de compresión menor. Algunos productos de DVD se incluyen en ediciones especiales que dejan de lado todas las características especiales con el fin de incrementar la velocidad de bits. El avance gradual de la tecnología de los códecs trabaja a nuestro favor. Los diseños nuevos proporcionan un mejor rendimiento para la misma velocidad de bits a medida que la tecnología avanza.

La consecuencia es que comprimir el vídeo para su visionado en un aparato de televisión con una definición estándar puede que no satisfaga a los más puristas del cine en casa.

Cine digital

De forma bastante interesante, parece que los estándares de televisión de alta definición que están apareciendo son adecuados para su uso en situaciones de cine digital. El mismo contenido se reproducirá con la misma sencillez en el entorno doméstico. Como la televisión de alta definición es cada vez más popular y hay un número creciente de gente que instala sistemas de cine en casa, las salas de cine comercial deberán replantearse nuevas formas de negocio. Tendrán que hacerlo con el fin de diferenciar su producto y ofrecer a la gente alguna razón para ir al cine en lugar de quedarse en casa viendo la película.

Plataformas

Con la tendencia cada vez mayor a alcanzar la convergencia tecnológica, las distribución de contenido en vídeo a determinados dispositivos que antaño no se podían concebir como destinatarios de este tipo de contenido, empieza ahora a ser viable. Los escritores de ciencia ficción han ensalzado durante años las virtudes de los dispositivos de vídeo portátiles, y ahora la tecnología ha llegado para que apreciemos esa capacidad. De hecho, los modernos teléfonos móviles de tercera generación son más funcionales y compactos de lo que habían pronosticado los escritores de ciencia ficción para dentro de cientos de años. El vídeo portátil, las pantallas táctiles, las pantallas planas y el vídeo en gran pantalla están aquí y ahora. En este mismo instante se despliegan cerca de usted. Lo que damos por hecho y usamos rutinariamente todos los días está ya más allá de las tecnologías futuristas de la tripulación de *Star Trek*.

Grabaciones y ediciones de vídeo portátil

Las cámaras portátiles llevan algún tiempo en el mercado. Los formatos de película amateur se pusieron a disposición de los consumidores como productos de vídeo doméstico en 8 mm, que sustituyeron a los primeros y pesados reproductores. Los formatos de 8 mm se fueron haciendo cada vez más populares en las décadas de los años 50 y 60. Las principales desventajas estaban en que sólo permitían metraje para una grabación de 4 minutos como máximo, y que la mayoría de los modelos requerían que la película se doblara por la mitad, con lo que el tiempo máximo de grabación era de sólo 2 minutos. Por aquel tiempo, la tecnología de las baterías era menos sofisticada de lo que pensamos hoy en día, ya que el funcionamiento de muchas cámaras era completamente mecánico.

Estos dispositivos fueron desplazados con bastante rapidez por la introducción de sistemas de vídeo doméstico VHS a finales de la década de los 70. Se introdujeron diversos formatos para intentar animar un uso masivo. Pero la edición de contenido era una tarea pesada y requería el uso de costosas grabadoras de cuatro cabezales.

Justo después del comienzo del nuevo milenio, las cámaras digitales alcanzaron un precio asequible para los entusiastas del vídeo doméstico. Ahora que las cámaras se pueden conectar con interfaces Firewire (también denominadas iLink e IEEE 1394), la conexión a los ordenadores ha revolucionado el flujo de trabajo del vídeo. Estas cámaras utilizan el formato DV (vídeo digital), que es prácticamente idéntico al formato DVCAM que emplean las compañías de televisión y los videógrafos profesionales. El formato DV fue concebido en un principio por Sony como una cinta digital de 8 mm destinada a las grabadoras Sony Handycam®.

En la figura 2.9 se muestra el equipo más avanzado de la actualidad, en la forma de un equipo portátil Apple Macintosh G4 de 12 pulgadas con una conexión FireWire a una cámara Sony DCR PC 105. La cámara y el ordenador portátil caben en un pequeño maletín. Esta combinación ofrece una funcionalidad sorprendentemente elevada por un precio de compra total más que razonable, ya que es inferior a los 3.000 euros.

El portátil de Apple ya incluye la instalación del software de edición de vídeo iMovie, suficiente para editar y grabar un DVD (mediante la aplicación iDVD). Puede salir de la tienda con él en la mano y empezar a trabajar en su proyecto cinematográfico inmediatamente.

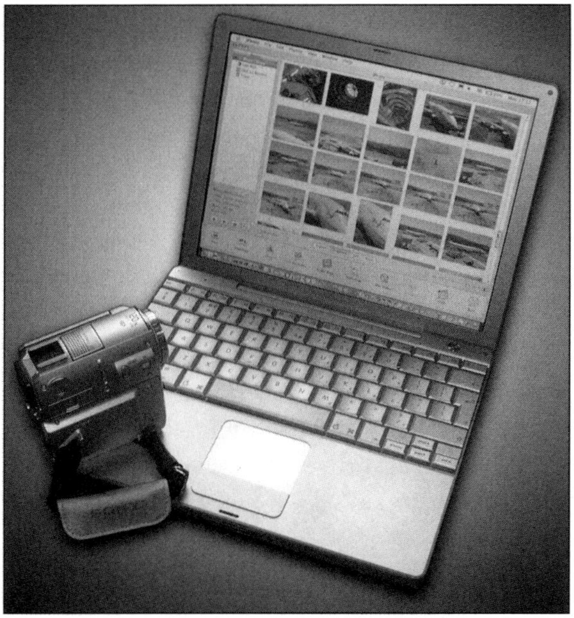

Figura 2.9.

Cámara de vídeo y ordenador portátil.

Por supuesto, hay ofertas de software alternativas, y los portátiles de otros fabricantes incluyen la misma funcionalidad. Los ordenadores Sony VAIO son perfectos para trabajar con vídeo porque están diseñados como complemento a la gama de cámaras de Sony, y los sistemas de edición Adobe Premier y Avid DV se pueden comparar con el software Apple Final Cut Pro en caso de que desee utilizar equipos basados en Windows.

Todas estas tareas se realizan con mayor eficacia en equipos de sobremesa con una mayor potencia de procesamiento. La solución portátil forma parte de un proceso de flujo de trabajo global que permite la realización de una gran cantidad de trabajo en el lugar de la grabación antes de enviar el contenido a la base de operaciones.

Reproducción de vídeo en dispositivos portátiles

La reproducción de vídeo portátil es cada vez más común. Existen varias clases de dispositivos disponibles en función de sus necesidades. Obviamente, cuanto más sofisticados sean, más costoso será el hardware. Hay una convergencia natural aquí, de tal forma que todas estas funciones se concentren en un solo dispositivo. Éstos entran dentro de una gama de dispositivos móviles que incluyen:

- Aparatos de televisión portátiles compatibles con la señal de TV digital terrestre.
- Reproductores de DVD portátiles.
- Reproductores de vídeo portátiles sin disquetera.
- Visores PDA.

Teléfonos con vídeo

La nueva generación de dispositivos de telefonía móvil incluye también las funciones de las agendas digitales personales (PDA). Estos teléfonos móviles están ampliamente extendidos e incorporan cámaras y vídeo. También incluyen libretas de direcciones y otras aplicaciones similares a las de una PDA, aunque son menos sofisticadas que las que se encuentran en una PDA genuina. Algunos servicios se desarrollaron para los teléfonos móviles conocidos como 2.5G, pero ahora se comercializan los teléfonos 3G (`http://www.3gpp.org/`), que probablemente reemplacen a la oferta de los teléfonos 2.5G.

H.264 en dispositivos móviles

El códec H.264 se ha diseñado para que resulte útil para los dispositivos móviles y la reproducción de vídeo de consumo. Para adaptar este estándar a algunas aplicaciones, es necesario tener en cuenta la base de reproductores instalada, y eso lleva algún tiempo. De modo que es probable que, inicialmente, el códec H.264 se utilice principalmente como un formato móvil.

El dispositivo portátil definitivo

Tomar las funciones de un televisor portátil, un reproductor de DVD, una PDA y un teléfono móvil e integrarlas en un solo dispositivo nos permitiría obtener prácticamente el dispositivo multimedia portátil definitivo. Bien podría serlo, si también incluyera las funciones de un pequeño ordenador portátil.

Ahora se requiere una política de uso justo para el vídeo digital de consumo que nos permita transferir un DVD adquirido de forma legítima a una "tarjeta de memoria" u otro medio de almacenamiento local. Estas tarjetas de memoria son un útil artilugio que nos podemos llevar en un largo viaje para entretenernos, aunque los propietarios del contenido no se sienten demasiado cómodos de que podamos realizar tales copias.

Aún hay problemas con el formato de un dispositivo portátil como éste. Para crear una experiencia que resulte cómoda en largos viajes, es posible que necesitemos un dispositivo algo más pesado de lo que debería ser un teléfono móvil. Quizá un kit de manos libres permita resolver ese problema, o posiblemente unos auriculares Bluetooth. Los teclados aumentan el tamaño de estos dispositivos. En la actualidad, resulta bastante costoso proporcionar suficiente capacidad de almacenamiento sin recurrir a un disco duro incrustado. Esto tiende a reducir la vida de la batería, así que conviene estudiar las nuevas tecnologías de almacenamiento que se encuentran en proceso de desarrollo.

Los chips de memoria de un terabyte basados en técnicas holográficas podrían ofrecer esa combinación de potencia-tamaño-peso requerida. Las nuevas tecnologías de visualización como los dispositivos LED orgánicos proporcionan imágenes más brillantes con un menor consumo de potencia. Las cámaras ya se han reducido a un pequeño dispositivo CCD montado en un chip con un tamaño inferior a un centímetro cúbico.

La clave para ello es la estandarización. Los tamaños de pantalla, reproductores, códecs de vídeo y protocolos de conexión comunes permitirían a toda la industria desarrollarse entre estos dispositivos.

Los estándares abiertos facilitan este tipo de cosas, y hay grandes esperanzas puestas en que el códec H.264 (AVC) y el resto de componentes del estándar MPEG-4 desempeñen un importante papel en este sentido.

Grabadoras de vídeo personal

Las grabadoras de vídeo personal (PVR, *Personal Video Recorders*) se suelen denominar TiVo de forma genérica, aunque los fabriquen distintas compañías. Algunas de ellas incluso conceden bajo licencia el software de TiVo (`http://www.tivo.com/`), aunque otras no. Otra marca de gran popularidad es DirecTV (`http://www.directv.com/`).

Dispositivos PVR de emisiones terrestres analógicas

Un dispositivo TiVo clásico trabaja intensamente en la compresión del vídeo analógico entrante para almacenarlo eficazmente y proporcionar atractivas funciones de reproducción. El nivel de calidad de la compresión se puede definir en las preferencias. Los factores que hay que sopesar son el espacio frente a los artefactos visibles. Con una calidad baja, el vídeo presentará bastante ruido si la imagen incluye una gran cantidad de movimiento. Esto resulta aceptable si graba un programa que no desee conservar para siempre, por ejemplo cuando programa un cambio de horario para ver el programa en otro momento que le resulte más adecuado. Si graba una película, probablemente desee seleccionar un formato de mayor calidad que si grabara un programa de noticias.

La funcionalidad se divide ampliamente entre atractivas capacidades de reproducción y un mecanismo para garantizar que grabe todos los programas que desee, aun en el caso de que desconozca el momento en el que se van a emitir.

A largo plazo, estos dispositivos irían desde una solución en una sola caja a un servidor de medios doméstico con distintos clientes conectados. Esto podría resultar atractivo a las escuelas, que podrían transmitir servicios televisivos en secuencias directamente a las aulas.

La televisión de un campus universitario, los servicios televisivos de un hospital y la distribución de vídeo corporativo son también candidatos. Las soluciones basadas en estándares proporcionan un ahorro considerable a la hora de escalar un producto, la casi nula obligación de ceñirse a un proveedor y excelentes oportunidades comerciales para los desarrolladores de contenido independientes.

Dispositivos PVR de emisiones terrestres digitales

Cuando se implementan dispositivos PVR digitales, la grabación de programas de televisión terrestre es mucho más eficaz. En el mundo digital, la secuencia de transporte entrante debe multiplexarse, y los paquetes que pertenecen a la transmisión del programa que nos interesa se almacenan en el disco duro. El emisor ya comprime de forma óptima estas secuencias. Su transcodificación proporciona algunas ventajas de almacenamiento. Tenga en cuenta que no podemos añadir ningún dato al vídeo eliminado en su origen.

El futuro trabajo de desarrollo de los dispositivos PVR se centrará en el almacenamiento y administración de contenido distribuido digitalmente. Esto se encuentra dentro del alcance de los diseños de productos basados en software y no requiere el uso de gran cantidad de costoso hardware.

Existen complejos problemas legales asociados a la tecnología de grabación de tecnología digital doméstica, y ésta se encuentra en constante evolución.

Figura 2.10.
Pace PVR2GO.
Fuente: cortesía de Pace Micro Technology.

Soluciones PVR móviles

Pace presentó otro interesante producto en la convención IBC (*International Broadcasting Convention*) en 2004. Se trataba de un PVR portátil diseñado para grabar material emitido con el estándar de televisión móvil DVB-H. Si éste se asocia al códec H.264 y a una solución DRM operativa, estaremos muy cerca de un sistema que se podrá ampliar muy pronto.

Teniendo en cuenta los problemas legales y siempre que se pueda desarrollar la tecnología de distribución de contenido en aplicaciones para usuario, productos como el PVR2GO mostrado en la figura 2.10 podrían ser todo un éxito.

El futuro

La tecnología que permite que los dispositivos PVR sean cada vez más baratos y las técnicas de codificación que permiten aumentar la capacidad de almacenamiento (en horas) crecen a mayor ritmo que nunca. Sin embargo, no todos los hogares desean contar con un PVR. Por otra parte, el nivel máximo del espectro funcional sólo lo pueden alcanzar usuarios con elevados ingresos disponibles. Algunas de las funciones básicas bien pueden estar incluidas en un aparato de televisión. A medida que los receptores de televisión se sustituyen gradualmente por otros con la nueva tecnología, éstos incorporan compresión de vídeo y almacenamiento local.

La pausa y el rebobinado de vídeo en directo, por ejemplo, es muy posible que se incorpore a los aparatos de televisión, y para que su fabricación resulte económica, la funcionalidad se implementará en unos pocos circuitos integrados y estará tan presente como los descodificadores de teletexto que se encuentran en los aparatos de televisión europeos.

La conectividad de banda ancha penetra en el mercado con mucha rapidez, quizá no tanta como ocurrió con los reproductores de DVD, pero las cifras son igualmente elevadas.

Se alcanza un umbral crítico cuando los códecs de vídeo son lo suficientemente buenos como para proporcionar vídeo con una calidad satisfactoria y con una velocidad de bits igual o inferior al ancho de banda disponible a través de la conexión de banda ancha. De hecho, la codificación H.264 incluida en los contenedores multimedia del formato

MPEG-4 asociada a un equipo de almacenamiento PVR y un rápido vínculo de banda ancha de baja contención, constituye una posible cuarta plataforma de televisión que ofrece soluciones a muchos de los problemas que no se pueden resolver fácilmente con las plataformas de televisión digital terrestres o basadas en cable o satélite. Los paquetes multimedia interactivos MPEG-4 podrían distribuirse junto con contenido de televisión digital ya existente en una secuencia de transporte MPEG-2. Es más, el organismo de estandarización ha creado una provisión especial para permitir este sistema de distribución, y el propio MPEG-4 no precisa estandarizar una secuencia de transporte porque ya hay una disponible.

Continuación del viaje

Así que tenemos algunas ideas sobre el tipo de plataforma en la que se debe reproducir el vídeo que deseamos comprimir. Esto nos ayudará a estimar la mejor forma de codificarlo. También sabemos algo sobre el tamaño de destino y los sistemas de distribución. Esto nos facilitará la tarea de seleccionar reproductores y códecs.

Ahora podemos considerar el caso desde el otro extremo. El material que utilicemos deberá originarse en diferentes formatos, y es necesario que sepamos algo sobre el funcionamiento de cada uno de ellos.

Capítulo 3

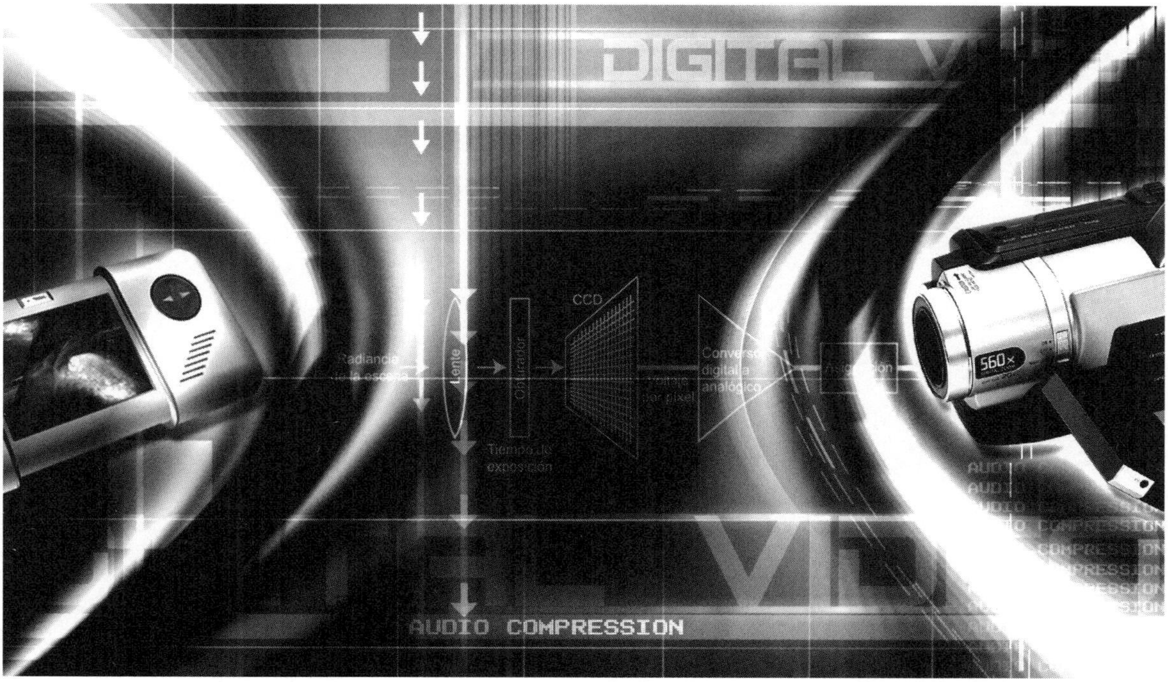

¿Qué se intenta comprimir?

¿Hasta dónde quieres llegar hoy?

Ese fue el excelente eslogan ideado por Microsoft. Implica emoción y aventura y se basa en la elección que puede hacer usted como consumidor. Así que ahora hemos de tomar una decisión sobre el tipo de contenido de imágenes en movimiento que vamos a comprimir. ¿Será película, vídeo o imágenes digitales creadas por ordenador? Son diferentes y averiguaremos por qué en los capítulos siguientes.

¿Qué es una imagen en movimiento?

Piense en las imágenes en movimiento. ¿Cómo se capturan? Se trata de registros en dos dimensiones de una matriz de píxeles en un instante concreto. Tanto las cámaras de televisión como de película capturan movimiento, pero las imágenes resultantes tienen muy poco en común cuando se examinan desde un punto de vista técnico.

¿Qué tipo de compresión necesita?

Hay dos tipos básicos de compresión. El primero es un formato sin pérdida, mientras que el otro sacrifica algo de fidelidad para mejorar la relación de compresión. La compresión con pérdida es un proceso de conversión de formato que comprime la manifestación física del vídeo. La compresión con pérdida comprime realmente el contenido informativo del vídeo. Se trata de una distinción sutil y de gran importancia. La compresión con pérdida va desde una gran calidad con artefactos indetectables hasta experiencias de visualización intensamente degradadas. Los desarrolladores de las tecnologías de compresión de vídeo luchan continuamente por mejorar la relación entre la calidad y la velocidad de bits o la compresión.

¿Qué tipo de usuario es usted?

La compresión de vídeo interesa a distintos usuarios. Los profesionales la consideran como una ocupación a tiempo completo y puede que dispongan de sólidos conocimientos para crear sistemas grandes y complejos. En el otro extremo de la escala está el entusiasta videógrafo aficionado que desea crear un DVD en el que grabar algún acontecimiento familiar. Hay sistemas de compresión disponibles para ambos extremos de la cadena, así como para aquéllos cuyas necesidades se encuentran en un punto intermedio.

En primer lugar consideraremos el caso de más envergadura. A continuación, recorreremos e iremos descendiendo hasta llegar a las necesidades de usuarios concretos que desean realizar una pequeña operación.

Cadenas

Hay relativamente pocas grandes cadenas en el mundo en comparación con el número de posibles compresionistas de pequeño a mediano tamaño. Por grandes cadenas, queremos decir organizaciones que emiten varios canales de contenido simultáneamente. Ejemplos podrían ser la BBC, la MTV o News Corporation, que es la compañía principal de todas las marcas de Sky y otras como Fox Television.

La BBC emite más de 26 horas de contenido por cada hora del día. Esto incluye varios servicios televisivos nacionales e internacionales y numerosos servicios de audio en forma de radio AM, FM y digital. Parte de este contenido también se transmite en secuencias a través de Internet para incrementar un funcionamiento del sitio Web a gran escala.

Los procesos de producción para dicho contenido son ahora casi completamente digitales, desde la introducción del material de origen y su paso por el proceso de edición, hasta su emisión. Hay contenido que aún llega en forma analógica, y Reino Unido todavía tiene emisiones analógicas para el usuario doméstico. De hecho, dicho servicio analógico se distribuye a través de sistemas digitales prácticamente a todos los eslabones de la cadena antes de alcanzar el transmisor.

La compresión de vídeo es fundamental para el flujo de trabajo de la difusión. Pretender almacenar todo en un formato no comprimido resulta poco realista, tanto desde un punto de vista técnico como financiero. La compresión seleccionada debe permitir la edición y reutilización del metraje sin que se produzca una pérdida generacional. Las copias maestras de contenido de calidad alta pueden conservarse en un formato de almacenamiento de 50 Mbps y el contenido normal en 25 Mbps. También se emplean otros formatos intermedios con velocidades de bits inferiores.

Los archivos requieren un formato de almacenamiento sin pérdida (o casi). Para cuando el vídeo llegue al televisor del salón de casa, se habrá comprimido con un factor de 10 a 1 y ni se aproxima a la calidad de los archivos.

El almacenamiento archivístico a largo plazo se realizará casi con total seguridad en distintos formatos. Algunos de ellos tienen una calidad inferior a la de los estándares de emisión y producción actuales porque los sistemas heredados de mayor antigüedad no podían obtener los niveles de calidad que ahora son habituales.

No se puede restaurar lo que no está presente. Cambiar los fines de viejo contenido archivístico presenta algunos problemas especiales, y buscar métodos para obtener la mejor calidad a partir de material antiguo constituye un reto en la actualidad. El *BBC Research Centre* desarrolla soluciones tecnológicas a este tipo de problemas de vez en cuando. Una innovación reciente fue una herramienta de procesamiento digital que muestrea la subportadora de color grabado en formato PAL con mayor precisión para restaurar el viejo metraje PAL, eliminando una gran cantidad de ruido analógico y artefactos entre colores. Este tipo de investigación requiere unos recursos considerables y beneficia a toda la industria.

Compañía de producción

Las compañías de producción independientes producen ahora una gran cantidad de programas propios. No disponen del dinero necesario para invertir en las grandes infraestructuras técnicas que usan las cadenas de difusión, pero emplean equipos similares para grabar y editar.

Los programas se suelen distribuir en sistemas basados en betacam de Sony Digital betacam o en un formato llamado DVCAM y sus derivados como DVCPRO. Éstos se corresponden con los formatos de 50 Mbps y 25 Mbps que prefieren las cadenas de difusión. También empiezan a utilizarse variantes de televisión de alta definición (HDTV) de estos formatos. Estos formatos están ligeramente comprimidos. Todos los formatos que se emplean en la actualidad sacrifican una pequeña parte de la información de la imagen, aunque sólo se trate de grabar los datos de color con una resolución inferior a la del brillo.

El material original puede haberse grabado en película o en vídeo. En la actualidad, el material se distribuye a las cadenas de difusión en formato digital. Nuevas tecnologías como el formato MXF (*Material eXchange Format*) permiten la distribución de medios en archivos en lugar de en cintas, lo que posibilita que las transferencias se transmitan por red a través de una infraestructura de tecnologías de la información.

Todo almacenamiento de programas a largo plazo debe realizarse de tal forma que esté listo para un nuevo procesamiento en mercados y plataformas nuevos. Es probable que una compañía de producción que haya estado en funcionamiento durante algún tiempo tenga algunos problemas de almacenamiento y de conversión de formatos similares a los que experimentan las cadenas de difusión debido a los continuos cambios que se producen en los formatos de vídeo.

Semiprofesionales

Se trata de una categoría de consumidores que adquiere equipamiento de gama alta con una calidad casi profesional y que podría adaptarse a las necesidades de las compañías de producción y las cadenas de difusión. La separación existente se va reduciendo, y es probable que las diferencias entre el equipamiento semiprofesional y el profesional estén en la óptica de las imágenes y la capacidad de almacenamiento. Muchos de los componentes físicos de las cámaras son comunes a ambos grupos de consumidores, sobre todo en el caso de las cámaras en formato DV.

El chip de creación de imágenes de los equipos estándar de difusión profesional produce una resolución más alta y un mayor rango dinámico entre el blanco y el negro, lo que resulta en imágenes de mayor calidad. En ocasiones, los sistemas profesionales emplean varios chips CCD en lugar de un solo chip para que la calidad sea aún mejor. Las cadenas de difusión requieren lentes con un excelente control de la profundidad de campo y escasa o nula distorsión de la imagen. La capacidad de almacenamiento de las cintas de vídeo en un sistema profesional será superior a la del modelo semiprofesional en lo que a velocidad de bits se refiere. Un formato profesional también es susceptible de grabar durante un período de tiempo menor debido a que la cantidad de datos registrados es superior. La consecuencia es que los sistemas basados en cinta deberán transportar la cinta con mayor rapidez para grabar suficientes datos. Lo mismo se aplica al almacenamiento digital porque el peso de los datos almacenados es superior.

Aficionados

El precio de las cámaras de mano digitales se está reduciendo hasta tal punto que el mercado se encuentra en pleno proceso de apertura. Aún es posible adquirir grabadoras de vídeo analógico, pero la mayoría de fabricantes también comercializan una amplia gama de cámaras digitales. Sony, por ejemplo, fabrica el modelo DCR PC105E, que reproduce cintas DVCAM grabadas en reproductores de vídeo digital de estudio de gama baja como el DSR 11. El uso del formato DVCAM está ampliamente extendido en operaciones de obtención de noticias, y el vídeo se suele manipular mediante el formato DV25 de 25 Mbps. Más adelante veremos distintos formatos de vídeo más detenidamente.

Posibles problemas

Si el vídeo que intenta comprimir es de una calidad especialmente pobre, le defraudará el resultado de la compresión. El codificador interpreta cualquier ruido significativo del original como cambios entre fotogramas. Incluso el contenido del fondo que no se mueva se comprimirá de forma deficiente si hay ruido presente. O bien el compresor es incapaz de alcanzar la velocidad de bits de destino, o bien si limita la velocidad de bits, la calidad del vídeo será muy deficiente cuando se reproduzca. Los artefactos en movimiento son especialmente difíciles de corregir cuando el vídeo de origen es entrelazado. La eliminación del entrelazado es bastante complicada. La digitalización de una película de vídeo casera puede estar sujeta a un posicionamiento inestable de la película en el proyector o unidad de telecine en caso de que no utilice un sistema profesional. Esto se denomina holgura de la puerta, y produce errores de precisión, o diferencias entre fotogramas no intencionados que deben corregirse mediante técnicas de compensación del movimiento. Dado que la cámara también introdujo algo de holgura, tiene dos artefactos de holgura de película ante sí.

Merece la pena invertir en herramientas que registran los fotogramas y estabilizan el vídeo con anterioridad a la compresión. La estabilización no es vital en el proceso de compresión, por supuesto, pero la calidad resultante será mayor. La velocidad de bits se emplea al comprimir el movimiento dentro del fotograma y no por el movimiento del fotograma en sí.

Este último punto es muy sutil, ¿verdad? Se trata del tipo de complejidad típica que encontrará en el proceso de compresión.

Trabajar con contenido difícil

Preprocesar el vídeo a través de un filtro de ruidos ayuda en el proceso de compresión. Llegado el momento de empezar, es poco probable que adquiera productos del tipo de Final Cut Pro o Premier como una prioridad. Sus complementos de reducción de ruido y corrección del color permiten rescatar metraje inutilizable, y puede agregarlos a su sistema cuando se lo pueda permitir.

Los errores de precisión que se producen debido al movimiento de la puerta podrían corregirse mediante las funciones de corrección del movimiento de Adobe After Effects para volver a situar los fotogramas en su posición correcta, unos respecto a otros. Se producirá una leve pérdida de la resolución porque es necesario enmarcar una parte de la pantalla que siempre encierra una imagen. Si la película se desplaza bastante en la puerta, perderá parte de la imagen en torno a los extremos. Un producto final bien recortado remedia este problema, y siempre que recorte exclusivamente el excedente de digitalización de la imagen, es poco probable que la experiencia de visionado resulte afectada. Siempre existe la posibilidad de escalar o realizar una composición en un fotograma de algún tipo si el movimiento es significativo y el área que se debe recortar es excesiva.

Pérdida de datos durante la transcodificación digital

La compresión es simplemente el proceso de reducción de datos. No hay compresión sin pérdida de datos, excepto quizá, en el caso de algunas técnicas de producción de gama alta. Para comprimir vídeo hasta tamaños que resulten prácticos para la archivación de vídeo o DVD doméstico, es necesario que se produzca una pérdida considerable de datos. Estos datos no se pueden restaurar una vez descartados. En la figura 3.1 se muestra la salida de un analizador de vídeo que compara una imagen antes y después de la codificación y, a continuación, escala el error residual para que resulte visible.

Los códecs más recientes proporcionan herramientas de compresión adicional para minimizar estos efectos, lo que resulta de gran ayuda. El códec H.264, por ejemplo, ofrece algunas funciones de codificación muy sofisticadas, pero la contrapartida es que se requiere una mayor potencia de CPU y tiempo para comprimir el contenido.

Tendrá que decidir usted mismo cuál es el nivel de pérdida de datos que resultará aceptable. En el caso de la película, carece de sentido intentar conservar detalles que van más allá del tamaño del grano de la película, porque lo que hace es conservar el ruido en la imagen fotografiada original.

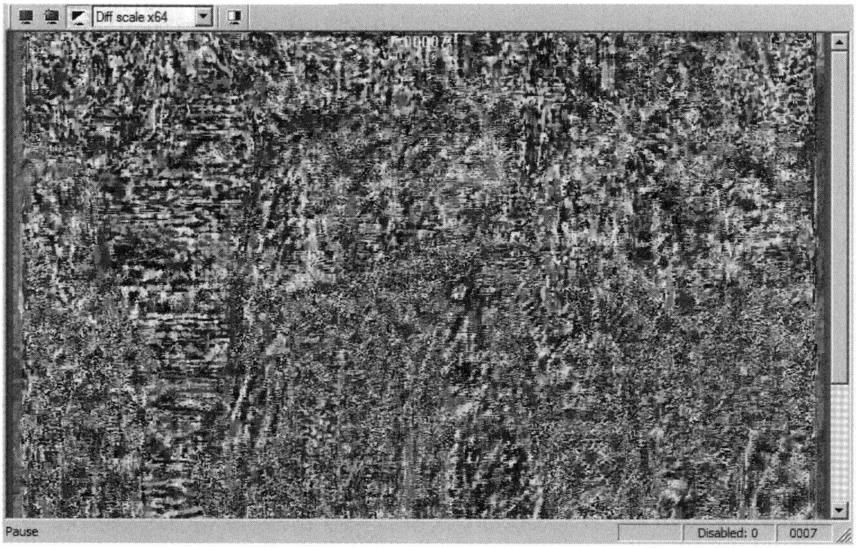

Figura 3.1. *Diferencias residuales tras la codificación (pérdida de datos).*

Los matemáticos están obligados a discutir este hecho, similar a la situación relacionada con las velocidades de muestreo de audio. Pero veremos este aspecto más adelante. Por ahora, quédese con el nombre de Harry Nyquist, que concibió la idea del muestreo digital 60 años antes de que existiera la tecnología necesaria para su invención. Es preferible perder resolución horizontal que vertical en un vídeo, debido a los artefactos que introducen las interpolaciones verticales. Si hay detalles importantes como, por ejemplo, texto, éste resultará ilegible tras un proceso de compresión intensa.

Se prefiere una compresión con una velocidad de bits variable para el contenido que no está destinado a emitirse con un presupuesto fijo para la velocidad de bits. Si el presupuesto de velocidad de bits está limitado de alguna forma, un proceso de compresión conjunta en distintos canales proporciona algunos beneficios. Dos o más canales pueden dejar espacio disponible a otros y transmitirse con un ancho de banda menor del que precisarían en caso de que se comprimieran de forma independiente. Esta técnica se denomina multiplexación estadística, y la veremos más adelante en profundidad.

Desventajas de la compresión de vídeo

Hay ocasiones en las que la compresión de vídeo provoca más problemas de los que soluciona. Si se intenta su implementación en situaciones poco adecuadas, se producirán dificultades más adelante durante el ciclo de producción y consumo.

Etapa de obtención

La compresión de vídeo debe evitarse durante la etapa de obtención. Algunas cámaras comprimen el vídeo mientras se escribe en una cinta o disco en el interior de la cámara. Estos dispositivos nunca producen un resultado sin comprimir. La consecuencia es que cualquier cosa que obtenga con tales cámaras probablemente resulte totalmente inutilizable para cualquier otra cosa que no sean películas caseras.

Por ejemplo, imagine que graba un vídeo formativo y desea aislar el color de fondo. Independientemente de que emplee pantallas verdes o azules, o incluso el material retrorreflectante más reciente para que el mate destaque perfectamente, cualquier compresión con pérdida de detalles inmediatamente comprometerá su capacidad para extraer un mate de dicho vídeo. Las irregularidades y los artefactos codificados en los extremos son tan evidentes que el vídeo renderizado resulta inservible. La solución pasa por conseguir una cámara mejor, realizar la grabación con los parámetros de calidad óptimos y, a continuación, escribirla en una cinta en un formato de almacenamiento con una velocidad de bits alta y un método de compresión que apenas presente pérdidas.

No sirve para almacenar material de calidad maestra

Por razones similares por las que a) realiza la grabación con la máxima calidad disponible para el equipo, almacenamiento en película o formato de grabación, y b) usa técnicas de compresión sin pérdida (la finalidad es conservar la mayor cantidad de información posible), los archivos deben mantenerse con la máxima calida posible. Lo deseable sería un formato de codificación sin pérdida, aunque resulta demasiado costoso en lo que a espacio de almacenamiento se refiere. La experiencia demuestra que si el contenido se comprime con técnicas de codificación de baja calidad, los archivos resultarán inservibles muy rápidamente.

Colocar los sistemas de seguimiento en su lugar y registrar los fragmentos en cuanto lleguen del campo deberá verse como una ventaja y no como un coste. A largo plazo supone un ahorro de dinero.

Describiré un penoso episodio basado en un hecho real. Sólo se han cambiado los nombres y lugares como protección para los inocentes.

Pongamos por caso que hace dos años que puso en marcha un importante sitio Web basado en elementos multimedia y, a través de ejercicios de reducción de costes, dejó de registrar el material entrante y simplemente lo codificaba para su distribución vía módem para, a continuación, desechar los originales.

Llegado el momento en el que el personal del departamento de marketing se enfrente a un portal de banda ancha para distribuir el sitio como una importante experiencia de banda ancha, ¿cómo va a volver a codificar todo ese contenido? Entonces es cuando usted va y dice: "Ojalá hubiéramos conservado los originales y creado una base de datos de medios para registrarlo y administrarlo todo". Pero la situación empeora. Muchísimo.

Tiene importantes y complicados problemas con los derechos de copyright de los medios. Quizá hayan expirado y no deberían mostrarse en el sitio. A veces, estos derechos se conceden para la distribución vía módem y excluyen específicamente la banda ancha o la omiten. Esto proporciona a los expertos legales argumentos para conseguir un pago adicional. Algunos derechos están claros, y es posible cambiar la finalidad de los medios inmediatamente. ¿Pero cómo puede saber cuál es cuál? En palabras de los Cazafantasmas, "¿A quién vas a llamar?"

Efectivamente, los únicos archivos de que dispone son ese caos pixelado, que se reproduce a saltos, del tamaño de un sello de correos, calidad módem y una apariencia bastante deficiente del servidor de transmisión en secuencias y, como el personal del departamento financiero le habló de ahorrar dinero desde el principio, va a recoger los frutos de una decisión empresarial tremendamente desafortunada.

Es posible que su negocio se recupere de esto. Pero lo más probable es que no sea así sin dedicar una ingente cantidad de tiempo y dinero en volver a elaborar contenido de nuevo. Y todo esto suponiendo que pueda encontrar las cintas maestras originales y obtener los derechos para utilizarlas de nuevo.

La moraleja de esta historia es que conviene planificar lo que andará haciendo en el futuro, no sólo durante el año que viene, sino dentro de 5 ó 10 años.

Salir del fango

La solución está en instituir una auditoría de medios e intentar determinar dónde están los originales de ciertas grabaciones. La estrategia que se debería haber seguido en primer lugar habría sido la de crear una base de datos de medios aunque su manejo fuera manual.

Mantener un registro de todas las copias maestras de un clip y de cualquier copia comprimida requiere un sistema de registro fiable. La única forma de mantener un registro de los medios es con diligencia. Dado que los originales se almacenan en algún sitio en línea, es posible configurar algún sistema automatizado para cargar y transcodificarlos sin que sea necesaria la intervención de ningún ser humano.

Es necesario planificar con antelación, anticiparse a las futuras necesidades de contenido y mantener copias con calidad de archivo de forma fiable. En caso de que estén completamente comprimidos, deberán almacenarse en un formato de compresión sin pérdida, de modo que un transcodificador pueda reducir el muestreo para realizar la conversión a cualquier formato requerido.

No es posible transcodificar a un formato de calidad superior sin que se muestren artefactos como resultado. Como mucho podrá hacer que se muestren borrosos para ocultar los peores efectos.

Acotar el problema

Para poder comparar los distintos tamaños de imagen y velocidades de fotogramas, es necesario tener en cuenta el tamaño de los conjuntos de datos con los que trabajamos. A continuación, puede realizarse una planificación de la capacidad de un nuevo sistema de flujo de trabajo de compresión. Los cálculos son bastante sencillos, aunque no es fácil encontrar los valores iniciales que se deben utilizar.

Resulta vital planificar la capacidad de un sistema para ofrecer suficiente espacio en disco para los proyectos que se encuentran en desarrollo. Si el coste del almacenamiento es un factor limitador, se invierte la ecuación. La decisión entonces versará sobre la cantidad de vídeo y el tamaño de las imágenes que se van a almacena en el espacio disponible en disco.

Formatos de imagen en movimiento

Ahora que conocemos los requisitos básicos de un sistema de compresión, podemos echar un vistazo al tipo de material que vamos a comprimir. La película, la televisión y los datos informáticos son diferentes. En los capítulos siguientes veremos detalladamente cada uno de ellos y cerraremos con un examen del audio, que es un importante componente de la experiencia visual.

Capítulo 4

Película

La ruta tradicional

En nuestro viaje por los entresijos de la compresión de vídeo, nos detendremos ahora en la película cinematográfica. La película ha estado ahí durante cierto tiempo. Fue el primer tipo de imagen en movimiento que se grabó, por lo que podemos considerarlo como un formato clásico o tradicional.

La televisión también existe desde hace muchos años, pero la película existe desde mucho antes. La mayoría de los principales estudios existen desde hace 80 años como mínimo, y la tecnología ya existía antes de que Hollywood se estableciera apropiadamente.

De modo que, para esta parte del viaje, echaremos un vistazo a cómo la tecnología crea esas imágenes parpadeantes en la pantalla, lo que nos ayudará a comprender mejor el resto de formatos cuando lleguemos a ellos.

En los viejos tiempos...

Los fabricantes de cámaras y negativos han introducido importantes mejoras en lo que se puede conseguir con la película cinematográfica. El aspecto más problemático de la película es que, debido a que las imágenes se registran mediante una reacción química, la película se desgasta; es decir, las imágenes se degradan con el paso del tiempo. Perderán contraste y el color cambiará debido a que cada emulsión del sustrato de la película envejece de forma diferente. Esto se aplica igualmente a las películas creadas por las compañías cinematográficas de Hollywood como a las películas caseras grabadas en los años 50 y 60 en 8 mm.

Recuperar y restaurar algunas de nuestras viejas grabaciones y archivarlas en formato digital es tremendamente importante. Si dejamos de hacerlo durante los próximos años, se perderán para siempre.

En este capítulo examinaremos los aspectos más importantes de las películas. Conocer la naturaleza de la película le ayudará a sacar el máximo partido al proceso de compresión en caso de que ésa sea la procedencia del material de origen.

Cómo funcionan los proyectores de película

Los proyectores y las cámaras transportan la película de la misma forma. La cámara simplemente utiliza una apertura de obturación superior a la del proyector. Se probaron y descartaron numerosos sistemas alternativos antes de que el típico diseño de fotogramas en serie desplazados mediante el sistema de engranajes y perforaciones llegara a ser dominante. El *National Museum of Film and Television* de Bradford (Reino Unido) y el *Science Museum* de Londres permiten conocer en profundidad la forma en la que la tecnología cinematográfica ha evolucionado. Merece la pena visitarlos si tiene tiempo y le queda alguna vez de paso. Hay museos similares en Estados Unidos (como el *California Museum of Photography*) y en otros países con historia en la fabricación de película. A continuación se incluye una lista de URL de sitios Web de otros museos interesantes.

Además, los museos de ciencia o ingeniería también tienen secciones dedicadas a la creación de película.

- *National Museum of Film & Photography*: `http://www.nmpft.org.uk/`
- *George Eastman House*: `http://www.eastmanhouse.org/`
- *American Widescreen Museum*: `http://www.widescreenmuseum.com/`
- *California Museum of Photography*: `http://www.cmp.ucr.edu/`
- *American Museum of Photography*: `http://www.photographymuseum.com/guide.html/`
- *International Centre of Photography*: `http://www.icp.org/`
- *The Big Camera*: `http://www.thebigcamera.com.au/`

La puerta y el mecanismo de transporte de la cámara

La película pasa a través de la puerta de la cámara y el proyector mediante un mecanismo de pinza que realiza un movimiento de leva o excéntrico de algún tipo. Esto resulta mucho más fácil de comprender si se visualiza, como se pretende en la figura 4.1.

A medida que el motor genera el movimiento de leva excéntrico, la pinza se mueve de arriba a abajo y de dentro hacia fuera. Se trata de un ejemplo simplificado en gran medida, y el mecanismo real es un poco más complicado que éste, aunque el principio se encuentra vigente. La pinza se desplaza hacia arriba, los dientes sobresalen por una apertura en la puerta y penetran en la película a través de las perforaciones de la misma, tirando así de la película a través de la puerta. Este movimiento ha de ser muy preciso, ya que la película debe moverse exactamente la distancia ocupada por un fotograma y los agujeros deben estar perfectamente alineados para que el mecanismo de pinza no desgarre la película.

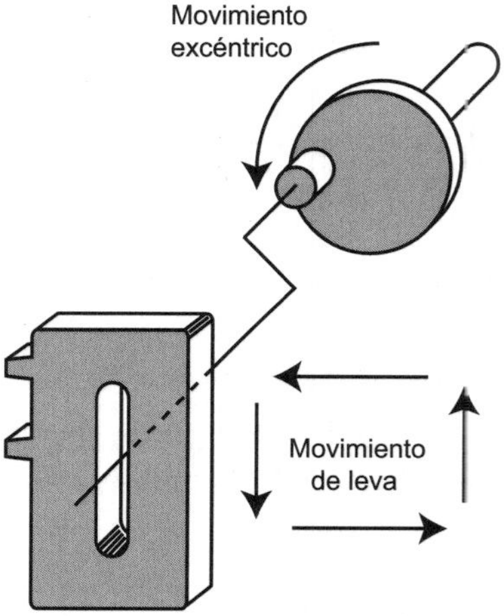

Figura 4.1.
Mecanismo de pinza de la puerta de la película.

El obturador

El obturador permite pasar la luz para exponer la película o proyectarla en una pantalla durante su visualización. El obturador está montado en un eje y da una vuelta por cada fotograma. El proyector consigue proyectar la imagen sobre la pantalla dos veces. Esto hace que la imagen se muestre en pantalla a 48 fps (fotogramas por segundo), aunque en realidad la película sólo se desplace a 24 fps a través de la puerta. En la figura 4.2 se muestran los diseños del obturador de una cámara y un proyector.

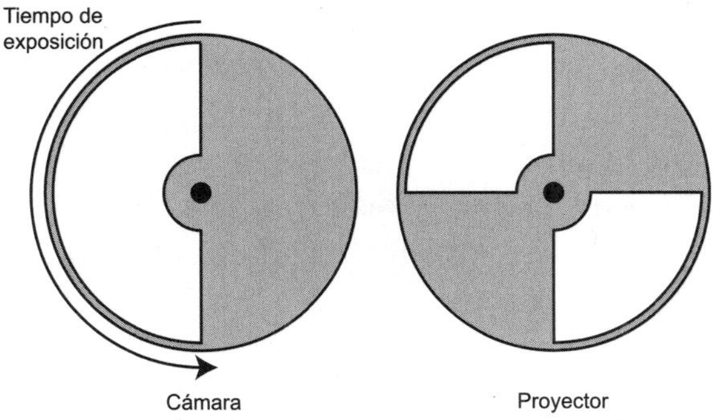

Figura 4.2.

Diseños del obturador de una cámara y un proyector.

Algunos proyectores permiten ajustar la sincronización del obturador para que abran o cierren la abertura en relación al movimiento de la puerta. Los proyectores más sofisticados incluso permiten ajustar el tiempo en que la abertura permanece abierta.

Formatos y tamaños de imagen

Probablemente los parámetros más importantes que debe conocer sean las características físicas del material de origen.

Estas características incluyen:

- El ancho en píxeles.
- El alto en píxeles.
- La profundidad de color.
- Los fotogramas por segundo.
- El método de exploración (entrelazado o progresivo).

La altura, la anchura y la profundidad de color determinan la cantidad de información que incluirá cada fotograma. Parte del proceso previo a la compresión, como las tareas de recorte y escala, se basarán en lo que sepa de estos valores.

El valor de los fotogramas por segundo (fps) indica si es necesario realizar alguna reducción o corrección basada en criterios temporales para introducir fotogramas adicionales en la plataforma de salida de destino.

El método de exploración indica la complejidad de cualquier procesamiento basado en movimiento. La película sin procesar se puede convertir fácilmente en exploración progresiva o entrelazada. El vídeo se origina en un formato entrelazado, y no se convierte convenientemente al sistema de exploración progresiva sin la aplicación de algo de interpolación compleja. Esta interpolación es complicada porque se realiza en los ejes espaciales (X e Y) y temporal (entre campos sucesivos). La interpolación resulta mucho más sencilla si el vídeo se creó a partir de un formato de película con un proceso de telecine. Esto resultará evidente cuando veamos el funcionamiento del proceso de reducción.

Los formatos de película presentan la información de la imagen a la resolución superior. Las velocidades de fotogramas suelen ser estables a cualquier tamaño a 24 fps. Algunas grabaciones de películas antiguas puede que utilicen una velocidad de 18 fps para ahorrar en negativo. Este texto irá desde la máxima calidad a la mínima, haciendo durante el recorrido algunos cálculos sencillos sobre los tamaños de imagen digitalizados potencialmente.

Grano de la película y resolución de exploración

Durante la investigación realizada para la elaboración de este libro, se pusieron al descubierto distintas dimensiones para los formatos de película que entraban en conflicto. El grano de la película es un atributo tan variable que las resoluciones de exploración varían enormemente.

Si así lo desea, puede optar por explorar con una resolución superior o inferior en sus proyectos. Basta con volver a calcular las ecuaciones de densidad de almacenamiento, que son muy sencillas. He aquí un ejemplo:

Dado:

- W = Ancho del área de la imagen en mm.
- H = Alto del área de la imagen en mm.
- D = Resolución en puntos por milímetro (dpmm) seleccionada.
- F = Velocidad de fotogramas en fps.
- T = Duración de la película en minutos.
- Z = Bytes por píxel (RGB 8 bits = 3).

Gigabytes por película:

- Espacio en disco necesario = $W * H * Z * F * T * 60 * D^2 / 2^{30}$

Una vez decidida la resolución de exploración, se calcula el tamaño de los fotogramas en píxeles. Los tamaños de almacenamiento que calculemos en nuestra planificación de la capacidad se derivan de estos valores.

Una resolución de unos 115 puntos por milímetro (dpmm) se considera que supone un equilibrio razonable para una densidad de exploración máxima en el cálculo de tamaños de imagen. A continuación se explica la razón:

En 1996, el *Institute of Technology* de Massachusetts produjo una película en la que trabajó con una resolución de 4 K en el eje horizontal. Esto se consideraba como una resolución adecuada para el formato IMAX en aquel tiempo. El tamaño de trama resultante sería aproximadamente de 4096x2854. Si se tiene en cuenta el tamaño del grano de la película, El máximo teórico para este formato es de 8192x5944 aproximadamente. El tamaño de la imagen en un negativo de 70 mm es de unos 69,6 mm por 48,5 mm. Si se tienen en cuenta dicho tamaño y las dimensiones de los píxeles, se obtiene una resolución de exploración de 115 píxeles por mm ó 2920 píxeles por pulgada. Con una resolución de 8 K, cada píxel ocuparía aproximadamente un cuadrado de 25 mm en la superficie de una pantalla de 215 metros de ancho.

Los fabricantes de escáneres han popularizado algunas resoluciones muy difundidas con independencia de la tecnología que utilicen. Se basan en el número de píxeles explorados en el área de la imagen, con independencia de su tamaño, y no suelen hablar de puntos por milímetro.

- 2 K (2048 píxeles en total).
- 3 K (3072 píxeles en total).
- 4 K (4096 píxeles en total).
- 6 K (6144 píxeles en total).

La resolución de funcionamiento normal para un proyecto de película digital es de 2048x1536. Se suele hacer referencia a él como "2 K" pero, por supuesto, esto no describe ni la relación de aspecto ni la escala anamórfica. No obstante, se trata de un estándar de la industria. A 2 K, los resultados se muestran suavizados y los detalles mínimos se pierden. Para compensar este hecho, algunas compañías emplean una resolución de 4 K, con el consiguiente incremento en los tamaños de archivo y almacenamiento. La resolución de 6 K se considera la máxima para la que la industria se encuentra preparada para proyectos normales; debido al tremendo aumento que supone en el tamaño de los datos, sólo se emplea en los proyectos más importantes.

Con una resolución de trabajo de 2 K, los detalles mínimos se resuelven deficientemente. Una resolución de 4 K resuelve este problema, e incluso si el resultado final se reduce a 2 K, la diferencia sigue siendo evidente. Esta exploración con una resolución alta y su posterior reducción de calidad la desarrolló Cinesite como parte del proceso intermedio digital conocido como Super 2 K.

La resolución de exploración de 6 K se utiliza en ocasiones para extraer una única instantánea de un fotograma de la película, de modo que pueda emplearse en proyectos editoriales. Las composiciones fotográficas de éstos suelen realizarse a resoluciones elevadas, por lo que pueden sacar partido de una exploración mucho más densa.

En la tabla 4.1 se sugieren algunas densidades de exploración alternativas de acuerdo con conversaciones mantenidas con fabricantes de sistemas de telecine y escáneres de película.

Tabla 4.1.
Algunos ejemplos de resoluciones de exploración.

Descripción	*Resolución*
IMAX en un escáner de 4 K	58 dpmm
IMAX en un escáner de 8 K	115 dpmm
VistaVision en un escáner de 4 K	109 dpmm
Fotograma de 16 mm en un escáner de 2 K	212 dpmm
Ancho total de película de 16 mm con banda sonora en un escáner de 2 K	128 dpmm

La correcta elección de la densidad de exploración es vital para obtener la mejor calidad posible. La resolución depende del tamaño del grano del negativo y del tamaño de la imagen que se digitaliza. Todos los negativos muestran distintos tamaños de grano, y el procesamiento del negativo con el fin de forzar exposiciones afecta también al tamaño del grano debido a que se trata de una reacción química basada en cristales. Esto podría ocurrir si la reacción química se produjera más lentamente debido al uso de una solución más diluida. Es necesario tener cierta precaución con la formulación de componentes químicos para el procesamiento de película, porque sólo tiene una oportunidad. Es mejor que deje este trabajo a un laboratorio competente.

Resoluciones de exploración reales

La documentación del fabricante proporcionada por FilmLight Ltd. (`http://www.filmlight.ltd.uk/`) incluye las resoluciones de exploración recomendadas para distintos tamaños de película en su escáner Northlight.

No olvide que el negativo, la antigüedad y la resolución de salida deseada afectan a la decisión final relativa a la resolución de exploración. En la tabla 4.2 se resumen algunas alternativas.

Las resoluciones mostradas son aproximadas y se basan en tamaños de película nominales divididos por la resolución de exploración máxima. Con esto se asume que se capta todo el área de la puerta de la cámara, lo cual, llegado el caso, puede que no sea necesario.

Los tiempos de exploración se muestran como 4,7 segundos por fotograma cuando se explora película 4 perf 35 mm con una resolución de 4 K.

Tabla 4.2.

Resoluciones y tamaños de película del escáner Northlight.

Negativo	*Tamaño de la imagen*		*Resolución*
	Ancho	*Alto*	
16 mm	3,0 k	1,5 k	290 dpmm
4 perf 35 mm	6,0 k	4,5 k	280 dpmm
Super 16 mm	3,0 k	1,5 k	240 dpmm
4 perf 35 mm (4,7 segundos por exploración de fotograma)	4,0 k	3,0 k	190 dpmm
16 mm	2,0 k	1,0 k	180 dpmm
Super 16 mm	2,0 k	1,0 k	140 dpmm
4 perf 35 mm	3,0 k	2,0 k	140 dpmm
4 perf 35 mm (2,6 segundos por exploración de fotograma)	2,0 k	5,0 k	96 dpmm

Esto se debe tener en cuenta a la hora de calcular el tiempo que se tardará en realizar una tarea. Un rollo de película de 2.000 pies (casi 610 metros) puede contener unos 28.000 fotogramas; con las resoluciones más altas, puede ser necesario un par de días para realizar una exploración completa. La exploración es mucho más lenta que si simplemente se proyectara la película mediante un factor superior a 100:1. Un rollo de película similar de 16 mm puede requerir aún más, aunque el tiempo de exploración por fotograma sería inferior, con lo que la duración se vería compensada.

Cintel (`http://www.cintel.co.uk`) emplea tecnología de tubo CRT intercambiable, que parece proporcionar un ligero aumento en la velocidad de exploración, aunque la calidad resultante puede verse disminuida.

Nyquist y el tamaño del grano

Los conceptos que desarrolló Harry Nyquist en relación a que las velocidades de muestreo debían ser el doble del detalle que se puede resolver con el fin de preservar la información de la película de la misma forma que ocurre con el audio y el vídeo. En este caso, los requisitos de muestreo han de doblar como mínimo el tamaño del grano. Para conseguir una resolución de exploración adecuada para el metraje, es necesario que conozca las características del negativo y cómo afecta el procesamiento al grano. A continuación, una vez dado el tamaño de la imagen, puede trabajar en el tamaño de las partículas del grano. Doble este valor y tendrá la resolución de destino necesaria con la que explorar. En la figura 4.3 se muestra la relación existente entre el tamaño del grano y la cuadrícula de exploración.

La dimensión de píxeles vertical viene dada por la relación de aspecto del fotograma y está configurada para proporcionar píxeles cuadrados.

Formatos de cine

Estos formatos han existido durante largo tiempo. La mayor parte del metraje está en 35 mm, aunque existen variantes como Todd AO, 70 mm, Vista Vision, Cinerama, CinemaScope y TechniScope, entre otras.

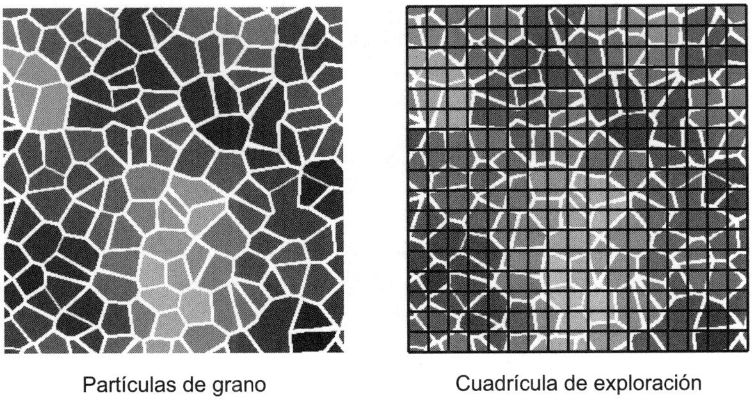

Figura 4.3. *Grano de la película y límites de exploración de Nyquist.*

Las películas de Hollywood que se exhiben en las salas de cine suelen presentarse en película de 35 mm con una relación de aspecto de 1.85:1 ó ampliadas hasta 2.39:1 con una lente anamórfica (CinemaScope). La mayoría de salas emplean estos dos formatos, aunque algunas pocas también admiten el formato 1.37:1 Academy Aperture 35 mm.

Tenga en cuenta que en el caso de algunos formatos, los negativos de las copias maestras tienen perforaciones con un tamaño o forma diferentes. Deberá asegurarse cuidadosamente de que no se desplacen mediante un mecanismo de transporte diseñado para un formato de perforaciones diferente. Si no coinciden los formatos de transporte y de la película, ésta resultará dañada irremediablemente la primera vez que se utilice. Si se trata de un negativo maestro, es posible que el daño no se pueda reparar.

Relaciones de aspecto

El material original puede grabarse en un negativo de mayor tamaño y, a continuación, reducir su impresión a 35 mm para su distribución. Las relaciones de aspecto se dividen en las tres grandes categorías siguientes:

- Relación de aspecto normal que se corresponde aproximadamente con el formato 4:3 de un aparato de televisión.
- Pantalla panorámica, que equivale al formato 16:9 en un televisor.
- Pantalla ultrapanorámica, que se debe recortar para que quepa en la pantalla de un televisor.

En la figura 4.4 se muestra la diferencia entre estas relaciones de aspecto. Con relaciones de aspecto más amplias, se muestra una mayor cantidad de espacio. De hecho, en las presentaciones que emplean una pantalla extremadamente panorámica, la visión periférica del ser humano entra dentro del ángulo de visión. Esto crea la impresión de estar inmerso en la película. La televisión no transmite esta impresión adecuadamente, lo que constituye una de las razones por las que sigue siendo un placer ir al cine a ver esos grandes taquillazos.

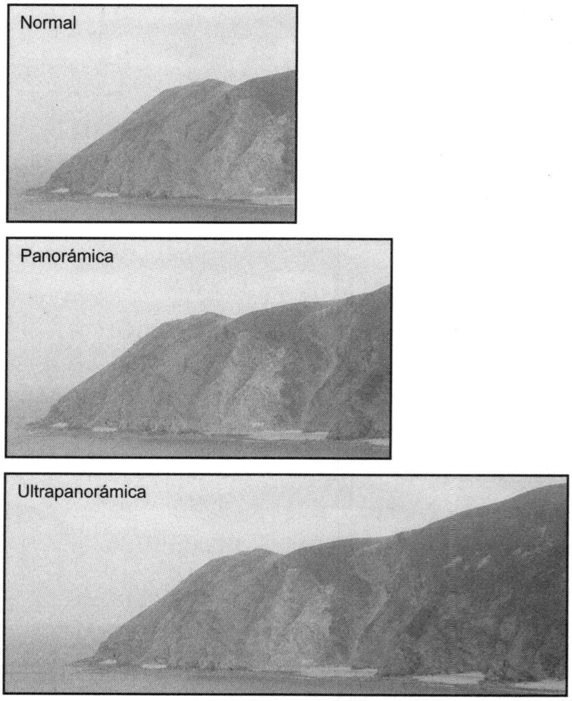

Figura 4.4.

Relaciones de aspecto del cine.

El área física de la imagen de 35 mm se asigna convenientemente a una resolución de 2048x1536 para el trabajo de producción. La compresión anamórfica (encoge las impresiones) permite una relación de aspecto más amplia en la que trabajar. La trama final se calcula digitalmente o se comprime ópticamente durante la impresión.

La relación de aspecto normal se ajusta razonablemente bien a un monitor de televisión y numerosos programas de televisión se graban en negativo de 35 mm ó 16 mm con una relación de aspecto normal.

El formato panorámico se consigue mediante la grabación en un negativo más ancho mientras se mantiene la misma altura aproximadamente, o bien a través de la aplicación de una distorsión óptica para encoger una imagen más ancha en el eje horizontal hasta un negativo con una relación de aspecto normal. Esto se denomina distorsión anamórfica, y el mismo efecto se produce electrónicamente cuando se encoge vídeo con una relación de aspecto normal de 4:3 para ajustarlo a un monitor panorámico de 16:9.

Impresión anamórfica

Las lentes anamórficas se encontraban disponibles en los años 60 como un accesorio de modernización electrónica, de tal modo que era posible conectarlo a una cámara de vídeo de 16 mm. La misma lente anamórfica está diseñada para su conexión al proyector. Esto produce cierta distorsión si el eje de la lente no está completamente perpendicular y la imagen se mostrará torcida si no se encuentra correctamente ajustada. El efecto que se produce se muestra en la figura 4.5. Las lentes anamórficas profesionales se encuentran integradas en el sistema óptico de la cámara y vienen alineadas de fábrica.

IMAX

El formato cinematográfico más grande que se encuentra en uso en la actualidad es la presentación IMAX. Ésta se proyecta en una pantalla de 215 metros de ancho y 156 metros de alto. La audiencia se sienta a una distancia anormalmente reducida, por lo que los artefactos del proceso de renderización resultan mucho más evidentes de lo normal. Por esta razón, la película debe renderizarse con una resolución bastante elevada.

La película se presenta en un negativo de 70 mm con la imagen orientada hacia los laterales, y pasa horizontalmente a través del proyector. Los fotogramas ocupan una superficie que aproximadamente triplica el tamaño de un fotograma de 70 mm normal, con el consiguiente aumento que esto supone en la resolución.

Ajustado correctamente

Desfase de 15 grados respecto al eje

Figura 4.5.
Ajuste anamórfico incorrecto.

En la figura 4.6 se muestra un fotograma de una película en formato IMAX. Fíjese en los pequeños agujeros circulares. Esto indica al operador el lado de la película que se debe cargar hacia arriba.

Figura 4.6.

Dimensiones de una película en formato IMAX.

Los programas en IMAX tienden a ser bastante cortos. Debido a la naturaleza del equipo de proyección y a la forma en la que se enrollan las películas, las instalaciones más antiguas se limitaban a la exhibición de un máximo de 120 minutos. Las mejoras introducidas en los proyectores han permitido ampliar este valor hasta los 150 minutos. Las películas en IMAX se proyectan también a 48 fotogramas por segundo, lo que reduce el tiempo de ejecución disponible a 75 minutos.

Algunos programas de IMAX se graban en 3D, proporcionando una imagen diferente para los ojos derecho e izquierdo. El trabajo de compresión para mostrar este contenido en un aparato de televisión normal empieza de buenas a primeras con una reducción del 50 por 100, ya que se selecciona una de las dos imágenes. La velocidad de fotogramas de 48 fps se emplea en las presentaciones en IMAX para producir un par de imágenes tridimensionales entrelazadas, mostrando el fotograma izquierdo y derecho alternativamente, con lo que la velocidad de fotogramas real es de 24 fps.

VistaVision

Un formato que conviene destacar es VistaVision, que se graba en un negativo de 70 mm que discurre horizontalmente, de la misma forma que la película IMAX atraviesa la puerta del proyector. En este caso, el formato tiene una relación de aspecto ultrapanorámica. De hecho, VistaVision emplea una de las áreas de imagen más grande posible de cualquier formato de película (el formato Todd-AO tiene un tamaño similar). Aunque las utilizaban las compañías de producción en los 60, Lucasfilm adquirió con posterioridad todas las cámaras disponibles durante la producción de la primera trilogía de La Guerra de las Galaxias, porque resultaban ideales para trabajar con efectos especiales. Adaptaron y modificaron el formato con su trabajo en estas películas. En la figura 4.7 se muestra un ejemplo del formato de película VistaVision.

Figura 4.7.

Dimensiones de una película VistaVision.

Trabajar en formato digital hace que la mayoría de estos formatos resulten obsoletos, por lo que la película óptica se suele emplear normalmente para proyecciones en 35 ó 70 mm.

El área de la imagen en un negativo de 70 mm tiene unas dimensiones aproximadas de 48,5 mm por 22,1 mm. Si esto se explorara al máximo de 115 píxeles por mm, la resolución produciría una película de 5577x2541.

El área de imagen correspondiente en una película de 35 mm es, por supuesto, mucho menor a 21,0x15,2 mm (2415x1748).

Formatos semiprofesionales y de obtención de noticias

Antes de que las cámaras de vídeo portátiles alcanzaran un tamaño, coste y rendimiento adecuados para la obtención de noticias, los reportajes se realizaban con cámaras de 16 mm y era necesario llevar físicamente el negativo a un laboratorio para convertirlo con un sistema de telecine. Esto introducía enormes retrasos a la hora de emitir el contenido.

Probablemente se haya perdido una gran cantidad de este metraje a lo largo de los años, pero con el trabajo de restauración creciente que se desarrolla en la actualidad y la gradual apertura de los archivos, parte de este material está saliendo a la luz y precisa de procesamiento mediante un sistema de compresión de vídeo.

Todos los aspectos ya vistos para la película cinemática se aplican aquí con la consideración especial de que el rectángulo de la imagen en una película de 16 mm es menor. Como consecuencia, el tamaño de píxel de las imágenes es menor y el tamaño relativo del grano dobla al de una película de 35 mm. Por tanto, los resultados que se obtienen con 35 mm serán mucho mejores que con 16 mm.

En la figura 4.8 se muestra el formato de película de 16 mm. Fíjese en la pista de audio óptica. Existen diversos formatos de audio para películas de 16 y 35 mm, y la extracción de audio supone un reto diferente al de trabajar con fotogramas de imagen. Esta pista de audio discurre de forma continuada a través del proyector mientras que las imágenes atraviesan la puerta fotograma a fotograma.

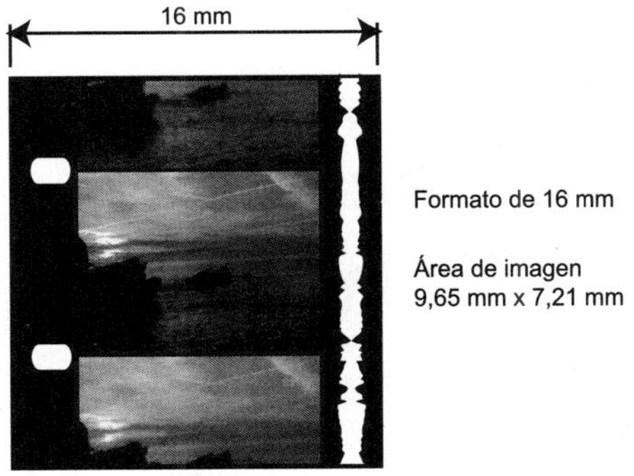

Figura 4.8.
Dimensiones de una película de 16 mm.

El audio presenta cierto desfase respecto del fotograma con el que debería estar sincronizado. Esto es necesario porque el sonido recogido no puede montarse junto a la puerta de la película. Si así fuera, el sonido se vería afectado por el sistema no lineal que se emplea para que la película atraviese la puerta. La solución consiste en desfasar el audio y permitir un bucle en la película para suavizar el movimiento de modo que la película pueda pasar por el sonido recogido a una velocidad constante. El ancho de banda del audio viene limitado por la velocidad de la película y el tamaño del grano de la emulsión.

El tamaño de la imagen en una película de 16 mm estándar es de 9,65x7,21 mm y, con un punto de referencia de 115 píxeles por mm como la máxima calidad de la imagen que se puede resolver, es posible obtener un tamaño de imagen máximo de 1110x829. Esto coincide con los estándares HDTV (televisión de alta definición) que aparecen en la actualidad, lo que hace que el material en 16 mm pueda convertirse a HDTV. La calidad de visualización será ligeramente inferior a la del vídeo grabado con una resolución HDTV debido al tamaño del grano.

Formatos de película domésticos

Había tres formatos de película principales que utilizaban los fotógrafos aficionados antes de la introducción de los equipos HHS portátiles en la década de los 70:

- Pathé baby 9,5 mm, empleado hasta los 50.
- 8 mm estándar, popular durante las décadas de los 50 y los 60.
- Super 8 mm, popular durante los 70 hasta que el vídeo vino a sustituirlo en los 80.

Pathé Baby 9,5 mm

De principios a mediados del siglo XX, el uso del formato 9,5 mm estaba ampliamente extendido. Es probable que los archivos contengan una gran cantidad de material interesante grabado por aficionados entusiastas de este formato. El formato de 9,5 mm era inusual en el sentido de que tenía una única perforación en el centro, mientras que el resto de formatos tenían perforaciones a ambos lados de la película para uso profesional, o sólo en un lado en el caso de aficionados o semiprofesionales. Esto se aprecia claramente en la figura 4.9.

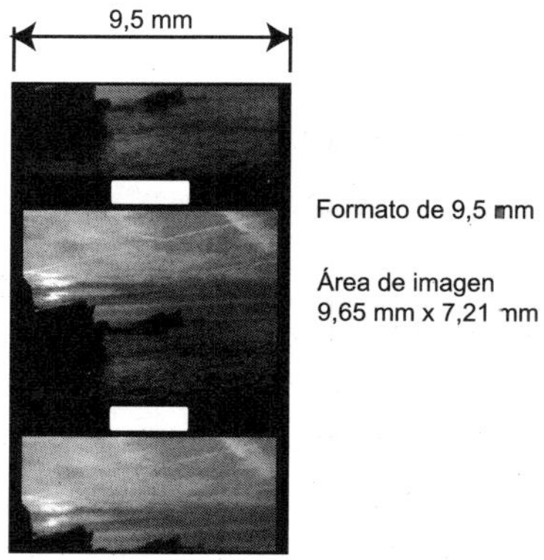

Figura 4.9.
Dimensiones de una película de 9,5 mm.

El rectángulo de la imagen de este formato sería aproximadamente de 978x736, que está bastante bien en el caso de un formato de película para aficionados. El único material que he visto en este formato es en blanco y negro y, de hecho, es muy raro encontrar metraje en color. Una pequeña parte de este material tiene asociada una banda sonora, aunque era posible añadir una banda magnética al lateral de la película y usar el proyector con una unidad de sonido auxiliar.

La digitalización de este material resulta en cierto modo problemática debido a que las unidades de telecine de 9,5 mm escasean. Hay especialistas que digitalizarán el material que les entregue, aunque también puede construir una unidad de telecine usted mismo. La perforación central también es la causa de daños en la película y de la aparición de artefactos fantasma durante la visualización de este formato. Si el movimiento de la película y el obturador no están sincronizados perfectamente en el proyector, verá la perforación proyectada en la pantalla. En la figura 4.10 se ilustra el efecto.

Figura 4.10.

Artefacto fantasma provocado por la perforación central en una película de 9,5 mm.

La mayoría de formatos colocan las perforaciones de modo que se encuentran desplazadas respecto de la posición horizontal de la película.

Un escáner de 2 K cuenta con suficiente potencial de resolución para tamaños de película de 16 mm e inferiores. Por ejemplo, digitalizar una película de 8 mm con un escáner de 4 K es simplemente una pérdida de tiempo porque la película no incluye tanto nivel de detalle.

Standard 8 mm

En los 50, los entusiastas del vídeo doméstico acogieron el formato de 8 mm estándar, el cual se popularizó tremendamente. El rectángulo de la imagen en este negativo es el menor de todos los formatos utilizados normalmente. La exploración del área proyectada a 115 píxeles por milímetro produce un tamaño de imagen de aproximadamente 529x391. Este valor es algo inferior al de la resolución de la televisión, incluso con una definición estándar. El tamaño del grano va a constituir un gran problema con material digitalizado a partir de este formato. En la figura 4.11 se muestra el diseño de una película de 8 mm estándar.

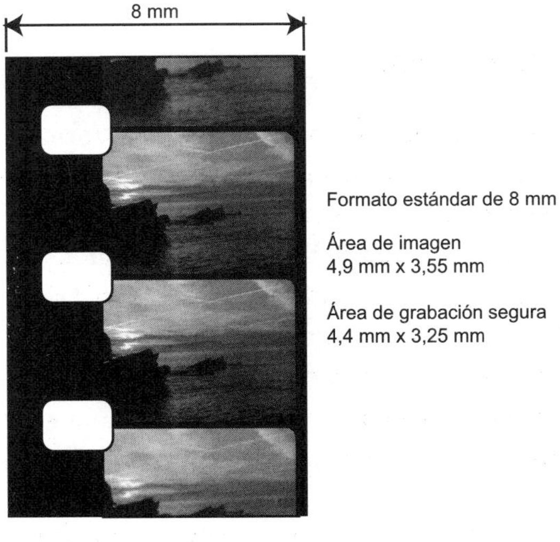

Figura 4.11.

Dimensiones de una película de 8 mm estándar.

Fíjese en que las perforaciones interfieren con la imagen. Las cámaras superaban con frecuencia el área de la imagen, y la abertura de la puerta del proyector se hacía algo más pequeña que la abertura de la puerta de la cámara con el fin de recortar la imagen proyectada. Esto también contribuía a ocultar el movimiento de la puerta de la cámara. El tamaño real de las imágenes de una película en 8 mm varía bastante, y una búsqueda rápida por la Web revela una gran variedad de tamaños y especificaciones. Los valores aquí indicados son aproximados. La marca y el modelo de la cámara con la que se expuso la película determinarán las dimensiones reales de la imagen en la emulsión.

Si explora digitalmente la película, es recomendable extraer un área de la imagen algo mayor que si proyectar la película y grabara el resultado con una cámara de vídeo. También obtendrá una imagen de mayor calidad que será más estable.

Super 8 mm

El formato Super 8 mm sustituyó al formato 8 mm estándar en los años 70 y proporcionaba un tamaño de imagen mayor. También presentaba la ventaja de que la película sin exponer se entregaba en un rollo de 50 pies de negativo de 8 mm y se montaba en el interior de un cartucho. Esto facilitaba la carga de la cámara y hacía que fuera más difícil velar la película ya expuesta.

En la figura 4.12 se muestra en qué medida este formato se diferencia del diseño en 8 mm estándar. Fíjese, por ejemplo, en que las perforaciones están alineadas de tal modo que el eje está alineado con la película. Esto proporciona algo de espacio adicional para un área ampliada de la imagen. El tamaño de los fotogramas es mayor y la película tiene un poco menos de tiempo de reproducción cuando se proyecta.

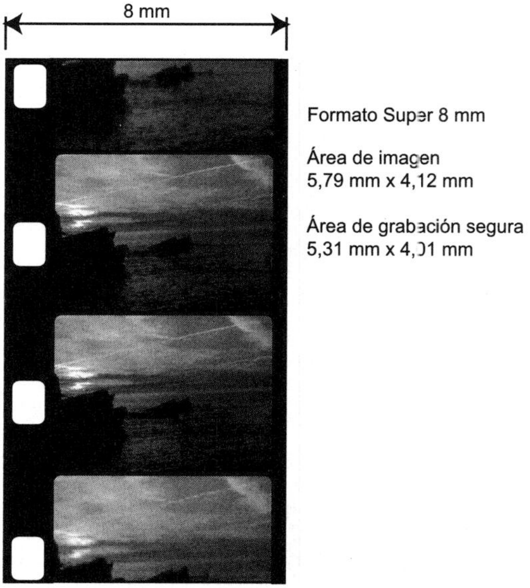

Figura 4.12.

Dimensiones de una película Super 8 mm.

Los tamaños de las imágenes exploradas digitalmente para este formato producen una trama casi igual que el de las imágenes de televisión de definición estándar en EE.UU. a 633x460 píxeles. El tamaño del grano sigue siendo un problema con este formato, aunque ligeramente inferior al presentado por el formato 8 mm estándar. Es algo más pequeño que el tamaño de las imágenes de televisión en Europa.

La puerta de la cámara sigue siendo más grande que la puerta del proyector, por lo que existirán variaciones en el tamaño de la imagen en función de cómo se realice su exploración.

Sincronización de audio

Tenga en cuenta que la pista de audio va a la misma velocidad que la película que se transporta a través del proyector, pero que no se coloca exactamente junto al fotograma con el que debería estar sincronizada. El formato de película doméstica en 8 mm presenta de hecho un desfase de 56 fotogramas. Esta diferencia varía según los formatos, y no existe garantía alguna de que las películas que vaya a convertir tengan el mismo desfase aunque se haya grabado en el mismo negativo.

Digitalizar las imágenes y el sonido por separado es una buena idea. Los sistemas modernos de edición no lineal permiten procesar el audio y el vídeo de forma independiente y, a continuación, fusionarlos en el equipo de sobremesa. Es posible que sea necesario sincronizar el audio para que coincida con el vídeo. Tanto el principio como el final de ambos medios deben coincidir, y también se debe realizar cualquier sincronización con el movimiento de los labios que sea necesaria. Volver a muestrear el audio en el sistema de edición corregirá la frecuencia de muestreo, aunque lo mejor es que esta operación se realice en una aplicación de procesamiento de audio externa para alcanzar la mayor calidad posible.

Si realiza usted gran parte de este proceso, merece la pena invertir en algunas herramientas de audio de gran calidad. En los sistemas Macintosh, Final Cut Pro se complementa gracias a una copia de la aplicación Apple/E-Magic Logic.

Aparte de Logic, MacOS admite otras herramientas como Bias Deck, Peak o Cubase, así como Pro Tools. Los sistemas basados en PC también pueden implementar herramientas que trabajen bien con editores como Avid o Adobe Premier. Pro Tools es un buen ejemplo de ello. Existen muchas otras alternativas para los usuarios de Windows y bastantes menos para Linux.

Tenga en cuenta que, para algunos formatos, la velocidad de la película a través del proyector afecta en gran medida al ancho de banda de audio disponible. En el caso de una película en 8 mm, el intervalo de frecuencias se sitúa entre 35 Hz y 9 KHz, lo que produce una pérdida considerable en la parte alta del espectro y, por lo tanto, la resolución del audio es algo limitada. Esto queda a su elección, ya que al comprimir el audio, los detalles reducidos benefician de alguna manera a la velocidad de bits.

Cuando se trabaja con película de 16 mm, el ancho de banda del audio será superior.
El ancho de banda del audio de una película de 35 mm debe superar el rango audible por el oído humano, según se utilice una banda magnética o una pista óptica junto a la película.

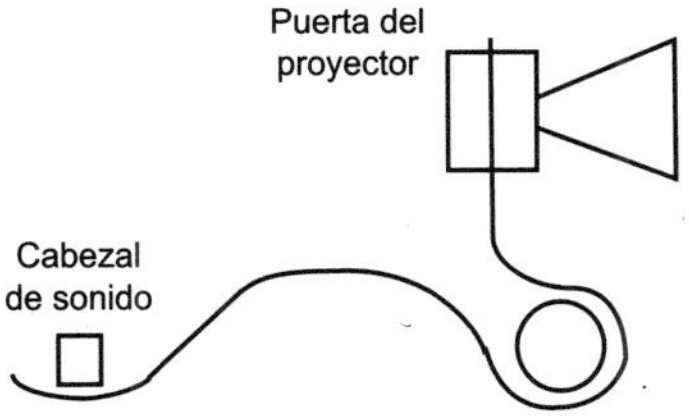

Figura 4.13.

Desfase de la pista de audio en una película.

Banda magnética para la grabación de sonido

Seguro que hay interesante material de archivo acumulado en los áticos de la gente, y durante los años 60, una pequeña empresa británica llamada SuperSound desarrolló un método para añadir una banda de cinta magnética al lateral perforado de la película, de tal modo que se le pudiera añadir una banda sonora. En la figura 4.14 se muestra la ubicación de dicha banda.

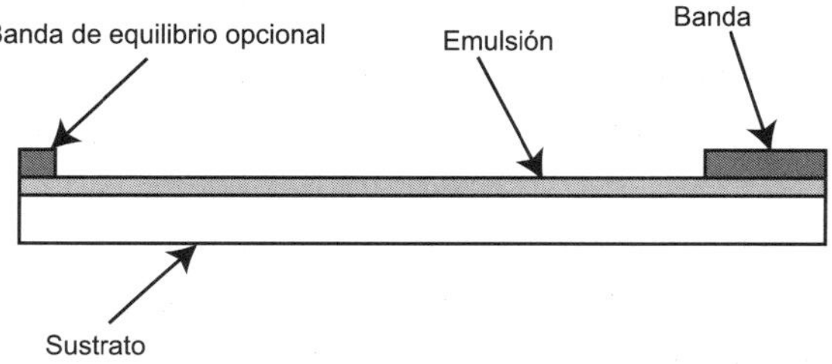

Figura 4.14.

Colocación de la banda magnética de sonido sobre la película.

Las películas de mayor calibre requerían una banda niveladora para que la película pudiera enrollarse uniformemente. Al añadir esta banda se reducía la cantidad de película que se podía llevar en el carrete, ya que era más gruesa y no se podía ajustar tanto. Tenga también en cuenta que la banda se encuentra en el lado de la emulsión, lo cual conviene tener en cuenta durante la exploración porque desplaza a la emulsión fuera del plano focal del escáner, lo que puede hacer que la imagen salga ligeramente borrosa.

El desarrollo de esta tecnología impulsó un exitoso negocio que consistía en añadir la banda a las películas de los clientes, o bien venderles el equipo y los materiales necesarios para que ellos lo pudieran hacer en casa. La figura 4.15 muestra la fotografía de una unidad de adición de bandas que se podía adquirir y usar en casa. Estas unidades se comercializaron en todo el mundo durante la década de los 60, lo que significa que ha de haber una gran cantidad de material de archivo por ahí con una interesante banda sonora.

Figura 4.15.

Unidad de adición de bandas de Supersound.

El negativo estaba disponible en monocromo y en color, y se basaba en un negativo de 16 mm al que se le daba la vuelta después de su primer pase a través de la cámara. A continuación, se cortaba la película por la mitad durante el procesamiento y se volvía a unir antes de enviarla al fotógrafo. Los rollos de película solían tener un tamaño de 25, 50, 100 y 200 pies de longitud (entre 7,5 y 30 metros). Un rollo de negativo de 16 mm se distribuía en rollos de 25 pies y se reproducía durante unos 4 minutos cuando se cortaba y se devolvía de este procesamiento como un rollo de 50 pies. El tiempo exacto dependía de la velocidad de fotogramas empleada para la grabación, que podía oscilar entre 18 y 24 fps. Esta reducida duración limitaba en cierta manera las posibilidades creativas, aunque algunos entusiastas editaban distintos programas de varias horas, lo cual debía tener un coste extraordinariamente elevado.

Esta misma técnica de Supersound para añadir una banda sonora al lado perforado de las películas se encontraba disponible para todos los tamaños de película más extendidos en aquel momento.

Telecine

La película se digitaliza mediante una unidad de telecine al convertirse a vídeo, o bien un escáner de película al realizar una versión digital para su manipulación con el ordenador. Los sistemas profesionales son muy costosos y están más allá de las posibilidades de los usuarios aficionados con un conjunto de películas domésticas por procesar.

Cómo funciona el telecine

La transferencia de película al formato televisivo ha existido durante algún tiempo. Básicamente, existen dos soluciones técnicas. Una de ellas consiste en presentar una fuente de luz móvil que explore la superficie de la película mediante la misma técnica que un aparato de televisión; la otra consiste en utilizar un sensor CCD (*Charge Coupled Device*). La vieja técnica consiste en colocar un tubo de rayos catódicos (CRT) en un extremo de la máquina y pasar un punto móvil a través de él. A continuación, se coloca la película entre dicho punto móvil y el sensor de luz. Los componentes ópticos coliman (alinean, ponen en paralelo) la luz que se transmite a través de la película y se graba la forma de onda analógica. Este diseño funciona bien porque simula perfectamente la forma en que se produce una imagen de televisión, aunque a la inversa. En la figura 4.16 se muestra cómo funciona el proceso.

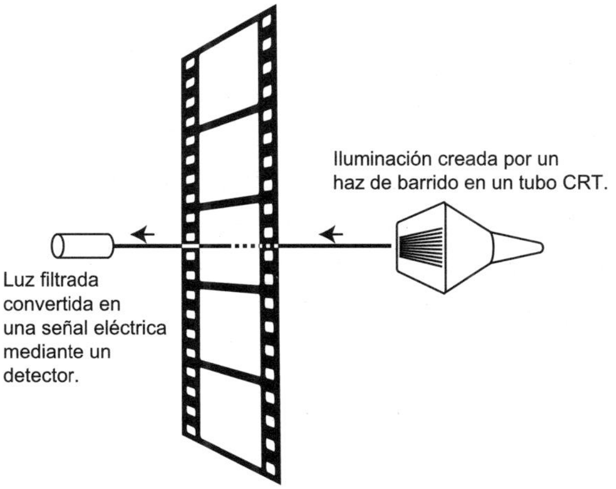

Figura 4.16.
Escáner de tubo CRT intercambiable.

La resolución de salida de un escáner con un tubo CRT intercambiable o móvil se fija en 2 K ó 4 K o cualquiera que sea el valor proporcionado por el fabricante. La película se posiciona y los componentes ópticos se introducen de modo que el área de digitalización cubra completamente el fotograma. La resolución viene dada por los tamaños 2 K/4 K fijados y el tamaño físico del sustrato de la película.

Los escáneres planos que tienen una tapa para la luz posterior para la exploración de película tienen una resolución física y producen imágenes con un tamaño en píxeles variable acorde con el área de la película que se digitaliza. Un telecine de tubo CRT intercambiable siempre produce una imagen con el mismo tamaño. Se trata de otro aspecto sutil que debe comprender para asegurarse de que el escáner produzca el resultado exactamente deseado.

Los escáneres modernos son más precisos y disponen de un dispositivo CCD iluminado por una imagen proyectada de la película, siendo los componentes electrónicos muy similares a los de una cámara digital. Este diseño es técnicamente superior ya que el componente de generación de imágenes produce un resultado con una calidad mucho mayor. La imagen registrada es más nítida y presenta menos posibilidades de presentar artefacto de ruido analógico. Este diseño se muestra en la figura 4.17.

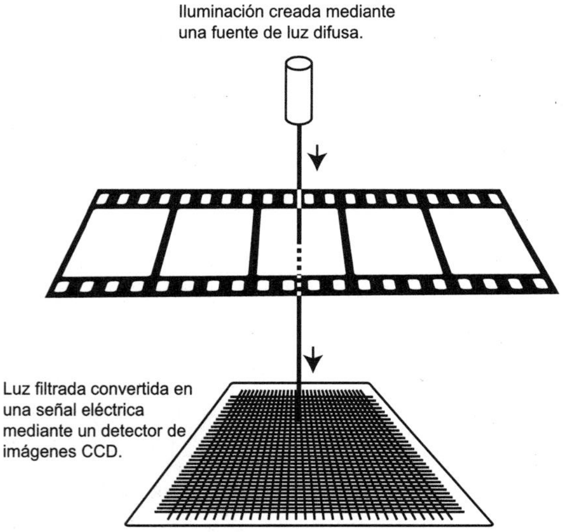

Figura 4.17.

Escáner CCD moderno.

La desventaja de este tipo de escáneres es que la intensidad del haz no se mantiene completamente estable a lo largo del tiempo. La linealidad y convergencia del telecine debe ajustarse cuidadosamente y calibrarse con regularidad. El haz presenta un halo que reduce el enfoque y la borrosidad resulta evidente si no está correctamente calibrado. Este efecto de desenfoque o suavizado de los extremos del haz es un artefacto de los tubos CRT denominado "efecto Kell". La forma del punto de puede ajustar en algunos receptores de televisión, y hacer que el haz sea ovalado impide que se produzcan algunos artefactos variables cuando la forma del haz se orienta verticalmente en un sistema entrelazado. Esto permite que los extremos del haz se superpongan ligeramente en líneas sucesivas. Al aplanar el haz horizontalmente se sacrifica la resolución en toda la pantalla.

Reducción de calidad: Velocidad de fotogramas de 60 Hz

En Estados Unidos, la velocidad de fotogramas de la película debe cambiarse de 24 a 30 fps. Reproducir la película con una velocidad de fotogramas superior no es una solución viable. Los cambios de movimiento son demasiado evidentes y todo tendría una apariencia demasiado extraña.

El truco consiste en introducir un fotograma adicional de vez en cuando. Si se mantiene ocasionalmente un fotograma durante algo más de tiempo en la puerta, la base temporal se estira.

Para conseguir una reducción de calidad progresiva y una relación integral entre la velocidad de fotogramas de la película y el vídeo, la película discurre a una velocidad ligeramente inferior a la normal (a 23,97 fps en lugar de 24 fps). El primer fotograma se transfiere a los dos primeros campos y el segundo a los tres campos siguientes. En este punto, la película no se encuentra sincronizada en relación con la estructura de campos entrelazados del vídeo. Si esto se repite para los 2 fotogramas siguientes también, los campos y los fotogramas vuelven a sincronizarse. Con el paso de los fotogramas de película, se crean 5 fotogramas (ó 10 campos de vídeo). En la figura 4.18 se muestra cómo se asignan estos fotogramas a cada de uno de estos dos tipos de medios.

Esto se conoce como reducción 3 a 2, aunque debería hablarse con mayor precisión de reducción 2 a 3, ya que describe mejor el proceso de entrada/salida.

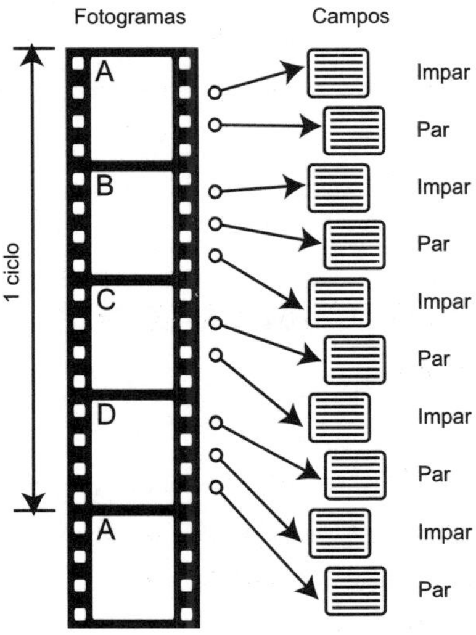

Figura 4.18.
Reducción de calidad de película a vídeo.

El software QuickTime desarrollado por Apple incorpora herramientas que permiten quitar o agregar esta conversión. De hecho, la mayoría de las herramientas de compresión de todas las plataformas admiten también esta función. De forma única, la plataforma QuickTime las proporciona de una forma que permite su aprovechamiento desde aplicaciones propias.

Dado que la reducción se distribuye por igual a lo largo de la base temporal, el efecto resulta imperceptible hasta que se presiona el botón de pausa en una grabadora de vídeo y se ven fotogramas en el televisor que parecen contener una doble imagen, aunque esto sólo resulta evidente cuando hay algo de movimiento.

También verá este artefacto ocasionalmente al reproducir tarjetas de entrada de vídeo en modo de vista previa o al monitorizar una secuencia de vídeo digital a través de FireWire. Se trata solamente de un artefacto de la secuencia de monitorización, y se ve correctamente al reproducir el vídeo introducido.

Dado que la película se reproduce un poco más lentamente, el tiempo de ejecución global es algo mayor. Como el cambio es de un 3 por 100 solamente, el cambio apenas supone diferencia alguna.

La edición del vídeo debe ser sensible a estas transferencias. Por ejemplo, editar en cualquier lugar que no sea a intervalos de 5 fotogramas cambia la cadencia del fotograma inicial de una secuencia de 5 fotogramas. Es posible que el espectador no aprecie cambio alguno en la cadencia, pero esto hace que el consiguiente procesamiento de dicho metraje sea muy complicado. Si edita vídeo entrelazado, después de un proceso de telecine inverso, la dominancia de campo podrían verse afectada y los campos tras la edición podrían sufrir un efecto negativo. Siempre que el punto de edición sea un número entero múltiplo de 5 fotogramas, este problema no se produce. Esa restricción es una carga muy pesada que endosar a un editor de película. Es mucho mejor realizar la compresión a partir de material original no editado.

Reducción de calidad: Velocidad de fotogramas de 50 Hz

Las técnicas que funcionan para transferir película a vídeo de 30 fps no funcionan para transferir a vídeo de 25 fps en Europa. La velocidad de fotogramas de televisión en Europa se acerca mucho más a la velocidad de fotogramas correcta para película. El uso de un efecto de reducción de calidad requiere que introduzcamos solamente un fotograma adicional cada segundo. Esto produce un parpadeo notable en el movimiento, por lo que no se utiliza como solución.

Las transferencias a vídeo de 30 fps hacen que la película discurra un poco más lentamente, lo que no altera materialmente la calidad del sonido. La reproducción de película de 24 fps a 25 fps se visualiza correctamente porque el movimiento sólo es un poco más rápido. El tono del sonido aumenta notablemente y debe corregirse. La corrección del tono resulta complicada porque es necesario mantener la sincronización labial, ya que de lo contrario el movimiento de los labios no se mostrará acompasado.

También queda liberado de los problemas de cadencia y dominancia de campo, ya que no existen cadencias de reducción de fotogramas que se deban considerar.

Transferencia de telecine basada en líneas

Un método más sofisticado consiste en indexar la película a 24 fps y explorar las líneas apropiadas de la trama. Esto resulta en un fotograma de vídeo que contiene porciones de dos fotogramas de película. No se produce ninguna reducción de nivel que resulte evidente. Determinar qué parte de un fotograma compuesto pertenece a una u otra fuente de 24 FPS original resulta de hecho muy complicado, siempre que no disponga de algunas pistas evidentes. Esto requeriría algún tipo de sofisticado software de procesamiento de imágenes para comparar un fotograma de vídeo con otro y ver qué líneas han cambiado entre fotogramas sucesivos o los correspondientes campos pares o impares.

Crear su propio sistema de telecine

Puede resultar factible (y quizás divertido) construir su propio escáner de película con otros componentes que se pueden aprovechar de otras fuentes.

Elegir un escáner de película

La parte más costosa de crear su propio sistema es el escáner de película. Necesitará uno que presente una trayectoria directa a través de la unidad, así como fabricar una puerta que mantenga la película estable a medida que ésta pasa. Esto no tiene por qué ser más complicado que una guía de película, aunque es necesario tener cuidado de proteger el área de imágenes de la película para evitar arañarla, tal y como se aprecia en la figura 4.19.

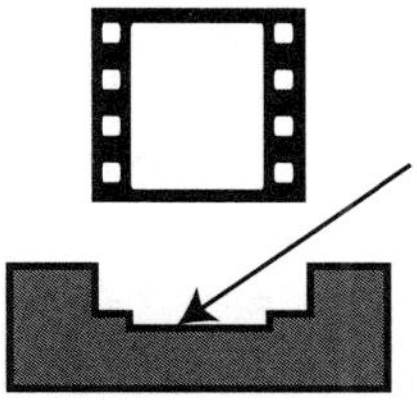

Figura 4.19.

Sección transversal de una guía de película.

En vez de usar un escáner para diapositivas, considere la posibilidad de desmontar con cuidado una cámara de vídeo y usar el sistema de generación de imágenes que incorpora. Algunos fabricantes de telecine de gama alta, como CTM Debrie Cinematography (`http://www.ctmsolutions.com/`) usan componentes de una Sony HDCAM en una base de un fabricante de equipos originales para desarrollar sus sistemas.

Transporte de película

A continuación, es necesario construir una estructura para crear el recorrido que seguirá la película a través del escáner. Necesitará un par de poleas para película. Y lo más importante para dirigir la trayectoria de la película, necesitará un carrete receptor adecuado al tipo de película que utilice. Sin embargo, no es necesario crear una puerta de película con un mecanismo de pinza, ya que puede conseguir todas las piezas que necesita desmontando un proyector de película inservible.

Si coloca una polea de fricción a un lado de la puerta y un carrete receptor (o tambor dentado) motorizado para tirar a través de la puerta de la película que se encuentra al otro lado, dispondrá de control suficiente. La película deberá permanecer tensa. Existen otros dispositivos de tensionado disponibles, y quizá el proyector inservible que estamos utilizando nos pueda proporcionar algún mecanismo de tensión de doble polea con resortes o muelles.

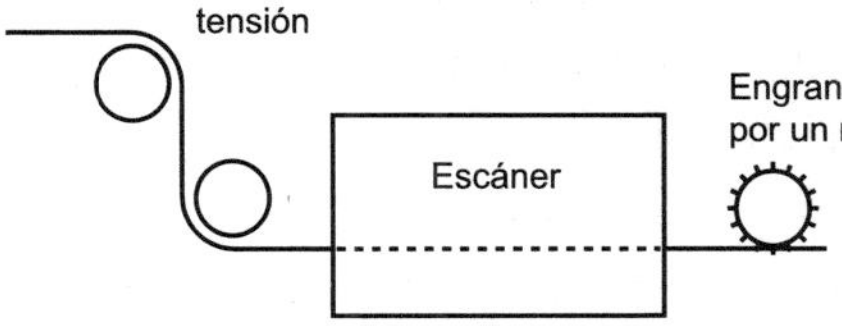

Figura 4.20.

Recorrido de la película a través del escáner.

Un proyector sincroniza los movimientos de la película y el obturador mediante un complejo mecanismo de engranajes y levas, como vimos al principio de este capítulo. Esto resulta innecesario aquí porque nuestro tiempo de exposición se controla mediante software. La película debe moverse a través de la puerta, avanzando cada vez la distancia correspondiente a un fotograma.

Conecte un motor de pasos al tambor dentado para proporcionar la fuerza motriz. Puede conseguir un motor de pasos desmontando una vieja unidad de disquete para extraer el motor de posicionamiento del cabezal. Se requiere una interfaz para proporcionar algún tipo de conexión eléctrica al ordenador, para lo que sirve una de las interfaces de servocontrol que emplean los aficionados a la robótica. Algunos de estos controladores de E/S se encuentran disponibles en la actualidad como dispositivos conectados mediante USB. El control de esta maquinaria no debería precisar la escritura de ningún controlador especialmente complejo.

Compatibilidad de software

Una vez montada toda la máquina, es necesario proporcionar dos conjuntos de código de utilidades.

El primero de ellos controlará el motor de pasos, que debe avanzar un paso cada vez. El código se ejecuta un cierto número de veces en función de la distancia, medida en pasos, existente entre los fotogramas. Con suerte, la distancia de los pasos será lo suficientemente pequeña como para que exista una relación integral entre ambas.

La segunda parte del software de utilidades está diseñado para que el escáner de película capture un fotograma. Explorar toda la superficie de una película de 35 mm no es necesario, ya que el dispositivo fuera probablemente un escáner para diapositivas de 35 mm con el que empezar. El soporte para API de la interfaz TWAIN proporcionará la compatibilidad necesaria para encuadrar el área de exploración, de modo que sólo cubra la parte de la película que tiene la imagen. Se sabe que esto es posible aquí porque se hace continuamente con los escáneres de papel durante las operaciones de vista previa y recorte. Emplean el mismo código de controlador TWAIN.

Ejecutar el proceso

Explorar todo el ancho de 8 mm incluiría las perforaciones. Esto proporciona una referencia que sirve para reducir más adelante los errores de registro del proceso de software.

La aplicación emplea estas utilidades para controlar el motor de pasos y capturar una instantánea. Dicha aplicación podría simplemente capturar los fotogramas como una serie de instantáneas o hacer un archivo de película fotograma a fotograma.

Después de una correcta ejecución, la aplicación habrá creado un archivo con una versión digitalizada de la película, probablemente con la máxima resolución posible (en función de la calidad del escáner de película con el que empiece). Será necesaria la realización de algo de trabajo de corrección para estabilizar cualquier holgura que pueda existir en la puerta de la cámara y recortar la salida.

Es posible introducir algunas variantes si el escáner se controla una línea de píxeles cada vez. En ese caso, alternar los pasos del transporte de película y el cabezal de exploración producirá una serie continua de líneas de exploración que deberán dividirse después en fotogramas. Esto proporciona un resultado con una digitalización más estable. La calidad global del proyecto dependerá de sus aptitudes mecánicas y de lo bien que conciba el software para procesar los resultados. Este diseño eliminará la holgura de la puerta que normalmente se tiene con un proyector porque la película se mueve con bastante soltura a través de la puerta. Ningún escáner puede eliminar la holgura de la puerta de la cámara porque se trata de una parte integral de la película una vez expuesta. Lo que hacemos es estabilizar el metraje en el software para eliminar el problema.

Procesamiento y restauración

Lo más probable es que cualquier película que quede de la era de los 8 mm esté descolorida. Una vez digitalizado este material, es necesario realizar algo de corrección de color para obtener los mejores resultados. Los programas de compresión modernos permiten realizar esta tarea. Software como Final Cut Pro o Premier trabajarán, en caso de que sea necesario, con metraje sin procesar y sin corregir. Las capacidades de corrección de color incorporadas se pueden emplear durante la sesión de edición. Por supuesto, esta corrección de color resulta innecesaria para películas en blanco y negro. Sin embargo, será necesario realizar mejoras en el contraste para eliminar una exposición excesiva o deficiente.

Empalmes

Se presentarán importantes problemas con los empalmes en este material antiguo. Los viejos negativos se empalmaban con una cola de acetona que unía las dos partes. Lo mismo se aplica a cualquier banda de Supersound que se añadiera a la película. Los materiales posteriores se basaban en un sustrato de poliéster y, durante los años 70 se probaron con diversas alternativas que empleaban pequeños trozos de cinta transparente porque por aquel entonces no existían buenos disolventes para el poliéster. Será necesario realizar una importante tarea de limpieza y restauración. Cuando trabaje con material de archivo, el proceso de telecine deberá ser muy cuidadoso con la película y no permitir que se retuerza o doble en las poleas de tensión más de lo necesario. Los transportes modernos conducen la película suave y constantemente a través del área de digitalización con un movimiento progresivo y continuo. Esto evita que se produzcan daños debido al brusco movimiento de parada/inicio que debe aplicar un proyector.

En las figuras 4.21 a 4.23 se muestra una sección transversal de la película para ilustrar algunas de las técnicas de empalme que se puede encontrar al digitalizar negativos antiguos. La unión biselada es bastante endeble y se romperá cuando se deteriore la cola. Si este empalme se realiza cuidadosamente en los límites del fotograma, resulta difícil de detectar en la imagen proyectada.

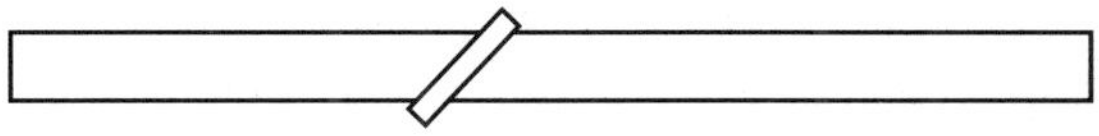

Figura 4.21.
Empalme cortado en bisel y pegado.

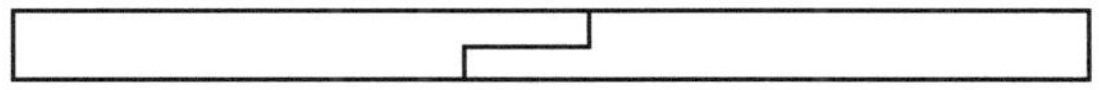

Figura 4.22.
Empalme pegado con dos superficies superpuestas.

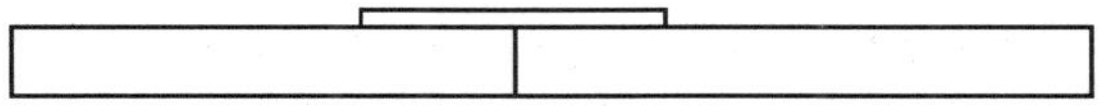

Figura 4.23.
Empalme con cinta adhesiva.

El empalme realizado mediante la superposición de dos superficies es más fuerte pero daña un área de película superior. De hecho, tiende a destrozar completamente un fotograma de una película de 8 mm. Tiene menos posibilidades de romperse gracias a la cola, pero la película es bastante débil en los extremos del empalme.

Los empalmes con cinta adhesiva se introdujeron de modo que se pudiera editar la película de poliéster, lo cual era necesario porque no existía ningún disolvente que se pudiera utilizar. Se oscurece un área bastante grande de la película, pero la cinta es lo suficientemente transparente como para que resulte más difícil de detectar que un empalme superpuesto.

Todos los empalmes provocan alguna holgura en la puerta y la interrupción del movimiento continuo de la película a través de una puerta. Las puertas diseñadas especialmente o los movimientos basados en motores de paso permiten a los empalmes seguir su camino sin impedir el movimiento de la película. Si construye un sistema de telecine, deberá considerar este problema, porque en otro caso la película perderá su posición al atravesar la puerta.

Niebla

Muchos videoaficionados resultaron sorprendidos al darle la vuelta a la película de 8 mm para grabar por el otro lado. A veces la película se deslizaba fuera del carrete y, a no ser que se empleara una bolsa negra para cambiar la película, existía el riesgo de arruinar la película. Esto hizo que muchas películas quedaran expuestas a la luz al cambiarlas. El resultado es un efecto de neblina amarillenta en los primeros centímetros de película. Si esta neblina no resulta demasiado evidente, un cuidado proceso de restauración de la imagen podría limpiarla una vez digitalizada la película. En la figura 4.24 se muestra su apariencia. Esta neblina se suele apreciar en el lado perforado de la película.

Figura 4.24.

Película de 8 mm con mucha niebla.

Daños superficiales

Cuando se trabaja con película como material de origen, es necesario tener en cuenta las implicaciones del polvo y los arañazos. Solían existir fórmulas exclusivas que se aplicaban a las películas para limpiarlas. Estas fórmulas implicaban el uso de todo tipo de compuestos químicos cancerígenos (tetracloruro de carbono -limpiador de moquetas- y parafina, por ejemplo) y aplicarlos a la película. La parafina se disolvía en el limpiador de moquetas y, al evaporarse, dejaba una capa encerada sobre la película. Basta con asegurarse de que la película se digitalice en un entorno libre de polvo en lugar de arriesgarse a dañar la película con compuestos químicos. Para eliminar cualquier aditamento, puede pasarla entre un par de almohadillas ligeramente amortiguadas. Cualquier resto de partícula que quede formará parte integral de la digitalización, por lo que deberá eliminarse mediante código de procesamiento de imágenes.

Estructura física de la película

Antes de que consideremos la forma en que el polvo y los arañazos afectan a la película, debemos examinar cómo se estructura físicamente la película.

Hasta ahora hemos hablado de la película en general y del área de la imagen en lo que a visualización normal se refiere. Si ponemos la película de perfil y la observamos desde un extremo, comprobaremos que está formado por capas colocadas una sobre otra. En la figura 4.25 se muestra esta estructura.

Se han perpetrado diversos daños sobre este fragmento de película, cada uno de los cuales produce alguna reducción en la calidad de la imagen. La solución más rápida a la hora de realizar la restauración consiste en aislar el área dañada y rellenar los fragmentos que faltan mediante un proceso de interpolación. Un enfoque más científico requiere que cada tipo de daño se identifique y trate en consecuencia.

En la tabla 4.3 se describen los distintos tipos de daño mostrados en la figura 4.25. Los números de la tabla se corresponden con los números de la figura.

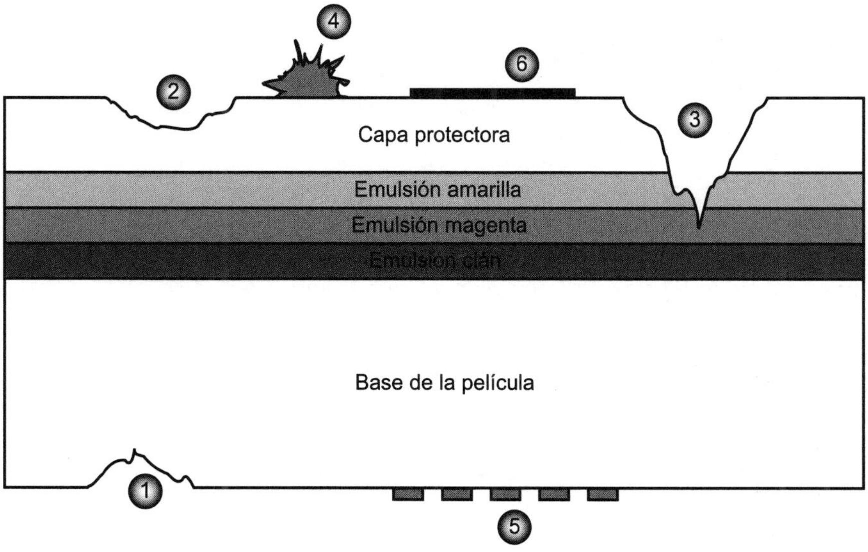

Figura 4.25. *Estructura de una película y daños sobre ella.*

Tabla 4.3.

Reparar el daño.

Elemento	*Solución*
1	Arañazo menor en el material de sustrato base de la película en el lado alejado de la emulsión. Esto produce algo de dispersión de la luz y, en función de que la película se ilumine desde el frente o la parte posterior, esto hace que la iluminación se difunda al explorar la película. Si se ilumina desde la parte posterior, el área de la emulsión iluminada será mayor. Si se ilumina desde el frente, se dispersarán unos pocos píxeles sobre un área de mayor tamaño debido al efecto de refracción. El resultado es un ligero emborronamiento en un área concreta. La aplicación de algoritmos de eliminación del emborronamiento suele corregir este problema. Su localización es algo complicada.
2	Se trata de un arañazo menor en la capa protectora sobre la emulsión. Produce problemas de refracción similares. Como este arañazo está más cerca de la emulsión, el efecto de emborronamiento será menor. Se emplea la misma solución que para el elemento 1.
3	Arañazo muy profundo a través de la capa protectora que, en este ejemplo, elimina completamente la capa de emulsión amarilla y afecta a la capa magenta. Además de los efectos de refracción, aparecen cambios de color y pérdida de la información. Con los efectos de emborronamiento no se pierde información, simplemente se desplaza; pero, en este caso, se elimina efectivamente parte de la película. El único tipo de reparación que se puede aplicar en este caso es la reconstrucción del área que falta.
4	Mota de polvo de gran tamaño que impide que pase la luz. El polvo en las copias intermedias en negativo se muestra en forma de puntos blancos. La solución es la reconstrucción de los píxeles que falten.
5	Las huellas dactilares se muestran como un patrón distintivo de luces y sombras. El aceite de las huellas dactilares produce un efecto de refracción, pero su eliminación es difícil porque los límites son complejos y hay una gran e irregular área por corregir. Emborronar los extremos puede ocultar los efectos, pero deberá asegurarse de que no exista ninguna diferencia notable entre el fotograma con las huellas dactilares y los contiguos. Una interpolación temporal puede servir para solucionar este problema.

Elemento	Solución
6	Las películas o manchas de material oleaginoso o el resultado de que se humedezca la emulsión pueden manifestarse como un área ligeramente descolorida. Sólo tendrá que enfrentarse a los extremos en caso de que el depósito no presente efectos de cambio de colores. Es posible que sea necesaria una interpolación temporal o rotoscopia manual en el área para corregir el problema.

Polvo y arañazos

Se obtiene una transferencia de mayor calidad si el polvo se limpia antes de empezar. En la figura 4.26 se muestra un ejemplo con algo de polvo y arañazos.

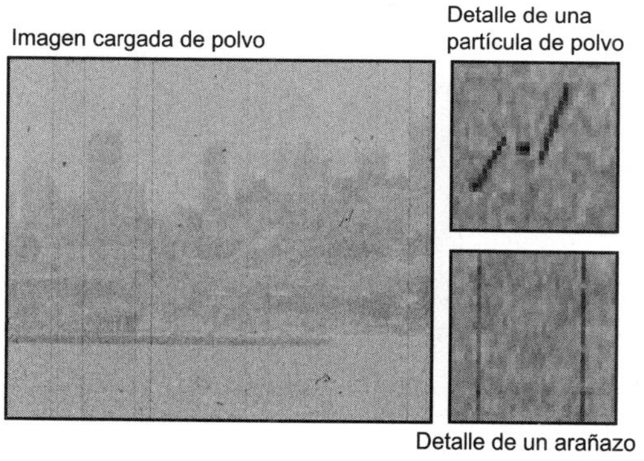

Figura 4.26.

Polvo y arañazos.

Dado que la película suele pasar por distintas etapas de positivo y negativo, el polvo se mostrará como puntos blancos o negros. Cualquier mota de polvo en el negativo producirá un punto blanco en el productor final, y esto es bastante más molesto que una mota de polvo en la película positivada. El cabello en la puerta de la unidad de telecine también resulta muy molesto.

Daños graves

Daños en forma de uniones deficientes, desgarros, perforaciones rotas y emulsión dañada requieren la aplicación de procedimientos de restauración manual. Una vez que la película se ha capturado en el ordenador, parte de este proceso resulta muy sencillo.

El proceso es a veces arduo y precisa de una gran cantidad de tiempo, pero una aproximación concienzuda puede permitirnos obtener una auténtica joya de película a partir de algo que no se podía visualizar como película proyectada.

En la figura 4.27 se muestran un par de ejemplos. Ambos se producen cerca del borde del fotograma.

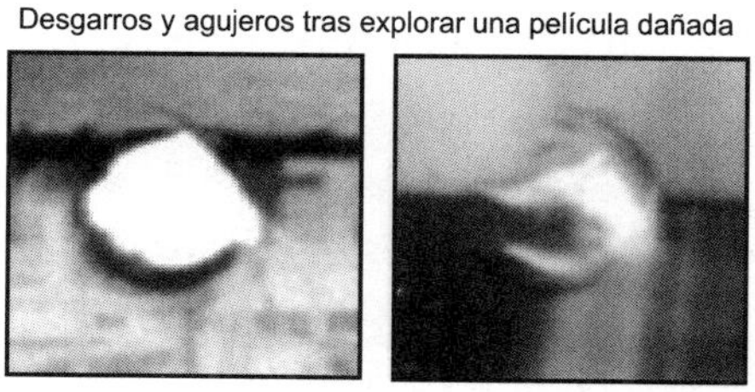

Figura 4.27.

Ejemplos de daños en la película.

Ser muy cuidadoso en la manipulación y digitalización de película es de vital importancia, y reducir el número de veces que una película se desenrolla y pasa a través de un sistema de transporte de película es, evidentemente, una sabia decisión. Los proyectores mal ajustados dañarán una película gravemente. Si se enlaza un proyector incorrectamente y se enciende, se rasgarán las perforaciones. Si no se deja un bucle suficiente para la película en cualquiera de los lados de la puerta, hace que el mecanismo de pinza luche con los dientes de la unidad, provocando un daño terrible a la película durante su proyección. Todo lo que hace falta es un poco de cuidado y atención durante la proyección de la película. Una vez que la película resulta dañada de esta forma, resulta muy complicada su reparación. Afortunadamente, siempre que el área de la imagen permanezca intacta, ahora es posible llevar a cabo la restauración de la película en el ordenador.

Ensamblar un kit de herramientas de software para este tipo de restauración es posible que requiera algún tiempo y que sea bastante costoso si no escribe los programas usted mismo. Es probable que algunas herramientas se encuentren disponibles en forma de shareware o código abierto. Tener a mano Photoshop, After Effects, Final Cut, Commotion, Shake y Ultimatte, entre otras herramientas gráficas le permitirá acelerar el proceso. El precio de estas herramientas oscila entre unos pocos cientos de euros hasta varios miles. El hecho de que su adquisición sea recomendable o no dependerá de su capacidad para utilizarlos en la generación de beneficios a partir de su trabajo de restauración de películas. No es necesario que los compre todos, pero pueden ayudarle a solucionar algunos problemas. Más adelante veremos algunas alternativas que añadir a su lista de la compra cuando planifique su sistema.

El proyecto RACINE-S

El proyecto de colaboración RACINE-S (`http://www.racine.eu.com/`) estudia cómo restaurar grabaciones históricas a las que faltan grandes porciones de audio o fotogramas. El objetivo del proyecto es poder reemplazar el material que falta en tiempo real. Existen distintas compañías e instituciones académicas implicadas, y que además publican material útil sobre el proyecto.

Soluciones de hardware

La compañía Cintel (`http://www.cintel.com/`) que fabrica las unidades Telecine tiene un producto llamado Oliver diseñado para trabajar con película dañada mientras se digitaliza.

Pone remedio a los efectos de un arañazo mirando las áreas en las que se ha producido un daño de refracción y combinando de nuevo la luz dispersa con un algoritmo más inteligente para restaurar la imagen.

Snell & Wilcox (`http://www.snellwilcox.com`) ofrecen un equipo de restauración similar (Alchemist.PhC) para contenido en vídeo. Éste también puede resultar de utilidad a la hora de restaurar película.

Tabla 4.4.

Participantes en el proyecto RACINE-S.

Compañía	*Experiencia*
Arri (`http://www.arri.com/`)	Desarrollo de un escáner portátil para todos los formatos disponibles.
Pandora International (`http://pogle.pandora-int.com/`)	Desarrollo del hardware de procesamiento necesario para ejecutar los procesos de restauración.
FSSG (`http://www.cini.ve.cnr.it/`)	Software para regenerar el discurso. Esto se denomina doblaje virtual. También persiguen la mejora acústica de los sistemas de reproducción y grabación de audio.
Cineca (`http://www.cineca.it/`)	Interfaz de usuario desarrollada mediante técnicas de realidad virtual.
University of Glasgow (`http://www.gla.ac.uk/`)	Software de interpolación para reemplazar o reparar imágenes que falten o que estén dañadas.
Androme (`http://www.androme.be/`)	Colabora con la *University of Glasgow* en proyectos de investigación de uniones para desarrollar software multimedia y técnicas de restauración.
Limberg Univeritair Centrum (LUC) (`http://www.luc.ac.be/`)	Colabora con la *University of Glasgow* en proyectos de desarrollo de herramientas de software para uniones.
Cinecitta (`http://www.cinecittastudios.it/`)	Integración y banco de pruebas para establecer si los algoritmos de restauración funcionan satisfactoriamente; transmite sus conclusiones a los investigadores.

Procesos intermedios digitales

La forma tradicional de hacer películas era puramente mecánica. Los empalmes se hacían manualmente y la graduación de colores se realizaba con filtros y exposiciones controladas. Aunque ahora están automatizados, los procesos han sido básicamente los mismos durante muchos años.

Si la película se digitaliza y la corrección de color se realiza digitalmente, entonces es posible volver a imprimirla en película para su distribución. Este proceso intermedio digital introduce una oportunidad de mejora del flujo de trabajo y proporciona herramientas adicionales al creador de la película.

Digitalizar la película lo antes posible permite realizar la edición electrónicamente, lo cual resulta muy beneficioso. La integración de efectos especiales o "cirugía" correctora, aparte de para calificar la película, se puede utilizar más adelante para añadir o eliminar elementos, o realizar sustituciones o ajustes de composición para enmarcar el contenido de una forma mucho más atractiva.

Grabar con un equipo HDCAM elimina el proceso de digitalización a costa de perder la calidad orgánica del grano de película. Esa calidad se puede volver a introducir durante la fase de acabado. En la figura 4.28 se muestra el proceso de grabar y editar una película. La fila de cuadros superior representa el modelo mecánico tradicional y la inferior el flujo de trabajo completamente digital. Como puede ver, hay posibilidades de pasar del flujo de trabajo tradicional a la forma intermedia digital siempre que sea necesario.

La revolución digital invade y afecta a todos los aspectos de la producción fílmica y televisiva, y la compresión de vídeo resulta vital para el éxito de toda la industria, de un extremo al otro.

Una ventaja significativa del proceso intermedio digital es que se conserva una copia de archivo de la película en formato digital. Dado que se ha digitalizado a partir del inmaculado metraje original, existen muy pocas posibilidades de que se hayan introducido daños, polvo, arañazos o cualquier otro tipo de artefacto.

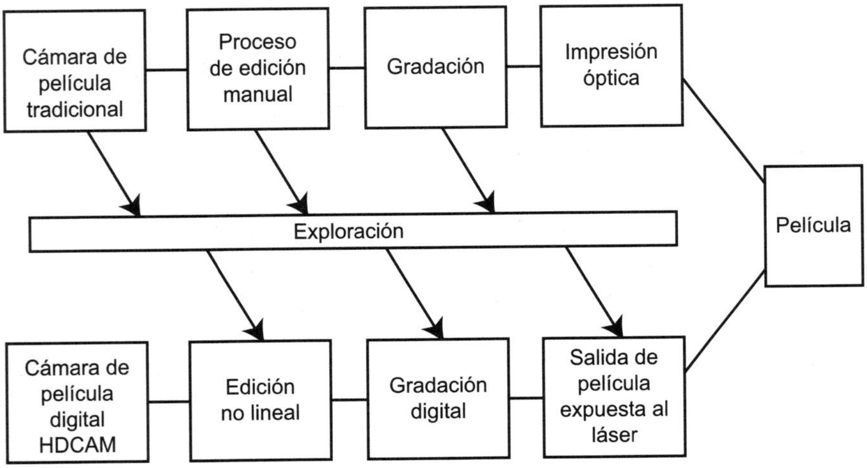

Figura 4.28. *Flujo de trabajo intermedio digital.*

Los colores de la imagen no perderán intensidad con el paso del tiempo, de la misma forma que ocurre con la emulsión de película. La archivación resulta más sencilla, y pasar a otros formatos como el DVD es un proceso mucho menos complicado. Esto también facilita la migración a cine digital y la distribución electrónica de películas.

La archivación a cientos de años vista se está convirtiendo en un problema con el contenido digital, y hay estudios en la actualidad que examinan el envejecimiento de los medios de almacenamiento y cuáles son los formatos de archivo más fiables con los que trabajar en sistemas que ni siquiera existirán en cientos de años. Puede parecer un asunto extraño para un libro sobre compresión de vídeo, pero es muy importante que las generaciones futuras sean capaces de decodificar el material que almacenamos en la actualidad. Deberá tenerlo en cuenta cuando seleccione un códec con fines archivísticos.

Resumen

En este capítulo hemos visto numerosos aspectos sobre el funcionamiento de las imágenes filmadas. No obstante, existen muchos formatos de película que no hemos tratado aquí.

El estudio de este tema en Internet revela un gran número y una amplia variedad de sitios Web que describen algunos formatos de película muy poco frecuentes.

A medida que trabaje con fuentes de película de archivo, tenga en cuenta que el tamaño y la resolución exactos del negativo varía considerablemente y que los valores mostrados aquí en relación a los tamaños de la imagen sólo sirven como una guía nominal. En el capítulo sobre imágenes digitales volveremos a ver las habituales resoluciones de 2 K, 4 K y 6 K empleadas al trabajar con película digital.

El inconveniente expresado al principio de este capítulo se aplica aquí también: La resolución elegida para calcular los tamaños de imagen se basa en los valores señalados desde una variedad de fuentes. No obstante, es posible digitalizar con una resolución superior o inferior a los 115 píxeles por mm utilizados aquí. Necesitará realizar ajustes para tener esto en cuenta si hace alguna planificación sobre la capacidad, ya que sus necesidades pueden variar.

En los dos capítulos siguientes, veremos las imágenes de vídeo digitales. Más adelante veremos algunos aspectos menores sobre las películas cuando nos adentremos en aspectos más enrevesados de la compresión de vídeo.

Capítulo 5

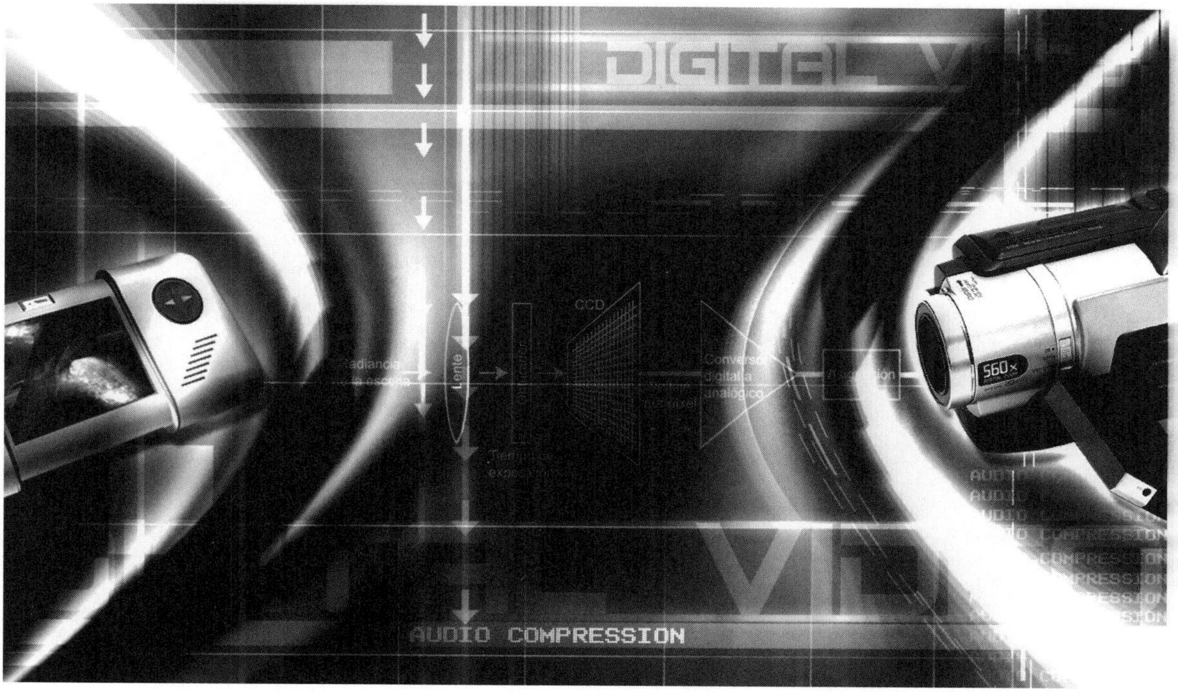

Vídeo

En el reino del vídeo

Durante este tramo de nuestro viaje, examinaremos el material de origen de vídeo que quizá desee comprimir. Empezaremos por la distribución y el tamaño del fotograma y, a continuación, pasaremos a la conversión de analógico a digital y la sincronización del vídeo, todo lo cual está relacionado con el contenido de una línea de información de imagen. El capítulo culmina con la información sobre el color y cómo se convierte de RGB a luma y croma.

El vídeo no es película

La televisión es mucho más complicada que la película. Implica algunos conceptos de interbloqueo que se interrelacionan entre sí. La forma en que una imagen se representa electrónicamente y las técnicas para la codificación de color influyen en cómo se convierte de analógico a digital. Esto también afecta al funcionamiento de la compresión. Los aspectos técnicos del funcionamiento del vídeo dan para un libro completo, por lo que para ver este tema en un solo capítulo, hemos dejado a un lado una gran cantidad de detalles.

Los mecanismos de creación de imágenes de la película y la televisión son diferentes. La tecnología requiere la realización de algo de procesamiento para proporcionar una retransmisión satisfactoria para el ancho de banda disponible.

Las imágenes de televisión se forman mediante una serie líneas horizontales dispuestas en una secuencia que barre toda la pantalla de arriba a abajo. Esto se denomina rasterizado o trama. El número de líneas y cómo se ordenan en la secuencia de barrido depende del tipo de pantalla y del lugar del mundo en el que se emite la señal de televisión.

La televisión europea se acerca más a la proyección de película que el sistema estadounidense porque las velocidades de fotogramas de la pantalla son similares, aunque aún así son diferentes.

Ojalá fuera posible dar marcha atrás y volver a inventar algunas de estas cosas. Simplemente cambiando la velocidad de fotogramas de la película proyectada o ajustando la forma en que las imágenes se muestran para mostrar una exploración progresiva en lugar del entrelazado en los aparatos de televisión haría las cosas más fáciles a los compresionistas de vídeo. Todos los factores siguientes son importantes para saber cómo funciona la televisión y, por consiguiente, cómo debe funcionar la compresión:

- Tamaños de imagen en distintos sistemas de televisión.
- Velocidades de fotogramas en Estados Unidos, Europa y otras partes del mundo.
- Relaciones de aspecto y conversión entre ellas.
- Formas de onda analógicas y cómo codificar una imagen digital para ellas.
- Codificación de luma y croma.

Estándares de televisión

Existen diversos estándares que describen cómo se distribuye la televisión. Éstos han evolucionado con el paso de los años. En la actualidad se trabaja en la acomodación a los formatos de televisión digital y alta definición. La convergencia entre los sistemas de televisión y la tecnología de imágenes por ordenador también afecta significativamente a esto. Existen dos estándares principales para la televisión analógica: NTSC y PAL. También hay otros estándares derivados que se basan en variantes de alguno de ellos. En Francia se emplea el sistema SECAM, pero es muy similar al PAL.

Tabla 5.1.

Estándares de televisión analógica.

Estándar	*Descripción*
NTSC	NTSC es la forma en la que se difunde la televisión analógica en Estados Unidos aunque esto, en realidad, no describe el tamaño, la resolución o la velocidad de fotogramas de una imagen.
PAL	El estándar de retransmisión televisiva en casi toda Europa es PAL. Se trata de un esquema de codificación y modulación para transmitir vídeo en el ancho de banda más económico a través de sistemas de difusión analógica. Por lo tanto, se trata de un esquema de compresión analógica que no describe un formato de presentación físico.
SECAM	Técnica de modulación de la transmisión empleada en Francia.

Velocidades de fotogramas

Una de las cosas que encontrará al comprimir vídeo es la capacidad de cambiar la velocidad de fotogramas de la salida comprimida. Deberá conocer las distintas velocidades de fotogramas de origen. Si crea vídeo para que se reproduzca en una variedad de plataformas, entre las que se incluyen sistemas de televisión, la elección de una velocidad de fotogramas incorrecta afectará negativamente a la reproducción.

Comparación de NTSC y PAL (60 Hz frente a 50 Hz)

Para realizar conversiones entre servicios NTSC y PAL, el cambio en las líneas de barrido y la resolución horizontal se suele afrontar con una simple interpolación de los ejes X e Y.

La velocidad de fotogramas es mucho más difícil de procesar, ya que si simplemente se eliminan fotogramas de 30 a 25 Hz se obtiene una visualización algo entrecortada. En sentido inverso, pasar de 25 a 30 Hz requiere la introducción de fotogramas adicionales. Trabajar con campos en lugar de con fotogramas no soluciona el problema. Las técnicas de reducción de calidad que sirven para la película no resultan válidas para el vídeo, ya que los campos de exploración de entrelazado no se fotografían en un momento idéntico. Por lo tanto, no se pueden promediar ni repetir sin la introducción de algunos extraños efectos de peinado. La duplicación de un solo campo resulta poco satisfactoria porque existe una relación espacial y temporal entre los campos adyacentes, ya sean anteriores o posteriores. En la figura 5.1 se muestran estas diferencias de sincronización de campos.

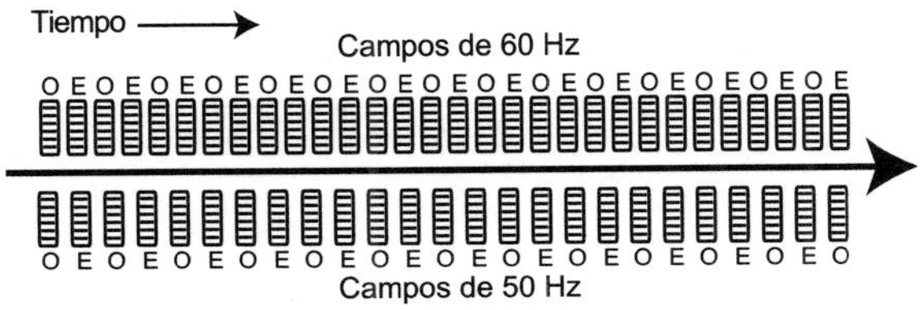

Figura 5.1.

Relación entre la velocidad de fotogramas.

Los sistemas digitales con varios almacenes de fotogramas proporcionan los medios para realizar la interpolación temporal requerida. Es posible realizar una conversión de base temporal muy buena mediante herramientas de escritorio como Adobe After Effects y Apple Final Cut Pro. Por supuesto, existen alternativas a éstas, según la plataforma que utilice y el presupuesto disponible.

Remuestreo temporal

Las transmisiones televisivas en Estados Unidos se realizan a unos 30 fotogramas por segundo, en realidad 29,97 fotogramas por segundo. Dado que se emplea el sistema de entrelazado, se trata en realidad de 60 campos por segundo. En Reino Unido, Europa, y otras partes del mundo, se aplican valores de 25 fotogramas y 50 campos por segundo. Si se mezcla contenido de ambos sistemas, o bien se reproduce contenido de Estados Unidos en Europa y viceversa, se producen problemas.

Remuestrear la imagen rasterizada en 2D es simplemente un caso de promedio o interpolación de los valores de los píxeles contiguos según se aumente o reduzca la escala. Cambiar la velocidad de fotogramas es mucho más complicado porque es necesario interpolar el movimiento de un fotograma al siguiente y ello no ocurre de forma uniforme en toda la imagen.

El contenido entrelazado es aún más complejo porque los píxeles sólo se corresponden entre sí en campos alternativos, y los campos contiguos se desfasan de acuerdo con el tiempo del campo (una quinta o sexta parte de un segundo).

Afortunadamente, no es necesario preocuparse demasiado por ello, ya que existe software de gran calidad que permite introducir cambios en la velocidad de los fotogramas. Productos como Final Cut Pro y Adobe After Effects contribuyen a solucionar este problema. A un nivel superior, los usuarios profesionales implementan herramientas como Discreet Combustion y Pinnacle Commotion. Todas estas herramientas ofrecen otras funciones de gran utilidad.

Comparar vídeo y película como entrada de origen

Cuando se emiten películas de Hollywood en televisión, las velocidades de fotogramas deben ajustarse de modo que la imagen se reproduzca a una velocidad de fotogramas diferente. La película va a 24 fotogramas por segundo y el obturador se abre dos veces por cada fotograma para reducir el parpadeo.

Esto se acerca a la velocidad de fotogramas de los sistemas de emisión europeos, pero está muy alejado de una velocidad de fotogramas adecuada en el caso de la televisión estadounidense.

Cambiar la velocidad de fotogramas sin utilizar técnicas de interpolación digital es bastante complicado, por lo que se ha desarrollado un sistema mecánico para ello conocido como reducción 2 a 3 ó 3 a 2. Se realiza de forma diferente para las frecuencias de campo de 60 Hz y 50 Hz (ya hemos visto con anterioridad los formatos de película y examinado la reducción de calidad y los sistemas de telecine).

Exploración a una velocidad superior

Algunos aparatos de televisión incorporan un almacenamiento de fotogramas que se carga con imágenes nuevas a una velocidad de 25 ó 30 veces por segundo. El vídeo se muestra en pantalla a una velocidad de fotogramas de 100 Hz. Esto mejora enormemente la experiencia de visualización. El almacén de fotogramas también proporciona funciones de escalado y corrección de relación de aspecto.

El escalado digital a veces introduce sutiles artefactos en la imagen similares a los que provoca una compresión excesiva del material de origen.

Modos de exploración

En las descripciones de los distintos tamaños de imagen, se emplea terminología como 1080i ó 1080p para describir dos patrones alternativos de exploración de líneas para el formato HDTV. La definición estándar (SDTV) normalmente usa una "i", que indica si la exploración de líneas es entrelazada o progresiva.

El futuro del vídeo en todos sitios es progresivo, no entrelazado.

–Ben Waggoner, 2004

Esto es evidentemente cierto y la Unión europea de radiodifusión (UER) pronostica que entre 2009 y 2015, las pantallas compatibles con la alta definición (HD) progresiva probablemente superen en número a los receptores SDTV entrelazados.

Las pruebas realizadas con los codificadores H.264 y WM9 demuestran que ambas codifican el vídeo explorado progresivamente con una mayor eficacia (relación de compresión) que en el caso de vídeo entrelazado.

Es preferible la distribución de contenido explorado progresivamente porque crear material entrelazado a partir de él resulta sencillo, pero es mucho más complicado hacerlo a la inversa. En cualquier caso, la UER argumenta convincentemente que poner un equipo de conversión de formato entrelazado a progresivo muy costoso y de gran calidad en las instalaciones del emisor es mucho mejor que implementar millones de conversores del mismo tipo pero con un potencial y una calidad menores en cada uno de los receptores domésticos.

Rasterizado de campos entrelazados

La exploración entrelazada se introdujo en los años 30 del siglo pasado como una forma de reducir el número de líneas que se debían transmitir a la mitad de lo que requería la exploración progresiva. Este tipo de presentación requiere que las líneas pares e impares se presenten independientes unas de otras. En la figura 5.2 se muestra la presentación de líneas entrelazadas.

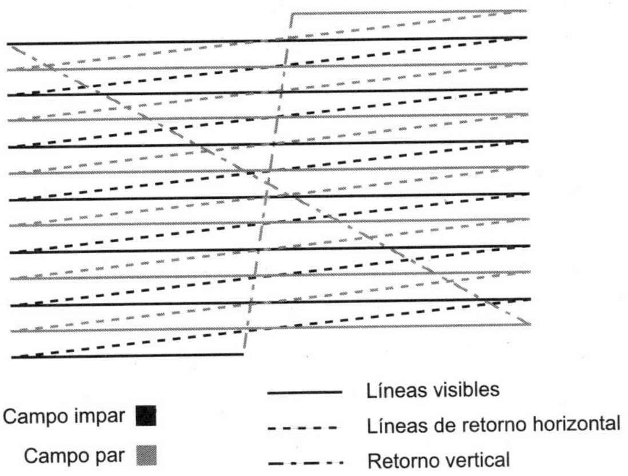

Figura 5.2.
Patrón de exploración entrelazada.

A medida que se exploran las líneas por la pantalla, el haz de electrones de una pantalla CRT se desplaza por la cara del tubo, pintando las líneas horizontales mientras avanza. Cuando el haz llega a la parte inferior de la pantalla, debe regresar a la parte superior lo más rápidamente posible para iniciar otra pasada en sentido descendente. Este retroceso supone un 8 por 100 del tiempo de exploración, por lo que se acaban perdiendo algunas líneas.

Fíjese en cómo se requiere media línea en cada pasada para entrelazar correctamente las líneas en los campos par e impar. Resulta tentador limitarse a recortar esas dos líneas al comprimir el vídeo. Con frecuencia, las decisiones que se adopten en relación a una operación de procesamiento de vídeo tendrán consecuencias (o efectos secundarios) más adelante durante el flujo de trabajo. En este caso, la eliminación de una sola línea tiene un efecto secundario que puede afectar potencialmente a la dominancia del campo. Las líneas se deben quitar en pares contiguos, de modo que esas medias líneas supondrán en realidad 4 líneas de datos de imagen. Una alternativa es conservarlas, y solucionar el problema de cómo rellenar la otra mitad de cada línea. Probablemente la mejor solución sea una simple copia de una línea contigua.

Así que el área de la imagen se atraviesa en dos ocasiones, primero se pinta un campo y, a continuación, en una segunda pasada se pinta el otro campo, rellenando los huecos con las líneas. En la figura 5.3 se muestra cómo se pinta un objeto en pantalla. El hecho de que se pinte primero el campo par o impar depende de lo que se conoce como dominancia de campo. Es muy importante que se mantenga igual que cuando se grabó el metraje ya que, en caso contrario, se produce un extraño efecto "irregular" y todo el movimiento parece entrecortado. Esto se debe a que cada 1/25 de segundo, la base temporal retrocede 1/50 de segundo (dos pasos hacia delante y uno hacia atrás), lo cual no resulta agradable de observar. En la figura 5.4 se traza la base temporal de una presentación de campos correctamente ajustada y otra con la dominancia de campos invertida.

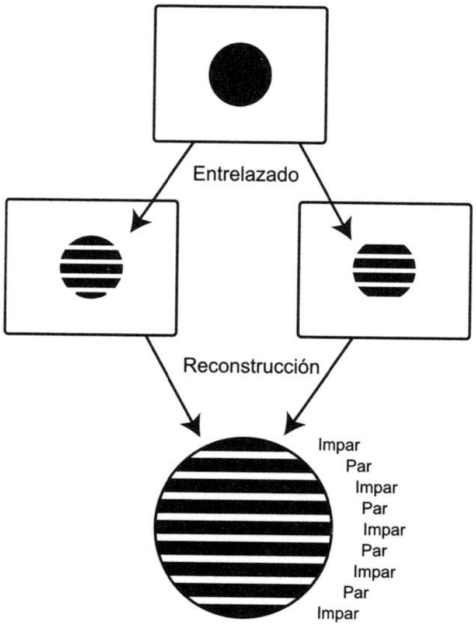

Figura 5.3.

Rasterizado de campos entrelazados.

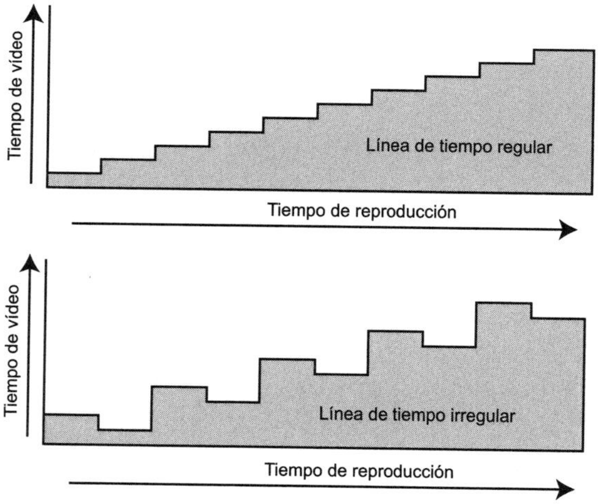

Figura 5.4.

Irregularidades en la base temporal.

La persistencia de la visión

La base temporal de movimiento de la imagen se sitúa en un incremento de 1/50 de segundo, basada en los tiempos de los campos y no de los fotogramas. La velocidad de campos es el doble de la velocidad de fotogramas, pero ninguna de las líneas del campo impar mostrará una parte de la imagen que exista en el campo par. En lo que al movimiento se refiere, es como si hubiera dos películas diferentes pero simultáneas y completamente sincronizadas reproduciéndose.

Dado que el fósforo del tubo refulge un poco después de que el haz de electrones haya pasado sobre él y que nuestros ojos tienen una "persistencia de la visión", esto no se aprecia como dos barridos alternativos, sino que lo que hacen los ojos es componerlos en una sola imagen.

Detalles horizontales

El vídeo entrelazado requiere que ciertos detalles horizontales reciban un tratamiento especial. Si traza una línea de 1 píxel de ancho de un lado a otro de la pantalla, parecerá que parpadea porque no se muestra la mitad del tiempo. Si aumenta el grosor a dos píxeles, parecerá que rebota de arriba abajo porque está presente en campos alternativos en momentos diferentes. Esto se denomina *twittering*. Es necesario que descentre la línea en el eje vertical para que cubra un área ligeramente mayor y que se reduzca el efecto de parpadeo (véase la figura 5.5).

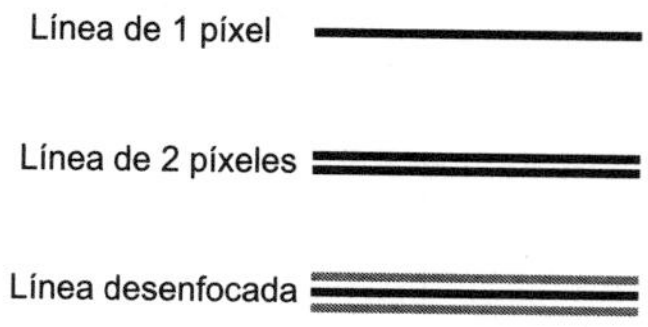

Figura 5.5.

Detalle horizontal.

La línea superior parpadeará a 25 Hz porque sólo aparece en un campo. La segunda línea parecerá rebotar 25 veces por segundo debido a que aparece en un lugar diferente en cada campo. La tercera línea se mostrará estable porque se visualiza o una línea con una intensidad total o dos líneas con la mitad de intensidad, pero la posición media siempre es la línea central. Por lo tanto, se hace al ojo creer que es estacionaria.

Movimiento de objetos entre campos

Otro inconveniente del vídeo entrelazado es que el movimiento se desarrolla entre campos. Una pelota que bote ante la cámara estará en distintas posiciones en los campos pares en impares. En la figura 5.6 se muestra la distribución del objeto a medida que se mueve.

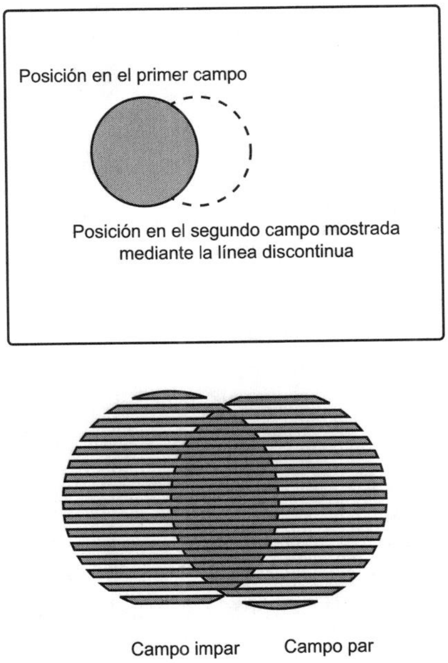

Figura 5.6.

Movimiento de objetos entrelazado.

Si la grabación original se realizó sobre película y el telecine se transfirió mediante un algoritmo basado en líneas en lugar de mediante una reducción de calidad, el efecto es aún más basto de lo que se muestra en la figura 5.7.

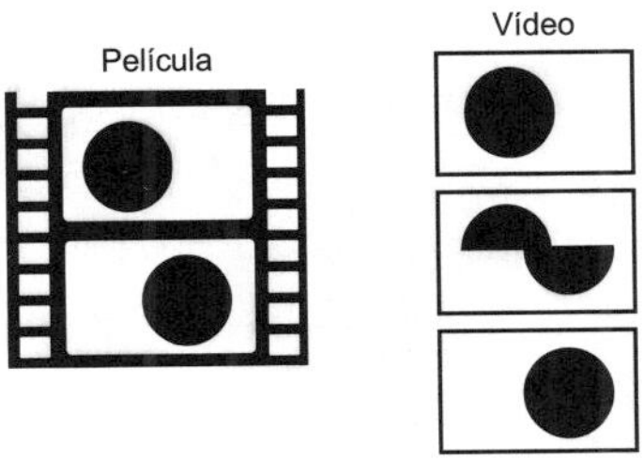

Figura 5.7.

Movimiento de objetos del telecine basado en líneas.

Si se pausa el vídeo para que se muestren ambos campos se presenta una imagen muy distorsionada y algunos detalles se mueven de arriba abajo en toda la pantalla mientras que el fondo permanece quieto.

Algunos de estos efectos mejoran si sólo se muestra un campo con el vídeo pausado, pero afecta negativamente a la resolución vertical. Realizar una media entre ambos campos es otra posibilidad que funciona algunas veces, aunque también supone renunciar a algo. Más adelante veremos el tema del desentrelazado, una parte muy importante del proceso de codificación práctico.

Exploración progresiva

Muchos de los problemas que presenta el vídeo entrelazado desaparecen completamente cuando se utiliza la exploración progresiva.

Es necesario explorar progresivamente a una velocidad de fotogramas (o velocidad de campos) que duplique la de la película normal para proporcionar un movimiento continuo.

Los sistemas de televisión de alta definición y las pantallas de ordenador están diseñados según un modelo de exploración progresiva. En la figura 5.8 se muestra la disposición de las líneas en la exploración progresiva.

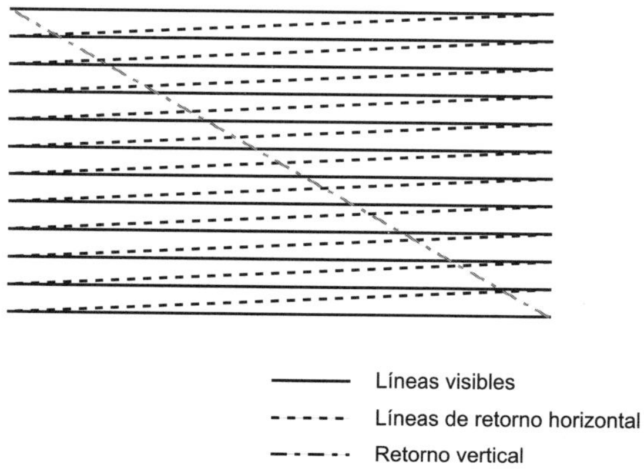

Figura 5.8.

Patrón de exploración progresiva.

Formatos y tamaños de imagen

Los servicios de televisión transmiten imágenes con una resolución bastante inferior que la de los formatos de película tradicionales.

Las velocidades de fotogramas son superiores y el proceso de distribución suele ser más complejo, lo cual está diseñado para reducir el ancho de banda de transmisión.

Área de rasterizado físico

El rasterizado físico se suele describir como si la imagen llenara todas las líneas disponibles. Cuando se menciona un sistema de 525 ó 625 líneas, se trata de una referencia al rasterizado físico. En realidad no se ven ni 525 ni 625 líneas en el receptor de televisión. El tiempo de supresión vertical necesario para que el haz de electrones regrese a la parte superior de la pantalla y el tiempo de retroceso horizontal suponen un 8 por 100 del tiempo de rasterizado. El rasterizado se reduce de 525 a 480 en las emisiones en Estados Unidos y de 625 a 576 líneas de imagen útil en Europa. Se ha discutido el valor de 480 y se considera un valor nominal. En algunos documentos se indican otros valores. Cualquier valor por encima de 482 líneas de imagen visible puede recortarse durante el proceso de distribución incluso en Europa. Esto se debe a que es posible que el equipo de vídeo y el software de procesamiento empleen parámetros que permitan la distribución de contenido a nivel mundial.

De hecho, se pierde algo de tiempo horizontal porque la imagen sólo se explora de izquierda a derecha y se pierde en torno a un 15 por 100 del tiempo horizontal debido a la supresión que provoca el regreso del haz para iniciar otra línea.

Se trata por completo de un problema de la televisión analógica; los sistemas de televisión digital no requieren ningún tiempo de retroceso o supresión. No obstante, deberán garantizar que las áreas de imagen con las que trabajan son válidas para los sistemas analógicos.

Probablemente, esto quede mejor representado si se dibuja el rasterizado físico y se indica dónde se coloca la supresión para ver la cantidad de área de rasterizado útil que resta.

Área de rasterizado visible

Dentro del área de rasterizado útil hay un área de imagen ligeramente inferior. El espectador normalmente ve un área aún más pequeña que esa. Esto se debe a que los aparatos de televisión están diseñados para agrandar la imagen hasta superar los límites de la pantalla. Esto se denomina sobreexploración. Los monitores de televisión de estudio permiten activar y desactivar esto, de modo que se pueda ver toda la trama. Los monitores de los ordenadores no realizan sobreexploración, por lo que se supone que en pantalla se mostrará toda el área de la imagen.

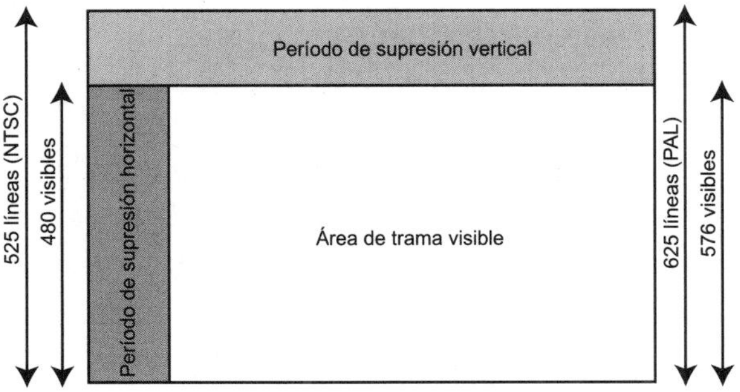

Figura 5.9.

Áreas de rasterizado físico y visible.

La sobreexploración se utiliza para evitar la visualización de ruido y la falta de sincronización en cualquiera de los lados de la imagen. También oculta la media línea de la parte superior e inferior de la imagen.

Además, hay algunos datos digitales ocultos que no forman parte de la imagen destinada a la visualización por parte del espectador. Debido a esta sobreexploración, los programas de televisión están diseñados para que todo ocurra dentro de un área segura.

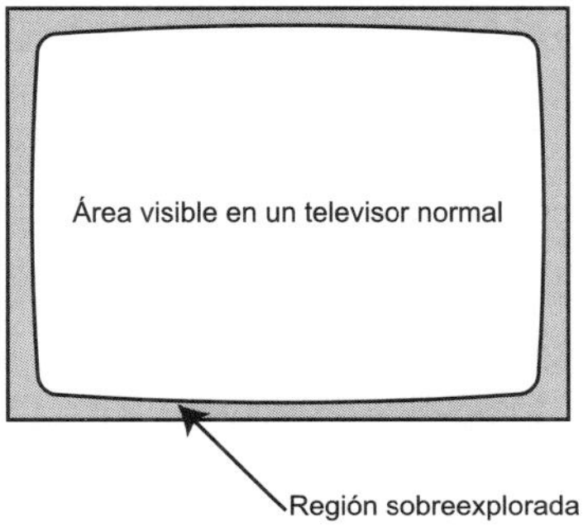

Figura 5.10.

Área sobreexplorada en un aparato de televisión normal.

El ojo humano es sorprendentemente comprensivo con la ausencia de linealidad y la curvatura de las líneas perpendiculares.

Fíjese en las dos áreas seguras que se muestran en la figura 5.11. Una es el área de acción segura y la otra es el área de texto segura. El área de texto segura es aún más pequeña para adaptarse a los aparatos de televisión muy mal configurados.

El área segura garantiza que el texto permanezca dentro de la imagen que tiene más posibilidades de ser lineal y estable geométricamente.

El área segura es la parte de la imagen que menos posibilidades tiene de verse recortada o dañada por la conversión de la relación de aspecto.

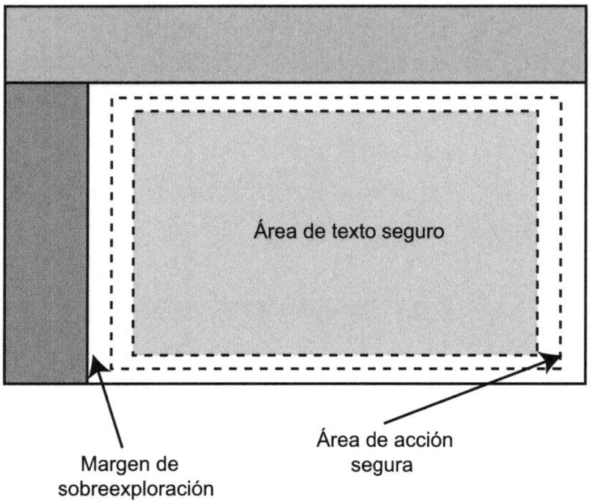

Figura 5.11.

Áreas seguras.

Transmisión del sistema heredado de 405 líneas

Este formato ya no se utiliza en retransmisiones, pero es importante porque existe material de archivo grabado cuando éste era el servicio de definición estándar de Reino Unido. El material será monocromo porque no se difundió con esta resolución ningún servicio de color.

La BBC se ha comprometido públicamente a permitir a los ciudadanos británicos el acceso a parte de los archivos durante los próximos años, y casi con total seguridad saldrán a la luz grabaciones históricas de gran valor realizadas en este formato. Cualquier proceso de restauración se realizará digitalmente, por lo que el primer paso será convertir el material a partir de su forma analógica. La resolución equivalente para este servicio es de 400 píxeles no cuadrados en 380 líneas visibles dentro de una trama entrelazada de 405 líneas.

Televisión de definición estándar

La televisión de definición estándar (SDTV) continúa distribuyéndose de forma diferente en Europa y Estados Unidos. De hecho, existen muchas variaciones diferentes en cuanto al tamaño y frecuencia de exploración de los servicios televisivos de todo el mundo.

El término NTSC se suele emplear para hacer referencia a una imagen de 720 píxeles no cuadrados de ancho por 480 líneas visibles de alto. Se distribuye en una trama de 525 líneas que se presenta aproximadamente 30 veces por segundo, una vez más con un esquema de campos alternativos entrelazados.

Para las transmisiones de televisión típicas en formato PAL, el tamaño de la imagen será de 720 píxeles no cuadrados de ancho por 579 líneas visibles distribuidas en una trama de 625 líneas. Esta trama se refresca 25 veces por segundo mediante una presentación entrelazada de dos campos alternativos.

El sistema SECAM es, desde un punto de vista estructural, muy similar al PAL, pero las frecuencias de codificación y los aspectos técnicos del modelo de color son diferentes. Es necesario utilizar un descodificador SECAM especial, ya que un descodificador PAL no funcionaría con este fin. Las señales se convierten entre ambos formatos con relativa sencillez ya que son similares físicamente en lo que se refiere al tamaño de la trama o rasterizado (625 líneas) y el tamaño de la imagen (720x579).

En la figura 5.12 se muestran los tamaños de trama más habituales.

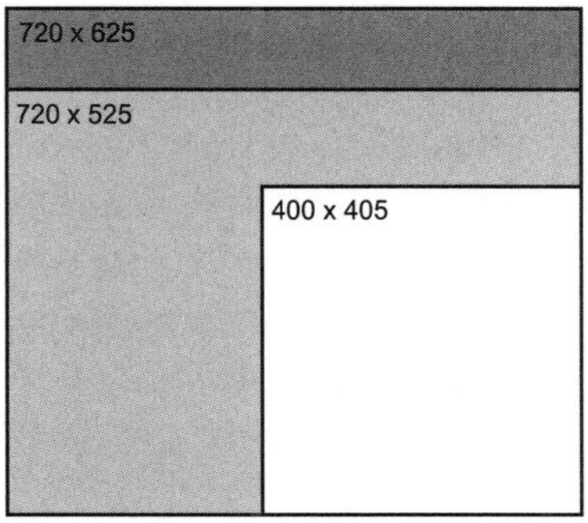

Figura 5.12.

Resoluciones físicas del sistema SDTV más utilizadas.

Formato de entrada de origen

El formato de entrada de origen (SIF, *Source Input Format*) es un término definido originalmente por el estándar MPEG-1 para describir el formato del vídeo de origen que se comprime.

Tenga precaución, ya que se trata de un tamaño similar al definido por el formato intermedio común (CIF, *Common Intermediate Format*), pero no son lo mismo.

El formato CIF se define en su forma básica como 352x288 píxeles con una velocidad de visualización de 29,97 fps. SIF se define como 352x288x25 fps ó 352x240x29,97 fps. Mientras que el formato CIF combina atributos de los servicios de televisión europeos y estadounidenses, SIF mantiene su diferencia y consistencia.

El formato SIF se submuestrea con mucha facilidad a partir de señales televisivas. Casi con toda seguridad, con el formato CIF no ocurre otro tanto, ya que tanto los datos espaciales como temporales se deben interpolar con un cálculo no integral en función del formato de origen del vídeo.

En la tabla 5.2 se enumeran algunas resoluciones relacionadas con SDTV y SIF. Los datos se han extraído de la documentación de los fabricantes y se han incluido las distintas variantes para indicar la disparidad entre ellos. No existen estándares definidos claramente para ello, por lo que hay que ser muy cuidadoso a la hora de seleccionar los tamaños de entrada o salida en el software de compresión que utilice. Será más fiable si especifica el tamaño que desea exactamente en píxeles.

Notas:

- Los tamaños marcados con un asterisco se consideran como canónicos debido a su relación integral con el tamaño de imagen de televisión integral.
- Los tamaños más pequeños se emplean con frecuencia al comprimir vídeo para su uso en la Web. No son los únicos tamaños que se utilizan, pero aparecen en la documentación de los fabricantes.
- Algunos de estos tamaños se basan en múltiplos de 720, algunos de 704, y otros sobre el valor base de 768, lo que implica que también se llevan a cabo correcciones de la relación de aspecto.
- Fíjese en que en el caso de los tamaños 1/2, 2/3 y 3/4, sólo se escala el eje horizontal. El recuento de líneas permanece igual.

Tabla 5.2.

Tamaños de imagen relacionados con el formato SDTV.

Descripción	*NTSC*		*PAL*	
	Ancho	*Alto*	*Ancho*	*Alto*
Rasterizado físico	720	525	720	625
SQSIF	132	80	132	96
QSIF	160	112	176	144
QSIF	176	112	192	144
QSIF*	180	120	180	144
SIF	320	240	352	288
SIF	352	240	384	288
SIF*	360	240	360	288
1/2 D1 (HD1)	320	480	352	576
1/2 D1 (HD1)	352	480	384	576
1/2 D1 (HD1)*	360	480	384	576
2/3 D1*	480	480	480	576
3/4 D1	528	480	528	576
3/4 D1*	540	480	540	576
3/4 D1	544	480	544	576
FD1	640	480	640	576
FD1	704	480	704	576
FD1(4SIF)*	720	480	720	576
9SIF*	1080	720	1080	864
16SIF*	1440	960	1440	1152

Televisión de alta definición

En la actualidad se difunde televisión de alta definición con regularidad en Estados Unidos, y durante 2003 y 2004 ha resurgido el interés por este medio en Europa. Lo que se considera como alta definición varía según se encuentre uno a uno u otro lado del océano.

Históricamente, el primer servicio de televisión de Reino Unido se emitía con 405 líneas en monocromo. Estados Unidos introdujo 525 líneas, lo que se veía como superior, y también ofrecía servicios televisivos en color a los clientes bastante antes que Reino Unido. En Europa, se creó y distribuyó la televisión de 625 líneas en los años 60 y el color se introdujo en la década de los 70. En el pasado, se hacía referencia a este sistema como televisión de alta definición, ya que se comparaba con las 405 líneas. Ahora se conoce como definición estándar. El término alta definición describe ahora algo con unas dimensiones horizontales y verticales mucho mayores.

Los Juegos Olímpicos de Pekín están destinados a incrementar el interés por los receptores de HDTV para el año 2008, con un plazo de entre 2 y 4 años más antes de que se adopte como un medio de masas. Con la llegada de la codificación H.264, existen muy pocas barreras técnicas para la implementación del formato HDTV en un futuro muy cercano. Los obstáculos que existen tienen que ver con aspectos comerciales y la penetración en el mercado de los aparatos SDTV basados en MPEG-2.

En la figura 5.13 se muestran una serie de tamaños de imagen HDTV para su comparación, la cual se resume en la tabla 5.3.

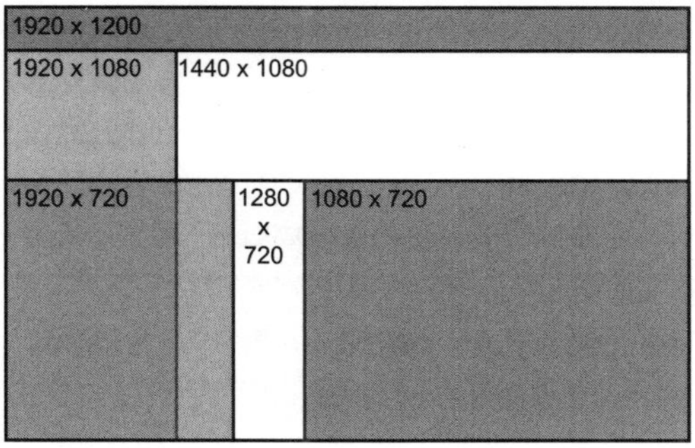

Figura 5.13.

Resoluciones HDTV más utilizadas.

Tabla 5.3.

Tamaños de imagen HDTV más utilizados.

Descripción	***Ancho***	***Alto***
Formato HDTV no estándar similar a los tamaños de pantalla de ordenador XGA	1080	720
Formato HDTV SMPTE 296M propuesto para las pruebas europeas	1280	720
Formato HDTV europeo propuesto	1920	720
Formato Sony HDCAM	1920	1080
Formato HDTV SMPTE 274M	1920	1080
Formato experimental de alta definición múltiplo de SDTV sobre sistemas NTSC	1920	1200

En Estados Unidos, las señales de HDTV ya se distribuyen con 720 líneas, lo que supone una importante mejora sobre el área visible proporcionado por el servicio de 525 líneas. Si se compara con los servicios de 625 líneas no supone una mejora tan grande, a no ser que la implementación sea de 720 líneas visibles. En la parte alta, tamaños de imagen de 1920x1080 se distribuyen en una trama de 2200x1125, y los estándares de todo el mundo convergen en este formato. Se trata de una buena opción porque es la misma que la utilizada para el cine digital y, por lo tanto, resulta útil para que los distribuidores gestionen su contenido en un sólo formato. Otra resolución muy usada es 1920x1200, que es un múltiplo del tamaño de rasterizado compuesto correspondiente al sistema NTSC.

Fíjese en que algunas fuentes señalan la resolución HDCAM con un tamaño de 1440x1080. Éste puede ser uno de los modos admitidos por el equipamiento HDCAM, aunque en la ficha técnica de la cámara Sony HDW-730S se señala unas dimensiones de imagen de 1920x1080.

En Europa, continúa el debate en relación a si se debe utilizar un formato 720p ó 1080i para las emisiones de televisión de alta definición. El formato 1920x720p 50 resulta atractivo porque se ajusta al espectro de emisión disponible, pero es diferente a lo adoptado por el resto del mundo. No hay duda de que la exploración progresiva resulta más atractiva que la entrelazada.

Es probable que en un principio se lance en Europa un servicio con un formato 720p pero sin desperdiciar la oportunidad de actualizarlo a 1080p en caso de que la industria vaya en esa dirección en un futuro en relación a los tamaños de pantalla y los formatos de DVD.

Relación de aspecto

La relación de aspecto es un término que se emplea para describir la diferencia proporcional entre la altura y la anchura. Con frecuencia los valores están normalizados, de modo que el número de la derecha es 1. En ocasiones están normalizados de tal modo que sólo se emplean valores enteros.

Formatos de relación de aspecto de televisión habituales

Si echa un vistazo a la parte posterior de la carcasa de un vídeo o DVD, verá que se indican las relaciones de aspecto. El valor 4:3 se considera como una relación de aspecto normal y la televisión panorámica es 16:9. Algunas cadenas reducen este valor y distribuyen el contenido como 14:9. Esto permite que se recorte una pequeña parte en los aparatos de televisión con una relación de aspecto de 4:3, y que se muestre una pequeña barra de color negro en ambos lados de la imagen en un aparato de televisión 16:9.

En la figura 5.14 y en la tabla 5.4 se muestran las distintas relaciones de aspecto que se utilizan en la actualidad.

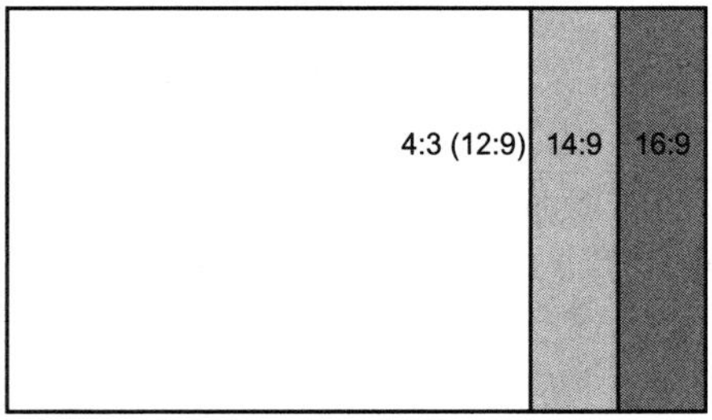

Figura 5.14.
Relaciones de aspecto.

Tabla 5.4.
Relaciones de aspecto más utilizadas.

Descripción	*Relación de aspecto*	*Valor normalizado*
Televisión estándar	4:3	1.33:1
Televisión panorámica	16:9	1.76:1
Retransmisión reducida	14:9	1.56:1

Relación de aspecto normal

El material con una relación de aspecto normal se presenta en una trama en la que la relación entre la anchura y la altura es de 4:3. En un monitor panorámico, esta imagen se distorsiona para ocupar toda la pantalla, de modo que se coloca un borde a cada lado para conservar la relación de aspecto original. El corte central en un televisor panorámico sacrifica la resolución horizontal.

El formato cinematográfico (*letterbox*) hace lo mismo al reproducir contenido panorámico en un televisor normal, excepto por el hecho de que desperdicia líneas. En ambos casos, es necesario realizar tareas de recorte para eliminar el espacio no utilizado en caso de que comprima para la Web, lo que permite obtener una relación de aspecto óptima.

Existe una inevitable compensación entre calidad y eficacia.

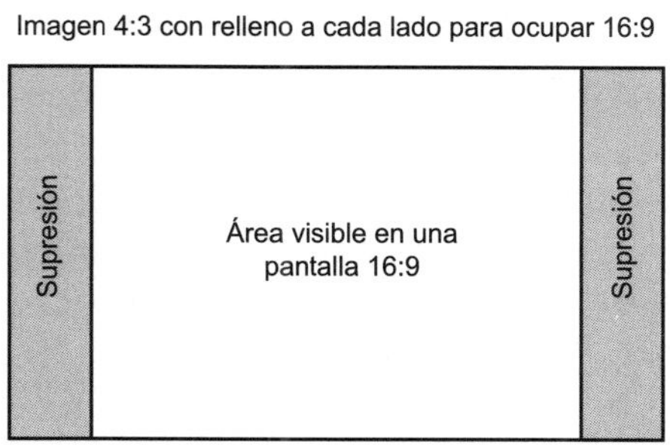

Figura 5.15.

Relación de 4:3 en un rasterizado panorámico (corte central).

Relación de aspecto panorámica

La presentación panorámica se basa en una relación entre la anchura y la altura de 16:9 y emplea todo el área de rasterizado visible. No hay ningún detalle de imagen adicional que se proporciona para añadir píxeles a ambos lados de una imagen con una relación de aspecto de 4:3. Se trata simplemente de una imagen estándar de 720 píxeles de ancho cuyos píxeles se han estirado horizontalmente aún más de lo que suele hacerse para una presentación normal.

Afortunadamente, los mecanismos ópticos del ser humano son muy tolerantes en relación con la pérdida de detalle en el eje horizontal al ver la televisión.

Modo de visualización estirado

Los fabricantes de televisores panorámicos añadieron un modo de visualización "justificado" en el que la exploración horizontal es no lineal de forma intencionada. Se trata de otra forma de mejorar las diferencias entre las relaciones de aspecto normal y panorámicas. La sección central de la pantalla no se estira tanto como los laterales. Un círculo en mitad de la pantalla tiene una apariencia circular, mientras que los objetos colocados cerca de los extremos aparecen cada vez más estirados cuanto más alejados estén del centro de la pantalla. Afortunadamente, es posible activar y desactivar esta función de estiramiento y seleccionar el modo de visualización que prefiera. La geometría lineal original se muestra en la figura 5.16 como referencia.

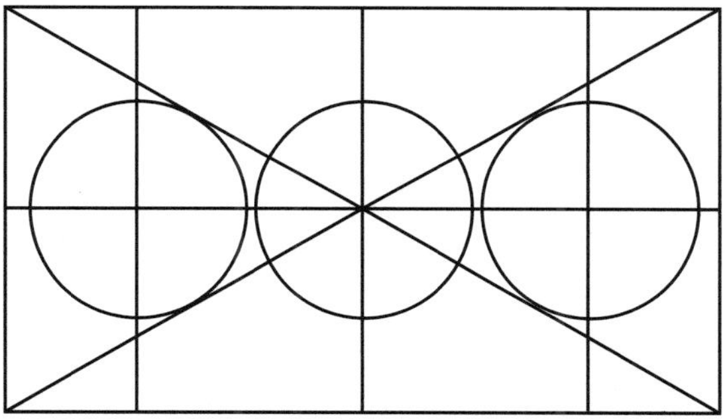

Figura 5.16.

Geometría original.

Los efectos de la distorsión "justificada" se muestran en la figura 5.17. Va bien en la mayoría de las ocasiones, pero se pone de manifiesto cuando el texto se desplaza horizontalmente a lo largo de la pantalla, ya que se mueve con mayor rapidez a los lados y más lentamente en el centro. Dado que se puede ver toda la pantalla, los ojos se centran en una sola palabra, que parece estirarse y encogerse a medida que la siga.

En algunas ocasiones, un presentador paseará por la pantalla, y parecerá que se somete a una rápida dieta de adelgazamiento a medida que se acerca al centro, para volver a ganar peso rápidamente al moverse hacia cualquiera de los lados. Se recomienda encarecidamente dejar que el aparato de televisión haga esto y no implementar este modo "estirado" directamente en el contenido.

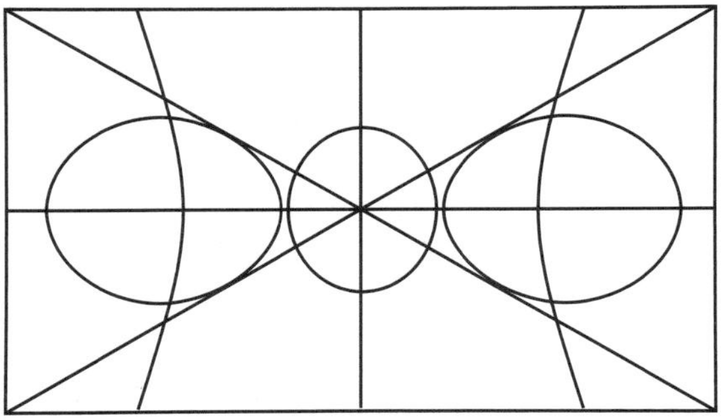

Figura 5.17.

Ejemplo de escalado no lineal distorsionado.

De forma bastante extraña, el modo justificado parece funcionar correctamente la mayor parte del tiempo y supone una mejora sobre el simple estiramiento de una trama de 4:3 en el frente de un tubo de 16:9. Definitivamente es mejor que un corte central con laterales de color negro que resulta muy extraño después de ver un formato 4:3 estirado durante algún tiempo. No obstante, es posible que los puristas desaprueben esta técnica y es muy probable que ofenda a los ingenieros de televisión experimentados.

Señal panorámica

Las cadenas transmiten señales en líneas de televisión ocultas que el televisor detecta y usa para cambiar al modo de visualización más adecuado para el programa. Resulta bastante desconcertante cuando la televisión realiza esto mientras el cambio tiene lugar en los circuitos de exploración de algunos modelos. En algunas ocasiones, los componentes electrónicos emiten un sonoro crujido electrónico mientras cambian los voltajes.

Idealmente, esto debería hacerse digitalmente, de modo que los circuitos de exploración del televisor simplemente continuaran su barrido de una trama de tamaño fijo.

Más adelante veremos este asunto con mayor detalle, cuando estudiemos los aspectos avanzados de las señales ocultas de datos.

Formatos de relación de aspecto de película en televisión

Muchas películas se distribuyen en DVD en un formato cinematográfico panorámico que muestra toda la imagen. En la actualidad, esto se encuentra estandarizado normalmente al formato cinemascope o Panavision, que tiene una relación de aspecto de 2.35:1. Al ajustar el factor de zoom vertical del televisor se muestra una imagen más grande, aunque se sacrifica el escalado consistente de los ejes X e Y. En la figura 5.18 se muestra cómo se ajustan estos formatos a una pantalla de televisión.

Con la amplia gama de relaciones de aspecto y modos de estiramiento y ampliación incorporados que incluyen los modernos aparatos de televisión, es muy probable que casi ningún servicio de televisión o película se emita con la relación de aspecto pretendida por el director del programa o la película. Pero la visión y el ojo humanos son increíblemente buenos a la hora de compensar este hecho y los consumidores no parecen preocupados en exceso por ello. No obstante, los espectadores quedan sorprendidos cuando se encuentran con algún famoso cara a cara y descubren que, de hecho, no está tan grueso o delgado como parecía ser en televisión.

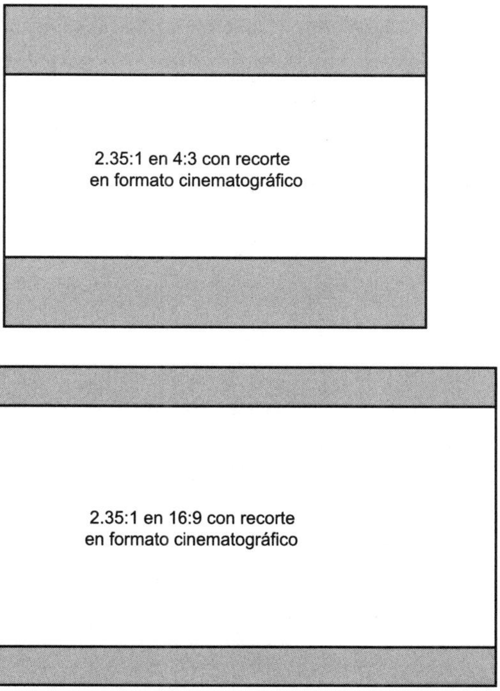

Figura 5.18.

Relación de aspecto del formato Panavision.

Conversión de relación de aspecto

A veces es necesaria la compensación de la relación de aspecto cuando se comprime el vídeo. Las cadenas emplean un dispositivo denominado conversor de relación de aspecto (ARC, *Aspect Ratio Converter*) y, aunque resulta muy cómodo, es posible convertir el material en un sentido y en otro varias veces. Como resultado, se obtiene una imagen de calidad reducida que parece estar recortada en exceso. Esto se debe a que la parte superior e inferior se recortan al pasar de 4:3 a 16:9 y los laterales se recortan cuando se vuelve a pasar al formato 4:3.

En la figura 5.19 se muestran los parámetros de salida ARC utilizados habitualmente al recortar la entrada para ajustarla.

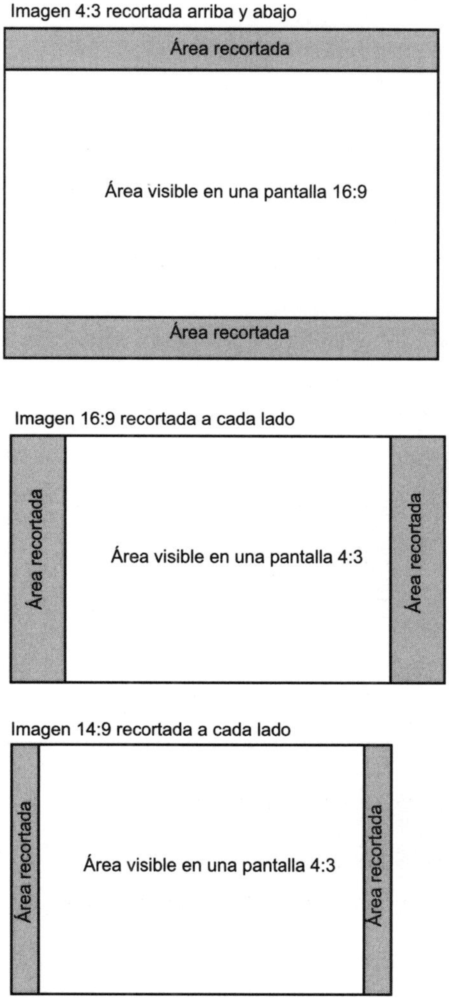

Figura 5.19.

Fotogramas recortados mediante ARC.

Un ARC también rellena una imagen en lugar de recortarla. En al figura 5.20 se muestran las configuraciones de relleno más utilizadas.

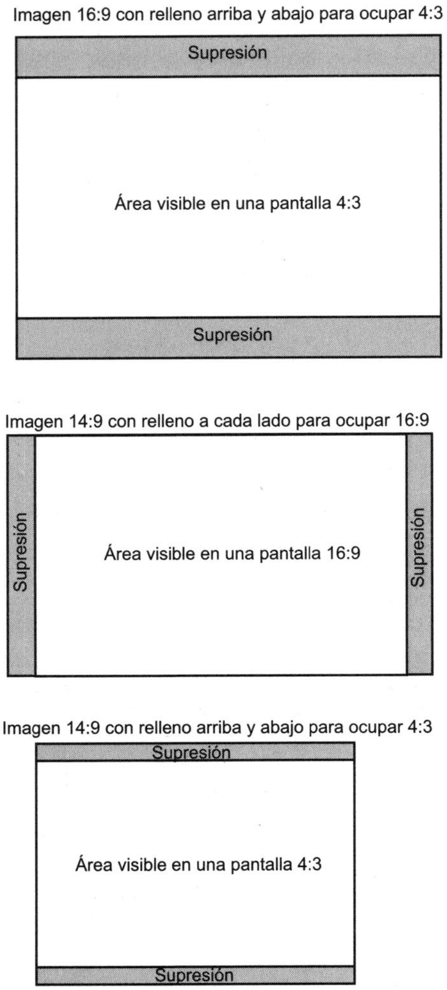

Figura 5.20.

Fotogramas rellenos mediante ARC.

Conversión de analógico a digital

Básicamente, el punto de partida es una representación analógica, ya que el mundo es principalmente analógico. Resulta muy cómodo emplear técnicas digitales a la hora de trabajar con vídeo, pero en última instancia el material se presenta a un globo ocular de la Marca 1, que funciona de forma analógica. Lo más probable es que siga siendo así, a no ser que el colectivo Borg de *Star Trek* nos asimile a todos. Mientras esperamos a que esto ocurra, examinemos el proceso de conversión paso a paso.

Formato de origen de vídeo analógico

Una señal de vídeo es una intensidad luminosa continuamente variable detectada por los componentes electrónicos de generación de imágenes de la cámara. Las primeras cámaras eran monocromas (blanco y negro) por lo que sólo había una señal.

Más adelante se desarrollaron las cámaras en color, de modo que había tres señales que procesar y distribuir. Una imagen en color está compuesta por tres tramas monocromas. Se eligen los tres colores primarios, rojo, verde y azul, porque la imagen está compuesta por tres fuentes de luz. Por lo tanto, es necesaria una mezcla de colores adicional (el verde y el rojo forman el amarillo). Más adelante en este mismo capítulo volveremos a ver la información de colores con mayor profundidad.

El vídeo se suele representar como una imagen en blanco y negro (conocida como luma o Y') con algunos componentes de color (lo que se denomina croma o C_B y C_R) descritos por separado. Se trata de una forma bastante diferente y compleja de describir una imagen si la comparamos con una señal RGB, que es muy sencilla. La representación del luma y el croma es, de hecho, más compacta y requiere menos información para describirla.

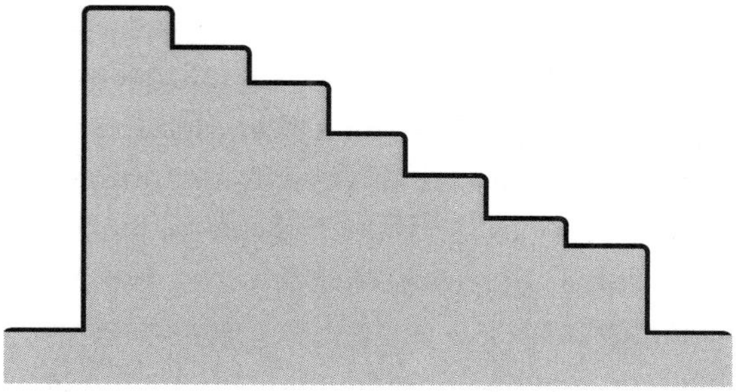

Figura 5.21.

Forma de onda analógica correspondiente a una línea de vídeo.

Conversión a formato digital

Para convertir el vídeo de analógico a digital, se mide la altura de la forma de onda en un momento concreto y se almacena dicho valor. O la conversión se realiza en el dominio rojo-verde-azul, o bien las señales del componente se digitalizan y se realiza la conversión a colores separados en el dominio digital. La información directa desde un dispositivo de carga acoplada (CCD, *Charge Coupled Device*) de generación de imágenes de una cámara ya se encuentra en el sistema RGB, pero se convierte a otros formatos dentro de la cámara. Las imágenes de los ordenadores se encuentran normalmente en formato RGB, pero existen muchos otros espacios de color alternativos disponibles.

Ancho de banda y frecuencias de muestreo

El ancho de banda analógico determina la resolución máxima de la imagen en la dirección horizontal. Grabar el contenido en una cinta de vídeo VHS reduce drásticamente la resolución disponible en el eje horizontal. Esto se debe a que la cinta no puede grabar con el ancho de banda de emisión y la información con una frecuencia más alta (los detalles) debe descartarse.

La base de la relación entre el ancho de banda y la resolución horizontal es la siguiente:

> Ancho de banda = velocidad de exploración * líneas por trama * frecuencia de muestreo

La teoría de Nyquist indica que la frecuencia de muestreo debe ser lo suficientemente alta como para tomar dos muestras por ciclo de la frecuencia más alta de detalle visible.

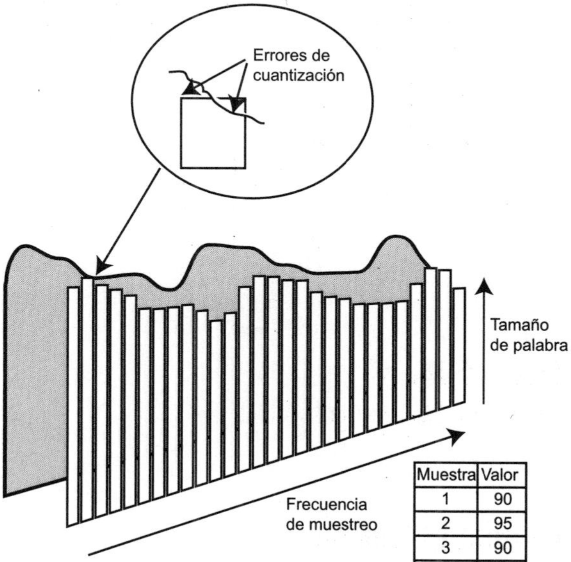

Muestra	Valor
1	90
2	95
3	90
4	88
5	86

Figura 5.22.

Forma de onda digital.

Algunos expertos arguyen que son necesarias más de dos muestras para evitar artefactos de solapamiento o *aliasing*. Más adelante estudiaremos los detalles del audio digital porque es más relevante en ese área. Sin embargo, los mismos argumentos teóricos son aplicables al vídeo. Podemos ver artefactos de solapamiento en vídeo en forma de patrón en movimiento como, por ejemplo, cuando un presentador lleva una chaqueta con un patrón cuadriculado particularmente intenso.

El entrelazado divide por dos este requisito relacionado con el ancho de banda. El nivel de detalle se dobla a costa de incrementar en gran medida la complejidad de la imagen en el dominio temporal.

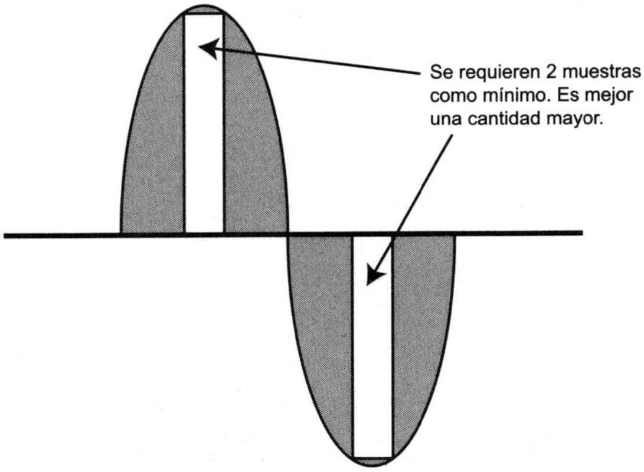

Figura 5.23.

Muestreo de Nyquist.

Detalle resoluble

Colocar líneas verticales blancas y negras delante de la cámara y alejarlas mediante el zoom produce un gradiente de frecuencia creciente. Llegado el caso, las líneas se fusionan en un área gris y desenfocada. Llegado a ese punto, ha alcanzado el límite de detalle resoluble de este sistema.

Los límites de resolución de la cámara, la cadena de transmisión o la visualización son diferentes. La resolución es un cálculo sencillo que se basa en el recuento del número de transiciones del blanco al negro. Es necesario tomar dos muestras de esto y separar y capturar un par de líneas verticales en blanco y negro de un píxel de ancho. En la figura 5.24 se muestra cómo aumenta el detalle con la frecuencia.

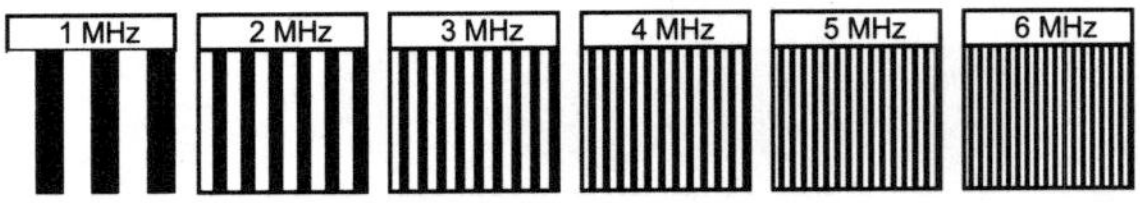

Figura 5.24.

Detalle resoluble.

En la tabla 5.5 se enumeran algunos valores típicos para el número de píxeles que se pueden resolver con diferentes tipos de vídeo.

Tabla 5.5.

Detalle resoluble en el eje horizontal.

Formato	*Píxeles horizontales*
VHS	240-300
NTSC analógico	330
PAL analógico	350
S-VHS	400
DV	500
TV digital terrestre	720
Alta definición	1920

Sincronización

En la figura 5.25 se muestra un ejemplo de una línea de información de imagen en un vídeo analógico. Es un dibujo algo simplificado en el que sólo se muestran aspectos importantes de la señal.

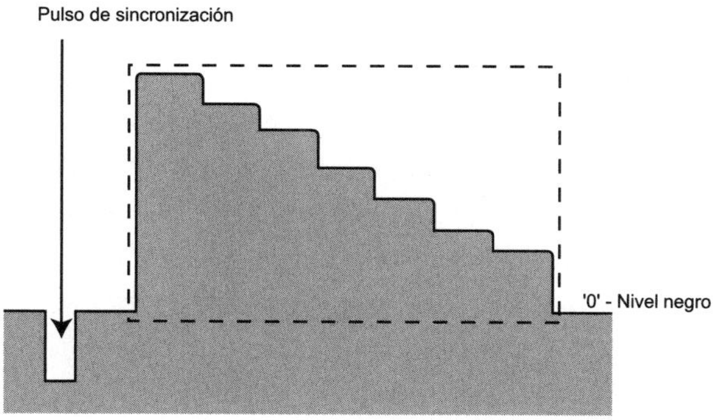

Figura 5.25.
Forma de onda de una sola línea de vídeo.

La línea discontinua indica el área de interés de los compresionistas. No nos preocupan los niveles que estén por encima o por debajo de esta línea y cualquier vídeo que haya a la izquierda o a la derecha no se considera como información de imagen.

A la izquierda de la ilustración se muestra un pulso de sincronización. Éste es necesario para alinear cada línea de exploración sucesiva, de modo que la imagen se reconstruya correctamente. Fíjese también en que la única parte de interés, en lo que al proceso de compresión se refiere, es el área que ocupa la información de imagen genuina.

La posición vertical de cada línea viene dada por su ubicación en la secuencia de líneas de exploración que conforma toda la trama o rasterizado. En la figura 5.26 se muestra una serie de líneas y cómo se codifica la sincronización vertical mediante pulsos de sincronización mucho más largos. Esto se ha simplificado enormemente, ya que la organización de los pulsos de sincronización es muy compleja. Por suerte, los circuitos de entrada de las tarjetas de vídeo se ocupan de todo esto.

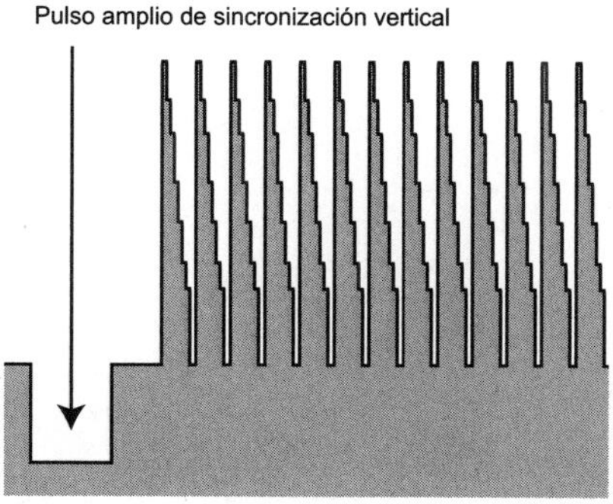

Figura 5.26.
Líneas y sincronización vertical.

Para el proceso de compresión, sólo son relevantes las líneas de exploración visibles que incluyan información de imagen significativa. No obstante, es necesario encontrar las líneas adecuadas que comprimir. No se incluye ninguna parte de la señal de sincronización en la salida de vídeo comprimida. Si se codifica esta parte de la imagen, lo que se hace es desperdiciar velocidad de bits sin que se transmita información de imagen alguna. Realizar una operación de recorte en la entrada del codificador permite manejar el problema de forma eficaz.

Sincronizador de señales de vídeo (genlock)

El término *genlock* proviene de la contracción de las palabras en inglés *generator locking* y describe la forma en que varios servicios de vídeo se sincronizan entre sí. También se implementa en cámaras de película para sincronizar el obturador con una señal de vídeo. Ésta es la mejor forma de eliminar las barras que se desplazan de arriba a abajo en las pantallas de televisión cuando se graba a gente que se encuentra rodeada por monitores de televisión. En la figura 5.27 se muestra la apariencia que tiene este efecto en una pantalla.

Figura 5.27.

Distorsión de barras móviles.

Existen cuatro aspectos de la sincronización que se deben bloquear para que un sistema de origen y destino funcione de manera correcta:

- Sincronización de líneas (horizontal).
- Sincronización de campos (vertical).
- Sincronización de fotogramas.
- Sincronización de la subportadora de color.

De ellos, el más difícil de mantener sincronizado es el color porque cualquier cambio en la fase de la frecuencia de la subportadora de color alterará el matiz del color que se muestra.

Se producen problemas si la sincronización de la señal de color se ve afectada. Las trayectorias especialmente largas en las señales analógicas causan problemas de sincronización con la información del color debido al tiempo de propagación. La información de color se transmite a unos 4 MHz. Las formas de onda presentan un ciclo cada 250 nanosegundos. Una conexión por cable entre dos estudios que estén separados unos 100 metros introduce un retraso apreciable. Este problema se ha visto reducido en gran medida en la actualidad, ya que el estudio se ha convertido en un dominio predominantemente digital.

Forma del píxel

Cuando se muestrea vídeo analógico o se produce vídeo analógico a partir de una fuente digital, los píxeles cuadrados se usan poco. Las dimensiones del mapa de píxeles real varían en función del lugar del conducto de visualización del que se extraiga el rasterizado y del tipo de señal que se muestree. El rasterizado físico forma parte de un mecanismo de transporte, mientras que el área de la imagen es sólo una parte de dicha área.

El ancho de banda disponible para los dispositivos de grabación como las pletinas de cinta VHS de un entorno doméstico limita el número de muestras significativas, y la forma en que el color se codifica también afecta a las frecuencias de muestreo óptimas.

El número de muestras del eje horizontal determina la velocidad de datos fundamental. La forma de los píxeles debe tenerse en cuenta en el caso de algunas aplicaciones. En el estándar de televisión estadounidense con 525 líneas de exploración, sólo 480 contienen información de imagen. Cada línea tiene 640 muestras. Esto suele denominarse NTSC, pero este acrónimo apenas describe la codificación de la información de color.

La televisión en Europa tiene 625 líneas de exploración, pero de ellas sólo 576 son líneas de imagen activas. Mientras que éstas también se muestrean 720 veces cada línea, esa imagen debe interpolarse hasta 768x579 para conseguir que los píxeles sean cuadrados. El rasterizado de 640x480 debe ampliarse hasta 720x480 para obtener el mismo efecto. Los píxeles cuadrados son recomendables porque hacen que el procesamiento de cualquier efecto o sobreimpresión resulte más sencillo. El cálculo de los dibujos de líneas y los algoritmos circulares para los mates y sobreimpresiones funciona mejor con píxeles distribuidos por igual en ambos ejes.

Los valores aquí indicados son nominales, y esta situación es en realidad más compleja en función de las frecuencias de muestreo y de si se digitalizan componentes o material de origen compuesto. Las frecuencias de muestreo varían para preservar la información del color. Esto está relacionado con la frecuencia a la que se modula el detalle de color. A la información de color se aplican las mismas restricciones de muestreo de Nyquist. Es necesario tomar muestras suficientes para evitar artefactos de solapamiento y cuantización. Nyquist señala que las frecuencias de muestreo digital deben ser como mínimo el doble de la frecuencia más alta que se muestree para evitar la pérdida de información. Dado que las subportadoras de color se modulan en torno a un intervalo de frecuencias de 4 MHz, las frecuencias de muestreo en la región situada entre los 12 y los 15 MHz determinan el espaciado de las muestras cuando deseamos registrar y reproducir la frecuencia de la subportadora de color. Esta complejidad se afronta con los circuitos de entrada del sistema de codificación o tarjetas y controladores de vídeo. La mayoría de los usuarios no necesitan ser versados en la totalidad de los detalles. En la tabla 5.6 se resumen los valores correspondientes.

El muestreo que más probablemente se utilice se basa en el formato 4:2:2 del componente CIR Rec 601 que produce una imagen de 720x480 ó 720x576. El área de trabajo sería de 768x483 ó 948x576 con el fin de trabajar con píxeles cuadrados, aunque las imágenes deben escalarse correctamente al convertirse de nuevo a vídeo. Esto afecta, por ejemplo, al material gráfico que se emplea en los menús de los DVD.

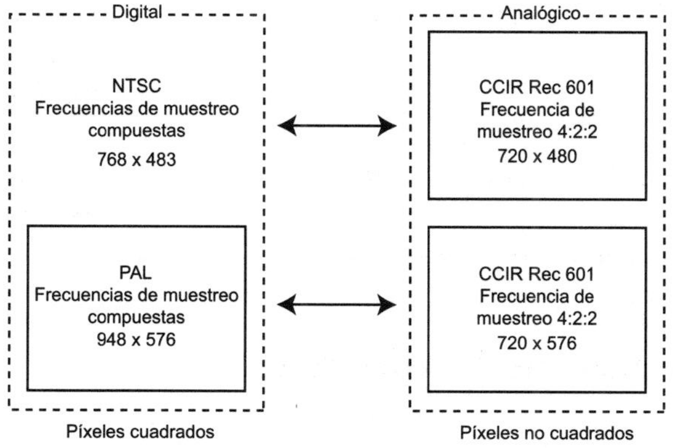

Figura 5.28.

Áreas de trabajo.

Tabla 5.6.

Mapas de píxeles de muestreo.

Física		*Útil*		*Descripción*
X	*Y*	*Ancho*	*Alto*	
640	480	640	480	Imagen muestreada cuadrada para pantallas de ordenador VGA pero que no se utiliza en estudios.
780	525	648	480	Frecuencias de muestreo de píxeles cuadrados para los sistemas de imagen NTSC 525i30 que se emplean en Estados Unidos.
944	625	768	576	Frecuencias de muestreo de píxeles cuadrados para los sistemas de imagen PAL 625i25 que se usan en Europa.
858	525	720	480	Frecuencias de muestreo 4:2:2 del componente Rec 601 para los sistemas de imagen NTSC 525i30 que se emplean en Estados Unidos.
858	525	704	480	Frecuencias de muestreo 4:2:2 de una variante del área visible reducida del componente Rec 601 para los sistemas de imagen NTSC 525i30 que se emplean en Estados Unidos.
864	625	720	576	Frecuencias de muestreo 4:2:2 del componente Rec 601 para los sistemas de imagen PAL 625i25 que se utilizan en Europa.
910	525	768	483	Frecuencias de muestreo compuestas para los sistemas de imagen NTSC 525i30 que se emplean en Estados Unidos.
1135	625	948	576	Frecuencias de muestreo compuestas para los sistemas de imagen PAL 625i25 que se usan en Europa.

Información de color

Tres señales diferentes de color rojo, verde y azul (RGB) se combinan en la retransmisión de televisión analógica mediante algunas técnicas de mezcla matricial y modulación muy complejas. Los valores RGB se combinan para crear una imagen monocroma que se puede visualizar en un monitor en blanco y negro y se conoce como el componente luma. Ese mismo cálculo matricial también genera dos imágenes diferenciales adicionales que describen el color. Dado que las frecuencias de modulación son diferentes, las señales de luma y croma se separan en el receptor.

Incluso en el mudo analógico, se aplica algo de compresión de vídeo. La información de croma se filtra para eliminar los cambios de color de las frecuencias altas, de tal modo que la señal analógica ocupe menos ancho de banda. Esto funciona bien porque el ojo es menos sensible a los cambios de color que a los de intensidad de la luz. Los detalles se preservan en el canal de luma.

A veces resulta evidente una pérdida de detalle extrema del croma cuando se ve a un jugador de fútbol con una camiseta roja que corre sobre el césped verde. La señal del croma tiene una resolución inferior que la del luma, por lo que el color rojo parece salirse del área correspondiente a la camiseta roja.

Señales de los componentes de luma y croma

Reducir la imagen de vídeo a las partes que la componen ayuda a procesar el vídeo para su compresión. Ciertamente contribuye al proceso de transmisión a costa de perder algo de información.

La decisión de cómo dividir la imagen en componentes supone todo un desafío. La salida de los circuitos de vídeo controla en última instancia un sistema de emisión de luz aditiva roja, verde y azul. Las pantallas que requieren iluminación reflexiva o transmisiva usan una mezcla de color sustractiva que requiere la conversión a los componentes de color cián, amarillo y magenta (CMY).

La industria de la televisión decidió hace mucho tiempo que la técnica más versátil consistía en describir las imágenes con una señal luminosa y un par de señales de diferencias de color que funcionaran conjuntamente. La palabra luminancia se usaba para describir el brillo de una señal de vídeo en relación al valor máximo de blancos.

La Comisión internacional de iluminación (CIE, *Commission Internationale de l'Éclairage*) definió el término luminancia y eligió el símbolo Y para representarlo en ecuaciones matemáticas que describieran valores del color. Los ingenieros de televisión y los científicos del color usan la palabra luminancia para referirse a aspectos bastante diferentes.

Sea cuidadoso con el uso que realiza de la palabra luminancia, ya que se emplea incorrectamente en numerosas ocasiones y su significado se torna cada vez más ambiguo.

Sea también consciente de la notación si la ve en una fórmula matemática. El valor de luminancia relativa (hasta el blanco máximo) se indica en las fórmulas matemáticas mediante el valor Y, pero apenas se utiliza en los sistemas de imagen digitales. El luma, que es la magnitud más interesante, es un valor ponderado que se deriva de las intensidades RGB con corrección de gamma y a la que se hace referencia mediante el símbolo Y'. Fíjese en el apóstrofo que indica que se trata de una propiedad no lineal.

Charles Poynton describe detalladamente la tradicional confusión entre luminancia y luma en su obra *Digital Video and HDTV Algorithms and Interfaces*. Poynton también sugiere que el uso del término luma suele ser adecuado para hablar de esta magnitud en los sistemas de diseño gráfico y vídeo digital.

RGB

Se trata de la forma principal de representación del contenido de vídeo. Dado que el ojo humano responde a estos colores por separado, se trata de una forma especialmente apropiada para representar imágenes. El ojo es más sensible al canal verde, un poco menos al rojo, y menos al azul. Los espectadores que padezcan daltonismo puede que respondan a estos colores de forma diferente.

Por lo tanto, un posible método de compresión consiste en almacenar el canal verde con una resolución completa y eliminar una mayor cantidad de datos del azul.

Los populares esquemas de compresión desarrollados por el organismo de estandarización MPEG no trabajan con el valor RGB sino con los valores de los componentes luma y croma, que se encuentran disponibles en el entorno de producción de vídeo.

Canal de diferencia de colores

Separar los valores RGB en un valor para el brillo (luma) y dos componentes de color requiere algo de matemáticas.

Los valores RGB se procesan mediante un cálculo matricial para derivar un único valor de luma que presente la señal monocroma más precisa. Los valores matriciales se seleccionan de modo que al mostrar simplemente el luma en un monitor en blanco y negro se muestre una imagen correcta y agradablemente iluminada.

Tome el valor azul y réstele el luma para generar un canal de diferencia de azul. Esto también se hace con el rojo para crear un canal de diferencia del rojo. El resultado es un par de valores de diferencia.

Además de conocer cómo funciona el sistema visual humano, los ingenieros que desarrollaron esta técnica también sabían que reducir la resolución de las señales de estos dos colores tendría un efecto apenas perceptible en la imagen reconstruida al verla en condiciones normales. En la tabla 5.7 se describe la terminología más común relacionada con este tema. Tenga en cuenta que el valor Y' siempre describe el luma y no la luminancia.

Un experimento en casa

Para probar la importancia del luma sobre el croma experimentalmente, realice el procedimiento siguiente. En primer lugar, abra una imagen en Photoshop y diríjase a la paleta de canales. Aplique diversos niveles de desenfoque gaussiano a los canales rojo y azul. Siempre que el canal verde se mantenga independiente, resulta muy difícil distinguir los efectos sobre el original, incluso en el caso de que el canal azul se desenfoque en extremo. El más mínimo desenfoque del canal verde se hace visible inmediatamente.

Tabla 5.7.

Terminología relacionada con el luma.

Terminología	*Descripción*
RGB	Señales de origen roja, verde y azul originales.
$Y'P_BP_R$	Valores de vídeo analógico de componentes. El luma Y' matricial más las dos señales de diferencia de color, que se han filtrado analógicamente hasta la mitad del ancho de banda del luma aproximadamente.
$Y'C_BC_R$	Valores de vídeo digital de componentes. El luma matricial más los valores de diferencia de color escalados.
Y'UV	Los componentes de diferencia azul y rojo se combinan y se muestrean a la baja antes de mezclarse con la señal de luma para formar la señal de emisión NTSC o PAL. Esto se vuelve a descodificar en los valores de los componentes antes de que el sistema de compresión empiece a trabajar con él.
Y'IQ	Un sistema de codificación NTSC heredado que ahora está obsoleto pero al que se hace referencia en documentos más antiguos.

La reducción del nivel de detalle en los canales rojo y azul también reduce el nivel de detalle general del canal del brillo, lo cual no es deseable.

Si se cambia en Photoshop el espacio de color a LAB, la separación del luma y el croma se hacen evidentes. El canal de luma es una imagen monocromo. Los canales A y B corresponden al croma. Pueden soportar un desenfoque considerable sin que la imagen resulte aparentemente afectada. No hay duda de que resulta afectada porque se ha descartado algo de información, no obstante, el ojo humano está diseñado para enfrentarse a este tipo de degradación de tal forma que el efecto percibido es mínimo.

Puede utilizar este conocimiento para obtener mejores resultados en la limpieza de las imágenes antes de la compresión. Si desea dotar a la imagen de mayor nitidez, basta con aplicar el enfoque al canal de luma y no a la imagen RGB. De esta forma evitará efectos emborronados o tonos a jirones.

¿Qué significa la notación 4:2:2?

Si el luma y los dos canales de diferencia de color (croma) se encuentran codificados en formato digital, se producen imágenes aceptables si se muestra menos información del croma. Esto se consigue mediante el muestreo de un número menor de bits por píxeles o un número menor de píxeles en los canales de croma del área muestreada. La distribución de este muestreo no está claro de forma inmediata a partir del esquema de nombres.

El primer dígito ("4") es una convención histórica que significa que la frecuencia de muestreo cuadriplica aproximadamente la frecuencia de la subportadora de color. Estas muestras se toman de la señal de luma y se consideran como una unidad de muestreo en el eje horizontal.

El segundo dígito (que suele ser el valor "2") indica que durante el período de muestreo, sólo se toman 2 muestras por cada señal de diferencia de color del eje horizontal.

El tercer dígito (que también suele ser el valor "2") describe el muestreo en el eje vertical, aunque este submuestreo implica algunos cálculos adicionales para reducir a la mitad la cantidad de datos.

A veces hay un cuarto dígito que representa un valor de fusión del canal alfa y que es importante para los códecs más avanzados descritos por MPEG-4 y que se debe muestrear a la misma velocidad que la señal de luma ya que, en caso contrario, se mostrarán una serie de desagradables efectos periféricos en los extremos del objeto de vídeo a los que se ha aplicado el canal alfa.

En la tabla 5.8 se enumeran algunos formatos relacionados que son relevantes; en ella, el primer patrón de muestreo se llama 4:4:4. Se conserva toda la gama de valores y se trata básicamente de un mapa de píxeles sin comprimir. Tanto el luma como el croma se muestrean con una resolución completa.

Tabla 5.8.

Tamaños de muestra para el luma y el croma.

Formato	*Descripción*	*Tamaño de celda*	*Croma*	*Bytes*	*Factor*	*Fidelidad*
4:4:4	El luma y el croma se muestrean con una resolución completa.	2x2	2x2	12	1:1	Sin compresión
4:2:2	El luma se muestrea con una frecuencia que cuadriplica la frecuencia de la subportadora. El croma se muestrea a la mitad de resolución en el eje horizontal y se muestrea a la baja en el eje vertical.	2x2	1x2	8	1.5:1	Con pérdida
4:1:1	Celda de apertura de tamaño doble para permitir una mayor relación de compresión para el croma. 8:2:2 es una descripción más funcional del muestreo.	4x2	1x2	6	2:1	Con pérdida

Formato	Descripción	Tamaño de celda	Croma	Bytes	Factor	Fidelidad
4:2:0	Sólo una muestra de croma para todo el bloque de muestras de luma.	2x2	1x1	6	2:1	Con pérdida

Se obtiene una cierta reducción de datos con el muestreo 4:2:2, que reduce la cantidad de información de croma al muestrear sólo la mitad de los píxeles. El resto de píxeles se ignoran. Tenga en cuenta que esto no es un valor medio de dos muestras; lo que se hace es seleccionar una de las dos muestras.

Con el patrón de muestreo 4:1:1 se obtiene una reducción aún mayor hasta un cuarto de la información del croma. Con este patrón se ignoran 3 de 4 valores de color y sólo se registra el cuarto.

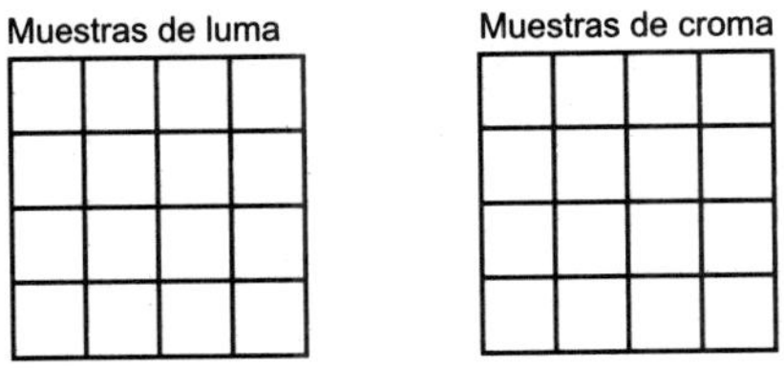

Figura 5.29.

Muestreo 4:4:4.

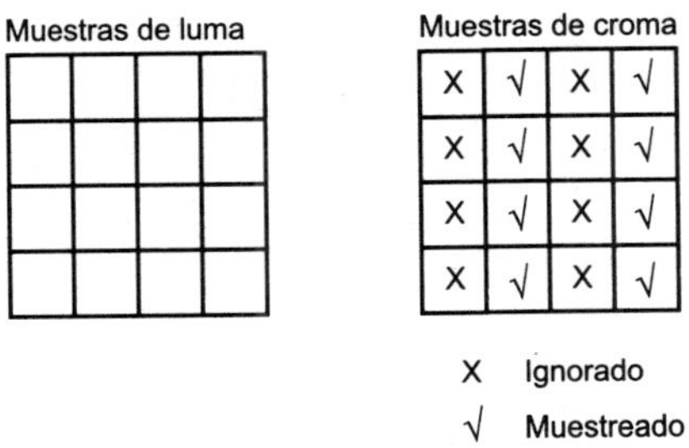

Figura 5.30.

Muestreo 4:2:2.

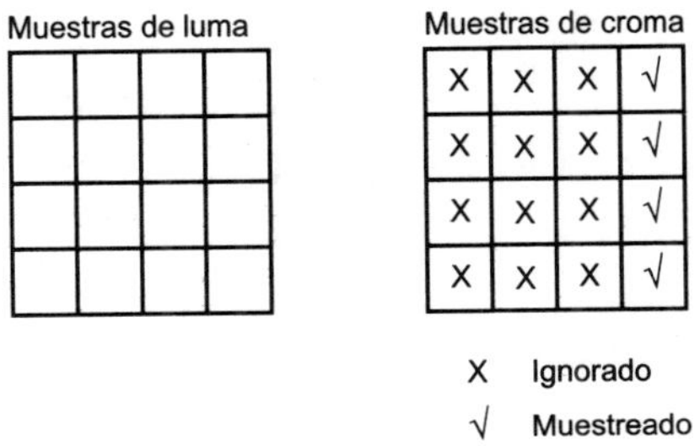

Figura 5.31.

Muestreo 4:1:1.

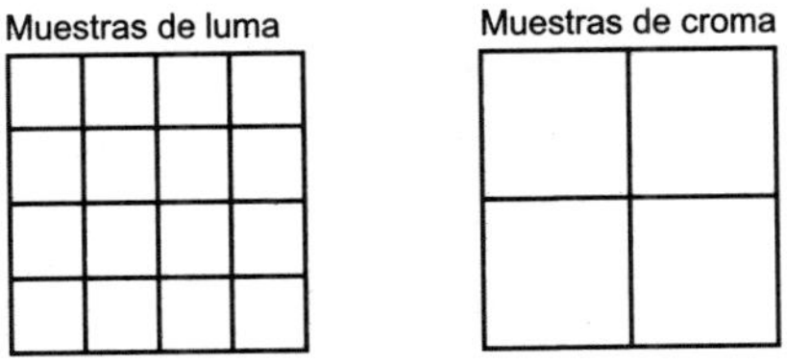

Figura 5.32.

Muestreo 4:2:0.

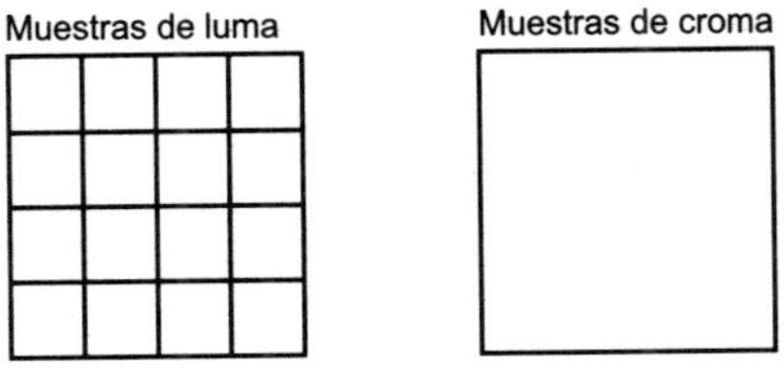

Figura 5.33.

Muestreo Y'UV.

Este ejemplo es diferente. El patrón de muestreo 4:2:0 toma un grupo de cuatro valores croma y los promedia. Puesto que éste utiliza información de color de dos líneas, se requiere cierta persistencia para realizar este tipo de muestreo porque las líneas están en campos diferentes cuando se muestrea una imagen entrelazada.

Otro esquema de muestreo es la disposición Y'UV, que promedia todo el área de muestra del croma en un gran superpíxel.

Más adelante veremos los modelos y espacios de color, en el capítulo dedicado a los sistemas de imagen digitales.

Formatos de vídeo

Los formatos de vídeo presentan una amplia variedad de alternativas. Los formatos para consumidores tienen una calidad inferior que los profesionales y se almacenan en dispositivos de menor capacidad. Aunque en la actualidad existen diferencias en el rendimiento, la Ley de Moore pronostica una capacidad de procesamiento siempre creciente. Llegado el momento, no existe ninguna razón económica para que los consumidores no puedan disfrutar de presentaciones con una calidad de estudio en sus propios hogares.

Transporte y distribución de vídeo

Los estudios de televisión y los sistemas de transmisión distribuyen el vídeo de una forma codificada que aplica alguna compresión analógica. El valor de luma describe una señal de televisión en blanco y negro clásica. La sustracción de la señal de luma de los valores de color RGB deriva en dos componentes de color. Esta superposición de colores no tiene por qué mantenerse con la misma resolución porque el ojo humano resuelve mejor el brillo que el color, por lo que ya se ha completado cierta compresión.

Los mecanismos de distribución y transporte utilizados para desarrollar los sistemas de televisión se basan todos en la transferencia de esta información sobre los componentes luma y croma. Una cámara rara vez produce una señal RGB directamente, como tampoco una máquina de telecine presenta una salida en formato no comprimido. Aunque es posible diseñar y desarrollar un sistema de transferencia RGB, éste no estaría estandarizado. Sólo las grandes compañías de efectos cinematográficos realizarían el esfuerzo de ingeniería necesario para desarrollar hardware específico para hacer este tipo de tareas.

El resto de nosotros nos conformaremos como máximo con una secuencia de bits DV50, más probablemente una secuencia de bits DV25 en el estudio. Si se reduce la calidad del flujo en el mundo de los componentes de consumo o semiprofesionales, es más probable que se distribuya una señal de componentes en formato S-video. En otro caso, lo mejor que cabe esperar es una señal terrestre en formato PAL o NTSC. Aunque la calidad de la señal terrestre es razonablemente buena cuando se ve directamente, ya ha atravesado diversos procesos de compresión y convertida de analógica a digital (y viceversa) varias veces. La salida analógica de un receptor tiene una calidad menor si se compara con la calidad de estudio original. El material de origen podría distribuirse en una cinta VHS en modo de reproducción larga que simplemente se pueda ver.

Estas reducciones de calidad hacen, en su conjunto, que resulte más difícil el proceso de compresión. Muchos de los aspectos prácticos de los últimos capítulos del libro describen el trabajo de reparación que hay que realizar antes de iniciar el proceso de compresión real.

Vídeo digital estándar para retransmisión

Si trabaja en la industria de las retransmisiones, encontrará material sin comprimir y fuentes digitales en serie que presentan algo de compresión con artefactos invisibles. Los fabricantes de equipos hacen referencia a formatos como DV50 ó DV25. Los servidores de vídeo que se emplean para las retransmisiones permiten cambiar estas densidades de almacenamiento. A continuación, el servidor realizará una negociación entre la capacidad de almacenamiento y la calidad de la producción. Es poco recomendable cambiar este parámetro mientras el servidor se encuentre en uso ya que, en ocasiones, esto hace que se limpie completamente el almacenamiento de vídeo y que se vuelva a formatear la matriz de discos. Tenga en cuenta también que a veces, el formato DV25 se denomina DVCAM de forma bastante libre.

Vídeo digital semiprofesional

En la gama alta de los equipamientos para consumidores, en un área llena también de pequeños creadores de películas profesionales o videógrafos semiprofesionales, encontrará formatos como el DV. El DV es un formato con una ligera pérdida si lo comparamos con el vídeo sin comprimir, pero su calidad es muy superior a la del VHS. Se comprime con una relación de 5:1 si lo comparamos con el metraje sin procesar y sin comprimir. Es lo suficientemente bueno para la obtención de imágenes en la mayoría de las ocasiones y el formato DVCAM está muy extendido. Cámaras de vídeo digital domésticas como la Sony DCR PC 105 producen en formato DV.

Estas cámaras se conectan fácilmente a un ordenador Mac OS mediante un cable FireWire (también conocido como IEEE 1394 ó iLink) y se pueden controlar mediante iMovie, Final Cut Express o Final Cut Pro. Otras herramientas de edición de vídeo como Adobe Premier son igualmente útiles. Siempre que la plataforma Intel que utilice admita conexiones FireWire y que cuente con las aplicaciones necesarias instaladas, funciona de forma similar en un PC.

Aunque vea con frecuencia que el formato DV y las conexiones FireWire se utilizan conjuntamente, se trata de tecnologías claramente diferenciadas. El DV es un formato de transferencia y almacenamiento de vídeo y FireWire es un estándar de conectividad. Se han desarrollado protocolos que funcionan en la interfaz FireWire para el control y transferencia de material en DV a y desde equipos compatibles. Así que los estándares se utilizan de forma conjunta pero son independientes.

Formatos de vídeo para aficionados

Si trabaja con material heredado, dispondrá de una gran cantidad de metraje grabado en VHS o betamax. Experimentará importantes problemas de calidad cuando aplique alguna compresión a un vídeo extraído de una cinta VHS.

Siguiendo un orden de calidad ascendente, estos formatos de vídeo doméstico se agrupan de la forma siguiente:

- VHS - Reproducción larga.
- S-VHS - Reproducción larga.
- VHS - Reproducción corta.
- S-VHS - Reproducción corta.
- betamax.

Imprevistos

Se trata de las cosas que se tuercen durante la noche, o más concretamente mientras trabaja en ese proyecto tan apretado que debe entregar a primera hora de la mañana.

En algunas ocasiones, codificar vídeo de forma adecuada resulta extremadamente complicado y pesado. Sacarlo de la cinta ya es de por sí difícil. Eso es cuando descubre algún ruido o artefacto que causa problemas. Algunos de ellos hay que atajarlos desde el principio ya que resultan mucho más complicados de eliminar más tarde.

La distorsión por dislocación lenta de puntos es un ejemplo que se soluciona mediante conectores de S-video con un luma y croma diferenciados en lugar de una conexión compuesta combinada. Los errores de seguimiento son un problema relacionado con la calidad de la grabación o con el mantenimiento del aparato de grabación y reproducción de vídeo (VCR). Veremos más adelantes estos y otros imprevistos en los capítulos dedicados a los aspectos prácticos de la compresión de vídeo.

Resumen

En este capítulo hemos visto aspectos bastante complejos en relación con la presentación en vídeo. Consulte este capítulo cuando veamos los algoritmos de compresión de vídeo, puesto que le proporcionará un conocimiento más profundo de las razones por las que la tecnología de compresión se implementa de la forma en que lo hace.

En el capítulo siguiente veremos los sistemas de imagen digital, en los que la película y el vídeo convergen en un mismo formato. La peor parte del trabajo con la película y el vídeo reside en intentar enfrentarse a las propiedades particulares de cada uno y bregar con ellos hasta dar con una forma que se ajuste al sistema de imagen digital.

Capítulo 6

Formatos de imagen digital

¿Hemos llegado ya?

En la imagen digital es donde convergen todas las tecnologías. Se trata también de un dominio en el que se crea material completamente original. Algunas de las animaciones que se realizan con los modernos sistemas informáticos no podrían haberse desarrollado de otra manera. Sin embargo, la imagen digital le debe mucho al vídeo y a la película que existían antes que ella. Pero éste no es el final del camino, sino tan sólo el final del inicio.

El poder de la convergencia

La convergencia de ordenadores, películas cinematográficas y sistemas televisivos ofrece la oportunidad de emplear todo el potencial de la imagen digital para convertir y fusionar contenido del celuloide y el vídeo. Se sintetiza contenido completamente nuevo desde cero. Las películas que Pixar hace se originan completamente en el interior de un ordenador y no empiezan en forma de película o vídeo. El desarrollo de imágenes digitales es ahora tan sofisticado que se ha convertido en una fuente completamente nueva de imágenes en movimiento.

En este capítulo examinaremos las pantallas de ordenador y la revolución en el diseño gráfico por ordenador que se ha producido desde los años 60, cuando el doctor Ivan Sutherland desarrolló sus sistemas de gráficos basados en vectores.

Un resumen de los tamaños de pantalla le permitirá apreciar las principales diferencias entre los distintos formatos de imagen digital. Los tamaños van desde los pequeños dispositivos portátiles hasta los grandes formatos de vídeo digital. Los artefactos que afectan a la calidad de la imagen son importantes, y existen numerosas oportunidades para minimizarlos. Las técnicas de interpolación de colores también son importantes. Deben utilizarse en el proceso de creación de imágenes y tienen grandes implicaciones para los sistemas de compresión. Existen diversas técnicas que afectan negativamente a la calidad y que se ponen de manifiesto en la salida. La funcionalidad de la cámara digital es importante, ya que influye en la forma en la que se origina algún contenido. Al final del capítulo echaremos un vistazo al interesante trabajo que se realiza en la actualidad para incrementar el rango dinámico del modelo de creación de imágenes. Es probable que esto afecte profundamente a la calidad de la imagen que seamos capaces de producir.

Estándares de pantallas de vídeo por ordenador

En tiempos recientes, los diversos tamaños de imagen más populares se han convertido en los estándares *de facto*. Estos estándares están relacionados con el tamaño de imagen de 640x480 que se basa en el servicio televisivo de 525 líneas. Otros derivados se basan en un sistema de visualización informática conocido como VGA (*Video Graphics Adapter*, Adaptadora gráfica de vídeo). Éstos también se derivan originalmente de los tamaños de televisión estándar. Además, la ITU (*International Telecommunications Union,*

Unión internacional de telecomunicaciones) ha definido un conjunto de tamaños de imagen para la videoconferencia. Estos tamaños de pantalla también se utilizan en otros contextos.

Los sistemas informáticos de visualización de vídeo de los ordenadores personales se implementaban en un principio conectando monitores de televisión domésticos. La resolución y las frecuencias de exploración estaban relacionadas con los mismos tamaños de imagen. Empezaron a introducirse algunas modificaciones con mejoras en los ordenadores, y las pantallas se convirtieron en un producto más especializado, diseñado específicamente para su uso con un ordenador. Los cambios incluían mejoras en la regulación de la alimentación eléctrica, de tal forma que la pantalla no tuviera que "tomar aire" cada vez que cambiara el brillo del contenido; asimismo, la exploración progresiva se fue haciendo cada vez más popular. Todo esto se incrustaba en conjuntos de chips estándar que empezaban a utilizarse en las placas base de los ordenadores.

El primer estándar que se utilizó comúnmente fue el VGA (*Video Graphics Adapter*). Con la fabricación de sucesivas generaciones de ordenadores, el estándar evolucionó consecuentemente. Hoy en día, los monitores son compatibles con una amplia variedad de estándares de visualización, y los adaptadores gráficos también permiten definir el tamaño de la imagen y la frecuencia de actualización de forma muy flexible.

En la tabla 6.1 se muestran los modos básicos, con los correspondientes nombres y dimensiones de la pantalla. Existen otros modos disponibles, pero no se han creado nombres fáciles de recordar para ellos. Las frecuencias de exploración no se encuentras estandarizadas de forma tan estricta.

Tabla 6.1.

Resoluciones de pantalla informática estandarizadas.

Nombre	*Ancho*	*Alto*
QVGA	320	240
VGA	640	480
SVGA	800	600
XGA	1024	768
SXGA	1280	1024
WXGA	1366	768
UXGA	1600	1200
UXGA-W	1920	1200
QXGA	2048	1365
Apple 30 pulgadas	2560	1600
QUXGA-W	3840	2400

Las pantallas de vídeo por ordenador se comercializan con distintos tamaños. Las pantallas de 15 pulgadas en diagonal son bastante comunes y es raro encontrar monitores de tubo CRT que sean más pequeños. Las pantallas LCD de los portátiles sí suelen ser más pequeñas.

Una de las ventajas de esta estandarización es que los cables del monitor o los monitores tienen clavijas con sensores. La información de imagen transmitida desde el ordenador a la pantalla no requiere el uso de todas las clavijas disponibles en el conector. Al conectar de forma conjunta clavijas específicas se crea un valor binario único. Dicho valor indica a la tarjeta adaptadora de vídeo las resoluciones que admite el monitor.

Numerosos usuarios tienen monitores mucho más grandes (17, 19, 21 y 23 pulgadas) llegan a ser habituales en la actualidad. Los tamaños más grandes están disponibles como pantallas LCD compatibles con los ordenadores. Hay pantallas con una diagonal de 30 pulgadas y resoluciones de pantalla muy elevadas. Las pantallas de plasma se fabrican de hasta 60 pulgadas. Algunas pantallas de retroproyección de gran tamaño se basan en el chip DLP de Texas Instruments que también se emplea en los proyectores multimedia.

La pantalla de alta resolución que se encuentra más ampliamente extendida es la Viewsonic VP2290b (`http://www.viewsoniceurope.com/`). Olympus mostró en la IBC prototipos de laboratorio de cámaras de vídeo digital que funcionaban a una resolución máxima de 8 megapíxeles. Estas cámaras cinematográficas SH880 (`http://www.olympus.co.jp/en/news/2004a/nr040414sh880e.cfm`) se harán cada vez más populares a medida que el formato HDTV penetre en la industria de la televisión.

En los laboratorios NHK se han probado prototipos de hasta 4.000 líneas (`http://www.nhk.or.jp/strl/publica/dayori-new/en/rd-0210e.html`). Esto proporciona una increíble cantidad de detalle, pero es poco probable que quepa en el salón de casa en un futuro. Esta pantalla supera la cantidad de información de imagen presentada en un fotograma IMAX.

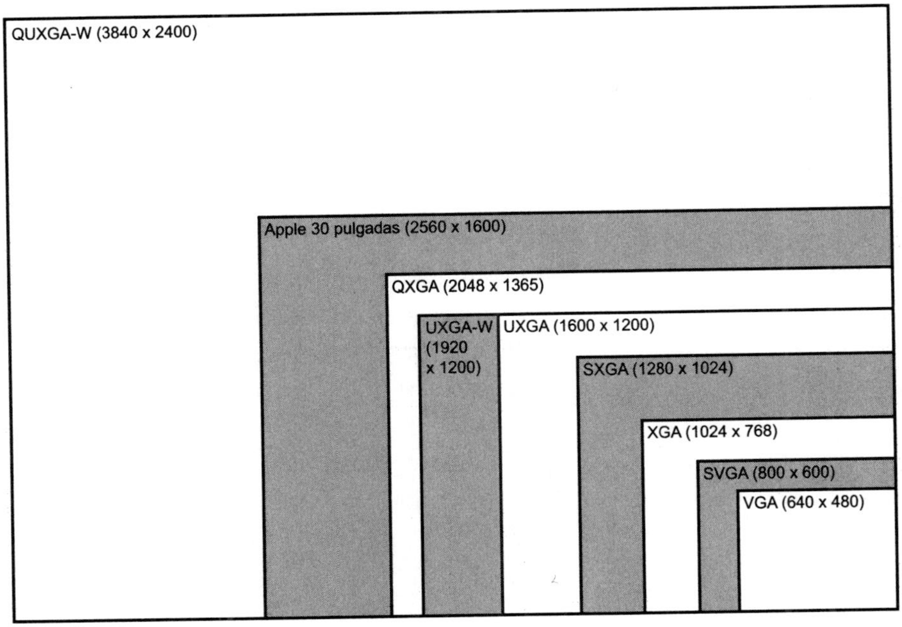

Figura 6.1. *Tamaños de pantalla relativos.*

Resolución de pantalla

El tamaño de la pantalla y el modo adaptador de gráficos determinará la resolución. Este valor corresponde al número de puntos o píxeles por unidad de distancia medida horizontalmente a lo largo de la pantalla. No se corresponde exactamente con los tamaños de pantalla que se miden diagonalmente y la resolución depende de la relación de aspecto de la pantalla. No se garantiza que la resolución vertical y horizontal sea idéntica. Configurar la geometría de un monitor CRT para obtener una alineación precisa y real requiere algo de práctica. Las pantallas LCD no requieren ningún ajuste de geometría ya que su visualización se basa en píxeles.

Para calcular la resolución de una pantalla de 640x480 en un monitor de 15 pulgadas hay que recurrir un poco a Pitágoras para averiguar el alto y el ancho de la pantalla.

Las resoluciones de visualización de una pantalla se describen mediante puntos por pulgada (DPI, *Dots per inch*). En las secciones relativas a los formatos de película especificamos las resoluciones de muestreo como píxeles por milímetro porque los tamaños de película se expresan en mm. Es fácil convertirlas a pulgadas mediante la relación de conversión de 25,4 mm=1 pulgada, de modo que 10 puntos por mm equivalen a 254 DPI.

Sabemos que la pantalla mide 15 pulgadas medidas diagonalmente. También sabemos que la relación de aspecto es de 4:3 (ó 16:9). Pitágoras nos dice que la diagonal de un triángulo cuyos lados miden 4 y 3 medirá 5 unidades. Multiplique todos los valores por 3 para escalar la diagonal a 15 pulgadas, con lo que la base será de 12 pulgadas y la altura de 9 pulgadas. Esto nos proporciona una resolución horizontal y vertical de 53,3 DPI. Esto supone que la imagen se ajusta exactamente a ese tamaño, aunque es muy probable que se subexplore ligeramente, por lo que el valor DPI será levemente superior. Si la pantalla no está configurada correctamente, la distribución no lineal de las líneas provocará cambios de resolución en la superficie de la pantalla. Este problema se evidencia cuando se emplea el monitor para trazar diagramas de gran precisión.

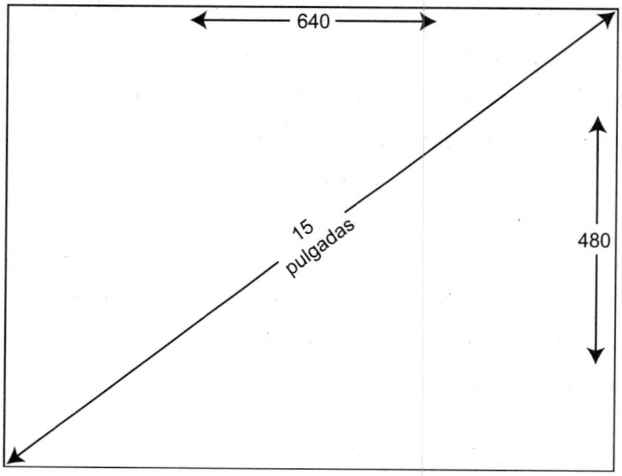

Figura 6.2.

Relación de aspecto, tamaño y resolución.

Con esta resolución, existen importantes problemas con el tamaño de la trama, el almacenamiento, el rendimiento y la visualización. Todas las soluciones resultan bastante costosas. Es posible que este tipo de imagen en movimiento de alta sea útil para la gente que hace películas, compone activos gráficos y renderiza efectos especiales, pero no es probable que el usuario medio requiera este rendimiento. La resolución de vídeo es posible con resoluciones muy inferiores.

A continuación, la lista de decisiones de edición puede moverse a una estación de trabajo de edición para realizar este proceso en una copia maestra del vídeo.

Formatos de videoconferencia

Cuando se desarrollaban los sistemas de videoconferencia, la ITU (*International Telecommunications Union*) definió una velocidad de datos y un tamaño de imagen cuya adaptación se consideraba razonable para los mecanismos de transmisión que se implementaban.

Formato intermedio común

El estándar básico se llamó formato intermedio común (CIF, en sus siglas en inglés) y equivale a un cuarto del tamaño de una pantalla de televisión genérica.

El estándar H.261 de la ITU definió el formato CIF para que fuera una imagen de 352x288 explorada progresivamente con un submuestreo croma de 4:2:0 y una velocidad de fotogramas de 29,97 Hz. Se trata de una combinación extraña, porque el tamaño se basa en el área visible de un servicio de televisión de 625 líneas con la velocidad de fotogramas de un servicio de 525 líneas.

A veces, el formato CIF se denomina *Full CIF* (FCIF) para distinguirlo de un estándar relacionado que define un servicio con una velocidad de bits inferior con un tamaño de imagen en pantalla menor. Este estándar se denomina QCIF. Esto resulta algo confuso, porque implica que la imagen se muestra a tamaño completo y es diferente del formato CIF en cierta forma, lo cual no es así.

Algunas implementaciones cambian el número de líneas o fotogramas por segundo de acuerdo con el uso geográfico.

En los territorios que usan el sistema PAL, el formato es 352x288 y en las zonas en las que se utiliza NTSC, el número de líneas se reduce a 240.

En algunos documentos, los autores sugieren que la "I" de CIF equivale a "intercambio" o "imagen" en lugar de "intermedio". No existe ningún acuerdo respecto de ninguna imagen común, por lo que se debe evitar el término "formato de imagen común".

QCIF

El formato QCIF (*Quarter CIF*) requiere un cuarto de la velocidad de bits empleada por los flujos de imagen CIF. Está diseñado para los sistemas de videoconferencia que transfieren las secuencias de bits a través de las líneas telefónicas.

Una vez más la velocidad de datos se basa en 30 fps, pero ahora cada fotograma consta solamente de 176x144 píxeles. Esto también forma parte del estándar de videoconferencia H.261 de la ITU.

Como ya se ha dicho con anterioridad en relación al formato CIF, algunas implementaciones cambian el número de líneas de acuerdo con su uso geográfico. En los territorios PAL, el formato equivale a 176x144 y en las zonas NTSC, el número de líneas se reduce a 120.

CIF y SIF

Tenga precaución al leer las especificaciones que describen los tamaños de pantalla. Con frecuencia, los valores correspondientes a CIF y SIF se mezclan y usan indistintamente, aunque no sean lo mismo. SIF (*Source Input Format*) hace referencia al formato de entrada de origen.

Los tamaños exactos de estos formatos de imagen dependen del estándar de vídeo subyacente del que se deriva el contenido. En la tabla 6.2 se fusionan y resumen los intervalos de valores de las imágenes basadas en CIF.

Tabla 6.2.

Formatos intermedios.

Resolución	NTSC Alto	NTSC Ancho	PAL Alto	PAL Ancho
SQCIF	128	80	128	96
QCIF	176	120	176	144
CIF	352	240	352	288
4CIF	704	480	704	576
9CIF	1056	720	1056	864
16CIF	1408	960	1408	1152

La figura 6.3 muestra la diferencia relativa entre estos tamaños. La Q indica que el área se divide por cuatro. El tamaño SQ es aún más pequeño, aunque no se utiliza un entero en la proporción y la escala no es la misma en X e Y. Los nombres precedidos por 4, 9 y 16 se refieren a un múltiplo del área y se trata de tamaños escalados a 2x2, 3x3 y 4x4.

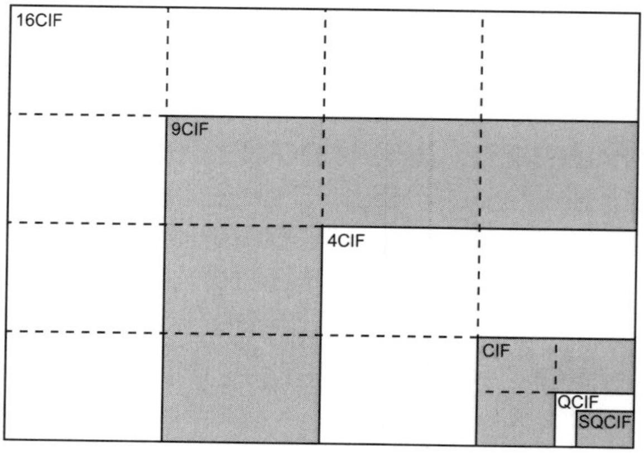

Figura 6.3.

Tamaños de imagen relativos al formato CIF y sus derivados.

Nota: La consecuencia de toda la confusión sobre los tamaños de fotograma es que el software de compresión puede emplear términos como QSIF para describir un tamaño de pantalla, aunque es posible que la imagen obtenida no tenga el tamaño que cabría esperar. Lo mejor es especificar los valores X e Y correspondientes al tamaño de la imagen de forma explícita y no basarse en tales parámetros.

Formatos PDA

Desde que aparecieron los dispositivos PDA (`http://www.manifest-tech.com/media_pda/palm_video.htm`) por primera vez, los usuarios han buscado la manera de reproducir vídeo en ellos. En la actualidad, lo más novedoso está en los dispositivos Sony de gama alta basados en Palm OS, aunque los dispositivos portátiles de Pocket PC también exhiben una gran funcionalidad en este área.

Los primeros dispositivos Palm OS admitían pantallas de 160x160 de muy baja resolución y algunos de ellos sólo mostraban una escala de grises muy limitada. La pantalla sólo tenía una profundidad de 4 bits, lo que proporcionaba 16 niveles de intensidad entre el negro y el blanco. El vídeo tiende a verse algo "crispado" en estos primeros dispositivos, pero con la evolución que los dispositivos PDA han experimentado, los modelos actuales realizan un excelente trabajo.

En la figura 6.4 se representa gráficamente cómo ha aumentado el tamaño de pantalla de los dispositivos PDA con cada nueva generación.

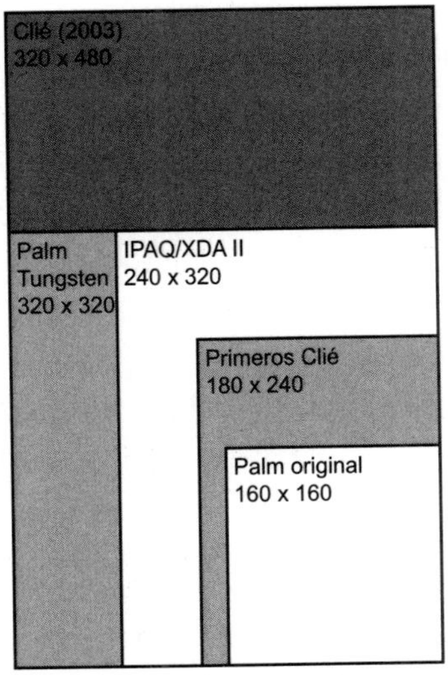

Figura 6.4.

Tamaños de pantalla de los dispositivos PDA.

Los dispositivos modernos están equipados con cámaras de alta calidad, conectividad inalámbrica y una capacidad de almacenamiento extraíble adecuada. En ocasiones, también se proporciona conectividad telefónica. Las cámaras equivalen a cámaras fotográficas digitales de gama baja, pero una calidad de 1,3 megapíxeles es más que suficiente para grabar breves secuencias de vídeo. Evidentemente, esto mejorará a medida que mejore la tecnología.

En la tabla 6.3 se resumen las resoluciones típicas para estos dispositivos.

Tabla 6.3.

Tamaños de pantalla de los dispositivos PDA.

Modelo de ejemplo	***Ancho***	***Alto***
Palm original	160	160
Primeros CLIÉ	180	240
IPAQ	240	320
XDA II	240	320
Palm Tungsten	320	320
CLIÉ (2003)	320	480

La forma es cuadrada o con una disposición en sentido vertical, aunque los dispositivos admiten modos de visualización en los que se presenta una imagen apaisada que se muestra de lado. Los dispositivos PDA tienen tamaños de pantalla que aproximadamente cuadriplican los de un teléfono móvil compatible con vídeo.

Los modernos códecs junto con la capacidad de almacenamiento de los lápices de memoria y las tarjetas Compact Flash proporcionan hasta 8 horas de visionado en los modelos de la gama de productos Sony CLIÉ de los años 2003 y 2004. Las resoluciones de pantalla se aproximan a las de la televisión de definición estándar, y puede elegir entre cargar una película en el PDA o portátil cuando se encuentre en un viaje largo.

Compresor Kinoma

Uno de los formatos más populares para comprimir vídeo destinado a dispositivos portátiles es el vídeo "Cinepak Mobile" que produce el códec de Kinoma (`http://www.kinoma.com/products.html`). Este se encuentra ampliamente difundido y ahora se incluye con otros sistemas de compresión.

Más adelante, cuando comencemos a experimentar con los sistemas de compresión, probaremos nuestro metraje de prueba con el códec Cinepak Mobile de Kinoma.

Grabadora de vídeo CLIÉ

Sony ha introducido la grabadora de vídeo VR100K que grana televisión y vídeo en una tarjeta de memoria en un formato compatible con los dispositivos portátiles CLIÉ.

Este dispositivo también incluye un sintonizador de televisión y admite una amplia variedad de formatos de entrada, incluidas las salidas auxiliares de otros dispositivos de vídeo domésticos. Es muy pequeña y compacta, aproximadamente del tamaño que tiene una caja de cinta VHS.

Los sistemas informáticos con un conector de entrada de vídeo también podrán recibir señales de televisión y cable a través del sintonizador de televisión incorporado en la VR100K. La visualización de vídeos grabados requiere Apple QuickTime 6.

La grabadora CLIÉ VR100K comprime vídeo y lo almacena directamente en una tarjeta de memoria. El programa de utilidades que lo acompaña permite que se realicen las grabaciones programadas.

El sistema de compresión de vídeo que utiliza este dispositivo graba casi 17 horas en un Memory Stick PRO de 1 GB en modo LP1/LP2, o bien 4 horas de calidad óptima.

Una tarjeta de memoria de 128 MB almacena aproximadamente 130 minutos en modo LP. Esto es válido prácticamente para cualquier película que probablemente desee grabar o dos episodios de un programa de una hora de duración.

El dispositivo es compatible con todos los modelos CLIÉ de Sony con Palm OS, incluidas las series NX TG50, NZ90 y UX. Emplea el códec de vídeo MPEG-4 Simple Profile, lo que sugiere que sería posible conseguir una compresión más eficaz cuando se implemente el códec H.264 en el futuro.

Éste es un magnífico ejemplo del tipo de productos que no existirían sin la compresión de vídeo.

Sony abandonó el mercado de los PDA en verano de 2004, pero las tecnologías que han desarrollado seguirán siendo válidas para otros dispositivos similares.

Supervisión de vídeo remota

Además de poder reproducir películas sobre la marcha (nunca mejor dicho), en la actualidad se desarrollan otras aplicaciones potenciales que hacen uso de la compresión de vídeo, dispositivos PDA portátiles y las capacidades WiFi que se incorporan en estos productos. La compañía Firepad (`http://www.firepad.com/catalog/index.php?productID=2`) desarrolla monitores portátiles para bebés que permiten ver a su niño desde otra parte de la casa.

La supervisión remota podría hacer uso de un servicio de telefonía móvil para transmitir una secuencia de vídeo. Navegar por Internet a través de una conexión IP es otra alternativa. Gracias a estos dispositivos, existen muchas posibilidades más para la videoconferencia y la videovigilancia.

Formatos de teléfono móvil

Los teléfonos móviles compatibles con los sistemas 3G se han diseñado para incluir la reproducción de vídeo como una capacidad fundamental. Las pantallas son pequeñas y están bien para algunos servicios, pero lo más probable es que no disfrute viendo una película completa con esta resolución. Los teléfonos de gama alta se basan en los dispositivos PDA y se está produciendo una convergencia entre ambos tipos de producto. Las funciones de ambos permiten su uso en una sola plataforma. Las sofisticadas libretas de direcciones de los dispositivos Palm o Pocket resultan muy apropiadas en un teléfono en el que la adición de un botón para "llamar a esta persona" permite hacer exactamente lo que necesita.

En la figura 6.5 y en la tabla 6.4 se describen los tamaños relativos de algunos formatos de vídeo que se ofertan en teléfonos y dispositivos híbridos entre teléfonos y PDA.

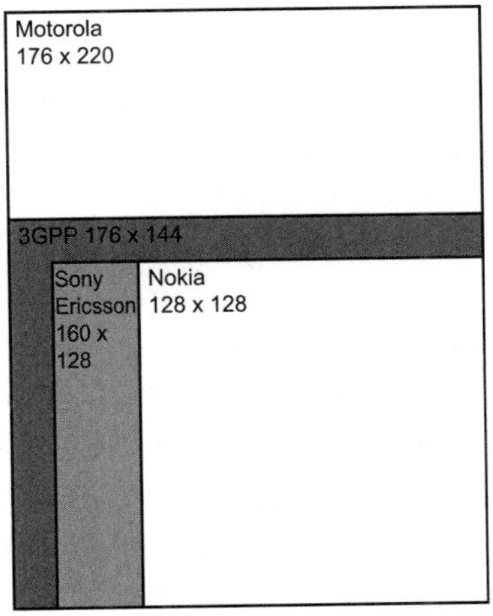

Figura 6.5.

Tamaños de pantalla de teléfonos móviles.

Tabla 6.4.

Formas de teléfonos móviles.

Formato	*Ancho*	*Alto*	*Colores*
3GPP	176	144	65536
Motorola	176	220	65536
Nokia	128	128	4096
Sony Ericsson	160	128	65536

El factor de forma es cuadrado o rectangular, de la misma forma que los dispositivos

PDA y los teléfonos admiten la visualización de imágenes con una orientación horizontal o vertical.

Los distintos tamaños parecen usarse según el fabricante. La compra masiva de módulos de garantiza la existencia de un tamaño de pantalla de Motorola genérico frente a un tamaño, también genérico, de Nokia.

Preparar el contenido para teléfonos móviles constituirá un proceso minucioso para conservar toda la calidad de la imagen con estos tamaños de pantalla. No obstante, las pruebas realizadas demuestran que esto es posible. Una posible técnica que supone un ahorro significativo de la capacidad de velocidad de bits consiste en reducir la velocidad de fotogramas. Aunque el número de diferencias entre los fotogramas aumentará, la cantidad de datos almacenados por cada fotograma será aproximadamente la misma. Esto se debe a la forma en la que los sistemas de compresión reducen la imagen a una serie de mosaicos de menor tamaño. Estos mosaicos se denominan macrobloques, y los veremos más detenidamente en los capítulos dedicados al funcionamiento real de la compresión de vídeo.

Áreas de trama físicas y visibles

Cuando hablamos sobre el funcionamiento de la televisión analógica, vimos que la imagen se transportaba en una señal de trama física que tenía pulsos de sincronización y un área definida dentro de la cual se coloca la imagen. Sin embargo, para la información de la imagen visible no se emplea toda el área física. Se proporciona un pequeño margen en cada extremo del barrido de líneas, y algunas líneas se mantienen también en la parte superior e inferior, ya que estas líneas se producen cuando los circuitos de exploración regresan a una posición vertical en la parte superior de la pantalla. Dicho reposicionamiento vertical se denomina retorno y el flujo de electrones de la cara del tubo CRT se desactiva mientras se produce. El período durante el que se realiza este retorno se denomina tiempo de supresión vertical.

De esta forma, por ejemplo, tenemos una trama de 480 líneas con 720 muestras. Convertir una señal analógica en su versión digital a veces deja una pequeña porción de color negro a ambos lados de la imagen. A menudo también hay líneas de color negro en la parte superior e inferior.

No es necesario comprimirlas, pero deben estar ahí en la salida analógica si transmitimos nuestro vídeo sin comprimir a un aparato de televisión o grabadora de vídeo. Si realizamos operaciones de recorte en la etapa de entrada, el sistema de reproducción deberá garantizar que la trama física de salida tenga el tamaño correcto.

Si dicha operación no se realiza correctamente, veremos que nuestra imagen se ha recortado más de lo esperado en la etapa de salida. No se trata de algo grave, pero si tenemos constancia de ello, la colocación de un margen de seguridad en torno a la imagen contribuye a evitar posteriores problemas.

En la figura 6.6 se muestra cómo la trama física se deriva de la señal de televisión digitalizada.

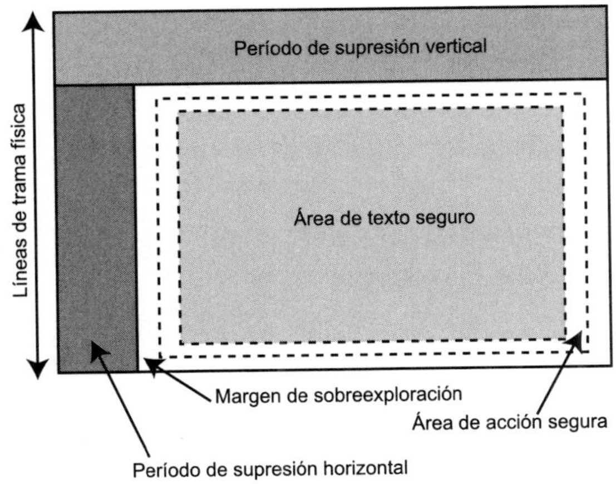

Figura 6.6.

Áreas de seguridad.

Cine digital

El cine digital es cada vez más sofisticado y fácil de implementar desde un punto de vista operativo. Las conferencias IBC y NAB de los años 2003 y 2004 versaron sobre este tema con mayor detalle de lo que jamás se había hecho hasta entonces y mostraron películas completas en pantallas especiales. Esto incluyó una versión procesada digitalmente del clásico *Robin Hood* protagonizado por Errol Flynn. El procesamiento utilizó las separaciones en Technicolor y las combinaba digitalmente. Sólo se realizó una pequeña cantidad de trabajos de restauración, pero la gran mejora en la calidad llegó al trabajar a partir de una copia maestra de la generación anterior en lugar de digitalizar simplemente una copia combinada ópticamente. Con la llegada de los DVD ha resurgido la demanda de clásicos restaurados y comprimidos con codificadores de gran calidad para ponerlos a disposición de toda una nueva generación de consumidores.

Rango dinámico

La calidad de la imagen del formato de cine digital mejora continuamente. Cuando se graba este material con una cámara de vídeo completamente digital, el rango dinámico del contenido situado en la parte oscura de la escala de intensidad no llega a ser tan bueno como el de la película analógica.

Simplemente, los detalles no están ahí pese a la continua mejora. En la transferencia de película a cine digital esto se compensa de alguna manera. Allí donde hay información detallada por extraer, se cambia la curva de gamma y se cambia la asignación de la intensidad entre la entrada y la salida para revelar un sutil sombreado en las partes más oscuras de la imagen. La grabación deberá realizarse con una fuerte iluminación cuidadosamente reflejada sobre las áreas sombreadas de la escena.

En breve, examinaremos algo del trabajo que se realiza sobre las imágenes de rango dinámico elevado (HDRI). Esta técnica produce significativas mejoras en la calidad de la fotografía digital, sobre todo en situaciones de iluminación deficiente.

Grano de la película

Los cinematógrafos se han colocado a uno y otro lado de la línea en cuanto a si prefieren o no la calidad de salida que proporciona esta tecnología. George Lucas prefiere claramente grabar en disco con una cámara digital, mientras que Steven Spielberg ha dejado dicho que prefiere la textura granulosa de la película tradicional. Películas como *Minority Report* son un excelente ejemplo de cómo los efectos digitales permiten plasmar lo que el director ha imaginado mientras se conserva en el producto acabado el grano de la película al introducirlo de nuevo como un efecto digital.

Como siempre, no existe una forma correcta o incorrecta de hacer esto y lo más probable es que los directores continúen creando películas con una mezcla de tecnologías durante algún tiempo. Desde la perspectiva de un compresionista, el grano de la película no es nada bueno.

Tamaños de imagen

Con el trabajo que las compañías de efectos especiales han estado desarrollando en el campo de la animación en tres dimensiones renderizada completamente, existe en la actualidad una tercera alternativa de material creado completamente por ordenador.

Concretamente, hay dos compañías que representan la vanguardia tecnológica. Industrial Light & Magic (ILM) empezó a trabajar en este campo en los años 70. Parte del trabajo de diseño gráfico que realizaron a principios de los años 80 impulsó la creación de Pixar. Ambas han continuado innovando desde entonces.

Algunas compañías estudian unas resoluciones para el cine digital superiores a las imágenes de tamaño 1920x1080 a las que estamos acostumbrados en la actualidad. Barco, Sony, NHK y Olympus desarrollan en este momento interesantes proyectos de I+D.

Tabla 6.5.

Resoluciones de pantalla de cine digital.

Nombre	***Ancho***	***Alto***
Proyector Large Venue DLP de Panasonic	1366	1080
HDTV/D-Cinema	1920	1080
Barco D-Cine DP100	2048	1080
Proyector de cine digital de alto rendimiento de Sony	4096	2160
Prototipo Ultra-HDTV de NHK	8000	4000

Artefactos de solapamiento

Pixar ha desarrollado de forma continuada contenido de animación por ordenador con una calidad de imagen llena de vida y realismo. Los representantes de Pixar han explicado en charlas y conferencias cómo usan trucos y métodos abreviados para simular algunas técnicas que requieren una gran capacidad de procesamiento informático para obtener un producto que parezca que ha requerido mayor potencial de procesamiento.

Las películas para cine se crean normalmente con una relación de aspecto panorámica equivalente a 2.35:1. La resolución de un solo fotograma de animación 3D se renderiza a 2048x862 píxeles. La calidad que Pixar consigue parece tener una resolución mucho mayor. Esto se debe a que, por cada píxel renderizado, se promedia una imagen dibujada con una calidad muy superior. Esto permite ahorrar una gran cantidad de tiempo de procesamiento a la hora de enfrentarse a artefactos de suavizado. En la figura 6.7 se muestran los efectos del solapamiento (irregularidades) en las líneas y cómo esto se mejora con el efecto de suavizado, que veremos más adelante cuando estudiemos los artefactos visibles.

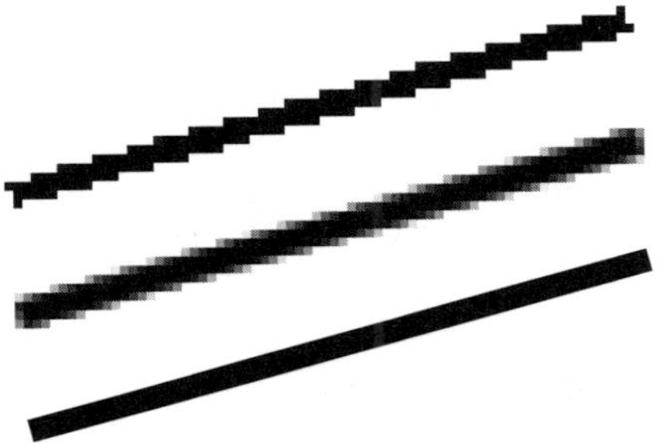

Figura 6.7.

Efectos de suavizado.

La industria opta en la actualidad por algunos tamaños de pantalla estándar para el cine digital que coinciden con las especificaciones HDTV, por lo que las áreas de imagen de 1920x1080 se utilizarán profusamente.

Detalle resoluble

Cabe pensar que una pantalla de cine requiere más de 1080 líneas para ofrecer una imagen con una calidad suficiente. No obstante, reducir la resolución de píxeles a 1080 líneas es posible, porque los espectadores sólo pueden resolver 900 líneas a una distancia de visualización normal, incluso en un buen cine. Los cines con formato IMAX son un caso especial porque los espectadores se sientan mucho más cerca de la pantalla de lo que es normal. Con el mejor equipo, tales salas alcanzan aproximadamente 2000 líneas de resolución en una copia de 35 mm. Dado que el detalle simplemente no es visible, carece de sentido incluir información adicional en la imagen de salida. Aunque existe justificación para imprimir los 35 mm con esa calidad, el ahorro potencial en la capacidad de almacenamiento y la velocidad de bits para el cine digital desequilibran la balanza hacia este lado.

En la figura 6.8 se muestra cómo la capacidad de resolución del ojo humano limita la utilidad de pantallas con una resolución superior.

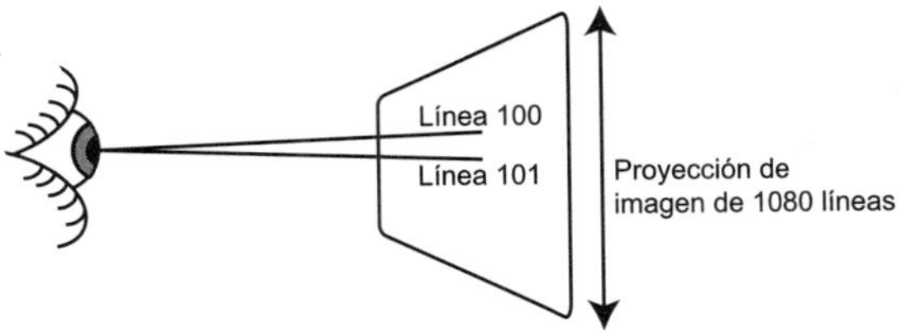

Figura 6.8.

Potencial de resolución del cine digital.

Se produce una cierta compresión mientras la grabación se digitaliza con el láser en la película. Oír esto puede resultar descorazonador si ha estado trabajando sobre una imagen cuadrada de 8K. Sin embargo, una imagen creada y manipulada a 8K tendrá una mejor apariencia en la salida final de baja resolución que si hubiera trabajado con la resolución inferior, por lo que el esfuerzo no será vano.

El conocimiento de este compromiso en la potencia de resolución modifica significativamente las dinámicas de coste del almacenamiento en disco que adquiera al equipar los sistemas de distribución y acabado de un complejo de cine. También facilita la distribución y transmisión de una película a través de una conexión de red desde el estudio a la sala de proyección. La compresión de vídeo también ayuda aún más, pero no hay que comprimir la imagen tan rigurosamente para alcanzar velocidades de bits que sean útiles.

La distribución de una imagen de tamaño apropiado directamente a un proyector de cine digital elimina el proceso intermedio de crear una copia en 35 mm. Esto mejora la calidad de la experiencia visual del cliente y permite ahorrar dinero al distribuidor. La resolución típica de este formato es de 2200x1125 píxeles, aunque 1920x1080 también se usa mucho y es un tamaño que casualmente se emplea también para la televisión de alta definición en algunas instalaciones.

Reducción de muestreo al formato SDTV

Imagine que crea el material de un programa en formato HDTV, por ejemplo, renderizado a 1920x1080 e intercalado a 25 fps. Si este material se va a distribuir con una definición estándar para su emisión, deberá renderizar una versión especial a baja resolución, a no ser que confíe en que los encargados de la emisión realicen la conversión ellos mismos. El área visible en una trama de 625 líneas es de sólo 579 líneas, que no es divisible por 1080. Aún más problemáticas son las 480 líneas visibles de los sistemas de 525 líneas, que suponen una complicación añadida a la exploración a 30 fps. Los cambios en la base temporal provocan más problemas a la hora de que el movimiento se muestre sin problemas. Esto resulta especialmente complicado si el movimiento se renderizó utilizando la velocidad de campos en lugar de la velocidad de fotogramas. Los artefactos de interpolación se evitan mediante el renderizado de dos copias adicionales de la película con una sincronización de fotogramas y un factor de escala adecuados. La mayoría de compañías de producción no tienen el lujo de contar con el tiempo o la capacidad de procesamiento informático para esto, por lo que es necesario tomar algunos atajos.

Incremento de muestreo al formato HDTV

Siendo las limitaciones temporales las que son, rediseñar el proceso de renderización podría suponer la pérdida del tiempo necesario para completar el proyecto. Por ejemplo, una trama de solamente 720 líneas de alto probablemente sea lo suficientemente detallada como para mostrarse en alta definición. Incrementar el muestreo de esta imagen de 720 líneas a 1080 líneas es factible para una salida HDTV. En cualquier caso, un tamaño de imagen de 720 líneas de alto es uno de los estándares HDTV que se implementan en la actualidad. Si crea contenido para varios territorios, renderizar a 25 fps supone menos trabajo que hacerlo a 30 fps. La transferencia de una película al formato de vídeo produce una versión a 30. Hay productos, como Adobe After Effects, que permiten la producción de versiones con un muestreo ampliado o reducido. Esto permite obtener un renderizado de 1080x720x25p en lugar de 1920x1080x60i, lo que supone una reducción aproximada de la carga de trabajo de renderización de un 30 por 100 de la que tendríamos con una resolución completa.

La compresión es mucho más que una serie de velocidades de bits obtenidas con una herramienta como Discreet Cleaner; es más bien una actitud mental. Es necesario pensar en todo el proceso de trabajo en su conjunto y no perder el tiempo con la creación de datos que van a desaparecer una vez que se comprima el vídeo.

Artefactos visuales en pantalla

Si fuerza la pantalla demasiado al establecer un tamaño de trama y una frecuencia de barrido cercanos a los límites de rendimiento de la misma, la imagen se empieza a difuminar en el eje horizontal y también se desdobla al trazar contornos abruptos. El efecto de que la imagen se difumine se produce porque los circuitos de barrido no pueden cambiar la intensidad del haz con la suficiente rapidez como para adaptarse a la resolución.

El desdoblamiento se muestra como copias fantasma de la imagen con un desfase de entre 50 mm y 1 cm (según el tamaño de la pantalla) hacia la derecha. Esto se produce por el efecto electrónico derivado de lanzar una señal de alta frecuencia a través de un trozo de cable de conexión. Con las frecuencias de reloj tan elevadas que se usan en la actualidad, un empalme mal hecho en un cable provoca la reflexión de la señal, que rebota, provocando así el efecto de desdoblamiento. La distancia de cada imagen fantasma está relacionada con el tiempo necesario para que la señal reflejada regrese por el cable hasta encontrar otro obstáculo.

Si desea obtener más información al respecto, deberá estudiar algún libro sobre física o electrónica y buscar una descripción de los teoremas de las líneas de transmisión. No obstante, conviene que tenga en cuenta que se trata de un tema muy denso.

Realizar comprobaciones visuales de la calidad y reducir las frecuencias de reloj de píxeles a niveles más realistas contribuye a resolver este problema. Usar un cable de mayor calidad y colocar aros de ferrita en los cables con el fin de incrementar la inductancia también reduce los efectos.

Existen otros artefactos que afectan a la geometría de la pantalla pero que están más relacionados con el reglaje de los circuitos de barrido de un monitor CRT. El uso de pantallas planas basadas en una de las siguientes tecnologías elimina la mayor parte de los problemas de linealidad y pureza del color:

- Pantalla de cristal líquido (LCD)
- Diodo de emisión de luz (LED)
- Diodo orgánico de emisión de luz (OLED)
- Plasma
- Proyección de luz digital (DLP)

Interpolación de colores para mejorar la calidad de la imagen

Desde los años 70 se emplean técnicas de interpolación de colores para mejorar la calidad de la imagen en aquellas situaciones en las que la paleta de colores es limitada; estas técnicas ya se conocían con anterioridad en la industria de la impresión.

En el contexto de las imágenes por ordenador, se han empleado mucho cuatro técnicas. Hay otras que son variantes menos populares de estas cuatro técnicas básicas.

Esta información es importante para cualquiera que renderice imágenes generadas por ordenador para mostrarlas posteriormente en un sistema de vídeo en televisión. Aparecen extraños artefactos cuando se intenta capturar papel de prensa o cualquier otro tipo de imagen interpolada en una cámara de animación. Existen también implicaciones aquí para el preprocesamiento de imágenes y el tratamiento de los datos de la imagen en la salida descodificada que producen intensos artefactos de contornos. Añadir algo de ruido a la imagen que afecte a los contornos disimula los extremos. Desafortunadamente, esto hace que los algoritmos de compresión resulten algo menos eficaces. Un poco de ruido aplicado cuidadosamente contribuye a hacer que la imagen tenga una mejor apariencia a costa de una pequeña velocidad de bits. Los códecs modernos como el H.264 se enfrentan a esto mediante un filtro de desbloqueo en el reproductor una vez completada la descodificación.

Los principales beneficiarios de la interpolación son aquéllos que intentan obtener resultados óptimos en impresoras de baja resolución, aunque también resultan útiles en representaciones gráficas en los que la paleta de colores es limitada. La interpolación se emplea en las cámaras de vídeo para que puedan funcionar con una matriz de sensores CCD en lugar de tres, lo que hace que su coste de fabricación sea inferior. Existen implicaciones en cuanto a la calidad de la compresión de vídeo cuando se emplea este tipo de cámara: dado que se utilizan menos celdas de generación de la imagen, la calidad de la imagen se ve reducida, produciéndose también un desplazamiento espacial de cada uno de los colores primarios de tal forma que no muestrean exactamente la misma posición del píxel en la imagen.

Volveremos a este tema y lo trataremos con más detalle al final de este capítulo. Primero exploraremos distintas técnicas de interpolación de colores para comprender su funcionamiento; esto afecta a los diseños de cámara que veremos más adelante.

Medio tono del papel de prensa

Las fotografías se han interpolado desde que los periódicos comenzaron a publicar imágenes. Si observa de cerca una imagen en blanco y negro en un periódico o revista, podrá percibir este efecto. En la figura 6.9 se muestra el detalle de una imagen a modo de ejemplo. Elija una zona en la que se produzcan cambios en el sombreado del negro al blanco para comprobar cómo se representan los grises intermedios.

Este efecto se reproduce digitalmente al explorar imágenes con una resolución muy superior a la de un patrón de medio tono. A continuación, mediante técnicas de procesamiento de imágenes inteligente, se producen pequeñas áreas con forma de diamante. El tamaño de los puntos es proporcional a la luminosidad media de la imagen en ese punto. El ojo humano oculta el detalle del patrón de puntos, por lo que se percibe una imagen con una tonalidad continuada y no una cuadrícula de puntos. Si observa la imagen desde muy cerca, los puntos se hacen visibles.

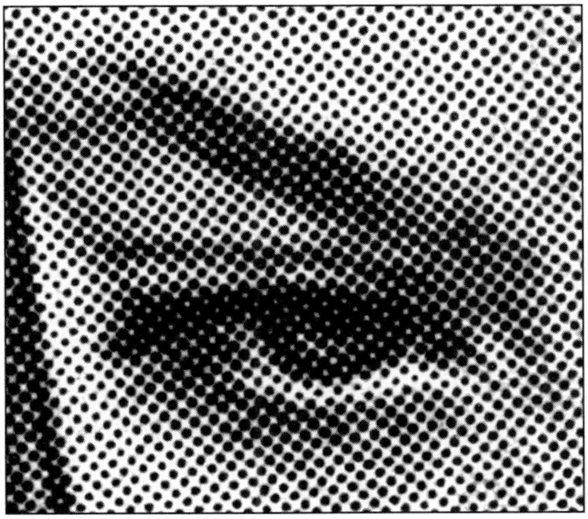

Figura 6.9.

Medio tono del papel de prensa.

Impresión de color

Las técnicas de impresión de color aplican el mismo truco del medio tono, pero superponen el cián, el amarillo, el magenta y el negro (CMYK) para crear el color. La máscara de medio tono se gira unos 15 grados para cada uno de los sucesivos colores y así reducir cualquier efecto de patrón de moaré. En la figura 6.10 se muestran las cuatro separaciones de color.

Las películas para este tipo de impresión se crean de la misma forma que las imágenes de medio tono del papel de prensa, aunque se emplea un patrón de dispersión mucho más fino para la máscara de medio tono.

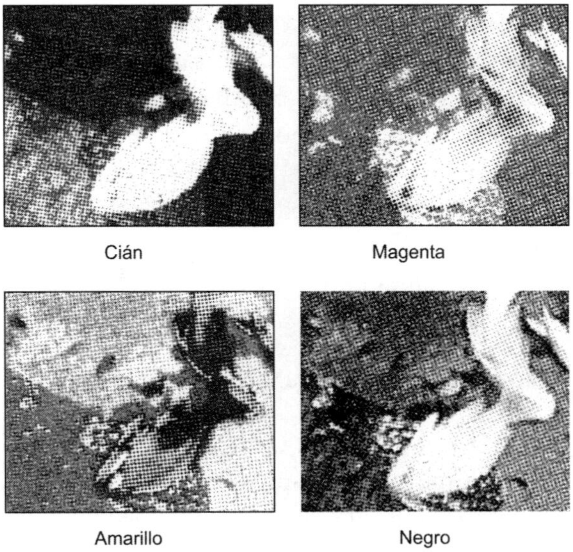

Figura 6.10.

Separaciones de la impresión de color.

Primeros algoritmos de interpolación de colores

En los años 70, cuando se introdujeron los ordenadores Apple 1 y II, una de sus características diferenciadoras lo constituían los gráficos de "alta resolución". En la actualidad, una resolución de 320x192 no puede considerarse "alta" cuando existen tamaños de pantalla de 2560x1920, pero por aquel entonces bastaba para representar en pantalla imágenes de mapa de bits digitalizadas a partir de fotografías en blanco y negro.

Esta primera técnica de compresión desarrollada para las fotografías es importante porque sentó precedente para la forma en la que se comprime el vídeo en la actualidad.

El truco estaba en cuadricular la imagen en pequeños trozos y buscar las similitudes que presentaba la imagen. A continuación, se reconstruía la imagen a partir de un mosaico almacenado en una forma más compacta para sacar partido a la información duplicada existente en la imagen. Durante la generación del mosaico se aplicaban algunos efectos de suavizado para distribuir los puntos de forma uniforme, lo que proporcionaba una calidad muy buena a las imágenes.

Interpolación en cuadrícula sencilla

Durante los años 80 se trabajó mucho para dar un impulso a la impresión de color, de modo que se pudieran realizar pruebas de color, en un momento además en el que se desarrollaron múltiples tecnologías de tinta. La mayoría de ellas sólo permitían el depósito de un número de colores muy restringido. No existía control de la intensidad (el color simplemente se mostraba o no). Incluso con un sistema de tinta de cuatro colores, esto sólo proporcionaba 16 colores sólidos, y la mitad de ellos no se podían emplear porque eran versiones alternativas del negro.

La resolución de la impresora era suficiente para que, mediante técnicas de medio tono, se pudieran aplicar otros colores intermedios. Una cuadrícula de píxeles rojos y amarillos producen el color naranja. En la figura 6.11 se muestran dos ejemplos de patrón cuadriculado.

Esto funciona para algunas imágenes, pero no todas, y se obtienen extraños artefactos en torno a los límites de las formas coloreadas en aquellos puntos en los que la cuadrícula no combina especialmente bien. Algunos patrones crean el mismo color de dos formas diferentes, así que se desarrollaron ingeniosos mecanismos de sincronización para seleccionar el patrón cuadriculado adecuado antes de que se inventaran otras soluciones.

Figura 6.11.
Interpolación en cuadrícula sencilla.

Interpolación espiral y Bayer

El método de interpolación espiral toma un rectángulo de píxeles y ordena el algoritmo de trazado de píxeles de tal forma que dibuje un patrón en espiral a medida que pasa de un color a otro. La imagen se colorea de una forma más gradual, aunque conserva una cierta apariencia granulosa. Dado que el grano se distribuye uniformemente por la imagen, no se producen los artefactos en los contornos que proporciona la interpolación en cuadrícula. La interpolación Bayer (`http://www.cs.rit.edu/usr/local/pub/pga/Graphics/GIF/gr/dither.c`) mejora este proceso y proporciona una cobertura más consistente.

Ésta describe diversas espirales de interpolación y matrices de relleno incremental. Los valores se emplean para determinar un umbral con el que rellenar una matriz de píxeles. Se trata de una de las muchas técnicas de interpolación de patrones.

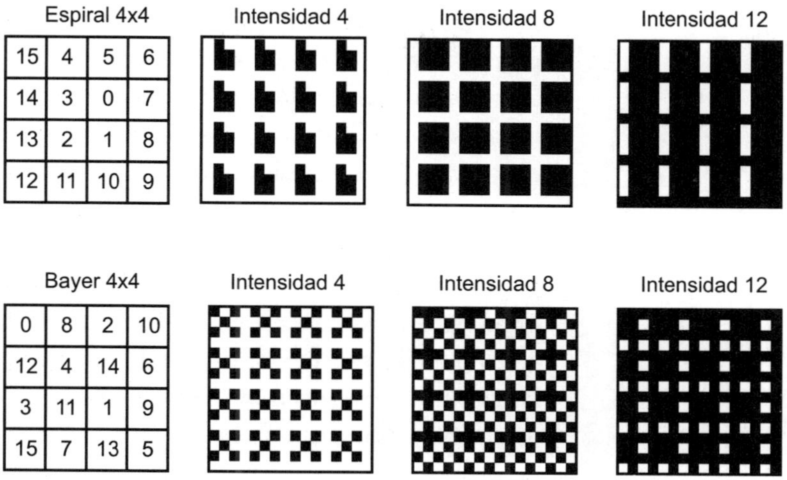

Figura 6.12.

Interpolación espiral y Bayer.

Interpolación de difusión de errores

En 1976, Robert W. Floyd y Louis Steinberg (`http://www.wellesley.edu/CS/pmetaxas/ei99.pdf`) publicaron un documento titulado *An Adaptive Algorithm for Spatial Greyscale*. En él se describía un nuevo método de interpolación que exploraba toda la imagen y decidía si un píxel era claro u oscuro, no sólo por comparación con el gráfico de intensidad, sino mediante la acumulación de un valor de error de los píxeles circundantes. Se desarrolló para difundir o distribuir errores de cuantización en un área mayor y produjo resultados sorprendentes. Incluso con pantallas en blanco y negro de 1 bit, las imágenes fotográficas se pueden presentar de forma muy atractiva. Se han introducido algunas mejoras desde entonces (`http://www.cs.indiana.edu/pub/techreports/TR458.pdf`), y la técnica básica se utiliza en la actualidad a diario en todo el mundo para crear imágenes de alta calidad en sistemas con unos recursos limitados.

En la figura 6.13 se muestra una fotografía, seguida de una asignación sencilla mediante un umbral de la escala de grises a 1 bit y sin interpolación. La tercera imagen emplea una interpolación de patrón y la cuarta la difusión de errores.

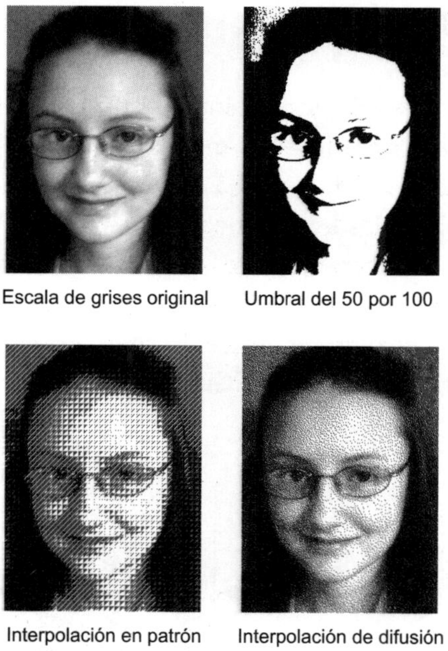

Figura 6.13.

Interpolación mediante difusión de errores.

Interpolación Albie

La técnica de interpolación Albie está especialmente diseñada para trabajar con imágenes que se van a mostrar en un monitor entrelazado, que es lo que se requiere para la presentación de imágenes en televisión. Esta técnica de interpolación es muy similar al algoritmo de difusión de errores de Floyd-Steinberg. Albie produce un contraste ligeramente superior, pero también muestra un mayor grano y contorno en algunos sujetos. Si está ansioso por sacar el mayor partido a sus imágenes, merece la pena dedicar algún tiempo al programa Equilibrium DeBabelizer y a procesar las imágenes con distintos parámetros.

Procesos de generación de imágenes digitales en la cámara

El proceso de generación de imágenes en una cámara digital es muy diferente del de una cámara de película. La luz se enfoca a través de las lentes de la forma habitual, pero el obturador no es un dispositivo mecánico en absoluto. Se trata de un impulso electrónico que muestrea la matriz de generación de imágenes CCD.

A partir se esto, se mide un voltaje para cada píxel y esta medida se transmite a través de un conversor analógico-digital para generar un valor de muestreo digital. Dado que el comportamiento del sistema CCD no responde de la misma forma que el ojo humano, una función de asignación escala los valores para mejorar el nivel de detalle de la imagen. En la figura 6.14 se muestra la distribución general. La resolución de las cámaras aumenta mientras se reducen los costes. Ahora es posible adquirir una cámara de 5 millones de píxeles por unos pocos cientos de euros. Una mayor resolución no nos ayuda materialmente con las cámaras de vídeo, aparte de lo que supone ofrecer cámaras de vídeo de alta definición a los consumidores.
Los dispositivos CCD de alta definición que empleaban resoluciones SDTV podían usar varias celdas de generación de imágenes para muestrear un solo píxel con el fin de promediar cualquier artefacto de ruido.

Generación de imágenes en color con cámaras de un chip

Utilizar un solo chip de generación de imágenes para detectar el color requiere la colocación de un filtro sobre cada elemento de imagen (píxel) para que sólo responda al color deseado.

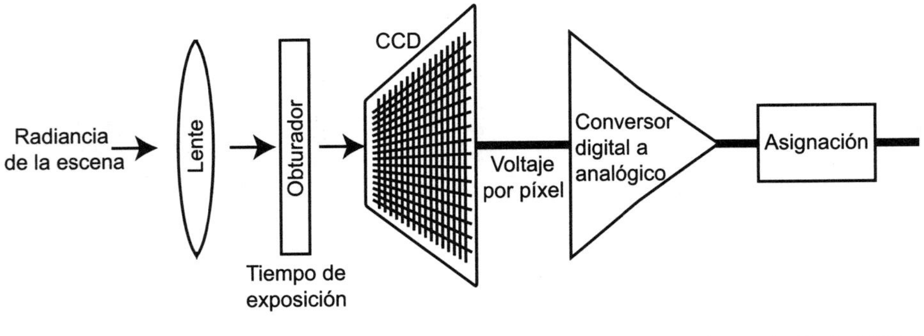

Figura 6.14. *Funcionamiento de las cámaras digitales.*

Esto es necesario porque el sensor de generación de imágenes es monocromático y no diferencia entre un fotón rojo y uno azul.

Existen tres técnicas:

- Múltiples pases, una exposición para cada color. Este método no es práctico para imágenes en movimiento.
- Matrices de filtrado de color en un solo sensor.
- División del haz mediante prismas hacia múltiples sensores.

Matriz de filtrado de color

En la figura 6.15 se muestra una matriz de filtrado de color típica con el canal verde dispuesto en lo que se conoce como patrón de interpolación Bayer. Éste presenta dos cuadrantes verdes por cada celda y uno rojo y otro azul.

Dado que el ojo es más sensible al verde y que el componente dominante de la señal del luma es el verde, se mejora la resolución que se percibe.

Figura 6.15.

Matriz de filtrado de color Bayer.

Esto resulta adecuado para las cámaras fotográficas y las cámaras de vídeo de bajo coste, pero no proporciona a los usuarios profesionales la calidad deseada. La principal desventaja es que la resolución espacial se compensa, por lo que el rojo y el azul se registran con la mitad de resolución que el verde, lo que equivale solamente a la mitad de la resolución disponible en el sensor. Los píxeles con color también se desplazan espacialmente y el nivel máximo de detalles sólo se puede registrar en uno de los dos canales. La resolución real equivale aproximadamente a un cuarto de la de la matriz CCD.

Prismas y múltiples sensores CCD

El prisma de división del haz y las disposiciones de 3 chips CCD suponen una solución mucho mejor.

Básicamente, las cámaras de 4 chips son similares, pero la disposición del prisma en el interior es un poco más compleja.

La principal ventaja aquí es que los tres sensores CCD pueden trabajar con una resolución óptima, ya que no hay pérdida de detalle y todos los colores se alinean espacialmente.

Fabricar estas cámaras es más difícil y los efectos ópticos de los prismas limitan la elección de algunas de las lentes disponibles, aunque lo que se gana en calidad hacen que merezcan la pena.

Para obtener más información sobre el funcionamiento de estos sensores y cámaras en color, consulte el sitio Web de Dalsa Digital Cinema (`http://www.dalsa.com/dc`).

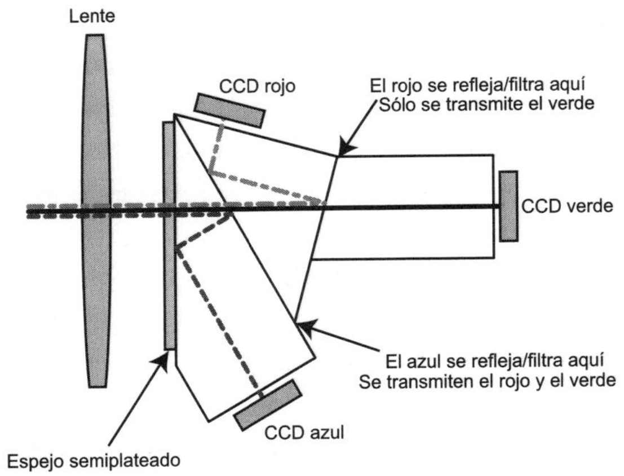

Figura 6.16.

Disposición interna de una cámara CCD.

Espacios de color

Existen muchas otras formas de representar imágenes en color, algunas de las cuales proceden del mundo de la fotografía. Esto tiene sus implicaciones al comprimir vídeo, ya que las imágenes en movimiento se muestran como una serie de fotogramas fijos. Estos fotogramas proceden de distintas fuentes, y no todas ellas emplean el mismo espacio de color.

MPEG no es lo mismo, por ejemplo, que Motion-JPEG. El grupo *Motion Picture Experts Group* (MPEG) incorpora en sus estándares el procesamiento de imágenes en movimiento.

Esto requiere cierto procesamiento informático entre los fotogramas; cada uno de estos fotogramas se representa mediante una descripción que sólo es significativa en el contexto de su posición dentro de una secuencia de fotogramas. El formato Motion-JPEG trata cada fotograma como una instantánea diferente.

Las secuencias de imágenes se almacenan mediante formatos de imagen que normalmente se consideran como de almacenamiento de imágenes fijas o instantáneas. Es algo muy similar a la forma en que se almacenan las grabaciones sin comprimir.

Se suelen utilizar representaciones de color diferentes al sistema RGB o la combinación luma/croma.

En la tabla 6.6 se describen algunos formatos de imagen alternativos.

Tabla 6.6.

Formatos diferentes al RGB.

Formato	*Descripción*
CMY	Cián, magenta y amarillo. Los negros no son muy densos, y a menudo se denominan negros "marrones".
CMYK	Cián, magenta y amarillo; el valor K representa un canal negro adicional. Este valor se debe sustraer de los valores CMY para obtener la supresión del color subyacente.

Formato	*Descripción*
GIF	Formato de imagen comprimida mediante el algoritmo Lempel-Ziv-Welch (LZW), desarrollado originalmente por CompuServe y cuya patente es propiedad de Unisys.
HLS	Luminosidad y saturación del tono.
HSV	Saturación y valor del tono.
JPEG	Formato para fotografías del grupo *Joint Photographic Experts Group*. Emplea transformadas DCT pero no realiza cálculos entre fotogramas.
JPEG-2000	Una versión más reciente del estándar JPEG que permite la compresión *wavelet* de instantáneas.
LAB	Luma más dos valores de diferencia de color (croma). Los valores de diferencia de color representan el eje amarillo/azul y el eje magenta/verde.
PDF	Aunque no se trata de un formato de imagen en sí mismo, los archivos PDF se utilizan cada vez más como contenedores de imágenes con otros formatos incrustados en su interior. En teoría es posible convertir un archivo de película en una serie de archivos PDF y viceversa. Dado que Mac OS X emplea el formato PDF para el modelo de generación de imágenes en pantalla, éste será cada vez más popular.
PICT	El formato de imagen de los Macintosh de Apple, revisado y ampliado a lo largo de los años para incluir técnicas de compresión.
Pixlet	Apple desarrolló la compresión Pixlet y QuickTime 6.4 la incluyó para Mac OS X. Ésta emplea compresión *wavelet* basada en instantáneas en un contenedor de vídeo en movimiento para proporcionar vídeo comprimido sin artefactos que se puedan observar. El nombre procede de la combinación de palabras Pixar y *wavelet*.
PNG	Formato de gráficos portátiles desarrollado como respuesta a la reclamación de la patente de Unisys. Estaba pensado para sustituir a las imágenes GIF en Internet.
TIFF	Formato de imagen con etiquetas desarrollado originalmente por Microsoft y Aldus para la industria pre-imprenta. Se han desarrollado diversas versiones desde entonces.

Generación de imágenes de alto rango dinámico

Ocho bits por color (RGB de 24 bits) simplemente no bastan para representar toda la gama tonal de una imagen. Los sistemas de vídeo y las cámaras digitales pierden una gran cantidad de detalle por esta razón.

Aún peores son los efectos de cambios de tono que obtienen a consecuencia del recorte de gama. Si se graba directamente el sol, éste se mostrará en la imagen como un borrón oscuro en la zona en la que sea más brillante. El color renderizado adopta un tono extraño que no presenta ninguna similitud con la imagen circundante. Es como un efecto de gran aglomeración en el valor máximo del vídeo. La generación de imágenes de alto rango dinámico (HDR) permite el almacenamiento de un rango de tonos mayor, lo que hace que el vídeo que se cree tras su procesamiento sea de mayor calidad.

Figura 6.17.

Efecto de aglomeración cuando los valores superan el máximo.

Existe también una relación entre el rango de colores que se puede representar, lo que se encuentra disponible originalmente y lo que el ojo humano es capaz de resolver.

En la figura 6.18 la luminancia de una escena se asigna al comportamiento del ojo humano, y los rangos de valores de brillo disponibles para 8 bits y HDR se muestran ambos en el mismo eje. En este caso, la palabra luminancia hace referencia al valor del color y la iluminación y no se debe confundir con el valor luma visto en otro momento.

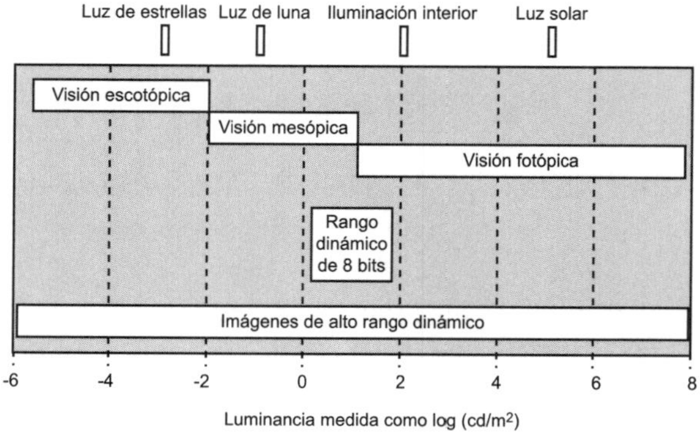

Figura 6.18.

Percepción visual humana.

Los extremos de la imagen digital se exploran cuando la acción de los efectos especiales y la película digital permiten crear esos fantásticos efectos digitales. Industrial Light & Magic ha desarrollado una tecnología llamada OpenEXR para el intercambio de datos de imagen de alta calidad. Otros sistemas de generación de imágenes de alto rango dinámico emplean archivos TIFF de punto flotante. Los datos de visualización almacenados en archivos HDF (formato de datos jerárquico) también pueden acabar renderizándose con técnicas de alto rango dinámico. Los archivos HDF se pueden encontrar más fácilmente en laboratorios científicos de investigación, aunque se utilizan en otras disciplinas para el almacenamiento de complejos datos gráficos.

En la tabla 6.7 se resumen las representaciones HDR más populares y se muestran algunos de sus atributos.

Otros formatos que admiten la generación de imágenes HDR son:

- Alias IFF
- Cineon DPX
- Mental ray
- Lightwave FLX
- Real Pixel

La representación más precisa probablemente sea la del formato OpenEXR de Industrial Light & Magic. Aunque representa los colores de los píxeles con el número máximo de bits, el rango de valores es menor que en otros formatos. La verdadera medida es el tamaño del paso, que permite la gradación más precisa de los tonos de toda la imagen.

Todos ellos, excepto el formato log de Pixar admiten toda la gama de colores.

Al usar un valor de punto flotante para representar el color de un píxel, el rango dinámico se incrementa enormemente.

Todo tipo de problemas relacionados con los límites del rango, errores de redondeo y contratiempos con la exposición en distintas condiciones de iluminación, se pueden administrar de una forma más eficaz.

He aquí algunos ejemplos, el primero de ellos en la figura 6.19, en la que se muestra una breve exposición para destacar la sobreexposición de la luz del fondo procedente de la ventana. A continuación, en la figura 6.20, una fotografía con flash tomada de noche para eliminar la fuente de luz del fondo.
Y, por último, la figura 6.21 muestra ambas imágenes combinadas en Photoshop para revelar los detalles del fondo y los árboles situados en el exterior.

Tabla 6.7.

Comparación de formatos de imagen de alto rango dinámico.

Nombre	***Tamaño de la muestra***	***Valor máximo***	***Tamaño del paso***	***Gama***
LogLuv 24	24 bits	105	0,11	Sí
Radiance	32 bits	1076	0,01	Sí
LogLuv 32	32 bits	1038	0,003	Sí
TIFF float	32 bits	1038	0,003	Sí
Pixar log (TIFF)	33 bits	104	0,004	No
OpenEXR (ILM)	48 bits	1011	0,001	Sí

Figura 6.19.

Fotografía con una intensa luz en el fondo.

Figura 6.20.

Luz de fondo eliminada mediante un flash y capturando la imagen de noche.

El resultado que se desea obtener es que ambas vistas se muestren perfectamente expuestas. Después de todo, eso es lo que veo cuando miro la escena directamente. La imagen final se manipuló a mano mediante un cuidadoso enmascaramiento y la combinación de ambas imágenes anteriores. El formato HDR permite realizar esto de forma automática.

Figura 6.21.

Imágenes con luz de fondo y escasa iluminación combinadas para mostrar las posibilidades del formato HDR.

La compatibilidad HDR permite capturar en las fotografías tomadas en un interior oscuro los detalles del interior cuando el tiempo de exposición es tan elevado que la luz que entra por la ventana "quema" los detalles de la misma y se muestra un halo en torno a la abertura. Si se reduce el tiempo de exposición lo suficiente como para obtener el detalle de la ventana de cristal, el interior se subexpone demasiado. Las técnicas HDR permiten ajustar el intervalo de tonos y modificar el parámetro de exposición espacialmente, de modo que las zonas con una luz intensa se subexponen mientras que las oscuras paredes del interior se sobreexponen. Esto equilibra ambas zonas, por lo que es posible ver el detalle de las dos al mismo tiempo. Permite preservar lo que el fotógrafo intentaba capturar realmente y es más de lo que las cámaras suelen ser capaces de hacer. Esta es la razón por la que se requiere tal cantidad de iluminación para grabar películas en estudio.

Es posible simular la respuesta HDR idealizada con instantáneas con un equipo de bajo rango dinámico, pero es necesario capturar dos o más imágenes y fusionarlas mediante un sofisticado software de procesamiento de imágenes. Puede probar con Photoshop como en el ejemplo anterior, que es aceptable para imágenes impresas monocromas, pero no lo suficientemente bueno como para plasmar las ventajas del HDR en películas. El objetivo es integrar el HDR en una cámara que grabe imágenes de televisión de alta definición y obtener todos los detalles del rincón más oscuro de la habitación.

Los valores de color del sistema HDR describen la luminosidad dentro de un rango de valores con un ámbito de 4 órdenes de magnitud. Esto incluye toda la gama visible para el ojo humano. Los sistemas que se desarrollan en la actualidad permitirán al menos aplicar todo el intervalo de imágenes visibles por el ojo humano en el sistema de producción de nuestro contenido de vídeo.
La consecuencia es que tendremos un nivel de calidad de la imagen sin precedentes a nuestra disposición, y deberemos asegurarnos de no desaprovechar esas ventajas con una compresión por debajo del estándar del contenido creado con técnicas HDR (`http://www.spheron.com/products/SpheroCamHDR/hdri.html`). La figura 6.22 muestra el espacio de color CIE; el triángulo que se ha colocado encima representa la gama de color normal que muestra un aparato de televisión. La técnica HDR nos permitirá mostrar toda la gama de colores, descrita en la tabla 6.7.

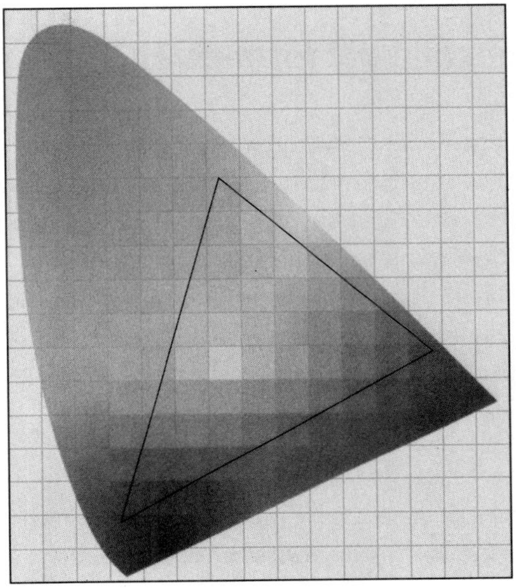

Figura 6.22.
Gama de colores CIE.

Para obtener información más detallada, consulte el sitio Web de ILM OpenEXR (`http://www.openexr.org/`) y el del programador de Apple (`http://developer.apple.com`) para conocer la compatibilidad HDR que incluye Mac OS. Si desea investigar aún más sobre el tema, verifique las entradas que proporciona el nombre "Munsell", que es otro método de descripción del espacio de color alternativo.

Lo que supone para los compresionistas es que, si el sistema HDR se implementa como un formato de generación de imágenes de forma amplia, empezará a utilizarse para las imágenes en movimiento, y habrá que comprimirlo. En la actualidad, comprimimos representaciones de valores de píxel integrales.

Los valores de píxel de punto flotante precisarán replantearse el funcionamiento de los algoritmos de compresión.

Más allá del formato HDR

Algunos científicos esperan ir más allá del alto rango dinámico mediante el desarrollo de sistemas de sensor remoto. Este sistema se denomina imagen hiperespectral y está diseñado para recoger luz desde el extremo ultravioleta al infrarrojo del espectro. Aunque aún no se emplea para producir vídeo, lo hará en el futuro.

Otros científicos buscan la creación de sistemas de generación de imágenes que funcionen con resoluciones muy altas o con velocidades de fotogramas improbablemente rápidas. La compañía Cordin (Utah, EE.UU.) fabrica una cámara capaz de capturar 200 millones de fotogramas por segundo, lo que permite fotografiar una explosión mientras se produce.

Hasta ahora no hay nadie que intente combinar todo esto en una supercámara, a no ser que usted tenga más información al respecto, por supuesto.

Resumen. Todos los caminos conducen a Roma

En este capítulo hemos estudiado los sistemas de generación de imágenes digitales. En último caso, con independencia de que la grabación de origen se haya realizado en película o vídeo, acabará en un sistema de imágenes digital en su camino hacia la compresión. Realizar una grabación en película, convertirlo mediante telecine a un formato de vídeo y, entonces, pasarlo a un sistema de imágenes digital probablemente introduzca artefactos en las tres fases del proceso. Eliminar algunos de ellos explorando la película digitalmente es evidentemente beneficioso. La película presentará el grano característico; polvo, arañazos y la holgura de la puerta; y colores apagados. Habrá perdido una cantidad de detalle y resolución significativa durante su conversión a vídeo y, entonces, durante la digitalización, entran en escena los artefactos de muestreo y cuantización. Puede parecer poco probable que acabe obteniendo algo que merezca la pena ver, porque no hemos terminado de perpetrar todos los tipos de daños y estragos en esa grabación. Oh no, de ninguna manera. Si creía que el vídeo ha causado un daño atroz a sus imágenes, espere a ver lo que es capa de hacer un sistema de compresión mal configurado.

Pero no se preocupe. Es posible obtener resultados sorprendentes (casi milagrosos) si se tiene precaución y se minimizan los artefactos a cada paso. Incluso puede hacer que el resultado tenga mejor apariencia que el original si aplica algunos efectos de restauración.

Antes de que abandonemos los formatos del contenido de origen, dedicaremos un capítulo a echar un vistazo (¿o deberíamos decir escuchar?) al audio. Aunque puede que no resulte evidente en un principio, muchos de los problemas de compresión afectan al audio de la misma forma que al vídeo. Dado que empleamos un sentido diferente para captar el audio, estos problemas se manifiestan de diferente manera.

Capítulo 7

Aspectos relacionados con el audio

A lo lejos, oigo tambores... y voces

La compresión de vídeo está relacionada con la parte visual de la película pero, ¿qué hay de la banda sonora? En este capítulo veremos los formatos y estándares de audio que se utilizan con mayor frecuencia con vídeo comprimido. Existen dos situaciones básicas que se deben considerar. Por supuesto hay otras, pero estos son los casos extremos:

- Conversación simple con voces humanas, como en telecomedias u otros proyectos con una baja velocidad de bits.
- Música de muy alta calidad, sonido ambiental de fondo y bandas sonoras con calidad de película.

Antes de que prosigamos nuestro viaje hacia una compresión perfecta, abandonemos por un momento la estrecha y sinuosa senda y dediquemos algún tiempo a escuchar el quedo susurro de los píxeles ondeando en la brisa.

El audio está en el aire

El audio es una onda de presión en movimiento que el oído humano interpreta como sonido. El cambio en la presión se traza como una forma de onda y se representa eléctricamente como la salida de un transductor. Una forma de onda es un valor que varía continuamente. Aunque las frecuencias sean superiores, el vídeo se representa de la misma forma. Todo lo que veremos en este capítulo sobre frecuencias de muestreo, tamaños de palabra, errores de cuantización y filtrado digital es también importante para el vídeo. Los artefactos son los mismos, pero parecen ser diferentes porque los vemos en lugar de escucharlos.

Audio de origen

En el caso del vídeo, existen distintas fuentes diferentes para el contenido de película en movimiento, y ocurre otro tanto con el audio. El material de sonido puede proceder de cualquiera de los formatos siguientes:

- Disco de vinilo o acetato.
- Disco de 78 RPM.
- Cinta de bobina abierta (también conocida como "de bobina a bobina" o cinta magnética de 1/4 de pulgada).
- Cinta de casete.
- CD.
- SACD.
- DVD.
- TV o radio analógica terrestre.
- Difusión de audio digital terrestre (DAB).
- Archivos de audio descargados.
- Banda sonora en un lateral de una película de vídeo casero.
- Banda sonora óptica de una película de 16 mm ó 35 mm.

- Sonido envolvente de una fuente de audio sincronizada.
- Grabación en directo.
- Audio incrustado.

Cada uno de estos soportes de grabación introducirá sus propias características de interés, así como pros y contras muy específicos, tales como ruido, límites de ancho de banda y calidad de la señal.

Audio analógico

Gran parte del contenido de audio heredado que reciba será en forma de señal analógica. Su procesamiento lo convierte de una forma de onda analógica continuamente variable en un formato muestreado uniforme. Es necesario determinar valores de parámetro adecuados para lo siguiente:

- El número de pistas que se registrarán sincronizadas entre sí.
- La frecuencia de muestreo, teniendo en cuenta los conceptos de Nyquist.
- El valor de bits para indicar la resolución de las muestras.

Todos estos factores afectan materialmente a la calidad del audio que grabe. En la figura 7.1 se muestra la ruta que sigue el audio analógico de un punto a otro.

Audio digital desde un CD

Si toma el audio directamente desde un CD, se muestreará a 44,1 KHz y proporcionará 2 canales (o pistas) con un tamaño de muestra de 16 bits. Es probable que se presente en un contenedor de archivos AIFF o WAV. La velocidad de datos de este contenido es de unos 150 Kbps. En la figura 7.2 se ilustra cómo la forma de onda analógica se muestrea periódicamente.

En la actualidad están surgiendo otros formatos de audio, pero no han penetrado en el mercado de forma significativa.

Eche un vistazo a los discos de audio SACD y DVD y los formatos de DVD de alta densidad basados en la tecnología de láser azul. Éstos pueden llegar a ser dominantes y ofrecerán una capacidad mayor. Esta capacidad se puede emplear para almacenar mayor cantidad de material o incrementar los bits disponibles para cada muestra.

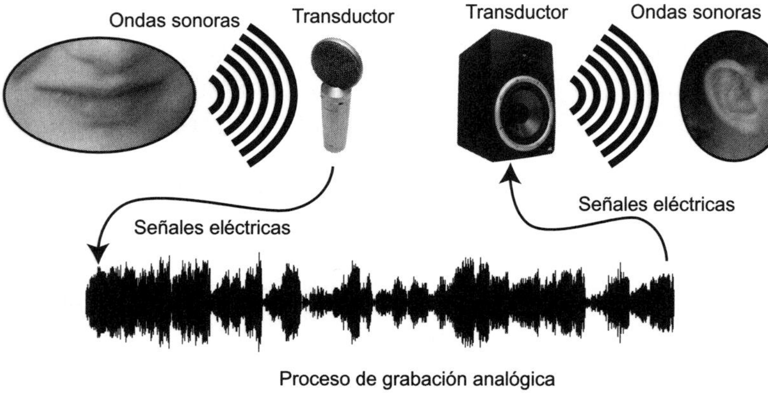

Figura 7.1. *Captura y reproducción de audio analógico.*

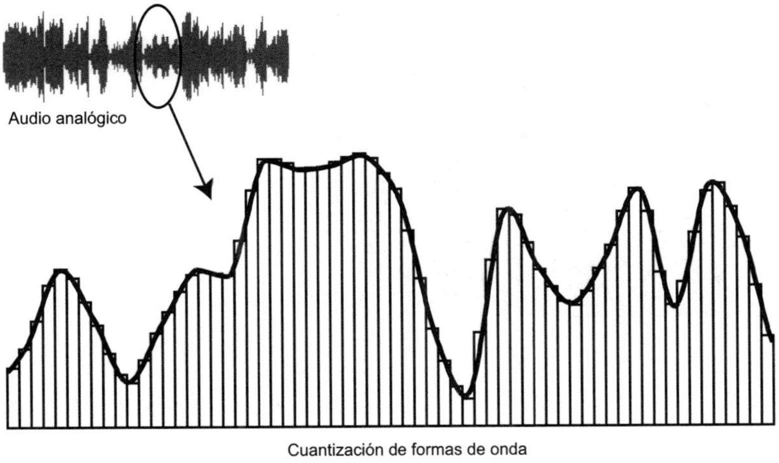

Figura 7.2.
Muestras de audio digital.

Si tiene previsto almacenar una gran cantidad de este tipo de material, conviene tener en cuenta, como norma general, que un minuto de audio sin comprimir requiere unos 11 Mbytes de espacio en disco.

Audio digital a través de FireWire

Si obtiene audio desde diversas fuentes analógicas, contar entre su equipo con una interfaz E/S (entrada/salida) de audio FireWire le resultará de gran utilidad. El dispositivo FireWire 828 de MOTU y productos de hardware similares no son demasiado costosos; también hay productos alternativos fabricados por AJA y M-Audio, que ofrecen entrada de audio y soluciones de conversión. Existen diversos modelos diferentes entre los que elegir de la gama de interfaces Io FireWire de AJA en función de las necesidades que tenga.

M-Audio y Focusrite también fabrican hardware de gran utilidad. Existen ciertamente muchas otras alternativas, por lo que si visita una tienda de artículos de sonido podrá encontrar otras alternativas.

Ciertamente, FireWire es una buena opción porque su rendimiento es suficiente para soportar la máxima frecuencia de muestreo, tamaño de bits y número de canales que probablemente desee. Para aficionados o personas que se dediquen a ello como hobby, es posible emplear una conexión USB, aunque puede que se quede sin capacidad si intenta trabajar con muchos canales a la vez.

Todo el proceso de mezcla de audio que se realizaba en un estudio es posible desarrollarlo ahora en un sistema de escritorio. Simplemente debe transmitir el sonido al mismo en primer lugar. En la figura 7.3 se muestra una interfaz MOTU 896. M-Audio y otros fabricantes hacen unidades parecidas.

El dispositivo MOTU 896 muestrea 8 canales con 24 bits de resolución a 192 KHz. La unidad montada en bastidor cuenta también con 8 salidas, por lo que presenta interesantes posibilidades para utilizarla como parte de la infraestructura de un estudio. Esta unidad también admite audio AES y entrada/salida SPDIF a través de una interfaz óptica.

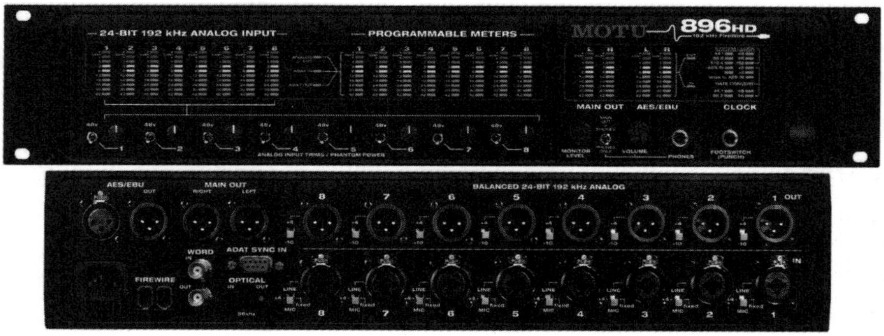

Figura 7.3.

Interfaz de audio FireWire 896 HD. Fuente: Imagen cortesía de MOTU.

Audio digital mediante SPDIF

Éste se deriva de los conectores ópticos desarrollados en equipos de alta fidelidad durante la aparición de los reproductores de CD. El concepto era que se podría comprar un mecanismo de reproducción de CD de gama alta y, después, instalar un conversor analógico-digital separado, o quizás su costoso amplificador de alta fidelidad incorpore uno. La conexión SPDIF emplea un pequeño fragmento de fibra óptica. Fue popularizado por los reproductores DAT que parecen haber pasado de moda ahora que se puede grabar directamente en el disco duro.

La interfaz SPDIF la emplean los ingenieros de sonido profesionales y semiprofesionales y suele ser común en aquellas situaciones en las que se desee conectar entre sí equipos de audio de alta calidad.

Una de las principales ventajas es que separa eléctricamente los equipos de origen y destino. Esto significa que se eliminan completamente problemas como los bucles de tierra, zumbidos, interferencias inducidas por el suministro y otras cosas horribles que ocurren en las señales eléctricas cuando atraviesan campos magnéticos de inducción. Asimismo, se aísla cualquier posible diferencia de voltaje entre las dos carcasas. Se trata de algo muy bueno cuando se realiza la instalación de un sistema de audio. Resulta muy útil cuando se graba en exteriores y se establecen las conexiones desde los altavoces domésticos o la consola de mezcla principal. El ordenador Apple G5 incorpora ahora la interfaz SPDIF en la placa base y, aunque existen algunos problemas con artefactos de ruido "chirriante" que se propagan a través del suministro eléctrico en algunos de los primeros modelos del año 2003, éstos han sido eliminados en posteriores actualizaciones. La sustitución de la fuente de alimentación resuelve el problema si adquiere un equipo de segunda mano que presenta este problema.

Audio digital a través de USB

Para algunas aplicaciones, obtener el audio digital a través de una interfaz USB puede ser una solución satisfactoria. No obstante, como regla general, esta interfaz no es tan rápida como FireWire, aunque es más popular en los PC. Las interfaces MIDI se proporcionan a menudo como una conexión USB, y conviene tener en cuenta que el teclado y el ratón también comparten esta interfaz.

De forma instintiva, me siento más seguro poniendo audio multicanal con una elevada frecuencia de muestreo en una interfaz FireWire, aunque si sólo cuenta con una interfaz USB y sus requisitos de transferencia de audio son modestos, debería bastar, al menos para un par de canales con una frecuencia de muestreo de 44,1 ó 48 KHz.

Si tiene previsto trabajar con el audio a través de USB, una interfaz M-Audio es una excelente elección. Está diseñada para proporcionar un rendimiento óptimo y existe toda una gama de modelos diferentes para adaptarse a distintas necesidades.

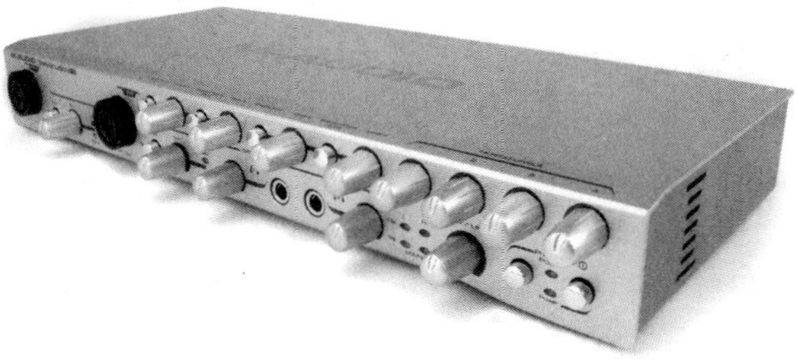

Figura 7.4.

Unidad Omni Studio USB I/O.
Fuente: Imagen cortesía de M-Audio.

Obtención de noticias de radio

Si trabaja con formatos de bobina a bobina, asegúrese de que la posición del cabezal es correcta para la cinta que reproduce, ya que existen diversas formas de organizar las pistas y algunas cintas muy antiguas no ofrecen el audio que cabría esperar.

Si volvemos la vista a los días de los "sistemas sin cables accionados mecánicamente", los reporteros de noticias para radio empleaban formatos de cinta de bobina abierta de dos pistas. El kit portátil sólo grababa en una pista, con lo que era posible darle la vuelta a la cinta. Las bobinas de cinta eran de 5,25 pulgadas e incluían 15 minutos de cinta a 7,5 pulgadas por segundo (ips). El uso de ambas caras permitía la grabación de 30 minutos.

De vuelta al "campamento base", estas cintas se podían reproducir en un equipo de dos pistas, pero era necesario desactivar el canal "B" para evitar la reproducción en sentido inverso de la otra cara mientras se escuchaba el canal "A". Se desaconsejaba dar la vuelta a la cinta ya que, con frecuencia, se "cruzaban las palabras" entre las pistas cuando se reproducía en el estudio. La solución de mayor calidad consistía en copiar la cinta mientras se reproducía exactamente en el mismo equipo mientras se grababa. De esta forma se evitaba cualquier problema con la alineación de cabezales y el ajuste de azimut entre pletinas. En cualquier caso, cortar una cinta grabada por ambos lados resultaba imposible, por lo que siempre se producía este retraso inherente a la emisión del contenido.

Fue a partir del cambio de milenio cuando se eliminaron las cintas de bobina abierta a favor de los formatos minidisco. Éstos se transfieren a los PC con mucha facilidad y permiten editar y difundir el contenido de forma prácticamente inmediata. En la época de las grabaciones con bobinas abiertas, la edición en el lugar de la noticia era siempre posible si el reportero tenía una cuchilla de afeitar y algo de cinta adhesiva. En la actualidad, esto sólo es posible si tiene un portátil en el que descargar el audio del minidisco con el fin de cortarlo con un editor de sonido.

Audio multipista

Si trabaja con múltiples pistas de audio, debe tener claro el formato de audio multipista que utiliza. Tradicionalmente, las pletinas de bobina a bobina admitían diversos formatos con 1, 2, 4 y 8 pistas de sonido grabadas en una sola cinta de un cuarto de pulgada. Los formatos de estudio en cintas con una media entre 1 y 2 pulgadas ofrecían un número de pistas mucho mayor. Los estudios más grandes disponían de 48, 96, 128, e incluso más pistas.

De hecho, el número de pistas ya no es un problema como lo era en el pasado. En la actualidad, basta con invertir el orden de las muestras y hacer rebotar las pistas en algo como Bias Peak, Deck o E-Magic Logic para corregir este aspecto en gran medida. Pro Tools y Cubase también son candidatos para la realización de este tipo de trabajo. Incluso esas viejas cintas de obtención de noticias podrían procesarse como un par estéreo y dividir fácilmente con el editor de sonido. En la figura 7.5 se muestra cómo hacerlo.

Cuando consiga el equipo para la edición de audio, busque productos que le permitan usar complementos VST en un PC. En el sistema operativo Mac OS X, el mejor método ahora lo constituyen las unidades de audio. Los complementos VST también funcionan en Mac OS y, a pesar de ser la opción preferida en los sistemas operativos clásicos de Mac, se desaconsejan en el sistema Mac OS X. Si su banco de trabajo de audio admite complementos VST o unidades de audio, consiga algún shareware, freeware o herramienta comercial para procesar todas las pistas de audio y extraer cualquier artefacto indeseado.

Codificación y sincronización del audio

El audio es una forma de onda analógica. El oído humano responde a ella como un cambio en la presión del aire y cada oído recibe una señal unidimensional.

Cuando escuchamos un sonido, lo colocamos de forma bastante precisa en un espacio tridimensional, pero esto ocurre a través de las dos señales unidimensionales, una para cada oído.

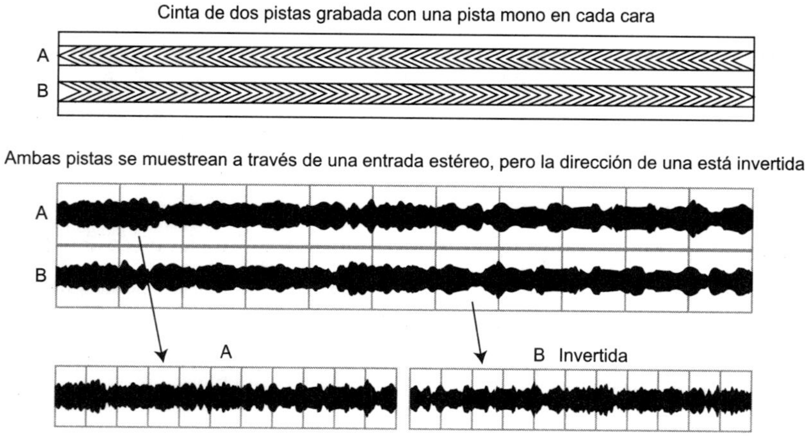

Figura 7.5.

Intercambio de audio multipista en un editor de sonido.

La sincronización y los tiempos de llegada relativos de estas formas de onda es lo que hace que parezca que los sonidos se muevan hacia delante, atrás, arriba y abajo. La separación de los sonidos y el efecto de desplazamiento (*panning*) es lo que los mueve de izquierda a derecha. Esta es una descripción muy simplificada de lo que ocurre, por lo que si requiere más información, consulte algún libro sobre psicoacústica.

Algunas pistas de sonido se graban con especial atención a la ubicación de los micrófonos. Esto se extiende al uso de la cabeza de un muñeco para colocar los micrófonos donde estarían las orejas. Incluso la forma de las orejas llega a modelarse cuidadosamente con el fin de captar exactamente lo que oiría un hombre, aunque esto también se puede conseguir si se seleccionan y colocan los micrófonos cuidadosamente con un perfil dinámico y una respuesta de frecuencia adecuados.

En el momento de la reproducción la experiencia es óptima si se utilizan un par de auriculares. Esto se denomina grabación binaural y todos los aspectos de calidad del audio dependerán de la precisión de los niveles de grabación y la sincronización de los canales. Si se reduce la frecuencia de muestreo o se comprime el audio demasiado se destruirán los elementos más sutiles de la grabación y será imposible reconstruir la información que falte durante la reproducción.

Frecuencias de muestreo y Nyquist (44,1, 48, 96 y 192 KHz)

Convertir una fuente analógica en un medio de almacenamiento digital requiere una medición instantánea del nivel de sonido y una notación del valor. Estas mediciones se denominan muestreos. El tiempo entre cada una de las muestras consecutivas determina la frecuencia más elevada a la que se puede grabar. La regla de muestreo de Nyquist afirma que una frecuencia de muestreo es capaz de registrar frecuencias equivalentes hasta la mitad de la frecuencia de muestreo. Cualquier frecuencia superior no se resolverá correctamente.

En la frecuencia de muestreo, se puede registrar un pico y un mínimo con dos muestras adyacentes. La frecuencia se captura sin valores intermedios, pero la forma de onda no se parece en absoluto a la original. La forma de onda de interés se crea mediante sobretonos y armónicos con una frecuencia aún superior y que combinan. De modo que, incluso en el caso de que podamos muestrear a una frecuencia muy alta, destruiremos el timbre.

Cuando se introdujo la grabación de CD por primera vez, se consideró que una frecuencia de muestreo de 44,1 KHz era adecuada, ya que el oído humano no podía detectar frecuencias por encima de los 22 KHz. Las grabaciones con una calidad superior se obtienen con un muestreo a 96 KHz e incluso se emplean frecuencias de muestreo de 192 KHz en producciones de muy alta calidad.

Las bandas sonoras de las películas en DVD emplean una frecuencia de muestreo ligeramente superior de 48 KHz, lo que inmediatamente nos permite apreciar la relación entre las frecuencias de muestreo de 48, 96 y 192 KHz. La conversión entre ellas emplea una media basada en enteros de tal modo que si el sistema de producción trabaja a 192 KHz, crear una pista a 48 KHz debe resultar sencillo desde la perspectiva del cómputo.

La conversión entre 44,1 KHz y 48 KHz no es la situación ideal, y se ha realizado una gran cantidad de trabajo en los algoritmos de conversión para reducir los artefactos indeseados.

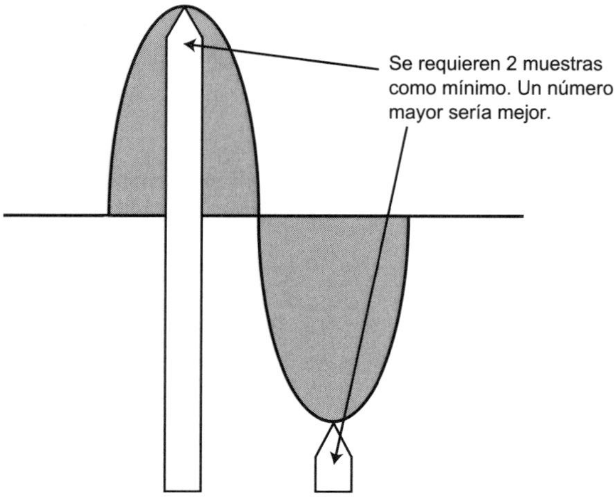

Figura 7.6.

Propuesta de muestreo de Harry Nyquist, realizada en torno al año 1920.

Tamaños de palabra (8, 10, 12, 16, 20 y 24 bits)

El tamaño de palabra describe el número de bits empleado para describir una muestra. Cuanto mayor sea el número de bits que utilice, más preciso podrá ser el muestreo. El número limitado de números o pasos diferenciados que permite un tamaño de palabra dado determina la cuantización. Si se permite un número de bits demasiado reducido, se produce un artefacto audible durante la reproducción del sonido.

A medida que se aumenta el tamaño de palabra, resulta más difícil para el oído humano diferenciar cada uno de los niveles de cuantización. El detalle adicional permite a los algoritmos de filtrado digital calcular las formas de onda con mayor precisión y evitar errores de recorte y redondeo. Esto contribuye a mantener un nivel de calidad máximo.

Rango dinámico, escalas logarítmicas y decibelios

Un valor de 8 bits tiene un intervalo de niveles entre 0 y 255. Si se dobla el número de bits, este intervalo se ve incrementado hasta 65.536 valores diferentes. Una muestra de 24 bits tiene un rango dinámico aún mayor. Contar con un mayor rango dinámico también resulta útil para reducir la cantidad de ruido. Incluso un fragmento silencioso presentará algo de ruido procedente del movimiento aleatorio de los electrones en los circuitos de conversión de digital a analógico. Aumentar el rango dinámico con un tamaño de palabra mayor proporciona una mayor relación señal/ruido.

Durante muchos años, las señales de audio se han medido con una escala logarítmica. Esto se remonta a los días en los que la telefonía era una novedad. Con la finalidad de medir la impedancia para que los sistemas se pudieran conectar entre sí (esto es importante para un rendimiento óptimo), se requería un medio sistema para medir la disipación de potencia a través de una resistencia dada.

En la figura 7.7 se muestra una curva logarítmica. El eje X muestra una serie de unidades separadas entre sí uniformemente. En el eje Y son no lineales.

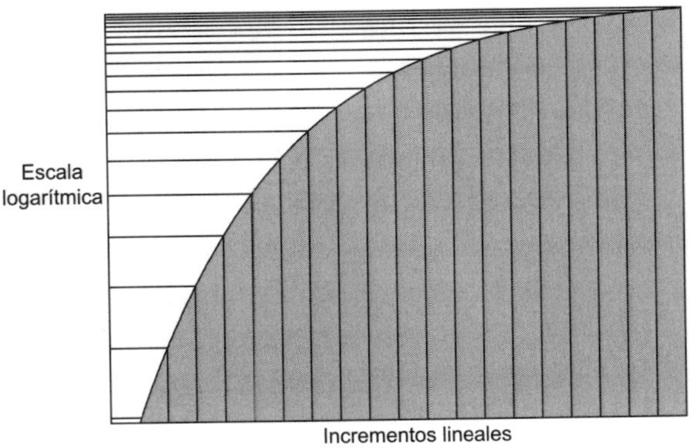

Figura 7.7.
Escala logarítmica.

La disipación de un milivatio (mW) a través de una resistencia de 600 ohmios requiere una diferencia de potencial (voltaje) de 0,775 voltios. De este hecho se deriva cualquier otro tipo de cálculo, como la raíz cuadrada media (RMS) o potencia máxima de una señal. Esta fórmula ha sido la base para la medición de los niveles de audio. La letra omega del alfabeto griego (Ω) se emplea para indicar los valores expresados en ohmios, y se utiliza ampliamente en las especificaciones técnicas o en el exterior de los altavoces.

La escala logarítmica se emplea para medir la atenuación que se produce a lo largo de un cable telefónico, ya que las señales se reducen logarítmicamente en función de la longitud del cable. El oído humano también responde logarítmicamente al nivel de presión del sonido (SPL), que es la fuerza que las ondas sonoras imprimen al llegar al oído.

La unidad de medida en la escala logarítmica se denomina Belio en honor a Alexander Graham Bell. El logaritmo de la relación entre la potencia medida y un dato de referencia produce un valor muy reducido. El belio resulta ser una unidad demasiado grande con lo que, por cuestiones prácticas, esta medida se expresa en décimos de belio (decibelios). El valor de 1 mW a través de 600 Ω se define como el valor de referencia 0 dB. El resto de valores se definen en relación a este dato.

Se toman dos valores de potencia medidos en vatios, se divide uno por el otro y se calcula el logaritmo de base 10 y se multiplica eso por 10, porque la medida se expresa en decibelios (dB). He aquí la fórmula:

Relación de potencia =
10 x log (Potencia1/Potencia2)

El valor medido en decibelios es una proporción, por lo que sólo cobra sentido cuando se describe en relación a un valor de referencia. Si tomamos nuestra referencia de 1 mW, cualquier valor relativo a los niveles de la señal se medirá en dBmW, que se abrevia como dB(m).

La fórmula de la relación de potencia se aplica a las medidas de potencia expresadas en vatios. El control del audio también mide el voltaje. Se utiliza prácticamente la misma fórmula, pero es elevar el resultado al cuadrado. Elevar el cuadrado un valor convertido a un logaritmo se realiza multiplicando el resultado por dos. He aquí la fórmula para expresar relaciones de voltaje en dB:

Relación de voltaje =
20 x log (Voltaje1/Voltaje2)

Calcular el rango dinámico para un tamaño de palabra de muestra determinado se realiza adaptando la fórmula de la relación de voltaje de la forma siguiente:

$$\text{Rango dinámico} = 20 \times \log (2^{\text{Tamaño de palabra}})$$

De esta forma, es posible calcular una tabla de rangos dinámicos para diferentes tamaños de palabra en nuestro esquema de muestreo, tal y como se puede apreciar en la tabla 7.1.

Tabla 7.1.

Rango dinámico y tamaño de palabra.

Tamaño de palabra	$2^{\text{Tamaño de palabra}}$	***Rango dinámico***
8 bits	256	48 dB
10 bits	1024	60 dB
12 bits	4096	72 dB
16 bits	65536	96 dB
20 bits	1048576	120 dB
24 bits	16777216	144 dB

Por lo tanto, el rango dinámico describe la diferencia entre el sonido más bajo y el más alto dentro del intervalo de posibles valores.

El sonido más bajo sería el silencio total, pero de hecho habrá algún ruido de fondo introducido por el conversor analógico-digital incluso en ese nivel.

Problemas de cuantización

Incrementar el número de pasos disponible también reduce el ruido causado por errores de cuantización. Un digitalizador redondea el valor medido hasta el incremento más próximo. Es posible que se produzca una pérdida del valor de destino como mucho de medio paso. Cuanto menores sean los pasos, menores serán los errores. Por lo tanto, el ruido introducido por los errores de cuantización será menor. Realizar muestreos con tamaños de palabra mayores reduce el tamaño del paso para la cuantización.

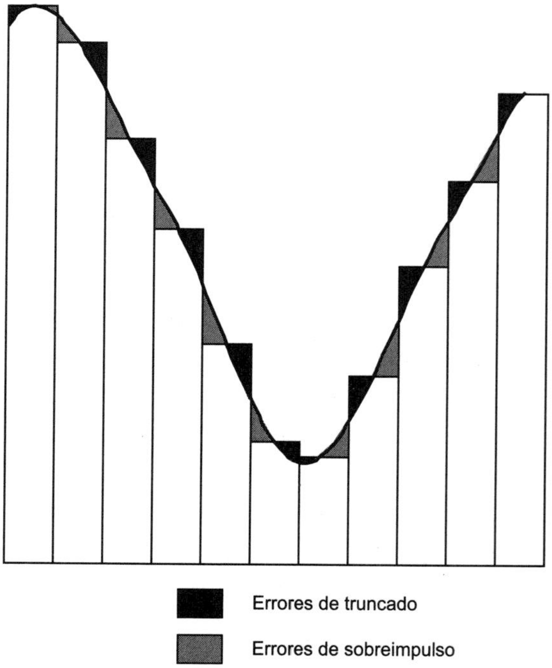

Figura 7.8.

Errores de cuantización.

Los errores de cuantización se producen porque el muestreo no ha detectado el nivel correcto, o bien, al volver a convertir la señal en analógica, no se genera el nivel de salida correcto. Algunos errores de cuantización se producen porque la sincronización de las muestras era imperfecta. Si el reloj de la muestra no es regular, algunas muestras se tomarán en un momento inadecuado.

Los errores de cuantización son más graves al muestrear las frecuencias más elevadas. En la figura 7.9 se muestra una onda senoidal de 22,05 KHz muestreada a 44,1 KHz. En la parte inferior de la ilustración, se ha reconstruido la forma de onda mediante muestras cuadradas y, a continuación, en la tercera forma de onda, se han unido mediante líneas rectas. Ninguna de ellas reconstruye la forma de onda original tal y como era. Esto introduce algunos sobretonos armónicos que alteran el timbre del sonido. Una onda senoidal suena de distinta forma que una forma de onda cuadrada o de diente de sierra.

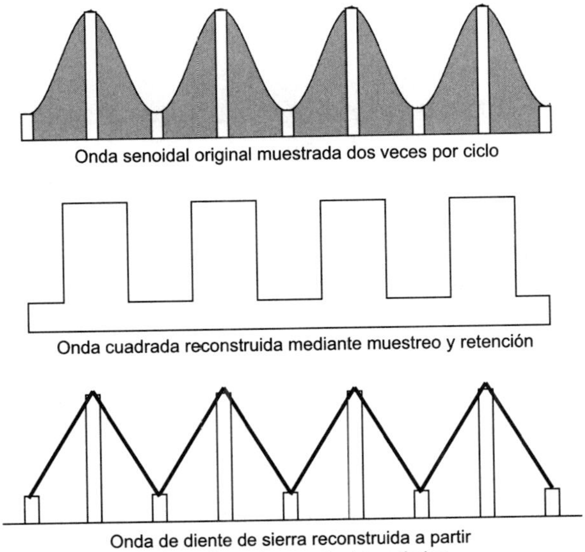

Figura 7.9.

Reconstrucción de formas de onda a partir de muestras.

Y puede ser mucho peor. En el límite de Nyquist (o en sus proximidades), las muestras pueden omitir formas de onda completas debido a errores de sincronización.

Artefactos de solapamiento

Ya hemos visto los sistemas de generación de imágenes digitales y los artefactos de solapamiento que se producen al trazar líneas diagonales. Estos artefactos se muestran como irregularidades de forma escalonada. El mismo efecto se produce con el audio; evidentemente, no podemos verlo, pero sí oírlo. Se trata de un horrible zumbido chirriante.

En el ejemplo que muestra graves errores de cuantización, la forma de onda se reconstruye de forma razonablemente correcta si se emplea un algoritmo de ajuste de la curva senoidal. No se trata de una solución tan buena con frecuencias ligeramente desafinadas respecto de la frecuencia de muestreo. Si este hecho no se afronta correctamente, se introducen subarmónicas desagradables. Los efectos de esto son bastante peores. Al menos con una onda cuadrada o de diente de sierra los sobretonos añadidos resultaban inaudibles. Un artefacto de solapamiento genera frecuencias inferiores a la frecuencia de muestreo, y éstas se encuentran dentro del rango audible. En la figura 7.10 se ilustra este ejemplo.

En la segunda forma de onda, la curva del descodificador ajusta la salida a las muestras que se le han proporcionado. En este caso, el período de las muestras y la frecuencia del audio que se muestra generan una reconstrucción de forma de onda que en nada se parece a la forma de onda original. Se ajusta a las muestras pero no se trata de la forma de onda deseada.

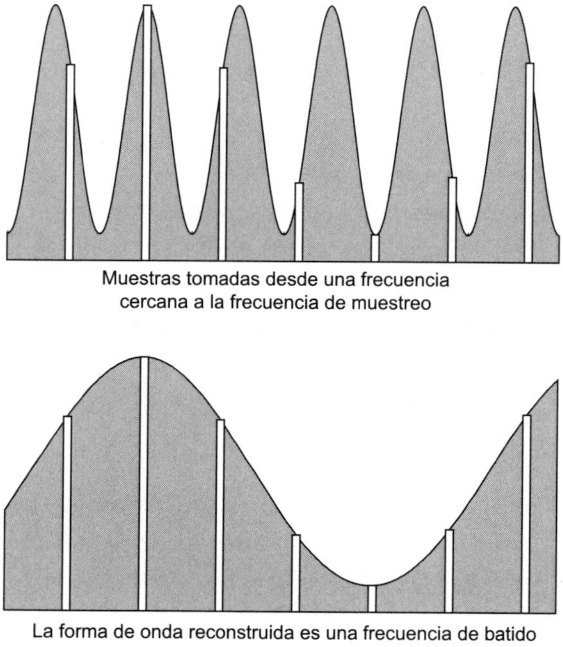

Figura 7.10.

Reconstrucción de formas de onda con solapamiento.

Esto es lo que se arguye para muestrear con una frecuencia superior a la sugerida por Nyquist y es la razón por la que las frecuencias de muestreo llegan hasta los 192 KHz. Es necesario capturar con precisión la forma de onda más alta que se pueda escuchar sin este artefacto de solapamiento.

De hecho, cualquier artefacto de solapamiento que se produzca a dicha frecuencia de muestreo se encuentra bastante por encima del intervalo audible, por lo que no importará.

Frecuencia de muestreo de CD (44,1 KHz) y frecuencia de muestreo de DVD (48 KHz)

Los problemas de cuantización pueden asomar su horrible cara al convertir entre frecuencias de muestreo de CD (44,1 KHz) y DVD (48 KHz).

Éste es otro ejemplo de cuándo debe saber algo sobre la plataforma de salida de destino antes de iniciar el procesamiento. Si el vídeo se codifica para un producto en DVD, es necesario asegurarse de que la frecuencia de muestreo sea de 48 KHz (o un múltiplo de este valor) al procesar el audio. También puede que sea necesario verificar los parámetros de todas las herramientas que utilice para garantizar el mantenimiento de la frecuencia de muestreo correcta. Es poco probable que se modifique la frecuencia de muestreo, aunque es posible si coloca mal algún parámetro sin percatarse de ello.

Filtrado digital y filtrado analógico

Es posible que desee filtrar el audio como parte del proceso de preparación de la codificación. Aquí tiene la posibilidad de realizar algunas tareas de procesamiento antes o después de la conversión al formato digital.

El procesamiento analógico va a ser permanente y no se va alterar fácilmente tras el proceso de digitalización, por lo que quizá desee posponer cualquier tipo de procesamiento hasta haber puesto el audio a buen recaudo en un archivo en el disco duro y, a continuación, emplear procesos no destructivos basados en DSP.

Del procesamiento analógico se suele decir que tiene cierta calidez y personalidad, mientras que el procesamiento digital es más seco y frío. Esto puede ser verdad en el caso de las antiguas soluciones de procesamiento, pero en la actualidad el mundo analógico se ha simulado muy bien mediante algoritmos de filtrado digital que, de hecho, son muy sofisticados.

Por otro lado, el equipo analógico de su estudio puede proporcionar audio de mejor calidad que los complementos disponibles en su ordenador. Por supuesto, su caso puede ser diferente. La principal ventaja que tiene la aplicación del filtrado de corrección en el dominio digital es que el proceso se puede automatizar y deshacer. Algunas herramientas admiten puntos de control con fotogramas clave. El procesamiento es "no destructivo".

En último caso, es probable que se trate de sopesar entre calidad y comodidad.

Eliminar la redundancia para simplificar la codificación

Reducir la complejidad del sonido para que se comprima mejor es algo prácticamente imposible en el mundo analógico. Esto es algo que los códecs modernos hacen automáticamente. Más tarde, en la etapa de descodificación, introducen contenido de armónicos en función de la información codificada en la secuencia de bits.

El códec AAC Plus emplea la replicación de banda espectral (SBR) para simplificar la señal codificada y recrear artificialmente una aproximación muy cercana al sonido original. Existen otras oportunidades cuando se produce un sonoro sonido transitorio que enmascara el resto. Si se elimina el detalle de forma selectiva cuando se produce un hecho transitorio se reduce la carga de trabajo que debe soportar el codificador.

Codificadores de software y codificadores de hardware

Los codificadores de software deben ser lo suficientemente rápidos al procesar datos de audio. Los codificadores de hardware son útiles en aquellos casos en los que es necesario aplicar codificación de baja latencia. Esto es importante en la videoconferencia, que requiere una latencia nula.

Si tiene tiempo para realizar varias pasadas, la codificación de hardware no ofrece ninguna ventaja significativa, ya que la situación en la que se encuentra no es una situación de tiempo real.

Lo más probable es que la elección del códec de hardware o software venga dada más por la codificación del vídeo y sus necesidades que por el rendimiento.

Formatos de audio de origen

Algunos de los problemas a los que deberá enfrentarse estarán relacionados con la configuración de su estudio. Enrutar audio analógico por el sistema está bien si la mesa de mezclas es analógica. Si desarrolla una instalación nueva y moderna desde cero, es muy probable que sea completamente digital, y que tan sólo la entrada y la salida del sistema sean analógicas.

Audio analógico

El audio analógico se presenta en una gran cantidad de niveles y formatos diferentes. Existen unos pocos conectores estándar muy conocidos para conectar distintos dispositivos, con pequeñas variantes que suponen algunos problemas de interconexión interesantes.

La conexión de equipamiento digital es algo más sencilla. Es una buena idea recopilar una serie de adaptadores y cables para interconectar distintos equipos.

Audio con y sin balance

El audio con balance se emplea en estudios y en los sistemas de sonido construidos profesionalmente. Está diseñado para ser muy inmune al ruido porque el cable transporta dos versiones de la misma señal con la fase opuesta. Entonces se invierte la fase de cualquier ruido de inducción al volver a convertir la señal a un formato sin balance.

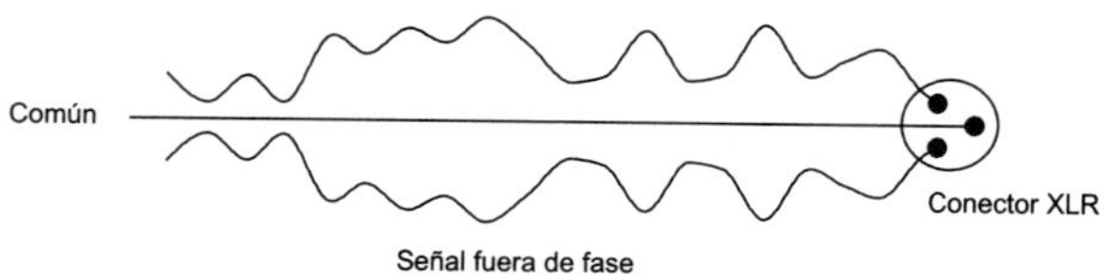

Figura 7.11.

Fases de audio con balance.

En caso de emergencia, conecte los cables con balance de modo que sean compatibles con entradas sin balance; basta con conectar una de las dos señales y el revestimiento de tierra a una clavija. Esto no elimina el ruido; para ello, es necesario emplear un transformador Balun adecuado.

A la hora de comprimir audio y vídeo, el ruido es su enemigo. Consume una velocidad de bits que se podría emplear mejor para transmitir el contenido que desea codificar. El audio con balance es mejor que sin balance porque hay menos ruido inducido.

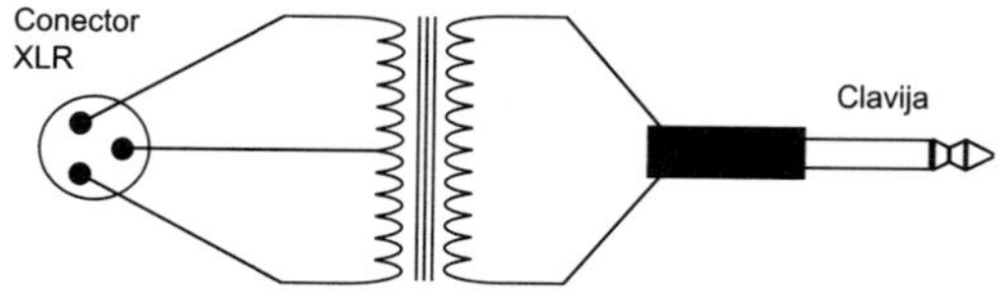

De audio con balance a audio sin balance a través de un transformador Balun

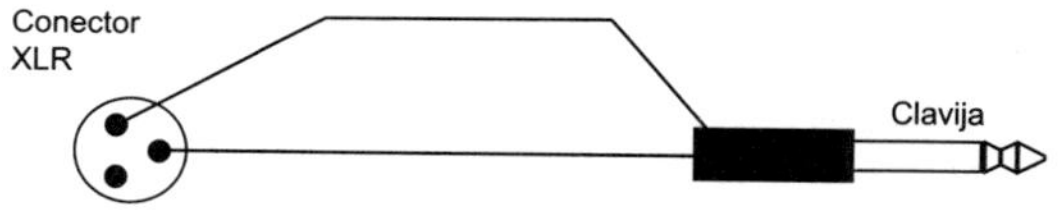

De audio con balance a audio sin balance sin un transformador Balun

Figura 7.12.

Comparación del cable y el uso de un transformador Balun.

Formatos de audio AES

La *Audio Engineering Society* (AES) define un estándar de audio digital muy popular en la radiodifusión. Se trata de una excelente elección si está desarrollando una instalación nueva pero no todo el equipo es compatible. Elija audio AES o audio con balance como formato base. Cualquiera que sea su elección, lo más probable es que cuente con una buena cantidad de hardware para realizar conversiones entre ambos formatos. Esto se denomina "cola audiovisual" y suele llevarse una gran parte del presupuesto destinado a montar un estudio. Con frecuencia no se incluye en el precio del equipo y supone toda una sorpresa al recibir la factura. Para evitar este problema, seleccione el equipo más cuidadosamente y asegúrese de que los diagramas de los sistemas incluyen una descripción de los tipos de señal cableada y los puntos en los que es necesario introducir la cola audiovisual.

Los nuevos estándares: HE-AAC

Los estándares de audio desarrollados como parte del estándar MPEG-4 son cada vez más populares. El nombre del nuevo tipo de codificación de audio es AAC. La variante más reciente se denomina HE-AAC de alta eficacia, aunque anteriormente se conocía como AAC+. Añade una capa de codificación adicional llamada "replicación de banda espectral" que sintetiza las frecuencias controladas por el codificador. Estas frecuencias se reproducen y añaden después a la salida en el extremo de descodificación.

En la figura 7.13 se muestra cómo la codificación SBR tiene lugar antes que la codificación AAC. La salida de la herramienta SBR es un flujo de datos codificado y el resto es lo que se codifica mediante la herramienta AAC. En lo que se refiere a la descodificación, un descodificador que sólo admita AAC no verá los datos SBR. Descodificará la señal AAC y proporcionará un audio de gran calidad. Si hay algún codificador SBR disponible, empleará la información adicional para mejorar el audio recreado por el descodificador AAC.

El flujo de trabajo de la codificación divide el intervalo de audio en frecuencias altas y bajas. Los componentes de baja frecuencia se codifican mediante la herramienta AAC y las altas frecuencias mediante la herramienta SBR. La adición de esta herramienta SBR a un codificador de audio mejora la eficacia en un 30 por 100 sobre lo que proporcionaba la herramienta AAC por sí sola.

El concepto de AAC+ o HE-AAC fue desarrollado por una compañía denominada Coding Technologies (`http://www.codingtechnologies.com/`). Tenga en cuenta que los nombres AAC+, AAC Plus y MPEG-4 HE-AAC describen todos lo mismo, aunque el término HE-AAC se va imponiendo sobre los demás.

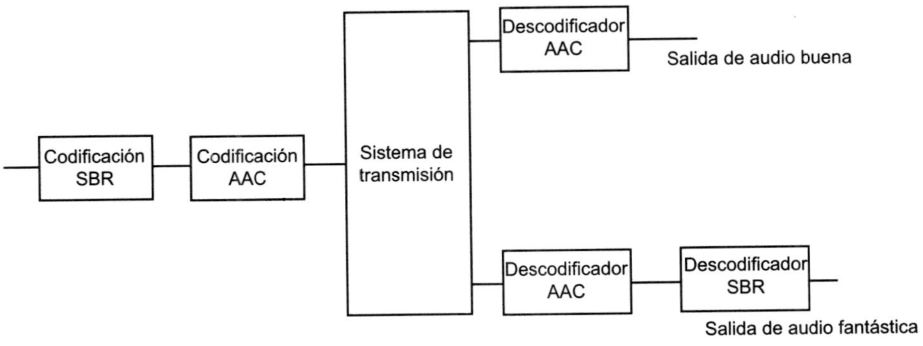

Figura 7.13. *Flujo de trabajo de la codificación AAC y SBR.*

Formatos multicanal

A continuación se muestra un resumen de los formatos multicanal.

Hay muchos más, y deberá consultar cualquier registro asociado al material de origen y leer los materiales del software de codificación para saber cómo asignarlos a los medios codificados de salida.

Tabla 7.2.

Distribuciones de las pistas de audio.

Pistas	*Altavoces*	*Descripción*
Mono	1	El material antiguo en programas heredados sólo tendrá una pista de audio. Deberá duplicar esto en ambas pistas de un par estéreo para la mayoría de las aplicaciones. Es muy probable que el audio de los vídeos caseros grabados en película con una banda magnética solamente tenga sonido monofónico.
Mono dual	2	Se trata del mono duplicado en dos canales estéreo.
Mono de dos caras	2	El formato de obtención de noticias para la radio emplea cintas de 2 pistas, pero registra cada una de las pistas en direcciones opuestas, lo que requiere dar la vuelta a la cinta para grabar la otra pista.
Estéreo	2	Verdadero estéreo grabado con un par de micrófonos o mezclado a partir de cintas master multicanal. Hay que tener cuidado de conservar la sincronización relativa entre canales o el sonido parecerá que se mueve de un lado a otro.
Pseudoestéreo	2	En algunas ocasiones, las viejas grabaciones en mono se vuelven a procesar con filtros para separar los distintos instrumentos distribuidos de un lado a otro con el fin de crear un efecto estéreo artificial.

Pistas	*Altavoces*	*Descripción*
Mix minus	2	En algunas ocasiones, las señales estéreo no son un par estéreo en sentido estricto. Una puede ser una pista de soporte mientras que la otra es la misma pero quizá sin voces. En la obtención de noticias, un canal probablemente sea el ruido ambiental de fondo mientras que el otro es el presentador. Los dos canales deben mezclarse cuidadosamente para convertirlos en una pista de sonido estéreo presentable.
Dolby Surround	3 delanteros y 1 posterior	Una señal con matriz analógica se descodifica para crear los canales de sonido envolvente adicional. Una compresión excesiva destruiría la información matricial. Sepárelos y codifique cada uno de ellos de forma independiente.
Cuadrafónico	2 delanteros y 2 posteriores	Un formato de sonido envolvente analógico experimental empleado para música en la década de los años 70. En la actualidad no existe demasiado contenido en este formato.
5.0 surround	3 delanteros y dos posteriores	Un formato de sonido envolvente moderno empleado para aplicaciones musicales y que carece de un canal de baja frecuencia.
Dolby Digital (AC-3)	3 delanteros, dos posteriores y un canal de baja frecuencia	Los sistemas de sonido envolvente construidos según el modelo Dolby se configuran de distintas maneras, empleando entre 1 y 6 canales. También existen señales de codificación matricial complejas que se deben preservar para que los antiguos sistemas Dolby Surround funcionen. Esto es de vital importancia y es necesario conocer cómo funciona el sistema para poder codificarlo correctamente. Y lo que es más importante, la frecuencia de muestreo debe ser lo suficientemente alta como para conservar la información de sonido envolvente. Existen muchas versiones y variantes de este sistema, y sólo es Dolby Digital 5.1 si así lo indica la caja.

Pistas	Altavoces	Descripción
DTS Digital Surround 5.1	3 delanteros, 2 posteriores y un canal de baja frecuencia	Una alternativa al sistema Dolby es el sistema Digital Surround 5.1 Theatre Sound. Éste suele estar presente en grandes producciones en DVD que contienen éxitos de taquilla de Hollywood como alternativa a la pista de sonido Dolby. No es raro que los archivos de vídeo en un DVD tengan 10 o más pistas de audio asociadas a ellos. Todas ellas deben codificarse cuidadosamente y sincronizarse con precisión.
THX Surround ES™	3 delanteros, 3 posteriores y un canal de baja frecuencia	Éste amplía el sistema DTS de los canales 5.1 a 6.1. Se aplican todas las advertencias anteriores. Debe saber muy bien lo que hace para codificar tal complejidad de canales. También conocido como DTS-ES 6.1.
THX Surround EX™	3 delanteros, 3 posteriores y un canal de baja frecuencia	También se conoce como Dolby Digital EX y admite canales de audio 6.1.
Sony SDDS	5 delanteros, 2 posteriores y un canal de baja frecuencia	Se emplea en grandes salas de cine con 2 altavoces adicionales a ambos lados de la pantalla.
THX perifónico	3 delanteros en el suelo, 3 delanteros en el techo, 2 posteriores en el suelo, 2 posteriores en el techo; un controlador de baja frecuencia a nivel del suelo y otro a nivel del techo.	Se trata de un sistema propuesto por LucasFilm/THX que incrusta sistemas de sonido envolvente 5.1 duales para transmitir información de sonido envolvente y de altura al oído. Se empezó a conocer como sistema perifónico.

Advertencia: Asegúrese de obtener la licencia correspondiente para cualquier software de descodificación DTS Digital Surround que utilice desde DTS (`http://www.dtsonline.com/`). El reproductor VLC de código abierto ha tenido que quitar la compatibilidad con la descodificación DTS ante la amenaza de represalias legales relativas al uso indebido de la patente.

Puede encontrar una gran cantidad de información (en inglés) sobre los sistemas de sonido envolvente en el sitio Web Time for DVD (`http://timefordvd.com/tutorial/SurroundSound.shtml`).

Se han introducido algunas mejoras en Mac OS 10.4 (conocida como versión Tiger) que resultan de utilidad a la hora de gestionar proyectos de audio complejos. El sistema incorpora un entorno de procesamiento de audio llamado CoreAudio que administra los complementos de la unidad de audio en todo el sistema de forma global; el procesamiento de audio se encuentra disponible para cualquier aplicación que pueda sacar partido del mismo. En la versión 10.4, CoreAudio ofrece asistencia para la administración de las asignaciones de sonido envolvente multicanal, y ahora el sistema se ocupa automáticamente del quebradero de cabeza que suponía mantener las pistas organizadas. Esto hace que la plataforma Mac OS sea una buena elección para la realización de parte del trabajo de producción de calidad.

Truco: Hay herramientas de procesamiento de audio para especialistas como Sound-Soap, E-Magic Logic y ProTools que merece la pena adquirir y tener a mano para la realización de tareas rápidas de procesamiento de audio cuando sea necesario.

Advertencias relacionadas con el sonido envolvente

Una compresión excesiva del audio con herramientas de compresión normales hará que se pierda toda la información de sonido envolvente incrustada. La consecuencia es que el sonido se emitirá aleatoriamente por cualquier altavoz y saltará de un lado a otro al cambiar el factor de compresión. También puede que escuche extraños golpes y sonidos sibilantes procedentes de los altavoces y generados por los circuitos de sonido envolvente. Esto se debe a que la señal del sonido envolvente está gravemente dañada. En algunos formatos, se trata de una frecuencia codificada analógicamente o una modulación de fase que se sitúa fuera del intervalo de frecuencias que puede captar el oído humano y, por lo tanto, se halla fuera del rango de optimización de algunos códecs de audio.

Sonido envolvente HE-AAC

El *Fraunhofer Institute* ha desarrollado algunos métodos de compresión muy innovadores, especialmente en el ámbito del MPEG-4 y las técnicas de codificación de audio y vídeo relacionadas con él. En la conferencia IBC 2004, mostraron cómo se podía realizar la codificación del sonido envolvente a 48 Kbps, lo que tiene muchas implicaciones.

La calidad proporcionada es superior a la que se encuentra disponible desde una señal de audio digital con matriz. Este anuncio es innovador porque transmite una señal compatible que se puede reproducir tanto en sistemas mono como estéreo.

Se basa en la codificación de una mezcla de canales (*downmix*) como una señal de audio mono y la adición posterior de la información diferencial que se pueda transmitir en cascada a dicha señal cuando se descodifica. Basta con detener la descodificación cuando haya extraído el número de canales que necesite, lo cual es una solución muy inteligente.

Fraunhofer también ha desarrollado una solución de sonido envolvente basado en MP3 y, aunque resulta interesante, las técnicas basadas en AAC probablemente ofrezcan una solución a largo plazo.

Problemas y errores

El audio es mucho más simple que el vídeo, pero aún así los incautos se pueden encontrar ante desagradables sorpresas.

Frecuencias de muestreo de CD y DVD

El audio en CD se muestrea con una frecuencia de 44,1 KHz. El audio en DVD se muestrea con una frecuencia de 48 KHz y la diferencia es evidente si se aplica al audio la frecuencia errónea. Además, no se sincronizará con el vídeo. La conversión de uno a otro formato introduce artefactos audibles a una frecuencia que equivale a la diferencia entre las dos. Un zumbido a 3,9 KHz es muy desagradable si el audio no se vuelve a muestrear correctamente.

Nota: Es necesario conocer la plataforma de salida a la que se destina el material de programa. Si tiene previsto trabajar para el formato DVD, recuerde que las frecuencias de muestreo de audio no son las mismas que las de los CD de audio.

Tamaño de palabra de muestreo = Calidad

Tenga en cuenta que algunos orígenes de audio antiguos como los sintetizadores de música sólo ofrecen muestras de 8 bits como origen de sonido. El muestreo de señales analógicas originadas en formato digital de 8 bits con un tamaño de palabra de 16 bits no produce un mejor sonido que el original. Si emplea algún tipo de señal MIDI sincronizada para generar la pista de sonido, asegúrese de procesarla a través de sintetizadores de hardware o software que produzcan una señal adecuada.

Problemas legales derivados de la reutilización

A medida que la protección de derechos se vaya implementando en los próximos años, es cada vez más probable que se encuentre con problemas de protección de copias con algunos formatos de origen como CD y DVD. El hecho de que pueda utilizar música de grabaciones de CD comerciales dependerá de los derechos que tenga para usar ese material con otros fines. No puede simplemente copiar cualquier CD que se encuentre a su paso. Las bibliotecas de audio están diseñadas para proporcionar música de fondo para programas, pero es necesario contar con un permiso especial si desea utilizar material comercial que sea conocido.

Sistemas de procesamiento de audio de código abierto

Si utiliza el sistema operativo Linux y desea experimentar con el audio digital, puede crear un versátil estudio doméstico por mucho menos de lo que imagina. Contar con el hardware y el sistema operativo no debería costar mucho dinero. La adición de tarjetas de sonido también es bastante económica. El elemento aglutinador que hace que todo funcione es el software. Pruebe con Ecasound, Audacity y Ardour como candidatos potenciales para la grabación y mezcla de pistas.

La aplicación Ecasound (`http://www.eca.cx/`) es una herramienta de la línea de comandos que permite grabar audio a través de la tarjeta de sonido. Resulta de utilidad en el desarrollo de sistemas de automatización porque resulta fácil de incorporar a una secuencia del intérprete de comandos. Audacity (`http://audacity.sourceforge.net/`) resulta de gran utilidad para la edición de archivos de sonido. Esta herramienta es compatible con Windows, Mac OS y Linux. Las tareas de mezcla y masterizado se pueden realizar con Ardour (`http://ardour.org/`), que es gratuita y se incluye en algunos sistemas operativos aparte de Linux. El puerto de Mac OS se encuentra actualmente en progreso. Se trata de kits de origen disponibles que puede modificar usted mismo.

Resumen: No se lo cuentes a Harry

El audio, al igual que el vídeo, tiene algunos trucos y sorpresas. A menudo se considera de escasa importancia, pero tener un vídeo perfectamente comprimido con una pista de audio verdaderamente horrible no es nada bueno. Deberá ser diligente con cada uno de los aspectos del proceso, ya se trate de vídeo, audio, o cualquier otro activo multimedia. Todo es importante.

Un sencillo proceso de tres pasos al intentar comprimir y almacenar o distribuir audio de la forma más eficaz posible sería como sigue:

- En primer lugar, reduzca la frecuencia de muestreo. Esto reduce proporcionalmente el tamaño de la secuencia de bits. Codificar una señal mono en lugar de una estéreo permite usar sólo la mitad de la capacidad.
- Reduzca las variaciones en el nivel de sonido. Nivele su salida para que los cambios no sean tan radicales. El filtrado para reducir el ruido o cualquier frecuencia no deseada también resulta de ayuda.

- Acorte el clip de alguna forma. Recórtelo. Quite fragmentos. Vuelva a muestrearlo un poco más rápido con corrección del tono, pero reduzca de alguna manera el número total de muestras.

Nuestro viaje continúa

Ahora ya sabemos cómo se originan las imágenes en película y vídeo y cómo se convierten a formato digital. Los sistemas de gráficos por ordenador aportan más material de origen y también hemos considerado el audio como parte del origen de nuestra salida comprimida.

Ya contamos con los conocimientos suficientes para empezar a examinar los procesos de codificación. Nos concentraremos en el vídeo. El audio es interesante, pero nuestro principal objetivo Audio está en los sistemas visuales, y la compresión de audio es un tema lo suficientemente extenso de por sí que merece mucha atención. Regresaremos al audio más adelante para poner algunos ejemplos de los procesos de compresión y cómo sacar el máximo partido a la pista de sonido.

Por ahora, sumerjámonos en las profundidades de la tecnología de codificación de vídeo y examinemos algunos de los códecs más utilizados.

Capítulo 8

Elegir el códec adecuado

¿Adónde nos dirigimos ahora?

Ha llegado el momento de mirar el mapa y elegir una ruta. Este capítulo va sobre elecciones. Y mis elecciones no tienen por qué ser necesariamente las suyas. Hay quienes aconsejan comprar los productos de un mismo fabricante para resolver todos sus problemas. Creo que la situación es más compleja que todo eso.

Todos los productos más importantes tienen ventajas e inconvenientes. Valorar aquí los pros y los contras facilitará la elección de la herramienta de compresión adecuada, junto con las mejores aplicaciones compatibles. No existe ningún producto que resulte ideal en todas las situaciones. Desarrollar un flujo de trabajo a partir de una selección de productos elegidos como los mejores en su ámbito permite conseguir que la calidad del resultado sea mayor. La integración es la clave, por lo que es muy importante estudiar las capacidades de importación y exportación de las herramientas.

El desarrollo de una estrategia clara para sus objetivos comerciales es crucial. Hacer una selección bien fundada de la tecnología más adecuada será nuestra siguiente prioridad. Realice todas las pesquisas necesarias antes de hacer un pedido y firmar un cheque.

No todos los códecs se crean igual

Existen dos tipos de códec principales y la información que se incluye aquí se aplica por igual a instantáneas, vídeo y audio.

Durante el proceso de producción nos centraremos en el flujo de trabajo, la reutilización, la archivación y los aspectos en los que la calidad es el factor dominante. Para poder disponer de una capacidad lo suficientemente amplia en su sistema de almacenamiento, es necesaria una cierta compresión. Los códecs que se utilizarán en un flujo de trabajo de producción son sin pérdida, o la pérdida es tan reducida que no supone diferencia alguna. La compresión es beneficiosa para una archivación más eficaz y para que las transferencias de un punto a otro se realicen con mayor rapidez. Se trata de los "códecs de producción".

Al distribuir un producto acabado, no se espera que el consumidor continúe trabajando sobre el contenido, por lo que los aspectos relacionados con la calidad dejan paso a la relación de compresión y al coste del almacenamiento y la transferencia. Se trata de los códecs que se emplean para reducir el contenido de modo que quepa en el espacio finito de un CD o que se pueda transmitir a través de una red de banda ancha. Este tipo de compresión es con pérdida y, en ocasiones, con mucha pérdida. Estos códecs se agruparían en la categoría conocida como "códecs de distribución".

En la tabla 8.1 se resumen los atributos de dichos códecs.

La mayoría de los aspectos que trataremos en este capítulo están relacionados con la elección de un códec de distribución adecuado. Las opciones son diferentes para los códecs de producción ya que éstos vienen dados por la infraestructura del estudio o el equipo ya instalado.

Tabla 8.1.

Categorías de códecs.

Propiedad	*Códec de producción*	*Códec de distribución*
Relación de compresión	Baja (normalmente 4:1)	Alta (normalmente 50:1 o más).
Calidad	Perfecta	Buena, aunque puede degenerar a una calidad por debajo del VHS.
Con pérdida	Cero para algunos códecs, para otros es mínima	Mucha.
Velocidad de bits	Entre 25 y 50 Mbps	Hasta 800 Kbps para vídeo y 24 Kbps o menos para el audio.
Tamaño de archivo	20 GB por hora	Hasta 0,4 GB por hora.
Editable	Sí	En realidad no.
Combinable	Sí	Sólo con datos del canal alfa proporcionados y de forma superpuesta como mucho.
Sólo fotogramas clave	Normalmente	Casi nunca.
Conversión a otros formatos	Fácil	Es probable una degradación significativa.

Nota: Pruebe los códecs de distintos fabricantes para determinar cuál se adapta mejor a su contenido.

¿Por qué son los estándares tan importantes?

Se ha inventado un gran número de códecs diferentes. Éstos tienden a basarse en métodos algorítmicos porque todos los ingenieros van a las mismas conferencias y leen los mismos documentos. Las diferencias están en puntos muy concretos de las implementaciones y en las decisiones que adoptan los ingenieros cuando los desarrollan.

Los reproductores más avanzados de hoy en día ofrecen arquitecturas que permiten la implementación de los diferentes códecs en tiempo de ejecución. Los reproductores están diferenciados de alguna forma de los códecs. Así es como se desarrolla todo:

Un reproductor proporciona una estructura y una base mediante el código necesario para la reproducción de todos los formatos de vídeo. Esta estructura y base incluye la interfaz de usuario, por ejemplo, con los consabidos botones de reproducción y pausa, cuadros de diálogo de apertura de archivos y menús y una estética global.

Una vez que se ha realizado todo el tratamiento genérico de un formato de vídeo concreto, el código especializado que realiza la conversión y descodificación de un formato de vídeo específico está contenido en un módulo de complementos. Todos estos módulos de complementos admiten la misma interfaz de aplicaciones, por lo que el reproductor puede indicar la realización de las mismas tareas con independencia del formato seleccionado. A continuación, el complemento se enfrenta a los aspectos concretos de un proceso de reproducción o codificación de vídeo particular, ya que la aplicación de reproducción delega en él la ejecución de esta tarea.

Se trata de un concepto muy elegante que permite que códecs y reproductores se actualicen de forma independiente, además de suponer una oportunidad para que otros fabricantes creen sus propios módulos de complementos o incluso fabricar un reproductor con el que usar una biblioteca de complementos ya disponible.

Estándares abiertos e implementaciones propietarias

Con un estándar abierto, todo el mundo ha de competir en igualdad de condiciones. Los productos se diferencian según la calidad de fabricación, fiabilidad, precio y funcionalidad. Con una implementación propietaria, existen limitaciones en los eslabones de creatividad y consumo de la cadena de distribución. Usted es quien debe decidir si esto es bueno o malo. Las decisiones adoptadas en este sentido suelen basarse en el alcance y en la penetración en el mercado de determinados reproductores o plataformas.

Emplear cualquier códec propietario le ata a la estrategia futura de una u otra compañía. Está completamente a merced de cualquier decisión que pueda realizar la compañía en cuanto a dejar de proporcionar compatibilidad para su reproductor en una plataforma concreta. Las empresas hacen ese tipo de cosas, sin previo aviso, o con escasa antelación.

El vídeo de Real Networks se encuentra disponible en todas partes; QuickTime está disponible en Mac OS y Windows, pero no en Linux, a menos que emplee algunos trucos especiales. La compatibilidad con Windows Media es probable que se encuentre disponible para Mac OS y Windows, pero no en Linux, a no ser que emplee esas mismas técnicas para ejecutar bibliotecas de vínculo dinámico de Windows (DLL) en un entorno de simulado de Windows.

Un módulo DLL incluye software de biblioteca vinculada dinámicamente, escrito en código máquina de Intel y diseñado para que se comparta entre distintas aplicaciones para evitar la duplicación del código en cada caso que sea necesario. Los sistemas operativos Linux normalmente resuelven este hecho de forma muy sencilla al ejecutar las DLL en un entorno y, siempre que se encuentren en un ordenador basado en Intel, todo va bien.

Los sistemas Mac OS emplean un procesador completamente diferente que no comprende el código nativo de Intel sin que se proporcione la compatibilidad de software necesaria. El chip PowerPC de una Macintosh requiere realizar una conversión o ejecutar un motor de simulación para interpretar dicho código máquina de Intel. Es posible (Virtual PC lo hace, por ejemplo), pero no demasiado fácil de configurar. Lo ideal es que el software contenido en la DLL se vuelva a compilar para PowerPC, pero esto no siempre resulta factible.

La disponibilidad y calidad de las experiencias del usuario no vienen determinadas por la capacidad técnica para proporcionarlas, ni vienen dadas por los recursos disponibles. La fuerza que ejerce el control viene de las estrategias de mercado que intentan modificar las cuotas de mercado de las plataformas subyacentes. Los fabricantes de códecs y reproductores suelen usar sus productos como armas con las que combatir al resto. Real Networks ofrece sus productos en la mayoría de las plataformas de sistema operativo. Aunque no fabrican ningún sistema operativo, siguen tomando decisiones acerca de cómo proporcionar más compatibilidad para una plataforma concreta.

Truco: Tenga cuidado con las limitaciones impuestas por la plataforma de codificación y la herramienta de reproducción de cliente. Si ambas se implementan correctamente, puede obtener mejores resultados si cada una procede de un fabricante distinto.

Los estándares MPEG están más ampliamente implementados. Se encuentran disponibles de forma inmediata y se reproducen incluso en la mayoría de los sistemas propietarios que compiten con ellos. MPEG-1 fue muy popular en su momento y MPEG-2 ha tenido un sonoro éxito desde entonces. H.264 es un digno sucesor de MPEG-2 que busca mejorar la anterior tecnología. H.264 (MPEG-4 parte 10) tendrá éxito si las condiciones de su licencia de uso son lo suficientemente atractivas. Las primeras disposiciones de licencia para H.264 incluían cuotas por uso y cargos por usuario, algo que empresas de difusión de contenidos consideran poco atractivo. El proceso de licencia evoluciona lentamente y la industria anticipa de forma optimista condiciones similares a las del formato MPEG-2. Si los difusores y creadores de un programa sienten que los propietarios de una patente abusan demasiado, no se pasarán al nuevo estándar.

Puede obtener más información (en inglés) sobre las condiciones de licencia del códec H.264 en los sitios Web de MPEG-LA (`http://www.mpegla.com/`) y Via Licensing (`http://www.vialicensing.com/`).

Por qué los estándares sólo definen un descodificador

A la hora de definir un estándar, los grupos de trabajo MPEG buscan proporcionar interoperabilidad entre sistemas.

Los codificadores puede hacerlos una compañía y los descodificadores otra. Si ambas trabajan en función de un estándar previamente acordado, todo encajará y funcionará.

Por lo tanto, los procesos de estandarización normalmente definen la sintaxis del flujo de bits que se va a descodificar mediante el reproductor. La especificación no suele determinar la forma en que se debe codificar el flujo. A medida que los codificadores ganan en sofisticación y potencia, pueden obtener una mayor eficacia de la sintaxis, hasta alcanzar un punto donde ya no son posibles más mejoras.

MPEG-2 ha mejorado su eficacia en una proporción aproximada de 2:1 desde la introducción de los codificadores originales. Velocidades de bits reducidas de 3,5 Mbps se emplean de forma rutinaria para las tareas de retransmisión. Queda algo de margen libre para la mejora de la eficacia, pero esto se ve limitado por la necesidad de ser compatible en un 100 por 100 con los codificadores implementados. Las posibilidades para una mejora más radical aparecen cuando se saca a los descodificadores MPEG-2 de la "senda establecida" sin que haya implementaciones previas, aunque éstas también son candidatas para la implementación de los códecs H.264 y VC-1.

Al definir las características de un descodificador compatible, los fabricantes del codificador son libres de innovar como deseen, con la finalidad de generar la representación codificada más eficaz del material de vídeo original.

Perfiles y niveles

Mediante la definición de perfiles se pueden permitir o impedir determinadas características, lo que contribuye a gestionar la complejidad. Los descodificadores sencillos comprueban el perfil del vídeo entrante e intentan descodificarlo o muestran un mensaje en el que explican por qué no lo hacen.

Una vez definido un perfil, el codificador deberá hacer honor al mismo y no crear una representación codificada que sea más compleja de lo permitido por el perfil.

Los descodificadores se implementan hasta determinado nivel del perfil y admiten contenido que se encuentre dentro del intervalo de valores que pueden representar. Un descodificador implementado al máximo que admita todo lo que define el estándar MPEG-4 sería un fragmento de software muy grande y difícil de manejar, inapropiado para un elevado número de aplicaciones. Un codificador MPEG-4 completo no tendría ninguna utilidad en un dispositivo portátil por que las funciones más complejas no son necesarias. En cualquier caso, el dispositivo portátil carecería de la memoria y la capacidad de procesamiento suficientes para poder trabajar con él. Así que los perfiles contribuyen también a mantener la implementación de software bajo control.

Mejores factores de compresión

En general, cuanto más moderno sea el diseño del códec, mejor será la relación de compresión si la comparamos con el material original. La longevidad de un códec también es importante en este sentido. Cuanto más larga ha sido la vida de un códec, un número mayor de trucos se ha desarrollado para sacar el máximo partido al codificador.

El inconveniente es que los códecs más recientes o las actualizaciones a modelos existentes requerirán un mayor potencial de procesamiento para aprovechar los algoritmos mejorados. Esto supone un problema menor para la descodificación en el cliente porque los algoritmos tienden a emplear técnicas fáciles de codificar. De modo que es posible que necesite actualizar el hardware de procesamiento a medida que implemente nuevos codificadores, aun cuando se destinen a descodificadores con una vida útil más amplia.

Mi códec es mejor que el tuyo

Se trata éste de un juego al que la gente le gusta jugar, sobre todo en lo que se refiere a temas comerciales. Puede que se encuentre adoptando una postura defensiva cuando discuta sobre el rendimiento de un códec con otros entusiastas, sobre todo a la hora de comparar los puntos fuertes de Windows Media, Real Networks, QuickTime o H.264. En la actualidad, todos los códecs son capaces de ofrecer contenido con una calidad óptima a velocidades de bits útiles. El contenido se suele seleccionar cuidadosamente cuando se trata de demostrar las virtudes de uno u otro códec, por lo que nunca es posible determinar cuál es el mejor códec que se puede emplear.

Con mucha frecuencia, la razón se circunscribe a aspectos comerciales, como cuotas de licencia y el tamaño potencial de la audiencia. Elegir Microsoft Windows Media es una decisión muy fácil de tomar, pero no siempre es la opción óptima, como tampoco lo son ninguno de los códecs propietarios. Tenga en cuenta que hablo de códecs y no de reproductores. El intercambio de contenido en distintas plataformas resulta mucho más sencillo con un códec de estándar abierto que se acepte mutuamente.

La velocidad de bits y el tamaño de archivo constituyen conjuntamente una razón diferente, y su elección deberá basarse en el rendimiento que desee obtener con un ancho de banda determinado. Aquí, lo normal es que busque entre los códecs más modernos. H.264 es un contendiente muy vigoroso, y mi opinión personal es que acabará por desbancar al final al resto de competidores, aunque no existe ninguna certeza de eso.

Al final, no hay nada que pueda sustituir a las pruebas de evaluación de la totalidad de los principales candidatos. Es posible que desee reducir el número de opciones teniendo en cuenta las cuotas de licencia y las cifras de usuarios antes de someter a montones de pruebas una serie de códecs que acabará descartando por cuestiones comerciales.

Con el fin de probar los códecs, se recomienda montar una muestra representativa de contenido en vídeo y someter a todos los códecs candidatos a una prueba comparativa. Las revistas especializadas suelen publicar periódicamente los resultados de estas comparaciones. Sólo después de una prueba así contará con una evidencia sólida que le permitirá tomar la decisión correcta.

Elegir un códec no es una peregrinación religiosa

Deberá mirar algo más que una simple lista de especificaciones. Deberá dedicar el tiempo suficiente a realizar evaluaciones si prevé "jugarse su compañía" o bien "realizar una inversión significativa" en este área. Es necesario que comprenda las razones comerciales por las que los proveedores comercializan estos productos y cómo su negocio se adapta a su estrategia global.

También debería evaluar los riesgos que implica desarrollar su negocio en torno a un producto que tiene un propietario y que sobrevive sólo porque otra empresa decide comercializarlo. Lo más probable es que no hayan oído hablar de usted y ni tan siquiera sean conscientes de su existencia. No obstante, tomarán la decisión comercial de actualizar, no actualizar, congelar o cancelar un producto del que usted depende para su subsistencia.

Los tres reproductores principales, Apple, Microsoft y Real Networks, aportan tecnologías e ideas de gran valor. Cada enfoque es diferente desde un punto de vista técnico. En ocasiones, funcionan muy bien de forma conjunta y trabajar con ellos es todo un goce. En otras ocasiones, supone todo un reto que diferentes tecnologías funcionen conjuntamente en el mismo entorno.

¿Apple, Real Networks o Microsoft?

Aunque algunos comentaristas realizan encendidas defensas de las razones por las que un formato tiene más calidad que otro, esto ha de verse en contexto y de forma global, los formatos son aproximadamente equivalentes. El que usted considere como mejor probablemente venga determinado por la plataforma que elija para la codificación y que utilice para la reproducción.

Un método propietario está bien si usted y sus usuarios finales ya están completamente comprometidos con la plataforma de un fabricante porque no van a renunciar a nada ni a ampliar sus limitaciones. Creo que se trata de una cuestión diferente si intenta difundir la oferta de un nuevo servicio y obliga al usuario a implementarlo en una plataforma concreta. El nuevo servicio o producto debe funcionar en lo que el cliente ya tiene ya que, en caso contrario, estaría introduciendo una barrera artificial para su aceptación, lo cual se reflejará en su balance final. ¿Por qué habría de elegir algo que limita las posibilidades de una exitosa operación comercial?

¿Qué reproductor elegir?

En un Macintosh, no hay lugar a dudas de que la mejor experiencia de reproducción la proporciona QuickTime. En Windows, la opción obvia es el Reproductor de Windows Media. En las plataformas UNIX distintas de Mac OS X, la opción que proporciona el reproductor multimedia Real Networks es la que se encuentra más ampliamente disponible y se trata de la opción óptima para Linux. De forma extraña, he observado que en ferias de muestras importantes como IBC y NAB, una gran cantidad de compañías exhiben sus vídeos en un equipo Windows, pero el reproductor es QuickTime (al menos ocurre más de lo que cabe esperar si atendemos a las estadísticas de sistemas operativos y la cuota de mercado de los reproductores QuickTime en el mercado de consumo). Esto me hace pensar que la experiencia del reproductor QuickTime en Windows es excelente, aunque usted puede que extraiga otras conclusiones diferentes.

¿Qué códec? ¡Hay tanta variedad donde elegir!

¿Qué códec es el mejor? La infraestructura de plataforma cruzada y las ventajas del flujo de trabajo para el productor del contenido yacen justamente y como es debido con los estándares MPEG. Mi opinión personal es que el mejor códec es aquél que funciona en todos sitios. Sobre esta base, el H.264 es una buena elección dado el apoyo que recibe por parte de la industria. Windows Media Series 9 puede que algún día ocupe el puesto de cabeza con el códec H.264 bajo el alias de VC-1 en el estándar SMPTE. El códec VC-1 es un serio competidor y está siendo inicialmente adoptado junto con H.264 como requisito para los DVD de última generación.

A finales del año 2004, el proceso de estandarización de VC-1 topó con diversos baches en el camino. Algunos comentaristas se han aventurado a sugerir que puede ser retirado como requisito en sistemas DVD. Tendremos que esperar para ver en qué queda todo al final. Este retraso introduce una mayor incertidumbre en la industria, porque nadie desea elegir un formato perdedor como base de su oferta de servicios.

Los códecs MPEG-4 parte 2 probablemente se vean desplazados a favor de H.264. Mi elección a largo plazo sería el códec H.264 porque sus especificaciones técnicas son un superconjunto que engloba al resto de códecs.

Códec, plataforma o red

Existe una clara diferencia entre un códec de vídeo y una plataforma de vídeo. Mucha gente que habla sobre vídeo digital lo hace de forma ambigua. Saber esto es importante a la hora de seleccionar una tecnología que se empleará como base para un producto o servicio.

Un códec se ocupa simplemente de distribuir vídeo en formato comprimido. Toma un sencillo flujo de medios lineal y lo representa de una forma compacta que se reproduce en diversos dispositivos.

Una plataforma, por otro lado, ofrece el contexto en el que se utiliza el vídeo. MPEG-2 representa un códec. La secuencia de transporte describe una plataforma que transmite dicho contenido de vídeo codificado. Una secuencia de transporte MPEG-2 sigue siendo una presentación lineal.

Un examen de los sistemas QuickTime y MPEG-4 revela que la plataforma admite experiencias no lineales y una representación de interactividad mediante modelo de objetos. Las experiencias interactivas que carecen en gran medida de linealidad se construyen con ambos y proporcionan una mayor compatibilidad que la de un simple códec. Los medios en formato Windows Media y Real Networks se pueden comparar a MPEG-2 cuando se examina la capa de los sistemas (o su equivalente). Ofrecen una calidad de vídeo de secuencia múltiple bastante buena en las circunstancias adecuadas y también transportan algunas pistas de datos lineales, aunque proporcionan una compatibilidad menor para contenido estructurado basado en objetos. Los sistemas multimedia se crean con Windows Media, pero la contención y la administración de objetos a través de la lógica comercial es algo a lo que deberá enfrentarse su aplicación. Tanto QuickTime como MPEG-4 ofrecen compatibilidad para esto en el reproductor, y dicha compatibilidad permite transmitir inteligencia en el interior del contenido.

Herramientas de codificación

Existe una gran cantidad de herramientas de codificación disponibles para ayudarle a solucionar los problemas de compresión que se le planteen.

En primer lugar, aclaremos cierta confusa ambigüedad que ha surgido en torno al significado de la expresión "herramientas de codificación".

Herramientas y herramientas

H.264 presenta algunas técnicas de compresión adicionales. Los estándares describen estas técnicas como herramientas. Pero éstas no se deben confundir con la aplicación de compresión, a la que también se puede hacer referencia como herramienta de software.

Discreet Cleaner es una herramienta de software para comprimir vídeo con una variedad de distintos códecs. El entorno Object Descriptor es una herramienta en el contexto de la capa de sistemas MPEG-4. New Prediction (NEWPRED) es una herramienta que se utiliza en el interior del mecanismo de codificación para vídeo MPEG-4. Referirse a algo simplemente como herramienta es demasiado ambiguo y deberá explicarse para dejar claro a qué tipo de herramienta se refiere.

De modo que dispone de un conjunto de herramientas de codificación de vídeo en el codificador para comprimir contenido. No tiene por qué usar todas ellas y, en caso de que la aplicación de codificación incluya un "modo experto", normalmente se activa y desactiva cada una de ellas de forma independiente.

Si utiliza absolutamente todas las herramientas disponibles en el codificador, la compresión será cada vez más eficiente a medida que se implementan herramientas cada vez más sofisticadas. Cuanto mayor sea el número de herramientas que emplee en el codificador, más lento se ejecutará el codificador y más complicado se hace la realización de la compresión en tiempo real. El uso de una configuración más sencilla en el codificador puede que proporcione la relación de compresión que necesita a una velocidad que se pueda permitir. Esta es la razón por la que existe la necesidad de sistemas informáticos más rápidos cuando se emplean códecs de última generación.

Opciones de diseño de sistemas

Como regla general, las soluciones de hardware son menos versátiles y se concentran en la codificación óptima de un solo formato. Son rápidos y eficientes y normalmente proporcionan mejores resultados que los productos de software.

Por otro lado, las soluciones de software admiten una amplia gama de formatos de codificación alternativos y son muy flexibles. Hay una especie de término medio que engloba la compresión de hardware controlada por software o de software optimizada mediante hardware. Esto debería ofrecer una combinación de las ventajas de ambos métodos, posiblemente confiriendo la flexibilidad del software a un dispositivo de hardware o permitiendo a un entorno de software realizar las tareas de compresión a través de un dispositivo de hardware muy rápido, que lo utilizaría como recurso.

Además de las herramientas de compresión, hay transcodificadores como Telestream Flip Factory y herramientas basadas en servidor, por lotes, que ofrecen soluciones globales a toda la empresa.

> **Advertencia:** Tenga cuidado con las limitaciones que se imponen en cuanto a las aplicaciones por el códec elegido. Si la aplicación desaparece o se retira del mercado, la distribución de su servicio podría verse gravemente comprometido o, en el mejor de los casos, sin soporte.

Codificadores de hardware y codificadores de software

Existen dos formas fundamentales de implementar un códec, mediante hardware o software. Algunas empresas desarrollan soluciones híbridas con una combinación de hardware y software.

Si ha de codificar una gran cantidad de vídeo muy rápidamente o intenta la codificación de vídeo en directo mientras lo recibe, lo mejor es que opte por soluciones de codificación de hardware. El rendimiento en tiempo real sólo es posible con la ayuda de hardware, en incluso en ese caso existe un desfase entre la entrada y la salida del codificador. Esto se debe a que el proceso de codificación debe mirar adelante y atrás para realizar una tarea de codificación óptima. Veremos muy pronto la corrección de errores a posteriori y la razón por la que las imágenes se agrupan en secuencias.

Los codificadores de software tienen la ventaja de que son relativamente baratos y funcionan en hardware de uso general. Los procesadores Intel de gama alta y el Apple G5 realizan a la perfección este tipo de tareas. El procesamiento vectorial de un G5 presenta un rendimiento especialmente bueno en este tipo de cálculo. Los codificadores basados en hardware se encuentran disponibles a través de empresas como Envivio o Tandberg.

Con independencia de que utilice una solución de hardware o software para codificar vídeo, el procesamiento crea el mismo tipo de contenido. Se obtiene una secuencia de paquetes que contienen fragmentos de vídeo. Cada uno de ellos puede ser simplemente un solo azulejo del mosaico que se debe ensamblar para reconstruir la trama.

Comparación del rendimiento del hardware y el software

Los codificadores de hardware MPEG-2 están muy evolucionados en la actualidad. El algoritmo se comprende bien y los conjuntos de chips especializados se fabrican y ensamblan en sistemas montados en bastidor. El vídeo se puede codificar a una velocidad dos o cuatro veces superior al tiempo de reproducción real cuando se procesa material almacenado en caché y el hardware admite con facilidad la codificación en vivo con una calidad elevada.

Los codificadores de software ofrecen una mayor flexibilidad para la personalización y adaptación a situaciones específicas. Se ejecutan en hardware de uso general (por ejemplo, un ordenador de sobremesa) por lo que son más lentos que las soluciones de hardware. La ley de Moore estudia este hecho y, a medida que los ordenadores aumentan su velocidad, los codificadores hacen lo propio. Una solución de hardware no tiene demasiadas posibilidades de ser más rápida, ya que no se puede actualizar con tanta facilidad. Pasar el codificador de software a una CPU más rápida reporta inmediatamente mejoras en el rendimiento.

El contenido afecta a la velocidad de compresión en un sistema de software. Los sistemas de hardware comprimen en tiempo real, aunque permiten la realización simultánea de diversas tareas de compresión si el sistema es lo suficientemente grande. Las implementaciones de códecs varían ampliamente y la plataforma de computación también supone una diferencia. La elección que realice respecto a la implementación del códec también influirá en los tiempos obtenidos.

A continuación se muestran algunas cifras aproximadas basadas en algunas ejecuciones de compresión de un metraje de prueba de una cascada al que se ha aplicado un bucle.

Para ello, seleccioné un códec MPEG-2 y realicé una compresión de formato DV a un estándar que equivale aproximadamente a lo que se incluiría en un DVD. Los resultados se muestran en la tabla 8.2. He asumido que el hardware comprimirá en tiempo real, por lo que los valores de esa fila de la tabla también muestran la duración del clip.

Tabla 8.2.

Sus resultados pueden ser diferentes.

Plataforma	***Archivo de 250 Kb***	***Archivo de 3 GB***
Hardware	1,25 minutos	15 minutos
Software en un PC lento	2 minutos	29 minutos
Software en un PC normal	1,4 minutos	20 minutos
Software en un PC rápido	45 segundos	10 minutos

La regla simple que se extrae de esto es que la codificación de hardware suele ser más rápida que la de software debido al múltiple procesamiento paralelo. La codificación de software es más barata y funciona mejor si tan sólo procesa las tareas una a una. El hardware es mejor si comprime dos o más secuencias a la vez en tiempo real.

Tenga también en cuenta que algunos códecs pueden ser más rápidos o lentos que otros. Durante las pruebas, los códecs H.264 que probé eran todos prototipos, y tardaban mucho más tiempo en comprimir el vídeo de prueba que los codificadores MPEG-2. El codificador de Windows Media tardaba aún más tiempo. No obstante, cuanto mayor es el tiempo de procesamiento, más pequeños son los archivos, menores las velocidades de bits y mejor la calidad de salida.

Procesar sin comprometer la velocidad

La velocidad a la que codifica el vídeo depende de cómo vaya a distribuir el contenido. Básicamente, esto determinará si adquiere costosas soluciones de hardware o soluciones de software mucho más baratas y que puede ejecutar en hardware común. Por ejemplo, puede que:

- Transmita en secuencias o retransmita un servicio y reproduzca el contenido original en directo.
- Prepare un archivo que se debe descargar completamente antes de la reproducción.
- Cree material para su reproducción en algún medio de almacenamiento local como un DVD.
- Grabe una emisión en directo en un equipo de grabación doméstico.

En lo que a la retransmisión se refiere, el contenido se almacena con una velocidad de bits muy alta y normalmente sólo se le ha aplicado la compresión mínima. En cualquier caso, se trata de una compresión que no se puede detectar visualmente. Normalmente se emplean los formatos DV50 y DV25, que almacenan vídeo con velocidades de bits de 50 y 25 Mbps respectivamente. El formato DV25 también se está convirtiendo en un formato de consumo.

El contenido se reproduce a través de una serie de sistemas de procesamiento para comprimir y multiplexar conjuntamente una variedad de distintos programas que se emiten simultáneamente. Este tipo de sistemas no puede saltarse fotogramas. Debe distribuir las secuencias de forma continuada, 24 horas al día, 7 días a la semana, y no debe exceder las velocidades de bits presupuestadas para que no se interrumpa la cadena de transmisión. Más adelante veremos la multiplexación estadística, una importante técnica que incide de forma significativa en la calidad de la codificación. La codificación simultánea de diversas secuencias de vídeo es un proceso que requiere una gran cantidad de recursos de hardware, por lo que no se emplea software en esta tarea. El desarrollo de arquitecturas informáticas más rápidas puede hacer que esta afirmación no valga en un futuro.

Preparar el contenido para su descarga y reproducción local requiere mucho menos tiempo. El procesamiento no tiene que realizarse a la misma velocidad a la que se ve el vídeo. El proceso puede ir más rápido o más lento. En este caso existe la posibilidad de ejecutar el software en hardware común más costoso y más rápido y realizar mayor cantidad de trabajo. O bien, puede ahorrar dinero y emplear sólo una máquina más lenta y esperar mientras hace la codificación. Ejemplos de este tipo de procesamiento son los tráilers de películas que se publican en Internet.

Escalabilidad

Compression Master es una herramienta que incluye muchos más valores para ajustar el proceso de compresión. Algunas herramientas simplifican esto hasta el punto de que prácticamente no ofrecen control alguno sobre el proceso. Compression Master permite ajustar los detalles del proceso de codificación y requiere cierta pericia cuando se emplea a este nivel. Presenta los parámetros en primer plano de la interfaz de usuario en lo que considero una forma más accesible de abrir otra ventana en la que editar la plantilla. En cuanto a la escalabilidad, Squeeze y Cleaner se sitúan en la gama alta del uso de equipos de sobremesa, mientras que Popwire Compression Master y Flip Factory de Telestream se extienden a los sistemas de flujo de trabajo en el ámbito empresarial.

Ejemplos de vídeo codificado que se pueden ver en línea

En el sitio Web de Apple Computer hay una gran recopilación de tráilers (`http://www.apple.com/trailers/`) que son un excelente ejemplo de la calidad de codificación que se puede alcanzar. La calidad de los tráilers de Apple se debe más a la capacidad y dedicación de quienes comprimen el contenido que a los códecs en sí. A medida que se amplía la recopilación de tráilers, se ha convertido en una serie de instantáneas de las técnicas de codificación utilizadas.

Justo ahora nos encontramos en un estado de transición en lo referente a la distribución de contenido en línea. Con el paso del tiempo, los tráilers de películas en línea (sea quien sea quien los ofrezca) probablemente estén codificados en el formato H.264. Es posible que no aprecie el cambio porque la calidad de la codificación ya es muy alta y seguirá siendo así. Lo que sí puede ser que aprecie es que los tráilers se descargan en un tercio del tiempo de lo que suele ser habitual cuando se emplea el códec H.264. Por supuesto, esto no puede ocurrir hasta que todos hayamos actualizado nuestro reproductor para poder trabajar con el nuevo códec. Incluso esto puede que ocurra automáticamente si el reproductor se dedica a buscar versiones nuevas para su descarga.

La búsqueda en Google proporciona muchas más colecciones de tráilers y otros vídeos comprimidos de interés. Algunos de los resultados que encontrará son índices de tráilers en lugar de sitios en los que éstos se ofrecen directamente.

Probablemente, el ejemplo de mayor calidad que he descargado de Internet recientemente lo constituya el tráiler de alta definición de dos minutos y medio de duración de la película *The Matrix—Reloaded* (`http://whatisthematrix.warnerbros.com/`). Éste se encontraba disponible en un archivo de 91,5 MB de tamaño. La imagen tenía 1000x540 píxeles y empleaba millones de colores. El códec de este tráiler era Sorenson 3 a 24 fps. La velocidad de bits era de 4,8 Mbps, que está dentro de los límites de la capacidad de las emisiones televisivas. Esto demuestra que una imagen más grande, explorada de forma progresiva, se puede distribuir de forma eficaz si está preparado para usar un códec diferente. La calidad del vídeo codificado de esta forma es asombrosa y está más allá de lo que es posible obtener con cualquier formato de televisión transmitido en la actualidad.

Incluso una minuciosa reproducción fotograma a fotograma revela que los artefactos derivados de la compresión son prácticamente inexistentes. Esto es lo que podemos esperar de los servicios de televisión de alta definición (HDTV).

A continuación, se enumeran algunos sitios más en los que podrá encontrar tráilers de películas e información relacionada en Internet:

- `http://www.imdb.com/Sections/Trailers/`
- `http://www.joblo.com/movietrailers2A.htm`
- `http://www.manga.com/trailers/`
- `http://www.cinemas-online.co.uk/index.phtml`
- `http://www.gomovietrailers.com/`
- `http://www.divx-digest.com/`
- `http://www.cinemaeye.com/`
- `http://www.scifimoviepage.com/`

¿Se adapta a nuestros fines?

En la tabla 8.3 se muestra un resumen de algunos destinos de codificación más comunes y los formatos que se suelen emplear.

O bien el códec ya existe y se ha seleccionado porque resulta ideal, o bien se ha diseñado especialmente para la aplicación.

Tabla 8.3.

Formatos de codificación para diferentes aplicaciones.

Descripción	***Posibles formatos de codificación***
DVD	MPEG-2, H.264
DVD-ROM	MPEG-1, MPEG-2, H.264
Sin conexión	DVCAM, DV
CD-ROM	MPEG-1, MPEG-2, MPEG-4 parte 10, Sorenson, H.264
Internet (conexión telefónica)	MPEG-1, H.264, Sorenson, Real Networks, Windows Media
Internet (banda ancha)	MPEG-2, H.264, Flash, Windows Media, Real Networks, Sorenson
Videoconferencia	H.261, H.263, H.264, H.320, H.323 y H.324
Dispositivos móviles (3GPP y 3GPP2)	H.264

Estándares de videoconferencia

Existe una amplia variedad de estándares para la videoconferencia. Forman parte de una serie de estándares relacionados entre sí cuya aplicación es la videoconferencia y que se dirigen a un nicho concreto o velocidad de bits disponible. En la tabla 8.4 se muestra un breve resumen de algunos de los estándares de la Unión internacional de telecomunicaciones (ITU, *International Telecommunications Union*) que se aplican:

Tabla 8.4.

Estándares de videoconferencia recomendados por la ITU.

Estándar	*Categoría*	*Descripción*
G.72x	Audio	Estándares de la ITU para la compresión de audio.
H.261	Vídeo	Un estándar de la ITU para secuencias de vídeo en videoconferencias. H.261 emplea el algoritmo DCT (Transformada discreta del coseno) para comprimir vídeo de tal forma que se ajuste a una velocidad de entre 64 Kbps y 2 Mbps.
H.263	Vídeo	Otro estándar de videoconferencia de la ITU que proporciona una mejor compresión que H.261. Éste se adapta especialmente bien a la compresión necesaria para las bajas velocidades de bits disponibles a través de los módems de conexión telefónica.
H.264	Vídeo	Las compañías de telecomunicaciones están experimentando con este códec para la distribución de contenido de vídeo en teléfonos móviles. Para esta aplicación el códec debe emplearse en un modo de codificación en tiempo real de baja latencia.
H.320	Integración	Un estándar de la ITU con una velocidad de bits superior destinado a la videoconferencia a través de RDSI o a través de una parte reservada del ancho de banda disponible en una conexión T1.
H.323	Integración	Un estándar de la ITU destinado a la videoconferencia que se utiliza en redes que no garantizan un ancho de banda disponible. Internet es una red en la que los datos pueden transmitirse "a saltos" y debe intercalarse con tráfico que siga conexiones de punto a punto completamente diferentes. Las implementaciones compatibles también deberán admitir contenido de vídeo en formato H.261.
H.324	Integración	Estándar de la ITU que describe la videoconferencia que tiene lugar en líneas telefónicas estándar con módems.

Conclusiones

Optar por un estándar como el códec H.264 es una propuesta muy directa. Si los términos de licencia son lo suficientemente atractivos para los proveedores de contenido e intermediarios, el estándar podría adoptarse ampliamente.

Existen buenas razones para elegir Windows Media o Real Networks como códecs de distribución para destinatarios cuya plataforma se conoce y es seguro que son compatibles y van a proporcionar un soporte óptimo como, por ejemplo, Windows de una u otra variante.

QuickTime probablemente sea el más versátil en lo que se refiere a diseño del reproductor y la gama de formatos que puede reproducir. El único inconveniente es que no solía existir ningún códec complementario de Windows Media o Real Networks para QuickTime. Ahora que Telestream ha solucionado la ausencia de un complemento de Windows Media y que Real Networks ha publicado su propio complemento, contamos con una opción unificadora que facilita el uso de algunas potentes soluciones de flujo de trabajo.

Para la codificación, ha de elegir hardware o software. Para obtener un alto rendimiento de nivel profesional, la mejor solución está en el hardware, al coste que sea; para los semiprofesionales, lo más probable es que el software realice un trabajo óptimo y, lo que es más importante, a un precio razonable.

En último caso, lo más probable es que las decisiones que adopte dependan más de cuestiones comerciales que tecnológicas.

Truco: Elija primero el códec; a continuación, elija el sistema operativo para la plataforma de compresión según las herramientas disponibles para dicho códec.

Pero, ¿cómo funcionan?

Espero que empiece a hacerse una idea de las alternativas de codificación disponibles. Aún nos restan bastantes caminos por recorrer. En los capítulos siguientes aprenderemos el funcionamiento interno del codificador.

No se trata de física cuántica, y de hecho no exploraremos todo lo que se puede saber porque no es necesario conocer cómo funciona hasta el más mínimo detalle. No obstante, estudiaremos el tema lo suficiente como para poder configurar los parámetros correctamente al ejecutar los codificadores.

Capítulo 9

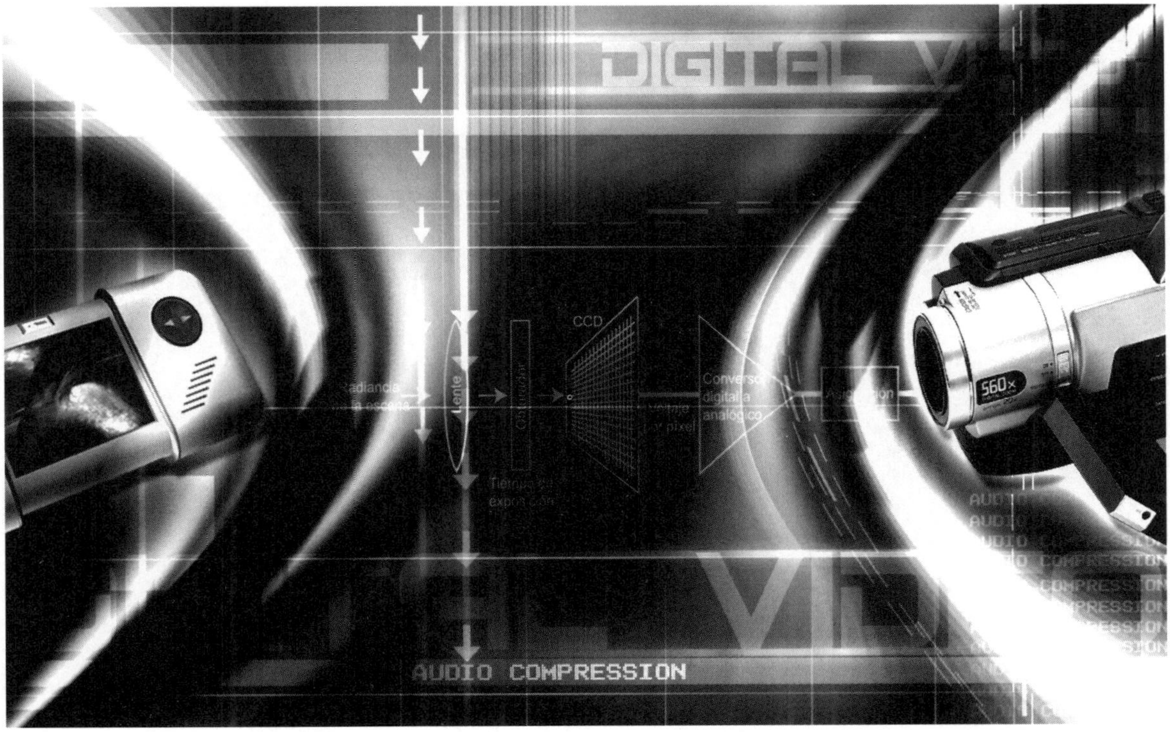

Cómo funcionan los codificadores

Ya llegamos a alguna parte

Echemos un vistazo a algunos de los aspectos que afectan al proceso de compresión de vídeo en su conjunto. A continuación, podrá tomar una decisión bien fundada en relación a si prefiere velocidad o eficacia de costes.

Este capítulo es un viaje por la ruta de la memoria, ya que estudiaremos algunos códecs utilizados desde hace tiempo, para después actualizar esta información con los últimos modelos.

Tecnologías de compresión de vídeo

Si adquiere un producto de software como Popwire Technology Compression Master, Sorensen Squeeze o Discreet Cleaner, puede empezar a codificar el vídeo directamente. Gracias a las plantillas incorporadas, es posible empezar sin saber nada en absoluto sobre el funcionamiento del proceso de compresión. Ayuda leer el manual, por supuesto, pero la guía de inicio rápido suele ser suficiente para empezar. El siguiente paso es la edición de las plantillas. Llegado el caso, podrá crear su propia plantilla desde cero.

No se puede conseguir un rendimiento óptimo en la compresión sin contar con algunos conocimientos sobre su funcionamiento. No es necesario saber los fundamentos matemáticos, pero una apreciación general de lo que se esconde entre bambalinas es recomendable.

Veremos la mecánica de lo que hace la compresión y los principales conceptos relacionados. Para ello, emplearé imágenes, porque las fórmulas matemáticas no resultan de gran utilidad, a menos que se dedique a implementar un códec. Deberíamos estar eternamente agradecidos a compañías como Popwire, Sorensen, Envivio, Apple, Real Networks, Microsoft y Discreet, entre otras, que ya han realizado esa ardua tarea por nosotros.

Hay muchos códecs propietarios disponibles. Se trata de sistemas cerrados a cuyo funcionamiento interno no se suele poder acceder, por lo que aquí nos dedicaremos básicamente a los estándares MPEG, que son abiertos y ampliamente conocidos.

Un buen lugar para empezar es el primero y más sencillo, MPEG-1, para continuar con las mejoras introducidas en MPEG-2, seguido de MPEG-4 parte 2 y finalizar con el códec H.264 (conocido también como JVT, AVC o MPEG-4 parte 10). En la actualidad se trata del códec basado en estándares más avanzado que existe. Más adelante estudiaremos algunos códecs alternativos.

Breve historia de la compresión de vídeo

La compresión de vídeo se utiliza desde que se lanzó la televisión por primera vez como un servicio al que pudiera acceder el público. La primera compresión era analógica y se basaba en complejos componentes electrónicos situados en el interior del receptor de televisión. Se basaba en el concepto de que el entrelazado de las líneas de barrido reduce el ancho de banda de transmisión al sacar partido de la persistencia de la visión humana y el tiempo de caída del fósforo en un tubo CRT, como ya vimos anteriormente.

Los estándares que describen el funcionamiento de la compresión de vídeo digital sólo definen el mecanismo del descodificador. Si produce una secuencia de bits compatible con los estándares, entonces todos los descodificadores (pasados, presentes y futuros) deberían mostrar el vídeo creado. Se trata de un aspecto muy importante. A medida que evoluciona la tecnología de la compresión, se obtienen velocidades de bits cada vez mayores sin que sea necesario actualizar la base de codificadores instalada.

Ciertamente, éste ha sido el caso del estándar MPEG-2, que es ahora el doble de eficaz que cuando se empezó a emitir TV digital. La calidad del estándar H.264 puede ser perfectamente el doble de aquélla, y tan sólo se encuentra al principio de su curva evolutiva. Se espera que los codificadores H.264 mejoren hasta el punto de ofrecer vídeo de alta calidad a velocidades de bits superiores a 1 Mbps.

Hacia un mundo digital

La revolución digital se vivió en los estudios de televisión mucho antes de que se convirtiera en un formato de vídeo de consumo. De hecho, se desarrollaron formatos muy diferentes para la producción televisiva.

De forma bastante curiosa, en lugar de almacenar las señales roja, verde y azul sin mezclar en formato digital, los ingenieros desarrollaron un método para representar digitalmente el luma, junto con los dos componentes diferenciales que constituyen el croma. Esto empezó a denominarse vídeo digital compuesto y, a menudo, se hace referencia a él como 4:2:2. Existen otros formatos relacionados que ya vimos con anterioridad; se trata básicamente de representaciones digitales de un formato de vídeo analógico.

Hoy en día, los estándares han evolucionado, y este vídeo digital se almacena en una serie de formatos desarrollados por SMPTE, MPEG y otros organismos de normalización. Con frecuencia, existe en el estudio un formato de interfaz digital en serie (SDI, *Serial Digital Interface*) que se ha convertido en el estándar de interconexión de hardware con calidad de estudio más utilizado.

La revolución del vídeo digital de consumo

Con la introducción de los estándares de vídeo MPEG-2, la producción de productos que antes no eran posibles comenzó a ser económicamente viable. Las dos consecuencias más notables del MPEG-2 son los servicios de televisión digital estándar DVB y los DVD con películas y programas de televisión en un formato portátil muy cómodo.

Los servicios DVB se distribuyen vía satélite, por cable y por transmisión terrestre, mientras que los DVD se fabrican en las mismas plantas de prensado que producen los discos de audio CD.

La industria se encuentra a las puertas de nuevas mejoras en el rendimiento gracias a la existencia del códec de vídeo H.264, que mejora la compresión lo suficiente como para que sea posible la reproducción de vídeo en dispositivos móviles como teléfonos y agendas digitales (PDA). Los receptores de televisión digital portátiles también se verán beneficiados por las mejoras en las relaciones de compresión.

Operaciones de preprocesamiento

Antes de ejecutar el proceso de codificación, resulta beneficioso reducir el tamaño de los datos. Estas tareas reciben el nombre de preprocesamiento porque se realizan antes de la etapa de codificación del proceso de compresión. Esto ocupa la mayor parte del tiempo destinado a la compresión de vídeo. Aunque en un sentido estricto no se trata del proceso de compresión, el preprocesamiento suele realizarse en la aplicación o entorno de flujo de trabajo en el que se ejecute el codificador.

Sorensen Squeeze, Popwire Compression Master y Discreet Cleaner ofrecen estas funciones, al igual que la mayoría del resto de herramientas.

Estas operaciones de preprocesamiento se pueden aplicar en cualquier orden que desee en caso de que emplee distintas herramientas para trabajar con el vídeo. Por ejemplo, After Effects resulta de utilidad para alinear y estabilizar el vídeo, y es posible escalar y recortarlo al mismo tiempo. A continuación, puede importar el metraje procesado a Squeeze para comprimirlo.

Existe también la oportunidad de introducir procesamiento adicional aparte del proporcionado por estas dos aplicaciones. Por ejemplo, si tiene algún software de eliminación de arañazos, podría emplearse antes de cargar las imágenes en After Effects, y también puede recortar los puntos de entrada y salida (el principio y el final) antes de cargar el vídeo en Squeeze.

Deberá asegurarse de que las tareas de preprocesamiento no introducen ninguna conversión de formato no deseada durante el proceso, ya que podría reducir la calidad de la salida en caso de que introduzca artefactos visibles.

Veremos todas estas técnicas más adelante. Por ahora presentamos un breve resumen de algunas tareas de preprocesamiento que contribuyen a mejorar la calidad de la salida:

- Desentrelazado.
- Ajuste de la velocidad de fotogramas.
- Reducción de ruido (filtrado).
- Ajuste de la nitidez.
- Eliminación del grano.
- Corrección del color.
- Recorte.
- Escalado.
- Corrección de la relación de aspecto.
- Reducción anamórfica.

Tipos de fotograma

Tanto la televisión como el contenido filmado consta de una serie de instantáneas denominadas fotogramas. La televisión reorganiza cada imagen en una estructura más compleja y la representa como una serie de líneas de exploración sincronizadas. La televisión en su forma más pura se manipula digitalmente en el dominio analógico. La película no es más que una imagen en un sustrato de celuloide (u otro cualquiera) y se manipula mediante una combinación de reacciones químicas y comportamientos mecánicos y ópticos. La generación de imágenes por ordenador es una matriz de píxeles y se trata de un formato con el que es mucho más fácil de trabajar si lo comparamos con la televisión o la película.

El estándar MPEG-1 define básicamente cuatro tipos de fotogramas. En la tabla 9.1 se resumen los distintos tipos, los cuales veremos en los siguientes apartados.

Fotogramas clave (fotogramas internos)

Un fotograma interno (fotograma I) se codifica como un solo fotograma independiente. Todo lo que se necesita para su renderizado se incluye en el mismo y no es necesario hacer referencia a ninguna otra parte del archivo de película.

En ocasiones se denomina fotograma clave porque se trata de un concepto cómodo y bien conocido.

Si piensa en una película cinematográfica, cada uno de los fotogramas es independiente, y basta con proyectar uno de ellos para poder ver una imagen. De esta forma, un formato de película cinematográfica consta sólo de fotogramas clave. No existe ninguna relación entre un fotograma y otro. La edición es sencilla y directa y los empalmes se sitúan en los espacios entre fotogramas, tal y como se aprecia en la figura 9.1.

Tabla 9.1.

Tipos de fotogramas de las estructuras del grupo de imágenes MPEG-1.

Tipo de fotograma	*Descripción*
I	Fotogramas internos (fotogramas clave).
P	Fotogramas predichos de diferencias.
B	Fotogramas bidireccionales de diferencias.
D	Imagen en miniatura de baja resolución utilizada de forma independiente y que no forma parte de la secuencia animada de la película. Las imágenes en miniatura se emplean en los exploradores para indicar visualmente dónde se producen cortes en la escena. No los estudiaremos más detalladamente aquí.

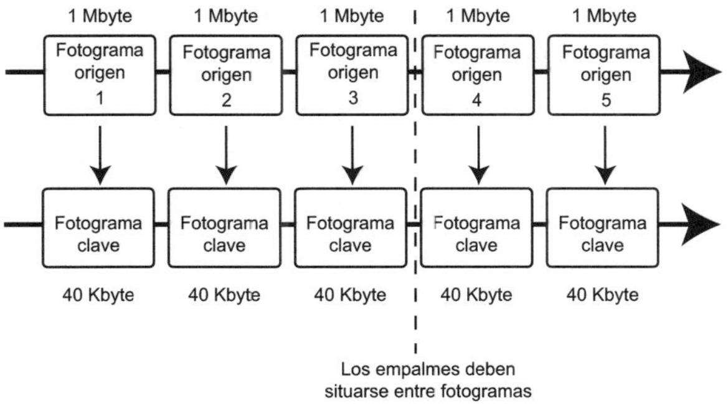

Figura 9.1.

Fotogramas clave.

Los fotogramas I se colocan en la secuencia de bits donde se produce un cambio importante en el contenido de la imagen como, por ejemplo, cuando se produce un cambio de escena o un punto de corte en la edición. Los editores no lineales como Final Cut Pro presentan algunas sugerencias cuando se coloca una edición o transición en el producto acabado. El software de compresión puede que haga uso de esta ayuda a la hora de decidir dónde colocar un nuevo fotograma I.

Fotogramas de diferencia (fotogramas P)

Un fotograma predicho (fotograma P) se construye a partir de las diferencias que se añaden a un fotograma clave o al fotograma P más reciente, y no se distribuye necesariamente después del fotograma I a partir del cual se ha reconstruido. Se asume que las diferencias están en la dirección temporal posterior, como se ha descrito en la anterior descripción general. Ya que los fotogramas P se generan en cascada (uno se construye sobre otro), cualquier error de codificación se propaga y, llegado el caso, la acumulación de errores crea artefactos visibles.

Tomemos ahora esa película cinematográfica y comparemos dos fotogramas adyacentes. Llamémosles fotogramas A y B. Para ver el fotograma A, éste se proyecta en el visor. El fotograma B, no obstante, no existe como un fotograma visible. Es un conjunto de cambios que se debe aplicar al fotograma A para reconstruir el fotograma B. Simplemente, no es posible ver el fotograma B. Si existe algún píxel visible en su descripción, sólo cubrirá una parte de la pantalla. Deberán aplicarse al contenido del fotograma A para que cobren significado.

El fotograma B es un fotograma delta o de diferencias. Añada dos fotogramas más, C y D. También pueden ser fotogramas de diferencias. La descripción de C es un conjunto de diferencias visibles entre las imágenes B y C, como esos pasatiempos que consisten en "descubrir las diferencias entre dos dibujos" de los periódicos y revistas. La descripción del fotograma D incluye las diferencias visibles que se deben aplicar para crear el fotograma D a partir del fotograma C completamente reconstruido.

En la figura 9.2 se muestra el proceso.

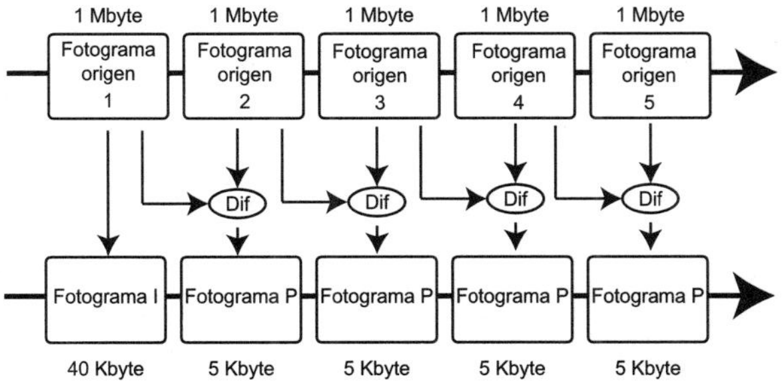

Figura 9.2.

Fotogramas de diferencias.

El fotograma A es, en realidad, el único fotograma descrito de la secuencia, y para verlo es necesario aplicar una serie de cambios, considerando todos los fotogramas intermedios situados entre el fotograma A y el de destino.

El acceso aleatorio a cualquier fotograma de la película es bastante complicado. Si las películas de 2 horas se codificaran de esta forma, sería necesario mucho tiempo para acumular todos los cambios necesarios para alcanzar un fotograma que se encuentre en algún punto intermedio. La reconstrucción puede realizarse a más de 24 fps y un ordenador potente es capaz de reconstruir los fotogramas más rápidamente. Aun así, puede que sean necesarios 5 minutos, lo cual sigue siendo demasiado.

Si periódicamente se coloca un fotograma clave en la secuencia y sólo se permite usar un número de fotogramas de diferencias, antes de que se muestre otro fotograma clave se proporcionan al codificador un número de entradas superior. Esto también resulta fundamental para el funcionamiento eficaz de los sistemas de transmisión en secuencias.

Reproducción bidireccional (fotogramas B)

Un fotograma bidireccional (fotograma B) se codifica mediante las diferencias encontradas en el fotograma I precedente o un fotograma P siguiente, o lo que conduzca a la consecución de una codificación más compacta.

Las primeras implementaciones de los esquemas de compresión de vídeo sólo admitían fotogramas de diferencias que se encontraran en la dirección de reproducción hacia delante. Regresar a un fotograma implicaba atravesar el vídeo desde el fotograma clave más reciente, deteniéndose un fotograma antes cada vez. La reproducción inversa requería tiempo y resultaba complicado de conseguir en tiempo real.

Si retomamos nuestro modelo de fotogramas A, B, C y D, la descripción del fotograma C es una lista de diferencias que debe aplicarse al fotograma B, y las diferencias que se aplican al fotograma C para crear el fotograma D no permiten crear el fotograma C si se aplican al fotograma B.

Algunos fotogramas de diferencias están diseñados para aplicarse en sentido inverso. Esto facilita la reproducción hacia atrás. Sin embargo, para que ello sea posible, es necesario otro tipo de fotograma de referencia. Se trata de un fotograma predicho situado a cierta distancia en el tiempo después del fotograma clave. La diferencia entre el fotograma clave y el fotograma predicho se calcula para que la secuencia se pueda reconstruir desde cualquier extremo. Los fotogramas bidireccionales de diferencias se generan a partir del fotograma clave al principio y del fotograma predicho al final. Esto facilita la inclusión en el reproductor de interesantes funciones de reproducción. En la figura 9.3 se muestra cómo las relaciones entre fotogramas empiezan a complicarse.

Los fotogramas clave se denominan fotogramas I; los fotogramas predichos se llaman fotogramas P; y los fotogramas bidireccionales se conocen como fotogramas B. A continuación veremos cómo se codifica cada uno de estos fotogramas.

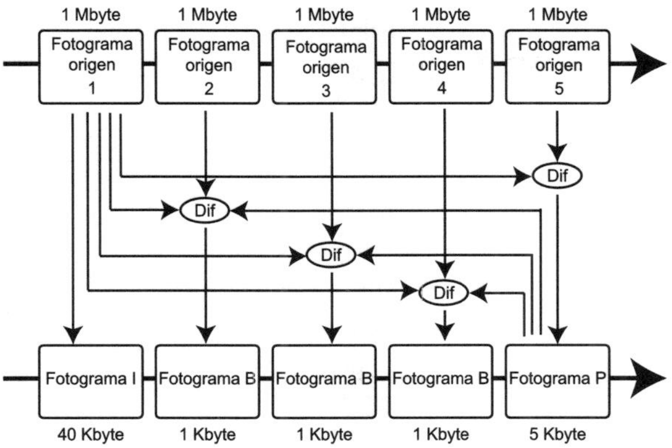

Figura 9.3.

Fotogramas bidireccionales de diferencias.

Resumen

Lo que hemos visto en este capítulo se puede aplicar a todos los sistemas de compresión porque está relacionado con los cambios que se producen entre fotogramas.

Para sumergirnos aún más en los sistemas de compresión y en su funcionamiento, deberemos examinar los diseños de los códecs por separado. En los capítulos siguientes trabajaremos con la gama MPEG de estándares porque siguen una evolución creciente. El primer estándar es MPEG-1, y es comparativamente sencillo.

Los siguientes capítulos también proporcionan conocimientos básicos sobre el proceso de compresión de un fotograma de vídeo en movimiento, lo cual no es demasiado complicado.

MPEG-2 se basa en el estándar MPEG-1 y añade algunas funciones útiles. MPEG-4 parte 2 proporciona algunas herramientas adicionales y el último códec, H.264, ofrece importantes mejoras en cuanto a eficacia y rendimiento.

Capítulo 10

El códec MPEG-1

MPEG-1

El códec MPEG-1 aún se emplea en algunas aplicaciones heredadas, pero la capacidad de MPEG-2 y MPEG-4 proporcionan mejores relaciones de compresión y técnicas de codificación más sofisticadas. Es improbable que haya proyectos nuevos basados en MPEG-1. Se trataba de un códec muy utilizado en la implementación de vídeo en CD-ROM y en el diseño de juegos.

Cómo se hace en MPEG-1

El mejor lugar para empezar es el más sencillo de los formatos de compresión de vídeo MPEG. El resto se basa en este modelo y simplemente añaden algunas mejoras al mismo. Los inventores de los esquemas de codificación MPEG consideraron conceptos como los fotogramas y la representación del luma y el croma y desarrollaron algunas técnicas de compresión de vídeo que proporcionaran el sistema más flexible y compacto.

Los códecs MPEG-2 y H.264 (MPEG-4) son similares en muchos aspectos, por lo que resultarán mucho más fáciles de explicar una vez se haya comprendido la compresión MPEG-1.

El estándar MPEG-1 se construyó en torno a la limitación de que la secuencia de bits debía poder reproducirse en un CD-ROM con una velocidad de bits aproximada de 1,4 Mbps. Esto incluye el vídeo y el audio comprimidos en una secuencia de bits diseñada con anterioridad para distribuir sólo contenido de audio digital cuando se inventaron los CD. Esto supuso un importante reto.

Si ya tiene algunas nociones sobre el funcionamiento de la compresión JPEG, entonces comprenderá los aspectos básicos de este tema. MPEG modifica ligeramente el codificador JPEG y añade la capacidad de trabajar con secuencias de fotogramas que contienen imágenes en movimiento.

Así que, sumerjámonos aún más en el sistema de compresión MPEG-1.

Estructura de la secuencia de bits

La salida de un codificador es una secuencia de bits. Los estándares describen la sintaxis de esta secuencia de bits y el codificador debe producir un resultado que sea compatible. La sintaxis se estructura de forma similar en todos los codificadores MPEG, aunque cambian algunas convenciones de nomenclatura.

En la tabla 10.1 se resume la naturaleza jerárquica de una secuencia de bits.

Cada una de las capas, aparte de la muestra individual, tiene un encabezado y un patrón de bits de alineación, de tal forma que se puedan distinguir dentro de una secuencia de bits.

Estos encabezados incluyen diversos fragmentos de útiles metadatos. La relación de aspecto, la velocidad de fotogramas y el método de entrelazado se describen en el encabezado de la secuencia.

Tabla 10.1.

Organización sintáctica de una secuencia de bits.

Capa	***Descripción***
1	Secuencia de vídeo
2	Grupo de imágenes (grupo de imágenes)
3	Imagen
4	Rebanada
5	Macrobloque
6	Bloque
7	Muestra

Estructura de la secuencia

Existe una estructura anidada en MPEG que incluye descripciones con creciente grado de detalle del vídeo contenido en cada capa.

En el nivel exterior se sitúa la secuencia, que contiene toda la película o programa, o simplemente un segmento individual de ella. En la figura 10.1 se muestra una película dividida en secuencias.

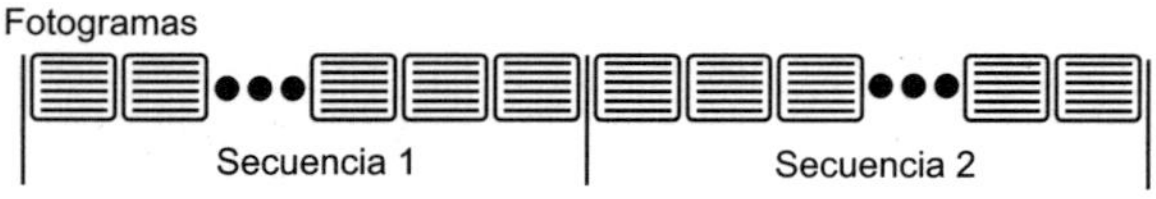

Figura 10.1.

Una película dividida en secuencias.

El grupo de imágenes

Las secuencias aún contienen una gran cantidad de contenido en vídeo, por lo que deben subdividirse en componentes más pequeños. El estándar de compresión MPEG-1 describe una serie de fotogramas como un grupo de imágenes (grupo de imágenes, *Group of Pictures*). Este grupo de imágenes constará de una extensión de entre 10 y 30 imágenes. Esta estructura también se aplica a los códecs MPEG-2, MPEG-4 y H.264, los cuales estudiaremos más adelante.

La estructura del grupo de imágenes se repite tantas veces como sea necesario para producir la secuencia. En la figura 10.2 se ilustra el concepto de secuencia de grupo de imágenes.

Figura 10.2.

Estructuras de grupos de imágenes dentro de una secuencia.

Entresijos de las estructuras de grupos de imágenes

La estructura de un grupo de imágenes es bastante compleja, ya que no se trata de una simple colección de fotogramas de vídeo. Los fotogramas presentan una relación muy especial entre ellos dentro de un grupo de imágenes.

Un grupo de imágenes siempre empieza por un fotograma I ya que, en caso contrario, cualquier información sobre diferencias que se almacene en un fotograma P carecerá de base sobre los que construir los fotogramas delta.

Fíjese en que los fotogramas se organizan a intervalos regulares con un número constante de fotogramas B entre cada fotograma I o P. Se permite la existencia de fotogramas clave separados de forma irregular, pero no es una práctica habitual.

Estructura de grupo de imágenes cerrada

Un archivo de grupo de imágenes que contenga un fotograma I, algunos fotogramas P basados en ese fotograma I y algunos fotogramas B codificados sólo a partir de las imágenes incluidas en ese grupo de imágenes se denomina "estructura de grupo de imágenes cerrada". Usando la nomenclatura ya vista, una estructura de grupo de imágenes cerrada empieza con un fotograma I y finaliza con un fotograma P.

En la figura 10.3, las flechas indican el origen de los datos diferenciales sobre varios grupos de imágenes adyacentes. Tenga en cuenta que no se muestran todas las conexiones ya que, en ese caso, la ilustración parecería un ovillo de lana.

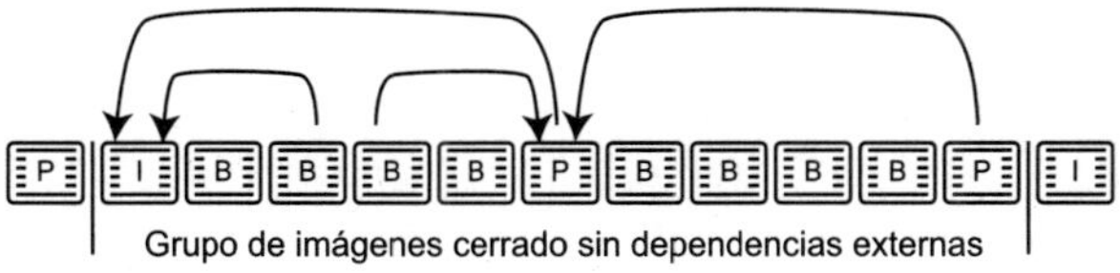

Figura 10.3.

Una secuencia de grupo de imágenes cerrada.

Estructura de grupo de imágenes abierta

Una estructura alternativa prescinde de colocar los fotogramas P juntos y los alterna entre los fotogramas I y B. En la figura 10.4 se muestran algunas estructuras de grupos de imágenes y el lugar al que se derivan los datos diferenciales.

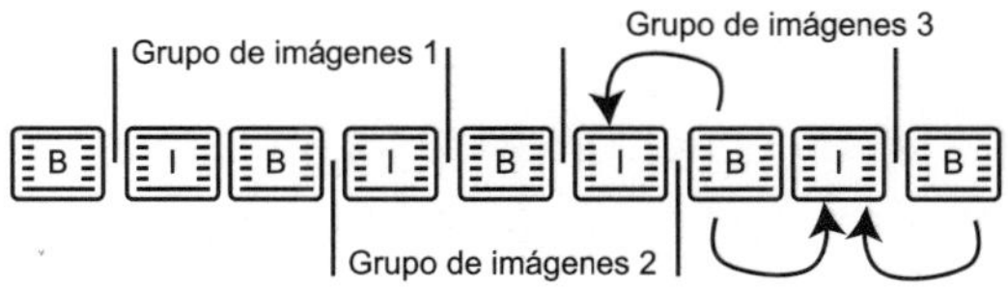

Figura 10.4.

Una secuencia de grupo de imágenes abierta.

Las estructuras de grupos de imágenes son bastante cortas y no incluyen fotogramas P; las estructuras de grupos de imágenes se unen a través de las diferencias. Esto se denomina estructura de grupo de imágenes abierta y en ella no existen límites entre fotogramas que no tengan algún tipo de dependencia para la unión de dicho fotograma con otro fotograma de la secuencia. Los fotogramas I los comparten dos conjuntos de grupos de imágenes y resulta imposible hallar un punto adecuado en el que interrumpir la secuencia.

Para evitar que se produzca esta situación utilice un fotograma P al final de cada grupo de imágenes para que se convierta en un grupo de imágenes cerrado, o bien elimine los fotogramas B en su conjunto.

Puede existir todo tipo de razones para elegir estructuras de grupos de imágenes de un tipo o de otro, por lo que deberá determinar cuál es el formato idóneo para su reproductor de destino. No obstante, conviene tener en cuenta que un proveedor de servicios puede imponerle esta estructura.

Grupos de imágenes grandes y pequeños

Mantener un grupo de imágenes pequeño implica que la compresión no será tan eficaz. Aumentar el número de fotogramas de diferencias hace que el grupo de imágenes aumente y que la relación de compresión mejore. Estos dos sistemas se denominan "grupo de imágenes pequeño" y "grupo de imágenes grande", respectivamente. Un grupo de imágenes grande puede acumular más errores a medida que las diferencias se aplican en cascada. En ocasiones, emplear un fotograma clave cada segundo es una buena solución; esto produce un grupo de imágenes a intervalos de entre 24 y 30 fotogramas. Para otro tipo de contenido, se puede incluir un grupo de imágenes cada 6 fotogramas. Dependerá del contenido de la imagen y de la calidad del origen, así como de la plataforma de destino en la que coloque el contenido. Existen parámetros predeterminados en algunas herramientas de compresión que establecen la duración del grupo de imágenes cada 7, 12 y 18 fotogramas. Es recomendable realizar algunas pruebas con cada configuración y ver si supone alguna diferencia en el resultado. En la figura 10.5 se muestra una selección de estructuras de grupos de imágenes.

Al crear contenido de vídeo en formato MPEG-2 para DVD, la longitud de las estructuras de grupos de imágenes deberán definirse de acuerdo con las directrices establecidas para los formatos de DVD PAL y NTSC. Para el formato PAL no se deben superar los 15 fotogramas por grupo de imágenes. En el caso del formato NTSC, el valor máximo es de 18 fotogramas por grupo de imágenes.

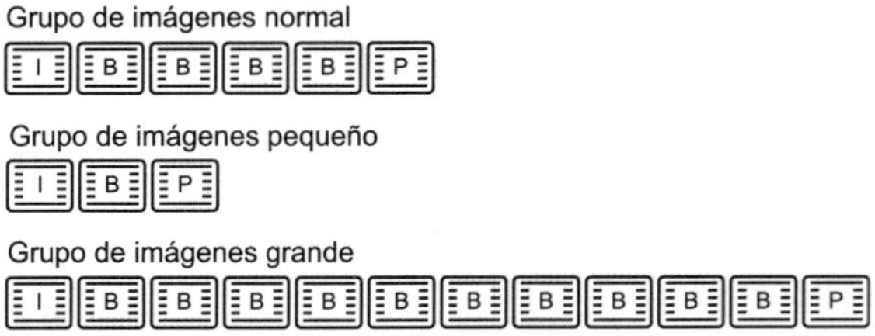

Figura 10.5.

Un grupo de imágenes sencillo.

Si excede estos valores, es posible (e incluso probable) que el contenido no se reproduzca correctamente en un reproductor de DVD doméstico.

Secuencia de transmisión de grupo de imágenes

Una vez que conocemos los distintos tipos de fotogramas y las reglas de agrupación, examinaremos el orden de codificación y cómo se transmiten los fotogramas.

El fotograma I ya está comprimido, sin referencias a ningún otro fotograma. Se procesa y coloca en la primera ranura física del grupo de imágenes. La estructura del grupo de imágenes se define de antemano, por lo que el codificador sabe que debe saltar unos pocos fotogramas hacia delante para computar las diferencias posteriores requeridas para crear el siguiente fotograma P.

El fotograma P comprimido se coloca junto a la estructura de grupo de imágenes física. A continuación, los fotogramas B situados entre el fotograma I y dicho fotograma P se computa mediante la técnica bidireccional.

Los fotogramas se transmiten en un orden muy diferente al de la secuencia de reproducción, como se aprecia en la figura 10.6.

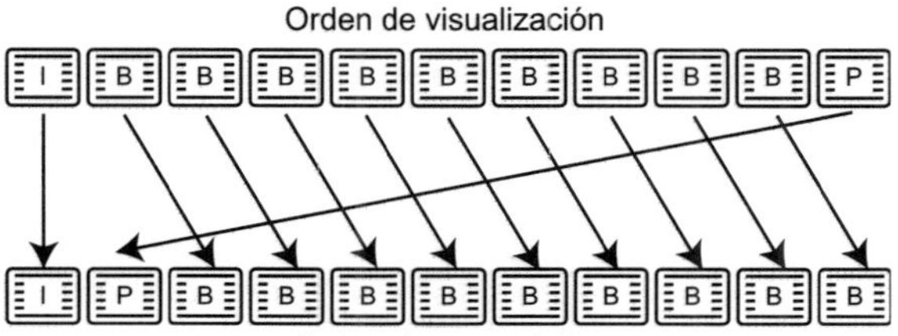

Figura 10.6.

Secuencia de transmisión de un grupo de imágenes.

De esta forma, el reproductor debe reorganizar los fotogramas recibidos en el orden correcto para reconstruir la secuencia de reproducción correctamente.

Conversión de RGB a luma y croma

Si el vídeo no se encuentra ya en forma de luma más croma, los valores de color RGB deberán convertirse a los componentes Y'CbCr antes de que el proceso de compresión comience de verdad. Esto se puede realizar en la memoria, si dispone de suficiente, o mediante la conversión de un archivo a otro. El método basado en archivos requiere una mayor cantidad de espacio en disco, pero es más sólido y se puede deshacer con mayor facilidad.

El vídeo puede representarse originalmente como luma más croma cuando se digitaliza. Si ése es su caso al introducir el vídeo, no es necesario convertirlo a RGB para almacenarlo en un archivo. Una buena regla general consiste en evitar durante el proceso pasos de conversión innecesarios. Tales conversiones siempre suponen la pérdida de alguna información debido a que la gama de colores no es exactamente la misma en ambos formatos.

En la figura 10.7 se muestra un ejemplo del proceso de conversión de RGB a un formato comprimible que representa las imágenes como luma más croma.

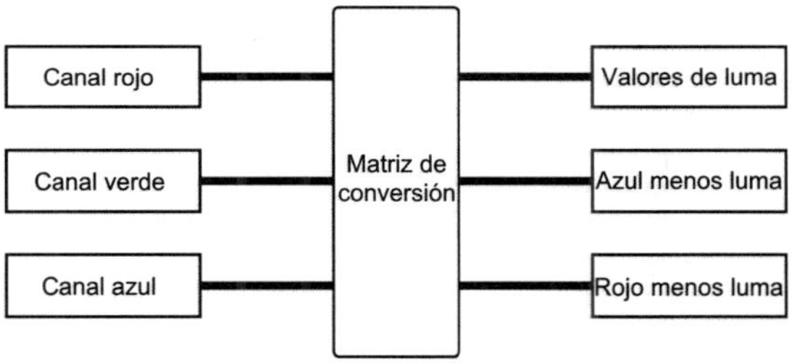

Figura 10.7.

Conversión de RGB a luma/croma.

La matriz de conversión toma una parte de cada uno de los valores RGB correspondientes a cada píxel y genera un valor de luma a partir de él.

Los dos valores de diferencia de color también se generan mediante distintas combinaciones de los mismos valores RGB. La resolución de la información de croma se reduce en esta etapa.

Color mediante números

Dado un conjunto de valores para el rojo (R), el verde (G) y el azul (B):

Luma (Y') = (0,299 * R) + (0,587 * G) + (0,114 * B)

A continuación, los factores que se usan para computar el luma se niegan y sustraen del azul y el rojo para generar los valores B-Y' y R-Y'. Por lo tanto:

Azul - Y' = B - ((0,299 * R) + (0,587 * G) + (0,114 * B) = (0,886 * B) - (0,299 * R) - (0,587 * G)

Rojo - Y' = R - ((0,299 * R) + (0,587 * G) + (0,114 * B) = (0,701 * B) - (0,114 * R) - (0,587 * G)

Este cálculo se representa como una matriz de conversión de RGB a luma/croma tal y como se muestra a continuación:

$$\begin{bmatrix} Y' \\ B-Y' \\ R-Y' \end{bmatrix} = \begin{bmatrix} 0{,}299 & 0{,}587 & 0{,}114 \\ -0{,}299 & -0{,}587 & 0{,}886 \\ 0{,}701 & -0{,}587 & -0{,}114 \end{bmatrix} * \begin{bmatrix} R \\ G \\ B \end{bmatrix}$$

Probar los cálculos de la matriz de luma

Ahora, trabajaremos sobre estos cálculos a través de algunos valores de prueba. Puede definir la fórmula en Excel si desea hacerlo usted mismo. Los resultados se resumen en la tabla 10.2. Fíjese en que los valores de salida son sustancialmente inferiores a los valores máximos de entrada.

Tabla 10.2.

Ejemplos de conversión de RGB a Luma/Croma.

Color	*R (Rojo)*	*G (Verde)*	*B (Azul)*	*Y'*	*B-Y'*	*R-Y'*
Rojo	1	0	0	0,299	-0,299	0,701
Verde	0	1	0	0,587	-0,587	-0,587
Azul	0	0	1	0,114	0,886	-0,114
Blanco	1	1	1	1	0	0
Cián	0	1	1	0,701	0,299	-0,701
Amarillo	1	1	0	0,886	-0,886	0,114
Magenta	1	0	1	0,413	0,587	0,587
Negro	0	0	0	0	0	0
Gris	0,5	0,5	0,5	0,5	0	0

Las salidas se escalan para usar de una forma más eficaz el intervalo de valores disponibles al convertirse a un formato digital.

Hay tres imágenes por transmitir al codificador. Una es la imagen del luma a resolución máxima y las otras dos contienen la información del croma pero con la resolución reducida (a la mitad) en X e Y.

Macrobloques

Con el fin de reducir la dificultad de creación de fotogramas B e incrementar la probabilidad de encontrar áreas de la imagen que sean idénticas, la imagen del luma se fragmenta en cuadros de 16x16 píxeles denominados macrobloques.

En la figura 10.8 se muestra la distribución simplificada de macrobloques en un fotograma.

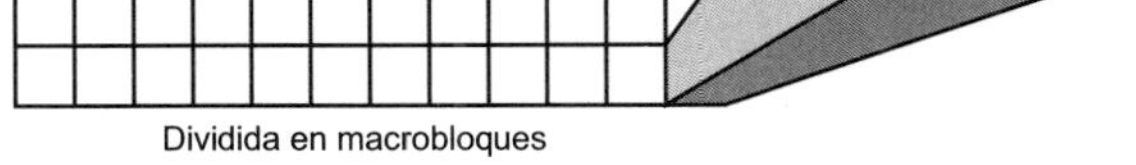

Figura 10.8.

Macrobloques.

La matriz de la imagen que contiene los píxeles del fotograma que se comprime se convierte en una colección de rectángulos de menor tamaño con los que se trabaja de forma individual. En el caso de algunas imágenes, hay bastantes posibilidades de que haya algunas partes de la imagen que sean similares a otras ya transmitidas en un fotograma I o P precedente.

Las técnicas para la creación de macrobloques dependen del tipo de fotograma que se cree. Los fotogramas I no deben hacer referencia al exterior del fotograma en el que se trabaja. Los fotogramas P hacen referencia a otro fotograma, pero sólo al fotograma I o P más reciente. El orden de éstos deberá preservar la secuencia temporal de los fotogramas. Los macrobloques de un fotograma B harán referencia a un fotograma P anterior o posterior o a un fotograma I anterior, pero en realidad sólo harán referencia a un fotograma P o I que ya haya sido procesado.

Rebanadas

Los macrobloques se distribuyen en lo que se conoce como "rebanadas" (también denominados tiras o *slices*, según los autores). Se trata de componentes estandarizados y el descodificador sabe que, si pierde la sincronización en el nivel del macrobloque, puede reconstruir la imagen a partir del límite de la rebanada siguiente. Esto contribuye a que el descodificador situado en el receptor responda de forma elegante ante las interrupciones de la señal y a que sólo se pierda una parte del fotograma. La recuperación de errores reemplaza las áreas de la pantalla que faltan por los correspondientes macrobloques de un fotograma anterior de la secuencia de reproducción. Las rebanadas son un contenedor de los macrobloques, tal y como se ilustra en la figura 10.9.

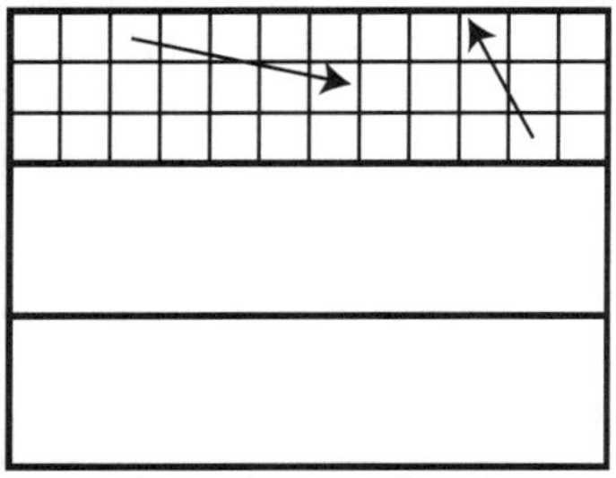

Figura 10.9.
Macrobloques y rebanadas.

La estructuración en rebanadas sirve de ayuda al proceso de compresión. Se emplea para descomponer una imagen de acuerdo con el color general de un macrobloque. Las referencias entre macrobloques sólo son realistas dentro de la misma rebanada. Las rebanadas también se pueden emplear para equilibrar la carga del canal de transmisión. Las decisiones que se adopten en relación a las rebanadas dependen del contenido; la imagen de la figura 10.10 muestra cómo el contenido ayuda al codificador a adoptar decisiones acerca de la distribución en rebanadas.

Figura 10.10.
Opciones de distribución en rebanadas.

En este punto, los codificadores comienzan a mostrar diferencias en cuanto al rendimiento porque la forma en la que se definen las rebanadas pueden diferir de un codificador a otro. Las opciones de optimización como, por ejemplo, seleccionar un área de la imagen con muchos macrobloques similares, alcanzan una compresión mejor que una estructura de rebanadas arbitraria con un número fijo de macrobloques por rebanada.

Codificación de macrobloques

Antes de su compresión, los macrobloques se normalizan mediante la sustracción de la mitad de todo el intervalo de valores correspondiente a la profundidad de bits (valor del eje Z). Para una imagen de 8 bits, el valor 128 porque equivale a la mitad de 2^8 (256). Esta normalización se realiza para que el codificador genere números dentro de un intervalo controlado. La base de la compresión MPEG-1 usa la transformada discreta del coseno (DCT) para convertir los píxeles organizados espacialmente en una matriz de valores de frecuencia que se organizan en la misma forma rectangular. Al organizar la imagen en un gráfico de frecuencia, tal y como se muestra en la figura 10.11, la imagen se describe de una forma más concisa.

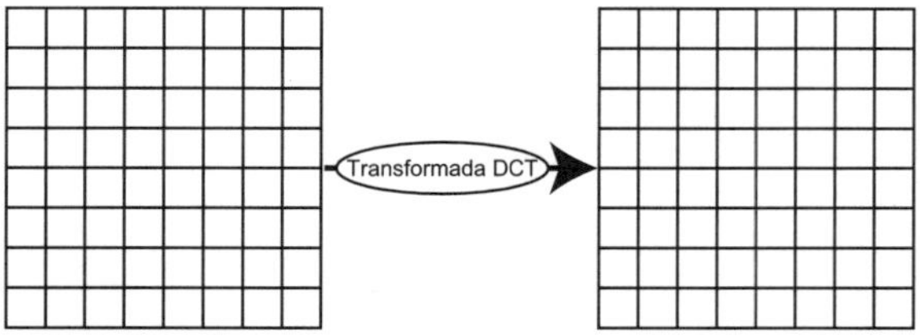

Figura 10.11.
Conversión DCT.

Un poco de matemáticas: ¡Aargh!

En la introducción prometí que no habría demasiadas matemáticas en este libro. Es bueno permanecer lo más lejos posible de la teoría matemática relacionada con la compresión. Con el fin de asustarle un poco y demostrarle por qué no queremos adentrarnos demasiado en el terreno matemático, fíjese en la fórmula de la transformada DCT que es la base del codificador MPEG-1.

$$F(u,v) = 0{,}25 * C_u C_v \sum_{x=0}^{7} \sum_{y=0}^{7} f(x,y) \cos\left(\frac{(2x+1)u\pi}{16}\right) \cos\left(\frac{(2y+1)v\pi}{16}\right)$$

Donde:

$$C_u = \frac{1}{\sqrt{2}} \; para\; u = 0;\; en\, otro\, caso\; C_u = 1$$

$$C_v = \frac{1}{\sqrt{2}} \; para\; v = 0;\; en\, otro\, caso\; C_v = 1$$

No sé a usted, pero a mí esto me asusta un poco. Siempre que veo sigmas y funciones de dos variables tengo que sentarme y pensar concienzudamente qué es lo que ocurre. Los valores u y v representan las coordenadas de la matriz de salida de los componentes de frecuencia. Los valores x e y corresponden a la matriz de entrada de los valores de píxeles.

Esta fórmula se ha diseñado para aplicarse a bloques de 8x8 píxeles, por lo que un bloque del canal de luma de 16x16 se divide en 4 rectángulos que se codifican de forma individual.

Los canales del croma de los macrobloques se muestrean a una resolución inferior y pueden requerir 1, 2 ó 4 de tales bloques de 8x8 para codificarlos.

La primera parte de la fórmula (antes de las sigmas) escala el resultado, pero aplica un factor de corrección a lo largo de la fila superior de píxeles (cuando u = 0) y hacia abajo en la fila izquierda de píxeles (cuando v = 0).

Las dos sigmas indican que un par de bucles anidados calculan una fórmula a la derecha de las sigmas para cada uno de los valores diferenciados y, a continuación, los añade de forma conjunta.

El método de pseudocódigo

En términos computacionales, el algoritmo DCT podría implementarse con una estructura de pseudocódigo como la siguiente:

```
For (u = 0 to 7)
{
   For (v =0 to 7)
   {
   A = 0
   For (x = 0 to 7)
   {
   a = 0
   For (Y = 0 to 7)
   {
   {a = a + result of evaluating cosine
      formula
   }
   }
   multiply a by scaling factor
   assign a to appropriate cell (u, v) in
      output pixel array
   }
}
```

Cada píxel de la matriz x,y aporta un valor a cada píxel de la matriz de salida.

El algoritmo DCT transforma los píxeles en secuencias mediante una técnica que emplea la transformada rápida de Fourier (FFT).

El dominio de frecuencias

La matriz de salida contiene el color medio del macrobloque en la esquina superior izquierda. A medida que se desplace por la matriz de píxeles hacia la parte superior derecha, los componentes de frecuencia se basan en armónicos aún más altos de lo fundamental en ambos ejes, vertical y horizontal. A medida que aumentan las frecuencias, su magnitud es mayor. Los aspectos más detallados se registran en la esquina inferior derecha. En la figura 10.12 se muestran los coeficientes de frecuencia en un eje:

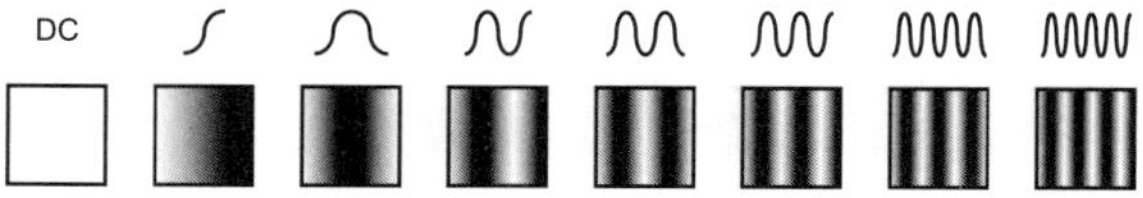

Figura 10.12.

Coeficientes de frecuencia.

Mediante la organización de los coeficientes en una matriz bidimensional, la figura 10.13 muestra cómo aumenta el detalle de los ejes vertical y horizontal conforme se acerca a la esquina inferior derecha.

Para comprimir aún más el macrobloque, trunque los datos desde la esquina inferior derecha hasta la esquina superior izquierda. Esto sacrifica la información más detallada de la imagen codificada, pero conserva la apariencia media global (nominal) de dicho macrobloque. Esta es la razón por la que las secuencias con limitación de bits tienen una apariencia muy cuadriculada. Revelan la estructura en bloques porque se pierden los más mínimos detalles y eso impide que los límites de los macrobloques se fusionen a la perfección.

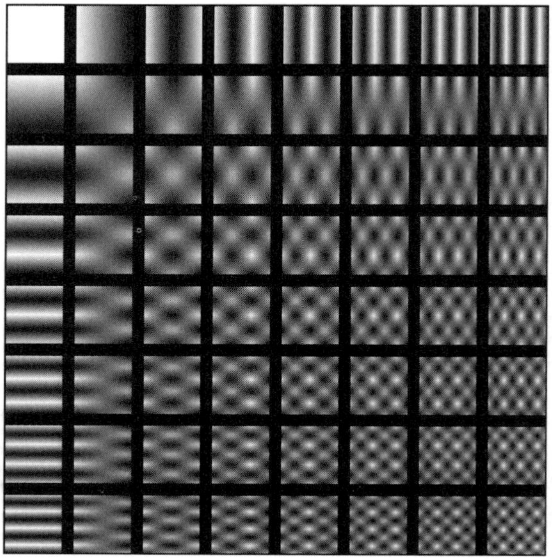

Figura 10.13.

Matriz bidimensional de coeficientes de frecuencia.

El valor de la parte superior izquierda es un coeficiente DC de la imagen, mientras que los otros valores representan coeficientes AC (frecuencia). La reconstrucción de los valores de píxeles empieza por el relleno por parte del coeficiente DC de todo el área; a continuación, los coeficientes AC se añaden otra vez en la parte superior para modificar los valores de píxeles.

En ocasiones, se hace referencia al dominio de frecuencias como espectro de potencia, por lo que es posible encontrarse con el término "nivel de energía" al hablar de los componentes de frecuencias que contribuyen al detalle de la imagen en el gráfico de salida DCT.

Este proceso de compresión DCT se aplica al luma y a las dos matrices de píxeles del croma independientemente unos de otros.

¡Ufff! Probablemente ésta haya sido la parte más compleja del proceso. El resto es bastante más sencillo de comprender.

Cuantización post-DCT

Ya hemos visto con anterioridad los artefactos de cuantización en la medida en que afectan al vídeo y al audio. La cuantización a un tamaño de palabra inadecuado para resolver todos los valores de intensidad produce halos en los contornos. Esto resulta evidente en un área sombreada con gradiente. En la figura 10.14 se muestra un ejemplo para recordarle la apariencia que tiene el efecto.

Figura 10.14.

Imagen con una gran formación de halos en los contornos.

Esto ocurre porque el tamaño de palabra compensa la resolución en el eje Z de la imagen. El eje Z controla la intensidad de la iluminación de los píxeles. Al sacrificar la resolución en el eje Z, se reduce el intervalo de colores o matices de la escala de grises disponibles para representar la imagen.

El mismo principio de reducción de datos se aplica a la versión codificada mediante DCT del macrobloque. Dado que el bloque de píxeles se ha transformado en un conjunto de frecuencias que describe la imagen, la pérdida de detalles se manifiesta de forma muy diferente. Esto se denomina artefacto, una palabra que se usa con mucha frecuencia al comprimir vídeo y comparar las salidas con las entradas.

Al truncar las frecuencias armónicas altas se produce una pérdida de detalle en la imagen, pero la apariencia general del macrobloque seguirá siendo la misma. A un nivel extremo, el macrobloque simplemente se reduce a un color promedio en todo el bloque. Este será el coeficiente DC para dicho bloque. Para saber por qué ocurre esto, es necesario comprender qué datos se encuentran realmente en la versión codificada mediante DCT.

DCT: El juego de los números

En la figura 10.15 se muestra un macrobloque como una serie de píxeles. Fíjese en que la información del croma equivale a la mitad de la resolución del luma. Los valores de píxeles (mostrados en el sistema hexadecimal) se proporcionan en la figura 10.16.

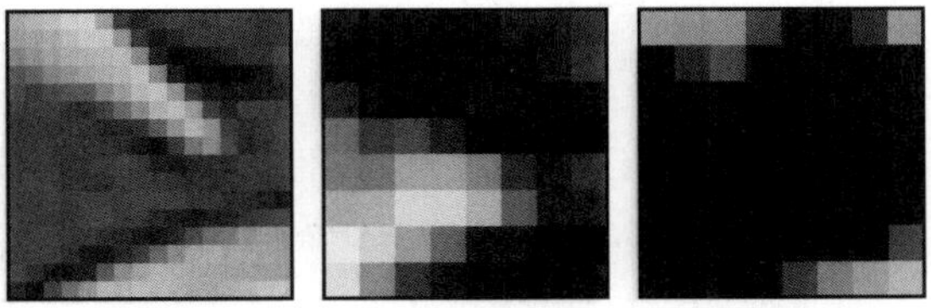

Figura 10.15.

Una imagen de un macrobloque.

B2	B7	C1	CB	CE	B0	7E	6E	75	7B	79	78	7D	7A	73	7B
AD	AE	B7	C5	D0	CE	A8	79	64	69	74	75	76	76	72	76
9F	A2	AE	B7	BE	C3	C6	A4	72	56	5C	63	6B	72	75	7D
89	8B	9C	A5	AE	B8	C2	CB	A6	6D	55	5A	5B	5F	66	74
84	79	80	85	89	9D	B0	C5	CF	AD	7D	68	65	67	69	6E
7E	78	7B	74	71	7E	8F	A4	C0	CA	B1	81	6F	78	79	7A
7B	77	77	78	75	72	73	77	8C	A9	C2	AA	7E	72	75	7E
7B	79	79	77	77	78	74	6B	66	79	98	A3	84	70	74	7C
7E	7A	79	77	78	7B	7D	7B	6F	6B	72	77	74	78	79	7E
80	7D	7D	77	77	77	7C	7E	7D	77	75	73	76	79	77	79
7D	7B	7D	7B	7E	7E	7D	80	81	7E	79	77	74	73	6D	6D
80	7B	7B	79	7F	80	7C	7A	73	6F	6C	70	71	78	7B	80
80	7D	7F	7B	7B	78	74	6D	6B	73	81	90	98	A3	A9	AB
81	7D	7B	74	6C	6B	76	7D	90	A1	B0	B8	B5	B7	B4	B4
82	75	6F	6C	6E	88	A3	B0	BC	BC	BA	B8	B4	B3	B1	B4
7B	6A	80	94	A6	BE	C2	C7	C5	BF	BB	B8	BC	BF	C4	CB

Luma Y' (16 x 16)

68	55	5E	59	56	60	67	77
57	49	4B	49	40	44	61	74
71	58	49	49	59	56	53	61
95	7A	7D	6D	58	4A	41	52
9F	98	B3	B3	9C	71	66	75
BD	BE	D8	D8	B9	89	69	6D
E8	D2	B0	90	6A	67	56	52
DD	AA	80	6B	54	5C	5C	67

B-Y' (8 x 8)

A3	A3	A4	77	4D	4E	67	99
54	6C	7A	4C	3F	3F	41	54
4C	40	40	3E	3E	3E	3E	4D
4E	3E	3C	3D	3E	3E	3F	4E
4E	3E	3D	3D	3E	3D	3F	4D
4D	3E	3D	3E	3C	3C	3E	4F
4B	3F	3F	40	40	48	51	76
5B	4E	4D	59	76	95	A8	B9

R-Y' (8 x 8)

Figura 10.16.

Valores de píxeles de un macrobloque.

La codificación DCT funciona en bloques de 8x8 píxeles y el macrobloque del luma se compone de 4 codificaciones DCT, mientras que cada uno de los dos canales de diferencias de color sólo requieren uno en este ejemplo. En la figura 10.17 se muestra la salida de un bloque de 8x8 píxeles codificado mediante DCT. En esta ocasión, los resultados se expresan en el sistema decimal.

187	-29	-34	15	-2	7	5	1
190	33	-75	28	-6	-1	-1	1
-40	107	-59	22	-2	-7	-2	-1
-39	18	16	-13	14	-9	8	-3
3	-10	3	-9	10	-7	5	-1
-3	7	-5	-13	7	-5	-1	2
-1	2	10	-9	-2	1	-1	2
-4	3	3	1	1	3	-3	0

Salida DCT

Figura 10.17.

Macrobloque codificado mediante DCT.

Fíjese en que los valores de la esquina superior izquierda parecen ser mucho más grandes que los de la esquina inferior derecha.

Orden de los coeficientes

Organicémoslos ahora en una matriz unidimensional, ordenándolos de acuerdo con la frecuencia del coeficiente. Recorra los coeficientes en zigzag, tal y como se ilustra en la figura 10.18:

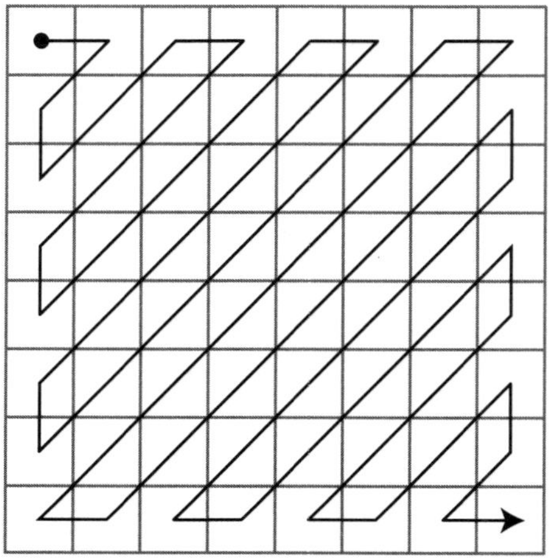

Figura 10.18.

Exploración en zigzag.

La exploración en zigzag produce una matriz unidimensional de valores codificados mediante DCT con el orden más elevado y, por lo tanto, menores valores ordenados en un extremo de la matriz. En este punto, aún no se ha perdido ningún dato y el proceso DCT se invierte usando el mismo algoritmo que el codificador. Esta es la razón por la que el proceso DCT es tan inteligente matemáticamente hablando, aunque no es necesario que nos dediquemos a demostrarlo aquí.

Existe un pequeño inconveniente en relación al proceso DCT y el MPEG-1. Dado que le formato MPEG-1 no admite el entrelazado, este zigzag de 45 grados debe alterarse al comprimir contenido entrelazado. Esto sólo se aplica a MPEG-1, pero la modificación de este patrón zigzagueante mejora la conservación del detalle vertical. Resulta útil saber que hay técnicas de asignación de coeficientes alternativas que modifican un comportamiento del proceso de compresión como éste. En la figura 10.19 se muestra cómo se modifica este avance con el fin de proporcionar compatibilidad para el entrelazado en MPEG-1.

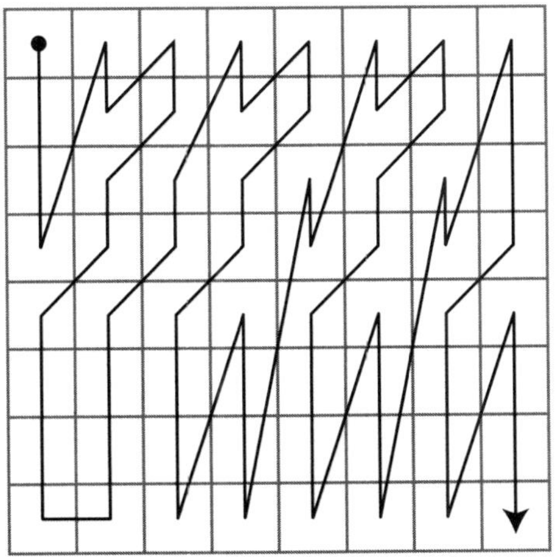

Figura 10.19.
Exploración en zigzag modificada.

La compresión se produce al truncar esta lista de valores. Los ceros desechados en un extremo no suponen diferencia alguna. La omisión de cualquier valor donde se codifique un coeficiente pequeño hará que se pierdan algunos datos y que la imagen recuperada no sea fiel a la original. Aquí es donde el codificador compensa la velocidad de bits. Otras técnicas también reducen la longitud de esta secuencia de números. Al desechar un mayor número de píxeles a la derecha se pierden los datos de alta frecuencia.

La celda superior izquierda se denomina coeficiente DC. Se trata de un valor de desfase para establecer el color medio del macrobloque. A continuación, todo lo demás se expresa en relación a dicho valor. En un caso extremo, el bloque se podría reducir a ese único valor. En el caso de un bloque de 8x8 píxeles, esto reduce efectivamente la resolución de la imagen por un factor de 8 a 1 en las dimensiones X e Y o de 64 a 1 por área. La reconstrucción de una imagen en miniatura simplemente a través de los coeficientes DC es una solución ingeniosa y nada costosa desde una perspectiva computacional. Se puede emplear, por ejemplo, para mostrar el vídeo en forma de icono reproduciéndose en el escritorio.

Codificación entrópica

El término "codificación entrópica" evoca algo complicado. Implementarlo correctamente no es algo trivial, pero como concepto es bastante sencillo.

Si piensa cómo diseñó Samuel Morse su código telegráfico en 1838, quizá recuerde que primero analizó la frecuencia con la que aparecen las distintas letras en textos escritos en inglés. Morse descubrió que la letra más común era la "E", por lo que le asignó el código más corto posible. La letra más usada era la "Z", por lo que le asignó el código más largo. Esto suponía una cierta compresión en la transmisión del lenguaje, ya que las partes más comunes del mensaje se representaban mediante representaciones más cortas.

La codificación de entropía hace exactamente lo mismo aplicado a los macrobloques codificados mediante DCT. Considerando la disposición lineal de la secuencia de coeficientes, el mensaje se analiza y convierte en mensajes de control (*tokens*) que representan estructuras dentro del bloque codificado. Estos mensajes de control se seleccionan de tal forma que los más pequeños (medidos en bits) describen las estructuras más comunes dentro de los datos de la imagen.

Para comprender los aspectos más detallados de la codificación entrópica, puede consultar cualquier libro de teoría de la compresión de vídeo.

Una palabra clave de gran utilidad para realizar esta búsqueda en Internet es "Huffman", que corresponde al nombre de la técnica de codificación entrópica.

Si el 100 por 100 de los datos codificados mediante entropía se transfiere al codificador y se encuentra disponible para la reconstrucción de la imagen, se habla de un códec "sin pérdida". La ruta de transferencia puede requerir reducir físicamente parte de la cantidad de datos que se distribuyen, por lo que se puede producir un truncamiento. Este truncamiento de datos codificados mediante entropía reduce el número de detalles de la imagen y, por lo tanto, es "con pérdida".

Juzgar la cantidad óptima de datos codificados mediante entropía que se descartarán es donde se concentran las habilidades del experto en compresión. Es más un arte que una ciencia y, después de haber comprimido una cantidad de vídeo significativa, desarrollará un sexto sentido para determinar los parámetros óptimos en función del contenido original que observe.

Establecer un truncamiento demasiado abrupto probablemente sea la principal razón por la que el vídeo codificado presenta tanto ruido. Aparecen artefactos con mucha facilidad y se aprecian especialmente porque no permanecen fijos. Piense en los artefactos de codificación en torno al texto de las imágenes, por ejemplo.

Como seguro recordará, afirmé en su momento que llegaría a codificar mediante entropía su día de trabajo. La cuestión está en que termine todo su trabajo a mitad de la tarde y no tenga nada más que hacer ese día. Bien puede acortar su jornada y regresar antes a casa. Lo que ha hecho simplemente es ¡codificar mediante entropía su día en la oficina!

Codificación de compensación de movimiento

La compensación de movimiento es otra posibilidad de reducir los datos que se van a transmitir; se aplica después de crear los macrobloques.

Es muy probable que otros bloques sean idénticos. Dicha reducción de datos ya debería haberse realizado. Con un poco más de trabajo, puede ser posible encontrar un macrobloque que sea similar. Después sólo es necesario almacenar los cambios residuales. Los macrobloques que presentan cierto desfase cuyo valor no es un múltiplo integral del tamaño de un macrobloque también son excelentes candidatos para esta técnica. Imagine un objeto en movimiento por una escena (véase la figura 10.20).

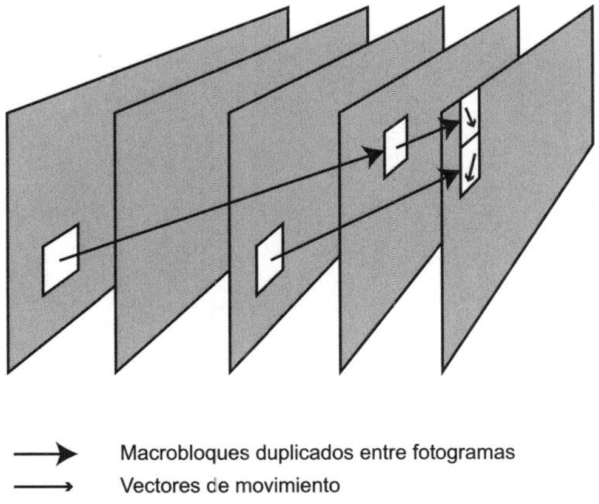

Figura 10.20.

Compensación de movimiento de macrobloques.

Los píxeles que cubren el área del objeto en movimiento deberían aparecer en algún lugar de la imagen, pero ubicados en una posición espacialmente diferente. Es muy poco probable que estos cambios de ubicación coincidan con los límites de los macrobloque, por lo que no serán marcados por el anterior eliminador de macrobloques idénticos.

Describir el macrobloque en relación a una imagen anterior con algún movimiento por debajo del nivel de macrobloques debería mejorar la compresión si se implementara en el codificador una lógica deductiva adicional. La precisión de esto depende del códec; los códecs más modernos admiten una precisión por debajo del nivel de los píxeles.

En la secuencia de imágenes mostrada en la figura 10.21, un coche se desplaza a lo largo de la escena. En el fotograma I no se muestra en absoluto y en el fotograma P se muestra sólo en parte. Los fotogramas intermedios revelan poco a poco una porción de coche mayor.

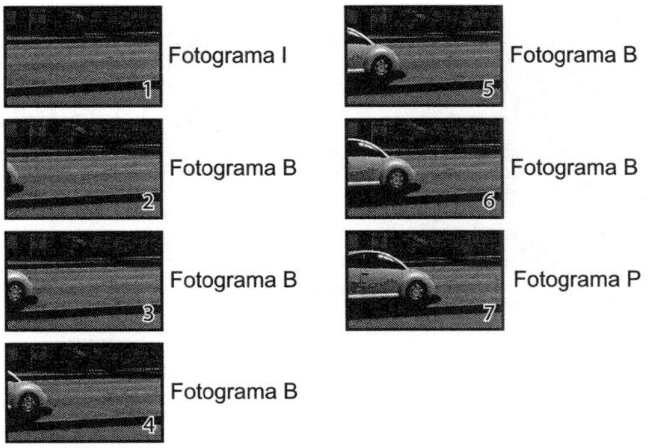

Figura 10.21.

Componentes en movimiento de una imagen.

Los macrobloques del fotograma P que describen el coche ya se encuentran disponibles durante la construcción de todos los fotogramas B. Por lo tanto, esas partes de las imágenes de los fotogramas B que contienen partes del coche se tomarán del fotograma P mientras que los macrobloques correspondientes al fondo se tomarán del fotograma I. Los bloques del fondo del fotograma P también provendrán originalmente del fotograma I. En la figura 10.22 se muestra cómo el fotograma B se compone de macrobloques basados en I y P. Se aplican vectores de movimiento para desplazar el contenido de los macrobloques en pequeños incrementos. Cualquier error residual que debe corregirse corresponden a todo lo que se codifique y transmita.

De esta forma, nuestro macrobloque puede verse reducido a una referencia a otra área del tamaño de un macrobloque dentro de la imagen, junto con un vector que indica el movimiento necesario para su reconstrucción una vez corregido cualquier error residual. Una adecuada codificación de los errores residuales permite obtener una mayor calidad.

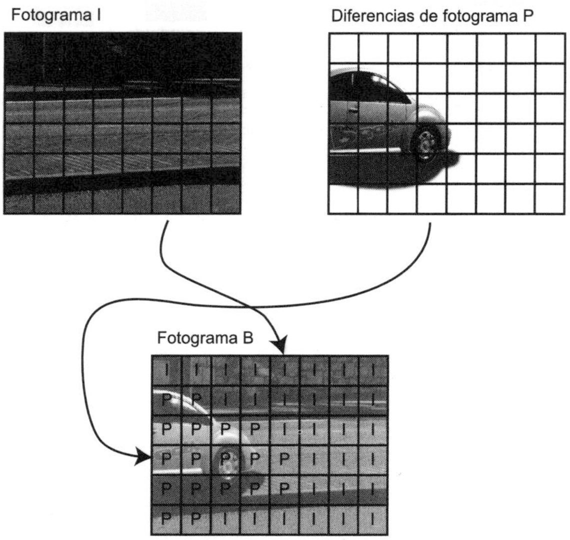

Figura 10.22.

Composición de fotogramas B.

Si no se procesan, se obtendrá una salida de codificación con pérdida. Aquí es donde la complejidad de la compresión de vídeo muestra sus garras. Lo más probable es que no necesite un analizador a menos que desarrolle códecs pero, en caso de que sea así, cualquiera de los modelos de Tektronix son excelentes. Uno de los últimos modelos es el MTM 400. También puede usar el ADM953A o ejecutar el software MTS4EA en su propio PC con Windows. Cada una de estas soluciones está diseñada para una aplicación de control ligeramente diferente. En la figura 10.23 se muestra la pantalla de vectores de movimiento en un antiguo MTS 300. En la figura 10.24 se muestra un detalle de los vectores de movimiento.

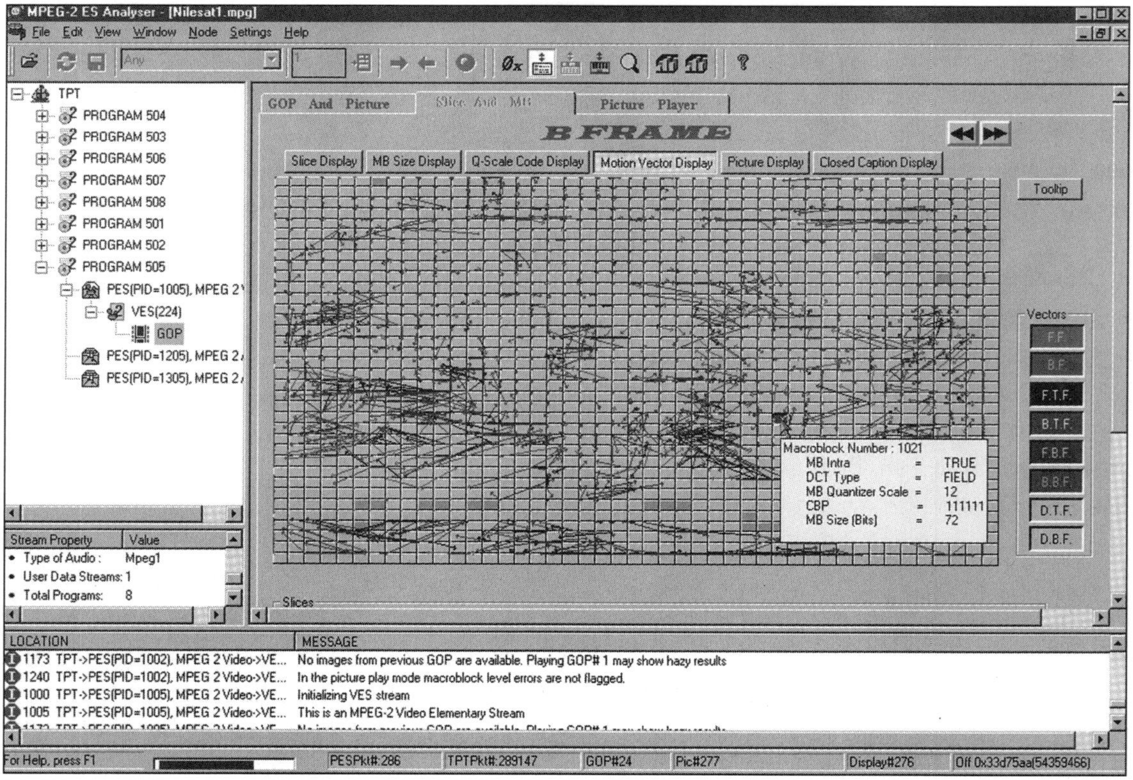

Figura 10.23.

Pantalla del analizador de vectores de movimiento. Fuente: Cortesía de Tektronix.

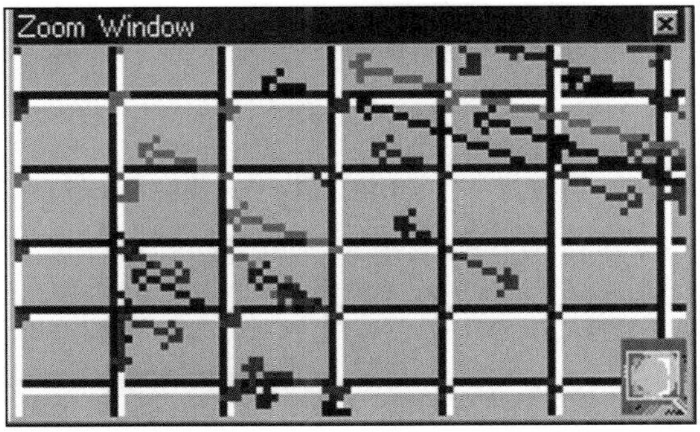

Figura 10.24.

Vectores de movimiento en una vista ampliada. Fuente: Cortesía de Tektronix.

El codificador emplea un procedimiento de estimación del movimiento para extraer los vectores de movimiento. La codificación de vectores de movimiento para eliminar los artefactos relacionados se denomina "compensación del movimiento". Todo el proceso es bastante costoso desde el punto de vista del procesamiento informático y para obtener el rendimiento necesario, el codificador deberá disponer de un intervalo que acote la búsqueda de bloques para calcular el movimiento.

Existe una gran variedad de técnicas que los instaladores de códecs emplean para acelerar el proceso, las cuales constituyen los elementos diferenciadores de los diseños de codificadores. Es posible obtener resultados visiblemente mejores con un codificador si lo comparamos con otro, aun cuando pretendan codificar el mismo modelo estándar. Siempre que la secuencia de bits que creen cumpla los estándares estrictamente, el descodificador podrá comprenderla. Puede ser que llegue a descubrir que pagar más por el codificador acaba siendo dinero bien empleado.

Herramientas

El concepto de herramientas se introdujo en el estándar MPEG-1, aunque por aquel entonces sólo se trataba de una herramienta para controlar el factor de escala de cuantización (QSF). La herramienta QSF se emplea para administrar la carga de la secuencia de bits saliente, como veremos más adelante.

Las herramientas constituyen una forma de describir componentes dentro de la implementación del estándar que se emplea para definir el nivel de implementación del mismo. En general, estas herramientas describen técnicas incluidas en el proceso de codificación.

Advertencias relacionadas con el estándar MPEG-1

Tenga en cuenta que el estándar MPEG-1 no tiene capacidad para trabajar con contenido entrelazado. El procesamiento o administración de los campos entrelazados deberá realizarse antes de emplear el codificador MPEG-1. El código de la aplicación deberá trabajar algo más para desentrelazar el contenido antes de que se inicie la codificación MPEG-1, lo cual supone una sobrecarga de procesamiento adicional. la consecuencia es que la eficacia de la codificación MPEG-1 se ve comprometida.

Tenga en cuenta también que la especificación de la velocidad de bits para MPEG-1 impone algunos límites en relación a la cantidad de datos que se puede transmitir. Estos límites se definen en bits por segundo (bps) pero si este valor se convierte a macrobloques por segundo, no hay suficiente ancho de banda para ofrecer una señal de televisión de alta resolución a una velocidad de fotogramas máxima. Es sólo algo menor que la trama de 525 líneas que se emplea en Estados Unidos, pero significativamente menor que la trama de 625 líneas requerida en Europa.

Por esta razón, el estándar MPEG-1 se ha seguido usando como un formato heredado, pero en el caso de aplicaciones televisivas se ha visto sustituido por el estándar MPEG-2.

La siguiente generación

Aunque el códec MPEG-1 realizó un excelente trabajo en el pasado, las limitaciones que presentaba obligaron a los expertos a desarrollar un estándar de codificación mejorado. Comprender el estándar MPEG-1 es importante porque todos los codificadores MPEG posteriores se basan en gran medida en los mismos conceptos. Es cierto que son más complejos y sofisticados, pero los principios subyacentes son los mismos. MPEG-2 emplea las mismas técnicas de "divide y vencerás" como veremos más adelante.

Capítulo 11

El códec MPEG-2

Ampliar el rango de posibilidades

El códec MPEG-2 es el responsable de que existan las industrias del DVD y la televisión digital, ya que estas no serían posibles con el MPEG-1. Las funciones de codificación se han mejorado para incluir MPEG-2 HD para aplicaciones de televisión de alta definición.

MPEG-2 se ha diseñado para implementarse en una variedad mucho más amplia de redes y mecanismos de transporte que el códec MPEG-1. Este último se diseñó para operar en entornos libres de errores, como los CD-ROM.

Aunque MPEG-1 gozó de éxito cuando se implementó, no ofrecía todos los requisitos necesarios para la retransmisión de servicios televisivos. Para ser justos, no se diseñó para tal fin ya que se concibió como un formato de distribución de contenido con una baja velocidad de bits para módems y CD-ROM.

MPEG-2 se basa en MPEG-1, al que añade algunas funciones del proceso de codificación adicionales. Básicamente funciona de la misma forma, pero las mejoras introducidas permiten obtener una mayor calidad, tamaños de imagen más grandes y proporcionan funciones adicionales de entrelazado y transferencia de película a televisión.

Herramientas de entrelazado

Aunque las razones técnicas para la implementación de vídeo entrelazado desaparecieron hace tiempo con la aparición del vídeo digital y las pantallas exploradas progresivamente, aún hay algunos expertos técnicos que arguyen que el vídeo entrelazado muestra una representación del movimiento más suavizada que el contenido explorado progresivamente.

El estándar MPEG-2 introduce algunas herramientas adicionales para poder codificar material entrelazado. Concretamente, algunas variantes de los fotogramas I, P y B proporcionan un medio para la codificación de campos individuales. Estos campos I, P y B son muy similares a los fotogramas. El mantenimiento de los mismos como campos pares e impares es muy importante.

El correcto orden de los campos como líneas pares o impares en la imagen y su ubicación temporal en primer o segundo lugar de los campos que componen un fotograma se denomina dominancia de campos. En ocasiones, se les denomina campo superior y campo inferior.

Aunque la implementación física de los campos impar/par primero/segundo es igual en los sistemas de reproducción estadounidense y europeo, la señalización de la dominancia de campos no es siempre la misma y se muestra un extraño efecto de escalonamiento si los campos se reproducen en el orden incorrecto.

La predicción de los fotogramas y los campos es diferente en MPEG-2. En lugar de matrices de 16x16 píxeles, hay matrices de 16x8 (debido al efecto de entrelazado). La predicción sólo se realiza en los correspondientes campos de otro fotograma. La división de los fotogramas en pares de campos continúa en sentido descendente en los macrobloques y los mecanismos de codificación DCT, y todo esto merece una nueva consideración a la luz de un modelo basado en campos en vez de en fotogramas. El orden de los coeficientes DCT en una secuencia de bits y la consiguiente codificación entrópica también han sufrido modificaciones para favorecer a los componentes verticales.

Los elementos internos del códec de compresión funcionan de forma similar, independientemente de que se procesen fotogramas o campos. La complejidad es prácticamente la misma pero los aspectos específicos de la organización de los macrobloques para la codificación del luma y el croma son ligeramente diferentes. En su conjunto, las técnicas son muy similares a las ya vistas para el formato MPEG-1. Si desea adentrarse en aspectos más complejos, consulte algún manual teórico sobre compresión de vídeo. Todo esto permanece bien oculto en los programas de codificación que utilice. Lo más probable es que se active mediante una simple casilla de verificación que seleccione el procesamiento entrelazado.

Modelo de color

El modelo de color se modifica un poco en MPEG-2 si se compara con MPEG-1. Se admite una codificación de color adicional. Los esquemas de muestreo 4:2:0, 4:2:2 y 4:4:4 se encuentran disponibles. Los perfiles y niveles se deben comprender para realizar la codificación correctamente, y los veremos próximamente. Lo habitual es que el software de codificación que utilice proporcione ayuda al respecto.

En la figura 11.1 se representan las ventanas de muestreo para cada uno de estos esquemas de muestreo.

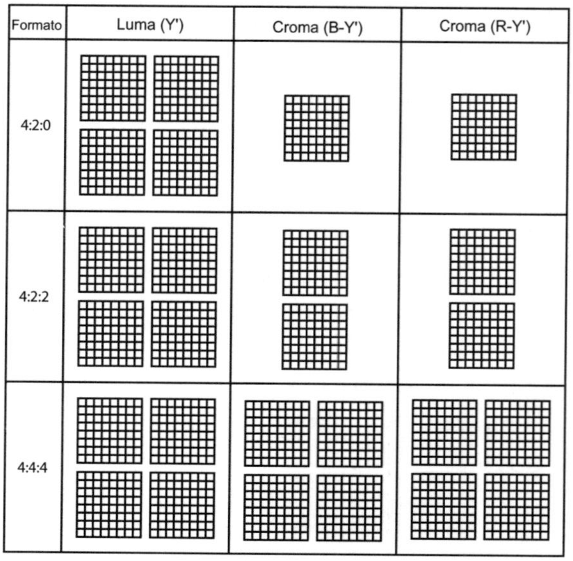

Figura 11.1.

Ventanas de muestreo.

Cuando se emplea la codificación basada en campos, los macrobloques de color hacen referencia al campo situado en la parte superior. La información de color se promedia tanto espacial como temporalmente. Es posible que se aprecie un desdoblamiento de los colores en objetos saturados de color que se muevan rápidamente. Un ejemplo habitual es el de un jugador de fútbol con la camiseta roja que juega sobre un campo verde.

Rebanadas

El estándar MPEG-2 introduce una restricción en la organización de rebanadas (*slices* en inglés). MPEG-1 permite que las rebanadas se extiendan por varias filas de macrobloques, pero MPEG-2 sólo permite hacerlo en una única fila. Las rebanadas pueden ser de menor tamaño, pero no pueden ampliarse hacia la derecha y pasar a la línea siguiente como ocurre en el formato MPEG-1. En la figura 11.2 se comparan ambos métodos.

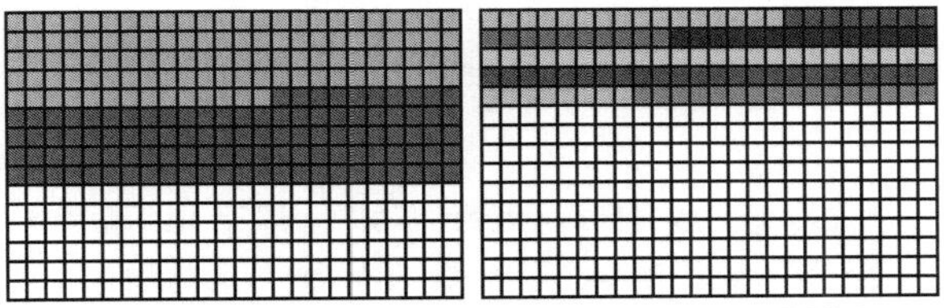

Figura 11.2.
Comparación de la distribución de rebanadas en MPEG-1 y MPEG-2.

La ventaja de esto es que las interrupciones en la señal causan un daño mucho menor y el proceso de reconstrucción tiene más posibilidades de disimular esta interrupción si el codificador es lo suficientemente inteligente.

Mejoras en la cuantización

No existen muchos cambios de cuantización entre MPEG-1 y MPEG-2, aparte de la precisión de los números empleada en los coeficientes. Permitir la expresión de los coeficientes con una mayor precisión produce un matiz más sutil en la imagen codificada. Esto debería reducir los artefactos por los que se muestra un halo en los contornos, aunque no parece eliminarlos por completo porque las compañías de codificación son libres de usar una precisión inferior o realizar una compresión más intensa en la codificación entrópica si así lo desean.

Algunos títulos en DVD ampliamente difundidos exhiben artefactos especialmente notorios, pero sería injusto identificarlos, ya que todos los DVD muestran artefactos cuando se examinan detenidamente. También se trata de algo que depende del reproductor que se utilice, ya que algunos reproductores sólo implementan la funcionalidad mínima necesaria para descodificar y mostrar una imagen básica. No aprovechan al máximo lo que el codificador incluyó en ellos.

Si desea ver ejemplos que muestren artefactos, observe escenas grabadas bajo el agua que empleen un haz reflector para la grabación. Seguro que estos vídeos muestran artefactos de formación de halos en los contornos si el proceso de codificación no se ocupó de ellos debidamente. Las escenas que muestran predominantemente el cielo, una puesta de sol o un sol resplandeciente también sufren el mismo problema. Los primeros DVD con movimientos rápidos como, por ejemplo, carreras de coches, muestran algunos artefactos de movimiento muy desagradables. Una gran cantidad de DVD se codificó con demasiado realce de contornos durante el proceso de telecine.

Herramienta de ocultación de vectores de movimiento

Se trata de una útil herramienta para proporcionar cierta redundancia en la codificación. Funciona de forma muy parecida a la técnica de reasignación de bloques en un disco duro. Si se pierde un macrobloque, la ocultación de vectores de movimiento en un macrobloque adyacente proporciona una alternativa que es menos óptima pero que siempre es mejor que una interrupción total en la reproducción de la imagen.

Transferencia de película a formato de vídeo

Ya vimos este concepto cuando hablamos de los formatos de película. El estándar MPEG-2 proporciona las herramientas necesarias para restaurar la línea temporal de 24 fotogramas. A continuación, esto se comprime de una forma más eficaz que el vídeo, pero se añade información a los datos comprimidos para indicar al codificador que recree una transferencia 3:2 según sea necesario para reproducir el contenido de nuevo a 30 fps cuando se visualice en un sistema estadounidense en pantallas de 60 Hz.

Compatibilidad con panorámicas y barridos

Una mejora útil introducida en el estándar MPEG-2 permite modificar el formato de visualización del contenido cuando la relación de aspecto de origen no coincide con la relación de aspecto de reproducción.

Una imagen en formato panorámico se puede panoramizar para centrar una ventana con una relación de aspecto de 4:3 en la parte en la que se desarrolle la parte más interesante de la acción.

En la figura 11.3 se ilustra cómo se recorta el contenido en una relación de aspecto normal.

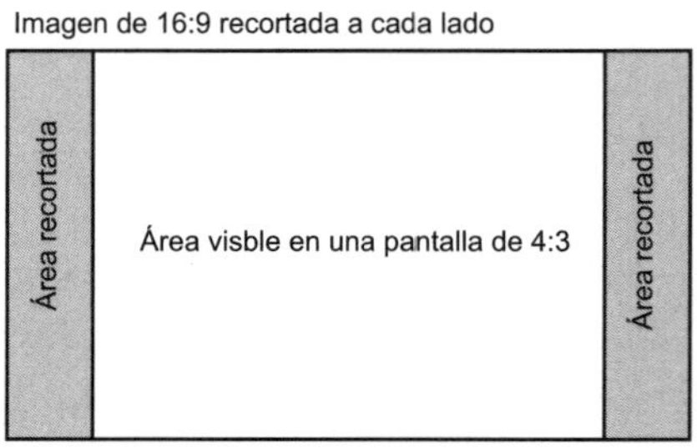

Figura 11.3.
Panoramización de un fotograma.

En la situación contraria, se realiza un barrido sobre una imagen de origen con una relación de aspecto de 4:3 para desplazar el rectángulo de visualización panorámico hacia arriba o hacia abajo con el fin de mostrar parte de la imagen (véase la figura 11.4).

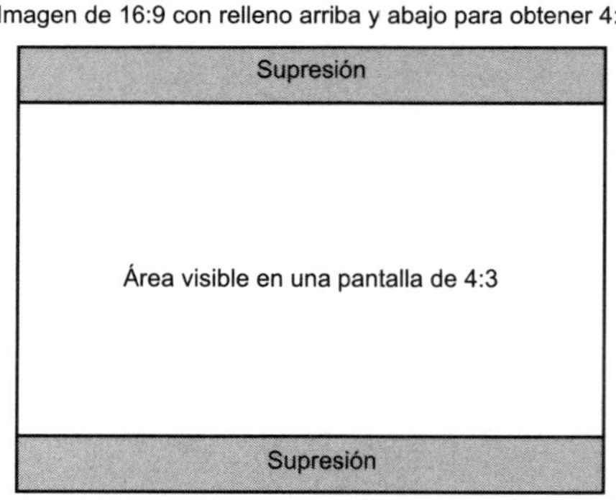

Figura 11.4.
Barrido de una imagen.

Ambas técnicas permiten cubrir toda el área de la imagen de la superficie de la pantalla. Los parámetros de panoramización y barrido se transmiten para cada campo y permiten describir el desfase con una precisión de 1/16 de un píxel. Esto hace que el movimiento de la trama sea más progresivo en el receptor por lo que el espectador nunca es consciente de lo que ocurre.

Conversión de la relación de aspecto

Un método alternativo consiste en aplicar al contenido una conversión de la relación de aspecto (ARC), aunque esto normalmente hace que se muestren unas barras de color negro en la parte superior e inferior o a ambos lados de la pantalla. Aunque esto no es exclusivo del formato MPEG-2, su descripción cobra importancia en este momento en relación a las técnicas de conversión de la relación de aspecto.

La conversión de una relación de aspecto de 4:3 produce una pantalla como la de la figura 11.5.

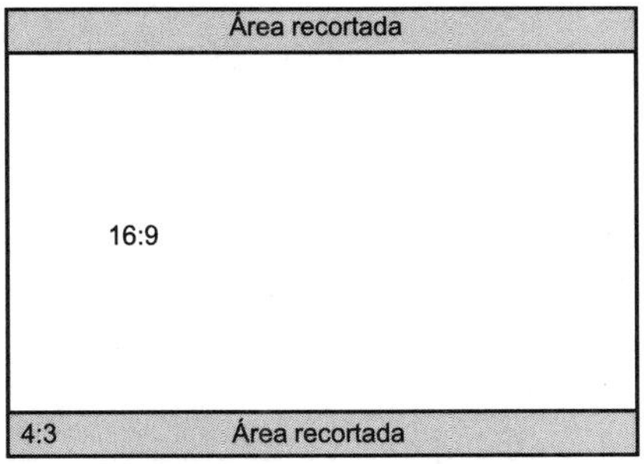

Figura 11.5.

Relación de aspecto de 4:3 convertida a 16:9.

Una relación de aspecto de 16:9 convertida a 4:3 presenta una apariencia como la de la figura 11.6.

Una solución intermedia es la que utiliza la BBC, que permite a una imagen de 14:9 mostrarse de forma razonablemente bien en un receptor de televisión de 4:3 y 16:9 (véase la figura 11.7).

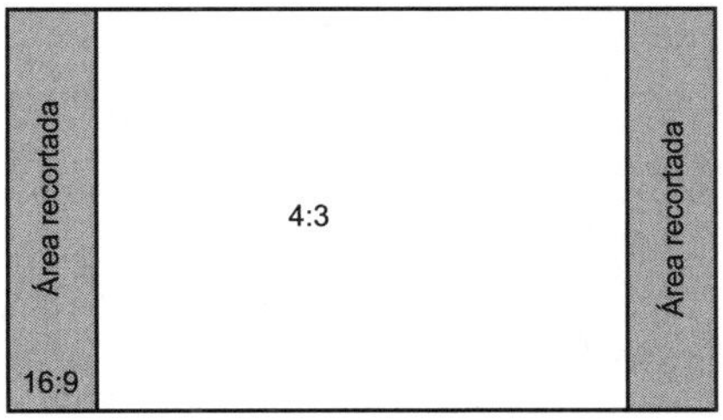

Figura 11.6.

Relación de aspecto de 16:9 convertida a 4:3.

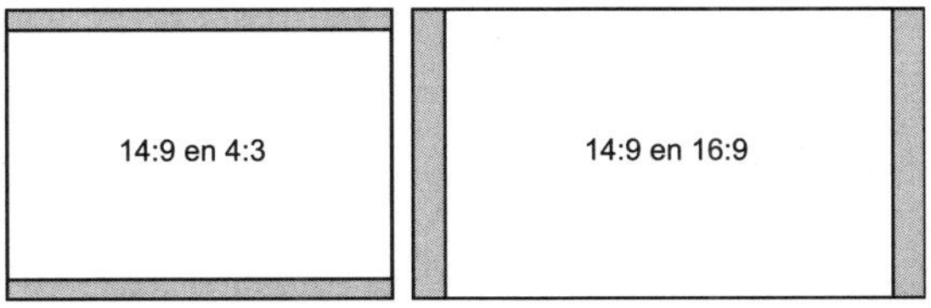

Figura 11.7.

Formato intermedio de 14:9.

Perfiles y niveles

El estándar MPEG-2 introduce el concepto de perfiles y niveles. Un perfil es una forma de describir una funcionalidad básica o un conjunto de herramientas disponibles que se describen de forma sencilla y sin ambigüedad al asignar la conformidad entre los procesos de codificación y descodificación. Los niveles normalmente hacen referencia al tamaño de la trama de una imagen cuando se aplica a los estándares de vídeo. Una combinación de perfiles y niveles se distribuye en una tabla bidimensional; en esta tabla quedan muchas veces celdas vacías ya que los perfiles y niveles no siempre tienen un significado. Por ejemplo, definir un nivel que emplee herramientas de compresión muy sofisticadas en una trama de baja resolución carece de sentido.

Los valores de un estándar permitirían al vídeo codificarse con docenas de parámetros definidos de forma independiente entre sí. El número de permutaciones conduciría a cientos, o incluso miles de formatos de codificación de vídeo ligeramente diferentes. Un perfil define los intervalos de valores o límites apropiados. Esto resulta más evidente al examinar tamaños de pantalla en los que los tamaños de trama más comunes se especifican mediante el perfil.

En algunas ocasiones, la organización de normalización que creó el estándar en un primer momento no define los perfiles. Generalmente, los perfiles y niveles vienen determinados por la aplicación industrial de los estándares y se aplican según el uso *de facto* que se haga de ellos. En el caso del formato MPEG-2 se han especificado algunos perfiles y niveles, aunque otros los ha definido la SMPTE de forma independiente.

Codificación escalable

La codificación escalable es una técnica en la que los datos codificados se dividen en dos partes. Se crea una secuencia con una velocidad de bits muy baja (la señal base) y se proporciona una secuencia suplementaria adicional (la señal de mejora) con el fin de mejorar la calidad. En el caso de algunas aplicaciones, sólo se emplea la secuencia con una baja velocidad de bits. Por ejemplo, un mecanismo de vista previa puede que sólo utilice secuencias de vídeo de baja calidad.

Los datos de alta calidad se agregan a la versión de baja calidad sin repetir ninguna información. Simplemente proporciona datos adicionales de modo que el descodificador pueda después reconstruir una imagen con una resolución completa que incluya los datos adicionales. Existen dos métodos para realizar esta operación. El perfil SNR crea lo que se conoce como señal de "imagen con calidad moderada", junto a una señal de mejora con una "imagen con poco ruido". Los perfiles espaciales y de altura generan una señal de imagen de baja resolución y una señal de mejora de la imagen de alta resolución. En ambos casos, combinar la señal base con la señal de mejora produce la información necesaria para recrear una interpretación de alta calidad, o bien emplear la señal base de forma independiente.

El perfil SNR se ha diseñado para permitir la transmisión de forma independiente de una señal de alta calidad con una potencia superior a la de la señal de mejora. Los receptores con una buena línea de mira y, por lo tanto, con una recepción de una alta calidad libre de ruidos deberían poder descodificar las señales base y las de mejora para reconstruir la señal con una calidad óptima. Los receptores situados más allá del margen del área de recepción no podrán distinguir la señal de mejora del ruido de fondo, aunque podrán diferenciar el nivel base y, por lo tanto, descodificar una imagen de calidad moderada. Esto se ha diseñado completamente en torno a relaciones entre señales y ruido, de ahí el nombre de perfil SNR (siglas correspondientes en inglés a *signal-to-noise ratio*). Otra posibilidad que podría estar disponible en un futuro sería que los fabricantes construyeran descodificadores económicos que sólo vieran la señal base. Un aparato de calidad superior podría ofrecer un servicio de mayor calidad.

El escalado espacial a veces se ve incrementado hasta el doble de la velocidad de fotogramas por parte del escalado temporal. Es posible ofrecer una amplia gama de niveles de servicio potenciales en función de la velocidad de bits disponible.

Capa de sistemas

El estándar MPEG-2 introduce la capa de sistemas, que proporciona mecanismos para combinar el contenido en vídeo con audio e imágenes estáticas. El mecanismo de la portadora se denomina secuencia de transporte. La secuencia de transporte multiplexa las secuencias de los programas de forma conjunta. Lleva otras secuencias de datos de soporte arbitrarios, así como los programas. Las secuencias pueden compartir una base temporal común, o bien reproducirse de forma independiente en bases temporales diferentes en caso de que sea necesario. El reproductor separa (deshace la multiplexación de) las secuencias y las procesa individualmente según sea necesario.

En ocasiones, la secuencia de transporte se denomina multiplexo (en radiodifusión de audio digital y televisión terrestre digital). También se puede hacer referencia a ella como secuencia "transpondedora" al hablar de satélites digitales o un canal de cable digital. El concepto de secuencia de transporte es importante en lo que al receptor se refiere, porque éste dispone de un sintonizador que adquiere las secuencias de transporte de una en una. En un entorno de retransmisión de varios canales que se distribuye en varios transpodendores o multiplexos, sólo se adquieren de uno en uno, a menos que se instalen varios sintonizadores. Los saltos de canal entre secuencias de programas dentro de una secuencia de transporte son casi instantáneos, pero pasar a un canal de otra secuencia de transporte requiere más tiempo a causa de la sintonización realizada de nuevo. La figura 11.8 muestra cómo se forma la secuencia de transporte a partir de las secuencias que la conforman.

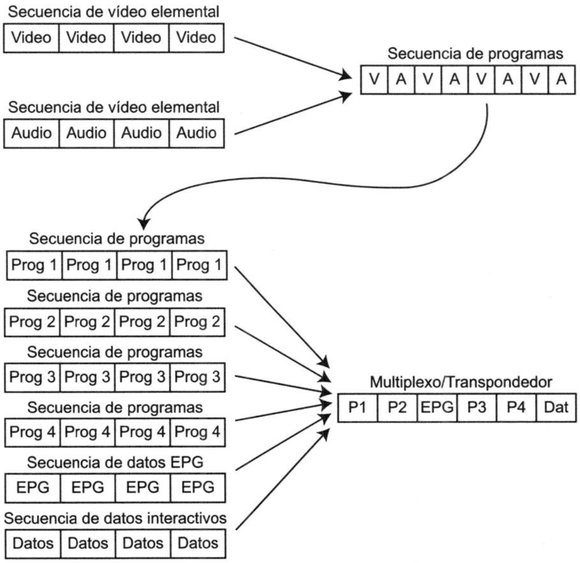

Figura 11.8.

Secuencias anidadas.

Sintonizar un programa supone en primer lugar que el sintonizador localice y capte la señal de portadora correspondiente a la secuencia de transporte. Esto puede tener una duración limitada y, en el caso de la retransmisión analógica, la imagen comenzará a distribuirse de forma inmediata. En una retransmisión digital, la secuencia de transporte deberá almacenarse en búfer lo suficiente como para poder reconstruir un segmento a partir de los paquetes y, a continuación, deshacer su multiplexación en las secuencias de programas distribuidas en paquetes. Éstas se almacenan en búfer y, a continuación, se deshace su multiplexación para obtener las secuencias elementales distribuidas en paquetes. Más tarde se descodifica la secuencia. El descodificador deberá esperar al siguiente fotograma I antes de proceder a la reconstrucción de un fotograma P o B a partir de él. El proceso que consiste en ejecutar una nueva sintonización tarda varios segundos, lo cual es una deficiencia importante a la hora de diseñar contenido multicanal complejo integrado en un entorno interactivo.

Compatibilidad para MPEG-1 en MPEG-2

Cuando el diseño de los estándares sigue una evolución, los primeros estándares tienden a seguir siendo funcionales, aunque se ven mejorados por funciones adicionales. Este es exactamente el caso de los formatos MPEG-1 y MPEG-2, puesto que uno de los constructos de secuencia definidos en MPEG-2 es idéntico al formato MPEG-1. Esto se denomina secuencia de programas y todos los componentes que incluye deben acogerse a la misma base temporal, tal y como ocurría en el formato MPEG-1.

Diseñar una ratonera mejor

Durante mucho tiempo, todo el mundo estaba satisfecho con el estándar MPEG-2. Hacía todo lo necesario en el momento en que se introdujo pero, aunque era bueno, siempre queda margen para la mejora de técnicas de codificación de vídeo. De forma gradual, año tras año, la calidad de imagen del formato MPEG-2 mejoraba a medida que se introducían mejoras en los algoritmos de codificación. Estas mejoras permitieron comprimir un poco más de vídeo en sistemas de transmisión ya masificados. Dado que cada vez somos más inteligentes y generamos secuencias de bits compatibles con los estándares que son más eficaces, los descodificadores instalados en los receptores de televisión y los reproductores de DVD de los consumidores no pueden diferenciarlos. Así que lo que hacen es descodificar tranquilamente la secuencia de bits más eficiente sin que se plantee problema alguno. Más tarde, hubo gente que empezó a preguntarse si se habían aprovechado al máximo todos los recursos disponibles. ¿Quedan métodos nuevos por probar? Pronto hubo grupos de personas en laboratorios que desarrollaban códecs nuevos y mejores. Entre otros, Real Networks y Microsoft compitieron en este sentido en una carrera por ganar una mayor cuota de mercado. Ambas compañías inventaron tecnologías que, según afirmaban, mejoraban el rendimiento del formato MPEG-2. Y, de esta forma, nació el estándar MPEG-4. Se trata de una densa obra de ingeniería en lo que a ámbito y alcance se refiere, y es una descripción muy completa y exhaustiva de la industria multimedia y la interactividad; la compresión de vídeo no es más que una pequeña parte de ella.

En el capítulo siguiente veremos las mejoras que ofrece el formato MPEG-4 parte 2. Una vez más, éste se basa en el trabajo anterior realizado con el MPEG-1 y MPEG-2, aunque lleva los algoritmos un poco más allá con la introducción de técnicas nuevas.

Capítulo 12

El códec MPEG-4 Parte 2

MPEG-4

La evolución de los sistemas de compresión de vídeo diseñada por el MPEG con el MPEG-4. Algunas personas asumen que MPEG-4 no es más que otro códec de vídeo, pero es mucho más que eso. Incluye una gran cantidad de funciones multimedia para proporcionar una amplia variedad de experiencias audiovisuales, además de soporte interactivo.

MPEG-4 incluye dos estándares de codificación de vídeo (la parte 2 y la parte 10). Hasta finales de 2003, cuando se hacía referencia al vídeo en formato MPEG-4, normalmente se trataba de MPEG-4 parte 2, que describe el contenido visual.

En la actualidad, decir "Codifico mi vídeo en MPEG-4" resulta ambiguo. Es necesario calificar esta afirmación mediante la especificación de cualquiera de los datos siguientes:

- Versión (1, 2, 3, 4 o cualquier otra).
- Parte (2 ó 10).
- Perfil.
- Nivel.

Nueva terminología

La codificación de vídeo MPEG-4 introduce nueva terminología sobre la base de que cada elemento de la secuencia es un objeto. En la tabla 12.1 se muestran algunos de estos términos nuevos.

Tabla 12.1.

Nueva terminología introducida en MPEG-4.

Término	***Significado***
VS	Secuencia visual (*Visual Sequence*). El nivel superior de la representación jerárquica basada en objetos.
VO	Objeto visual (*Visual Object*). Puede tratarse de secuencias de vídeo o instantáneas. Se incluyen en una secuencia visual.
VOL	Capa de objetos de vídeo (*Video Object Layer*). Representa una capa de la imagen que contiene algún vídeo. Una capa de objetos de vídeo se incluye en un objeto visual.
GOV	Grupo de planos de objetos de vídeo (*Group of VOPs*). El concepto es similar al del grupo de imágenes (GOP) pero se trata de capas de estructura adicionales. Los grupos de planos de objetos de vídeo se incluyen en capas de objetos de vídeo.
VOP	Plano de objetos de vídeo. Una secuencia de vídeo reproduciéndose en su propio plano existencial. Los grupos de planos de objetos de vídeo son el objeto principal cuando la estructura se visualiza en un árbol jerárquico.

Estas agrupaciones admiten la administración del vídeo de una forma mucho más estructurada de lo que era posible con anterioridad, lo que permite que las regiones de formas irregulares y la codificación del canal alfa se administren con mucha facilidad.

Transformadas wavelet

Se trata de un nuevo enfoque matemático surgido como alternativa a la transformada discreta del coseno (DCT) y funcionan de forma algo diferente. Algunos fabricantes de códecs hablan de ellas como si fueran el Santo Grial, pero las transformadas wavelet son sólo otra técnica de codificación de macrobloques.

El formato MPEG-4 emplea la codificación wavelet con la transformada wavelet discreta (DWT), pero sólo para imágenes extáticas con texturas. Sigue empleando la transformada DCT para la compresión de vídeo en movimiento natural.

La diferencia entre el algoritmo DCT basado en Fourier y el algoritmo wavelet es mínima, aunque bastante importante. En las transformadas DCT, cuanto mayores son las frecuencias muestreadas a lo largo de un mismo espacio mayor es el número de ciclos de componentes de orden superior.

La codificación wavelet se basa para su funcionamiento en el principio de que el número de ciclos debe ser fijo, con independencia de la frecuencia que se utilice. Así que, a medida que aumenta la frecuencia, se reduce el área que se considera.

Más mejoras introducidas en MPEG-4 Parte 2

Esto ha de tener un impacto importante en lo que a implementaciones se refiere. Algunos fabricantes de dispositivos móviles de bolsillo están implementando funcionalidad de vídeo con MPEG-4 parte 2. Como resultado, empiezan a aparecer cámaras de vídeo digital económicas, compactas y muy elegantes que almacenan vídeo en tarjetas de memoria en lugar de hacerlo en cintas.

Mejoras en la eficacia de codificación

Cuando se revisó el estándar MPEG-4 para la versión 2, se introdujeron algunas herramientas nuevas que tienen un profundo efecto en la eficacia de la codificación. Estas herramientas incluyen:

- Compensación de movimiento global (GMC).
- Compensación de movimiento de cuarto de píxel (QPMC).
- Transformadas discretas de coseno que se adaptan a la forma (SADTC).

Existe una ventaja oculta en el uso de códecs más recientes una vez que se han resuelto los problemas de distribución. La eficacia de compresión adicional aumentará el espacio de retransmisión al doble como mínimo. Esto proporcionará el doble de capacidad a la hora de obtener beneficios por publicidad a través de canales adicionales. Únicamente esto constituye ya una opción lo suficientemente atractiva como para que la consideren los ejecutivos de la televisión comercial.

Mejoras en la transformada DCT

Algunas adiciones bastante complejas introducidas en el proceso de codificación mejoran su eficacia. Éstas pertenecen al ámbito de la forma en la que se manejan los coeficientes de la transformada discreta del coseno al procesar fotogramas P. También se ha mejorado la cuantización y la codificación de longitud variable, por lo que es posible disfrutar de una mayor eficacia de la codificación implementando simplemente el códec MPEG-4 parte 2. El gran problema es que hay numerosos códecs MPEG-2 que ya están implementados en dispositivos de hardware y que es imposible actualizarlos para que comprendan la sintaxis del formato MPEG-4 parte 2.

Compensación de movimiento global

La compensación de movimiento global resulta útil porque cuando se aplica a un objeto en su conjunto, se reducen los efectos de la compensación de movimiento en el nivel del macrobloque, por lo que se reduce la complejidad de la codificación.

Compensación de movimiento de subpíxeles

Al permitir que se calcule el movimiento con una resolución por debajo del nivel de los píxeles, los objetos que se mueven lentamente se codifican con mayor precisión y los fotogramas de predicción se describen con menos fallos y errores residuales. En la figura 12.1 se muestra el resultado que se obtiene al analizar los vectores de movimiento en un dispositivo MTS4EA de Tektronix.

Figura 12.1.

Análisis de vectores de movimiento. Fuente: Cortesía de Tektronix.

Vídeo escalado

Seguro que recuerda que el MPEG-2 introdujo el vídeo escalable. El concepto gira en torno a la distribución de una señal de resolución y calidad básicas con una señal diferencial que se añade para ampliar la secuencia de bits con el fin de proporcionar suficientes datos para obtener una salida de calidad superior. MPEG-2 se puede escalar en tamaño, densidad de píxeles y velocidad de fotogramas mediante esta técnica. MPEG-4 también es compatible con ella, pero en el nivel de objetos individuales y permite la existencia de más de una capa de mejora en caso de que sea necesaria. Potencialmente, se permiten numerosas permutaciones diferentes y el escalado espacial se delega en el descodificador en caso de que sea necesario.

Aplicaciones de vídeo codificado mediante formas

La compatibilidad con vídeo codificado mediante formas alfa ofrece algunas posibilidades interesantes para la implementación de subtítulos o sobreimpresiones de lenguaje de signos para los que tengan problemas de oído. Éstos se podrían transmitir junto con el canal de vídeo normal y desactivar o activar a demanda. Los aparatos que sólo dispongan de reproductores MPEG-2 no se verían afectados, ya que no podrían ver la secuencia de vídeo adicional. Los aparatos especiales que se ofrezcan para sordos permitirían la activación de la sobreimpresión de signos en cualquier programa que se emitiera, ya fuera en horario de máxima audiencia o no. En la actualidad, sólo se presenta vídeo con lenguaje de signos en horario que no sea de máxima audiencia o en el caso de unos pocos programas diarios en canales con contenidos especiales que gozan de audiencias mucho menores.

Aplicaciones para conjuntos virtuales

Los programas que requieren conjuntos virtuales como, por ejemplo, las previsiones meteorológicas pueden mejorar de forma significativa si se presentan en un entorno MPEG-4 BIFS que incluya varias secuencias de contenido diferentes.

Con los códecs que existían con anterioridad al formato MPEG-4, toda la imagen debía componerse en el estudio y emitirse como un vídeo de movimiento con todos los fotogramas. La figura 12.2 simula el tipo de salida creado en un estudio dedicado a las previsiones meteorológicas. Muestra cómo una presentadora se puede incluir en una capa o añadirse a cualquier fondo que se desee.

Figura 12.2.

Imagen completamente compuesta y emitida como una sola secuencia.

Esto nos lleva a otro aspecto relacionado con el contexto visual. En este ejemplo, la presentadora lleva un vestido más informal de lo que suele ser habitual en una red de ámbito nacional. No obstante, para un programa destinado a jóvenes podría resultar adecuado. Asegurarse de que las capas sean coherentes y relevantes desde una perspectiva contextual o cultural es un importante aspecto de la creatividad necesaria para la producción de vídeo. Es importante ceñirse a una gramática visual coherente en sus producciones de vídeo. Si lo desea, MPEG-4 admite la existencia de múltiples sobreimpresiones de presentadores.

Lo primero es separar la presentadora en movimiento del fondo estático. Esto ya ocurre cuando la presentadora se graba sobre un fondo de color azul. Es posible crear fácilmente una máscara de canal alfa o mate a partir de dicho vídeo. Dividir la imagen en macrobloques sirve de gran ayuda en este proceso. Tomemos como ejemplo la presentadora en la figura 12.3. Fíjese en la cuadrícula que muestra las subdivisiones de los macrobloques colocada sobre la imagen.

Figura 12.3.

Capa con los contornos detectados y cuadriculada.

Se han clasificado todas las celdas de la imagen. Cada macrobloque se sitúa completamente dentro, completamente fuera o está parcialmente incluido en el área de la máscara del canal alfa. Esto viene dado por el hecho de que el contorno atraviese o no un macrobloque. Los dos sencillos casos en los que el contorno no corta un bloque se eliminan simplemente. Los bloques que se encuentren completamente en el interior se codifican, y los que están en el exterior se ignoran.

Los bloques a los que se ha aplicado parcialmente la máscara requieren que la forma del contorno se codifique como un macrobloque más. El macrobloque del canal alfa se codifica de forma bastante eficaz, especialmente en el caso de que la máscara no tenga contornos suavizados y se represente como un valor de 1 bit. Los contornos suavizados requieren un valor de 8 bits.

Si se compara esto con la codificación de macrobloques de los formatos MPEG-1 y MPEG-2, es necesario codificar una capa adicional para transportar el canal alfa en caso de que se emplee la codificación de formas. En el descodificador, el canal de formas controla la fusión del vídeo codificado como una sobreimpresión en la capa del fondo para crear una imagen compuesta.

Eficacia de compresión para la codificación con formas

Los píxeles que no son visibles porque quedan fuera de los límites del objeto o fuera del límite codificado mediante formas se procesan para definirlos según un valor medio común a todo el macrobloque. Serán reemplazados por el valor del coeficiente DC correspondiente a dicho macrobloque. Definirlos como blancos o negros independientemente del valor medio del macrobloque requiere una gran cantidad de energía en los coeficientes DCT para transformar el valor del píxel del valor medio al valor predeterminado que especifiquemos para dicho bloque. En la figura 12.4 se muestra el "desglose" realizado en los tres tipos de bloque codificado mediante alfa.

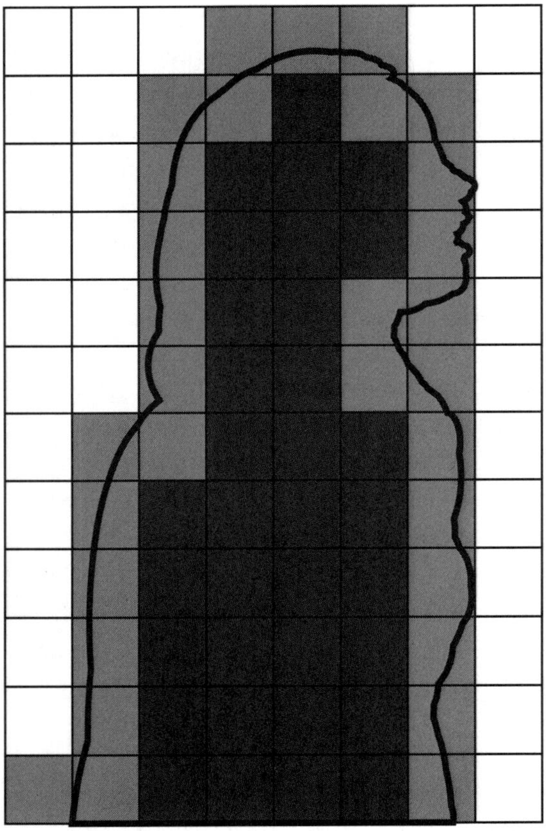

Figura 12.4.

Contorno codificado mediante formas.

Los bloques blancos se ignoran. Éstos se sitúan fuera de la máscara y no es necesario codificarlos en la capa de la máscara o en el vídeo lo que permite ahorrar algo de la velocidad de bits. Los bloques de color gris claro se sitúan sobre el límite de la forma codificada mediante alfa y contienen píxeles de enmascaramiento que es necesario codificar. Estos bloques del vídeo deberán codificarse completamente, aun cuando sólo se enmascaren o reproduzcan parcialmente. Los bloques de color gris oscuro se encuentran completamente en el interior del área a la que se ha aplicado la máscara. Se codifican los píxeles sin máscara porque estos bloques se mostrarán sin ella.

DCT con adaptación de formas

La versión 2 del estándar MPEG-4 introduce la codificación DCT con adaptación de formas. Ésta se utiliza al calcular los macrobloques de contorno codificados mediante el canal alfa que sólo pueden cubrir parcialmente el área ocupada por el macrobloque. Al adaptar la forma de la ventana DCT para ajustarse al área de interés, se reduce la cantidad de datos que se debe considerar, con lo que se mejora la eficacia de la compresión.

Perfiles y niveles

La misma filosofía que se ha descrito con anterioridad para el MPEG-2 se ha adoptado para el formato MPEG-4.

Hay dos perfiles que se han convertido en puntos centrales de la compresión para el contenido móvil y la Web: el perfil sencillo (SP) y el perfil sencillo avanzado (ASP). El perfil sencillo está destinado a situaciones con una baja velocidad de bits y el perfil sencillo avanzado incluye herramientas más avanzadas que mejoran la calidad, pero no resulta tan compatible.

El profesor Jens-Rainer Ohm de la *Aachen Universität* (Alemania) ha desarrollado una clasificación que resulta de gran utilidad. Ben Waggoner también ha desarrollado otro material útil y que se ha publicado en la revista DV.

La taxonomía del profesor Ohm divide los perfiles en seis regiones distribuidos en dos ejes. En uno de los ejes, los perfiles trabajan con formas arbitrarias o rectangulares. El otro eje está relacionado con la escalabilidad. A continuación, se enumeran las seis regiones:

- Formas arbitrarias con escalabilidad temporal.
- Formas arbitrarias sin ningún tipo de escalabilidad.
- Formas arbitrarias con escalabilidad espacial y temporal.
- Formas rectangulares con escalabilidad temporal.
- Formas rectangulares sin ningún tipo de escalabilidad.
- Formas rectangulares con escalabilidad espacial y temporal.

El estándar continúa evolucionando. Hay perfiles para sistemas de estudio y perfiles adicionales optimizados para proporcionar compatibilidad para 2D. Los perfiles visuales naturales se emplean para la transmisión de contenido en película o vídeo que se ha digitalizado y que se visualizará de forma relativamente lineal.

Problemas de licencia

En el momento en que este códec se publicó, las condiciones de licencia no resultaban atractivas para las compañías de radiodifusión, por lo que había pocos incentivos para que se convirtiera en una alternativa al MPEG-2. Las condiciones de licencia se han suavizado un poco, pero existen algunos factores de riesgo relacionados con las licencias que conviene valorar.

Para cuando el estándar MPEG-4 se ratificó y empezó a cobrar interés, el tema de la concesión de patentes se convirtió en un punto de fricción. Simplemente, las compañías de radiodifusión no deseaban pagar honorarios por cada secuencia, usuario ni minuto de programación. Todas ellas están acostumbradas a adquirir costosos equipos y programas, así como a abonar los derechos de licencia a través de un pago único al comprar la tecnología.

La Unión europea de radiodifusión (UER) declaró en otoño de 2003 que no esperaba que ninguna compañía de radiodifusión encontrara atractivas estas condiciones basadas en el uso que se hiciera de la misma.

El debate continuó hasta verano de 2004, lo que proporcionó una significativa ventaja comercial a los fabricantes de códecs propietarios. Al hacer sus condiciones de licencia un poco más atractivas que las del códec H.264, se ganaron nuevos adeptos.

Parece haberse alcanzado un compromiso razonable consistente en que los fabricantes del codificador pagan un gravamen y los propietarios del contenido pagan una pequeña cuota por cada copia del contenido que se distribuya comercialmente. Es necesario controlar este cargo por copia producida para que no resulten afectados las organizaciones sin ánimo de lucro y los pequeños productores. Como resultado, las organizaciones sin ánimo de lucro y las compañías de radiodifusión están exentas de pagar estas cuotas, al menos por ahora.

Resumen

El códec MPEG-4 parte 2 es uno de los que se cita cuando se compara el rendimiento y la calidad de Windows Media Series 9 (WM9) y MPEG-4 en relación a la velocidad de bits y la eficacia en las presentaciones comerciales. Es cierto que WM9 es superior al códec MPEG-2. Sin embargo, al comparar los códecs WM9 y H.264, la competencia es más igualada. Tenga mucho cuidado de que el códec MPEG-4 que se menciona en las discusiones sea el mismo sobre el que desea hablar usted, sobre todo a la hora de compara su rendimiento con otros códecs. Los códecs MPEG-4 parte 2 y MPEG-4 parte 10 son completamente diferentes. A continuación, se enumeran las principales características del códec MPEG-4 parte 2:

- Gran calidad.
- Es posible que sea sustituido por el códec H.264.
- Un buen tamaño de archivo con una velocidad de bits baja.
- Los archivos se hacen demasiado grandes con una velocidad de datos elevada.
- Compatible con diversas plataformas de reproducción, como Real Networks y QuickTime (con algunas limitaciones).
- Un códec útil para uso general.
- La versión Sorensen ofrece una mayor calidad marginal aunque la compresión es menos eficaz.
- 3ivX es una buena implementación disponible para Windows.

Ahora que el estándar H.264 (MPEG-4 parte 10) se encuentra disponible, el códec MPEG-4 parte 2 se ha visto lamentablemente sustituido en gran medida. No ofrecía suficientes ventajas respecto al estándar MPEG-2, que se ha puesto al nivel de aquél en las últimas implementaciones. El códec H.264 va mucho más allá que el MPEG-4 parte 2 gracias a su eficacia de compresión y sólo carece de la compatibilidad con formas codificadas mediante alfa. Esta característica se añade en la actualidad al estándar, lo que hará que el códec MPEG-4 parte 2 se deje de utilizar o, a lo sumo, se considere un códec heredado.

En el capítulo siguiente estudiaremos este fantástico nuevo códec (H.264), que alimenta las esperanzas de toda la industria. En lo que a rendimiento bruto se refiere, H.264 es el mejor códec que jamás ha existido.

Capítulo 13

El códec H.264

H.264

H.264 es el códec más reciente. Está diseñado para un uso general y se conoce por diferentes nombres. Se trata del legado de varios grupos que colaboraron durante la evolución de sus estándares y que al final decidieron que debían trabajar como un solo equipo.

El códec H.264 es importante porque incorpora el trabajo de compresión realizado por distintos organismos de la industria en el mismo estándar. Por lo tanto, el ámbito de aplicación de la misma base del códec es mucho más amplio.

El códec H.264 también se conoce como MPEG-4 parte 10. El estándar MPEG-4 sólo admitía en un principio la parte 2. La parte 10 se añadió para incluir la codificación H.264, que también se conoce como AVC (*Advanced Video Coding*, Codificación de vídeo avanzada).

¿Por qué se necesita otro códec más?

El códec H.264 está destinado a aplicaciones que anteriormente habrían usado MPEG-2, H.263 y el códec de vídeo MPEG-4 parte 2. Mejora una gran cantidad de funciones que se encontraban disponibles con anterioridad y las dota de una mayor flexibilidad y utilidad. Los elementos que se habían unido y fijado ahora se asocian con mayor libertad. Además, es posible controlar directamente ciertos aspectos que antes se integraban de forma interna. El vídeo codificado mediante H.264 se reproduce a la mitad de la velocidad de bits que requiere el formato MPEG-4 parte 2. Además, presenta la ventaja añadida de que la calidad de la imagen se suaviza a medida que aumenta la relación de compresión.

Dispositivos móviles

Aunque el códec MPEG-2 presentaba un rendimiento excelente con las velocidades de bits que proporcionaban los reproductores de DVD domésticos, no podía alcanzar la calidad deseada con la velocidad de bits disponible para dispositivos móviles. Este fue el principal objetivo cuando se empezó a diseñar el estándar H.264. El nuevo códec H.264 se diseñó para escalar desde velocidades de bits bajas hasta aplicaciones de alta definición y cine digital. Para ello, se proporcionaron más herramientas para que las utilizara el codificador en la compresión de contenido. Estas herramientas se han diseñado para afrontar aquellas situaciones en las que las herramientas de MPEG-2 llegaban a su límite de rendimiento, de ahí que existiera la necesidad de desarrollar herramientas nuevas.

Televisión digital

El códec MPEG-2 se emplea con mayor frecuencia en servicios de televisión digital; los códecs H.264 se podrían obtener para crear una mayor calidad con la misma velocidad de bits o la misma calidad con una velocidad de bits inferior. Las pruebas comparativas que se han realizado muestran que el H.264 ofrece una calidad superior que la del MPEG-2 con una velocidad de bits inferior a la mitad. Un servicio de televisión doméstica de muy buena calidad podría distribuirse a 2 Mbps o más. En la actualidad, esta área experimenta rápidos avances desde un punto de vista tecnológico. Bulldog ofrece ahora un servicio de banda ancha de 4 Mbps a los hogares británicos y se especula con que es posible ofrecer servicios domésticos de hasta 22 Mbps.

Principales características de H.264

A continuación, se detallan los aspectos más destacados de este códec:

- Alta calidad.
- Extremada eficacia.
- Tamaños de archivo eficaces.
- Escalable desde 3G a televisión de alta definición y cine digital.
- Proporciona una reproducción total de alta definición en los dispositivos existentes en la actualidad.
- Ratificado por los estándares abiertos.
- Compatibilidad entre industrias para una mayor interoperabilidad.
- Elegido como estándar para los ordenadores, terminales de acceso a redes y DVD de próxima generación.

El códec resultante ofrece vídeo a una velocidad de bits muy baja a dispositivos que van desde teléfonos móviles a la televisión de alta definición y el cine digital. El formato móvil está representado por el 3GPP 176x144 a una velocidad de bits de 64 Kbps. El formato de alta definición sería 1920x1080 explorado progresivamente a una velocidad mínima de 8 Mbps.

¿Qué esconde el nombre?

Los grupos de trabajo MPEG de la ITU y la ISO se unieron para formar el grupo *Joint Video Team*, razón ésta por la que el códec se denomina a veces JVT. Dado que se ratificó como un estándar ISO, se denomina ISO_IEC_14496-10, pero este nombre resulta difícil de recordar. El estándar 14496 de la ISO describe el MPEG-4, por lo que este códec se denomina a veces MPEG-4 parte 10. El grupo de trabajo MPEG lo llama *Advanced Video Coding* (Codificación de vídeo avanzada) para distinguirlo del MPEG-4 parte 2, que se llama el estándar visual MPEG-4. El término AVC se usa con bastante frecuencia.

Por último, las recomendaciones de la ITU se codifican todas con el prefijo H, por lo que se conoce como H.264. Para distinguir los estados de trabajo aún incompletos del estándar antes de que sea ratificado, la ITU sustituye el último dígito por una letra, razón por la que puede encontrar el término H.26L.

Parece que, de forma mayoritaria, la industria prefiere denominarlo H.264 al describirlo en las características técnicas de los productos. Si se hace referencia a un códec de vídeo como MPEG-4, lo normal es asumir que se refiere a la parte 2, en ausencia de cualquier otro detalle calificador. Por lo tanto, la nomenclatura recomendada es H.264 ó AVC.

Evolución a una forma superior

Los códecs han evolucionado gradualmente desde el MPEG-1, añadiendo mejoras al MPEG-2 y prosiguiendo con las mejoras en el formato MPEG-4 parte 2. Cada uno de ellos es un poco más complejo que el anterior.

En el diseño de este códec ha participado una gran cantidad de personas. Muchas de ellas eran especialistas en campos muy limitados. La intención de todos ellos era obtener la mejor calidad de imagen posible con la relación de compresión más eficaz que pudieran conseguir. En los límites de la curva de rendimiento hay modos de alta calidad muy complejos en un extremo, pero una escasa complejidad con algunas compensaciones de calidad necesarias en el otro extremo. El proceso de descodificación es poco ambiguo. Todos los descodificadores deben producir exactamente la misma salida. Los máximos detalles, los gradientes y el movimiento se procesan con mayor eficacia de que habían conseguido otros diseños de códecs hasta ahora.

Rendimiento

En la figura 13.1 se muestra una comparativa de las velocidades de bits obtenidas con un vídeo de la misma calidad en MPEG-2 y H.264. La línea correspondiente al H.264 incluye el trabajo realizado con la versión H.26L y las secuencias de trabajo del MPEG-4 parte 2.

Fíjese en que, en la actualidad, el estándar MPEG-2 mejora el rendimiento de los primeros trabajos realizados con el H.264. No obstante, el códec H.264 siempre ha mantenido su liderazgo sobre MPEG-2 al que, durante la mayor parte de su existencia, ha doblado en eficacia.

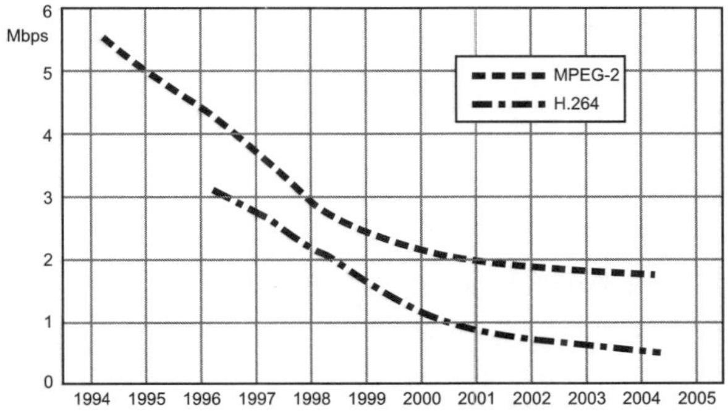

Figura 13.1.

Eficacia de compresión relativa entre el MPEG-2 y el H.264.

Envivio ha producido vídeo en H.264 a 800 Kbps que satisfaría perfectamente las necesidades de los consumidores y su laboratorio de investigación persigue el objetivo de alcanzar los 600 Kbps sin que la calidad se vea afectada.

Esto es en el ámbito de las velocidades de bits de distribución de banda ancha. La industria se encuentra a las puertas de ser capaz de distribuir vídeo a pantalla completa a través de la línea telefónica. Este ha sido uno de los objetivos de las compañías de telecomunicaciones desde hace mucho tiempo, y las primeras pruebas realizadas por British Telecom (BT) y Apple apuntaban en esa dirección ya a finales de la década de los 80 del siglo pasado.

Perfiles y niveles

La organización de perfiles y niveles del códec H.264 es mucho más sencilla que la del MPEG-4 en su totalidad y en la forma en la que se define para la parte 2. Sólo hay tres perfiles definidos en la actualidad:

- Línea base.
- Principal.
- Ampliado.

Estos perfiles incluyen 5 niveles principales para los que ya se han definido algunos subniveles. En total se admiten 15 niveles diferentes. El perfil principal (Nivel 3) está convirtiéndose en el principal punto de interés de los fabricantes de codificadores H.264 que trabajan en la industria de las retransmisiones televisivas.

Compatibilidad con herramientas

Ningún otro códec incluye tantas herramientas como el H.264. Se trata de un superconjunto del resto de códecs. Es posible desarrollar una configuración en otro códec y optimizarla para obtener un buen rendimiento. A continuación, se podría aplicar la misma configuración en H.264 y añadir las herramientas adicionales para obtener un rendimiento aún mejor que el que posiblemente podría administrar el códec original.

A continuación se muestra una breve lista de algunas de las mejoras funcionales introducidas en el códec H.264 en relación a otros publicados con anterioridad:

- El algoritmo DCT trabaja con 4x4 píxeles en lugar de 8x8, aunque también admite 8x8.
- El algoritmo DCT se distribuye en capas mediante transformadas de Hadamard.
- Se admite el muestreo de colores en 4:2:2 y 4:4:4.
- Es posible que cada píxel tenga hasta 12 bits.
- Los bloques de compensación del movimiento son de tamaño variable.
- Codificación aritmética de longitud variable.
- Mecanismo de ayuda y filtro de desbloqueo incorporado.
- Optimizador de distorsión por velocidad.
- Mecanismos de predicción internos.
- Predicción bidireccional ponderada.
- Imágenes redundantes.
- Ordenación flexible de macrobloques.
- Modo directo para fotogramas B.
- Múltiples fotogramas de referencia.
- Compensación del movimiento bajo el nivel de píxeles.
- Compatibilidad propuesta para el canal alfa del códec MPEG-4 parte 2.

Cambios de codificación

El códec H.264 supone un salto enorme en relación con los diseños de códec desarrollados hasta ahora porque ofrece una codificación mejorada gracias a la introducción de nuevas herramientas de compresión. El algoritmo de codificación central se modifica a partir de una transformada discreta del coseno para admitir un esquema jerárquico. Esto perfecciona la estructuración de los bloques y reduce los macrobloques a componentes anidados de menor tamaño.

Al reducir el tamaño de los bloques, existen más posibilidades de encontrar macrobloques similares o idénticos dentro de una misma imagen. Así es como se obtienen grandes avances en la eficacia de la codificación.

Transformada de Hadamard

El algoritmo de transformación del H.264 se ha modificado para emplear un área de píxeles menor (4x4) en lugar de los factores de macrobloques de 8x8 ó 16x16 que usaban los códecs anteriores. Esto simplifica las matemáticas del algoritmo de compresión, lo que permite la implementación de la transformada como un par de operaciones matriciales básicas seguidas de una operación de escalado. El procesamiento informático de éstas es muy sencillo, por lo que se reducen los costes relacionados.

En realidad se trata de una subdivisión de la técnica de macrobloques de 16x16, por lo que todo lo descrito hasta ahora sigue siendo válido. Simplemente se ha perfeccionado para permitir un procesamiento más detallado en un nivel por debajo de los macrobloques.

Al organizar la matriz 4x4 como una subdivisión del macrobloque 16x16, la obtención de una cuadrícula 4x4 de coeficientes DC es muy sencilla. Recuerde que este era el primer elemento de la salida de la transformada DCT en la codificación MPEG-1. Aplicar la transformada de nuevo proporciona un método de codificación de dos niveles o estructurado en árbol en lugar del método de una pasada de la transformada DCT de 16x16.

Esta técnica se conoce como la transformada de Hadamard y se implementa mediante una sencilla multiplicación por 2 en la CPU. Dado que esto sólo supone un cambio de posición de los valores binarios hacia la izquierda, es muy fácil de realizar mediante un cálculo informático.

Si se comparan con la DCT, las mejoras generales en eficacia de la compresión con esta técnica son mínimas, pero existen algunas ventajas importantes que mejoran la calidad con una velocidad de bits igual:

- El comportamiento del codificador se reproduce con mucha exactitud.
- Una precisa descodificación proporciona herramientas de codificación de escalabilidad y predicción mucho mejores.
- La carga computacional es muy inferior a la del algoritmo DCT.
- Una sobrecarga de cálculo deja lugar para la implementación de algoritmos más complejos en otras partes de codificador.

Mejoras en la codificación entrópica

El estándar H.264 admite dos métodos de codificación sin pérdida que son admitidos en la fase de codificación entrópica de los coeficientes proporcionados por la salida DCT. Se ofrecen los dos modos de operación mejorada siguientes:

- Codificación de longitud variable adaptada al contexto (CAVLC).
- Codificación aritmética binaria adaptada al contexto (CABAC).

El primero de ellos (CAVLC) se basa en un método de longitud variable. Las tablas de conversión que se utilizan para comprimir los datos se calculan en función del contenido del vídeo. El segundo método (CABAC) funciona modificando los parámetros de codificación para mejorar la eficacia. Ambos se utilizarían en casos con elevadas velocidades de bits como, por ejemplo, un estudio. Estas nuevas técnicas mejoran enormemente la compresión que proporciona la codificación entrópica.

Mejoras de cuantización logarítmica

Las herramientas de cuantización anteriores usaban un cuantizador lineal. El códec H.264 implementa una escala logarítmica en los parámetros de cuantización. Cada incremento del parámetro de cuantización dobla el tamaño del paso de cuantización. En la figura 13.2 se muestra la escala logarítmica, que se orienta de distintas formas en función de cómo se deba realizar la asignación.

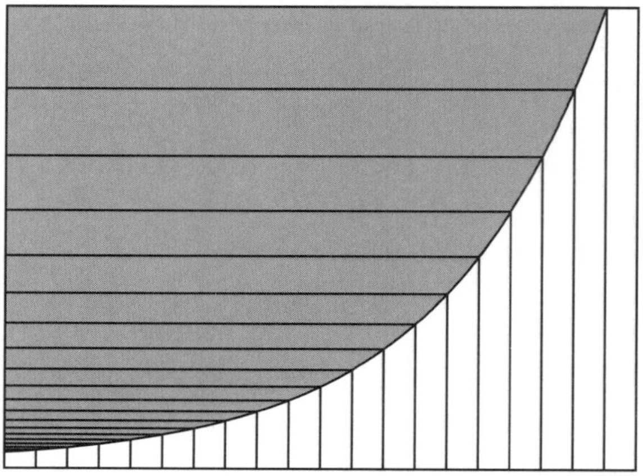

Figura 13.2.

Cuantización logarítmica.

La cuantización logarítmica se ha empleado con el audio durante cierto tiempo porque se adapta a las virtudes del oído humano y a la forma en que responde al sonido. El oído es más sensible a las bajas amplitudes por lo que la reducción logarítmica de las amplitudes más elevadas permite tomar las muestras de una forma más equilibrada a lo largo del intervalo de percepción del sonido del ser humano. Esta técnica se emplea para hacer que los sistemas de telefonía sean más eficaces. Los esquemas de codificación adoptados por las compañías de comunicaciones son similares, pero no idénticos, a los empleados por la industria multimedia. Si desea profundizar en el tema un poco más, las palabras clave Mu-Law, µ-Law, U-Law, M-Law y A-Law le resultarán de utilidad.

El efecto subjetivo es que una muestra de 8 bits suena igual de bien que una muestra de 14 bits en una escala lineal. Por lo tanto, se produce una cierta compresión implícita aquí.

Mejoras en el nivel de bloques

Muchas de las mejoras en la codificación que ofrece el códec H.264 tiene lugar en el nivel de macrobloques. Aquí resaltaremos las adiciones más importantes.

Mejoras en la codificación predictiva

El códec H.264 añade una herramienta de predicción espacial para los macrobloques que se encuentran dentro de una misma rebanada. La predicción permite al punto de inicio de un macrobloque basarse en un bloque anterior y que sólo sean los errores residuales los que se describan como una serie de cambios que se deben aplicar. Esto presenta una eficacia ligeramente mayor que si simplemente se definiera un valor de color medio, ya que es posible aplicar de forma útil algún tipo de gradiente a lo largo del macrobloque para que los errores residuales sean mucho menores.

La predicción dentro de un macrobloque 16x16 se aplica a los submacrobloques 4x4 y se basa en un macrobloque anterior situado a la derecha y arriba. Los macrobloques 16x16 completos se predicen a partir de un bloque anterior dentro de la misma rebanada y se emplean varios modos para definir cómo se aplica la predicción.

Filtro de eliminación de bloques

El códec H.264 añade un paso de posprocesamiento muy útil que suaviza los artefactos creados por una cuantización excesiva. Este tipo de artefacto se visualiza con una apariencia muy cuadriculada (en bloques) en los puntos en los que se muestra la estructura de macrobloques de la imagen.

El filtro de eliminación de bloques quita este artefacto a costa de perder algunos detalles en la imagen final. Dado que ahora se define como parte del estándar, el proceso de codificación predictiva del codificador extrae alguna información residual que se transmite al filtro de eliminación de bloques como sugerencias para facilitar la eliminación de bloques de la imagen. De esa forma, el proceso de eliminación de bloques deja de ser un método ciego de desenfoque para convertirse en una técnica de reducción de ruido para la que se disponen de todos los datos.

Mejoras en la estimación del movimiento

La resolución de cuarto de píxel mejorada que se implementó en el estándar MPEG-4 parte 2 supuso algunas pequeñas mejoras en la calidad, aunque ésta no fuera tan buena como cabría esperar. El códec H.264 mejora la estimación del movimiento al cambiar la forma en la que se interpolan los subpíxeles. Hasta este momento, la interpolación ha sido una proporción lineal directa entre los valores de dos puntos extremos. H.264 introduce una interpolación mucho más precisa del valor de subpíxeles, aunque degenera en un proceso de interpolación más sencillo si la salida resultante realiza la compresión con mayor eficacia o precisión.

La estimación del movimiento se aplica al nivel situado por debajo de los macrobloques 4x4. Se describe un vector de movimiento como un macrobloque 16x16 en su totalidad y se describen algunos vectores de movimiento adicionales para las partes de 4x4 más pequeñas del mismo. Estas partes dentro del macrobloque se organizan como formas no rectangulares dentro del bloque.

Problemas con las estructuras de grupos de imágenes, fotogramas y rebanadas

El códec H.264 introduce un gran número de nuevos y complejos mecanismos para las referencias entre fotogramas. Esto hace que el cierre del grupo de imágenes (GOP) resulte muy difícil de realizar a menos que el codificador fuerce la existencia de un fotograma I inicial y un fotograma P de cierre. El codificador también deberá impedir las referencias bidireccionales a los fotogramas de destino situados fuera del grupo de imágenes.

Mejoras en la predicción temporal

El modelo de fotogramas I, P y B empleado en MPEG-1, MPEG-2 y MPEG-4 parte 2 se ve considerablemente modificado en el estándar H.264.

Las referencias se realizan ahora en el nivel de rebanadas en lugar de en el nivel de fotogramas. Por otra parte, se hace referencia a las rebanadas en hasta otros 16 fotogramas, en lugar de hacerlo en un solo fotograma como ocurría con los códecs anteriores.

En lo que al descodificador se refiere, se trata solamente de una adición mínima realizada a la complejidad de descodificación. En el extremo de descodificación del proceso, es necesario almacenar en caché y durante más tiempo mucha más información. Por otra parte la sobrecarga de procesamiento requiere que las búsquedas de compensación del movimiento se realicen en varios fotogramas, cuando antes sólo había que realizar la búsqueda en uno de ellos. Se trata de un aumento significativo de la carga de procesamiento informático y es la razón por la que se dice que el codificador H.264 es lento en comparación con otros códecs. Cuando se considera en el contexto de las grandes mejoras introducidas en la eficacia de la velocidad de bits, este aumento de la carga de procesamiento no parece tan costoso.

El significado de la "B" y la "P" se han visto modificados significativamente, al igual que algunas de las restricciones introducidas por los códecs anteriores. Con anterioridad, los fotogramas P debían derivarse de un fotograma I. Ahora, una rebanada P puede derivarse de una rebanada situada en el fotograma B que se había transmitido con anterioridad.

En el códec H.264 se dice que las rebanadas B son bipredictivas, no bidireccionales.
Los fotogramas B eran bidireccionales en los anteriores diseños MPEG-2 y podían hacer referencia a un solo fotograma anterior o posterior en la secuencia temporal. No obstante, era necesario transmitir los fotogramas con anterioridad para que se pudiera hacer referencia a ellos. Un macrobloque de una rebanada B puede hacer referencia a una o dos imágenes de referencia que ya se hayan descodificado y, por lo tanto, ya se deben haber transmitido. No es necesario que procedan de fotogramas adyacentes en la secuencia temporal.

Damos por hecho que la ley de Moore implica automáticamente que el hecho de que se aumenten las cargas de procesamiento informático viene dado por el deseo de contar con algoritmos de software más sofisticados. La ley de Moore afirmaba que la velocidad de los procesadores aumentaría a un ritmo fijo en el tiempo, y la predicción ha resultado ser cierta durante 25 años. Parece que hemos alcanzado una especie de frontera del rendimiento con la introducción los procesos de fabricación de chips de 90 nm, y posteriores progresos en la velocidad de las CPU podría provenir de las técnicas de procesamiento distribuido y la paralelización. Trazar circuitos en chips de silicio a resoluciones nanométricas siempre ha sido un reto y, a pesar de que se siguen realizando algunas mejoras marginales, se abren nuevos horizontes gracias a arquitecturas informáticas más eficientes y a una mayor paralelización. Los fabricantes de ordenadores proseguirán el desarrollo de nuevas soluciones al respecto, lo que incluye tecnologías completamente nuevas basadas en biochips, mecánica cuántica u ordenadores ópticos. Todo esto tardará años en llegar y, en el corto plazo, el procesamiento distribuido a través de varios procesadores parece ser el enfoque más prometedor.

En la figura 13.4 se muestra un fotograma cuyos macrobloques estás compuestos por bloques a los que se hace referencia en otros fotogramas de forma externa. Los macrobloques internos son locales, los macrobloques intermedios están en otro fotograma y algunos macrobloques son estáticos y no cambian.

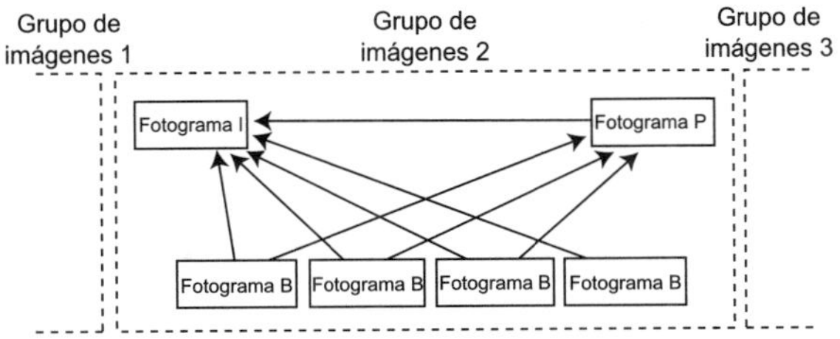

Figura 13.3.

Referencias de macrobloque entre fotogramas en MPEG-2.

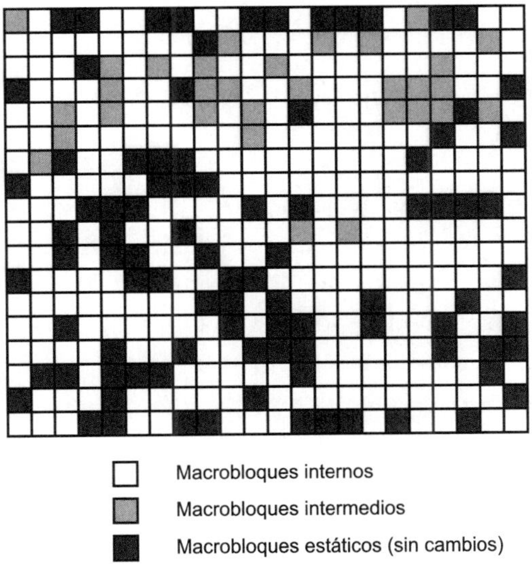

Figura 13.4.

Composición en macrobloques de un fotograma.

Dado que las referencias a macrobloques situados en otros fotogramas son mucho más complejas, resulta mucho más difícil crear estructuras de grupos de imágenes cerradas si desea sacar el máximo partido a los niveles de eficacia en la codificación más elevados. Esta mayor complejidad resulta evidente por la forma en la que los fotogramas se derivan en la figura 13.5. Aun así, este diagrama es un ejemplo simplificado y las dependencias entre fotogramas son muy complejas. A medida que se procesa una secuencia de fotogramas, el número de macrobloques codificados de forma interna se reduce al convertirse en macrobloques estáticos. Esto es bueno porque los macrobloques internos son los que consumen una velocidad de bits mayor. La figura 13.6 muestra una secuencia de 4 fotogramas representados en un analizador de Tektronix. Como puede apreciar, el número de bloques internos se reduce considerablemente en los fotogramas 3 y 4.

Ponderación de la predicción

Los anteriores estándares permitían la interpolación de macrobloques a partir de otros dos fotogramas mediante el cálculo de una media directamente. El estándar H.264 admite una ponderación adaptativa de modo que es posible tomar una mayor proporción de un macrobloque de un fotograma en relación al otro.

Codificación de fotogramas y campos

La compatibilidad con la codificación de macrobloques para vídeo entrelazado se ha mejorado para permitir la formación de pares de macrobloques en cada campo, lo cual mejora el tratamiento del movimiento que tiene lugar entre los campos de una secuencia de vídeo. Esto se proporciona como una técnica adaptativa, que se activa o desactiva según sea necesario.

Problemas de licencias

A comienzos del año 2004, los problemas más preocupantes a los que se enfrentaban los que potencialmente podían adoptar el códec H.264 eran la concesión de licencias de los derechos de propiedad intelectual del MPEG-4 parte 10 y cómo se debería pagar a los poseedores de la patente de cualquier tecnología vital.

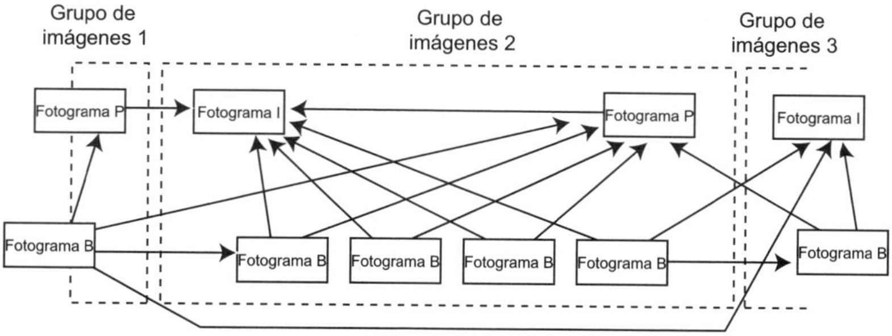

Figura 13.5.

Referencias de macrobloques a fotogramas situados en grupos de imágenes diferentes en el códec H.264.

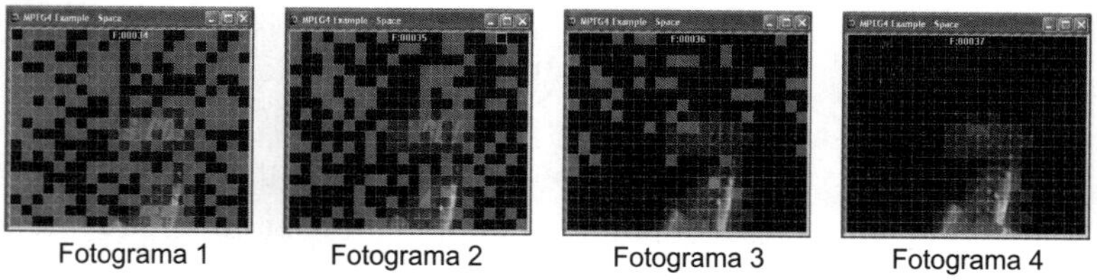

Figura 13.6.

Macrobloques internos que se convierten en macrobloques estáticos. Fuente: cortesía de Tektronix.

Desarrollo actual del estándar

Ahora es necesario realizar algún trabajo más porque, en lo que se refiere estrictamente a la codificación, la parte 10 es bastante mejor que la parte 2. Sin embargo, las posibilidades técnicas de la parte 2 son más flexibles que las de la parte 10.

Es necesario que haya una fusión de ambas para que el viejo método de codificación quede completamente obsoleto. Por ahora, puede que sea necesario codificar con la parte 2 si desea sacar partido a algunas características adicionales, como la codificación de formas del canal alfa. Con el paso del tiempo, es probable que la parte 10 adquiera todas esas funciones, aunque el grupo de trabajo deberá primero incorporar al estándar los cambios que sean necesarios, lo que precisará de algún tiempo en completarse.

En 2004, el equipo JVT estudió lo que era necesario y es posible que el estándar se vea mejorado en su debido momento para admitir los canales alfa, la codificación de formas y algunos de los modelos de color heredados que admitían los anteriores códecs.

AVC Alliance y MPEG Industry Forum

Es una estrategia habitual para un grupo de compañías individuales con intereses en un sector unirse en torno a un nuevo estándar abierto y formar una organización para colaborar entre ellos. Esto conduce a una mayor interoperabilidad y ayuda a fomentar el uso del nuevo estándar para sacarlo a la luz.

Tanto la *AVC Alliance* como el *MPEG Industry Forum* fomentan ahora el uso del estándar H.264/MPEG-4 parte 10, lo cual demuestra a la industria que las compañías participantes se toman el estándar con toda seriedad.

Riesgos y beneficios de la adopción del H.264

El códec H.264 se ha seleccionado para los formatos de DVD de próxima generación y las retransmisiones de televisión de alta definición en Europa, por lo que disminuyen los riesgos de su adopción.

En este punto del ciclo vital del MPEG-2, se alcanzan velocidades de bits de entre 6 y 7 Mbps para el vídeo de calidad normal. Los codificadores MPEG-2 han mejorado durante los últimos cinco años, por lo que se han llegado a alcanzar velocidades de hasta 3,6 Mbps a costa de ceder algo en la calidad. Envivio busca una velocidad de bits que proporcione vídeo codificado mediante H.264 (con una calidad excelente) bien por debajo de los 2 Mbps, y los expertos en codificación de vídeo son optimistas en cuanto a que es posible alcanzar la misma reducción potencial del 50 por 100 de la velocidad de bits a lo largo del ciclo vital del H.264 (aunque esto aún está por ver, y debe tener precaución de no ser demasiado optimista a la hora de emplear estos valores para realizar una planificación de la capacidad de sus sistemas).

Existe el riesgo de que las compañías que deseen tener un gran impacto con los codificadores AVC/H.264 lancen al mercado productos con códecs implementados por debajo de los niveles óptimos. Aunque el nuevo estándar del códec cobra cada vez más importancia, el software está entrando en el mercado con mayor lentitud de lo deseado. Esta cuidadosa introducción no tiene por qué ser necesariamente negativa, pero debería probar minuciosamente todos los códecs que adquiera para asegurarse de que sean compatibles y que ofrezcan la velocidad de bits y calidad anticipadas. Conviene no olvidar nunca que el estándar sólo define una secuencia de bits legal para que la procese el descodificador. La forma en que se haya codificado no se define en el estándar, por lo que dos implementaciones del codificador H.264 podrían proporcionar dos resultados muy diferentes incluso con los mismos parámetros.

Implicaciones para Linux

Examinemos todo esto en el contexto de la plataforma Linux. No existe ningún estándar dominante *de facto* en Linux y se da la misma bienvenida a todos los recién llegados. El códec DivX, que se deriva del MPEG-4, se encuentra disponible como código abierto.

De forma muy extraña, Linux se emplea en productos como TiVo y, de hecho, bastantes fabricantes de terminales de acceso a redes de televisión que diseñan plataformas interactivas emplean una versión del sistema operativo Linux optimizado para la televisión.

Linux es una plataforma útil para la construcción de servidores de transmisión en secuencias y en el pasado fue una plataforma muy apropiada para el desarrollo de los codificadores de Real Networks. Sigue siendo excelente, pero Mac OS y Windows le han alcanzado en las áreas en las que destacaba como plataforma de código abierto. El estándar H.264 funcionaría perfectamente con Linux y, siempre que se encuentre disponible un reproductor cuyo rendimiento sea idóneo, H.264 ofrecerá a Linux la oportunidad de estar al mismo nivel que las plataformas Mac OS y Windows en lo que concierne a reproductores, servidores y herramientas basadas en vídeo.

La salida del codificador

Necesitamos que el codificador genere una secuencia de bits. Esto es lo que se transfiere cuando realizamos una transmisión en secuencias a través de Internet o emitimos mediante un sistema de televisión digital. Todos los codificadores ofrecen una salida similar independientemente de sus algoritmos internos. Existen algunas similitudes entre las secuencias de bits MPEG-1, MPEG-2 y MPEG-4 y la complejidad aumenta a medida que se introducen los últimos codificadores. En el capítulo siguiente veremos las secuencias de bits y lo que necesita saber sobre ellas como profesional de la compresión de vídeo.

Capítulo 14

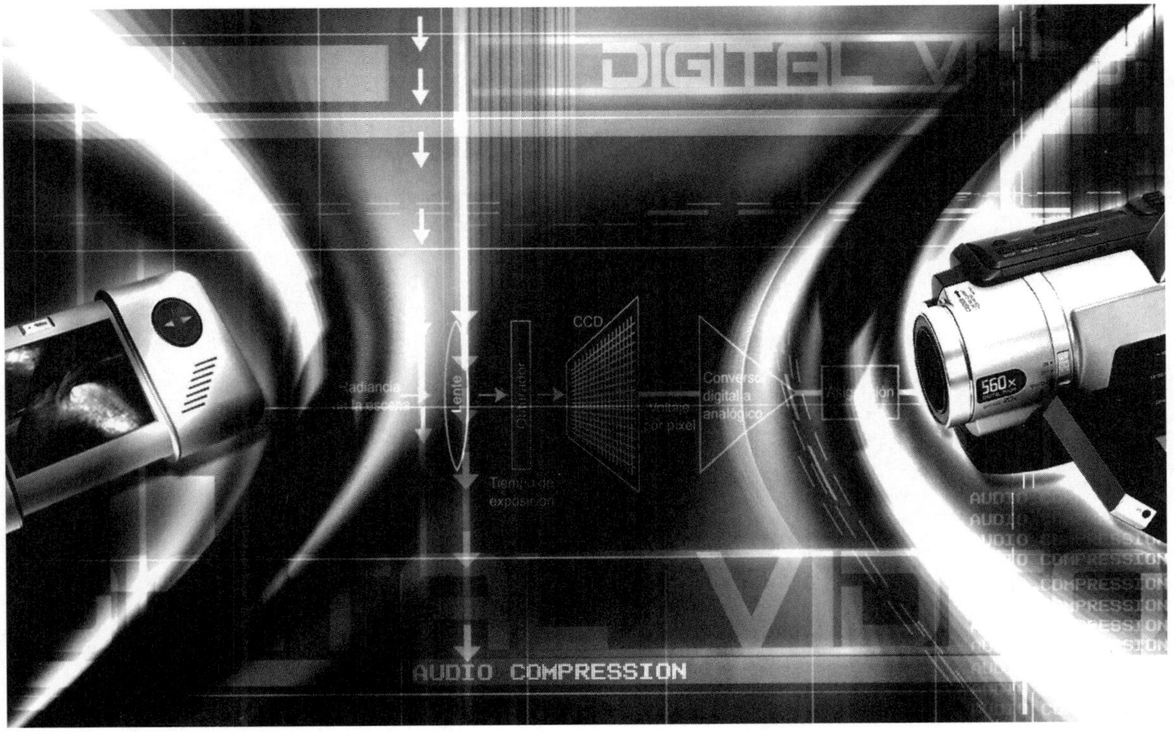

Salida codificada en forma de secuencia de bits

El siguiente paso

Llegado el momento, todos los códecs están como salida una secuencia de bits. La secuencia de bits se multiplexa y transmite en tiempo real, o bien se comprime y almacena en un archivo para un uso posterior. Este es el producto final de una operación de codificación, pero el mero conocimiento de ello no significa que la secuencia de bits que produzcamos sea óptima.

Producir la secuencia de bits de salida

Un aspecto complejo de la producción de la secuencia de bits saliente consiste en equilibrar el flujo de datos para que la velocidad de bits disponible se utilice por completo. Lo ideal es emplear hasta el último bit disponible sin agotar la capacidad. Para ello, es necesario desarrollar una especie de mentalidad para "vivir al límite".

Si tomamos el caso más sencillo en el que los fotogramas I se codifican para formar una secuencia de bits, la cantidad de datos en cada fotograma variará en función de la cantidad de detalles de la imagen. Esto se debe a que incluso sin codificar las diferencias y la compensación del movimiento entre fotogramas, la codificación entrópica produce fotogramas de distintos tamaños una vez codificado cada uno de ellos. La complejidad de la codificación varía a lo largo del área de una imagen. Algunas partes de la imagen pueden codificarse con mucha facilidad mientras que otras pueden requerir una cantidad de información significativamente mayor para describir los mínimos detalles. Las áreas de gran tamaño de un mismo color como, por ejemplo, escenas espaciales o en las que se muestra el cielo, tienden a codificarse muy bien. En la figura 14.1 se muestra una captura del analizador de vídeo MTS4EA de Tektronix que se puede instalar en un PC Windows. En este ejemplo se ve una pantalla de medición estadística que facilita el diagnóstico de problemas en la compresión de la imagen. La salida es una secuencia elemental y requiere un posterior procesamiento para que se pueda distribuir hasta un punto final.

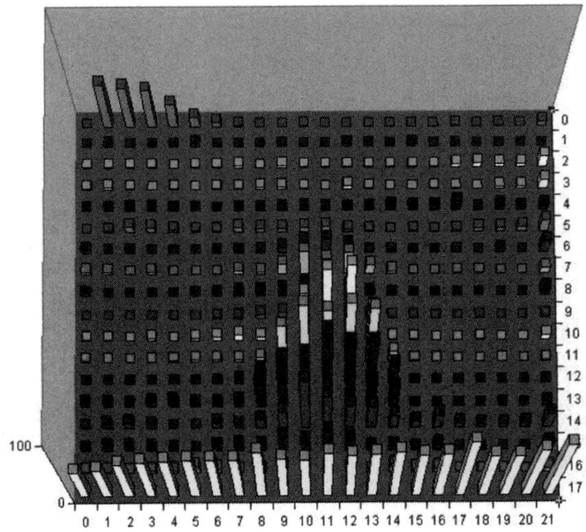

Figura 14.1.

Complejidad espacial mostrada en función del uso de la velocidad de bits por macrobloque. Fuente: cortesía de Tektronix.

Variabilidad de la velocidad de bits

Cuando se codifica vídeo para su distribución a través de un mecanismo de transporte digital, la aplicación de la codificación permite la selección de una velocidad de bits variable (VBR) o constante (CBR). Ambos tipos presentan ventajas y desventajas.

El vídeo llega al codificador ordenado y sincronizado a una velocidad de fotogramas constantes. Quizá proceda de un archivo, en cuyo caso el tiempo es irrelevante en ese punto, pero el vídeo deberá presentarse al espectador con una base temporal estricta. Esto debe cumplirse tanto en el descodificador como en el reproductor. Normalmente, el reproductor realiza la descodificación al instante, dado que no es necesario descodificar a un formato de almacenamiento intermedio a menos que pretenda editar el vídeo entrante.

Los fotogramas pueden distribuirse con una velocidad de fotogramas creciente o decreciente de acuerdo con el contenido, o bien que la velocidad de bits permanezca constante. Si es posible la distribución de una secuencia VBR, el control de la velocidad es irrelevante a menos que la velocidad de bits disponible tenga un límite superior. Este límite se puede definir normalmente en el codificador. Por ejemplo, los codificadores de Popwire codifican vídeo MPEG-4 de forma óptima en un intervalo entre 60 Kbps y 2000 Kbps, pero es necesario especificarlo sin olvidar, por supuesto, la velocidad de bits necesaria para el audio.

Existe una amplia variedad de parámetros en el motor de compresión que permiten controlar la calidad de la salida y cuyos valores óptimos veremos más adelante. La selección de una velocidad de bits constante (CBR) o variable (VBR) en los parámetros del software de compresión controla el uso que se hace de la velocidad de bits.

En el sitio Web de DVD-HQ (`http://dvd-hq.info/Calculator.html`) hay una calculadora de la velocidad de bits que resulta de gran utilidad. Por otra parte, Pioneer proporciona algunas directrices técnicas relativas al DVD en su sitio Web (`http://www.pioneer.co.jp/crdl/tech/dvd/4-3-e.html`).

Saturación

La saturación (*bursting* en inglés) se produce cuando el contenido que se comprime se hace momentáneamente más complejo de lo habitual. Esto ocurre cuando dos escenas se fusionan entre sí dando paso la una a la otra. Una de las consecuencias que presenta este tipo de transición entre escenas es que cada uno de los píxeles cambia su valor en todos los fotogramas, y cualquier tipo de compensación de movimiento también se ve limitada dado que los sujetos son parcialmente transparentes y pueden moverse en direcciones completamente diferentes en ambas escenas.

Todo esto resulta mucho más complicado de comprimir porque existen muchas menos posibilidades de encontrar macrobloques similares en fotogramas anteriores o posteriores en los que basar la información delta.

Como consecuencia, prácticamente es necesario volver a comprimir todo el fotograma como si se tratara de un fotograma I. Pocas de las ventajas asociadas a los fotogramas B se encuentran disponibles en este caso.

Es necesario realizar una edición consciente para reducir los artefactos de compresión como éste. La edición consciente se realiza cuando se evitan cosas como introducir recortes bruscos y frecuentes (cada dos fotogramas) o transiciones que crean una diferencia sustancial de información entre fotogramas. Las ediciones en las que se introducen cortes directamente son menos atractivas desde un punto de vista visual pero su compresión es mucho mejor. Si desea mejorar las transiciones entre escenas, una cortina, posiblemente con un límite suavizado, se comprime con mayor facilidad y no carece de atractivo. La figura 14.2 muestra los dos diferentes efectos de transición.

Figura 14.2.

Un fundido y una cortina.

Velocidad de bits variable

Con una velocidad de bits variable (VBR), la calidad del vídeo es la misma pero se permite una saturación ocasional de la velocidad de bits para adaptarse a una escena más compleja.

Algunos codificadores proporcionan una velocidad de bits variable híbrida con un parámetro de velocidad de bits máximo. El vídeo se comprime con una velocidad de bits reducida la mayor parte del tiempo. Cuando se satura, la velocidad de bits aumenta hasta el valor máximo predefinido. Esto proporciona un mejor rendimiento general si se configura correctamente. La calidad sólo se verá afectada ante un fragmento de vídeo extremadamente complejo.

En la figura 14.3 también se muestra como una señal VBR más o menos con capacidad pero por debajo de umbral definido arbitrariamente para evitar problemas de multiplexado.

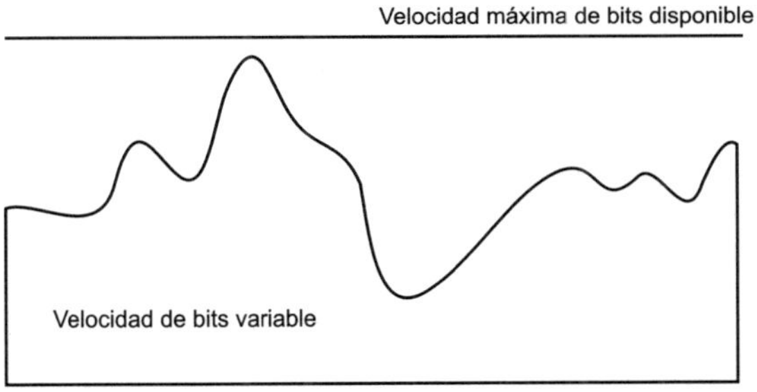

Figura 14.3.

Secuencia de bits VBR.

Las secuencias con una velocidad de bits variable presentan una importante ventaja en lo que a la calidad del vídeo se refiere. Dado que es variable, es posible aplicar una velocidad de bits adicional cuando resulta difícil comprimir una secuencia de fotogramas. Las grandes áreas de píxeles cambiantes causan grandes problemas a los sistemas de compresión. Los vídeos pop resultan muy difíciles de comprimir debido a los efectos de iluminación. Un simple cambio de iluminación del rojo al verde hace que sea necesario cambiar cada uno de los píxeles. Las diferencias entre fotogramas adyacentes son enormes y esto incrementa significativamente la velocidad de bits. La ejecución de un fundido final entre dos escenas al editar un vídeo también provoca este hecho. Los cortes sencillos son mucho mejores para la velocidad de bits que un fundido.

Velocidad de bits constante

Es posible nivelar cualquier saturación de la velocidad de bits limitando la velocidad de bits disponible. El problema aquí es que los requisitos de la velocidad de bits pueden superar periódica y momentáneamente este límite. Los efectos de cambio de color y fundidos antes mencionados tendrán una apariencia diferente si la velocidad de bits se limita a un nivel medio. En la figura 14.4 se muestra lo que ocurre si se distribuye el mismo patrón de velocidad de bits dentro de un umbral muy inferior y se limita esa velocidad de bits disponible. El codificador puede estirar las reducciones de la velocidad de bits constante (CBR) si es lo suficientemente inteligente como para mover los bits de un lugar a otro y modificar el almacenamiento en búfer.

Apreciará la aparición de importantes artefactos de formación de bloques en los puntos en los que se haya limitado la velocidad de bits porque el compresor ha de ignorar directamente esa información. La mejor solución consiste en reducir la información en los macrobloques codificados.

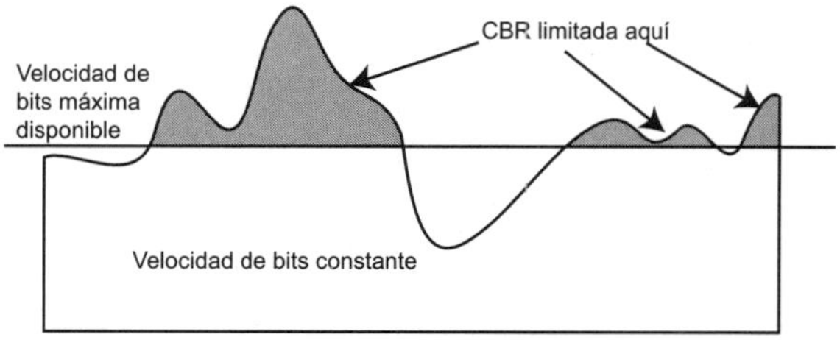

Figura 14.4.

Secuencia de bits CBR.

Una velocidad de bits constante hace que el codificador limite la salida de modo que, incluso en el caso de que la compresión de vídeo se haga más compleja, la velocidad máxima de bits no se vea superada en ninguna circunstancia. En los momentos de menor complejidad, la calidad del vídeo será mejor que cuando el codificador ha de emplearse a fondo. Dado que la velocidad de bits permanece constante, la compensación se realiza a través de la calidad del vídeo. Con el fin de permanecer dentro de la velocidad de bits prevista, se desecha una cantidad mayor de información en algunas ocasiones, con lo que se reduce la calidad de salida del vídeo comprimido resultante.

Multiplexado estadístico

Cuando se emplea el multiplexado estadístico existe la posibilidad de emplear una combinación de velocidades de bits variables y constantes. Esto resulta muy útil en las aplicaciones de televisión digital y lo estudiaremos con detalle más adelante.

Básicamente, el concepto es muy simple. Cuando se transmiten dos secuencias de forma conjunta, es improbable estadísticamente que ambas se saturen hasta la velocidad de bits máxima al mismo tiempo.

Es más probable que una decaiga mientras la otra sube.

Los codificadores pueden sacar partido a este hecho y crear una secuencia de bits multiplexada que maximice ambos canales. De hecho, el concepto se amplía hasta cinco o seis canales y sigue funcionando muy bien.

Hacer paquetes

La secuencia elemental sólo contiene vídeo. Es necesario añadirle el audio de alguna forma una vez que ambos componentes se han codificado por separado. El resultado del proceso de codificación de audio produce una secuencia de bits elemental, similar a la del proceso de compresión de vídeo. Es necesario que ambas se combinen con precaución para que ambas permanezcan sincronizadas.

Es muy probable que el audio comprenda varias secuencias. Esto se debe a que el audio se reproduce a través de varios altavoces para proporcionar un efecto de sonido envolvente o estéreo.

No es muy recomendable distribuir el audio y el vídeo por separado, uno tras otro, porque a menos que pretenda descargar todo el programa, no dispondrá de todo el material para iniciar su reproducción hasta que empiece a llegar la última secuencia. Es un método muy eficaz para el almacenamiento basado en archivos, pero no demasiado bueno para la transmisión en secuencias.

El codificador posprocesa el contenido comprimido mediante su división en paquetes más pequeños que constituyen una unidad cada uno de ellos. A continuación, se mezclan como una baraja de cartas, tal y como se muestra en la figura 14.5, asegurándose de que los paquetes que pertenezcan al mismo fotograma temporal en el mundo real sean contiguos.

Vídeo	Audio	Vídeo	Audio	Vídeo	Audio

Figura 14.5.

Paquetes multiplexados.

Una vez intercalados, se transmite la secuencia y, en el punto de la recepción, el reproductor vuelve a separar los paquetes para reconstruir las secuencias elementales. La salida de este proceso es un conjunto de secuencias elementales que se pueden reproducir conjuntamente.

Incrustación de audio

Una vez que tiene el audio y el vídeo codificados, algunos destinos de salida requieren que el audio se incruste en la secuencia de bits del vídeo digital. Esto es habitual en la industria de la radiodifusión, ya que se emplea para reducir la cantidad de equipamiento de enrutamiento y cableado adicional necesarios.

Si hay algún material de origen que llega de esta forma, contar con herramientas flexibles de incrustación y desincrustación le sacará de un aprieto. Esto entra dentro de la recomendación general de no dejar nunca de buscar herramientas útiles.

Nivelar la velocidad de bits (Administración del ancho de banda)

Es posible que disponga de controles en el proceso de codificación que le permitan modificar la distribución de la velocidad de bits y el almacenamiento en búfer durante el proceso de codificación. Si se ajusta cuidadosamente el almacenamiento en búfer cuando la velocidad de bits es reducida, se proporcionan más fotogramas al búfer del receptor cliente. Al comprimir contenido complejo, el codificador trabaja dentro de los límites relativos a la velocidad de bits, pero permite al cliente ir un poco por delante y alcanzar la secuencia almacenada en búfer. A continuación, una vez procesado el contenido complejo con una elevada velocidad de bits, el almacenamiento en búfer se comienza a recuperar y adelantar a la reproducción. En la figura 14.6 se muestra el punto en el que se satura la velocidad de bits por encima de la capacidad máxima, lo que provoca una pérdida de calidad transitoria.

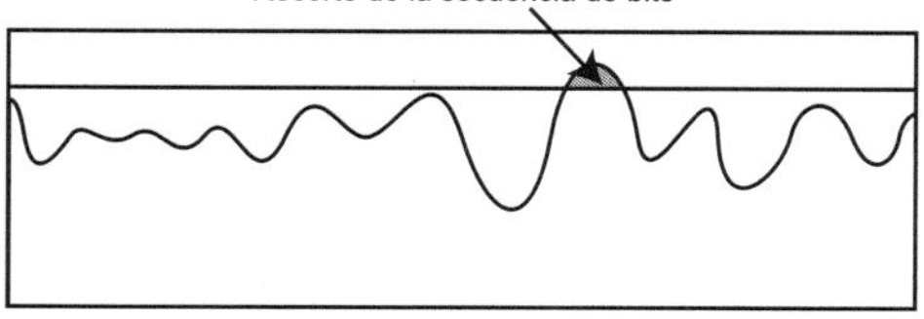

Figura 14.6.

Nivel máximo de contenido.

Esto es complicado de controlar y requiere el uso de codificadores bastante costosos. La administración del tráfico se hace más importante cuando se empaquetan servicios interactivos junto con el vídeo. En este caso, la interactividad se distribuye de forma oportuna en los momentos en los que la velocidad de bits cae. De esta manera, la velocidad de bits general se mantiene a un nivel constante. Algunos elementos interactivos deben distribuirse en los primeros momentos de la secuencia para que el usuario pueda interactuar con ellos inmediatamente. En la figura 14.7 se muestra cómo se corrige la velocidad de bits recortada al distribuir parte de la información almacenada en búfer un poco antes de lo previsto en un principio. Se trata efectivamente de multiplexado estadístico con la modificación adicional de que parte de la velocidad de bits se asigna a un uso ajeno al vídeo. Los elementos interactivos no han de distribuirse con una frecuencia de fotogramas concreta dentro de la secuencia. Tan sólo deben distribuirse antes de que sea necesario hacer uso de esa interactividad.

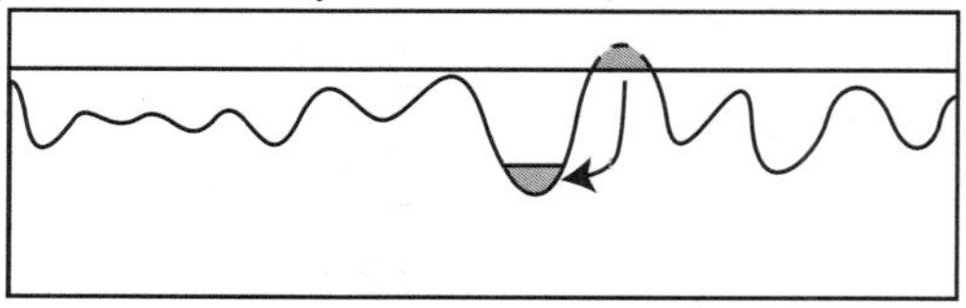

Figura 14.7.

Cambios de administración del tráfico.

Nota: Una velocidad de fotogramas alta normalmente proporciona un movimiento más suavizado, pero la calidad de la imagen se ve reducida. Una velocidad de fotogramas baja hace que la nitidez de la imagen sea mayor, peor probablemente muestre un movimiento entrecortado.

Herramientas de factor de escala de cuantización

El estándar MPEG-1 ofrece una herramienta denominada "herramienta de factor de escala de cuantización", que se emplea en un bucle de retroalimentación que mide la cantidad de recursos del búfer que emplea el codificador. La retroalimentación regula el nivel de cuantización según sea necesario para impedir que el búfer se sature. Esta parte de la tecnología de codificación está relacionada con el rendimiento de los codificadores al seleccionar algoritmos de velocidad de bit variable (VBR) o constante (CBR).

La posibilidad de ajustar el factor de escala de cuantización permite generar vídeo, que se debe distribuir a una velocidad de bits constante con mayor facilidad. En la figura 14.8 se muestra el funcionamiento de este proceso y el flujo de información de retroalimentación.

La retroalimentación es bastante sofisticada porque afecta a la forma en que se codifican los macrobloques. Conocer algo sobre la complejidad de los macrobloques le ayudará a decidir dónde escarbar para obtener más velocidad de bits con un factor de cuantización que aumente la relación de compresión. La realización de algunas mediciones en los datos de la imagen original permite obtener datos sobre el nivel de detalle. Existen distintas formas de hacer esto. El rendimiento óptimo se obtiene examinando detenidamente el material original antes de codificar los macrobloques.

Esta sección del codificador incluye el verificador del búfer de vídeo (VBV) y algunas herramientas de compresión (Popwire Compression Master, por ejemplo) permiten controlar el comportamiento. A menudo no se denomina control VBV, ya que se oculta bajo la máscara de un control del intervalo de velocidades de bits máxima y mínima de destino en los parámetros de velocidad de bits variable. Aquí es donde se controlan la administración del tráfico y la reducción de bits para nivelar los valores de velocidad de bits máximos.

Si dispone de las herramientas de análisis, en la figura 14.9 se muestra una representación típica del nivel de utilización del búfer.

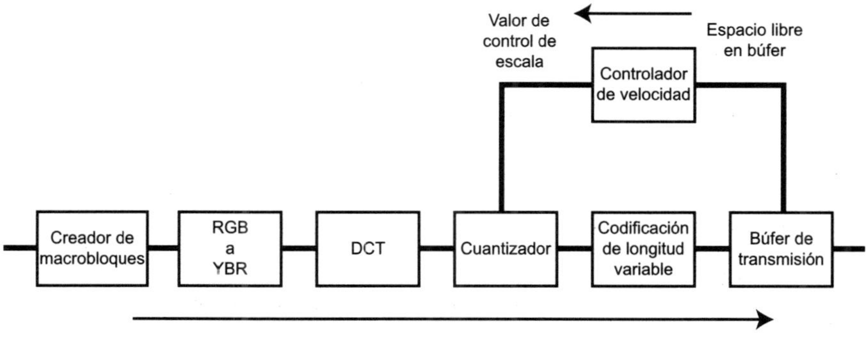

Figura 14.8.

Control de la velocidad en función del factor de escala de cuantización.

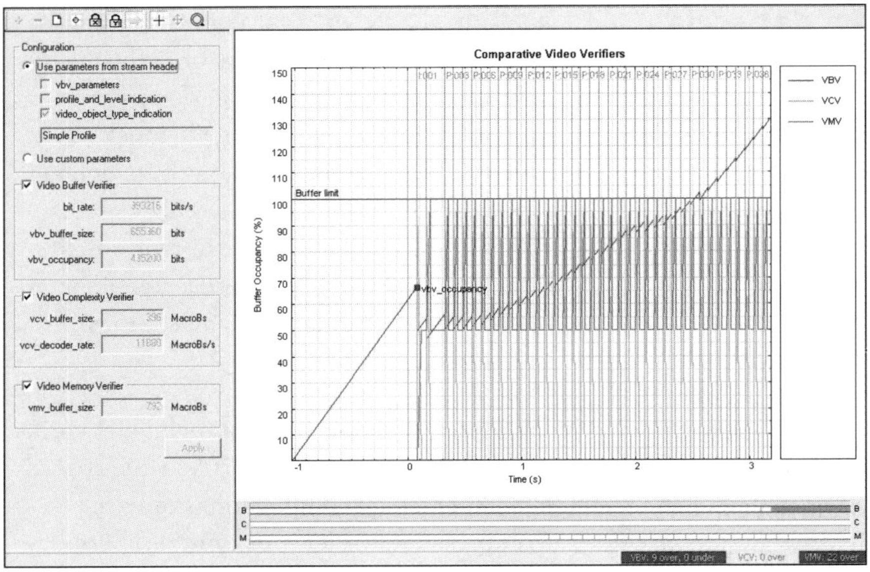

Figura 14.9. *Análisis de utilización del búfer mediante VBV. Fuente: Cortesía de Tektronix.*

Reducción de bits para vaciar los búferes inmediatamente antes de un cambio de escena complejo

Es necesario asegurarse de que la velocidad de bits es suficiente para afrontar una mayor complejidad del vídeo. Por ejemplo, la relación de compresión es menos eficaz al procesar lo siguiente:

- Fuego.
- Explosiones.
- Cambios de iluminación en el estudio.
- Fundidos entre escenas.

Estas situaciones provocan un gran incremento en la velocidad de bits requerida. Si no ha podido llenar el búfer lo suficiente, puede que descubra que la velocidad de bits disponible no es suficiente para comprimir dicha sección del vídeo sin introducir artefactos. En la figura 14.10 se muestra el efecto de llenado de un búfer, tal y como lo representa un analizador VBV capaz de evaluar las capacidades de un analizador.

Si el codificador que utiliza está bien diseñado, detectará las secciones del vídeo que requieren una velocidad de bits adicional durante la primera pasada de una codificación en dos pasadas. El codificador reducirá paulatinamente la velocidad de bits antes de esa escena. A continuación, puede aumentar los bits disponibles para permitir al codificador crear una descripción más compleja del segmento de vídeo sin superar el parámetro de bits máximo. Esta medición y compensación tiene lugar en el VBV. Es posible que el sistema de edición utilizado haya colocado marcadores de compresión en los cortes y transiciones para facilitar esta tarea. En la figura 14.11 se muestra el mismo análisis anterior, pero en este caso se ha regulado la velocidad de bits para proporcionar al descodificador tiempo suficiente para procesar el contenido almacenado en el búfer.

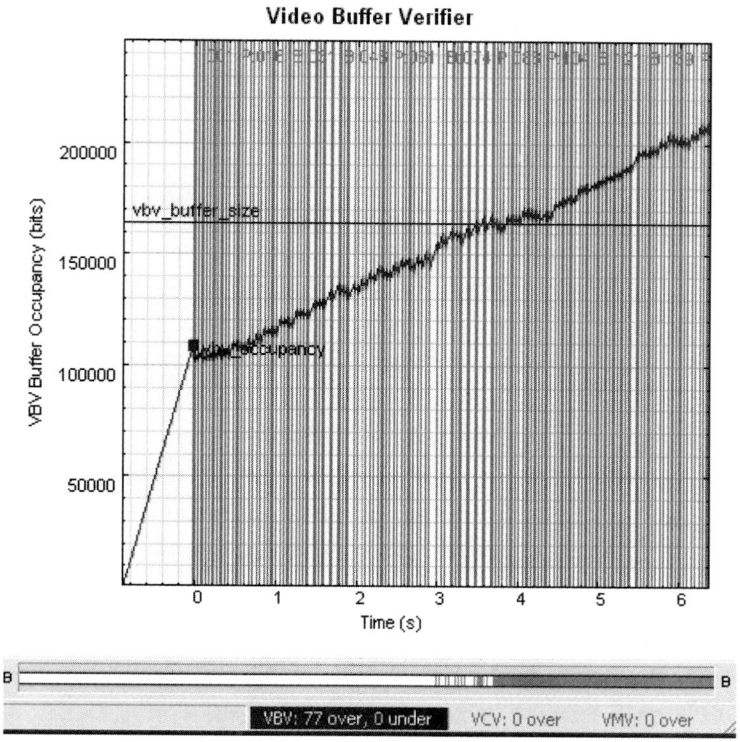

Figura 14.10.

Saturación del búfer.

Fuente: Cortesía de Tektronix.

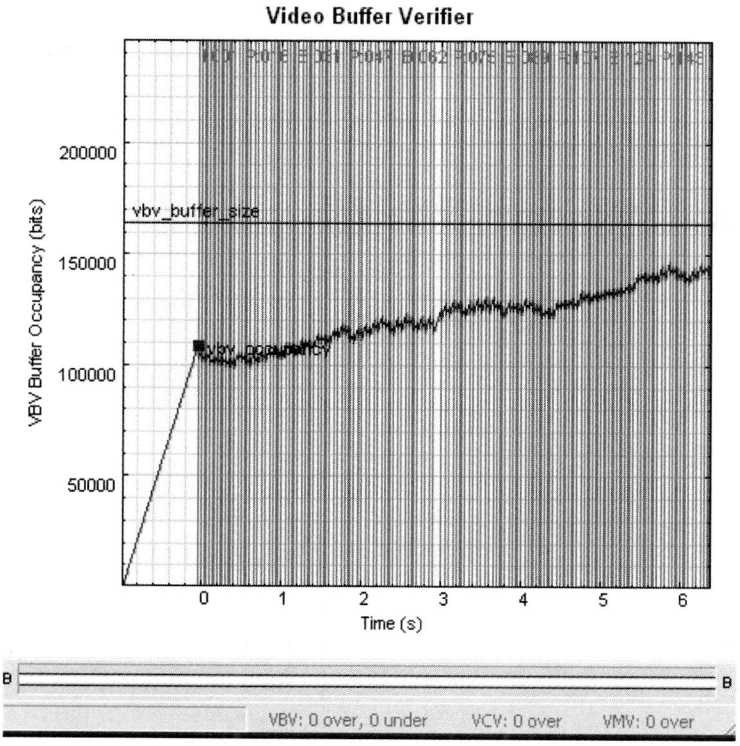

Figura 14.11.

Nivel de uso del búfer ajustado.

Fuente: Cortesía de Tektronix.

Sistemas asociados

Una de las útiles funciones de Final Cut Pro es la inserción de marcadores de compresión siempre que se produce una edición o una transición. La aplicación de presentaciones Apple Keynote también marca los límites de las diapositivas y transiciones en una película exportada.

Esta técnica se podría aplicar a los sistemas de procesamiento gráfico para proporcionar una matriz organizada mediante macrobloques de sugerencias. Estas sugerencias podrían indicar cómo se ha renderizado una parte de una escena y si parte de ella procede del mismo lugar como un macrobloque de otro fotograma. De esta forma, lo que se hace es estructurar las sugerencias para el proceso de compresión como parte de la renderización de la escena. Evidentemente, esto no funciona para el vídeo grabado con una cámara, pero el metraje renderizado existe como un modelo de base de datos y se transforma en píxeles durante el proceso. Sabemos todo lo que hay que saber sobre el origen de cada píxel. Para un flujo de trabajo que produce un DVD, escribir la secuencia de bits comprimida directamente como una salida del proceso de renderización permite optimizar las decisiones que se adopten mientras se produce la renderización. Esto mejora la relación de compresión en el origen. Esta idea es pura especulación y no conozco ningún sistema en el mercado con tal nivel de integración. No obstante, merecería la pena investigar el diseño y la construcción de sistemas de flujo de trabajo que reduzcan la complejidad mediante la eliminación de pasos redundantes.

El resultado final

En la figura 14.12 se puede apreciar algo de la estructura de la secuencia de bits saliente tal y como se muestra en un analizador de Tektronix. Se trata de un fragmento de ejemplo de una secuencia de bits en formato H.264 al principio de la sesión.

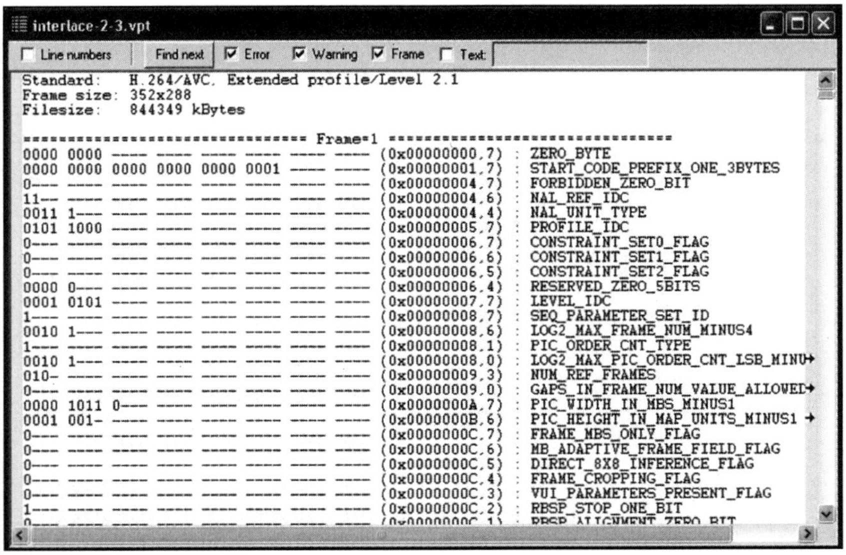

Figura 14.12. *Salida de una secuencia de bits en formato H.264. Fuente: Cortesía de Tektronix.*

Los patrones de bits se muestran en las columnas de la izquierda y se aprecia claramente que algunos fragmentos de la secuencia de bits son más extensos que otros.

Por supuesto, éstos han de ser empaquetados en bytes para que sea posible trabajar con ellos en un ordenador con mayor comodidad.

Resumen del funcionamiento de los codificadores

Para ver dónde hemos llegado ahora que nos encontramos al final del capítulo, tomaremos una secuencia de vídeo y describiremos el proceso de compresión paso a paso:

1. Dividir la secuencia de vídeo en grupos de imágenes.
2. Procesar el fotograma I al principio del grupo de imágenes.
3. Localizar el siguiente fotograma P en el grupo de imágenes y codificarlo.
4. Codificar los fotogramas B intermedios.
5. Avanzar hasta el siguiente fotograma P y continuar hasta el final del grupo de imágenes.

Para cada fotograma:

1. Dividir el fotograma en macrobloques.
2. Localizar macrobloques similares en las proximidades para reducir la redundancia.
3. Separar el luma y el croma de cada bloque.
4. Aplicar una transformación a cada macrobloque.
5. Cuantizar y codificar mediante entropía los macrobloques.
6. Almacenar la secuencia de bits codificada en una secuencia elemental.

A continuación:

1. Codificar el audio para producir las secuencias elementales diferenciadas que sean necesarias.
2. Hacer paquetes de las secuencias elementales de vídeo y audio y multiplexarlas conjuntamente para formar la secuencia del programa.
3. Hacer más paquetes de las secuencias del programa disponibles y multiplexarlas en una secuencia de transporte.
4. Distribuir al punto principal de retransmisión o servicio de transmisión en secuencias y enrutarlos hacia el usuario final.

En el receptor se revierte el multiplexado de la secuencias y se vuelven a ensamblar a partir de los paquetes antes de descodificarlas de forma individual.

El siguiente reto

De modo que ahora tenemos una secuencia de bits. Antes de sumergirnos en los mecanismos de almacenamiento para secuencias de bits, haremos un paréntesis y echaremos un vistazo a la codificación en vivo o en tiempo real, lo cual haremos en el capítulo siguiente. Es un momento excelente para hacer un descanso en nuestro camino porque la salida de un codificador en tiempo real también es una secuencia de bits.

Capítulo 15

Codificación en tiempo real

Vivir al límite

La transmisión eficaz de vídeo en secuencias es uno de los grandes retos que encierra proporcionar servicios multimedia al público. La compresión de vídeo es un importante componente del kit de herramientas tecnológico, pero no lo único que se debe considerar. Los retos son enormes, sobre todo cuando se proporciona contenido de gran calidad a una audiencia numerosa. Los niveles de tráfico pueden exceder rápidamente cualquier ancho de banda disponible que se pueda implementar desde un solo servidor, por lo que se requerirán soluciones más innovadoras. Se trata en verdad de tecnología de vanguardia que puede presentar fallos potenciales y que implica un enorme gasto.

Independientemente de que codifique vídeo para su distribución a través de la Web o retransmisión televisiva, los conceptos son básicamente iguales. No obstante, aunque la codificación del vídeo es similar, el formato de distribución es diferente. El multiplexado se emplea para los servicios televisivos con el fin de aprovechar al máximo la secuencia de transporte mediante la distribución de varios canales dentro de la misma secuencia.

En la transmisión de contenido en secuencias a través de una red se suele emplear la distribución de contenido codificado al instante y en tiempo real. Más adelante veremos los aspectos relacionados con hacer que el contenido se encuentre disponible para mucha gente. En este capítulo nos centraremos en la codificación en tiempo real de la secuencia principal.

Existen numerosas compañías entre las que elegir el hardware y software de codificación. Como regla general, la codificación para Internet se realiza con software que se ejecuta en un PC de escritorio y la codificación para retransmisiones se realiza mediante hardware. Esta diferenciación empieza a hacerse difusa en la medida en que algunos proveedores de servicios de banda ancha e Internet emplean codificadores de software asistidos mediante hardware.

Principios básicos de la transmisión en secuencias

Revisemos brevemente los mecanismos de creación de paquetes y distribución para proporcionar una secuencia de vídeo codificado digitalmente.

El audio y el vídeo se codifican por separado y, a continuación, el audio se fusiona con el vídeo. Esto se denomina a veces incrustación o multiplexado. El multiplexado es un proceso que combina paquetes de datos codificados a partir de diversas fuentes elementales y crea una sola secuencia al intercalarlos. A este par de pistas de audio y vídeo se les puede añadir algunas pistas de datos que incluyan información de subtítulos y URL y, a continuación, se pueden preparar para su transmisión en secuencias a través de la Web. El proceso de sugerencias se ejecuta mediante una versión de la secuencia basada en archivos y añade información que el servidor de transmisión en secuencias emplea al distribuir contenido al reproductor cliente.

Transmisión de secuencias en tiempo real

Para la transmisión de secuencias en tiempo real, toda la codificación ha de realizarse al instante. Es más, tiene que producirse con la suficiente rapidez como para que la secuencia saliente mantenga el ritmo del vídeo entrante para que no se produzca una situación de desbordamiento del búfer. Esto haría que el codificador se quedara sin capacidad y tuviera que detener la codificación o pasar a otra ubicación y saltarse una sección. El efecto resultante es una experiencia de visualización muy poco satisfactoria.

Para evitar esto, es necesario asegurarse de ejecutar la codificación y el proceso de transmisión en secuencias en un equipo con la potencia suficiente. Los códecs modernos ofrecen una relación de compresión superior a la de sus homólogos anteriores, pero a costa de emplear un mayor potencial de procesamiento. Por lo tanto, la elección del códec y el equipo supone una gran diferencia en cuanto a la capacidad de que disponga para proporcionar contenido transmitido en secuencias en tiempo real.

Codificación para retransmisiones televisivas

Para codificar vídeo para su retransmisión por televisión, se emplea en la mayoría de los casos una solución basada en hardware. La codificación y multiplexado de múltiples secuencias de programa es un proceso complejo y la arquitectura del servicio de transmisión en secuencias determina el grado de efectividad con la que se utiliza la velocidad de bits disponible.

Los servicios de retransmisión televisiva se distribuyen con una velocidad de bits fija para todo el multiplexo o transpondedor. Dentro de esa velocidad de bits fija, las secuencias individuales pueden codificarse con velocidades de bits variables, constantes o variables multiplexadas estadísticamente. La figura 15.1 ilustra la complejidad de una retransmisión por satélite digital, a pesar de que este ejemplo se ha simplificado un poco. Como puede apreciar, algunos canales sólo se encuentran disponibles parte del día y su capacidad se emplea para cosas muy diferentes, en función de lo que se esté viendo.

Insertar suministros de datos adicionales

En función del destino en el que se vaya a implementar el servicio transmitido en secuencias, es posible añadir suministros de datos complementarios a la secuencia saliente. Existen aquí algunas alternativas posibles. Los datos que deban sincronizarse con el vídeo se deberán añadir a medida que se codifique el vídeo. El posprocesamiento es posible cuando la codificación se realiza en un archivo dado que el contenido se administra sin conexión, pero cuando se codifica en tiempo real, los datos deben codificarse al mismo tiempo. Las secuencias de subtítulos, por ejemplo, pueden escribirlas operadores en tiempo real o tomarse del guión que suministra una unidad AutoCue.

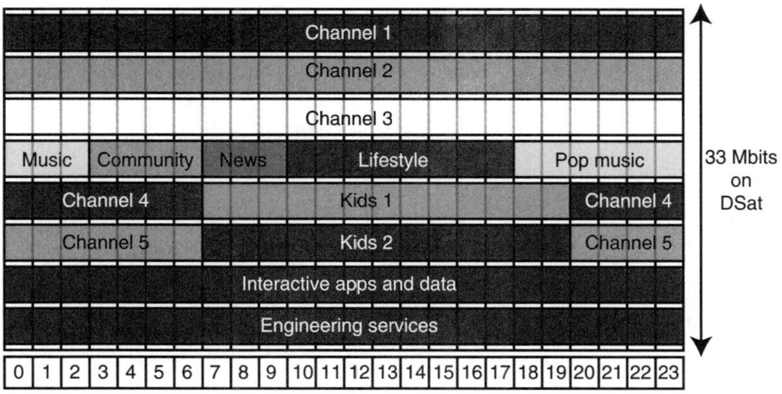

Figura 15.1.

Distribución de la velocidad de bits en un transpondedor.

En algunas ocasiones, se emplea el reconocimiento de voz para registrar el guión de AutoCue y sincronizarlo con la pista de audio que se codifica y añade a la secuencia saliente. Esto se complica de inmediato, aunque se intente no hacer nada demasiado avanzado.

Los servicios de retransmisión presentan los mismos requisitos para los suministros de datos sincronizados. Es posible sacar cierto partido del hecho de que muchos programas se hacen mucho antes de su retransmisión. Aunque la salida se codifica en tiempo real, a menudo se reproduce desde una fuente pregrabada y no suele ser una emisión que "salga en antena" a partir de un suministro entrante. Muchas de las ventajas de esta preparación sin conexión aún se encuentran disponibles para el creador del programa. Algunos datos estarán sincronizados con el tiempo real y se distribuirán sólo una vez, en el momento de la retransmisión.

Otros suministros de datos, que quizá tengan que ver con la distribución de un servicio textual o una aplicación interactiva, se distribuyen al mismo tiempo como parte de la secuencia de transportes pero se reproducen independientemente. Éstos suelen estar controlados por un carrusel, que es un búfer de rotación cíclica de datos que se reproducen de forma repetida. Esto es necesario porque los receptores no suelen disponer de mucha memoria disponible en caché y es bastante probable que el espectador llegue al programa algún tiempo después de la transmisión de datos más reciente. Por lo tanto, es posible que un número significativo de espectadores no hayan recibido aún los datos, por lo que se deben transmitir periódicamente para asegurarse de que todos los reciban. Se trata por supuesto de una técnica poco eficiente en lo que a ancho de banda se refiere, aunque necesaria para mantener al mínimo los costes de los terminales para acceso a redes.

Corrección de errores

A través de los mecanismos de transporte, los datos de transmisión en secuencias recorren una gran distancia antes de llegar a su reproductor. Un vídeo transmitido en secuencias muy probablemente ha cruzado el Atlántico una vez si usted reside en Europa, o varias veces en caso de que el enrutamiento sea complejo. Todo depende de su proveedor de servicios de Internet y de cómo se conecte a la red más amplia. Ciertamente el contenido habrá recorrido miles de kilómetros y las rutas no son siempre las mismas para todos los paquetes. Puede haber retrasos o problemas de secuenciación y que los paquetes lleguen en momentos impredecibles.

Estos efectos se reducen mediante el almacenamiento en búfer a costa de la latencia. La regla básica es que el protocolo TCP (del inglés *Transmission Control Protocol,* Protocolo de control de la transmisión) garantice la llegada y orden secuencial de los paquetes a expensas de la oportunidad con la que lleguen. De forma alternativa, se podrían utilizar transportes UDP (*Universal Datagram Protocol,* Protocolo de datagramas universal), lo que garantizaría la recepción oportuna, pero no la llegada ni el orden secuencial.

Transmitir un suministro a un satélite y recibirlo en una antena parabólica conectada a un terminal para acceso a redes implica un viaje de miles de kilómetros bajo unas posibles condiciones atmosféricas adversas. Esto introduce un retraso y una posible pérdida de información. No obstante, se preserva la oportunidad y secuenciación, dado que la secuencia se transmite continuamente desde el punto de retransmisión.

De la misma forma, los sistemas de transmisión digital, como el cable digital y terrestre, pueden distribuir una señal a través de decenas, o incluso cientos, de kilómetros. La transmisión terrestre es susceptible de verse afectada por las condiciones atmosféricas y existe la posibilidad de que se produzcan interferencias entre canales y problemas con las antenas receptoras que pueden "ver" dos transmisores separados por un estrecho ángulo, incluso en el caso de que la distancia que los separe sea amplia. Se producen extraños efectos marginales que reducen la calidad de la recepción. El cable digital puede ser susceptible de experimentar problemas de equilibrio entre redes, en los que la distribución no alcanza los valores ideales en cuanto a la impedancia en algunos nodos, o bien puede haber terminaciones subestándar en los cables que produzcan la reflexión de las señales.

Todos estos problemas se manifiestan como caídas en la señal o la existencia de datos dañados en la secuencia proporcionada. La naturaleza de esta reducción de calidad varía significativamente. Aunque los sistemas de transmisión incluyen en su diseño cierta capacidad de recuperación, las situaciones en las que se producen graves errores durante un período prolongado de tiempo pueden suponer la pérdida del servicio. Por supuesto se asume que el servicio se distribuirá perfectamente en primer lugar, lo cual es lo habitual, pero en algunas ocasiones un multiplexo se empaqueta con demasiados datos para su transmisión, con lo que el multiplexo se rompe porque supera la capacidad disponible para la distribución de secuencia. Esto es bastante raro y suele ocurrir cuando los servicios se encuentran en período de pruebas o cuando se lleva a cabo una importante reorganización del servicio.

Protección de paridad

Una de las formas más sencillas con las que se manifiesta la capacidad de recuperación ante errores es la protección de la paridad. Ésta se aplica byte a byte en conexiones en serie y es una forma algo costosa de proteger el contenido de la secuencia. Básicamente, se añade un bit a cada byte y se define como 1 ó 0 con el fin de asegurarse de que el número total de bits sea par o impar. Esto indica cuándo hay un solo byte dañado.

Sigue existiendo la oportunidad de que haya errores que no se detecten, porque dos bits invertidos hacen que la paridad se lea correctamente. La protección de la paridad en el nivel de bits permite recuperarse de un solo error, pero no de más.

Comprobaciones de redundancia cíclicas

Una pequeña cantidad de datos se añade a medida que los paquetes se ensamblan para crear un valor de suma de comprobación. Mediante la realización de un cálculo sencillo, se genera un valor conocido para cada paquete. El cálculo añade todos los bits juntos, se deshace de cualquier bit pospuesto y, a continuación, genera un valor que, añadido a la suma, produce un valor constante conocido. Esto es muy parecido a la protección de paridad en el nivel de bytes.

La técnica de las comprobaciones de redundancia cíclicas (CRC) es sencilla pero tiene una capacidad de corrección de errores limitada. Indica que el paquete está dañado y, si tiene otras contramedidas, deben ejecutarse sólo cuando sea necesario porque consumen una cantidad de recursos de procesamiento excesivos para aplicarlas a cada paquete.

Corrección de errores a posteriori

La corrección de errores a posteriori (FEC) emplea una técnica llamada Reed-Solomon que añade suficientes datos al paquete para verificar su corrección y reparar algunos errores. El número de errores que se pueda reparar dependerá de la cantidad de datos Reed-Solomon que se añadan y el requisito para esto depende del sistema de transmisión. En un transporte con mucho ruido, la adición de más código Reed-Solomon puede mejorar la fiabilidad, pero también puede reducir el rendimiento debido a que se ha de codificar una redundancia mayor. Dicha sobrecarga adicional no transporta ninguna información adicional; lo que hace es asegurar los datos ante posibles daños.

En la figura 15.2 se muestra cómo los datos se cubren unos a otros como si de una piel de cebolla se tratase.

Conclusiones de la corrección de errores

La corrección de errores debería proporcionarla el mecanismo de transporte y no trata de algo por lo que deba preocuparse usted mismo al comprimir vídeo. Lo normal es que la salida del proceso de transporte proporcione básicamente lo transmitido al extremo principal y cualquier proceso de corrección de errores de errores será transparente en lo que a usted se refiere.

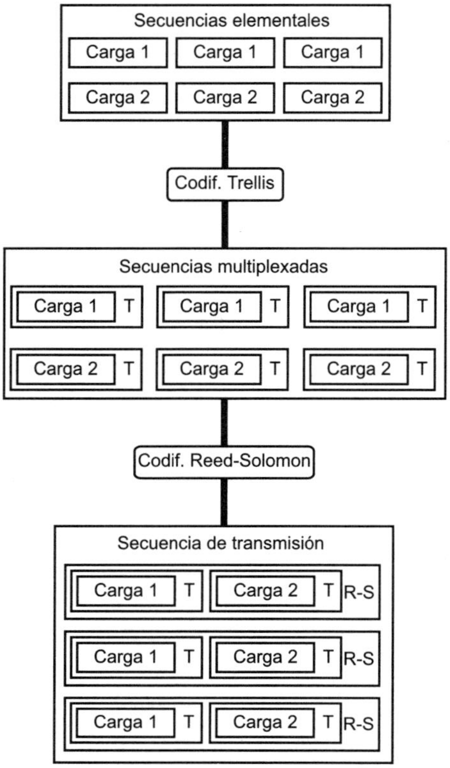

Figura 15.2.

Corrección de errores Reed-Solomon.

Gestionar las interrupciones de la señal

Durante una retransmisión en tiempo real, es posible que la señal entrante se interrumpa momentáneamente. Esto también ocurre cuando se transfieren archivos a través del sistema pero el proceso de copia se encuentra ante problemas técnicos de red menores y los datos que faltan se vuelven a solicitar. Esto no es posible con un suministro en tiempo real.

Así que la prioridad número uno consiste en garantizar que el vídeo entrante llegue sin interrupciones. Una posibilidad consiste en intercalar algún equipo que almacene en búfer las señales. Este búfer también podría detectar una pérdida de la señal y sustituir otro fotograma o fragmento de una imagen distribuido recientemente. Un simple almacén de fotogramas de puerto dual cuya entrada se suministre desde el origen en tiempo real y la salida se dirija hacia el sistema de compresión supone una gran mejora en las transmisiones con pérdida. El movimiento puede ser un poco entrecortado, pero al menos es posible ver toda una imagen completa.

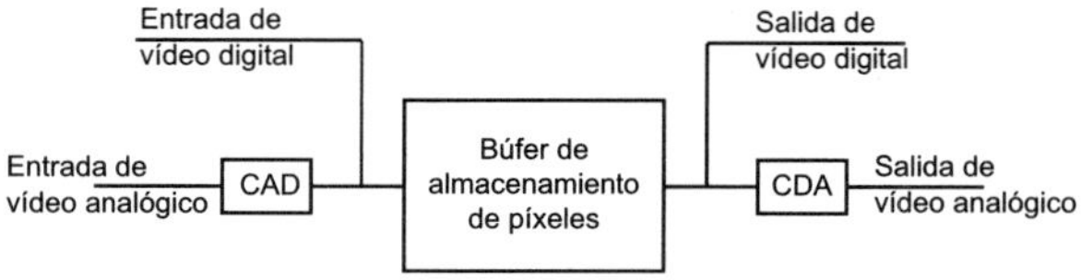

Figura 15.3.

Búfer de fotogramas de puerto dual.

El vídeo entrante puede distribuirse desde una instalación de retransmisión externa en tiempo real. Es probable que esto proporcione un suministro muy fiable, pero puede que éste se realice a través de una línea terrestre proporcionada por un proveedor de telecomunicaciones o a través de un enlace de microondas. Estos enlaces sufren interrupciones periódicas. Configurar un suministro triangular que disponga de una alternativa es importante si el servicio que prevé ofrecer es una retransmisión popular de perfil alto.

La distribución que realice en dirección al usuario final puede verse afectada por problemas técnicos en la conexión existente desde el cliente hasta el servicio. Estas interrupciones del servicio sólo afectan al usuario. Las interrupciones del servicio en el suministro principal entrante afectarán a todos los usuarios. La cantidad de tiempo, el esfuerzo y el dinero invertido variarán en consonancia.

Latencia de codificación

El procesamiento de grupos de imágenes introduce un retraso porque el grupo de imágenes se debe procesar en su totalidad, de un extremo a otro, antes de que se pueda distribuir cualquier componente del mismo. Esto permite disfrutar de todos los beneficios de la codificación.

Dada la forma en la que funciona la compresión de vídeo, existe una latencia inherente que no puede ser inferior a la longitud de un grupo de imágenes. Posiblemente podría permitir que la latencia se redujera hasta la distancia entre el fotograma I y un fotograma P.

El códec H.264 (AVC, MPEG-4 parte 10) tiene un potencial aun mayor para las dependencias de macrobloques complejas, y los cálculos de vectores de movimiento pueden basarse en un macrobloque situado un gran número de fotogramas en el pasado o en el futuro en relación al fotograma que se codifica en la actualidad. Esto aumenta la latencia.

Almacenamiento en búfer para el control de la velocidad

El proceso de control de la velocidad introduce un retraso porque necesita un búfer en el que tomar las medidas para generar los valores de nivelado correspondientes al factor de escala de cuantización.

Consecuencias de los fotogramas B

Una vez introducidos los fotogramas B, la naturaleza bidireccional incrementa la latencia porque el búfer de lectura anticipada debe ver un número significativo de fotogramas en el futuro para calcular la información bidireccional de diferencias y reorganizar los fotogramas en el orden de transmisión correcto antes de cargarlos en el búfer de secuencias de bits de salida.

Al eliminar los fotogramas B de forma conjunta se permite que el grupo de imágenes se ensamble en el orden de transmisión y que la latencia se reduzca a un mínimo.

La latencia es el retraso entre el vídeo de entrada que llega y la secuencia de bits de salida que se transmite y, a continuación, se recibe en el dispositivo de reproducción del cliente. Para obtener una latencia igual a cero se eliminan los fotogramas conjuntamente a expensas de la eficacia de codificación.

Latencia en sistemas de retransmisión

La complejidad del itinerario del contenido también introduce algo de latencia además de la causada por el proceso de codificación. La distancia no es simplemente un aspecto físico de los sistemas de vídeo. Los búferes, repetidores y enlaces de comunicaciones contribuyen todos ellos a la introducción de pequeños retrasos. Por separado, puede que carezcan de importancia, pero cobran importancia cuando se suman todos ellos. Para ciertos materiales de programas, esto puede implicar una compresión con pérdida, desde una retransmisión exterior o un estudio secundario que proporciona un suministro a un concentrador de transmisión que agrega varias fuentes.

Esto presenta algunos problemas de sincronización cuando se bloquea el vídeo en tiempo real.

El retraso típico entre la señal analógica y la terrestre en Reino Unido (donde la comparación se puede hacer muy fácilmente) es de medio segundo aproximadamente. Para la mayor parte del material de programas, es un valor sin importancia.

Latencia en sistemas de videoconferencia

La videoconferencia implementa cada vez más codificadores de vídeo a medida que los usuarios se interesan por la idea de verse mutuamente mientras conversan. El sistema de videoconferencia Apple iChat AV se ha diseñado en torno al códec H.264. En el caso de esta aplicación, el códec se configura para enviar la salida de la cámara de vídeo con una latencia igual a cero.

Una latencia igual a cero se consigue mediante la eliminación de los fotogramas B y el envío de una secuencia que sólo contenga fotogramas I y P. Eliminar los fotogramas B también reduce el tamaño de los grupos de imágenes para que sólo tengan uno o dos fotogramas de longitud.

Hardware y software

En términos de rendimiento bruto, las soluciones de hardware siempre proporcionan una mayor calidad que el software, aunque su principal limitación es que resulta muy complicado actualizarlas. Este problema se afronta mediante chips DSP especializados que se recargan con algoritmos de códec nuevos. Es posible distribuir e implementar una actualización muy fácilmente sin necesidad de abrir el equipo. Otra solución es el software asistido mediante hardware. Éste se hará cada vez más popular a medida que se implementan tarjetas gráficas con compatibilidad incrustada para la codificación y descodificación de vídeo. Hay compañías como Texas Instruments (`http://www.ti.com/`; `http://support.ti.com/`), Ateme (`http://www.adt-inc.com/products/ateme/ateme_prod_ov.htm`), Harmonic (`http://www.harmonicinc.com/`) y Equator (`http://www.equator.com/`) que trabajan en productos que se basan en esta técnica.

Las tarjetas gráficas que fabrica NVidia (`http://www.nvidia.com/page/home`) ya incorporan procesamiento de compresión de vídeo. Lo que queda por ver es cómo sacan partido a esta capacidad los desarrolladores de software.

Soluciones basadas en hardware

Las versiones nuevas del conjunto de chips que incluyen las tarjetas gráficas que fabrica NVidia incorporan ahora la codificación y descodificación de vídeo en una amplia variedad de formatos. Esto puede hacer que se desarrollen soluciones innovadoras en relación al diseño de los codificadores.

Ateme ofrece un procesador basado en DSP de Texas Instruments que se programa con distintos algoritmos de codificación y descodificación según se desee. Esto puede conducir a una interesante solución híbrida de hardware y software. Estas recargas de códecs se producen tan rápidamente que se pueden realizar mientras el usuario cambia de canal. Las demostraciones con el códec realizadas en la secuencia de bits sugieren que es posible contar con software de descodificación que se puede descargar.

Para modernas implementaciones de códecs de alto rendimiento, Envivio (`http://www.envivio.com/`) fabrica una gama de codificadores diseñados para proporcionar factores de compresión muy elevados con el reciente códec H.264. Snell & Wilcox (`http://www.snellwilcox.com/`), Tandberg (`http://www.tandbergtv.com/`) y Philips (`http://www.philips.com/index.htm`), entre otros fabricantes, desarrollan hardware codificador.

Soluciones basadas en software

Real Networks, Popwire Technology, Sorenson, Apple y Microsoft ofrecen soluciones de software. Los codificadores en tiempo real Popwire, QuickTime y Sorenson se emplean con el servidor de transmisión en secuencias de QuickTime mientras que los otros dos se emplean con sus propios servidores propietarios. En la actualidad, existen opciones limitadas para la codificación en tiempo real con soluciones basadas en estándares y código abierto, pero esta situación cambiará a medida que el códec H.264 se acepta y utiliza cada vez más.

En la tabla 15.1 se muestra una lista de productos que se recomienda probar cuando se busca una solución de codificación en tiempo real. Tenga en cuenta que esta lista no es exhaustiva, aunque cubre las alternativas más populares.

Tabla 15.1.
Codificadores en tiempo real.

Producto	***Notas***
QuickTime Broadcaster	Disponible en forma de descarga gratuita.
Popwire Broadcaster	Se ejecuta en Mac OS X.
Popwire Live Engine	Se ejecuta en una fundación Linux.
Sorenson Broadcaster	Un producto comercial disponible en distintas plataformas.
Codificador en tiempo real Helix	La codificación de Real Networks se realiza mediante implementaciones de Helix.
Microsoft Windows Media	Estas herramientas de codificación son la elección lógica para vídeo en formato WM9.
Cleaner Live	En la actualidad sólo se encuentra disponible en Windows.

Tamaños de imágenes codificadas en tiempo real

Deberá verificar detenidamente los parámetros del codificador en tiempo real para asegurarse de que toda la imagen se codifica correctamente. Por cuestiones de rendimiento, algunos modelos anteriores de las herramientas en tiempo real ignoran uno u otro campo al encontrarse ante una entrada entrelazada. Esto produce una calidad de salida razonablemente buena, pero con la mitad de resolución en el eje Y. El eje X se escalará en consonancia. Si realiza la codificación a partir de una fuente analógica mediante hardware de rendimiento superior, el proceso de codificación admitirá la codificación de todos los campos y todos los fotogramas. La codificación con una resolución inferior es óptima para servicios de vídeo basados en Web, pero puede que no sea suficiente para la siguiente generación de televisión sobre IP (IPTV).

Crear grupos de codificadores en tiempo real fiables

la codificación en tiempo real a pequeña escala suele ser fácil de configurar, dado que lo único que hay que hacer es instalar una tarjeta de entrada de vídeo en un equipo de sobremesa con un rendimiento relativamente alto y ejecutar uno de los codificadores en tiempo real de Microsoft, Real Networks, Apple o Sorensen. Envivio fabrica algunos codificadores basados en hardware rápidos y de gran calidad, pero tienden a quedar fuera del alcance de los proyectos pequeños debido a su coste.

Las soluciones a media escala se pueden afrontar de la misma forma mediante la configuración de varios equipos. Si dispone de grandes y potentes equipos con el tamaño de un servidor y varios procesadores, puede que se vea tentado a ejecutar en ellos varios codificadores de secuencias en tiempo real de forma simultánea. Si utiliza un codificador en un entorno UNIX bajo el control de una línea de comandos y encierra el comando en un bucle sin fin, el codificador se reiniciará automáticamente en caso que se produzca algún bloqueo. Esto funciona correctamente en codificadores de Real Networks que se ejecutan en una plataforma Linux.

```
while(true)
{
   encode myfile;
}
```

Con esto, pone toda la carne en el asador, por lo que si prefiere evitar riesgos, lo mejor es que implemente varios equipos más económicos y codifique una sola secuencia en cada uno de ellos. Si se proporciona algún mecanismo de enrutamiento en la entrada y los archivos de la secuencia de salida se denominan de tal forma que el contenido se asigne de una forma lógica, entonces se puede cambiar un codificador que haya fallado de forma bastante sencilla. La entrada de vídeo se vuelve a enrutar y el archivo de configuración del servidor de secuencias se cambia para dirigirlo a una secuencia codificada diferente. Esto añade capacidad de recuperación a la secuencia.

Para operaciones avanzadas en las que se pretende transmitir en secuencias cientos de programas diferentes de forma simultánea, hay grandes sistemas de codificación disponibles a través de distintos fabricantes. Sun Microsystems crea sistemas distribuidos de forma masiva que podrían ser unos buenos candidatos, o quizá desee montar en bastidor cientos de codificadores basados en Linux y ejecutarlos con algún sistema de administración centralizada. Si busca obtener una baja latencia y alta calidad a elevadas velocidades de bits, entonces lo mejor es una solución de hardware, aunque éstas son costosas. A lo largo de los dos próximos años, a medida que las implementaciones del códec H.264 sean cada vez más eficaces al implementarlas en software, es posible que las soluciones de hardware sólo se empleen para retransmisiones televisivas de gama alta o para conseguir una alta definición. Esto se aplica también a las aplicaciones de cine digital, porque funcionan con una resolución similar.

Eliminar problemas mediante la salida codificada en tiempo real

El momento en que probablemente se encuentre un mayor número de problemas es cuando se codifica fuentes de vídeo en tiempo real. Algunos de estos problemas se pueden evitar, y a otros tendrá que poner remedio una vez se produzcan. A la hora de evaluar los proveedores de codificadores alternativos, asegúrese de realizar algunas pruebas con servicios reales para comprobar qué ocurre con la salida codificada.

Resumen: Qué hemos aprendido sobre codificación en tiempo real

La codificación en tiempo real no es muy diferente de la codificación sin conexión o fuera de línea. La principal diferencia es que no puede permitirse el lujo de ralentizarse ni detenerse, ni tan siquiera de forma momentánea. Es importante tener en cuenta la latencia, ya que cualquier retraso provoca problemas de almacenamiento en búfer.

Una vez hemos visto las secuencias de bits y la codificación en tiempo real, avancemos un poco más en nuestro viaje y aprendamos cómo se puede almacenar vídeo comprimido en archivos.

Capítulo 16

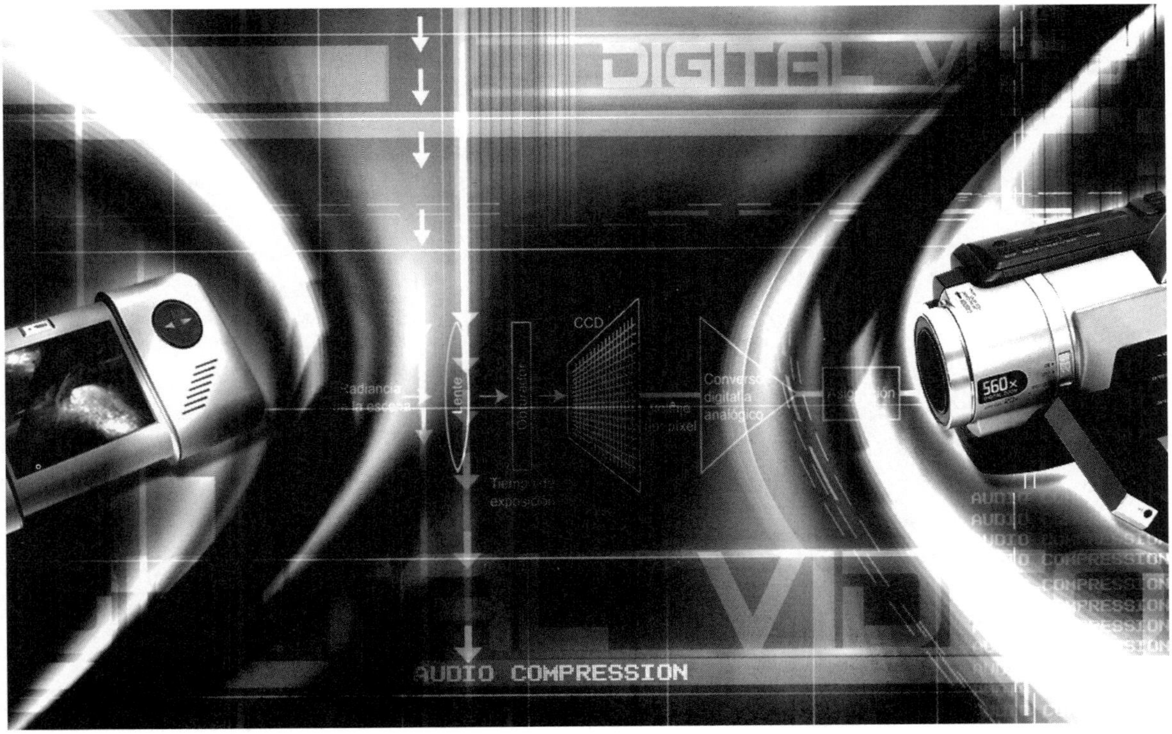

Archivos y formatos de almacenamiento

Hacer las maletas

Meter todo lo que desea llevar de viaje en la maleta no es fácil. Siempre hay más cosas que le gustaría meter, y la maleta pronto está abarrotada. Parte del arte de viajar sin problemas está en empaquetar lo que necesita y no tomar nada superfluo. El mismo principio se aplica al almacenamiento eficaz de vídeo en un archivo. Un formato de archivo bien definido y estructurado proporciona todo lo necesario sin tener que soportar cargas indeseadas.

¿Dónde puse ese clip?

Los datos de película se suelen incrustar en un paquete interactivo o transmitir en secuencias a través de una conexión de red. En algún momento de su vida, el vídeo se almacenará en un contenedor de archivos, a menos que la sesión de secuencias se codifique en tiempo real. Algunos sistemas pueden crear un almacenamiento temporal estructurado en memoria que simule el formato empleado para el almacenamiento basado en archivos. La aplicación de cliente puede almacenar el archivo transmitido en secuencias en el punto de recepción.

En este capítulo se estudia la estructura y el tamaño de los archivos, así como las implicaciones que presentan los distintos tipos de almacenamiento basado en archivos. Elegir el tipo adecuado de archivos garantiza que los archivos de salida se importen fácilmente en otras herramientas. Más adelante veremos los sistemas de almacenamiento como parte del proceso de construcción de sistemas.

Concepto básico de almacenamiento de vídeo en archivos

La gente ha estado almacenando vídeo en archivos durante mucho tiempo. En los primeros días, los archivos eran simplemente una versión digital del almacenamiento de vídeo en una cinta analógica. Las estructuras de archivos eran rudimentarias y el contenido era sólo una secuencia de valores de intensidad de vídeo. Almacenar el vídeo de esta forma ocupa una gran cantidad de espacio porque no está comprimido. Por otra parte, resulta complicado editar vídeo de una forma que no sea lineal. Este almacenamiento no es muy diferente del registro directo de formas de onda. Es muy similar a una pista de audio que se registra como una serie de muestras, excepto por el hecho de que el vídeo tiene una velocidad de muestreo muy superior.

Entre los primeros formatos para su uso en sistemas de escritorio están los formatos Cinepak (`http://www.cinepak.com`) e Indeo (`http://www.ligos.com`). MPEG-1 se desarrolló aproximadamente al mismo tiempo y QuickTime se lanzó con un contenedor de vídeo primitivo pero que ofrecía algunas funciones útiles.

Las estructuras de archivo de vídeo modernas están diseñadas para que el acceso y las modificaciones sean no lineales. La inserción de contenido nuevo en un archivo de película es rápida, sencilla y económica en lo que a uso de espacio en disco y CPU se refiere porque las estructuras de archivos están altamente organizadas.

La idea básica es almacenar una secuencia de datos de modo que se pueda recuperar en tiempo real. Más tarde, es posible reproducir el vídeo sin que se produzcan problemas técnicos. La edición hace necesario cambiar dicha secuencia, quizá mediante la eliminación de algunos fotogramas, la adición de algunos fotogramas en el punto de inserción, o el cambio de posición de algunos de ellos, lo que en realidad es una variante de los dos primeros casos.

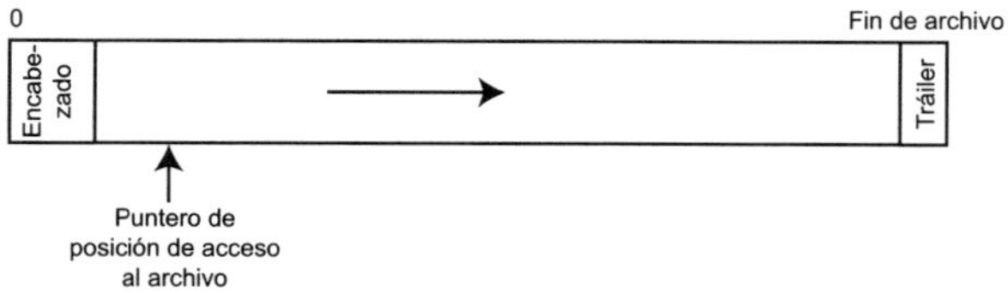

Figura 16.1.

Formato de archivo secuencial.

Es importante introducir estos cambios de edición en la estructura de archivos sin tener que reescribir completamente el archivo de principio a fin. Esto puede ser necesario en una etapa de renderización final, pero con un archivo de película de dos horas de duración, el sistema pronto será poco flexible y difícil de usar si se debe reescribir todo el archivo cada vez que cambie.

La información correspondiente al sonido debe almacenarse junto con el vídeo. El requisito mínimo es una pista de sonido monofónico, siempre que la película no sea muda. En estos días, lo habitual es grabar un par estéreo. Para los largometrajes y obras dramáticas de gran calidad, la producción de vídeo deberá contar con 6 ó 7 pistas diferentes que se mezclan independientemente para presentaciones de sonido envolvente.

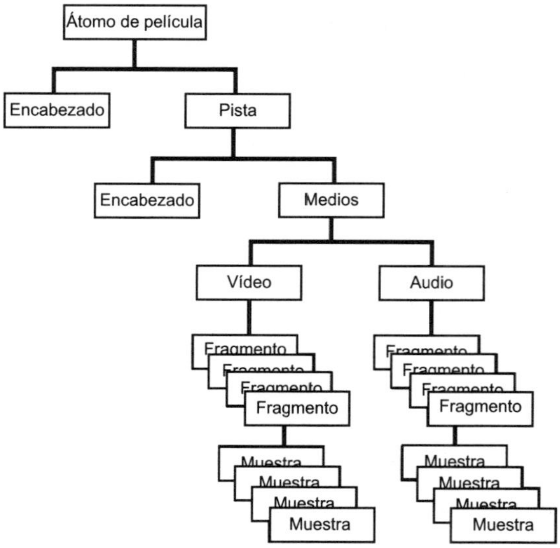

Figura 16.2.

Estructura de archivos atómica.

En los últimos tiempos, el texto y las pistas de datos se han convertido en útiles adiciones, de modo que la variedad de información que ahora es necesario almacenar y sincronizar ha ganado en complejidad.

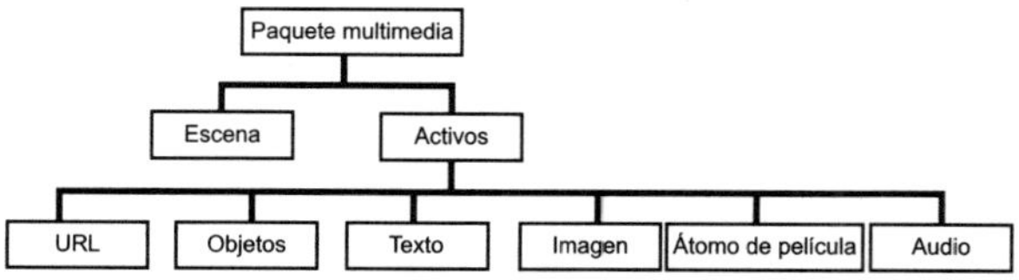

Figura 16.3.

Estructura de objetos multimedia.

En el momento de la reproducción se obtiene una mayor eficacia al guardar los macrobloques en el archivo en el orden de descodificación. Almacenar en el búfer grandes porciones del archivo con anterioridad o realizar búsquedas hacia delante o hacia atrás para localizar el átomo ya no es necesario, y el rendimiento se ve mejorado.

Tipos de archivos

Los contenidos de archivo se identifican de diferentes maneras y pueden depender del sistema operativo que se utilice. En un Macintosh, hay dos códigos ocultos de 4 caracteres que identifican tanto el tipo de archivo como el creador. El creador es la aplicación que se abre al hacer doble clic en el archivo. Este método ha servido muy bien a Mac OS desde 1984.

Si el código correspondiente al creador y el tipo de archivo no se definen correctamente en un archivo, a veces no es posible abrirlo en una aplicación de Mac OS clásica. Un ejemplo de esto es la utilidad Dumpster de QuickTime. Requiere que el código del tipo de archivo sea `MooV` y que el creador se defina como `TVOD`. Si no se hace así, las versiones anteriores de Dumpster no podrán "ver" el archivo y no lo abrirán para su análisis.

Este método no se aplica igualmente bien a otras plataformas, por lo que las versiones más recientes de Mac OS también usan la extensión del archivo para identificar el tipo de archivo del que se trata. Esta es la forma en que la mayoría de sistemas operativos determinan el tipo de archivo.

En el entorno de línea de comandos de Unix, la utilidad `file` permite determinar el tipo de archivo objeto de estudio. Ésta es bastante inteligente porque mira el principio del archivo y deduce el tipo de archivo a partir del contenido. La extensión del archivo es irrelevante porque Unix considera todo el nombre del archivo, el punto y la extensión como una sola cadena de caracteres. He aquí un ejemplo de cómo la utilidad `file` se emplea en la línea de comandos de Unix:

```
$ file 0007.jpg
0007.jpg: JPEG image data, JFIF standard
1.02, resolution (DPI), 300 x 300 $ file
0010.ai
0010.ai: PDF document, version 1.4
$ file "Interesting article"
Interesting article: ASCII mail text,
with very long lines, with CR line
terminators
$ file "tivo_1.pdf"
tivo_1.pdf: PDF document, version 1.3
```

La utilidad `file` emplea una tabla de información almacenada en un archivo especial llamado `magic`. Si usa las páginas del manual de Unix, el archivo de ayuda le indicará dónde se encuentra este archivo `magic` de modo que pueda localizarlo y consultarlo. En Mac OS X reside en la ruta de directorio `/usr/share/file/magic`, que es una ubicación a la que no es posible acceder normalmente mediante la interfaz gráfica de usuario porque los elementos de este tipo están ocultos para no asustar a los usuarios incautos.

Aprender algunos trucos relacionados con herramientas potentes de la interfaz de la línea de comandos es una actividad muy fructífera. No es necesario que se convierta en un gran experto antes de que le resulte de utilidad. Si tiene una colección de archivos de tipos desconocidos, puede que sea capaz de escribir algún tipo de secuencia de comandos en el intérprete y, a continuación, dirigirse a ellos y añadir la extensión adecuada.

La utilidad `file` de Unix permite seleccionar manualmente un archivo `magic` alternativo. Puede utilizar el que se proporciona para indicar el tipo MIME de un archivo, o bien implementar uno propio y proporcionar algún tipo de identificación de archivo personalizada. Dado que tiene un archivo llamado `fred` en el directorio, el comando siguiente le proporcionará el tipo MIME siempre que se trate de un tipo de archivo conocido.

```
file fred -m /usr/share/file/magic.mime
```

Dado que la lista de archivos es bastante amplia, la utilidad `file` reconoce varios centenares de tipos de archivo diferentes. También puede añadir uno propio mediante la creación de archivos `magic` personalizados o volviendo a compilar los que se proporcionan. Dado que éste reside en la parte del código abierto del sistema operativo, resulta bastante sencillo obtener más información al respecto. Las páginas del manual de la línea de comandos de UNIX son un buen lugar por el que empezar. Simplemente introduzca `man file` y presione **Intro** para acceder a distintas páginas repletas de información útil.

Formatos de archivo

Desde un punto de vista general, el contenido del archivo se organiza en pistas. Esta disposición lógica es más importante para nosotros que la representación física porque es similar a la forma en la que el software de compresión y edición nos presenta el contenido del archivo.

Internamente, la secuencia de vídeo se divide en paquetes que se pueden intercalar entre sí de tal forma que los paquetes de las distintas secuencias se almacenan más o menos junto con los de otras secuencias que se deberían reproducir aproximadamente al mismo tiempo. Esto simplifica bastante el proceso de sincronización y se reduce a una mera cuestión de almacenar en búfer y ordenar los paquetes durante la reproducción.

Estructura de archivos general

Los archivos se deben organizar de forma secuencial, con el contenido escrito desde el principio del archivo hasta el final de forma continua. Cualquier organización de archivos se realiza entonces a través del software de administración de archivos de la biblioteca utilizada para crear o modificar el archivo. Dado que el código de la biblioteca se vincula a una aplicación, con frecuencia el software utilizado no tiene acceso directo a todo el contenido del archivo. Algunas decisiones se adoptan en la biblioteca, con lo que puede ser que se le adelanten a aspectos que querría definir usted mismo. En otros sistemas, puede que se utilice una estructura basada en registros de acceso aleatorio. Sin embargo, con este método tiende a desaprovecharse espacio y resulta mucho más útil para almacenar grandes cantidades de metadatos sobre cualquier elemento similar de una manera estructurada.

La forma óptima para el almacenamiento de medios consiste en un repositorio administrado de objetos persistentes. Los objetos se codifican mientras se almacenan y obtienen. La aplicación manipula los objetos que se ensamblan mediante relaciones de entidades. Estas relaciones se asignan directamente a las estructuras del sistema de administración de bases de datos relacional (RDBMS), aunque normalmente no sería posible almacenar vídeo en un RDBMS. La base de datos se utilizaría para almacenar los metadatos que describen el vídeo.

Estos objetos se denominan a veces átomos y son de distintas clases y tipos, cada uno de los cuales representa un contenido diferente. Este mecanismo lo popularizó Apple en las estructuras de archivos de QuickTime.

Microsoft implementó un mecanismo de fragmentación similar, aunque menos complejo, en sus primeros formatos de archivo multimedia. Una estructura similar se encuentra presente en la mayoría de los tipos de archivos de vídeo que encontrará en la actualidad.

El formato de archivo QuickTime se utilizó como base para el formato de archivo MPEG-4 y, por lo tanto, presentan algunas similitudes entre sí. No son lo suficientemente idénticos como para que los archivos de ambos formatos se puedan analizar mediante los mismos códecs o aplicaciones del reproductor pero el diseño es básicamente el mismo. Se dice que comparten "el mismo ADN".

Se utiliza una amplia variedad de estructuras de archivo, pero la totalidad de los principales formatos se basan en la idea de un formato estructurado basado en fragmentos y compuesto por objetos atómicos.

Cuando se transmite vídeo en secuencias, los aspectos técnicos son muy similares para la distribución Web y las retransmisiones televisivas.

Tamaño de archivos

Los tamaños de archivo varían enormemente en función de lo que contengan. Una grabación sin procesar que se ha importado mediante una interfaz FireWire con una calidad de retransmisión tendrá el mayor tamaño al que deberá enfrentarse. Resulta tentador comprimirla directamente y desechar la original. Esto resulta falsamente económico, a menos que dicha táctica forme parte necesaria de su flujo de trabajo. Es mejor proporcionar suficiente espacio en disco para trabajar con el contenido sin comprimir tanto como sea posible.

En la actualidad, en el mercado hay discos de gran tamaño con capacidades que llegan a superar los 500 GB. Es posible montar varios discos en una matriz RAID a cambio de una cantidad de dinero razonable, y no resulta difícil incorporar a un equipo de sobremesa un par de terabytes (TB).

En la tabla 16.1 se enumeran algunos tamaños de archivo para un clip de 5 minutos en distintos formatos.

Estos tamaños de archivo pueden resultar terroríficos, pero para situarlos en su debido contexto, los archivos de cola de impresión para trazadores de gran formato son mucho mayores.

Los grandes trazados de tamaño póster se pueden disfrutar de un solo vistazo, mientras que un archivo de vídeo del mismo tamaño duraría un par de horas, incluso aunque se almacenara en un formato de alta calidad.

Tabla 16.1.

Tamaños de archivo para un clip de vídeo de 5 minutos.

Formato	*Tamaño de archivo*
3GPP 64 Kbps	2,867 MB
ISMA Profile 0 (MPEG-4)	4,6 MB
ISMA Profile 1 (MPEG-4)	14 MB
AVI con el códec Cinepak	124,3 MB
PAL MPEG-2	150 MB
DV 25	1,00 GB
DV 50	1,9 GB
525i30 NTSC sin procesar	2,575 GB
625i25 PAL sin procesar	3,106 GB
YUV420	4,5 GB
D-cinema, 24 fps 1920 x 1080 distribuidos en HDCAM	5,96 GB
D-cinema, 24 fps 1920 x 1080 sin procesar	41,713 GB

Organización de pistas

Los distintos tipos de pista del contenedor basado en archivos pueden incluir cualquier combinación de los distintos tipos de datos. En esta sección veremos estos tipos de datos.

Vídeo

El vídeo codificado se almacena como una secuencia de fotogramas. Esta categoría de "vídeo" puede incluir grupos de imágenes fragmentados de forma conjunta y comprimidos, o quizá fotogramas sueltos almacenados sin comprimir. Este es el contenedor para el vídeo que se procesa mediante el códec.

Vídeo de ojo izquierdo/derecho

El formato IMAX y otros formatos cinematográficos admiten una amplia variedad de esquemas de intercalado para mezclar secuencias de imágenes estereoscópicas y alternar su distribución de modo que cada ojo vea una imagen ligeramente diferente al convertir el objetivo de la cámara en un punto de vista virtual. El vídeo se puede almacenar como dos secuencias diferentes o como una secuencia de fotogramas intercalados en la que las imágenes derecha e izquierda se distribuyen alternativamente. Esto doblaría la velocidad de fotogramas requerida para evitar artefactos parpadeantes.

Banda sonora mono

Las presentaciones sencillas puede que sólo requieran una pista de sonido monoaural, aunque lo normal es poner la misma mezcla en el canal estéreo derecho e izquierdo.

Banda sonora estéreo

Una banda sonora estéreo incluye el audio derecho y el izquierdo. Probablemente se trate del formato más común para el almacenamiento de audio junto a vídeo. Durante la reproducción y la edición, ambos deben estar completamente sincronizados. El software de edición puede realizar un corte preciso en los fotogramas, pero puede que esto no se produzca en el momento más oportuno para el audio. Lo mejor es editar el audio y el vídeo de forma independiente y solucionar más adelante cualquier problema de sincronización o seguimiento. Los editores como Final Cut Pro se ocupan de ello y mantienen una excelente sincronización aun cuando se realicen complejas tareas de edición.

Sonido envolvente

Los formatos Dolby 5.1, DTS y AC3 son todos ellos variedades del formato de sonido envolvente. Algunos de ellos se codifican como audio entrelazado con los datos almacenados en una sola pista y, durante la producción, las pistas pueden mantenerse como secuencias mono diferentes, de modo que se puede trabajar en ellas por separado.

Pista de descripción de audio

Los organismos de regulación de las retransmisiones instan a las compañías de televisión a distribuir servicios mejorados para facilitar el acceso a personas discapacitadas. Una pista de descripción de audio es un comentario adicional que se puede reproducir junto con el audio normal y que contiene una descripción de lo que se muestra en el vídeo. No se trata de los comentarios del director, como lo que incluyen algunos DVD, pero la idea es similar. La pista ha de estar cuidadosamente sincronizada para garantizar que las descripciones se coloquen entre los diálogos y que no se solapen.

Pista de audio estructurado

El audio estructurado fue algo que se introdujo con el estándar MPEG-4. Permite que las muestras de sonido se distribuyan al reproductor y, a continuación, se reconstruyan y mezclen localmente. Si se tienen en cuenta la información MIDI y la síntesis del discurso, es posible crear experiencias de audio muy ricas.

Pista de componentes fonéticos

Con la llegada del reconocimiento de voz y los sistemas de búsqueda como los desarrollados por FastTalk, UI Speech y DreMedia, es probable que la señal de audio se procese y almacene de otras formas. FastTalk empleaba un algoritmo de búsqueda fonética que permitía buscar en un vídeo coincidencias fonéticas, de modo que se podía buscar muy rápidamente una pista que contuviera fragmentos fonéticos descodificados a partir del audio y sincronizados con el código de tiempo en el que se hubieran emitido.

Pista de subtítulos

En un vídeo cuya copia master se prepara para pasarlo a formato DVD, puede haber ocho o más pistas de subtítulos. Aunque es probable que la plataforma de distribución en la que realice la implementación tenga una estricta limitación en relación al número de pistas de subtítulos admitidas, el archivo de vídeo master se puede almacenar en un formato que permita un número ilimitado de pistas que mantener. A continuación, el proceso de renderización en la plataforma de destino simplemente selecciona las pistas de subtítulos que requiera. Esta es una variante específica de la pista de texto simple.

Pista de URL

Esta es otra variante de la pista de texto simple, contiene una URL que el reproductor de vídeo transmite a un navegador Web al hacer clic en el vídeo. Se ha hecho un uso tan limitado de esta opción que mucha gente ni siquiera se da cuenta de que se encuentra disponible. Los productores de medios de Real Networks pueden crear una lista de URL con códigos temporales y, a continuación, procesar el archivo a través de una utilidad `rmmerge` para crear un archivo de vídeo con etiquetas propias de las URL. Resulta interesante el hecho de que las URL pueden estar en cualquier forma que admita el navegador, lo que incluye URL de tipo `javascript:`, que permiten la implementación de contenido reactivo muy sincronizado.

Pista de zona activa

En ocasiones, se crean mapas de zonas activas que se asocian con las pistas de URL para ofrecer regiones de la pantalla en las que se pueda hacer clic. Esto proporciona excelentes efectos en películas VR de QuickTime, en las que el mapa de zonas activas se puede aplicar antes o después de deshacer la urdimbre de la imagen. Las zonas activas pueden aparecer en una posición relativa a la escena al aplicarse con anterioridad al hecho de deshacer la urdimbre, o bien como una sobreimpresión en la superficie de control en caso de que se hayan añadido con posterioridad. Se trata de un mapa de píxeles con los valores de píxel seleccionando un enlace entre varios disponibles. Estos enlaces pueden ser URL a páginas Web, o bien enlaces navegables que conducen a otras escenas o panoramas dentro de la película. Las zonas activas también resultan útiles en vídeo lineal, y se puede incluir un producto sobre el que se puede hacer clic para conducir al espectador a una página Web que permita adquirir el producto en ese mismo momento, por ejemplo. Las pistas de zona activa pueden ocupar bastante, posiblemente tanto como un canal alfa.

Pista de gráficos animados

Se trata de una pista que contiene un gráfico animado que se superpone al vídeo. Es probable que haya varias pistas de gráficos animados.

Pista de metadatos

La información sobre el vídeo, como el copyright, la fecha de grabación, los exteriores y los parámetros de la cámara se denominan metadatos. Hay una gran variedad de datos que resultan útiles durante el proceso de producción y muchos más que ayudan al usuario final cuando visualiza el producto final. La adición de esta información al contenido de vídeo a veces se denomina etiquetado. También hay algunos metadatos que se encuentran fuera del archivo de vídeo y que hacen referencia a la ubicación y al uso del archivo como un todo. En el interior, los metadatos pueden describir escenas o actores concretos. La información de etiquetado sobre los exteriores de una escena o los puntos de edición se puede incrustar en una pista especial del archivo de vídeo dentro de la película, o bien almacenarse de forma externa en un archivo de texto separado, aunque relacionado con la película.

Pista MIDI

Las pistas de música a veces se codifican como información MIDI. Obviamente, es necesario que un instrumento MIDI incrustado se encuentre disponible en el dispositivo de reproducción. QuickTime concede licencias de muestras de sonido Roland GM como las que se encuentran en el sintetizador Sound Canvas. Con frecuencia, la compatibilidad con MIDI se etiqueta como GM ó GS según el fabricante. Se admitirá un conjunto estándar de instrumentos ubicados de forma predecible en los mismos números de ajuste. Puede que no suenen idénticos, pero si elige el sonido de un piano, obtendrá un piano y no una trompeta.

Pista matricial de urdimbre

QuickTime permite crear la urdimbre del vídeo de acuerdo con una transformada matricial. Al almacenar esta información en una pista junto al vídeo, es posible aplicar durante la reproducción un efecto de urdimbre animado con precisión de fotogramas.

Pista de canal alfa

Recortar el mate o el canal alfa que se mueve con el vídeo se realiza a través de una pista de canal alfa. Esta es idéntica fotograma a fotograma, en tiempo y resolución a la pista de vídeo, pero contiene un valor de transparencia de entre 0 y 100 por 100. La aplicación de un valor constante en toda la superficie del vídeo permite conseguir efectos de fusión. Cortinas, transiciones y otros efectos de composición también son posibles.

Pista de corrección de colores

Con la llegada de sistemas muy potentes, la corrección de colores se puede aplicar en tiempo real al vídeo reproducido. Ésta se puede utilizar para los efectos especiales o para corregir el vídeo después de la asignación de la transformada a alguna condición ambiental.

Pista de efectos

QuickTime admite efectos de humo, llamas, niebla, nubes y agua rizada que se aplican como una capa sobre el vídeo compuesto final. Éstos se almacenarían de forma simbólica como parámetros que se aplican fotograma a fotograma. Prácticamente no ocupan espacio alguno.

Pista de signos

El concepto es similar al de las transcripciones. Las transcripciones son datos de subtítulos ocultos que requieren un descodificador de hardware para su visualización. Los signos comparten la idea, excepto por el hecho de que el vídeo sobreimpreso se describe a través de una imagen codificada mediante el canal alfa del lenguaje de signos comprimida mediante el estándar MPEG-4 parte 2. Esto se activa por parte del propietario de un equipo descodificador de signos, pero no resulta visible para el resto de usuarios. La asistencia en relación con el soporte de acceso a este servicio es obligatoria para la mayoría de licencias de retransmisión de Reino Unido y, en la actualidad, se lleva a cabo una gran cantidad de trabajo muy útil en este ámbito por parte del departamento de investigación y desarrollo de la BBC.

Pista de sugerencias

Ésta se emplea para asistir al proceso de transmisión en secuencias al proporcionar ayuda con la formación de paquetes y quizá algo de información que insertar en los encabezados del servicio de transmisión en secuencias. Puede haber múltiples pistas de sugerencias que permitan la transmisión del contenido en secuencias a través de distintos servicios desde el mismo archivo de origen. En el momento en que el vídeo se transmita en secuencias, cualquier tipo de organización de la estructura del archivo interna, como los átomos o fragmentos, ha desaparecido y el reproductor cliente simplemente ve una secuencia continua de bits, con la que se debe sincronizar, almacenar en búfer y, a continuación, desenvolver y quitar el intercalado antes de descodificar.

Átomos

La tabla 16.2 resume los términos que se emplean normalmente para describir los distintos componentes de una secuencia de vídeo.

Tabla 16.2.
Átomos y fragmentos.

Término	***Descripción***
Átomo	Un átomo se emplea para describir el desglose orientado a objetos del vídeo y el audio multipista cuando se almacenan en archivos MPEG-4 y QuickTime con un alto grado de estructuración. Estos átomos también describen otros tipos de datos. Una serie de átomos se ensamblaría para formar una secuencia que contuviera uno u otro tipo de contenido. Conviene tener también en cuenta que los átomos se pueden anidar, mientras que ninguno de los otros componentes se pueden usar de esta forma.
Fragmento	Tradicionalmente, el vídeo se ha dividido en fragmentos al almacenarlo en archivos AVI. Éstos no se corresponden necesariamente con paquetes o grupos de imágenes. Es poco probable que pueda descomponer un grupo de imágenes en varios fragmentos.
Grupo de imágenes	Un grupo de imágenes es la agrupación lógica de una serie de fotogramas que se consideran como una unidad cuando un compresor trabaja con ellas. Más tarde, la salida comprimida se divide en paquetes.
Paquete	Normalmente se utiliza para describir un fragmento de contenido transportado. La creación de paquetes sirve para dividir los elementos de datos de mayor tamaño en fragmentos que se adapten a los protocolos TCP/IP de conexión de red, por ejemplo.

El acceso a un archivo se realiza (en la actualidad) mediante la carga de un fragmento o átomo de contenido. En ocasiones, éstos se organizan en objetos que son colecciones de fragmentos de vídeo. Las secuencias de audio y vídeo no se intercalan para su almacenamiento, porque ello no tiene ninguna utilidad. Simplemente hay que acceder a los fragmentos en el orden correcto. Sólo han de leerse desde el archivo aquéllos que formen parte de la sesión de reproducción actual.

Hay más información sobre las estructuras atómicas en el libro con formato de archivo de QuickTime publicado a través de Apple Developer Connection (`http://developer.apple.com/`), cuyos detalles se encuentran disponibles en el sitio Web del desarrollador de Apple (`http://developer.apple.com/quicktime/`). Aunque describe el formato de archivos de QuickTime, el concepto se puede aplicar a otros formatos de vídeo.

El documento ISO_IEC_14496-14_2003 de la normativa ISO (`ISO Standards: http://www.iso.org/`) describe el formato de archivo MPEG-4, aunque su ámbito de aplicación es bastante escaso. Las URL del sitio Web de la ISO son largas y complejas, y la forma más sencilla de desplazarse por el sitio Web de la ISO consiste en utilizar el número de la normativa como clave. Lo normal es que se muestre una versión del sitio adaptada al parámetro de lenguaje internacional del navegador que utilice. Deberá comprar las especificaciones, ya que no se encuentran disponibles de forma gratuita.

Pueden existir otros recursos en la Web que describan las estructuras de archivos disponibles para distintos tipos de archivo de vídeo. Algunos serán difíciles de encontrar, ya que son propietarios.

Hace algunos años, Gunther Born publicó un libro muy útil sobre formatos de archivo llamado *The File Formats Handbook* que contenía algunas descripciones sobre las estructuras de archivos AVI, suficientes para que el lector escribiera código que permitiera analizar los archivos. Microsoft también ha publicado otra información de utilidad en la que se describe cómo almacenar secuencias de vídeo digital en películas AVI (`http://www.microsoft.com/whdc/archive/dvavi.mspx`).

La recopilación y almacenamiento de esta información son buenas siempre que pueda merece la pena, ya que ocasionalmente le permitirá solucionar problemas del tipo "aquí hay una biblioteca con un millón de archivos de vídeo pero desconocemos el tamaño del formato de la imagen de todos ellos". Podría escribir un pequeño fragmento de código para acceder a los bytes correspondientes del encabezado de archivo y determinar la información que busca. A continuación, podrá crear las instrucciones SQL (*Structured Query Language*, Lenguaje de consulta estructurado) para cargar la base de datos con la información correspondiente a cada archivo. Todo el proceso se puede contener en una secuencia del intérprete de comandos y dejar que se ejecute por sí solo.

Los archivos no son secuencias

Un archivo en el disco no es lo mismo que una secuencia. Si tiene un reproductor que se conecta a una secuencia, puede unirse a la secuencia y abandonarla en cualquier momento. Se producirá un almacenamiento en búfer durante algunos instantes mientras descarga algunos fotogramas clave con los que realizar la interpolación.

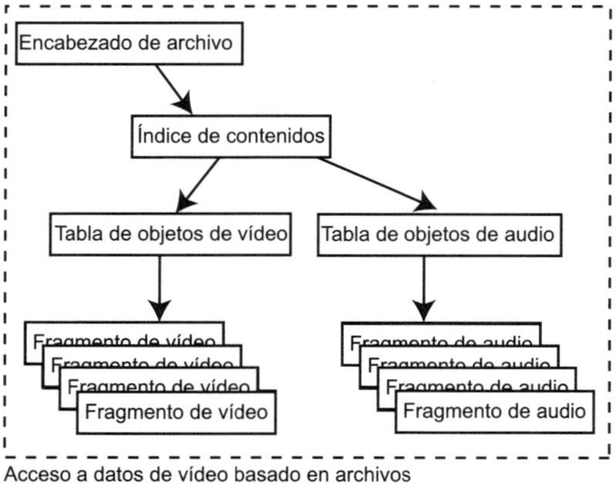

Figura 16.4.

Acceso a un archivo.

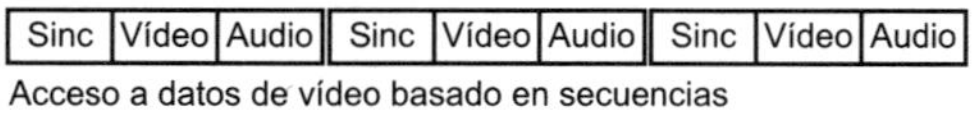

Figura 16.5.

Acceso a una secuencia.

No se puede abrir simplemente un archivo y acceder a él de forma aleatoria. Es necesario seguir la estructura del archivo. En primer lugar, abra el encabezado para determinar algunas características básicas. Es probable que haya un índice que proporcione acceso aleatorio a distintos segmentos del archivo. No todos los formatos de archivo admiten este sistema, pero todos aquéllos diseñados para modos de interacción lineales lo hacen.

Las secuencias llegan en paquetes que se organizan en orden secuencial. Los paquetes se deben organizar en una secuencia de transporte y, a continuación, se debe eliminar el intercalado del contenido para obtener las secuencias elementales individuales para reconstruir el contenido del programa.

Sugerencias

Las sugerencias son instrucciones que se añaden a una película para ayudar al servidor de transmisión en secuencias en la distribución del contenido de vídeo a través de una conexión de red en la que se transmiten las secuencias. Dado que las sugerencias se pueden aplicar a la película de una forma sincronizada y que tienen en cuenta aspectos temporales, éstas se almacenan en una pista adicional. De ahí los términos pista de sugerencias o película con sugerencias.

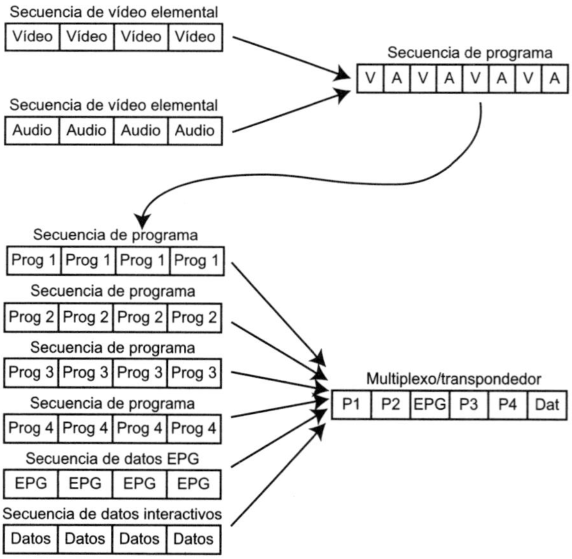

Figura 16.6.

Estructura de secuencias.

La película incluirá más de una pista de sugerencias, una por cada uno de los servicios de destino hacia los que se transmite el contenido en secuencias. El enfoque técnico es crear una pista de sugerencias para cada secuencia. De esta forma habría una para el vídeo y una para cada una de las pistas de audio.

Se trata de un método útil para preparar vídeos para su transmisión en secuencias, porque el mismo archivo de película se puede descargar y reproducir localmente. El reproductor sólo abrirá las pistas de audio y vídeo de la forma habitual. Los datos de las sugerencias se ignorarán porque hacen referencia al transporte y no a la reproducción.

Una herramienta de creación de paquetes de medios añade las sugerencias. Ésta puede estar integrada en el software de compresión que utilice o tratarse de una herramienta adicional que se debe ejecutar sobre el archivo una vez comprimido. Si compra una herramienta de compresión para emplearla en la creación de contenido transmitido en secuencias, debe comprobar que el kit de herramientas incluya la compatibilidad para la inclusión de sugerencias.

> **Advertencia:** Tenga precaución al aplanar las películas (una operación de QuickTime) o aplicarles cualquier otro tipo de procesamiento, ya que podría eliminar las pistas de sugerencias de forma accidental.

Archivos MXF

El formato de archivos MXF emerge en la actualidad como un importante formato de intercambio entre profesionales. El formato MXF encapsula diversos formatos de medios en un contenedor con la información de la lista de decisiones de edición (EDL) y cualquier otro metadato relevante. Ésta se transfiere a otro sistema que lee la lista EDL y extrae los activos esenciales para un procesamiento posterior. MXF es agnóstico respecto a los formatos. Esto quiere decir que le da igual cuál sea el formato esencial al completar un contenedor MXF con activos. En realidad no existe ningún formato de vídeo MXF porque el estándar sólo describe un contenedor.

El formato de contenedor MXF proviene del formato de archivo AAF. La AAFA es quien administra este estándar. Los datos se encierran en una estructura en tres partes, tal y como se aprecia en la figura 16.7.

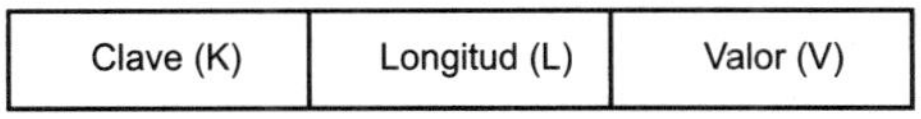

Figura 16.7.
Un fragmento KLV en un archivo MXF.

La especificación del formato de archivos MXF permite anidar estos fragmentos KLV (*key-length-value*, clave-longitud-valor), tal y como se aprecia en la figura 16.8.

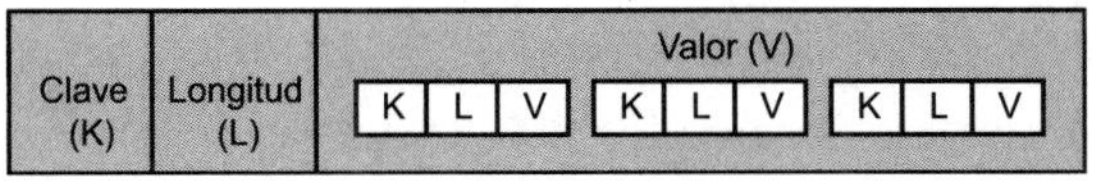

Figura 16.8.
Fragmentos KLV anidados.

Es muy similar a forma en la que los archivos de QuickTime y MPEG-4 se estructuran mediante átomos y fragmentos.

Los metadatos se describen mediante un formato XML de modo que las implementaciones puedan usar algunas bibliotecas de código de utilidades ya existentes para importar y exportar los datos MXF. Se han realizado pruebas en IBC y NAB durante muchos años y la interoperabilidad funciona muy bien.

Aunque se trata de un formato profesional destinado a grandes compañías de producción y retransmisión, este tipo de tecnología se suele filtrar hacia el mercado semiprofesional con el paso del tiempo. El formato MXF también podría resultar de gran utilidad para el intercambio de material entre servidores multimedia y sistemas de edición de escritorio en el mercado doméstico, educativo y de la televisión corporativa. MXF va a ser un formato muy útil e importante.

Hay más información en los sitios Web de Pro-MPEG (`http://www.pro-mpeg.org/`), MXF (`http://mxf.info/`) y AAF (`http://www.aafassociation.org/`). Snell & Wilcox (`http://www.snellwilcox.com/`) han lanzado el kit gratuito de herramientas de desarrollo de software MXF Express para que lo utilicen los programadores de software al realizar pruebas de interoperabilidad. Este kit se encuentra disponible en su sitio Web.

Entre los desarrollos más recientes se encuentra el protocolo de edición AAF, que permite la separación de las decisiones de edición del contenido multimedia. Esto es similar a la técnica de películas de referencia que admite QuickTime, que es la tecnología central de iMovie.

Archivos ASF

Se trata de los archivos que se utilizan para almacenar contenido de Windows Media. A veces se denominan archivos de Windows Media, lo cual no es correcto en sentido estricto porque también pueden almacenase otros medios en ellos. El contenedor de archivos ASF (*Advanced Systems Format*, Formato de sistemas avanzados) almacena los siguientes tipos de contenido en un archivo:

- Audio.
- Vídeo a una velocidad de bits múltiple.
- Metadatos.
- Tablas de índices.
- Comandos de código.
- URL.
- Transcripciones.

Los archivos se crean a través del kit de desarrollo de software de Windows Media y se estructuran de acuerdo con un perfil. Estos perfiles se crean y almacenan en archivos XML que tienen la extensión de archivo `.prx`. La compatibilidad con metadatos se basa en los protocolos de etiquetado `ID3`.

El contenedor admite archivos de hasta 17 millones de terabytes (TB), lo cual supera con creces el tamaño de cualquier elemento que jamás desee incluir en él.

En la tabla 16.3 se enumeran las extensiones de archivo empleadas para los archivos ASF (http://www.microsoft.com/windows/windowsmedia/format/asfspec.aspx) en función de lo que se almacene en ellos.

Tabla 16.3.

Extensiones de archivos ASF.

Extensión de archivo	*Contenido*
.wma	Audio comprimido mediante el códec Windows Media Audio.
.wmv	Audio y vídeo comprimidos con los códecs Windows Media Audio y Windows Media Video.
.asf	Contenido creado con otros códecs.

Encontrará más información en el sitio Web de Microsoft en las páginas describen el formato ASF y un boletín de seguridad de TechNet (http://www.microsoft.com/technet/security/bulletin/MS01-056.mspx).

Problemas técnicos relacionados con archivos

Tarde o temprano tendrá algunos problemas relacionados con los archivos y, casi con toda seguridad, éstos tendrán que ver con los tamaños de archivo y el espacio disponible para su almacenamiento.

Problemas de conversión de archivos

En ocasiones, al convertir de un formato a otro se pierde calidad sin ninguna razón aparente. Pasar de un formato a otro supuestamente mejor puede hacer que las imágenes se muestren como bloques o descoloridas. Puede que se trate de un fallo del software de conversión, por lo que conviene probar alguna herramienta alternativa para ver si mejora la compresión.

A veces, esto no supone diferencia alguna porque las herramientas se asientan sobre la misma interfaz de programación de aplicaciones (API), con lo que lo único que se puede hacer es cambiar la interfaz de usuario.

Limitación de 2 GB en algunos sistemas

Tenga precaución con la limitación del tamaño de archivo a 2 GB. Hace algunos años, los diseños de hardware de PC y sistemas operativos la eliminaron, pero no así muchas aplicaciones. Algunas aún presentan este problema, por lo que conviene tener cuidado con la forma en la que importe películas a estos paquetes.

La aplicación iMovie de Apple presenta esta limitación, por ejemplo, y no es posible arrastrar grandes archivos (de más de 2 GB) al espacio de trabajo. No obstante, es posible importar archivos de mayor tamaño porque la utilidad de importación segmenta los archivos a medida que los recibe. Cuando se toma la entrada directamente desde una cámara o unidad externa, los archivos también se segmentan automáticamente al alcanzar, o acercarse a 2 GB, y se crea una película de referencia para vincularlos.

Una vez completado el proyecto, deshágase de cualquier clip sin utilizar que permanezca en el contenedor de clips e indique a la aplicación que vacíe la papelera. Esta no es la misma que la papelera de reciclaje del escritorio, sino que se trata del vídeo que no se ha incluido en la secuencia final editada y se ha desechado. Si tiene muchos proyectos de iMovie en el disco, vaciar la papelera proporciona una gran cantidad de espacio que, de otra manera, se desperdiciaría.

> **Truco:** Vacíe la papelera de la aplicación de edición de vídeo en caso de que ésta la incluya. Es posible que se desperdicie una gran cantidad de espacio en disco a causa de vídeos sin utilizar que ya no son necesarios.

Consulte el manual del software de edición de películas. Estas aplicaciones comparten un gran número de funciones, y puede que descubra que su aplicación presenta esta misma limitación en cuanto a un tamaño de archivo de 2 GB, aunque parezca que su funcionamiento difiere mucho del de iMovie.

Películas de referencia, listas de reproducción y archivos autocontenidos

El proceso de edición de vídeo implica cortar el original y crear un archivo nuevo. Algunos sistemas de edición pueden hacer esto de una forma que no es destructiva mediante la creación de una lista de reproducción y su almacenamiento en una película de referencia, pero dejando el vídeo original intacto, lo que significa que la edición ocupa muy poco espacio. Una película de referencia es como un breve corte. Contiene punteros dirigidos al vídeo real y, al reproducirlo, los mecanismos de control de vídeo del sistema operativo hacen que parezca que se reproduce físicamente una película. Los editores iMovie de Apple y Final Cut Pro constituyen excelentes ejemplos de tales sistemas. Pueden realizar esta operación de forma eficaz porque están construidos sobre la plataforma QuickTime, que está diseñada para proporcionar estos servicios a cualquier aplicación que los ejecute.

Llegado el momento, deseará guardar la película como una copia autocontenida sin dependencias. Se hará un recorrido por la película de referencia y se copiarán las secciones de las películas físicas para crear una película física nueva. En este proceso se emplean cantidades significativas de espacio en disco adicional. Sólo se copiarán las secciones del vídeo descritas en la película de referencia. Este será uno de los momentos en los que con mayor probabilidad se muestre el mensaje "Disco lleno" y tenga que cancelar el proceso de guardar. Por suerte, aún dispone de la película de referencia intacta, aunque esto no suele ocurrir en el momento en que esté más preparado para desplazarse por el sistema en busca de material redundante y eliminarlo.

Existe un alto riesgo de que, al crear el espacio que necesita, elimine algo que más adelante lamentará. El factor de riesgo aumenta porque es muy probable que realice esta operación de "guardar como película autocontenida" justo antes de enviar el producto acabado al cliente, y posiblemente lo haga con el tiempo justo. El pánico le atenaza y ha de tomar algunas decisiones con mucha rapidez. Contar con algo de espacio en disco de sobra al que recurrir de forma inmediata siempre es una práctica muy recomendable.

Sin un mecanismo para hacer referencia a fragmentos de películas y crear listas de decisiones de edición como estructuras de película de referencia, el sistema de edición tendría que ensamblar físicamente todos los clips en su lugar. Esto implicaría operaciones de copia masivas que llenarían los discos hasta el total de su capacidad con copias duplicadas del mismo metraje. Asimismo, resultaría mucho más difícil modificar los puntos de edición de forma no lineal y evocaría el antiguo método de ensamblar un montaje clip a clip. No se podrían haber alcanzado los niveles de productividad de los editores no lineales si trabajaran según el método tradicional de los editores basados en cinta.

Archivos dependientes

Es posible diseñar grandes y complejos sistemas para compartir medios entre sí o entre proyectos. Puede que descubra que ha eliminado un archivo o una carpeta del proyecto sin darse cuenta de que hacía una referencia a otra ubicación. QuickTime es especialmente bueno a la hora de montar los fragmentos de distintos archivos en una experiencia de reproducción que parezca una película completa. Al guardar este archivo ensamblado, se pregunta al usuario si desea guardarlo como una película autocontenida o con dependencias en otros archivos. Las películas autocontenidas no se verán afectadas si otras películas se eliminan o cambian de ubicación. Las películas que contengan dependencias deben tratarse con precaución hasta haber renderizado una versión autocontenida. En la figura 16.9 se muestra una dependencia de archivos sencilla.

Administración de archivos y ciclo vital

Es necesario que considere el ciclo vital de sus archivos de vídeo. Primero se crea el contenido, luego se almacena, a continuación se accede al mismo y, llegado el caso, se destruye. Durante este ciclo, es muy posible que sufra transformaciones, y es seguro que los archivos se moverán de un lugar a otro dentro del mismo sistema o a otro sistema.

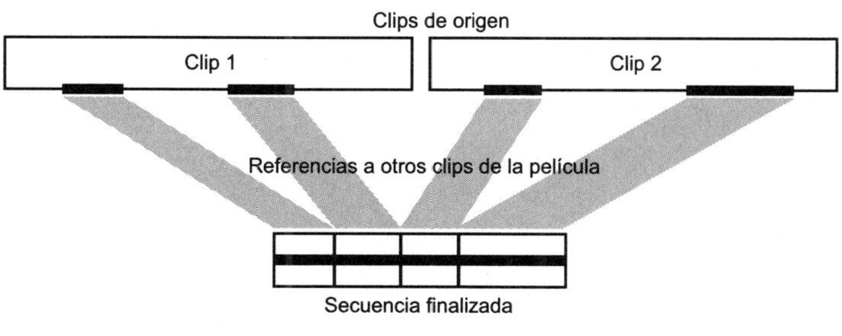

Figura 16.9.
Dependencias de archivos.

Los archivos se pueden colocar fuera de línea y transferirse a través de una red de algún tipo. Las redes pueden establecerse de distintas formas como, por ejemplo, una transferencia de archivos con un protocolo como el FTP; o bien el contenido puede estar compuesto por datos que se retransmiten como un paquete o se convierten en una secuencia de programa y se incrustan como parte de la salida de un canal de retransmisión.

Al llegar a su destino, es posible que el cliente pueda volver a convertir la secuencia en un archivo y almacenarla en la caché. Básicamente, esto es lo que hace una grabadora de vídeo digital (DVR) como, por ejemplo, el dispositivo llamado TiVo. Que el archivo que se almacene en el cliente sea idéntico al archivo que salió del servidor de origen depende del método de transferencia. Después de una transferencia de archivos a través de FTP, lo más probable es que sean idénticos.

Será necesario realizar algunas operaciones de procesamiento al principio y al final en caso de que el archivo se haya copiado y grabado a partir de una retransmisión o de una secuencia de reproducción. La copia aumenta el esfuerzo manual y consume indirectamente mayor cantidad de espacio en disco. Además, utiliza innecesariamente valiosos recursos del operador.

Hay estándares en desarrollo (como TV-Anytime) que indican qué partes de una secuencia de retransmisión constituyen un programa. En la actualidad, estas tecnologías se encuentran en proceso de desarrollo por parte de las compañías de retransmisión. Depende de estas compañías admitirlas completamente para que una proposición de los consumidores funcione de forma fiable. En un futuro no muy lejano, los datos esenciales y los metadatos de la retransmisión se recopilarán y almacenarán en una unidad de disco duro de los consumidores y funcionarán correctamente.

Examinar las estructuras de archivos

Es posible deducir una gran cantidad de información interesante sobre un archivo de película a través de la ventana de información de la aplicación de reproducción. No todas las aplicaciones de reproducción admiten esta función, pero debería comprobar si la suya lo hace. Entre los datos que se suelen incluir están las pistas almacenadas en el archivo, los códecs utilizados para comprimirlas, la velocidad de datos y el rendimiento. En la figura 16.10 se muestra el panel de información que incorpora la versión 6 del reproductor de vídeo QuickTime.

Herramientas de análisis de hardware

Tektronix comercializa algunas herramientas, por ejemplo, para comprobar las secuencias de transporte. Otras compañías, como Yokogawa, Snell & Wilcox y Rhode & Schwartz también crean herramientas que se utilizan parta diagnosticar problemas, pero son bastante costosas y sólo pueden acceder a ellas las compañías de retransmisión. Aquí se muestra una imagen del analizador MTM 400 de Tektronix.

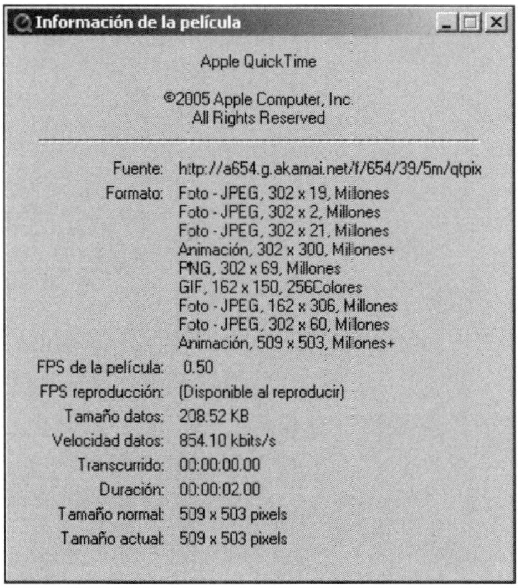

Figura 16.10.

Panel de información del reproductor de vídeo QuickTime.

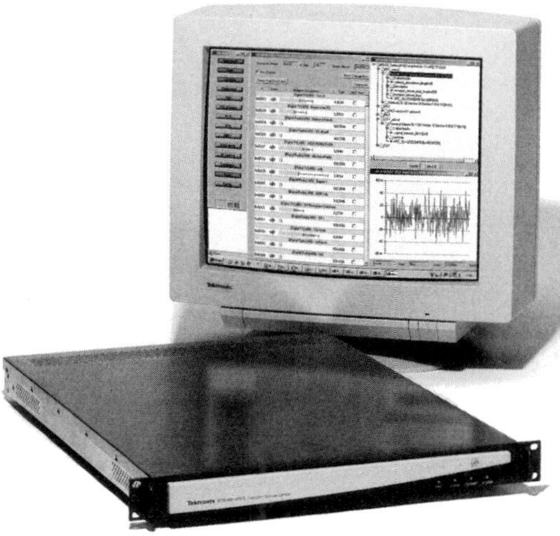

Figura 16.11.

Analizador MTM 400 de Tektronix. Fuente: Cortesía de Tektronix.

Puede obtener una gran cantidad de información sobre el funcionamiento del sistema de compresión de vídeo a través del análisis de la salida. Por ejemplo, la pantalla de vectores de movimiento de algunos analizadores evidencia inmediatamente lo que hacen los vectores de movimiento. Debería ser capaz de observar la correlación entre los cambios en la imagen subyacente y los vectores de movimiento que crea el compresor.

Herramientas de análisis de software

Si analiza archivos de vídeo QuickTime, la herramienta Dumpster resulta de gran utilidad. Se encuentra disponible para su descarga en el sitio Web de Apple dedicado a QuickTime (`http://developer.apple.com/quicktime/quicktimeintro/tools/`).

La utilidad Dumpster ofrece una vista de la estructura interna del contenedor de archivos de QuickTime.

En la actualidad, sólo reconoce archivos de vídeo si tienen configurado el código de creador y tipo de archivo de la plataforma Mac OS clásica. Tener una extensión `.mov` no es suficiente. El tipo de archivo debe ser `MooV` y el creador debe ser `TVOD`. Estos valores se pueden definir mediante la utilidad FileTyper que se encuentra disponible en Internet si aún no la tiene.

Una vez que Dumpster reconoce el archivo, proporciona un listado estructurado del contenido. En la figura 16.12 se muestra una captura de pantalla de una sesión de Dumpster. Se han abierto algunos bloques de encabezado; para ello, se ha hecho clic en las palabras clave en negrita que identifican cada átomo del archivo.

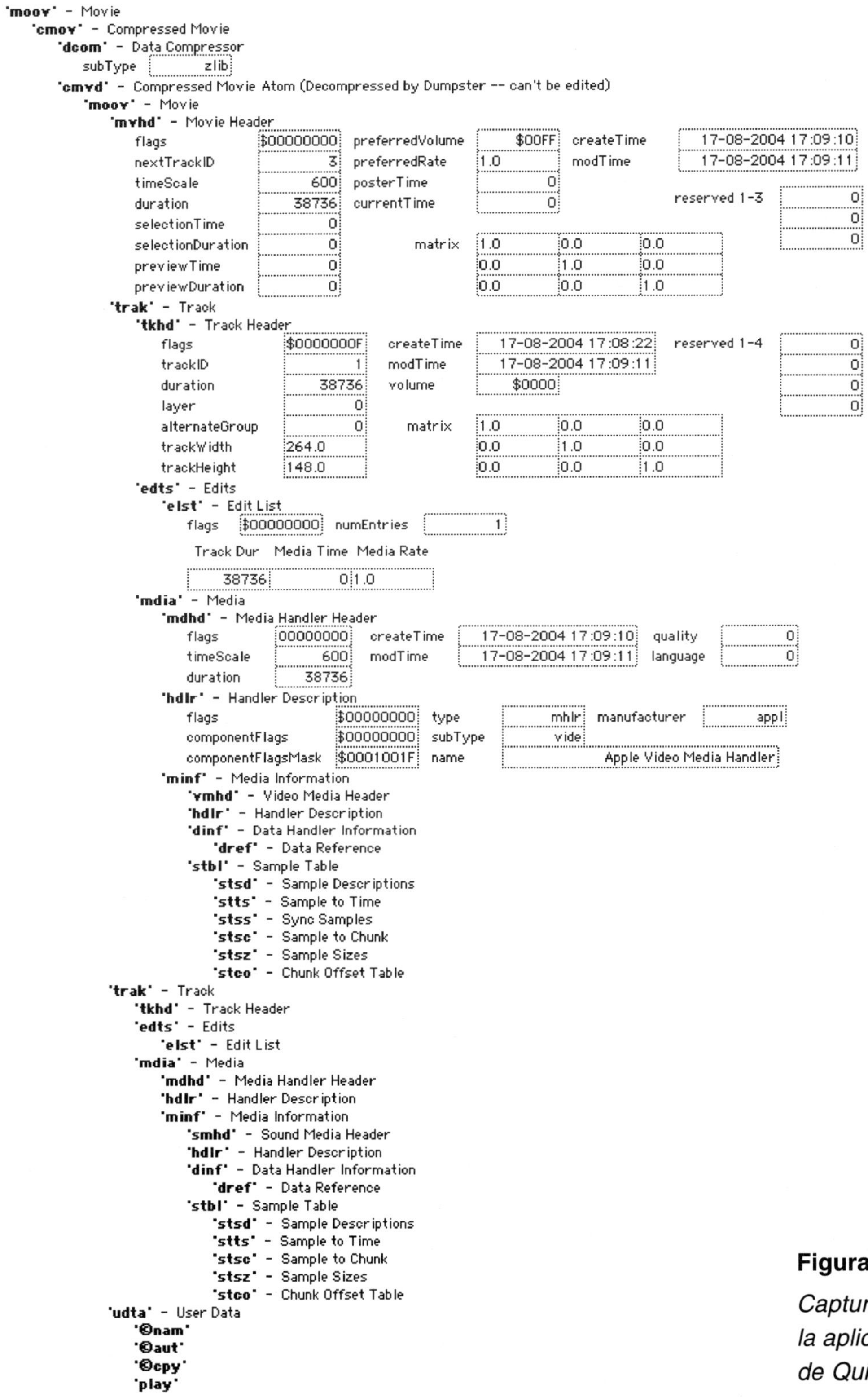

Figura 16.12.

Captura de pantalla de la aplicación Dumpster de QuickTime.

Sin el análisis estructurado que proporciona una utilidad como Dumpster, hay que desplazarse a través de un volcado hexadecimal como el mostrado en la figura 16.13. No es imposible, pero sí una ardua tarea.

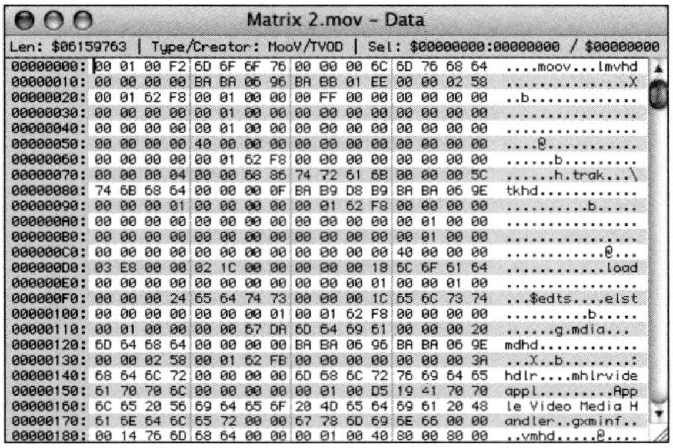

Figura 16.13.

Captura de pantalla de una aplicación de volcado hexadecimal.

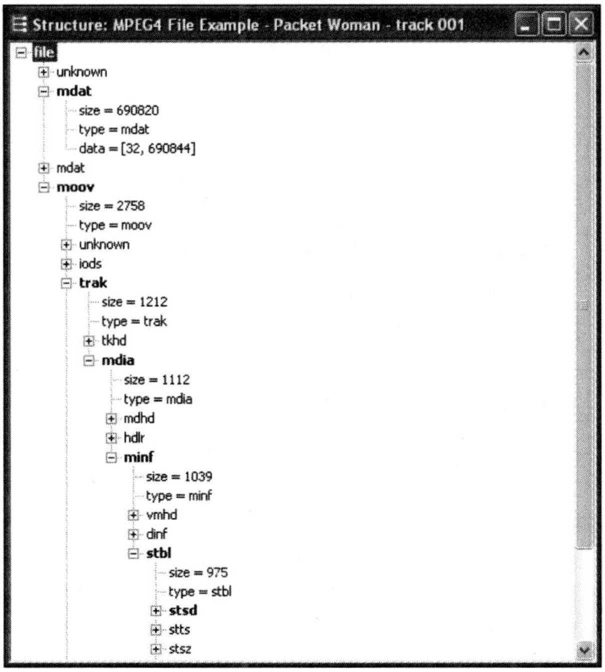

En la figura 16.14 se muestra una pantalla similar de una aplicación de análisis de Tektronix que se puede ejecutar en Windows XP.

Visualizar la secuencia de bits

El listado que se muestra a continuación es una visualización alternativa que muestra el inicio de una secuencia de bits MPEG-4 descodificada en el nivel de bits.

Puede ver cómo el encabezado contiene una gran cantidad de útil información indicada mediante los nombres simbólicos de la columna de la derecha. El área de la izquierda muestra los valores binarios de la secuencia de bits.

Figura 16.14.

Captura de pantalla de una aplicación de análisis de Terktronix.
Fuente: Cortesía de Tektronix.

```
0000 0000 0000 0000 0000 0001 0000 0000 (0x00000000, 7)  : MPEG_4_START_CODE
0000 0000 0000 0000 0000 0001 ---- ---- (0x00000004, 7)  : START_CODE_PREFIX
0010 0000 ---- ---- ---- ---- ---- ---- (0x00000007, 7)  : VIDEO_OBJECT_LAYER_START_CODE
0--- ---- ---- ---- ---- ---- ---- ---- (0x00000008, 7)  : RANDOM_ACCESS
0000 0001 ---- ---- ---- ---- ---- ---- (0x00000008, 6)  : VIDEO_OBJECT_TYPE_INDICATION
1--- ---- ---- ---- ---- ---- ---- ---- (0x00000009, 6)  : IS_OBJECT_LAYER_IDENTIFIER
0001 ---- ---- ---- ---- ---- ---- ---- (0x00000009, 5)  : VIDEO_VERID
001- ---- ---- ---- ---- ---- ---- ---- (0x00000009, 1)  : VIDEO_PRIORITY
0001 ---- ---- ---- ---- ---- ---- ---- (0x0000000A, 6)  : ASPECT_RATIO_INFO
1--- ---- ---- ---- ---- ---- ---- ---- (0x0000000A, 2)  : VOL_CONTROL_PARMETERS
01-- ---- ---- ---- ---- ---- ---- ---- (0x0000000A, 1)  : CHROMA_FORMAT
1--- ---- ---- ---- ---- ---- ---- ---- (0x0000000B, 7)  : LOW_DELAY
0--- ---- ---- ---- ---- ---- ---- ---- (0x0000000B, 6)  : VBV_PARAMETERS
00-- ---- ---- ---- ---- ---- ---- ---- (0x0000000B, 5)  : VIDEO_OBJECT_SHAPE
1--- ---- ---- ---- ---- ---- ---- ---- (0x0000000B, 3)  : MARKER_BIT
0000 0000 0001 1001 ---- ---- ---- ---- (0x0000000B, 2)  : VOP_TIME_INC_RRES
1--- ---- ---- ---- ---- ---- ---- ---- (0x0000000D, 2)  : MARKER_BIT
0--- ---- ---- ---- ---- ---- ---- ---- (0x0000000D, 1)  : FIXED_VOP_RATE
1--- ---- ---- ---- ---- ---- ---- ---- (0x0000000D, 0)  : MARKER_BIT
0000 1011 0000 0--- ---- ---- ---- ---- (0x0000000E, 7)  : VIDEO_OBJECT_LAYER_WIDTH
1--- ---- ---- ---- ---- ---- ---- ---- (0x0000000F, 2)  : MARKER_BIT
0000 1001 0000 0--- ---- ---- ---- ---- (0x0000000F, 1)  : VIDEO_OBJECT_LAYER_HEIGHT
1--- ---- ---- ---- ---- ---- ---- ---- (0x00000011, 4)  : MARKER_BIT
0--- ---- ---- ---- ---- ---- ---- ---- (0x00000011, 3)  : INTERLACED
1--- ---- ---- ---- ---- ---- ---- ---- (0x00000011, 2)  : OBMC_DISABLE
0--- ---- ---- ---- ---- ---- ---- ---- (0x00000011, 1)  : SPRITE_ENABLE
0--- ---- ---- ---- ---- ---- ---- ---- (0x00000011, 0)  : NOT_8_BIT
1--- ---- ---- ---- ---- ---- ---- ---- (0x00000012, 7)  : QUANT_TYPE
1--- ---- ---- ---- ---- ---- ---- ---- (0x00000012, 6)  : LOAD_INTRA_QUANT_MAT
0000 1000 ---- ---- ---- ---- ---- ---- (0x00000012, 5)  : INTRA_QUANT_MAT
0000 1000 ---- ---- ---- ---- ---- ---- (0x00000013, 5)  : INTRA_QUANT_MAT
```

Solucionar problemas mediante las herramientas de compresión

Si intenta grabar contenido en formato terrestre, entonces es probable que llegue a su escritorio en una secuencia de transporte y que esté codificado en MPEG-2.

Los aparatos de televisión El-Gato Eye constituyen una elegante solución para distribuir vídeo terrestre directamente en el escritorio de Mac OS. En el modo de grabación, la secuencia de programa terrestre se vuelca en la caché de la aplicación Eye TV.

Puede utilizar esto para recortar las partes no deseadas y exportarlas a un archivo QuickTime. En la plataforma Windows, existen otras muchas alternativas, como las tarjetas PCI Hauppauge WinTV y el software correspondiente. Con la difusión de los sistemas multimedia domésticos aparecerán otras muchas alternativas en el futuro.

Si abre con el reproductor de vídeo el archivo de QuickTime guardado para examinarlo, verá que sólo tiene una pista. Se trata de una pista de audio y vídeo multiplexada. QuickTime la reproducirá e incluso mostrará la señal panorámica y la relación de aspecto correcta.

Si después intenta importarla a iMovie o Final Cut Pro, y tiene suerte, obtendrá simplemente el vídeo. Esto se debe a que el complemento del códec MPEG-2 no admite todas las llamadas de la API que QuickTime espera hacer en él para descodificarlo y convertirlo al formato de vídeo digital que se emplea en iMovie y Final Cut Pro.

Puede convertir la secuencia MPEG-2 con herramientas auxiliares y, a continuación, dispondrá de una ruta de flujo de trabajo completa desde la cadena de retransmisión y a través del editor no lineal. La figura 16.15 ilustra este flujo de trabajo. Fíjese en las herramientas DropDV y Popwire que aparecen en la cadena. Éstas descodifican correctamente la secuencia multiplexada en pistas de audio y vídeo separadas, las cuales se pueden editar después.

Resumen de la compresión de vídeo basada en archivos

En este capítulo, hemos estudiado algunos formatos de archivo y su funcionamiento, así como el coste económico de la adquisición de almacenamiento en disco. Siempre hay soluciones más económicas pero, en ese caso, deberá estar preparado para renunciar a algo de calidad o rendimiento. Existe una relación flexible entre coste, calidad y rendimiento, de tal forma que si se modifica uno de estos parámetros, los otros dos se verán afectados. No es posible obtener un alto rendimiento y una gran calidad a un coste bajo. Es posible ahorrar algo de dinero si no le importa tardar más en realizar un trabajo o renunciar a algo de calidad para hacerlo en menos tiempo.

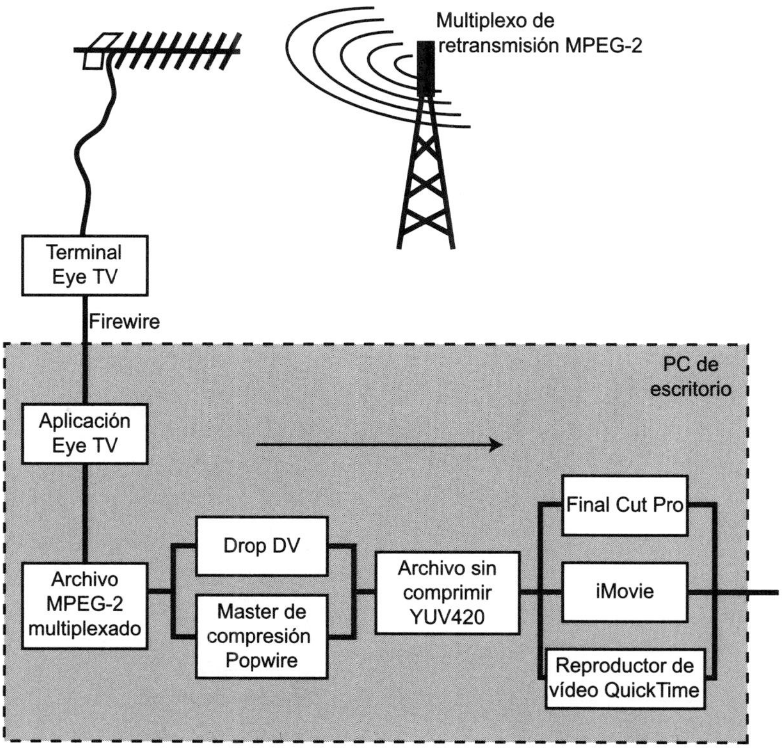

Figura 16.15.

Uso de herramientas de compresión para resolver problemas de conversión.

En el capítulo siguiente veremos algunos formatos de cinta, que son mecanismos de almacenamiento alternativos para el vídeo. Éstas graban de una forma más natural la secuencia de bits porque se trata de sistemas de almacenamiento lineales. No obstante, en la actualidad, las cintas se pueden emplear perfectamente para almacenar archivos.

Capítulo 17

Formatos de cinta

Equipaje de mano

Siguiendo con nuestra analogía viajera un poco más, no sólo ponemos cosas en una maleta cuando salimos de viaje. También se usa una bolsa de mano para tener al alcance todo lo necesario para el viaje. De forma similar, los archivos son idóneos para cierto tipo de almacenamiento, pero no la única solución. El vídeo se puede almacenar en distintos formatos de medios extraíbles, como cintas, discos o tarjetas de memoria.

A veces, el vídeo se almacena en estos distintos medios en forma de archivos, pero con mayor frecuencia se graban en un formato superior como una secuencia de bits de retransmisión.

Calidad del vídeo de entrada

Algunos vídeos pueden presentar una dudosa calidad de imagen. Por ejemplo, las imágenes tomadas con cámaras Web en remotas operaciones de obtención de noticias, quizá en un conflicto bélico, pueden tener una gran cantidad de ruido. Esto mejora a medida que los códecs empleados para la transmisión a la base mejoran a su vez.

Tenga en cuenta que la calidad óptima que pueda obtener nunca podrá ser mejor que la proporcionada por la fuente remota. Seleccionar unos parámetros de codificación erróneos pueden, de hecho, producir en la salida codificada artefactos bastante peores debido a que se vea afectada por los artefactos existentes en la señal entrante.

Capturar un suministro analógico

Una señal de retransmisión terrestre codificada directamente como una fuente analógica puede producir mejores resultados que la grabación en VHS como paso intermedio. No obstante, conviene tener precaución a la hora de grabar material terrestre, ya que cualquier material distribuido a través de los servicios de televisión digital ya se ha comprimido a formato MPEG-2, y es posible que los umbrales máximos correspondientes a la velocidad de bits ya hayan limitado la calidad en algunas ocasiones. En ese caso, la mejor solución consiste en capturar la secuencia MPEG-2 sin procesar.

Aun cuando codifique desde una fuente analógica en estos días, el origen y enrutamiento de las señales dentro de la infraestructura de retransmisión se producirá a través de sistemas digitales. Si mientras tanto se aplica cualquier tipo de compresión, ésta puede interactuar con los parámetros de compresión. Es importante comprender el principio básico de que no es posible recuperar ninguna información que ya se haya descartado a través del proceso de compresión. Puede que observe algunos artefactos de compresión digital en el servicio analógico, pero será demasiado tarde para solucionar ese problema para entonces.

Formatos de grabación profesional

Hay numerosos formatos profesionales diferentes que han evolucionado con el paso de los años. El formato preferido en la actualidad para realizar trabajos de alta calidad es el Betacam, pero incluso de este formato existen diferentes variedades. La última se denomina IMX, y se trata de una mejora del formato Digital Betacam, aunque utiliza cartuchos similares.

A continuación se enumeran los formatos de grabación profesional más comunes que puede encontrar:

- Betacam
- Digital Betacam (Digi-Beta)
- Betacam SP
- Betacam SX
- Betacam IMX
- DVC Pro
- DVCAM
- HDCAM
- XDCAM

Grabación de señales terrestres

La calidad de la retransmisión analógica varía considerablemente en función de las condiciones atmosféricas, y los períodos de altas presiones o los días calurosos y secos afectan a la propagación de la señal, lo que produce una cantidad de ruido mayor en la imagen. Las condiciones metereológicas estivales cambian la propagación de modo que la recepción de las señales desde los transmisores situados a gran distancia pueden causar artefactos de visión superpuesta o de mezcla de canales. Una antena rodeada por árboles y bajo una intensa lluvia producirá el desdoblamiento de la imagen o ecos.

Una vez que estos artefactos se encuentren en el material grabado, resultan muy difíciles de eliminar. Algunos de ellos, como el desdoblamiento de la imagen o la mezcla de canales, desbaratarán la relación de compresión.

NTSC terrestre

En Estados Unidos, fuera de un entorno de estudio, digitalizar y codificar vídeo capturado a través de la señal terrestre de una retransmisión NTSC produce una imagen de 525 líneas a 29,97 fps. Si las conservamos en lugar de adquirir copias nuevas en DVD, es necesario quitar los fotogramas obtenidos por la transferencia de la película a formato de vídeo. Este contenido también es entrelazado. Si el material de origen digitalizado progresivamente se encuentra disponible, realizar la codificación a partir del mismo es mejor que intentar recuperar la versión digitalizada progresivamente a partir de la retransmisión entrelazada. Desentrelazar el metraje de una película eliminando los fotogramas obtenidos por la transferencia de la película a formato de vídeo es un primer paso de vital importancia. Puede que no resulte fácil si el metraje se ha procesado con ediciones y sobreimpresiones añadidas después de haber realizado la conversión al formato entrelazado.

PAL terrestre

En Reino Unido y Europa, el contenido terrestre procede de una retransmisión en formato PAL. La resolución de la imagen es algo superior a 625 líneas, pero la velocidad de fotogramas es inferior a 25 fps. También será entrelazada, y no existe conversión del formato de película a vídeo porque el valor de 25 fps está lo suficientemente cerca como para reproducir una película de 24 fps un poco más rápidamente.

Pérdida generacional

Cada vez que se vuelve a grabar vídeo de una cinta a otra, se produce algún tipo de pérdida de la calidad. Cuando se utiliza vídeo analógico, esta degradación resulta bastante evidente cada vez que se copia el vídeo. Se supone que esta pérdida generacional desaparece al grabar el vídeo digitalmente. Pero esto sólo es así si no se produce ninguna conversión de formato durante la transferencia digital. Cambiar el tipo de codificación produce pérdidas generacionales incluso en el dominio digital.

Se recomienda trabajar siempre con la máxima calidad posible. Lo ideal es que el original sea material sin comprimir. Aplique la compresión final al formato deseado en un solo paso. Mantener un número mínimo de etapas intermedias contribuye a mejorar la calidad del producto acabado.

Ser consciente del proceso de compresión le ayudará a tomar decisiones fundadas en relación a las conversiones de formato que permitirá realizar durante el flujo de trabajo.

Formatos de cinta y modos de grabación

Tenga en cuenta que, en los reproductores domésticos, los modos de reproducción larga y corta pueden llamarse LP y SP, respectivamente. Evite el modo LP siempre que sea posible. El modo SP proporciona una calidad óptima.

Puede argumentar que el formato Betamax es, de hecho, mejor que el formato de reproducción corta S-VHS, pero esto puede depender del tipo de cinta, de la antigüedad de la grabación y de muchos otros factores posibles entre los que se incluyen el origen de la grabación en cinta.

Otros aspectos importantes que conviene tener en cuenta son la tensión de la cinta y el desgaste del cabezal. El cabezal de reproducción/grabación del dispositivo de vídeo puede desgastarse a causa de un uso excesivo. La antigüedad de los cabezales y la tensión de la cinta afectan materialmente a la calidad de la reproducción analógica. La tensión de la cinta afecta a la sincronización y puede que sea necesario aplicar la corrección basada en criterios temporales para obtener una señal fiable. También puede que aparezcan esos horribles patrones de desgarro pequeños (*tearing*) en las líneas inferiores de la trama.

Problemas de calidad con distintos formatos de origen

Existen muchos formatos de origen diferentes de los que se puede extraer el material original. Algunos no presentan ningún problema porque su calidad es muy alta. Donde experimentará algunos problemas será a la hora de sacar el máximo partido a formatos de consumidor de menor calidad de los que puede ser que proceda el contenido.

Formato DVCAM

Si usa cualquiera de los formatos DVCAM o incluso DVCAM HD, realizará una conversión desde una velocidad de bits de 25 Mbps o superior a la de destino. La señal será limpia y sin ruidos. El rendimiento debería ser excelente porque el codificador trabaja con información de imagen limpia y no pierde el tiempo en intentar codificar el caos variado de los formatos de baja calidad.

Formato DV

En la parte alta de la gama para consumidores y semiprofesionales se sitúa el formato DV que se obtiene con las cámaras digitales como la DCR PC 105 de Sony. Este formato permite extraer una secuencia de bits digital del cartucho de cinta de 8 mm, pero dado que no existe pérdida generacional alguna, la imagen va a ser tan limpia como cuando se realizó la grabación. Esto resulta idóneo para consumidores y semiprofesionales, porque la relación entre la calidad y la capacidad del equipamiento es buena en general.

Otra ventaja de dispositivos como la PC 105 es que puede copiar fuentes analógicas en ellas. No es tan buena como un conversor de analógico a digital con calidad de estudio, pero la calidad suele ser buena cuando se toma una señal terrestre de televisión analógica. No se recomienda como la solución óptima, pero es lo suficientemente buena. Obviamente, una forma con la que mejorar esto consiste en capturar una señal terrestre de secuencia de bits en formato MPEG-2 y permanecer en el dominio digital.

Cuando se importa vídeo desde el formato DV, se puede almacenar en un archivo de QuickTime si utiliza un ordenador basado en Mac OS o en un archivo AVI en caso de que utilice Windows. Todo dependerá del software que utilice. La diferencia sólo está en el sistema de almacenamiento; el contenido DV debería ser idéntico en cuanto a tamaño y calidad, tan sólo se almacena de forma diferente. Esto puede provocar algún problema si tiene que mover el contenido de una ubicación a otra, porque las aplicaciones necesitarán abrir y comprender los contenidos del archivo. Se trata realmente de un problema entre plataformas, por lo que si realiza todo el flujo de trabajo en una sola plataforma no debería tener ningún problema con archivos no reconocidos.

Formatos S-VHS y VHS

Si bajamos la escala en lo que a la calidad se refiere, puede realizar una copia desde la grabadora de vídeo. Ésta puede ser S-VHS, VHS o incluso un dispositivo TiVo. Obtendrá distintos niveles de calidad, y el TiVo en el modo de grabación inferior (calidad básica) ofrece un vídeo con una calidad pésima si lo que desea hacer es codificarlo. Convertir una colección de películas de Hollywood grabadas en VHS es una auténtica pérdida de tiempo, sin mencionar los problemas legales que ello conlleva. Siempre es mejor salir y comprar o alquilar el DVD porque nunca estará cerca de alcanzar ese nivel de calidad. Ya se ha degradado demasiado con la grabación en formato VHS.

Si lo que desea es grabar un programa que sólo se ha emitido una vez y que no volverá a repetirse, entonces se puede justificar el uso de cualquier formato de origen, tenga la calidad que tenga. Merece la pena codificar las grabaciones de sus hijos en la etapa de crecimiento o algunos eventos muy raros emitidos en directo por televisión y que nunca se van a repetir, incluso en el caso de que la calidad del original sea muy baja.

No olvide que cuanto menor sea la calidad del original, peor se verá una vez codificado. Deberá estar preparado para realizar una gran cantidad de trabajo extra y a que le defrauden los resultados, al menos la primera vez que lo haga.

Cuadratura y ediciones en VHS

El sistema PAL (*Phase Alternate Line*) depende de la correcta sincronización de la información de color en relación a una señal de referencia. Al grabar vídeo en una grabadora VHS, la combinación de codificación PAL y la modulación de la señal en la cinta provocan una relación de fase rotativa que tarda 4 fotogramas en completarse. Es como el efecto de cadencia de un metraje de conversión a vídeo NTSC. No se puede cortar con mayor fiabilidad que con una precisión de 4 fotogramas en VHS en formato PAL. El metraje que se haya editado en VHS puede haberse realizado en un equipo de 4 cabezales pero, en el punto de edición, aún pueden existir irregularidades con la sincronización. Esto puede producir algunos patrones de desgarro en el vídeo mientras se procesa. Se recomienda inspeccionar detenidamente el metraje si piensa que se ha editado de esta forma, ya que es posible realizar algunos cortes de mejoras para limpiarlo antes de la compresión.

¿Están las cintas acabadas?

Puede parecer que los formatos de cinta están acabados y que ya no tienen ninguna utilidad pero esto no es así, ya que proporcionan un almacenamiento masivo y de gran tamaño a un coste muy bajo. Su dominio en este campo se ve amenazado por los formatos de disco extraíbles, y será interesante ver los efectos que tendrán los formatos de DVD de segunda generación, como Blu-Ray, cuando se encuentren disponibles.

Y ahora algo completamente diferente

Ahora cambiaremos completamente de dirección y veremos algunos aspectos comerciales y empresariales, de los cuales resulta incómodo hablar a veces. En el ámbito económico, la compresión de vídeo presenta algunos problemas importantes relacionados con el coste derivado del uso de la tecnología y los derechos de los consumidores cuando tienen acceso al contenido. En el capítulo siguiente veremos algunos de los retos que nos presentan la administración de los derechos digitales (DRM) y la propiedad intelectual.

Capítulo 18

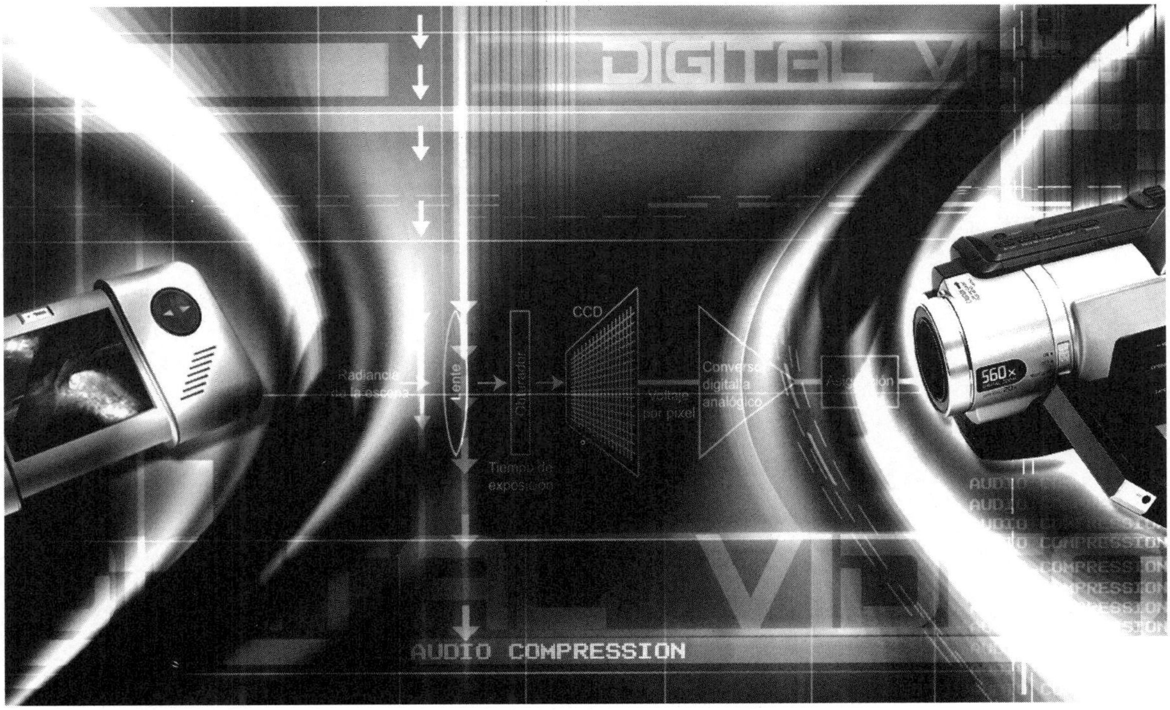

Aspectos comerciales, administración de derechos digitales y concesión de licencias

¿Visado o permiso de residencia?

Viajar sin los papeles en regla no sólo es una tontería sino que además puede causarle problemas graves. Lo mismo ocurre con los medios digitales. Una vuelta a la manzana sin el pasaporte no es problema. Pero viajes más largos resultan imposibles sin los permisos, visados y billetes adecuados.

A nadie le gusta estar vigilado ni supervisado, pero hay tanta gente dispuesta a violar los derechos de los propietarios de contenido que las compañías cinematográficas y la industria de creación de contenidos tienen muy poca confianza en la naturaleza humana.

Estamos llegando a un momento en que no se puede escuchar música ni ver una película sin que exista algún tipo de autenticación desde un servidor central. Muchas personas consideran que esto es una intrusión y un ataque a la libertad y a la privacidad.

Nos encontramos en esta situación por la gran cantidad de dinero que hay en juego. Se obtienen beneficios de la venta de derechos de visualización y del uso de la propiedad intelectual. La desventaja de este sistema es que favorece a los que se pueden permitir pagar y perjudica a los que no. Este aspecto socioeconómico de los sistemas de concesión de licencias no se considera en la actualidad en la ecuación.

Se trata de un tema complejo en su totalidad y lleno de problemas legales. Aquí examinaremos sólo algunos de los aspectos principales con la idea de que comience a plantearse algunas cosas que no se había planteado con anterioridad, pero tendrá que buscar las soluciones usted mismo en función de los factores que le afecten. A unos pocos todo esto no les afecta en absoluto, mientras que la mayoría de nosotros tenemos que considerar algunos o todos estos aspectos siempre que nos disponemos a distribuir nuestros productos.

¿Qué es la administración de derechos digitales?

La explotación comercial es un concepto importante que conviene comprender. En este capítulo estudiaremos algunos aspectos relacionados con la protección del contenido y la administración de los derechos de uso (un tema muy complejo que afecta a todas las etapas del proceso de producción). La administración de derechos digitales (DRM) se aplica a diversas partes fundamentales de la creación y uso de contenido digital:

1. Derechos de uso sobre material original.
2. Licencias para usar herramientas de producción.
3. Licencias de códecs.
4. Derechos de distribución.
5. Derecho a recibir contenido.
6. Derecho a reproducir contenido.
7. Derecho a modificar la finalidad de un contenido.
8. Derechos para el intercambio de archivos y superdistribución.

En la figura 18.1 se muestra cómo se relacionan estos elementos entre sí en la cadena de producción. Los números corresponden a los elementos de la lista anterior.

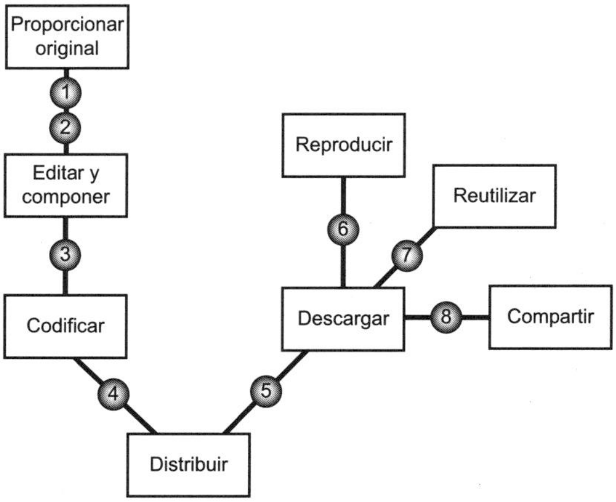

Figura 18.1.

Cadena de la administración de derechos digitales.

Ningún sistema puede garantizar jamás que evite la realización de copias. Sin embargo, los propietarios de contenido cuentan con una creciente protección legal para ver si alguien intenta saltarse dicha protección. La Ley de copyright del milenio digital (DMCA, *Digital Millennium Copyright Act*) en Estados Unidos es un buen ejemplo. Japón también ha desarrollado una legislación específica y otros países de Europa seguirán este camino en su momento.

Sin embargo, los piratas de contenido siguen regalando copias de películas de gran calidad por valor de más de 10 millones de euros, a veces incluso antes de que tales películas salgan al mercado. Eso es mucho dinero y razón suficiente para que quienes trabajan en la industria busquen aumentar la seguridad. Pocas compañías pagarían tal cantidad de dinero para implementar un sistema de seguridad que se aplicara a las películas de forma individual.

Aspectos de la obtención de contenido

Para empezar, durante el proceso de producción, debe saber si tiene los derechos para incluir determinado contenido en el programa que realiza. Esto se aplica por igual al uso de instantáneas, las imágenes colgadas de la pared del estudio, e incluso las imágenes que se ven en un televisor en una esquina de la habitación detrás de los actores. De hecho, deberá tener los derechos de autor hasta de la música que se escuche en dicho aparato de televisión. Los derechos digitales son complejos, y lo son cada vez más a medida que se recicla material antiguo. Puede que esto invoque derechos residuales, se repitan los honorarios que se pagan a los actores y los royalties a los propietarios del copyright y del material, por lo que se puede convertir en un problema anidado con capas adicionales de derechos que hay que clarificar.

Implicaciones para los usuarios de codificadores

La urgencia de contar con nuevas implementaciones de códecs ha puesto de relieve algunos problemas de concesión de licencias durante el proceso de planificación comercial. Existen implicaciones para los usuarios de códecs en relación a los derechos de propiedad intelectual y patentes de las tecnologías implementadas en el codificador. El modelo de concesión de licencias tradicional es aquél en el que el comprador de un codificador paga determinado porcentaje del precio de compra para asegurarse el derecho a codificar. Después, el fabricante del codificador traspasa ese pago por derechos de autor a la cámara de compensación.

En la actualidad surge un modelo nuevo en el que se espera que los propietarios o proveedores de contenido paguen por usuario o copia a medida que se distribuye el material. Algunas organizaciones sin ánimo de lucro están exentas de este pago, pero los fabricantes de productos en CD o DVD se pueden encontrar ante la desagradable sorpresa de una demanda de pago por derechos de autor.

Aspectos relacionados con el consumo de contenido

La segunda parte importante de la ecuación es la relacionada con el consumo. Ésta controla si un usuario puede reproducir determinado contenido en función de los derechos que se le hayan concedido o haya adquirido. No existe ninguna solución completamente satisfactoria aunque hay algunas tecnologías sobre la propiedad que proporcionan cierta tranquilidad temporal. Esta protección de derechos debe funcionar con flexibilidad y sin impedir un uso legítimo, a la vez de suponer una barrera infranqueable para todo aquél que desee robar contenido.

Consideraciones comerciales

La digitalización y compresión de vídeo permite la aparición de nuevos modelos de distribución. Algunos de ellos pueden permitir la distribución de vídeo a audiencias que antes estaban muy limitadas a la producción de cintas o discos. A continuación se muestran dos ejemplos particularmente buenos de comercialización y distribución de contenido a mercados nicho.

La tienda musical iTunes de Apple

El primer ejemplo es el éxito masivo de la tienda musical iTunes de Apple. Esta compañía tiene tanto éxito que otras empresas están lanzando iniciativas similares. Aunque los beneficios de cada venta son pequeños, son tangibles, y en tal cantidad que el modelo es sostenible a largo plazo. En último caso, toda la música grabada podría estar disponible en línea. En la actualidad, sólo se ofrece de forma legal el material más popular, y algunas pistas son exclusivas de iTunes u otros servicios competitivos. Por supuesto, también hay una gran cantidad de material que se encuentra disponible a través de canales ilegales, lo cual sólo sirve para dañar los intereses de todo el mundo.

El sistema de administración de derechos digitales de iTunes permite al usuario hacer algunas copias limitadas de la pista en varios equipos y grabar una lista de canciones en un CD. Partiendo de la premisa de que no es posible recuperar información ya desechada, el audio de dichos CD incluirá algunos artefactos de compresión. Apple usa el formato de audio MPEG-4 AAC, lo que significa que el contenido proporcionado es de alta calidad, aunque no se trata de la grabación en CD original. Este sistema de administración de derechos digitales es un buen ejemplo de cómo se puede asegurar el contenido sin interponerse en el camino de los hábitos de un usuario de la música normal.

Figura 18.2.

Tienda de música iTunes de Apple.

El proyecto de archivos creativos de la BBC

El segundo ejemplo es el objetivo ya establecido de abrir todos los archivos de la BBC al público británico en condiciones similares a las de una licencia de software de código abierto. Esto pone a disposición del público el material sin procesar y, si así lo desean lo usuarios, podrán restaurar o agregar contenido de múltiples formas. Todo ello añade valor al archivo en su conjunto. Esto proporcionará múltiples beneficios a los centros educativos, por ejemplo, ya que contarán con mayor material de apoyo para el currículum, y nuevas ideas para programas de televisión pueden surgir a partir del hecho de que un espectro de público más amplio pueda acceder a este material.

Inconsistencia del sistema de concesión de licencias

La tienda de música iTunes y otros servicios similares que ofertan Real Networks, Microsoft, Virgin, Napster, y sus competidores han negociado acuerdos de licencia con los propietarios de los derechos de autor.

Estos acuerdos de licencia difieren ligeramente entre sí, y aparte de que puede que los formatos sean incompatibles, existe el problema de que las instalaciones de autenticación no se encuentren disponibles para todo el mundo. Si descarga una pista de un servicio, es posible que los derechos con los que cuente no sean los mismos que si lo hubiera hecho desde otro.

Esto se reduce a los problemas de uso justo y derecho de copia. Claramente las leyes deben estar diseñadas para evitar la piratería y la venta de contenido cuyos derechos de autor son propiedad de otra persona. Esto se debe realizar sin que la comodidad ni el derecho a un uso justo de los que puede disfrutar un usuario legítimo se vean gravemente comprometidos.

No es necesario mencionar que se trata de un área de mucho debate. Por un lado están las ansias de un control total y una distribución mesurada que las compañías discográficas y cinematográficas consideran tan importante; tienen todo el derecho a proteger el contenido cuyo proceso creativo han sustentado. Por otro lado, está el deseo del público de contar con una libertad total y autónoma para transferir una copia legítima de una pista de música a un reproductor MP3 o una película a un portátil para poder disfrutar de este contenido durante un viaje.

La batalla entre los propietarios de derechos de autor y los piratas

La gestión de derechos digitales se ve como la principal arma con la que cuentan los propietarios de derechos de autor de las industrias discográficas y cinematográficas para proteger sus activos. Aunque la gestión de derechos digitales pueda dificultar determinadas prácticas de pirateo, no las detendrá completamente.

Esto se debe a que los grandes beneficios que obtienen los piratas de robar contenido son suficientes para crear equipos de "pirateo" que cuentan con más recursos que los que quienes protegen contenido están dispuestos, o pueden, gastar en protegerlo.

El problema es análogo al de proteger su casa o el coche frente a los ladrones. Al final, lo máximo que puede esperar es que el ladrón se vea disuadido o desanimado y se lance a por otra víctima. Esto va bien para los ladrones puntuales de material protegido. Para algunos entusiastas, hay un componente desafiante en el proceso. Para el *cracker* lleno de determinación, por ejemplo, la sensación de recompensa es mayor cuanto más complicado resulta quebrantar un sistema. Si es muy difícil, su derecho a fanfarronear será inmenso si es el primero en atravesar la puerta. Así que hay una espiral creciente de movimientos estratégicos y respuestas por ambas partes.

Problemas para el consumidor

Si la compresión de vídeo va a prosperar como industria, entonces es importante proteger los derechos de los propietarios de contenido, de modo que puedan controlar quién accede al contenido distribuido.

Desde el punto de vista del consumidor, con el transcurso del tiempo se ha desarrollado una falta de respeto poco saludable hacia los propietarios de contenido. Esto se debe a que copiar contenido de otra persona es tan fácil que las barreras contra el robo de derechos de autor son mínimas. Cualesquiera que sean los argumentos que ambas partes pongan sobre la mesa, no es posible que desarrollen una relación comercialmente viable a menos que se produzca un compromiso entre ambas necesidades.

Los propietarios de derechos de autor necesitan protección, pero el usuario que adquiere una copia legítima también tiene el derecho de hacer un uso justo de la misma. Proporcionar una barrera suficiente para disuadir de la comisión puntual de robos contra la propiedad intelectual es apropiado, pero desarrollar un esquema que no se pueda piratear o sortear en un momento dado por determinados piratas informáticos tiene pocos visos de éxito y, en cualquier caso, no es técnicamente posible.

La *Digital Living Network Alliance* (`http://www.dlna.org/home`) busca ofrecer interoperabilidad pero reconoce que ésta debe empezar por centrarse en las necesidades del consumidor, lo cual es un interesante cambio de perspectiva.

¿Qué derechos es necesario proteger?

Proteger los derechos de los propietarios de contenido para garantizar que reciban una compensación justa por sus activos es lo ideal; en otro caso, no publicarían el contenido. Sin embargo, esta protección no debe hacerse a costa de los derechos de uso justo que tienen los consumidores. Describir el término de "uso justo" de una forma jurídica es muy complejo porque debe tenerse en cuenta el contexto. Ripear un CD en iTunes para su eventual reproducción en un iPod parece algo aceptable. Ripear un CD en iTunes para su eventual reproducción en el iPod de otra persona no lo es. Ripear un DVD para su reproducción en un portátil parece que está mal visto en cualquier circunstancia.

¿Suyo para siempre?

Las compañías de medios son propensas a ver cualquier plataforma nueva como una oportunidad para generar un flujo de ingresos adicional mediante la publicación de contenido antiguo en el nuevo formato. No sienten la obligación de proporcionar soporte a los anteriores compradores del producto, aunque conviertan colectivamente en obsoleto un formato redundante como el vinilo, una cinta de 8 pistas o una cinta de casete audio. Los días de la cinta de casete VHS están ciertamente contados, pero a nadie se le ocurriría sugerir que las compañías deberían ofrecer una actualización al formato DVD a un coste nominal. Damos por hecho la existencia de actualizaciones a bajo coste en el caso de los programas informáticos, pero éstas no parecen aplicarse a la música y el vídeo.

Los consumidores que adquirieron formatos antiguos tienen derecho a seguir disfrutando de ellos. La industria deberá decidir si es razonable que una persona que ya tiene una versión de una película en Betamax, VHS, LaserVision o DVD tenga que pagar otra vez por ella cuando salga al mercado en algún formato de almacenamiento holográfico y los reproductores de formatos heredados hayan quedado obsoletos o se hayan deteriorado y ya no funcionen.

Recompensar al creador de contenido

Los argumentos se convierten en una cuestión moral cuando el autor original, artista o director no recibe ninguna recompensa adicional ni derechos de autor residuales porque el contrato original se interpreta de tal forma que sólo se incluyen los canales de distribución disponibles originalmente. Resulta descorazonador que las grandes organizaciones se queden con el 100 por 100 de los beneficios derivados de nuevas ediciones sin pasar nada en absoluto al creador de dicho contenido. No hacer concesiones a los clientes que ya han adquirido el producto en anteriores formatos mientras se criminalizan los pocos derechos de uso justo de los que disfruta no parece tampoco razonable en absoluto.

Por lo tanto, lo que parece ser un enfoque moralmente correcto y honorable es, de hecho, justo lo contrario de lo que se interpreta en los contratos discográficos y las leyes de derechos de autor.

Es necesario que los sistemas de control se flexibilicen

Si las restricciones de duplicación y pruebas de copia son demasiado rígidas, empezarán a afectar a los procesos de duplicación legítimos. Aunque los intereses de los grandes propietarios corporativos de derechos de autor están protegidos, los pequeños propietarios independientes se sienten en desventaja. Esto ocurre, por ejemplo, cuando se carga un canon en medios de almacenamiento vírgenes. En estos cánones está implícito el derecho a realizar copias, pero también se cargan a aquellos usuarios que copian películas caseras que han grabado y editado ellos mismos.

Los aparatos de grabación de vídeo tienen muchas aplicaciones que no suponen una infracción de los derechos de autor.

Por qué es necesario

En el otro extremo, la facilidad de copiar contenido comercial reduce drásticamente los posibles beneficios porque se venden menos copias "maestras" a través de los canales de distribución. Esto es un robo flagrante. La excusa de que el infractor de todas formas nunca compraría carece de toda base. Ciertamente provoca una pérdida de beneficios, aunque algunas afirmaciones de la industria en relación a la cuantía de esos beneficios son absurdas. Los cálculos se basan en lo que podrían haber vendido, pero las cifras de ventas probablemente estén algo idealizadas. Dado que las cifras son meramente especulativas, se pueden exagerar sin que sea posible aportar ninguna prueba.

Películas alquiladas

Algunos espectadores sólo necesitan o desean alquilar películas durante un par de noches. Este modelo de negocio ha contribuido a la ceración de enormes cadenas de establecimientos de alquiler de vídeo y, para estos consumidores, algún tipo de proceso de copia digital con control de derechos incrustado sería ideal. Podrían adquirirse 10 reproducciones de una película o que se pudiera ver un número ilimitado de veces durante determinado período de tiempo.

Para que esto funcione, el sistema debe ser cerrado e inaccesible de modo que el material no se pueda extraer. Esto es muy difícil de conseguir, pero la transmisión del contenido en secuencias y su cargo en una cuenta de usuario podría ser un método.

A algunos les puede gustar este enfoque. Aquéllos que alquilan películas son posibles candidatos, mientras que a quienes adquieren las copias para conservarlas probablemente no les interese el modelo.

Visionado público

En teoría, el visionado público debería ser la forma más segura de presentar películas a la gente. En la práctica, lo más probable es que ésta sea la forma preferida por los piratas para realizar sus incursiones.

Hollywood se rasga las vestiduras y se lamenta, acusando al público del robo de películas que han llegado a los DVD a través de los mercados del Extremo Oriente y en los "top manta" de las calles y plazas occidentales.

Desafortunadamente, eso es sólo parte de la historia. Un número importante de estos discos pirateados incluyen películas que aún no se han distribuido en las salas de cine, sino simplemente en soportes a los que se puede acceder públicamente. Algunos de estos originales "robados" son muestras enviadas para su visualización por parte de las compañías cinematográficas (lo que se conoce como *screeners*). En la actualidad se trabaja para conseguir que este proceso sea mucho más seguro, pero no es culpa de público que se "preste" una película procedente de la cabina de producción de un cine y se duplique en un telecine sin el conocimiento del distribuidor.

Aplicaciones móviles

Realizar un seguimiento de la gente en movimiento y asegurar el contenido que se distribuye en sus dispositivos móviles añade cierta complejidad al problema. La correcta identificación de un dispositivo y un usuario que se autentica no debería ser más compleja que un sistema de clientes fijos. Puede ser más difícil si el dispositivo móvil se desplaza a otro territorio comercial, lo cual es posible cuando los usuarios viajan a otro país.

Las compañías empiezan a desarrollar productos para responder a las necesidades de este mercado. Por ejemplo, DMD Secure (`http://www.dmdsecure.com/`) ofrece un sistema de gestión de derechos digitales DMD móvil.

Retransmisión

La retransmisión consiste en distribuir una sola secuencia de contenido a tantos hogares como sea posible. Se trata de una técnica de distribución muy eficaz. No obstante, en lo que a control de derechos se refiere, existen mecanismos para que el contenido no se pueda descifrar sin los permisos necesarios; éstos se suelen incrustar en una tarjeta que se inserta en la parte frontal del receptor.

En la práctica, estos esquemas se ven comprometidos por gente que adquiere tarjetas dentro de un territorio legítimo y las usa fuera de él o por actividades nefandas que conducen al pirateo de las tarjetas y a su distribución ilegal.

Indicadores de retransmisión

En Estados Unidos, los propietarios de contenido presionan a las compañías de retransmisión para que adopten el "indicador de retransmisión", una señal incrustada que el equipo de grabación debe obedecer. Esta funcionalidad forma parte del sistema de contenido de acceso avanzado (AACS, `http://www.aacsla.com/`, *Advanced Access Content System*), que está siendo promocionado como un mecanismo para permitir a los usuarios un uso gratuito y justo pero que prohíbe la posterior distribución de contenido.

Existe un movimiento insidioso que tiene como fin último el control total de los sistemas de reproducción de los consumidores. No hay duda de que el indicador de retransmisión se extenderá para evitar las grabaciones de cualquier tipo. Es el principio de algo peor destinado a proporcionar el control de su experiencia de reproducción a una compañía que generará un flujo de ingresos sin permitirle la reproducción de contenido ya adquirido. Cuando se compraba contenido en el pasado, el contrato implicaba que obteníamos el derecho a la reproducción de ese contenido para siempre. Conceder un control así al propietario del contenido parece contravenir los derechos a un uso justo, sobre todo si existe la posibilidad de que se deniegue el acceso pasado, o por cierto tiempo, o después de un número de reproducciones determinado.

La compañía de retransmisión debe velar para que el cliente disfrute de los derechos por los que cree que paga. Si creo que estoy adquiriendo unos derechos vitalicios y más tarde descubro que en realidad sólo estoy arrendando un permiso de acceso limitado, entonces acabaré siendo un cliente muy insatisfecho.

Implicaciones para las videotecas

Se trata de una variante del caso de alquiler de películas. El modelo de cobro es diferente para las videotecas, pero está relacionado con medios que son efímeros y se duplican según sea necesario a partir de una copia maestra. No es necesario devolver los activos como ocurre en las bibliotecas físicas, pero también hay un coste de producción nulo.

Esto también resulta potencialmente útil en un sistema de distribución en secuencias. ¿Es posible evitar que la gente capture y grabe las secuencias? Lo dudo. ¿Es ello necesario? ¿Por qué habría de querer hacerlo? Si una biblioteca publica alguna grabación de archivo y nunca planea ofrecerla sin conexión, y además dicha grabación va a estar disponible de forma gratuita y para siempre, ¿existe alguna razón para su protección? Antes de adquirir e implementar un complejo y sofisticado sistema de gestión de derechos digitales, deberá pensar si realmente lo necesita.

¿Qué es el uso justo?

El uso justo es el derecho que se tiene al adquirir un activo multimedia para verlo o escucharlo siempre que le apetezca. Esto resulta muy sencillo en el caso de una persona que vea un programa en privado. Si piensa en el objeto original físico como una licencia, entonces siempre que tenga dicho objeto podrá reproducir el contenido en cualquier dispositivo y lugar para su propio disfrute personal, siempre que sólo reproduzca una copia y no participe nadie más.

Ahora consideremos el caso de una familia que ve un DVD del que son propietarios. Está bien, se trata de un uso justo y no creo que nadie objete nada al respecto. ¿Pero qué ocurre en el caso de una familia ampliada o que vive en varios lugares diferentes? A medida que nos alejamos de casos simples resulta complejo definir claramente los límites y existe la duda de si hay intención de fraude.

Copiar su colección de discos de vinilo en cintas para escucharlas en el coche parece que también constituye un uso justo.

Copiar una película en DVD en la unidad de disco duro de un portátil para verla en un avión no es muy diferente, pero se considera como algo cuestionable. Esa copia digital en la unidad de disco duro es una manzana de la discordia para las compañías cinematográficas de Hollywood. Les preocupa que se pueda convertir, duplicar y regalar sin obtener beneficio alguno por la copia. Siempre que posea el DVD y no lo venda conservando la copia en el disco duro, no habrá indicio de delito.

El quid de la cuestión está en la duplicación y redistribución no autorizadas de contenido sin el pago de derechos de autor. No le quepa la menor duda de que esto es un robo, mientras que esa misma copia para disfrute y comodidad personal se considere "uso justo". Desafortunadamente, no se ha definido un marco legal para el término "uso justo" y nadie desea convertirse en el caso de prueba del alcance de este uso justo.

Visualización privada de activos multimedia comprados

Adquirir un DVD o cualquier otro archivo de película para verlo en casa implica el derecho a verlo un número de veces ilimitado. De hecho, esta era la promesa que aparecía en la carátula de muchas películas en VHS: "Suya para siempre", decían los distribuidores de películas. Puede que eso fuera cierto, pero con la inminente desaparición de los reproductores VHS y el acelerado descenso de la cantidad de nuevo material en formato VHS que se publica, esta promesa se ha vaciado de contenido. Resulta que para siempre no equivale a la enorme cantidad de tiempo que habíamos imaginado.

El problema entonces es, ¿cómo protegemos los intereses del comprador sin anular la protección y control de los derechos de autor? Quizá se pueda permitir al usuario introducir sus películas en algún tipo de sistema *jukebox* pero que sólo se puedan compartir dentro del hogar. Definir los límites de ese hogar o red privada requiere, no obstante, un cuidadoso estudio.

Ventajas ocultas de las copias casuales

Se podría considerar como una solución de copia de seguridad distribuida. Sólo podemos disfrutar de cierto contenido de archivo porque alguien hizo una interpretación laxa de las reglas y conservó una copia de un programa de televisión clásico. Cuando más adelante esa copia se dona al propietario, resulta que éste perdió o destruyó el original. La considerada como una copia pirata se convierte en la única existente. Esto ha ocurrido varias veces en el caso de programas de televisión clásicos de la BBC desde la década de los 60.

También es posible perder las grabaciones a causa de errores humanos o porque las cintas no se habían etiquetado de forma inequívoca. Los trabajadores de los archivos deberían tomar buena nota y comprobar el contenido de una cinta antes de reciclarla. Los usuarios a punto de grabar sobre una vieja cinta ya usada deberíamos hacer lo mismo antes de presionar el botón de grabación. Pero, tenemos siempre tanta prisa... ¿O no?

Música de fondo en pistas de audio de películas domésticas

Si planea digitalizar y volver a distribuir sus películas caseras, puede que no tenga los derechos para usar el audio de la banda sonora. La gestión de derechos era mucho menos sofisticada y costosa en las décadas de los años 50, 60 y 70, cuando es posible que grabara y editara parte de dicho metraje. Es muy probable que se utilizara algo de música de fondo de una fuente no autorizada, por lo que es posible que tenga que volver a grabar parte del audio para descartar problemas legales antes de vender copias de sus películas.

Si este problema se presenta en un entorno profesional, entonces es posible un cierto aprovechamiento si existen los recursos necesarios para aplicar una solución técnica. Fuji Television Network (`http://www.fujitv.co.jp/en/`) ha desarrollado algunos programas que borran la música de fondo de una pista de audio pero dejan el discurso hablado intacto. Se trata de una herramienta útil, porque hay una gran cantidad de material archivado que no se puede volver a utilizar hasta que no se despejen los derechos musicales para un segundo uso.

Donde todo se rompe

Es posible sortear todos los obstáculos de cualquier técnica que se pueda implementar. A veces puede suponer todo un reto, pero siempre es posible si se dedica el suficiente esfuerzo y constancia a saltarse un sistema de protección.

Los que tienen más van a ganar con este quebrantamiento: son los que roban el contenido, lo copian flagrantemente y distribuyen copias pirateadas del mismo. Este problema persistirá siempre que haya público dispuesto a comprar esas copias pirateadas.

Ninguna política, por muy intensa que sea, podrá jamás erradicar esto, ya que existe la percepción entre el público de que este contenido tiene cierto valor y, para comprarlo de forma legal, el coste es algo superior de lo que la gente está dispuesta a pagar, y las copias ilegales se encuentran disponibles a un precio inferior.

Mientras persista esta situación, el crimen organizado estará preparado para invertir mucho más dinero y esfuerzo en descubrir mecanismos de pirateo que el que los proveedores de contenido están preparados para invertir en la protección de sus sistemas.

Parece que en la actualidad está todo muy equilibrado, por lo que se debe desarrollar una nueva estrategia, una que ofrezca el contenido de una forma que se pueda adquirir legítimamente a un precio más razonable pero que también haga que cada copia de una película sea única en cierta manera y, por tanto, sea posible realizar un seguimiento de ella.

Si los consumidores tienen la sensación de que se les puede pedir cuentas de alguna manera, es probable que estén menos deseosos de repartir copias entre sus amigos. Si se pudiera realizar un seguimiento de una copia pirateada de tal forma que se pudiera llegar a la persona que compró el original, es posible que un número mayor de personas prestara atención a los derechos del proveedor de contenido.

Pero si esto sirve para incrementar artificialmente los elevados precios de los medios, lo más probable es que los piratas descubran cómo deshacerse de este sistema de seguimiento con el fin de proteger sus propios flujos de beneficios.

Fijar las puertas del establo cuando los caballos se marcharon hace tiempo

Algunos expertos comienzan a afirmar que impedir la copia del material por parte de la gente es un esfuerzo inútil. Podría decirse que los proveedores de contenido ignoran la situación actual, es decir, el hecho de que cada hogar capaz de ver contenido digital probablemente tenga una grabadora de vídeo analógica. Si se conecta el equipo de tal forma que la señal de televisión pase por la grabadora analógica en su camino al receptor de televisión permite hacer una copia analógica de una forma muy sencilla.

Existen algunos mecanismos de protección analógica que pueden impedirlo, pero desde hace mucho tiempo existen métodos para saltarse estos impedimentos y son de sobra conocidos.

Algunas propuestas para la protección de derechos sugieren que mantener las señales en forma digital hasta los altavoces y la pantalla del vídeo permite asegurar el contenido. Pero lo que no han tenido en cuenta para hacer esta afirmación es que basta con equilibrar la impedancia y atenuar el nivel de las señales del altavoz y transmitirlas al aparato de grabación. De esta forma, es posible hacer una copia analógica perfecta del audio. EL proceso no es mucho más complicado para el vídeo. Parece que la industria está ciega a la hora de considerar que los órganos sensoriales del ser humano son analógicos. El caso es que estos sistemas de protección constituyen una auténtica pérdida de esfuerzo y dinero porque no conseguirán detener a los piratas.

Reutilización

Todas las compañías de retransmisión y propietarios de contenido cinematográfico están preocupados sobre la reutilización potencial de sus grabaciones. Esto también se aplica cuando los segmentos se extraen y utilizan con otros fines.

La reglamentación de esta área resulta difícil, ya que hay contenido que está destinado para su reutilización. El metraje almacenado de las bibliotecas de vídeo y ahora la iniciativa de los archivos creativos de la BBC ponen a disposición del público una gran cantidad de material histórico.

El sistema de control de derechos debe determinar si se permite la copia de un fragmento de vídeo concreto o, por el contrario, su uso como parte de otro programa se debe prohibir.

A este problema ya se han enfrentado los sistemas de producción de televisión. La organización de informativos de la BBC tiene un sistema que administra los derechos de uso del metraje recibido a través de otros proveedores. Esto se complica mucho con los aspectos territoriales, el número de reproducciones permitido, y si el uso es interno, externo, es para una audiencia limitada, o se encuentra disponible para el gran público.

Intercambio de archivos en red

Los sistemas de intercambio de archivos han quedado completamente desacreditados por el uso que se ha hecho de ellos para robar archivos de música y redistribuirlos sin autorización. La gente debería ser consciente de que esto es ilegal y que contraviene los derechos de autor del material que se comparte.

El intercambio de archivos presenta algunas ventajas importantes. Puede reducir significativamente la carga económica de un proveedor de servicios porque el número de copias que se deben distribuir desde un servidor central es menor. Sin embargo, el control de acceso es mucho más complejo.

La solución puede estar en permitir la copia de medios, pero una vez cifrados para impedir su reproducción sin autorización.

Técnicas de cifrado y control de acceso

El primer paso para combatir el uso casual del contenido es decidir el tipo de protección que necesita. Existe una amplia variedad de opciones y decidir cómo limitar ese control es el primer paso necesario. Por supuesto, contar con un sistema de control de trabajo en primer lugar es importante también.

Acceso abierto

Quizá no necesite ningún tipo de protección. La BBC ha tomado la decisión de retransmitir a través de los servicios por satélite y terrestre digital en Reino Unido. Es posible que el contenido de la BBC retransmitido por otras compañías de televisión en otras partes del mundo no esté disponible o no cuente con tanta libertad. Tales derechos pueden aplicarse sólo durante un determinado período de tiempo y, aunque los usuarios finales pueden grabar en vídeo el programa terrestre, lo más probable es que no tengan derecho de redistribución del mismo de ninguna de las maneras.

Acceso geográfico

La financiación de los servicios ofrecidos por la BBC es un factor fundamental a la hora de determinar su disponibilidad a diversas audiencias organizadas geográficamente. Las emisiones con cuotas de licencia de la BBC se supone que sólo pueden verse en Reino Unido, mientras que las emisiones de la BBC financiadas por otros medios sólo pueden verse fuera del país.

Con el paso del tiempo, la BBC se ha hecho extremadamente popular entre los espectadores de la Europa continental, especialmente en Países Bajos, Francia, Bélgica y Dinamarca. En las zonas costeras cercanas a las Islas Británicas, una gran antena cuidadosamente situada asegura la recepción de la BBC fuera de las fronteras de Reino Unido.

Los espectadores europeos que sintonizan las emisiones británicas ven el contenido de la BBC de forma ilegal, porque no tienen una licencia de televisión. Si ve servicios de la BBC proporcionados a través de un acuerdo de redistribución con su emisora local, entonces no hay problema. Tales acuerdos se hacen cada cierto tiempo pero puede que se limiten a determinadas variantes regionales de los servicios que ofrece la BBC. Existen algunos servicios de la BBC que se emiten fuera de Reino Unido y que están destinados a espectadores que no son británicos y que no se encuentran disponibles en dicho país.

Restringir el territorio de visualización es muy fácil con los sistemas por cable. Es un poco más complicado con las retransmisiones terrestres y casi imposible con las emisiones vía satélite.

Acceso condicional

Si encuentra otros criterios condicionales incrustados en una tarjeta de acceso o cuenta de acceso condicional que dispone de una clave en el receptor, entonces al menos hay cierto control de acceso físico.

Los sistemas de Sky Satellite permiten la identificación exclusiva de los usuarios que pagan una suscripción para continuar con el funcionamiento de una cuenta. En caso de demora, la transmisión de un código secreto en el servicio de retransmisión deshabilitará la cuenta.

Las personas que compran tarjetas de acceso y las exportan a territorios donde no se comercializan comprometen ponen en peligro estos modelos basados en tarjetas. Otra gente intenta abrir los mecanismos de control de acceso y neutralizarlos. A continuación, venden tarjetas que proporcionan acceso gratuito sin que el proveedor de servicios obtenga beneficio alguno. Al menos con una tarjeta legítimamente adquirida y exportada parte de los beneficios se dirigen hacia donde corresponde.

Modelos de suscripción

Los modelos de suscripción basados en una cuota fija parecen resultar atractivos a una parte de la población. Si se tiene en cuenta que los habitantes de Reino Unido han de pagar lo primero por una licencia de televisión, unos 10 millones de ellos están también preparados para pagar por un contenido adicional de mayor calidad como partidos de fútbol y estrenos cinematográficos. Este tipo de contenido era gratuito, pero los derechos se los lleva el mejor postor, por lo que los servicios de televisión de pago pueden superar la oferta de los canales generalistas.

El control de acceso que proporciona un servicio de suscripción también proporciona acceso a servicios interactivos y comerciales que pueden suponer una fuente de ingresos extra para el proveedor del servicio.

De hecho, se empieza a hablar de "ingresos adicionales por unidad" (ARPU, en sus siglas en inglés) y los proveedores de servicio empiezan a fijar unos objetivos sobre este valor y basan sus planes comerciales en él.

Descubrir que el control de acceso se encuentra comprometido es un problema grave cuando se genera un modelo comercial en torno al concepto de una identificación segura y fiable de los consumidores. Cualquiera que utiliza a propósito una tarjeta de acceso pirateada en un servicio prepago y sea lo suficientemente estúpido como para intentar acceder a los servicios comerciales del canal a través de dicha tarjeta, probablemente merezca que lo pillen y penalicen.

Autenticación

Todos estos mecanismos de control dependen de la autenticación de los usuarios. Saber que ellos son quienes dicen ser es importante, pero esta afirmación no es tan simple como parece. Es muy fácil determinar que alguien en un hogar concreto utiliza el servicio de pago por visión, pero es mucho más difícil determinar de qué miembro de la familia se trata. Los menores podrían estar viendo contenido muy poco apropiado para ellos sin el conocimiento o permiso de los padres.

En último caso, el control de acceso probablemente se reduzca a administrar los derechos de visionado a nivel familiar y que sean los padres quienes supervisen el contenido al que acceden sus hijos después de todo.

De esta forma, necesitamos determinar con exactitud lo que entendemos por hogar. Esto es importante porque define los límites externos de una red. Las tecnologías para ver televisión en un entorno doméstico convergen hacia un modelo en secuencias construido en torno a servidores y puertas de enlace domésticos.

Administración territorial/Códigos regionales

La industria cinematográfica ha intentado administrar la distribución territorial usando códigos regionales en los DVD y haciendo que los reproductores cumplan esos códigos.

En la figura 18.3 se muestra la organización de los territorios y en la tabla 18.1 se identifica cada uno de ellos.

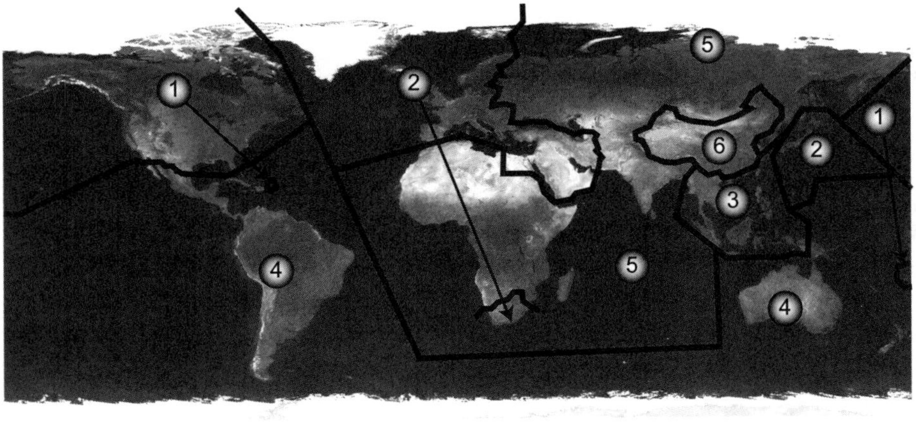

Figura 18.3.

Mapa de códigos regionales de los DVD.

Tabla 18.1.

Regiones de los DVD.

Región	***Subcódigo***	***Países***
0		No se aplica ninguna codificación regional al disco o el reproductor vale para cualquier región.
1		Estados Unidos, sus territorios y Canadá.
2		Europa, Japón, Oriente Próximo, Egipto, Sudáfrica, Groenlandia.
2	D1	Sólo publicado en Reino Unido.
2	D2	Disco europeo no vendido en Reino Unido.
2	D3	Disco europeo no vendido en Reino Unido.
2	D4	Disponible en toda Europa.
3		Taiwán, República de Corea, Filipinas, Indonesia, Hong Kong.
4		México, Sudamérica, Centroamérica, Australia, Nueva Zelanda, Islas del Pacífico, Caribe.
5		Antigua URSS, Europa oriental, India, África (excepto Sudáfrica), Corea del Norte, Mongolia.
6		República Popular China.
7		Sin utilizar (reservado para un uso futuro).
8		Aviones y cruceros.

A los 12 meses de la introducción de los reproductores DVD, se concibieron chips para invalidar esta codificación regional, los cuales han estado disponibles desde entonces. Incluso es posible comprar reproductores con chips que no están sujetos a ninguna región y que conservan las garantías de los fabricantes.

Las compañías de la industria discográfica han introducido mejoras en la codificación regional para combatir la inclusión de estos chips. Estos discos mejorados se reproducen en los reproductores multiregión pero no en las unidades que incluyen estos chips. En la actualidad se empiezan a comercializar discos con esta protección adicional de la codificación regional.

Este control territorial es completamente innecesario. La mayoría de personas en Europa no desean complicarse la vida e importar DVD de Estados Unidos. Y los que desearan hacerlo acabarían encontrando una forma de burlar esta codificación.

Los argumentos a favor de la codificación regional podrían admitirse si se hubiera hecho que todos los formatos de vídeo digital fueran compatibles en todas partes del mundo. Existió la posibilidad de hacerlo con la introducción de la televisión digital pero se esfumó. Ahora se presenta otra oportunidad con la televisión digital de alta definición (HDTV) y es poco posible que todo el mundo acabe adoptando un formato común para la misma.

Si los distribuidores hubieran hecho que su material se encontrara disponible de forma genuina en todos los territorios, el esquema de codificación regional se podría justificar. Por desgracia, no lo hicieron así. De hecho, una parte significativa del material en formato DVD sólo se puede adquirir en Estados Unidos. No se distribuye a escala mundial y la única forma de verlo en cualquier lugar del mundo es mediante discos de la región 1 en reproductores con chips.

La excusa de que los códigos regionales controlan la distribución se ve desautorizada por el hecho de que no existe tal distribución. Lo normal sería que, en lugar de complicar el proceso de distribución, los propietarios de contenido buscaran la forma de maximizar la distribución para obtener el máximo de beneficios posible.

Las superproducciones cinematográficas no suponen ningún problema porque se encuentran disponibles en todo el mundo. En algunos mercados, resulta complicado obtener algunos documentales o interesantes películas de culto.

Afortunadamente, algunos distribuidores comprenden este hecho y asignan a sus discos el código de región 0, lo que garantiza su compatibilidad en todo el mundo. La distribución en Europa es heterogénea, pero no es complicado organizar las importaciones, y un disco de la región 0 se reproduce en un reproductor sin chip.

Persiste cierta estupidez similar (pero probablemente necesaria) en la forma en la que las unidades de discos DVD de los ordenadores están configurados para controlar la reproducción en regiones con un número limitado de cambios regionales y bloqueos bruscos, que hacen que la unidad no se pueda usar.

Técnicas de creación de marcas de agua

Algunos propietarios de contenido se están dando cuenta de que es mejor invertir su dinero en incluir una marca de agua en el contenido de modo que el usuario que proporcionó el original para su copia se pueda identificar.

La Asociación de la industria discográfica estadounidense (RIAA, *Recording Industry Association of America*) ya ha empezado a usar este tipo de táctica legal para perseguir a quienes han descargado y compartido archivos de música de forma ilegal. La gente que ofreció archivos de música a otros para su descarga se estaba pintando un gigantesco punto de mira en la frente.

Cerrar el círculo añadiendo una marca de agua exclusiva cuando se descarga una pista de iTunes o Napster es una forma idónea de realizar un seguimiento del contenido pirateado. Prácticamente el resto de sistemas de administración de derechos digitales que impiden hacer un uso justo del contenido podrían descartarse porque no van a detener a los piratas llenos de determinación.

La marca de agua debe ser lo suficientemente sólida como para permanecer intacta a través del proceso de compresión y transcodificación. Es factible esconder una versión codificada del registro de transacción en los datos de muestreo de modo que se pueda realizar un seguimiento inverso de todo el proceso de pirateo hasta llegar al usuario original. Así que si un pirata ripea un CD de iTunes o su equivalente en vídeo, sigue habiendo datos que se pueden emplear en tareas de seguimiento incrustados en él.

El hecho de si dicho esquema se ha, o podría haberse, incluido es una mera conjetura. El proveedor de contenido nunca detallará cuándo o dónde lo ha utilizado. Es más, el simple hecho de que sea técnicamente posible debería favorecer a los propietarios del contenido ya que, si se hace creer a la gente que se puede realizar un seguimiento, posiblemente sean más reacias a pasar las copias "gratuitas" de pistas que compraron para su propio uso personal.

En último caso, una guerra de propaganda puede resultar más rentable que intentar asegurar realmente el contenido.

Sarnoff Corporation ha ideado un esquema de marcas de agua que es muy fuerte para películas que se duplican, comprimen o incluso graban con una cámara en un cine.

Una firma digital se codifica en la película y se puede recuperar para realizar un seguimiento a través de la cadena de distribución e identificar con exactitud dónde se produjo el trasvase. Esto resulta especialmente útil en el caso de aplicaciones de cine digital.

En general, los consumidores diferencian de forma instintiva lo que está bien de lo que está mal. Un sistema de administración de derechos digitales pasivo que contribuya a que se comporten honestamente probablemente sea más útil a largo plazo que una técnica draconiana que haga que cierto contenido no se pueda reproducir en algunos dispositivos.

Ocultar las joyas de la corona a la vista

En último caso, la forma más práctica de asegurar contenido consiste en marcar cada copia de forma indeleble con algún tipo de código que registre un identificador de transacción.

Dicho código se puede emplear para realizar un seguimiento hasta el lugar en que se realizó la primera copia no autorizada. Unos pocos piratas ocasionales se alarmarían mucho si supieran que la copia que dieron a un viejo amigo acabó grabada en cientos de miles de discos DVD ilegales y que son los culpables y responsables de pérdidas millonarias.

Para conseguirlo, se deben emplear técnicas de codificación visibles e invisibles para los códigos de identificación, lo que incluye valores de datos introducidos directamente en la secuencia.

Se pueden emplear técnicas de ocultación de información en lo que parece ser el grano propio de la película o partículas de polvo y, si esto llega a conocerse, cambiar el audio o quitar y añadir fotogramas a la película editada también se puede utilizar para diferenciar unas copias de otras. Cambiar sutilmente los subtítulos a un nuevo código temporal puede ser suficiente para codificar algunos valores. Al compararlos con la copia maestra, podría obtenerse la información codificada. Si se emplean suficientes técnicas diferentes, aún habrá una rastro del identificador de transacción aunque el vídeo se haya duplicado y transmitido varias veces.

Problemas con los artefactos

Uno de los problemas existentes con las marcas de agua es que deben ser lo suficientemente sólidas como para sobrevivir al cambio de formato y la compresión a los que se somete el contenido en vídeo.

Las marcas de agua son muy similares a la técnica conocida como esteganografía, que oculta datos dentro de la complejidad de la información de la imagen. Los mensajes ocultos se codifican en imágenes que se pueden extraer si se conoce la clave o el sistema de cifrado.

Esto es muy similar al código que se basa en una serie de agujeros realizados en una tarjeta, que después se coloca sobre la página correcta de un libro de modo que el mensaje se puede leer.

La esteganografía simplemente oculta un mensaje en algún lugar de una imagen. Las marcas de agua deben ser difíciles de quitar pero también invisibles. Esto es fácil de hacer con una instantánea y mucho más complicado en el caso de una imagen en movimiento. A veces la marca de agua se muestra visible porque aparece como un patrón de ruido estacionario mientras que el resto de la imagen subyacente se encuentra en movimiento.

Durante la temporada 2002-2003, los laboratorios de investigación y desarrollo de la BBC desarrollaron marcas de agua diseñadas para moverse con el vídeo. La diferencia al ver vídeo con marcas de agua con una panoramización lenta era notable, ya que la marca de agua resultaba mucho más difícil de detectar. Esta técnica está relacionada de alguna forma con la detección y compensación de movimiento de los sistemas de compresión de vídeo.

Ocultar códigos e información de marcas de agua en los lugares más recónditos de los datos de compresión puede ser otra técnica de utilidad. Existen además muchas otras técnicas para ocultar códigos de identificación exclusivos en las películas.

Comunidades de patentes y licencias tecnológicas

Debe ser diligente a la hora de determinar si tiene que pagar o no una licencia para usar alguna grabación. Aunque simplemente ofrezca un servicio de compresión, es posible que surjan algunos problemas relacionados con las licencias a los que se deberá enfrentar.

Deberá consultar las condiciones de licencia del codificador que utiliza si piensa que puede haber algún problema. Los antiguos codificadores como ocurre, por ejemplo, con el MPEG-2 probablemente incluyan todas las licencias a la compra del software y hardware de codificación. El fabricante paga una parte del precio de venta en forma de gravamen.

Lea detenidamente la licencia del software adquirido más recientemente para saber si cuenta con los permisos necesarios para distribuir los archivos codificados que cree. Al instalar Squeeze 4, se muestran las licencias y se advierte al usuario de que no se deben utilizar determinados códecs para crear copias del contenido destinadas a su distribución si no se dispone de una licencia más amplia del fabricante del codificador. Puede que tenga que invertir más dinero, y eso sin contar el coste de la autorización de la copia de contenido. Estos gastos ocultos acabarán con su modelo de negocio si no los conoce de antemano.

Los códecs más recientes, como el H.264, incluyen condiciones que pueden hacer que su actividad entre dentro de la comunidad de usuarios que abonan cuotas. Generalmente todo se reduce a la obtención o no de beneficios derivados de la retransmisión o venta de contenido.

Las dos organizaciones cuyos términos de concesión de licencia debería consultar son MPEG LA (`http://www.mpegla.com/index1.cfm`) y Via Licensing (`http://www.vialicensing.com/`). La organización MPEGIF (`http://www.mpegif.org/patents/`) también tiene mucha información de gran utilidad al respecto.

Múltiples licencias

Es posible que no perciba el alcance de la concesión de licencias. Si utiliza códecs H.264, puede que deba pagar una cuota de licencia a MPEG LA (la autoridad de concesión de licencias) para satisfacer a los propietarios de las patentes que administran en su comunidad de patentes. Esto no cubre las licencias de la comunidad de patentes que administra Via Licensing. Debe considerar ambas comunidades de patentes de forma independiente. Las condiciones de cada una de ellas son diferentes, así como sus umbrales de calificación. Su administración deberá realizar dos pruebas de auditoría para asegurarse de que ambas licencias queden cubiertas.

Las licencias de vídeo no cubren las licencias de audio

Así que ha sido diligente y ha cubierto las licencias necesarias para su vídeo codificado en formato H.264. ¡Esto le permitirá comercializar una película muda! ¿Qué ocurre con el audio?

Si desea añadir una pista de sonido codificada mediante la tecnología AAC, entrará dentro de otro esquema de licencias que también deberá administrar. Via Licensing también controla esta comunidad de licencias. Y las licencias AAC no incluyen la compatibilidad para SBR en AAC plus. Tendrá también que obtener una licencia diferente para esto.

Así que donde pensaba que tendría que pagar 50 céntimos por cada copia comercializada tendrá que pagar 1,50 euros, sin contar con que a lo mejor tenga que contratar a alguien para administrar el proceso de obtención de licencias porque es tres veces más complejo de lo que pensaba.

A veces es una auténtica locura

Esto es aún peor cuando se implementa una variedad mayor de tipos de contenido multimedia. Una presentación basada en BIFS que incluya varios tipos de medios puede requerir una media docena de modalidades de licencia diferentes y hacer de la obtención de licencias una pesadilla. Probablemente recurra a otras si emplea metadatos como sistema para buscar y descubrir programas de televisión a través de MPEG-7 o bien TV-Anytime, y aún más si se emplea MPEG-21 para proteger sus derechos.

Es importante poder obtener exclusivamente la licencia de la tecnología que utilice. El escenario expresado con anterioridad está más allá de cualquier complejidad razonable que le cabe esperar como desarrollador de productos o proveedor de contenido. Ciertamente, si sólo incluye audio en formato AAC, se requiere una licencia más sencilla que si incluye distintos productos de audio y vídeo. El contenido multimedia basado en BIFS obligará a las autoridades de concesión de licencias a desarrollar un método más sencillo o se arriesgarán a acabar con la tecnología que en la actualidad les proporciona beneficios.

Al final del día

Si la obtención de licencias de tecnología con estándares abiertos se hace demasiado compleja o costosa, los usuarios se verán abocados a recurrir a los fabricantes de códecs de código abierto o libres de patentes y perderemos la oportunidad de disfrutar de todas las ventajas de interoperabilidad de un estándar abierto.

La situación de la obtención de licencias es mejor de lo que era, pero aún se encuentra fuera de control. Está bien que quienes han inventado algo obtengan algún beneficio por su duro trabajo. Ese no es el problema. Es la acción de los intermediarios que demandan su trozo del pastel la que encuentro difícil de justificar.

El problema es la forma en que se han dividido las licencias en función de los componentes tecnológicos para separarse después en dos organismos de concesión de licencias diferentes e incompatibles entre sí. Es necesario poner un poco de orden en todo esto de forma urgente.

Es preciso que exista un solo lugar al que dirigirse con un conjunto de reglas y criterios. Asimismo, se nos ha de dar la oportunidad de poder marcar solamente las casillas correspondientes a la tecnología que usemos realmente. No es muy complejo desarrollar este sistema. Se lleva haciendo años con el esquema MCPS que exime del pago de derechos de autor a los compositores, el cual es considerablemente más complejo.

Lo que conseguiremos a corto plazo, al menos, es la implicación de una tercera compañía que cree un paquete de software que habrá que comprar para obtener todas las autorizaciones. Desde el punto de vista del pequeño productor independiente, equivale a otro puñado de gente que se queda con un trozo del pastel, con lo que sus beneficios se reducen constantemente.

Al final, esto acabará por destruir todo el sistema a menos que todos aquéllos que no aportan en realidad nada constructivo dejen de intentar hacerse con un trozo del pastel de lo que constituye un nuevo y potencialmente interesante conjunto de tecnologías.

El hecho de que estemos ante esta situación es, de forma muy perversa, una indicación de que los estándares serán dominantes, o al menos muy importantes. Si ese no fuera el caso, todos estos intermediarios no perderían su tiempo y esfuerzo. La parte que demandan sugiere que sus previsiones de beneficios son significativas.

Hacer dinero

A continuación, se enumeran las preguntas importantes que hay que formularse a la hora de analizar la parte comercial de la distribución de vídeo comprimido.

La primera lista corresponde a los factores que contribuyen a un flujo de caja positivo:

- ¿Quién me paga?
- ¿Cuánto?
- ¿Cómo?
- ¿Dónde?

Y a continuación se indican los elementos del flujo de caja negativo, que son igualmente importantes:

- ¿A quién le tengo que pagar?
- ¿Cuánto?
- ¿Cómo?
- ¿Dónde?

Parece sencillo, ¿verdad? Las respuestas a estas cuestiones determinarán la forma en la que construirá su modelo de negocio, y la eficiencia que sea capaz de conseguir supondrá la diferencia entre un negocio exitoso y uno fallido.

Para que funcione un modelo empresarial, deberá asegurarse de que los consumidores le paguen dinero por sus productos antes de tener que pagar derechos de autor por el contenido y licencias de tecnología.

Contar con algunos conocimientos de administración de empresas es vital, y contar con algún tipo de procedimiento de control del crédito para obtener los beneficios le garantizará un flujo de caja positivo.

Ejemplos de sistemas de control de derechos y administración de derechos digitales

Existen unos pocos esquemas que se empiezan a utilizar de forma generalizada. Aún son propietarios, aunque otros métodos más genéricos se encuentran en fase de desarrollo.

El Fair Play de Apple

Este es el esquema implementado en la actualidad para la distribución de música a través del servicio iTunes; además, está incrustado en el hardware de los dispositivos iPod.

El sistema concede al usuario cierta libertad para duplicar pistas. La limitación está en el número de equipos en el que se pueden reproducir las pistas. Se permite la grabación de un CD de audio con las pistas de una lista de reproducción de iTunes. El sistema Fair Play interviene para que sólo se pueda duplicar la misma lista de reproducción un número de veces concreto.

El sistema Fair Play está destinado para reconocer a un usuario cuya actividad es legítima y sólo interviene cuando se cruzan los límites de lo que se considera un uso justo. La mayoría de usuarios nunca se encontrarán ante un mensaje que le advierta de que han infringido las normas del Fair Play. ¿Cuántas copias de una lista de reproducción grabada en un CD se necesitan grabar de forma legítima?

Existen límites en cuanto a los formatos que admiten este esquema de producción en la actualidad, aunque puede que se amplíe a otras organizaciones en un futuro.

Especificación de la protección de contenido MPEG-4

La *Internet Streaming Media Alliance* ha publicado un borrador inicial de las especificaciones para la protección de contenido en formato MPEG-4. Esto se considera como un primer paso hacia un sistema de administración de derechos digitales basado en estándares abiertos.

Aún queda mucho camino por recorrer, pero se empiezan a hacer algunos progresos.
El mecanismo de cifrado es un estándar NIST/AES de 128 bits, que está libre de derechos de patente.

No se trata de una solución en sí misma, pero sí de un movimiento hacia un sistema interoperable.

Administración de derechos digitales de Windows Media

La protección mediante la administración de derechos digitales (DRM) de Windows Media (`http://www.microsoft.com/windows/windowsmedia/drm/default.aspx`) es algo diferente al sistema Fair Play. La solución de Windows Media depende de un mensaje dirigido al servicio de autenticación en el que se solicita permiso para la reproducción. Esto preocupa a alguna gente, y con razón.

El control de si puedo ver un programa que poseo, en mi propia casa, y en mi propio sistema no es algo que me haga gracia ceder a un tercero. Pedir permiso a alguien para ver un programa que he grabado o comprado es algo que me parece una intrusión total en la intimidad. Preferiría poder hacerlo sin intervención alguna o que se me negara el proceso de grabación original.

Como ocurre con todos los sistemas propietarios, existen límites en cuanto al número de formatos que protege este mecanismo.

La administración de derechos digitales de Windows Media 9 admite los formatos siguientes:

- Audio de Windows Media.
- Vídeo de Windows Media.
- Vídeo MPEG-4 de Microsoft.
- Pantalla de Windows Media.
- ISO-MPEG-4 versión 1.

Macrovision

Macrovision (`http://www.macrovision.com/`) incluye distintas tecnologías de protección de copia que han desarrollado a lo largo de los años. El esquema CDS-300 está diseñado para aplicar la protección de copia a los CD y permanece intacto en el audio hasta llegar a un iPod. Esto resulta interesante porque, para hacerlo, el esquema debe colaborar con iTunes y el sistema Fair Play de Apple.

Este nivel de interoperabilidad es importantísimo para cualquier sistema de administración de derechos digitales. Todos los productos de este tipo deben intercambiar información sobre derechos y permisos. Sólo entonces los usuarios disfrutarán del derecho de transmitir contenido a los distintos repositorios para los que disponen de una licencia.

En la actualidad, el método más utilizado consiste en implementar un único mecanismo de administración de derechos digitales en todos los sistemas. No se ha demostrado que ningún sistema sea los suficientemente sólido o portátil. La interoperabilidad es la clave y si los sistemas de administración de derechos digitales emplean los mecanismos MPEG-21, puede existir una oportunidad para conseguirla.

Los productos ActiveRea©h incluyen una estrategia en tres partes que impiden que el contenido se vea comprometido. La parte 1 impide el ripeo de DVD de la forma en que los CD se convierten a archivos en formato MP3. La parte 2 protege las secuencias y la parte 3 se denomina Hawkeye y es una herramienta que interviene en el intercambio de películas.

Estas tres herramientas están diseñadas para trabajar de forma conjunta para proteger el contenido que se podría ver comprometido por operaciones de piratería y para mejorar la longevidad de una campaña de marketing.

Nagravision

Nagra (`http://www.nagravision.com/`) es otro fabricante con cartera propia y enlaces de colaboración a otras empresas que cuentan con tecnología complementaria.

Sus sistemas están diseñados para trabajar con los sistemas emergentes de televisión por Internet (IPTV) y vídeo a demanda (VOD) y las grabadoras de vídeo digital, y también incluyen los sistemas basados en servidor de administración de derechos digitales de Lysis (`http://www.lysis.com/`). Éstos trabajan conjuntamente con los mecanismos de administración de derechos digitales de Microsoft incluidos en Windows Media. El sistema de administración de derechos digitales de Lysis permite combinar la administración de estos derechos del contenido en los formatos Windows Media 9, Real Networks Video, MPEG-2 y MPEG-4.

MPEG-7 y MPEG-21

El estándar MPEG-7 está desarrollando un conjunto de herramientas descriptivas para el contenido multimedia. Éstas se emplean para administrar los metadatos asociados a la esencia multimedia que se almacena en contenedores MPEG-4, por ejemplo. El término esencia se emplea para describir el contenido en vídeo que se puede visualizar en oposición a los metadatos que lo describen. Estas herramientas proporcionan un método para la identificación del contenido y ofrecen un entorno para personalizar el filtrado y reutilización del contenido en varias plataformas. La información almacenada también se incluye en los detalles de copyright pero la administración del control de derechos se deja a MPEG-21.

El centro de investigación de IBM presenta un ejemplo de cómo se pueden buscar metadatos MPEG-7 en su sitio Web dedicado a la investigación y el desarrollo (`http://mp7.watson.ibm.com/marvel/`).

El estándar MPEG-21 versa sobre el diseño de los mecanismos de control de derechos. Éste unifica los distintos estándares que se emplean para controlar el acceso. MPEG-21 tiene información sobre los usuarios, los derechos de acceso correspondientes y lo que se les permite hacer. Compara esto con lo que sabe sobre la accesibilidad de un activo. En una implementación compatible, la combinación de ambos factores es la respuesta estrictamente booleana a la cuestión "¿Puedo acceder a este activo desde este sistema y en este preciso momento?"

Así que el estándar MPEG-4 nos permite crear cierta esencia, de la misma forma que el MPEG-7 nos ayuda a encontrarla y el MPEG-21 nos concede acceso para usarla. Puede obtener mucha más información al respecto a través de la organización MPEGIF.

Métodos de derechos alternativos

Algunas organizaciones desarrollan nuevos métodos para definir derechos que permitan un acceso más abierto a los usuarios finales. Estos están específicamente diseñados para permitir la copia y reutilización del contenido. En el sitio Web de Fact-Index (`http://www.fact-index.com/p/pu/public_domain.html`) podrá encontrar una definición interesante y explicaciones detalladas sobre derechos de autor y propiedad de dominio público.

A medida que expiran los derechos de autor o se descubre que los materiales se encuentran fuera de los derechos de autor, una creciente comunidad de usuarios Web recopilan archivos de material que se encuentra disponible de forma gratuita. A través del proyecto Internet Archive (`http://www.archive.org/`) es posible acceder a un interesante archivo de películas y contenido en vídeo. Hay un gran número de películas disponibles aquí para su descarga sin coste alguno. Se presentan en distintos formatos compatibles con los sistemas multimedia domésticos que se pueden construir con las tecnologías disponibles en la actualidad.

Creative Commons

Se trata de un mecanismo de control de derechos completamente alternativo. Creative Commons (`http://creativecommons.org/`) es una novedad y se encuentra en pleno proceso de evolución, pero la idea es que puede compartir su trabajo de una forma menos restrictiva que con los métodos de copyright tradicionales. No existe ningún componente de software activo, sino que se trata de un método que se basa más bien en el honor.

En la actualidad se desarrolla una serie de derechos con marcas especiales similares a la marca del copyright ©. En la tabla 18.2 se destacan unos pocos.

Tabla 18.2.
Algunos ejemplos de los derechos de Creative Commons.

Modelo	*Descripción*
Atribución	Se permite a otros copiar, derivar, distribuir, mostrar y utilizar su material con derechos de autor sólo en el caso de que se proporcionen créditos al autor.
No comercial	Se permite a otros usar su obra sólo en el caso de que no tenga fines comerciales.
Sin obras derivadas	Sólo se pueden usar copias exactas de su obra. No se pueden crear obras derivadas basadas en ella.
Licenciar igual	Se permite a otros el uso del contenido, pero deben transmitirlo con los mismos derechos.

El sistema "copyleft" de GNU

"Copyleft" (`http://www.gnu.org/copyleft/copyleft.html`) es un sistema diseñado para proteger el software gratuito y asegurarse de que los trabajos basados en él también se distribuyan como software gratuito.

Puede optar por incluir su software en el dominio público, sin derechos de autor asociados al mismo. Esto permitirá a cualquiera compartir el código. También permite a los usuarios comerciales aprovecharse del código y beneficiarse de él sin que usted vea un céntimo.

El proyecto GNU tiene como finalidad proporcionar a los usuarios la capacidad para redistribuir y modificar software de licencia pública, mientras que impide su explotación comercial mediante obras basadas en él.

Para que un programa tenga "copyleft", primero debe tener copyright. A continuación, se añaden las condiciones de distribución para que cualquiera pueda usar, modificar y redistribuir el código. Estos derechos los hereda cualquier producto derivado.

El término "copyleft" se acuñó porque es justo lo contrario al copyright. El copyright quita libertad a los usuarios finales, mientras que el sistema copyleft les devuelve esa misma libertad y garantiza que los usuarios la conserven.

Las condiciones de distribución específicas que emplea el proyecto GNU se incluyen en la Licencia pública general GNU (GNU GPL para abreviar). Existe un mecanismo de licencias similar para los manuales y la documentación que se denomina Licencia de documentación gratuita GNU (FDL).

¿Podemos ganar algún dinero con todo esto?

Los usuarios finales se encuentran receptivos ante la idea de la necesidad de la administración de derechos digitales siempre que se les permita disfrutar legítimamente de los productos adquiridos. Se debe permitir una cierta dosis de uso justo. Creo que la gente es honesta en general y que comprende el concepto de justa recompensa por el esfuerzo invertido.

El sistema debe ser lo suficientemente sólido como para evitar que se infrinjan de forma masiva los derechos de autor por parte de quienes realizan copias piratas sin convertir al público en general también en criminales.

Si pretende dedicarse a la codificación con fines lucrativos, concretamente a la codificación de productos para su copia y venta en el mercado minorista, compruebe toda la letra pequeña. Esto incluye la lectura de las licencias de codificación de las herramientas que utilice, además de haber investigado y haberse asegurado de que dispone de los derechos necesarios para utilizar el material original. Deberá conocer su posición desde el principio en lugar de conocer sus responsabilidades más tarde o cuando su producto ya ha tenido éxito. Los documentos de los estándares pueden incluir un anexo en el que se enumeren los titulares de los derechos de la propiedad intelectual que sean relevantes. Busque entre los titulares de licencias y comunidades de patentes más información sobre cómo obtener autorización o saber si se encuentra exento. En último caso, puede que descubra que no es necesaria ninguna licencia.

Los sistemas de administración de derechos digitales están en cambio constante y es probable que continúe siendo así durante algún tiempo. En la actualidad, todos los esfuerzos se centran en asegurar los formatos de audio. Si esto se consigue de forma eficaz, asegurar los formatos de vídeo no llevará tanto tiempo. En este momento, nadie puede predecir la aparición de una solución fiable y completamente satisfactoria. Podrían pasar otros diez años antes de alcanzar un compromiso funcional.

Dejar al gato escapar

Suponiendo que podamos lidiar con todos los aspectos relacionados con los derechos y que obtengamos permiso para la implementación de contenido, es necesario que comprendamos cuáles son dichas oportunidades de implementación. Los aspectos técnicos nos parecerán muy sencillos, directos y finitos cuando regresemos a ellos tras este desvío hacia el ámbito comercial.

En los capítulos siguientes estudiaremos las redes, la transmisión en secuencias y las implicaciones que tiene la elección de uno u otro reproductor.

Capítulo 19

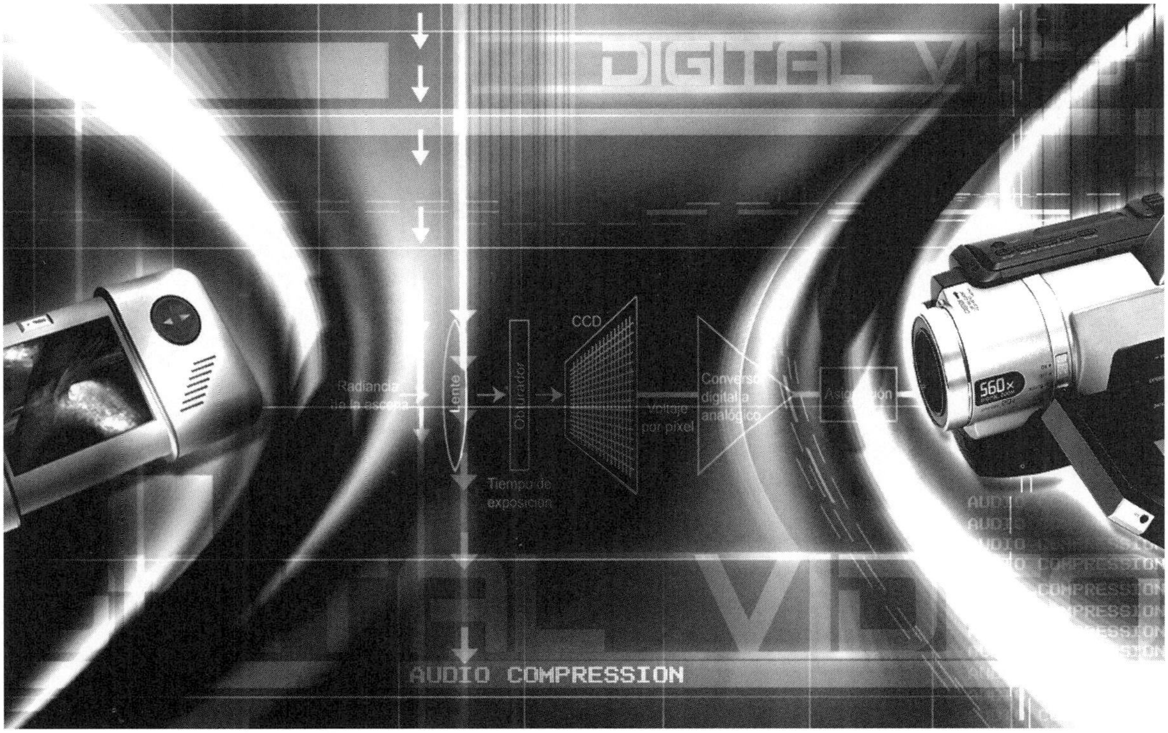

Mecanismos de distribución en red

Ha llegado el momento de la verdad

Así que tenemos algo de contenido que con tanto amor y cuidado hemos confeccionado y comprimido. Ahora es el momento de hacerlo llegar al consumidor. ¿Cómo se puede hacer esto?

En este capítulo examinaremos cómo distribuir los clips de vídeo una vez codificados. Existen distintas formas de conseguirlo.

Básicamente, se reduce a un pequeño número de posibilidades con variaciones en los siguientes aspectos básicos:

- Retransmitirlos a través de una red de televisión digital.
- Transmitirlos en secuencias a través de Internet.
- Descargarlos a través de una red en forma de archivos.

Existe una serie de mecanismos de transporte para distribuir contenido en vídeo que se basan en técnicas de transmisión digital y todos ellos son tremendamente similares.

En lo que se diferencian es en la velocidad de bits o en la forma en que el contenido emplea sistemas de monodifusión en unos o multidifusión en otros.

En la tabla 19.1 se resumen algunas velocidades de bits disponibles según el tipo de conexión.

Tabla 19.1.

Velocidades de conexión típicas para redes.

Conexión	***Velocidad***
Módems analógicos	9,6, 14,4, 28,8, 33,6, 56 Kbps
RDSI (1 canal)	64 Kbps
RDSI (2 canales)	128 Kbps
T1	1,544 Mbps
RDSI-32	2,048 Mbps
ADSL	8 Mbps de bajada, 1 Mbps de subida
Ethernet LAN -10Base-T	10 Mbps
ATM25	25,6 Mbps
Ethernet LAN -100Base-T	100 Mbps

Distribución en redes con fines múltiples

La distribución de servicios de vídeo a través de redes telefónicas se ha hecho posible a medida que se ha incrementado el ancho de banda de las redes domésticas. Las redes con fines múltiples que ofrecen las compañías de TV digital por cable también admiten servicios de datos y el número de servicios telefónicos que se ofrecen a través del mismo cable también se ven incrementados. Eso aparte de los servicios de voz sobre IP. En unos pocos años, la mayoría de servicios de comunicaciones se distribuirán a los hogares a través de una infraestructura basada en el protocolo TCP/IP. Los enrutadores, al contrario de lo que ocurre con los conmutadores de intercambio telefónico, serán mucho más fáciles de mantener y su implementación será más económica. No obstante, aún queda por hacer algún trabajo para asegurarse de que son fuertes y que se han implementado de forma fiable.

Ciertamente es posible que, llegado el momento, se distribuyan servicios telefónicos, de televisión, radio y Web a distintos dispositivos domésticos a través de una sola conexión.

Servicios de acceso telefónico a redes

Las conexiones a Internet han empleado módems de acceso telefónico a redes durante muchos años. En los años 70 la conexión sólo podía gestionar 1200 baudios. Los módems que admiten 56 kilobaudios y las conexiones de banda ancha de más de 500 Kbps ahora son comunes. Fíjese en que el ancho de banda se mide en bits por segundo (bps) mientras que la velocidad de los módems se mide en baudios.

Los baudios son una medida física de los bits por segundo, pero no todos los bits se pueden utilizar para la carga de trabajo. En la figura 19.1 se muestra como el patrón de bits de un solo fotograma usa algunos bits para administrar el flujo de datos.

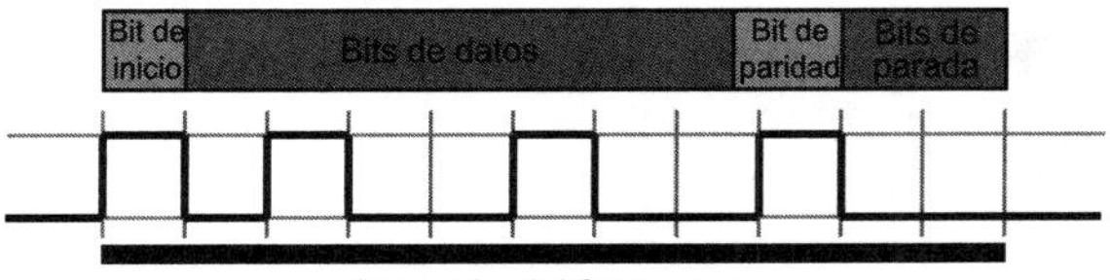

Figura 19.1.

Secuencias de bits en serie propias de la telefonía.

El carácter de 7 bits requiere un bit de inicio para sincronizar la entrega. El formato tiene un bit de paridad para la corrección de errores y, en este caso, 2 bits de parada para permitir el envío continuo de los caracteres. La paridad se puede activar o desactivar, los bits de parada pueden variar y el tamaño de los datos puede cambiar. Así que el fotograma tiene una extensión de 11 bits en este caso, pero la carga es de sólo 7. Para una velocidad de transmisión de 9.600 baudios, la velocidad de transferencia útil sería de sólo 6.109 bps.

Conexiones RDSI

El siguiente avance después de los módems de 56K fueron las líneas RDSI. Se trata de un tipo de conexión digital que emplea los mismos cables que los módems de 56K, pero cuyo equipamiento en el punto de intercambio requiere una configurarse de forma correcta. También es necesario contar con una terminación RDSI en las instalaciones del usuario.

Las redes RDSI ofrecen una conexión de canal dual. Esto proporciona dos secuencias de bits simultáneas de 64K, aunque cada conexión se carga como una llamada distinta. Por lo tanto, si las dobla para obtener una conexión de 128K tendrá que pagar el doble, aunque también hay que tener en cuenta que las llamadas sólo durarán la mitad. Esto está bien cuando tiene un gran y voluminoso archivo que transferir, pero no tanto si normalmente sólo realiza llamadas de corta duración. La conexión RDSI también incluye circuitos de voz.

No es una mala idea conectar un enrutador a una línea RDSI para que todos los sistemas puedan compartir la conexión. Esto puede servir para sentar las bases de la red de la oficina porque probablemente disponga de un concentrador de red integral. La otra gran ventaja es que puede bloquear las conexiones entrantes y actuar como barrera ante virus.

Conexiones de banda ancha

Las tecnologías de banda ancha proporcionan soluciones novedosas y en ocasiones más efectivas en las situaciones en las que antes se requería una infraestructura de retransmisión. El modelo de distribución entre equipos es un ejemplo que normalmente sólo se aplica a la descarga de archivos. Los protocolos se podrían ampliar para transmitir una secuencia siempre que la conectividad se vea asegurada. Se podría distribuir un suministro en un hogar y el receptor podría enrutarlo a través de la red de área local (LAN) hacia múltiples reproductores cliente. Este modelo también funcionaría para escuelas hospitales, campus universitarios y entornos corporativos.

Utilizar un enrutador para compartir una conexión de banda ancha es algo muy recomendable. Al igual que ocurre con el concepto de enrutador/concentrador en las redes RDSI, existe hardware disponible para las conexiones de banda ancha con las mismas ventajas de intercambio y protección antivirus si el enrutador se encuentra configurado correctamente.

Se empieza a probar conexiones de red rápidas como ésta por parte de compañías como Netflix y TiVo, que se encuentran perfectamente posicionadas para sacar partido a la distribución de vídeo en red como posibilidad comercial. Esto podría desembocar en una oferta de servicios al público en los próximos meses.

> **Advertencia:** Tenga precaución al ejecutar versiones beta de software a menos que ofrezcan funciones que sean una auténtica NECESIDAD para usted.

En este tipo de conexiones en red también será donde se desarrollarán los servicios de televisión a través de Internet (IPTV). Ya existen prototipos de sintonizadores de televisión digital en formato H.264, como se vio en la conferencia de la *National Association of Broadcasters* en 2004. Las unidades DG2L Neuron y MediaReady 4000 son los ejemplos típicos.

Conexiones permanentes

Una conexión permanente se produce cuando el enrutador se conecta a través de banda ancha y no interrumpe la conexión.

Simplemente mantiene la línea activa todo el tiempo. Esto es bueno para navegar porque no se produce el retraso propio de la marcación telefónica al hacer clic en un enlace para acceder a otra página.

Los proveedores de servicios de Internet ofrecen frecuentemente paquetes de conexión desde los proveedores de telecomunicaciones y cargan todos los costes en una suscripción mensual. También deberá pagar la cuota correspondiente al alquiler de la línea al proveedor de telecomunicaciones.

Si su ordenador de sobremesa está conectado directamente a una línea de banda ancha, entonces deberá gestionar el enrutamiento de cualquier otro equipo que se encuentre conectado a la red. No olvide que la red estará inactiva cuando el ordenador se encuentre apagado. La protección contra accesos no autorizados tiene lugar en ese ordenador que está directamente conectado, y se trata de un punto flaco en la seguridad siempre que el enlace de banda ancha se encuentre conectado y el ordenador esté en línea. Esto se aplica especialmente en el caso de que disponga de una línea de banda ancha permanente (siempre activa) y deje el ordenador encendido todo el tiempo. Los equipos que no están protegidos pueden detectarse y verse comprometidos por software dañino a los pocos minutos de conectarse a Internet.

Una buena solución consiste en colocar un enrutador en dicha línea de banda ancha y desactivar cualquier respuesta a las conexiones entrantes. Esto significa que su proveedor de servicios de Internet no puede hacer PING en el enrutador para la realización de diagnóstico aunque, en caso de que sea necesario, siempre puede proporcionarles acceso durante un instante y, a continuación, devolver al enrutador al modo silencioso. De todas maneras, eso sería una ocurrencia un tanto extraña. Este control "fronterizo" es una buena política para los usuarios de banda ancha, pero también es necesario desactivar cualquier servicio y puerto que no sea necesario en todos los equipos conectados a la red.

Relaciones de contención

Puede que se encuentre con este término al hablar del ancho de banda disponible a través del proveedor de servicios de Internet. Normalmente está relacionado con conexiones para el consumido medio. La relación de contención describe el número de conexiones de entrada disponibles frente al número de conexiones que se solicitan.

En lo que se refiere a conexiones de banda ancha vía módem, lo normal es que el número de usuarios en relación a los módems disponibles a través del proveedor de servicios de Internet sea de 2 a 1 e incluso de 4 a 1, lo que quiere decir que tendrá una posibilidad entre cuatro de que la conexión se realice con éxito.

La contención también se utiliza para describir la velocidad de bits disponible. Cuando se contratan 2Mbps de ancho de banda y se comparten entre todos los miembros de un hogar, siempre que utilicen Internet de uno en uno, todos disfrutarán de 2Mbps de capacidad. Ahora bien, si los cuatro miembros empiezan a ver películas transmitidas en secuencia en ordenadores diferentes, la relación de contención será de 4 a 1 y la velocidad media de la conexión de cada uno de los usuarios será de de 500Kbps. El reproductor cliente puede hacer algún tipo de negociación de contenido con el servidor para seleccionar una velocidad de bits si es necesario.

Acumulación de velocidad de bits

Puede diseñar la conectividad con el mundo exterior a través de múltiples conexiones redundantes y que cada una de ellas distribuya una parte del ancho de banda total. Al conectar sofisticados enrutadores a través de estos múltiples enlaces, el ancho de banda de todos ellos se acumula de tal modo que se comportan como un solo enlace virtual.

Principios básicos de las conexiones en red

Para empezar, los servidores y los clientes se sitúan a gran distancia entre sí desde el punto de vista geográfico, pero también en lo que a las conexiones de red se refiere. Una red se conecta mediante una serie de pequeñas subredes conectadas entre sí mediante enrutadores.

El enrutador tiene constancia de los enrutadores a los que se encuentra conectado pero no sabe nada en absoluto de lo que hay más allá de ellos. Cuando se realiza una conexión, se produce un proceso de descubrimiento. El número de enrutadores que se deben atravesar desde la red local hasta aquél situado en el servidor de destino determinará la ruta más corta.

Protocolos de transporte

Los protocolos de conexión en red se construyen en torno a una estructura técnica que se denomina pila. Ésta describe la forma en que los protocolos administran las distintas partes del proceso, desde el punto de inicio en el nivel inferior donde el cable conecta físicamente dos dispositivos. La pila TCP se basa en el esquema de capas de interconexión de estándares abiertos (*Open Standards Interconnect*) de la ISO, aunque algunas capas se combinan entre sí en la pila TCP, por lo que no existe una correspondencia exacta de 1 a 1 entre ambos modelos. No obstante, se ordenan de la misma forma y los componentes homólogos se muestran en la figura 19.2.

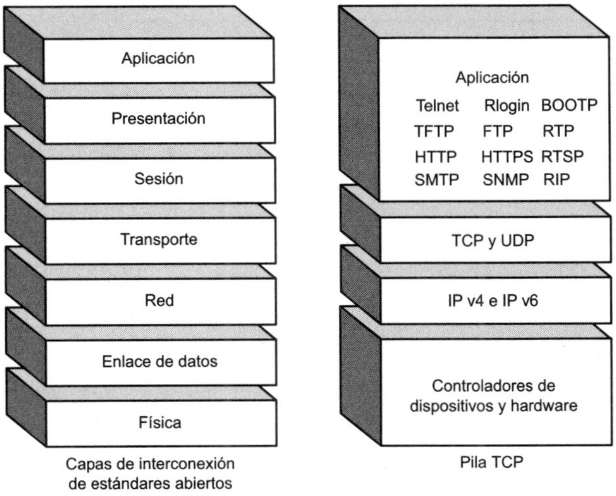

Figura 19.2.
La pila TCP.

Las señales eléctricas a lo largo de dicho cable se definen como voltajes e impedancias, y sobre eso se impone un sistema de codificación de dígitos binarios. Esto describe las capas inferiores de la pila, que a veces se denominan "capa física". Esta capa también recibe a veces el nombre de transporte, pero eso incluye algunas funciones de categoría superior que sirven de ayuda para la corrección de errores.

Los datos se incluyen en contenedores estructurados unos dentro de otros a medida que se atraviesan las capas, y cada capa añade una pequeña sobrecarga para administrar sus funciones específicas. En la figura 19.3 se muestra el funcionamiento de este proceso.

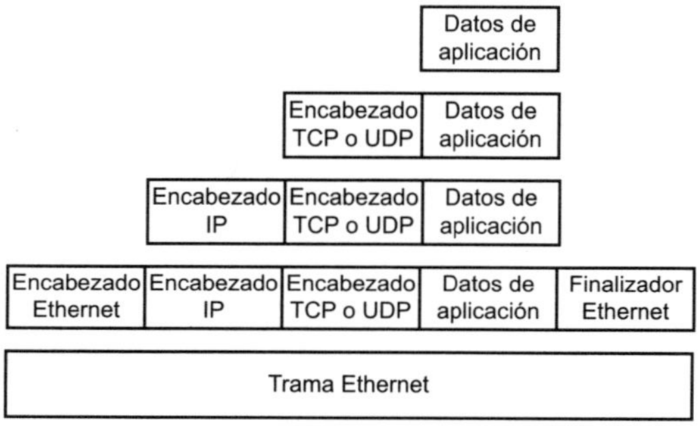

Figura 19.3.

Estructura de creación de paquetes TCP.

TCP y UDP

Un poco más arriba en la pila hay una capa llamada UDP (*Universal Datagram Protocol*, Protocolo de datagramas universal). Éste describe una interfaz que garantiza la entrega oportuna de un paquete desde un nodo hasta el siguiente. No garantiza la entrega de una serie de paquetes en una sesión con una fiabilidad del 100 por 100 porque algunos de ellos se deben entregar a través de otra ruta y puede que no lleguen a su destino. El protocolo UDP tampoco garantiza que lleguen en el orden correcto.

Una capa más del protocolo conocido como TCP se encarga de las deficiencias del protocolo UDP. El acrónimo TCP es la abreviatura en inglés de *Transmission Control Protocol* (Protocolo de control de transmisión) y esta capa garantiza que se enviarán todos los paquetes requeridos y se entregarán en la aplicación del cliente que ejecutó la llamada en el orden adecuado. Esta capa implementa sofisticados algoritmos de almacenamiento en búfer para asegurarse de que el orden sea el correcto y también admite mensajes de confirmación que se envían al remitente. Si es necesario, puede solicitar que un paquete se pueda volver a transmitir para completar cualquier información que falte.

La desventaja es que, aunque el protocolo TCP garantiza la entrega, ésta no se realiza necesariamente de forma oportuna. Esta es la razón por la que el reproductor cliente ofrece la oportunidad de seleccionar entre conexiones TCP o UDP en el panel de preferencias.

Entrega de paquetes irregular (entrecortamiento)

Los problemas derivados de la existencia de paquetes retrasados cuando se emplea el protocolo UDP pueden manifestarse de forma diferente a cuando se utiliza el protocolo TCP. Un paquete retrasado en el protocolo TCP simplemente ralentiza la transferencia. Un paquete retrasado que llegue demasiado tarde con el protocolo UDP quedará fuera de la secuencia y no se podrá usar. Como resultado, faltarán fotogramas, lo que hace que las imágenes se muestren entrecortadas.

Errores en la secuencia del paquete

Los paquetes que llegan fuera de la secuencia pueden gestionarse correctamente si descarga o almacena en búfer en lugar de reproducir el contenido en la ventana a medida que se reciben los paquetes. Los reproductores gestionan este problema cada vez mejor. También se incluye en los protocolos de transporte la gestión de errores y la latencia de red de tal forma que los reproductores responden mejor a situaciones extremas.

Estos artefactos no son evidentes en los sistemas de retransmisión porque el flujo de bits a través del sistema es unidireccional y no está sujeto a problemas de enrutamiento ni de transferencia. La cadena de transmisión es simplemente un búfer FIFO (el primero en entrar es el primero en salir). Esto preserva el orden de la secuencia y garantiza la entrega. Se corrigen las interrupciones, aunque esto produce una cierta latencia.

Paquetes perdidos

Los paquetes que se pierden completamente y nunca llegan suponen un problema para el reproductor. Gestionar estas interrupciones de una forma inteligente que no aprecie el usuario es complicado. La corrección de errores a priori puede servir de ayuda al proporcionar una cantidad de código redundante suficiente para que se puedan reconstruir los datos que faltan. Esto impone cierta carga a la CPU pero estas interrupciones no son frecuentes por naturaleza y, si ocurren a menudo, la negociación de contenido puede surtir efecto y hacer que el transmisor de secuencias distribuya los datos a una velocidad de bits inferior. Esto puede contribuir a solucionar el problema si se debe a limitaciones de ancho de banda existentes en algún lugar de la ruta entre el cliente y el servidor.

El códec tiene algunas estrategias adicionales para gestionar la falta de componentes de la imagen; los diseños de códec más recientes tienen una capacidad de recuperación de errores mucho mayor cuando se enfrentan a la pérdida de datos y puede que dispongan de una variedad de estrategias alternativas para localizar un fragmento de datos adecuado que sirva para sustituir la parte que falta.

La sintaxis H.264 especifica que el descodificador debe almacenar en la caché un gran número de fotogramas a los que se puede recurrir en el caso de que falten datos. La estructura se organiza de modo que las referencias de los fotogramas P y B puedan calcularse también en el nivel de las rebanadas. Un solo fotograma reconstruido puede usar rebanadas de distintos fotogramas de origen. Los códecs anteriores hacen referencia a fotogramas completos. Este método detallado contribuye a que el vídeo en formato H.264 gestione las interrupciones de una forma mucho más eficaz. Cuando se produzca una interrupción, se apreciará menos la corrección de errores reconstruidos.

Fotogramas descartados

El protocolo TCP garantiza la entrega de todos los paquetes en el orden correcto pero a costa de que se produzca algún retraso. Por otro lado, el protocolo UDP distribuye todos los paquetes que puede con una latencia inferior, aunque ocasionalmente pierde algún paquete.

Para evitar problemas cuando esto se produzca, los protocolos de transmisión de secuencias proporcionan compatibilidad con la corrección de errores para los algoritmos de paridad y transporte para contribuir a completar las partes de la secuencia de datos que falten. El códec H.264 introduce cierta capacidad de recuperación de errores y puede que haya algunas operaciones inteligentes que pueda realizar el descodificador y que sirvan de ayuda. De forma bastante extraña, la pérdida de datos de audio es en realidad más molesta para el espectador que los artefactos visuales cuando se pierden datos correspondientes al canal de vídeo.

Si se produce una pérdida de datos importante, puede que aprecie que el movimiento se entrecorta debido a que el reproductor está descartando fotogramas en su esfuerzo por reproducir el vídeo lo mejor posible. Es posible que el reproductor también descarte fotogramas si la velocidad de bits es tan baja que no se puede mantener la base temporal a menos que se sacrifique un fotograma de forma ocasional. El reproductor intentará preservar la base temporal porque de esta forma se garantiza que el vídeo permanezca sincronizado con la banda sonora y cualquier otra secuencia que se pueda reproducir.

Administración y asignación de recursos

Si dispone de una sofisticada puerta de enlace, es posible que pueda reservar una determinada cantidad de ancho de banda para uso prioritario como, por ejemplo, para la pantalla de visualización principal en la sala de estar, mientras se configura el proceso de descarga para que consuma un ancho de banda menor dado que ningún ser humano lo observa. Los servidores de gran tamaño para empresas ofrecen una asignación de recursos que se puede medir y controlar mediante el sistema operativo. Es posible realizar asignaciones de espacio en disco, tiempo de CPU y ancho de banda de red de acuerdo con un esquema de prioridades.

Problemas con los cortafuegos

Transmitir contenido en secuencias a través de un cortafuegos corporativo puede suponer un reto significativo. No existe ninguna razón técnica para que esto sea difícil, pero el personal de seguridad puede que se muestre algo paranoico, de forma completamente justificada, acerca de dejar algún resquicio en la armadura. Permitir las conexiones salientes en algunos puertos correspondientes a los protocolos de transmisión en secuencias puede ser bastante seguro. Los puertos enumerados en la tabla 19.2 merecen especial consideración aunque se recomienda no abrirlos ciegamente sin estudiar cada caso detenidamente. Entre las alternativas para abrir el acceso a los cortafuegos se incluye la implementación de servidores proxy. Un proxy y un cortafuegos se han de configurar cuidadosamente para que colaboren entre sí. Si las conexiones salientes siempre atraviesan el proxy, entonces el cortafuegos sabrá que no se debe permitir el tráfico procedente de otros equipos. Esto debería proporcionar suficiente seguridad hasta para el más paranoico de los administradores de sistemas.

Tabla 19.2.

Números de puerto TCP para la transmisión en secuencias.

Puerto	*Uso*
80	Se puede transmitir tráfico RTSP y RTP a través del puerto 80 como si se tratara de una conexión HTTP.
554	Este número de puerto se emplea para RTSP.
7070	Este número de puerto se puede utilizar para RTSP en lugar del puerto 554. De esta forma se evita utilizar un número de puerto inferior a 1000, que se consideran especiales desde el punto de vista de la seguridad. Se pueden configurar los cortafuegos para impedir las conexiones con los 1.000 primeros puertos.
6970-9999	Estos puertos se pueden habilitar para las conexiones UDP siempre que así se solicite. Se recomienda asegurarse de que las solicitudes provengan exclusivamente de sesiones auténticas que se puedan haber iniciado primero en otro puerto.
1220	Este número de puerto se utiliza a veces para la administración Web.
8080	Un número de puerto alto, que se asigna normalmente para HTTP como alternativa al puerto 80.
311	Este número de puerto se abre a veces para el administrador de Mac OS X Server.

Herramientas de diagnóstico

Si tiene un ordenador equipado con algunas herramientas de diagnóstico de red básicas, la utilidad `traceroute` mostrará una serie de dispositivos conectados entre los dos extremos. En la figura 19.4 se muestra un volcado de pantalla de ejemplo. Otra herramienta de gran utilidad es el comando `ping`, que envía mensajes a un equipo remoto e indica la duración del proceso al recibir una respuesta.

En la tabla 19.3 se enumeran otras herramientas de gran utilidad a la hora de buscar direcciones de red.

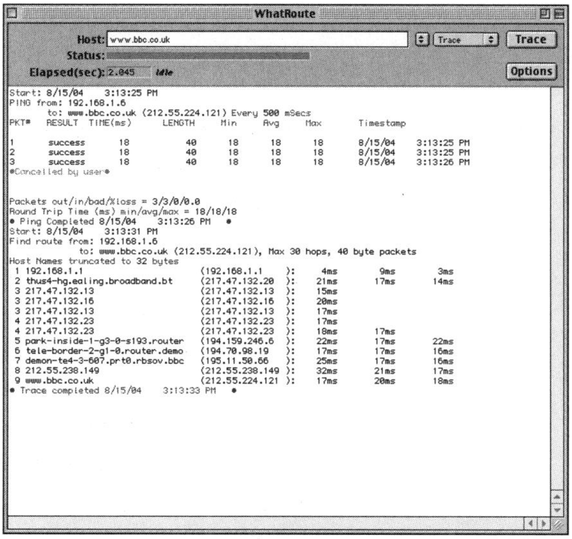

Figura 19.4.

Pantalla de traceroute.

Tabla 19.3.

Utilidades de red útiles.

Utilidad	***Descripción***
`ping`	Útil a la hora de determinar si se puede alcanzar un nodo de destino y examinar la calidad del servicio en lo que a latencia se refiere. También indica si se le impide alcanzar el dispositivo de destino. Ésta y otras herramientas pueden verse limitadas si se intentan utilizar para atravesar un proxy o cortafuegos.
`traceroute`	Una herramienta para examinar la complejidad del enrutamiento entre el cliente y un servidor de destino. Ciertos "saltos" pueden tardar bastante en resolverse, lo que le ayudará a diagnosticar una ruta "obsoleta", es decir, una establecida con anterioridad y que, de alguna forma, se ha bloqueado y que ya no es válida. Esto suele ocurrir con las conexiones de acceso telefónico y puede resolverlo el proveedor de servicios de Internet.
`whois`	Una de las herramientas que permite determinar el nombre de dominio correspondiente a una dirección IP.
`nslookup`	Una útil herramienta para convertir un nombre de dominio en una dirección IP y viceversa.
`netstat`	Indica las conexiones que ha realizado el equipo desde que se inició por última vez.
`tcpdump`	Una herramienta para examinar el tráfico entre dos equipos. Es posible determinar el estado de los mensajes y los puertos a través de la conexión.
`snoop`	Una utilidad ampliamente extendida que establece la interfaz Ethernet en un modo especial (promiscuo) con el que podrá examinar el tráfico de la subred con independencia de que proceda de o se dirija al nodo de cliente o no. Los concentradores conmutados pueden hacer que no resulte de gran utilidad, pero si el equipo está preparado para compartir una red a través de un concentrador le ayudará a diagnosticar problemas muy difíciles de detectar. También puede observar el tráfico y crear herramientas de registro, detección de errores y supervisión de la banda ancha mediante este método.

Redes privadas virtuales

En el pasado, las grandes organizaciones alquilaban las líneas terrestres a los proveedores de telecomunicaciones para conectar distintas oficinas entre sí. Esto significaba que, a pesar de que existía una cierta conexión física entre ellas, las redes eran seguras y resultaba muy complicado penetrar en ellas porque no estaban conectadas al resto del mundo en ningún punto externo a los centros de intercambio de gran seguridad.

Entonces las organizaciones corporativas comenzaron a poner puertas de enlace a Internet en sus redes, por lo que distintas compañías podían enviarse correos electrónicos e intercambiar archivos.

Con la llegada de la *World Wide Web* (WWW) a principios de los 90, Internet despegó y las empresas comenzaron a implementar cortafuegos y servidores proxy para facilitar la navegación Web dentro de la red corporativa. Esto también ofreció la posibilidad de conectar sus sitios a otros a través de Internet. Como esto requería una conexión mucho más segura, diversos protocolos y servicios evolucionaron hacia redes privadas virtuales (VPN), que son conexiones seguras entre dos sitios de una misma compañía y que se realizan sobre la base de una velocidad mínima de bits garantizada que se reserva para dicha red privada virtual.

Una aplicación habitual de estas redes consiste en conectar un HQ de creación de contenido para la Web al grupo de servidores, que normalmente se encuentra en un búnker para proporcionar una mayor solidez.

Archivos conectados en red

El vídeo almacenado en archivos y compartido a través de una red, entre los miembros de un grupo de trabajo, o incluso entre los miembros de una comunidad más amplia, requiere que el proceso de compresión haga un uso óptimo del almacenamiento disponible. Aunque trabaje con resoluciones propias de la televisión en lugar de las del cine digital, los archivos con los que se encontrará serán de grandes dimensiones.

Las secciones de informativos y deportes de las principales compañías de radiodifusión como la BBC comparten el contenido por toda la organización. Las prácticas profesionales en las que lo único que se hace es pasarse una cinta simplemente no funcionan en un entorno como el de la radiodifusión, sometido a tanta presión.

La organización BBC News ha desarrollado un sistema en el que el vídeo entrante se escribe directamente en el disco a medida que se introduce y tan pronto como empieza a llegar. El personal de edición puede empezar a realizar el montaje directamente con el vídeo entrante. Esto se realiza desde un ordenador de sobremesa normal con un entorno Windows estándar. Si desea obtener más información al respecto, póngase en contacto con BBC Technology (`http://www.bbcventuresgroup.com/`) (ahora forma parte de Siemens Business Services, `http://www.sbs.siemens.co.uk/`) y solicite información sobre Colledia.

Crear la arquitectura de un sistema como éste supone todo un reto. En el estudio de BBC News 24, puede haber miles de horas de vídeo retenidas en línea en un momento dado. Varios cientos de periodistas trabajan en este contenido de forma simultánea de modo que la arquitectura del sistema de archivos compartido es muy importante. Los grandes motores de servidor con redes de área de almacenamiento y copias proxy del vídeo para su exploración Web permiten crear e implementar este sistema con la tecnología actual, aunque se ha desarrollado una gran cantidad de código especializado para combinarlo todo.

Transmitir contenido a través de una red provoca graves problemas de saturación. Un usuario puede mover un archivo de vídeo digital en una red 100-Base/T Ethernet sin demasiados problemas. Es posible que dos usuarios puedan mover archivos al mismo tiempo. Permitirlo a un número mayor de usuarios reduce el rendimiento de la red y las sesiones pueden verse afectadas. El uso de conmutadores Ethernet sólo proporciona una ayuda limitada ya que es muy posible que los archivos alcancen el mismo medio de almacenamiento. Por lo tanto, la conexión de red correspondiente al servidor que lo admite estará saturada. Las conexiones Gigabit Ethernet en cada equipo es una solución poco satisfactoria, ya que lo único que hace es posponer la saturación hasta que crezca el grupo. Cuando un gran número de gente trabaja en almacenamiento de vídeo compartido, es necesario considerar la posibilidad de implementar conexiones de canal de fibra y redes de área de almacenamiento (SAN).

Transmitirlo hacia el exterior

Aunque es posible distribuir contenido a través de una red en forma de archivo descargable, Una gran cantidad de ofertas de servicio resulta más atractiva cuando se implementa como una secuencia. Se asume de forma errónea que el contenido transmitido en secuencias no se puede grabar. Se trata de una asunción absurda, ya que los agentes implicados no son más que una aplicación comunicándose con otra.

Como aplicación de servidor, el sistema puede pensar que se comunica con un reproductor cliente o un complemento de una página Web, pero sólo tiene la evidencia proporcionada por el reproductor de que éste es el caso.

¿Cómo sabe que el cliente no miente al servidor y que, de hecho, graba toda la secuencia para su grabación posterior? Alguien que desee grabar la secuencia transmitida y redistribuirla en su propio beneficio muy bien podría hacerlo sin que usted nunca llegara a saberlo.

Es un misterio el por qué la gente piensa que es complicado grabar una transmisión en secuencias cuando eso es exactamente lo que hace una grabadora de vídeo digital.

Examinemos la transmisión de secuencias de forma más detallada y averiguemos algo más al respecto.

Capítulo 20

Transmisión en secuencias

¿Cómo llegar allí desde aquí?

La transmisión en secuencias es el principal medio para la transmisión de vídeo digital, ya que funciona tanto para la televisión como para sistemas conectados en red. Evidentemente se descarga algo de contenido, pero el grueso del mismo se distribuye en secuencias.

En este capítulo veremos cómo funcionan los sistemas de transmisión en secuencias y lo que necesita saber para optimizar el vídeo en ellos. La transmisión en secuencias también se emplea para los sistemas de televisión, pero veremos esta aplicación concreta a su debido tiempo. Por ahora nos ceñiremos a la transmisión de secuencias en la red.

Medios transmitidos en secuencias a través de Internet

El contenido transmitido en secuencias normalmente se asocia a servicios de audio y vídeo basados en la Web. Su patrimonio se encuentra en los formatos de Real Networks, QuickTime y Windows Media. Durante los próximos años, se distribuirá más contenido transmitido en secuencias en forma de vídeo comprimido en formato H.264.

El códec H.264 se considera como un formato realista para el transporte de televisión de alta definición. El uso del mismo formato para la televisión y la Web presenta claras ventajas sobre el uso de anteriores formatos propietarios:

- Se comparten los grupos o granjas de codificación.
- Las diferencias sólo están en aspectos muy detallados de los formatos.
- El flujo de trabajo es prácticamente idéntico.

Hay dos áreas de especial interés cuya popularidad crece, aunque han tardado cierto tiempo en madurar dado que su consecución es muy complicada desde un punto de vista técnico:

- Transmisión en secuencias multidifusión de una secuencia a todos los usuarios conectados.
- Distribución de contenido entre pares hacia delante.

Una solución tecnológica muy útil reduciría el tráfico, de tal forma que no sería necesario distribuir el archivo completo. Lo ideal sería que sólo se transmitiera el fragmento que solicita el usuario. Un servidor de transmisión en secuencias puede hacerlo, siempre que el cliente que realice la solicitud indique una posición inicial o de partida para la sesión del navegador. Los metarchivos que encapsulan secuencias de vídeo para vincularlas a páginas Web tienen una sintaxis muy sofisticada que permite definir listas de reproducción, combinaciones de clips y puntos de partida específicos. Este nivel de complejidad no es siempre necesario, pero merece la pena estudiar la documentación proporcionada por el proveedor de transmisiones en secuencia para comprender mejor las funciones que tiene a su disposición.

Cómo funciona la transmisión en secuencias

La idea básica que hay detrás de la transmisión en secuencias es que un servidor que se encuentre en una red en la que el equipo cliente cuenta con derechos de inicio de sesión, distribuirá una secuencia de bits a través de dicha conexión descodificada y reconstruida para formar una banda sonora y una imagen en movimiento.

Para que esto resulte de utilidad, esta secuencia se debe sincronizar con precisión y distribuir de forma continuada sin que se produzcan cortes en la transmisión, y la cantidad de datos deberá ser la suficiente como para que la experiencia de visualización y audición sea positiva.

Dada la forma en que se ha diseñado Internet, esto supone todo un reto desde un punto de vista técnico.

Internet no se diseñó para la distribución de contenido en tiempo real, ni tampoco para distribuir miles de canales de televisión a millones de usuarios. En sus orígenes, Internet (o ARPANET, como se conocía en su momento) se ideó como un método para el intercambio fiable de correo electrónico entre usuarios de distintas redes. La conexión en red se hizo más avanzada de forma progresiva con la adición del protocolo de transferencia de archivos (FTP). Entonces, se introdujeron servicios basados en Web mediante el protocolo de transferencia de hipertexto (HTTP). Más recientemente, la transmisión en secuencias de audio y vídeo a través del protocolo de transporte en tiempo real (RTP) y el protocolo de transmisión de secuencias en tiempo real (RTSP) proporcionan servicios multimedia en la Web.

El punto fuerte de Internet es la naturaleza resiliente de las conexiones y la forma en que se descubren de forma automática rutas alternativas entre dos puntos. El punto flaco es que resulta muy difícil garantizar el mantenimiento de un nivel de rendimiento estable entre dos puntos debido a que un repentino aumento del tráfico entre otros dos puntos puede saturar las partes comunes del enlace y consumir todo el ancho de banda disponible.

Existen otros protocolos que permiten solucionar este problema, y es posible manejar las conexiones de distintas formas. Avances más recientes permiten que un solo servicio de transmisión en secuencias sea compartido por muchos usuarios, de modo que el número de oyentes no afecte al ancho de banda saliente desde un centro de transmisión en secuencias.

Protocolos de transmisión en secuencias

Mediante el protocolo de datagramas de usuario (UDP) y el protocolo de control de transmisión (TCP) como base, el protocolo HTTP o RTSP se sitúan en la capa superior para gestionar la funcionalidad de mayor nivel. Ésta describe el contenido que se va a distribuir y, en el caso del protocolo RTSP, es posible elegir conexiones TCP o UDP para mejorar la experiencia de visualización. Se puede utilizar el protocolo UDP porque

RTSP admite el almacenamiento en búfer y la omisión de contenido. La codificación de secuencias incorpora una corrección de errores suficiente para que cualquier paquete perdido de forma ocasional se pueda gestionar sin que la experiencia de visualización se vea afectada gravemente.

HTTP

El protocolo HTTP fue diseñado originalmente para la distribución de páginas Web, lo que incluye una combinación de HTMP basado en texto, CSS, y otras variedades de código y contenido con marcas.

También se distribuyen a través de HTTP diversos formatos binarios que contienen imágenes, objetos de código ejecutable y otros activos que contribuyen a crear páginas legibles por seres humanos.

La técnica conocida como descarga progresiva se desarrolló a mediados de los 90. Permite a la conexión HTTP permanecer abierta y que el cliente continúe con el procesamiento de la secuencia a medida que se recibe. Esto parecía funcionar para la distribución de contenido de audio y vídeo, pero dado que se diseñó para funcionar sobre TCP, la distribución no es la ideal para la retransmisión en tiempo real.

La descarga progresiva funciona razonablemente bien para la distribución de tráilers de películas u otros clips breves, dado que éstos se obtienen de un archivo previamente codificado y el cliente simplemente elige empezar a reproducir el contenido antes de que se entregue completamente.

RTSP

Las primeras implementaciones de servidores y clientes de transmisión en secuencias usaban el protocolo RTP, pero éste ha sido sustituido por el protocolo RTSP. Se trata de un protocolo a nivel de aplicaciones para controlar la distribución de datos en tiempo real diseñado para la distribución a demanda de datos, como audio y vídeo, en tiempo real. Esto incluye suministros de datos o clips almacenados. También se admiten múltiples sesiones de distribución de datos simultáneas.

RTSP supera al HTTP en la distribución de contenido de gran extensión. La captura de protocolos de transmisión de secuencias en disco no suele ser posible en las aplicaciones orientadas a los consumidores, a menos que el servicio de retransmisión lo permita, e incluso así esta posibilidad no resulta evidente al usuario; de esta forma la capacidad que tienen los consumidores para capturar una copia del contenido y conservarlo es menor que si se empleara un protocolo basado en la descarga de archivos. Esto se considera como una ventaja desde la perspectiva del proveedor de contenido. La captura de sesiones RTSP no es demasiado complicada si sabe cómo hacerlo, pero requiere la implementación de una solución que está más allá de las capacidades técnicas del usuario medio. Por lo tanto, las copias ocasionales son menos probables con el protocolo RTSP que con HTTP. Utilizar el protocolo RTSP no es una mala aproximación a la seguridad, pero un sistema de administración de derechos digitales correctamente implementado es una mejor solución.

Consulte el documento RFC 2326 para obtener detallada información técnica sobre el protocolo RTSP y RFC 1889 para obtenerla sobre el protocolo RTP. Los documentos de la RFC (`http://www.rfc-archive.org/`) se reproducen en muchos sitios de la Web. La fuente con mayor autoridad es la *Internet Engineering Task Force* (IETF; `http://www.ietf.org/`). Google permite encontrar otras fuentes (`http://www.faqs.org/rfcs/`). También puede encontrar información adicional sobre el protocolo RTSP en el sitio Web de Real Networks (`http://www.real.com/technology/rtsp/index.html`).

Protocolo de descripción de sesión

El protocolo de descripción de sesión (SDP) describe las sesiones multimedia de forma similar a como lo hace un guía de programación electrónica para los canales de televisión. Este protocolo también se utiliza para anunciar nuevos servicios e invitar a los clientes a iniciar la sesión.

Protocolo de control de transmisión de secuencias

En la actualidad se trabaja en un nuevo estándar para la transmisión de secuencias; se denomina protocolo de transmisión de control de secuencias (SCTP). Este protocolo funciona extremadamente bien con el estándar H.264, que es altamente compatible con la red. Son muy flexibles y se adaptan muy bien, y son idóneos para la distribución de soluciones monodifusión. Esta combinación es aparentemente muy sólida y se adapta muy bien al enfrentarse a una ruta de transmisión propensa a la pérdida de paquetes.

El grupo de trabajo de transporte de audio y vídeo (*Audio Video Transport*) de la IETF también estudia el tema.

Servidores proxy y cortafuegos

Algunos números de puerto se definen como puertos conocidos. Los asistentes de seguridad configuran el acceso a través del cortafuegos para algunos de estos puertos cuando se trabaja en un entorno corporativo. El acceso a través de un cortafuegos puede incluir un servidor proxy que actúa como intermediario al conectarse al servidor remoto. La conexión implica entonces atravesar la red corporativa interna para llegar al servidor proxy; a continuación, a través del cortafuegos corporativo y por Internet, atravesando posiblemente más cortafuegos a medida que la conexión se establece con la red perteneciente a la compañía de transmisión de secuencias antes de acceder al servidor de destino. Hay muchos aspectos que pueden fallar si las preferencias no se definen correctamente. El reproductor debe estar configurado correctamente; en otro caso, será incapaz de conectarse al servidor del contenido transmitido en secuencias.

Los principales parámetros son el nombre y el número de puerto del servidor proxy de la red corporativa. Éste se define de forma centralizada como parte de la configuración de red en un ordenador de sobremesa. Puede haber parámetros de proxy adicionales en las distintas aplicaciones que utilice y éstos deben ser coherentes obviamente. Si tiene la oportunidad de usar un servidor proxy automático, probablemente sea la definición más correcta para los datos de configuración. No todas las aplicaciones siguen la configuración del proxy automático y retoman los parámetros estáticos o sus propias preferencias.

Es vital que defina estas configuraciones del proxy de forma coherente. En caso contrario, al aplicarse cuando se excluyen mutuamente, es posible que ni siquiera se acceda al puerto del servidor proxy adecuado, y mucho menos llegar al cortafuegos y, de ahí, al servidor de transmisión de secuencias.

Estándares de distribución

Con el incremento de la cantidad de contenido que se puede descargar y transmitir en secuencias a o largo de la pasada década, el número de estándares y formatos alternativos disponibles es abrumadoramente elevado. Esto ha impulsado a las compañías a fundar organizaciones que sirvan como ayuda a la hora de controlar esta complejidad y alcanzar acuerdos en torno a algunos perfiles comunes.

El proceso de normalización viene impulsado por distintos factores. Algunos estándares evolucionan *de facto* primero como resultado de alguna innovación de un servicio propietario desarrollado por una sola compañía. Esto conduce a la aparición de productos similares de la competencia, y pronto existe el suficiente interés para que un organismo de normalización cree un grupo de trabajo que desarrolle una alternativa basada en un estándar abierto. A continuación, los fabricantes de reproductores propietarios reconocen este estándar abierto y lo añaden a sus reproductores. Poco a poco, se reduce el uso de los formatos propietarios, ya que nadie les garantiza una difusión del 100 por 100. Al menos, así es como debería funcionar en un mundo ideal.

En el caso de los estándares de compresión de vídeo, cierta funcionalidad se define como obligatoria mientras que otras funciones se agrupan en series de características que probablemente resulten de utilidad a medida que aumente la sofisticación de un servicio. La transmisión en secuencias básicas de contenido rectangular sencillo puede definirse como un nivel básico, mientras que múltiples secuencias de vídeo no rectangular es algo con lo que un reproductor básico no tiene por qué ser compatible, pero que un reproductor de calidad superior puede muy bien reproducir.

Esto conduce a los grupos de trabajo de los estándares a definir algunos perfiles funcionales que los fabricantes deben admitir para poder reclamar el hecho de ser compatibles. Dentro de estos perfiles se trabaja con distintos niveles de especificaciones de rendimiento. Por ejemplo, un perfil de funcionalidad básica puede definir la reproducción de un vídeo rectangular sencillo, pero diversos tamaños y velocidades de bits pueden definirse como niveles alternativos.

Perfiles de la Internet Streaming Media Alliance

La *Internet Streaming Media Alliance* (ISMA; `http://www.isma.tv/`) define algunas restricciones en lo referente a requisitos de velocidad de bits y rendimiento para facilitar los servicios de transmisión en secuencias. Hace algún tiempo se publicaron dos perfiles conocidos como Perfil 0 y Perfil 1.

A principios de 2005 se publicó la versión 2.0 del borrador del estándar, que añade los perfiles 2, 3 y 4.

Existe un cierto grado de compatibilidad entre los grupos ISMA y MPEG, por ejemplo. Los estándares MPEG se asignan a la retransmisión de vídeo digital (DVB) y los estándares y especificaciones del *Digital Television Group* (DTG) definidas por el *Advanced Television Systems Committee* (ATSC) y la Unión europea de radiodifusión (UER). Con el códec VC-1 bajo consideración, también se debería incluir el SMPTE. La versión 2.0 del estándar de la ISMA integra aún más el funcionamiento con los formatos 3GP y DVD de la próxima generación y proporciona una mayor armonización con la retransmisión de vídeo digital (DVB).

La anterior versión de las especificaciones fue la 1.0.1, que también incluye el estándar 1.0 de autenticación y cifrado. Para la primavera del año 2005 estaba prevista la publicación de un documento de la versión 2.0 para su estudio y aprobación.

Perfil FGS del estándar MPEG-4

El perfil FGS (*Fine Grain Scalable*) del estándar MPEG-4 es idóneo para la transmisión en secuencias porque está diseñado para recuperarse frente a errores a medida que cambie la velocidad de bits disponible durante una sesión. La velocidad de bits puede reducirse hasta un valor próximo a cero y, a continuación, dispararse rápidamente para alcanzar toda su capacidad otra vez. El perfil FGS permite al codificador crear una secuencia de vídeo con una velocidad de bits baja y, a continuación, proporcionar una capa de mejora opcional. Cuando se produce una situación de velocidad de bits mínima, se procesa el nivel base pero se descartan las mejoras. De esta forma se mantiene un nivel de rendimiento mínimo a la vez que se permite la distribución de vídeo de mayor calidad cuando la velocidad de bits se vea incrementada.

Multiplexado e incrustación de múltiples secuencias

Es necesario que los servicios distribuidos al usuario cliente combinen varias secuencias de información diferentes. En la figura 20.1 se muestra un diagrama que ilustra cómo se anidan las secuencias de forma conjunta.

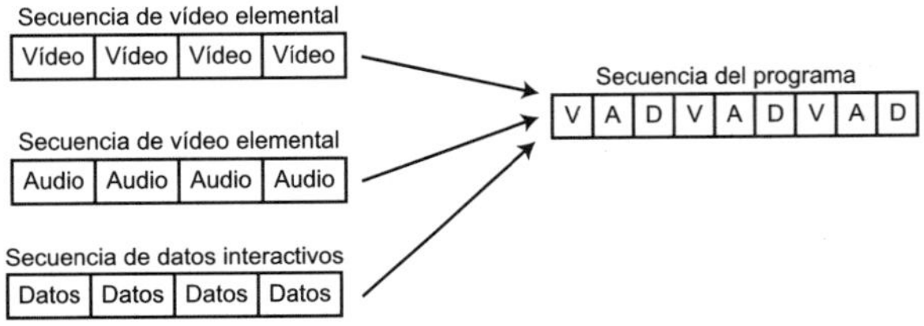

Figura 20.1.

Paquetes y secuencias.

Servidores de transmisión en secuencias

En la actualidad constituyen una aplicación más. Originalmente existía un mercado para los servidores de transmisión en secuencias que podía generar beneficios significativos para una compañía. Real Networks obtuvo algún dinero útil de ellos en los 90. Sin embargo, los servidores de contenido gratuitos y subvencionados de contenido de Windows Media (`http://www.microsoft.com/windows/windowsmedia/9series/server.aspx`) hirieron de muerte a este modelo de negocio. El golpe de gracia lo propinó el servidor Darwin Streaming (`http://developer.apple.com/darwin/`; `http://developer.apple.com/darwin/projects/streaming/`) de código abierto. Real Networks respondió con el proyecto Helix (`https://helixcommunity.org/`) de código abierto, por lo que se encuentra disponible de forma gratuita. Otros ejemplos son el servidor de transmisión en secuencias QuickTime Streaming Server (`http://www.apple.com/quicktime/products/qtss/`) y el servicio Live Channel (`http://www.channelstorm.com/`).

Administrar el riesgo mediante la adquisición de un servicio en lugar de ejecutar uno propio

Se pueden adquirir otros sistemas alternativos, y también existe un modelo comercial desarrollado por Akamai y Kasenna en torno al concepto de transmisión en secuencias. Éstas añaden un valor significativo a la propuesta debido a su infraestructura, tal y como veremos más adelante.

Áreas de dificultad y trucos de la transmisión en secuencias

Dado que el diseño de Internet no está optimizado para los servicios de transmisión en secuencias, es necesario que los encargados de la implementación de tecnología sean cada vez más ingeniosos a la hora de obtener el máximo rendimiento de la capacidad de la red disponible.

Inclusión de sugerencias

La inclusión de sugerencias es un proceso que se aplica a los archivos una vez comprimidos. Añade anotaciones con código temporal en una pista diferente, que el servidor de transmisión en secuencias puede utilizar para mejorar su rendimiento.

Existen diversos mecanismos de inclusión de sugerencias comunes descritos por los organismos de normalización, así como esquemas propietarios desarrollados por los fabricantes.

Tabla 20.1.
Estrategias para la inclusión de sugerencias.

Formato	*Estado*
IETF	Estándar abierto
ISMA	Estándar abierto
3GPP	Estándar abierto
QuickTime	Propietario
Real Networks	Propietario
Windows Media	Propietario

Deberá consultar la documentación del servidor de transmisión en secuencias para averiguar qué tipo de sugerencias son necesarias y cómo incluirlas en los archivos. Es probable que los estándares abiertos ofrezcan una mayor compatibilidad y que productos como el codificador Popwire introduzcan las sugerencias propietarias como parte del proceso de compresión.

Almacenamiento en búfer

Debido a la forma normalmente poco fiable con la que los paquetes llegan a través de Internet en lo que a orden y oportunidad se refiere, los reproductores de transmisión en secuencias almacenan en búfer cierta cantidad de contenido antes de iniciar la reproducción. El reproductor observa los paquetes que llegan del reproductor y puede calcular la cantidad de almacenamiento en búfer que se requiere. El complemento de QuickTime, por ejemplo, espera hasta que se ha almacenado suficiente material en el búfer de modo que, cuando se inicie la reproducción, exista la posibilidad razonable de ver toda la película sin que sea necesario hacer una pausa para almacenar más contenido en el búfer. Esto resulta muy necesario en redes con una baja velocidad de bits o con contenido que emplee una velocidad de bits elevada. Si ambas se ajustan cuidadosamente para que coincidan, se crearán las condiciones óptimas para que el almacenamiento en búfer sea mínimo.

El usuario puede solicitar que el reproductor salte hacia delante en el búfer hasta un punto situado más allá del contenido distribuido hasta ese momento. La interfaz de transmisión en secuencias RTSP irá a esa nueva ubicación e iniciará el almacenamiento en búfer desde ese punto. Sin embargo, la descarga progresiva con el protocolo HTTP no admite este tipo de acceso, ya que es estrictamente lineal.

Inicio rápido

El inicio rápido es una función de QuickTime que permite que un archivo descargado comience a reproducirse antes de que se haya completado el proceso de descarga.

En otros reproductores de vídeo, esta característica recibe el nombre de descarga progresiva. Cuando un navegador solicita un archivo de película mediante el protocolo HTTP, no es necesario que la descarga se haya completado para que se inicie la reproducción.

Con anterioridad, los procesos de descarga y reproducción sólo podían tener lugar de forma secuencial, porque el archivo almacenado en la caché no se podía abrir para su reproducción mientras se escribía en él. Siempre que la velocidad de reproducción sea igual o inferior a la velocidad de descarga de contenido, el inicio rápido es una solución elegante y permite reproducir el vídeo en tiempo real.

Consulte la sección dedicada al almacenamiento en búfer para ver qué se requiere cuando las velocidades de descarga son inferiores a las velocidades de reproducción.

Otra ventaja de la transmisión en secuencias progresiva basada en HTTP es que un servidor Web normal puede proporcionar los archivos. Esto evita tener que instalar e implementar un servidor RTP o RTSP.

La principal desventaja si se compara con la transmisión en secuencias es que no se pueden realizar búsquedas hacia delante y que sólo es posible reproducir el contenido ya descargado.

Negociación de contenido

Los reproductores inteligentes realizan una negociación con el servidor de transmisión en secuencias para establecer la velocidad de bits disponible para la distribución de contenido. Esto se denomina negociación de contenido.

El reproductor solicita una secuencia con una velocidad de bits baja (menor calidad) si la red falla y los elevados niveles de tráfico reducen el ancho de banda de red disponible.

Ancho de banda

Todas las técnicas de transmisión en secuencia avanzada han evolucionado ante la necesidad de solventar problemas relacionados con el ancho de banda.

Simplemente no hay suficiente ancho de banda para distribuir audio y vídeo sin que medie una compresión y una administración de distribución muy complejas.

Desde el principio, las innovaciones introducidas en la reducción del ancho de banda requerido para distribuir audio y vídeo con una calidad que mereciera la pena habían sido obtenidas por parte de los departamentos de investigación en telecomunicaciones en técnicas de modulación más eficientes a través de un sistema de cableado diseñado originalmente para proporcionar simplemente un servicio de voz limitado mediante una banda estrecha de frecuencias analógicas.

No fue hasta el año 1975 en que se alcanzaron cifras de 1200 baudios (1 Kbps aproximadamente) de descarga y 75 baudios de carga por parte de British Telecom para el sistema Prestel Teletex.

Desde entonces, las velocidades de los módems aumentaron hasta 56 kilobaudios. Los módems de acceso telefónico fueron sustituidos por los servicios RDSI con líneas duales de 64 Kbps.

En la actualidad, la línea DSL asimétrica (ADSL) se comunica a través de ese mismo cable de cobre analógico y alcanza velocidades del orden de los 500 Kbps. En condiciones óptimas, las conexiones de banda ancha proporcionan potencialmente hasta 8 Mbps a los hogares.

Si se combina una conexión de 500 Kbps con las mejoras introducidas en el diseño de los códecs que producen vídeo de alta calidad a 800 Kbps, nos acercaremos a un umbral interesante.

El punto crítico en el que será posible distribuir servicios televisivos a través de infraestructuras de banda ancha no queda muy lejano.

En la tabla 20.2 se muestran algunas velocidades de datos a las que se debe comprimir el contenido cuando se distribuye a través de distintas conexiones a Internet.

Tabla 20.2.

Velocidad de bits para la codificación según el tipo de conexión.

Conexión	***Velocidad de bits de codificación de destino***
Módem de 28 kilobaudios	20 Kbps
Módem de 56 kilobaudios	32-28 Kbps
RDSI a 64 Kbps	40 Kbps
RDSI dual a 128 Kbps	80 Kbps
LAN corporativa	300 Kbps
Banda ancha doméstica	350-500 Kbps
Banda ancha de alta velocidad	1 Mbps

Alcance

Al poder codificarse vídeo con una velocidad de bits inferior y obtener la misma calidad, es posible reducir la huella que deja dicho servicio en el cable que conecta el hogar del suscriptor con el sistema de intercambio. Este reducido ancho de banda significa que se puede distribuir una señal que se puede utilizar a una distancia mayor. Por lo tanto, la señal llegará a más gente porque se amplía el radio del círculo de captación. Sólo la gente que se encuentre dentro del círculo de captación podrá suscribirse al servicio. Por lo tanto, ampliarlo a cambio de un coste mínimo o nulo aumentará sus ingresos sin que deba volver a aplicar ingeniería de forma masiva a su estructura. De hecho, para aumentar la distancia de alcance en un 33 por 100, el círculo de captación se amplía hasta un 44 por 100 debido a los efectos de la fórmula πR^2, lo cual está muy bien.

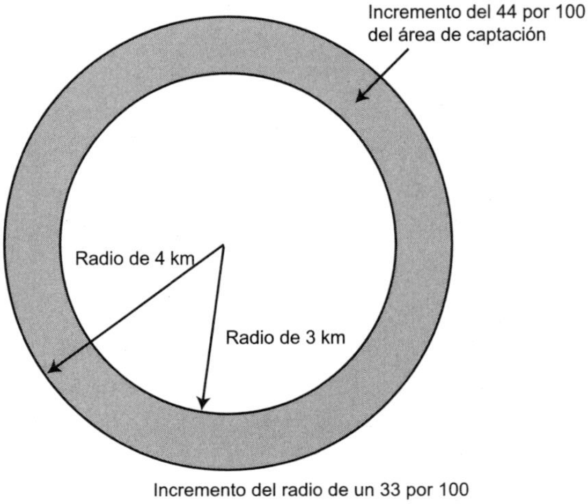

Figura 20.2.

Los efectos de la fórmula ðR² en el círculo de captación.

Almacenamiento en búfer

Cuando se reproduce la película en un ordenador o un sintonizador de televisión digital, el reproductor espera que los datos se encuentren disponibles de forma oportuna. El vídeo de salida discurre en una línea temporal y, siempre que se proporcionen los datos (al menos con la misma rapidez con la que se atraviesa la línea de tiempo), la experiencia de reproducción se producirá sin contratiempos. Por supuesto, esto dependerá de la velocidad de fotogramas seleccionada cuando se comprimió el vídeo, pero en cualquier caso deberá ser continua y consistente.

Si transmite vídeo en secuencias y no puede distribuir la secuencia de forma continuada o a una velocidad lo suficientemente rápida, entonces es necesario realizar algún tipo de almacenamiento en búfer. Los reproductores cliente modernos son lo suficientemente inteligentes como para negociar con el servidor de transmisión de secuencias y seleccionar una secuencia de contenido que se pueda distribuir dentro de la velocidad de bits física disponible. Esta velocidad de bits se mide a lo largo de la conexión durante la sesión, y el contenido se puede negociar al alza o a la baja a medida que cambia la velocidad de bits disponible.

El cálculo puede implicar algún procesamiento informático en función de la duración del vídeo y también deberá tener en cuenta el espacio de almacenamiento en búfer disponible y la velocidad de distribución. Esto supone un tiempo de almacenamiento en búfer que quizá cargue 30 segundos de vídeo antes de que se inicie la reproducción. En la figura 20.3 se muestra un búfer cargado parcialmente cuando la reproducción ya ha comenzado. El búfer debe llenarse con material nuevo hasta el final de la transmisión sin que el proceso de reproducción se detenga.

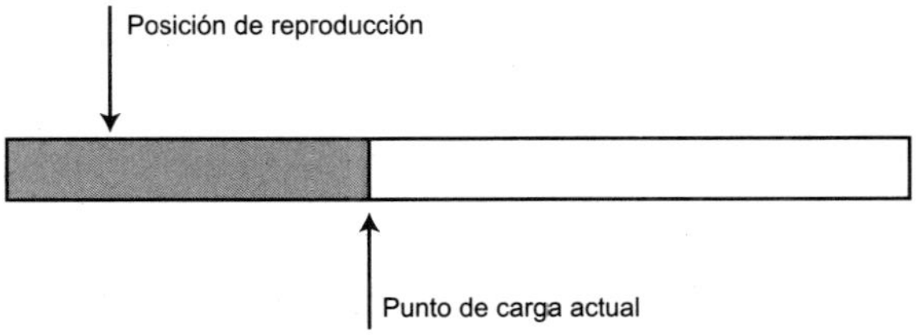

Figura 20.3.

Almacenamiento en búfer.

Una vez que se inicia la reproducción, se prosigue con la distribución del contenido desde el servidor de transmisión en secuencias mientras el reproductor emplea la secuencia de bits almacenada en búfer desde el otro extremo. Lo ideal es que la reproducción se sincronice con la descarga justo al final del vídeo.

Este método se adapta perfectamente a clips de vídeo de corta duración como tráilers y anuncios, pero probablemente no produzca una experiencia tan satisfactoria con películas. Para empezar, el búfer ha de ser mucho más grande y el tiempo de almacenamiento en búfer mucho mayor.

La solución óptima aquí la proporciona un dispositivo de grabación de vídeo digital. El contenido se descarga en los discos duros locales y se puede reproducir desde ellos.

Esto no proporciona una visualización inmediata de una película tras su solicitud, pero buscar o seleccionar películas con cierta antelación es una solución muy buena.
Para visualizar una secuencia en tiempo real, la única solución es reducir la velocidad de bits y, por lo tanto, la calidad del vídeo, hasta un valor que se pueda reproducir en tiempo real a través del enlace disponible.

QuickTime incorpora un procesamiento informático hacia delante especialmente inteligente para permitir que la reproducción automática calcule si es posible alcanzar el proceso de carga del búfer. Cuando el reproductor está seguro de que puede reproducir el clip hasta el final sin interrupciones, la película comienza a reproducirse. Esto asume que nada interrumpirá la reproducción ni ralentizará sustancialmente la carga del búfer mientras tanto. Una red "desigual" podría provocar algunos problemas a esta técnica. Una red se considera "desigual" cuando el rendimiento cambia de forma impredecible y repentina. Imagine una manguera que expulsa una mezcla de agua y barro con poca presión. Cada bola de barro provoca un bloqueo momentáneo que desaparece al poco y el agua vuelve a salir con fluidez durante cierto tiempo.

Realmacenamiento en búfer

La sesión puede pasar al modo de realmacenamiento en búfer cuando se visualiza vídeo transmitido en secuencias en una red muy saturada. Esta saturación se puede encontrar en cualquier punto situado en la ruta entre usted y el servidor de destino del que se obtiene la transmisión en secuencias. Es más probable que se encuentre en su red local o conexión a Internet, que a menudo atraviesa una sola canalización o servidor proxy. Dicha conexión puede verse saturada con facilidad ante las demandas de tráfico en grandes redes corporativas.

Así que el reproductor puede hacerse camino alegremente entre los datos entrantes mientras el controlador de la conexión que recibe paquetes desde el servidor de transmisión en secuencias remoto actualiza el búfer constantemente. Entonces, algo interrumpe o ralentiza el tráfico. Antes de que el reproductor pueda negociar una velocidad de bits inferior, el búfer se habrá agotado y el reproductor no podrá continuar si no se vuelve a realizar un almacenamiento en búfer.

Esta es una de las experiencias más frustrantes para un espectador, que posiblemente sólo se vea superada por la de quedarse sin conexión cuando demasiada gente intenta conectarse al mismo servidor de transmisión en secuencias y éste se queda sin conexiones disponibles.

Paquetes retrasados

El reproductor cliente puede recibir un paquete retrasado de forma ocasional. Si la sesión emplea el protocolo TCP, es posible que observe sus efectos en la ventana del reproductor. Si se indica la posición y la cantidad de vídeo almacenado, el indicador de reproducción continuará desplazándose mientras se encuentre dentro del contenido almacenado en búfer, pero el indicador de almacenamiento en búfer no permanecerá adelantado con respecto al indicador de reproducción.

> **Nota:** A veces el indicador de reproducción se denomina cabezal de reproducción. Esto se remonta a los viejos tiempos de la grabación analógica en cintas, cuando éstas pasaban sobre el cabezal de reproducción de la pletina.

Unirse a una secuencia ya iniciada

Una de las cosas a las que debe enfrentarse un transmisor de secuencias y un cliente es al hecho de que un usuario se una a una secuencia en tiempo real ya iniciada. Se trata de un problema muy similar al que se produce cuando se sintoniza otro canal de televisión digital.

El paso 1 consiste en adquirir la secuencia de transporte y sincronizarse con ellas de modo que el cliente componga los datos correctamente y pueda desempaquetar las distintas secuencias de programas.

El paso 2 consiste en localizar la secuencia del programa que desee y sincronizarse con ella para localizar el inicio de un segmento, de tal forma que sea posible desempaquetar las secuencias elementales.

El paso 3 consiste en extraer y volver a ensamblar las secuencias de audio y vídeo y localizar puntos de inicio adecuados en los que reconstruir la experiencia de visualización. Para el audio, esto es más sencillo ya que se trata de un protocolo mucho más simple. En el caso del vídeo, es necesario determinar e inicializar el códec, así como adquirir un fotograma I antes de que se inicie el proceso de descodificación.

Todo esto precisa de algún tiempo y explica la razón por la que, al cambiar de canal en los servicios digitales y de Internet transmitido en secuencias, la respuesta tarda más en llegar que con las antiguas soluciones analógicas.

Demasiados usuarios

Aunque se trata de un problema que a todos nos gustaría tener, cuando el servicio es muy popular y todo el mundo accede a nuestros servidores, puede que se quede sin licencias. Esto suele suceder a la gente que transmite en secuencias importantes eventos deportivos a través de un solo servidor de transmisión en secuencias de Real Networks, por ejemplo. Esto no quiere decir que haya ningún defecto en los servidores de Real Networks, sino que el modelo de precios se basa en torno a un número máximo de secuencias de usuario simultáneas con licencia.

De modo que, cuando adquiera una licencia para un servidor de transmisión en secuencias de Real Networks o de cualquier otra compañía, se recomienda verificar el modelo de concesión de licencias y asegurarse de adquirir suficientes licencias. Este modelo se hace costoso con mucha rapidez. Por encima de determinado nivel (tendrá que realizar los cálculos en función de los servicios ofertados) es posible que prefiera basar la licencia en un número concreto de CPU.

Con un servidor de transmisión en secuencias de código abierto, puede que el asunto de las licencias no suponga tanto problema. Pero ahí el problema es de capacidad. Pronto, los niveles de tráfico superan el ancho de banda contratado al proveedor de servicios de Internet. Puede que tenga una relación muy satisfactoria con su proveedor de servicios y, siempre que le haya advertido de antemano, es posible que permita multiplicar a velocidad de bits saliente, que suele ser normal, sin cobrarle una gran cantidad de dinero. Por otro lado, es posible que le pidan que contrate un ancho de banda adicional para cubrir la sobrecarga esperada. Tenga precaución de no adquirir un nivel de servicio con capacidad para soportar los mayores repuntes de tráfico, cuando éste nunca alcanza ese valor la mayor parte de las veces. Si su tráfico es irregular, es una buena idea buscar un acuerdo basado en el ancho de banda que se utiliza realmente en lugar de que la capacidad presupuestada quede infrautilizada.

Transmitir en secuencias a grandes audiencias

La distribución de vídeo a un gran número de personas a través de conexiones de banda ancha está creciendo mucho como industria. Ahora que los códecs son lo suficientemente eficientes como para distribuir vídeo de alta calidad a 1,2 Mbps y con una calidad razonable a 800 Kbps, la banda ancha campa a sus anchas, nunca mejor dicho. Eso no quiere decir que los servicios de televisión tradicionales desaparezcan. La radiodifusión tiene algunas interesantes ventajas si la comparamos con el método de monodifusión de un servicio de transmisión en secuencias, como la forma en que es posible retransmitir una copia de un programa y que todo el mundo la reciba a la vez. Crear servicios de vídeo a demanda con un sistema de retransmisión que carezca de ruta de retorno y que sólo disponga de una secuencia saliente es imposible. Se han implementado algunos servicios interactivos de múltiples secuencias de forma satisfactoria, pero no puede decirse que se trate de vídeo a demanda realmente.

Monodifusión

La monodifusión es una técnica en la que un cliente establece una conexión con un servicio de transmisión en secuencias multimedia y el servidor distribuye una secuencia de bits individualizada. Así es como se solía realizar la transmisión de vídeo en secuencias a través de Internet en las primeras implementaciones, y se trata verdaderamente de un modelo de vídeo a demanda. Se obtiene exactamente el contenido solicitado, y se entrega en el momento solicitado. Puede que otra persona solicite el mismo contenido sólo un segundo más tarde, o incluso al mismo tiempo, pero ésta obtendrá una secuencia de bits diferente y distribuida de forma independiente con respecto a la suya. En la figura 20.4 se ilustra el modelo de monodifusión.

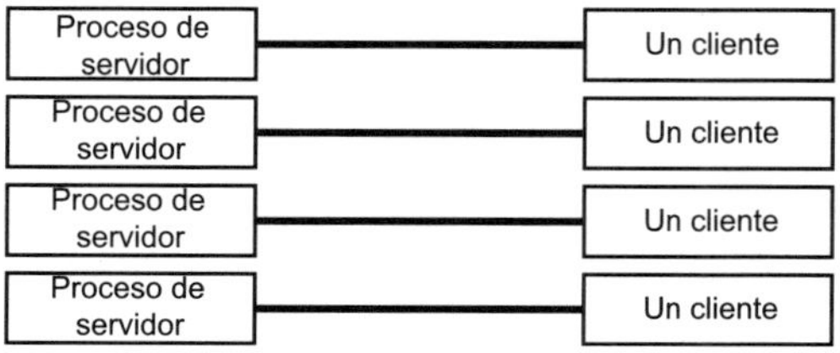

Figura 20.4.

Modelo de monodifusión.

El servidor tiene pocas posibilidades de hacer que este método sea más eficiente. Algunos servidores almacenan el contenido en caché de modo que, cuando se vuelva a solicitar, se pueda distribuir desde la memoria local en lugar de hacerlo desde discos duros. Este modelo se emplea en arquitecturas de servidor de periferia o *edge-server*.

Multidifusión

La técnica de la multidifusión se ha desarrollado a lo largo de los últimos años como método para distribuir la misma secuencia a muchos usuarios a la vez. Esto proporciona las ventajas del modelo de radiodifusión, en el que todos los usuarios reciben el mismo contenido aunque la carga en el servidor principal sea de sólo una secuencia. Con una combinación de los modelos de multidifusión y monodifusión, se consigue la situación ideal, en la que se puede proporcionar vídeo a demanda pero también beneficiarse de la eficacia que proporcionan las secuencias compartidas cuando se presenta la oportunidad.

En la figura 20.5 se muestra el modelo de multidifusión, más eficiente que el modelo de monodifusión.

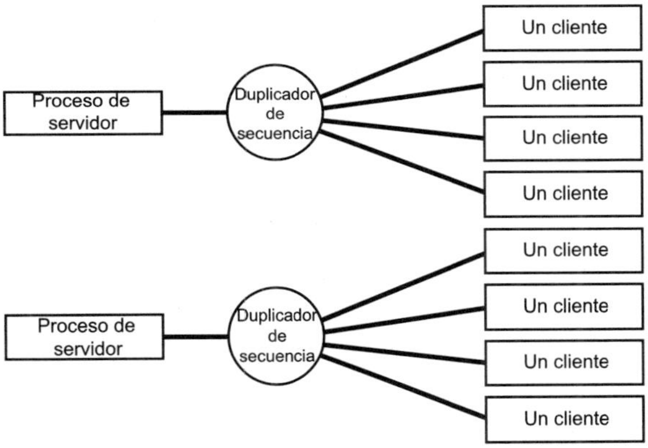

Figura 20.5.

Modelo de multidifusión.

Implicaciones para la elección de códec

Un archivo de vídeo digital ya está algo comprimido, pero no lo suficiente como para transmitirlo en secuencias al escritorio.

Existen dos velocidades de bits que se utilizan normalmente para los archivos de vídeo digital en los estudios de radiodifusión. El formato DV50 se reproduce a 50 Mbps y el formato DV25 se comprime a la mitad pero la compresión es bastante suave y no se aprecian artefactos. Pero esta compresión no es suficiente para su distribución entre el gran público, por lo que es necesario utilizar un formato más compacto.

La aplicación que se utilice determina la negociación de compresión que se debe hacer. Si comparte vídeo durante el proceso de producción y necesita sincronizar con precisión la copia del audio y las ediciones que se realicen, entonces deberá asegurarse de que no se omitan fotogramas aunque, por el contrario, sí se puede tolerar cierta degradación de la imagen.

Se trata de un problema con el que se encontró Pixar en su flujo de trabajo. Apple introdujo un nuevo códec de QuickTime que desarrollaron para solucionar el problema. El nuevo códec se denomina Pixlet, que es la contracción en inglés de *Pixar wavelet* (wavelet de Pixar).

La compresión Pixlet es similar en cierta medida al archivo JPEG en movimiento porque sólo codifica los fotogramas I. El formato Pixlet está diseñado para comprimir eficazmente pero sin omitir fotogramas y sin que se aprecie artefacto alguno. Esto proporciona una compresión suficiente para reducir la velocidad de bits hasta 1 Mbps. A esa escala, el vídeo se puede reproducir a través de la red sin omitir fotogramas, lo cual basta para realizar una sincronización posterior del audio, por ejemplo.

El códec Pixlet se incluye ahora como un componente estándar en la versión 6.4 de QuickTime, que forma parte integral de Mac OS X 10.3 (Panther).

Soluciones de elevado rendimiento

Hay compañías como Kasenna y Akamai que desarrollan una importante labor en el ámbito de la distribución de servidores de transmisión en secuencias en el límite de Internet. Concretamente Kasenna tiene algunas ideas muy interesantes y, como miembro de la *Internet Streaming Media Alliance,* (ISMA) se ha comprometido de forma clara a trabajar con estándares abiertos.

La arquitectura de Kasenna también permite la elección de estándares propietarios y realizar la transmisión en secuencias a través de ellos.

Servidores de periferia

Un problema importante con la transmisión de contenido a través de Internet es la larga distancia existente entre el cliente y el servidor. Las distancias son grandes en términos geográficos, pero también lógicos.

Las señales han de recorrer un largo camino a través de los cables, y la conectividad lógica describe el número de diferentes subredes y enrutadores utilizados en la conexión, que se denominan "saltos".

Kasenna y Akamai han trabajado duro para solucionar este problema. Aunque ambos implementan servidores de periferia (*edge-servers*), la forma en que cada compañía los conecta al repositorio general varía ligeramente.

Un servidor de periferia es una CPU que se coloca cerca de la conexión del usuario final, en las proximidades de la frontera con Internet. De esta forma se reducen las distancias existentes, tanto físicas como lógicas y el servicio disfruta de una latencia reducida. El contenido almacenado localmente en caché se distribuye más rápidamente y con una mayor capacidad de respuesta.

Esto es válido especialmente para el contenido transmitido en secuencias y para grandes cargas de tráfico al servir contenido estático. Divide la audiencia en pequeñas comunidades e impide que todo el mundo intente acceder a la misma vez a su servidor. En la figura 20.6 se ilustra este modelo.

Dado que hay multitud de servidores de periferia implicados, la carga se reparte entre más equipos y se distribuye por una región de Internet mayor.

Múltiples conexiones se combinan de forma eficaz en una sola solicitud realizada desde el servidor de periferia al repositorio central y en muchos sentidos se parece a un servidor proxy conectado en la dirección opuesta.

Kasenna y Akamai han resuelto la duplicación de secuencias y la distribución de contenido, y en la actualidad realizan innovadores trabajos para que los servicios de banda ancha realicen un uso exhaustivo del contenido transmitido en secuencias.

Estas son las dos principales compañías que proporcionan esta capacidad. Trabajan centrados en aspectos ligeramente diferentes, y puede ser que una se adapte mejor a sus necesidades que la otra.

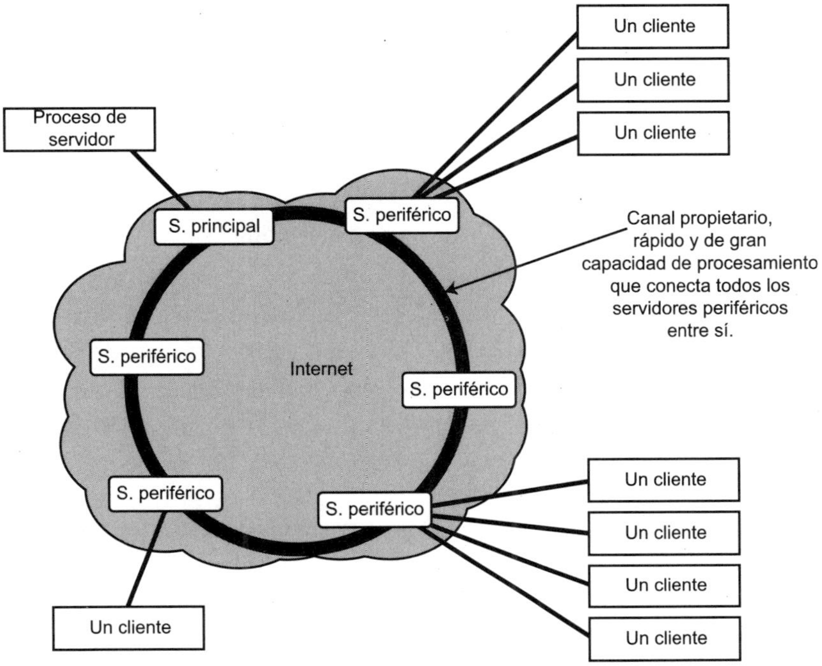

Figura 20.6.
Modelo de servidores de periferia.

Akamai

Akamai ha desarrollado una gran infraestructura en todo el mundo. Se han implementado miles de servidores de Akamai en los centros de datos regentados por distintas compañías de servicios de Internet. A continuación, Akamai ha conectado todos sus equipos entre sí con su propia red privada que es extremadamente rápida. Dado que se trata de la propia red de Akamai, controla todo el tráfico y prácticamente abarca todo el globo y conecta sus servidores a un anillo muy grande y rápido.

Tan pronto como un usuario final solicita un archivo o una secuencia de un servidor Akamai, este servidor de periferia busca en el repositorio local; si el archivo no existe, solicita una copia del almacén central. Ésta se proporciona con tanta rapidez que no interrumpe la descarga hacia el usuario final, cuya conexión es mucho más lenta. Después se puede almacenar ese contenido en la caché durante un tiempo, ya que es posible que otro usuario lo necesite pronto.

Después de los ataques terroristas contra las Torres Gemelas de Nueva York, todos los sitios Web de noticias descubrieron que la capacidad de los servidores se veía superada en gran medida. Como consecuencia, algunos de ellos tienen ahora un acuerdo con Akamai para distribuir sus sitios a través de los servidores de periferia de Akamai cuando el tráfico sea extremadamente alto. Se ha demostrado que esto es una excelente solución a la hora de proporcionar cobertura basada en Web de otros importantes eventos, como los Juegos Olímpicos, otros eventos deportivos de ámbito internacional, y las guerras de Afganistán e Iraq.

Por lo tanto, la oportunidad estratégica que explota Akamai es una oferta basada en servicios. Es posible contratar la capacidad que necesite cuando la demanda de sus contenidos supere su capacidad para proporcionarlos.

Kasenna

El funcionamiento de Kasenna es diferente al de Akamai. La compañía está interesada en vender una solución que implemente el usuario. Se adquiere el hardware y software a través de Kasenna y se ejecuta una instalación propia. Esto no es igual que el modelo de servicio que promueve Akamai. Las aplicaciones habituales de los sistemas de Kasenna son los principales servicios televisivos proporcionados a comunidades locales, organizaciones corporativas, sistemas de televisión en campus universitarios y la distribución de servicios de pago en apartamentos.

Kasenna también proporciona una interesante solución técnica que realiza un almacenamiento previo en la caché de tan sólo la primera parte de un gran archivo en los servidores de periferia. Éste se distribuye inmediatamente al usuario tan pronto como se conecte, mientras que el servidor de aplicaciones solicita el resto del archivo al repositorio central.

Esto tiene la ventaja de hacer que parezca que todo el contenido se encuentra disponible de forma inmediata en todos los servidores de periferia sin que sea necesario copiar todo el archivo e instalar almacenamientos de disco masivos por todas partes.

¿Qué servidor de periferia elegir?

Si el contenido no se encuentra ya almacenado en la caché del servidor de periferia más cercano, el rendimiento de Kasenna puede que sea ligeramente superior en lo que se refiere al inicio instantáneo de una secuencia de vídeo a demanda si lo comparamos con el de Akamai. La solución de Akamai es popular, fiable y sirve a un gran número de usuarios de forma simultánea y eficaz desde el mismo origen, en virtud de un mayor de soporte de red para servicios de fondo.

Si tiene un gran número de usuarios en distintas ubicaciones, puede incluso sacar provecho de un enfoque mixto, en el que se configuren múltiples redes Kasenna con repositorios centrales, pero conectadas a un sistema de publicación central a través de la red de Akamai. Esto puede parecer costoso en este momento, pero si la tendencia actual de distribuir servicios televisivos a través de Internet continúa al alza, será necesario realizar algún cambio importante en la arquitectura, ya que las audiencias televisivas son mucho mayores que los usuarios que navegan por la Web. También han aumentado los requisitos de ancho de banda para proporcionar una experiencia de vídeo transmitido en secuencias en lugar de unas pocas páginas de texto y gráficos a cada espectador.

International Webcasting Association

Aunque no se trata de un organismo de normalización, la *International Webcasting Association* (IWA; `http://www.webcasters.org/`) proporciona a distintas compañías que se dedican a las retransmisiones a través de la Web un foro que les permita colaborar y asegurarse de que sus servicios son interoperables.

Tienen como fin promover la transmisión en secuencias a través de Internet y otras redes y gestionan una lista de correo para informar a los suscriptores de novedades y anuncios.

Empiezan a distribuirse servicios televisivos a través de conexiones de banda ancha con un protocolo de Internet. Este formato se denomina a veces IPTV (televisión a través de Internet). A medida que este formato sea cada vez más popular, la IWA puede constituir un excelente punto de partida a la hora de localizar compañías de retransmisión Web.

Resumen: Ahora ya tengo más información sobre la transmisión en secuencias

Hemos echado un vistazo a las implicaciones que presentan los servidores de transmisión en secuencias, las implicaciones que tienen unos niveles de tráfico bajos y altos y las tecnologías subyacentes de las que depende la transmisión en secuencias.

Por supuesto, es necesario reproducir una secuencia en la pantalla del ordenador o televisor de un usuario, a menos que se grabe en el disco duro. Esto significa que se requiere un reproductor de secuencias. Pero, ¿cuál utilizar? En el capítulo siguiente evaluaremos algunas posibilidades y estudiaremos los reproductores disponibles.

Capítulo 21

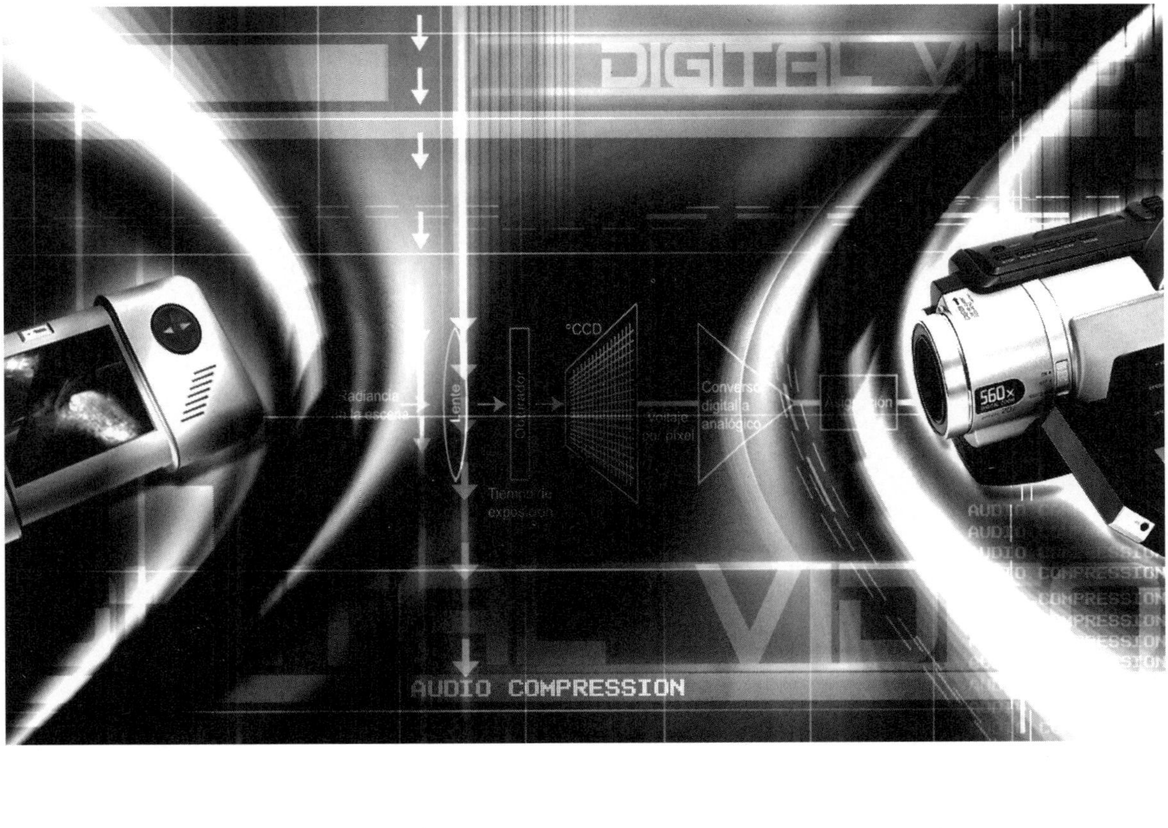

Reproductores y plataformas

Cualquier color que desee siempre que sea negro

Nos gusta pensar que disponemos de una gran cantidad de opciones a la hora de elegir el formato que utilizamos pero, de hecho, esas opciones son bastante limitadas. La mayoría de nosotros nos vemos limitados por las plataformas con las que decidimos trabajar.

Estándares de reproducción de facto

Hasta ahora, la transmisión en secuencias ha estado dominada por diversos estándares *de facto,* los cuales han resultado de vital importancia a la hora de generar interés y penetrar en la conciencia del público comprador. Los distintos formatos son propietarios. Algunos de los formatos propietarios más importantes los han desarrollado compañías, exceptuando Real Networks cuyo principal interés no está en la compresión de vídeo. La disponibilidad de los formatos en las plataformas de sistemas operativos está sujeta a decisiones comerciales determinadas por el dominio de la plataforma y su cuota de mercado. Por regla general, los estándares *de facto* no se pueden distribuir con la promesa de disfrutar de una penetración en el mercado del 100 por 100, debido a que se ven limitados por la penetración en el mercado de las distintas plataformas que los incluyen.

Por ejemplo, QuickTime no se encuentra disponible en Linux. La elección de QuickTime como solución para la transmisión en secuencias facilita la distribución entre usuarios de Mac OS y Windows, pero no tendrá acceso a los usuarios que empleen la plataforma Linux. El mismo argumento se aplica a Windows Media (WM).

El formato de vídeo de Real Networks se encuentra ampliamente disponible. La experiencia de los usuarios es menos satisfactoria en algunas plataformas y la última versión del reproductor no se encuentra disponible en todos sitios. Esto se aplica también a los reproductores de Windows Media. Las versiones de QuickTime se sincronizan óptimamente para su distribución en Windows y Mac OS, pero la experiencia del usuario se ve afectada en Windows al instalar otros reproductores multimedia.

Elegir reproductores y códecs

Algunos operadores de servicio elegirán WM9 por su cuota de mercado. La plataforma Windows la utiliza supuestamente un 97 por 100 de los usuarios en todo el mundo. El reproductor se instala con el sistema operativo, por lo que no está mal elegirlo como formato. Este argumento lo pusieron en duda los estudios de Frost & Sullivan, según los cuales Windows Media y QuickTime tienen prácticamente la misma cuota de mercado, mientras que Real Networks se sitúa por detrás de ellos. Pero ninguno de ellos se acerca a una base de instalación del 97 por 100.

No existen estadísticas fiables sobre lo que la gente tiene realmente instalado. Los argumentos también son poco fiables, porque las cifras de la cuota de mercado y la base de instalación no son lo mismo. Así que la mayoría de las suposiciones que se hacen simplemente no son lo suficientemente fiables como para decir de forma taxativa que la mayoría de personas usan un reproductor y códec concretos. No existe ningún sustituto para que realice su propia investigación y estudie su base de usuarios de destino apropiadamente.

Rendimiento

Los códecs pertenecientes a una época similar normalmente proporcionan el mismo rendimiento en condiciones óptimas (fíjese en las palabras "normalmente" y "época"). Es evidente que MPEG-2 no va a proporcionar el mismo rendimiento que los formatos H.264 y WM9. Pero el rendimiento de WM9 y H.264 son razonablemente similares. Existen algunas diferencias menores entre ellos, y hay herramientas de compresión que sólo se encuentran disponibles para uno u otro formato. Pero podrá grabar televisión de alta definición (HDTV) en un disco DVD con cualquiera de ellos y puede comprimir SDTV a una velocidad de entre 1,2 y 1,5 Mbps.

Elegir estándares abiertos

Una buena estrategia consiste en estudiar el enfoque de los estándares abiertos. En cualquier caso, es posible que su reproductor favorito admita algunos estándares abiertos, por lo que si el reproductor es el criterio de selección de la tecnología, optar por un códec de vídeo de estándar abierto en lugar de uno propietario puede ser una buena idea. Un ejemplo de esto podría ser seleccionar el reproductor de QuickTime pero distribuir vídeo en formato H.264. Por supuesto, esto no es más que una simplificación de las cosas, y deberá asegurarse de que el perfil y los niveles sean también compatibles.

Truco: Los estándares abiertos implican la elección de proveedores para cada componente del proceso de un punto a otro y, por lo tanto, evitan tener que ceñirse a una opción.

Debido a que utiliza códecs de vídeo de estándar abierto, no es necesario que los fabricantes del codificador y el reproductor coincidan. Esto permite probar un amplio abanico de codificadores para ver cuál produce la mayor calidad en un archivo más pequeño (para descargas) o la velocidad de bits inferior (para transmisiones/secuencias). Siempre que los perfiles y niveles de los estándares sean compatibles con los estándares y el reproductor tenga la capacidad suficiente para procesarlos, obtendrá algunas ventajas estratégicas. Los componentes dentro del sistema se pueden sustituir por nuevas alternativas a medida que se lanzan al mercado versiones nuevas y de mayor rendimiento y, de esta forma, evitará las limitaciones asociadas a una solución propietaria.

Portabilidad y cumplimiento

En último caso, el cumplimiento de los estándares conduce a una mayor portabilidad y a tener que ceñirse menos a los productos propietarios. La portabilidad es un objetivo muy ansiado por parte de las empresas de retransmisión y los proveedores de contenido. Se suele emplear la analogía sobre comprar un aparato de televisión diferente para ver cada uno de los canales para apoyar este argumento y es muy cierto. El mundo de la radiodifusión no se habría convertido en una industria del tamaño que tiene si los receptores de televisión no fueran compatibles inmediatamente con el servicio de retransmisión independientemente del fabricante.

Los titulares de los sistemas propietarios creen de alguna forma que pueden alcanzar una penetración en el mercado del 100 por 100. Se trata de una esperanza vana. Siempre habrá detractores que opten por no comprar una plataforma por el mero hecho de que es la dominante.

Es importante darse cuenta de que "nunca" es una palabra muy grande y difícil para los fabricantes de reproductores propietarios. Hoy pueden decir que su reproductor "nunca" reproducirá algún formato abierto o que no se encontrará disponible en el sistema operativo X. Dos años más tarde, esto puede haber cambiado completamente. Tenga precaución, no obstante, ya que la compatibilidad se retira con la misma facilidad con la que se otorga.

Plataformas informáticas

La plataforma describe el tipo de ordenador o el género del dispositivo en el que se reproduce el vídeo. Incluir los sistemas operativos en esta categoría es lógico, ya que de hecho son plataformas y cada uno de ellos admite una combinación muy diferente de sistemas de reproducción de vídeo.

Equipos basados en Microsoft Windows

No existe ningún argumento que pueda refutar el hecho de que, en la actualidad, Windows (en todas sus versiones y variantes) es el sistema operativo más popular. Las opciones de reproducción viables para esta plataforma son Windows Media, Real Networks y QuickTime, todos los cuales funcionan bien de forma aceptable. Si desea usar otros formatos, hay toda una gama de reproductores de código abierto que funcionan muy bien en la plataforma Windows.

A menos que desee particularmente usar otra solución propietaria o que tenga preferencia por determinado reproductor de código abierto, es muy fácil optar por el Reproductor de Windows Media y el códec de la serie 9. Para los casos en los que sólo se utilice Windows, se trata de la mejor opción. Le obliga a elegir Microsoft de principio a fin, pero si implementa una gran red de equipos Windows, ya se ha comprometido con Microsoft y esto no influirá significativamente en los factores de riesgo.

Equipos basados en Apple Mac OS

QuickTime es la elección óptima para los usuarios de Mac OS. Dado que Apple diseña QuickTime como parte de la experiencia global de la plataforma, el nivel de integración con el sistema operativo es excelente. QuickTime da lo mejor de sí en la plataforma Mac OS.

El Reproductor de Windows Media Player también se encuentra disponible en este sistema operativo, pero tiende a quedarse en cierta forma detrás de la versión Windows y a veces carece de algunas funciones que incluye el otro. Concretamente, no se admite el códec de vídeo avanzado de Microsoft en el Reproductor de Windows Media para Mac OS. Probablemente Windows Media no sea la mejor opción para aplicaciones basadas en Mac OS. El reproductor de Real Networks solía ser bastante compatible con el sistema operativo Mac OS Classic, pero su compatibilidad en Mac OS X ha sido menos sólida. No obstante, recientemente la compatibilidad con Mac OS se ha visto mejorada drásticamente; ahora es posible codificar medios en formato Real gracias al lanzamiento de un complemento del códec Real Networks que funciona con QuickTime.

Si lo desea, sigue teniendo la posibilidad de optar por soluciones de código abierto. En algunos casos, los códecs se encuentran disponibles como complementos compatibles con QuickTime, lo cual es una buena posibilidad cuando se utiliza la plataforma Mac OS. Telestream optó por este enfoque cuando introdujo un códec de Windows Media para Macintosh que se denominó Flip4Mac.

Linux

Tradicionalmente, Apple ha sido reacia a hacer que QuickTime fuera compatible con Linux. Esto probablemente se debiera a que Linux se veía como un competidor de Mac OS X porque ambos eran variaciones de UNIX. De forma similar, Microsoft ha sido reacio a hacer que el Reproductor de Windows Media fuera compatible con Linux porque mermaría las ventas de Windows. Afortunadamente, MPlayer, de código abierto, proporciona algunas soluciones, y no escasean quienes emplean la plataforma Linux a la hora de crear aplicaciones para reproducir vídeo.

En este sistema operativo se ha implementado una amplia variedad de reproductores de vídeo. De hecho, las unidades de grabación de vídeo digital TiVo se implementan en un sistema operativo basado en Linux. Es posible que necesite actualizar el núcleo para admitir la reproducción de vídeo en tiempo real. En el sitio Web de TiVo (`http://www.tivo.com/linux/linux.asp`) se publicaron algunas modificaciones del núcleo en código abierto en 2003 y deberían continuar allí en caso de que precise este nivel de soporte. La elección óptima para Linux consiste en optar por una solución de código abierto.

Tenga en cuenta que algunos dispositivos se denominan grabadoras de vídeo personal (PVR), una categoría que incluye todos los dispositivos digitales y analógicos. Muchas unidades más recientes se denominan DVR, que hace referencia en inglés a "grabadora de vídeo digital" o "grabadora de vídeo directo", según sea el autor del despliegue de marketing que consulte. Esta grabación digital puede ser un servicio de televisión analógica digitalizada (estilo TiVo clásico) o una grabación de la secuencia de bits digital (ElGato EyeTV). La grabación de un servicio digital ofrecerá una calidad global mayor.

JavaTV

JavaTV de Sun Microsystems está preparada para ofrecer a los servicios de televisión interactiva las mismas ventajas de plataforma cruzada que ofreció a las plataformas informáticas. Esto resulta atractivo ya que las capacidades de programación de desarrollo para JavaTV no serán tan escasas como las requeridas para OpenTV, por ejemplo. Se ha desarrollado el código de biblioteca para integrar aplicaciones interactivas para televisión (*Xlets*) con la secuencia de transporte, lo cual se representa como una colección de objetos.

Se proporciona una mayor compatibilidad para canalizar una secuencia IP en el mecanismo de transporte de vídeo para ofrecer servicios de datos que superen a los ya descritos por las especificaciones DVB.

Terminales para acceso a redes

Como se ha mencionado con anterioridad, las unidades de grabación de vídeo digital TiVo se basan en Linux e implementan codificación/descodificación de vídeo en un paquete muy elegante. Existe una comunidad de usuarios que actualiza una unidad TiVo para almacenar mucho más vídeo, y esto tiende a suponer una cierta presión para la interfaz de usuario, diseñada originalmente en torno a un pequeño almacenamiento en disco que podía incluir una docena de programas. Actualizar el disco de un dispositivo TiVo de la serie 1 para que tenga una capacidad de 240 horas afecta a la forma en que el dispositivo TiVo interacciona con el usuario a través de la interfaz, que es lo que la aplicación muestra en pantalla para interrelacionarse con ella. Con un gran almacenamiento en vídeo de 240 horas, éste tendrá que administrar cientos de programas. Existen otros sintonizadores para acceso a redes que ganan en popularidad, como el diseño Circa 2000 Convergent y Linux TV, que es un diseño contemporáneo para integrarlo en su propio sistema del fabricante de equipos originales (OEM). Un fabricante de equipos originales adquiere kits de componentes, módulos de software de componentes o sistemas genéricos y les añade algún valor integrándolos de una forma única antes de comercializarlos como un producto propio; de hecho, el ordenador ante el que se encuentra probablemente lo realizara un fabricante de equipos originales.

Las unidades DirecTV y Sky+ también proporcionan funciones de almacenamiento de vídeo. En el caso de la unidad Sky, no es necesario codificar el vídeo porque simplemente almacena lo que extrae de la secuencia de bits digital que se entrega desde el transpondedor del satélite.

Durante los años 2003 y 2004 hubo un incremento significativo del número de dispositivos que ofertaban la distribución de televisión por Internet a través de una conexión de banda ancha y, en la primavera de 2004, la popularidad del códec de vídeo H.264 aumentó enormemente. Microsoft también muestra mucho interés por desarrollar otras ofertas de productos en este ámbito.

Dispositivos PDA

El principal actor aquí es el formato de vídeo de Kinoma (`http://www.kinoma.com/`), pero es probable que el formato H.264 le gane rápidamente en popularidad. Los principales sistemas operativos del mercado son Windows Mobile y Palm. Los dispositivos con una mayor orientación al vídeo probablemente sean los modelos CLIÉ de Sony, pero esta compañía ha dejado de comercializarlos fuera de Japón. Los dispositivos PDA sufren un acelerado proceso de convergencia con cámaras y teléfonos. Todas estas funciones de audio y vídeo se están comprimiendo en un dispositivo que tiene prácticamente el tamaño de un paquete de tabaco.

Teléfonos móviles

El estándar H.264 fue diseñado explícitamente para teléfonos móviles. Entre los años 2002 y 2003 se realizaron algunos experimentos con códecs H.26L en Reino Unido para demostrar que se podía distribuir vídeo en teléfonos móviles conocidos como dispositivos 2.5G. Ahora que los dispositivos 3G están ya en el mercado, el vídeo se está convirtiendo en un importante activo para la venta de nuevos dispositivos. Esto atrae a los clientes hacia los proveedores que ofrecen vídeo junto con otros servicios de voz y datos.

Reproductores

Echemos un vistazo a la parte de la ecuación que engloba a los reproductores. Cuando se comparan entre sí, presentan algunas similitudes y también diferencias importantes.

Existen modas que van y vienen, y en la actualidad existe la tendencia de diseñar los reproductores como si estuvieran hechos de aluminio bruñido. Cambiar la apariencia de los reproductores o reducirlos a una simple ventana de vídeo es muy fácil de hacer. Embellecerlos con máscaras o pieles (*skins*) con bordes y controles personalizados es un pasatiempo muy popular entre los entusiastas del vídeo.

Examine la tecnología que admite este cambio de apariencia del reproductor. Resulta mucho más útil ofrecer este código de apariencia con el contenido en lugar de cargarlo como una propiedad del reproductor.

Los reproductores proporcionan compatibilidad para esto de muy diversas maneras.

En la actualidad, se emplean habitualmente cuatro reproductores, que veremos con mayor detalle más adelante:

- Apple QuickTime.
- Real Networks.
- Microsoft Windows Media.
- Macromedia Flash.

Advertencia: Tenga en cuenta que es posible que algunos reproductores no implementen toda la descodificación de la que son capaces. Los estándares pueden describir un nivel mínimo de descodificación, pero los reproductores y descodificadores más sofisticados pueden hacer un buen trabajo para mostrar una imagen de mayor calidad. Si piensa que la codificación está configurada correctamente pero aún ve artefactos en un reproductor, pruebe el contenido en otros siempre que pueda para ver si se trata de un problema del reproductor en lugar de serlo del codificador.

Estándares abiertos

La tendencia parece estar en que los reproductores sean compatibles con formatos de contenido propios de estándares abiertos. Si esto sigue siendo así, perderán algunos clientes porque ya no se aplica la restricción inherente a los sistemas propietarios. Esto es una buena noticia para los proveedores de contenido, porque pueden implementar los mejores productos para la tarea que se lleve a cabo: por ejemplo, herramientas de producción de Windows Media ejecutándose en hardware de Intel o herramientas de QuickTime en Mac OS X suministrando contenido a un servidor Helix o Darwin que se ejecuta en Linux o Solaris. A largo plazo, el mercado hallará su propio nivel en función de la idoneidad y la calidad de las herramientas, si se permite al cliente elegir los productos que mejor se ajusten a un fin concreto e integrarlos en un flujo de trabajo sistemático.

La compatibilidad con estándares abiertos es buena para los consumidores porque pueden elegir el reproductor que elijan. Sería ridículo obligar a los espectadores a ver un canal de televisión concreto en el televisor de un fabricante. Los paralelismos son evidentes, y muchos proveedores de vídeo en línea obligan a los usuarios a realizar exactamente esa misma elección. Los formatos propietarios no son muy compatibles con los reproductores de la competencia, por lo que existe la posibilidad de solucionar ese problema a través de estándares abiertos.

Existen algunos estándares abiertos de gran solidez que cobran fuerza en la actualidad para el contenido multimedia y algunas tecnologías de codificación de vídeo muy avanzadas que se encuentran disponibles como estándares abiertos. Examinemos qué puede querer decir esto desde el punto de vista de las tres principales compañías y el sistema operativo Linux con los anteriores estándares *de facto* que pueden verse amenazados.

La posibilidad más alentadora es que los tres reproductores dominantes y aquéllos cuya cuota de mercado es minúscula en comparación deseen acogerse a los estándares abiertos. Se ha anticipado que el estándar H.264 será ampliamente aceptado. Si eso ocurre, tendrá más posibilidades de llegar a los espectadores de todas las plataformas con independencia del reproductor o sistema operativo que elijan.

Postprocesamiento en el reproductor

El filtrado de eliminación de bloques es la operación de postprocesamiento más habitual de las que el reproductor aplica a la salida descodificada. Ésta se ha diseñado para ocultar los extremos de los macrobloques cuando se emplean relaciones de compresión extremas.

Algunos códecs simplemente permiten al reproductor aplicar la eliminación de bloques de forma ciega y cuando ellos lo estimen conveniente. Este método carece de todo refinamiento, ya que simplemente se trata de una operación de emborronamiento.

Los diseños de códec más recientes y avanzados insertan sugerencias de eliminación de bloques en el archivo para que sirvan de ayuda en la etapa de descodificación. Las sugerencias se desarrollan a partir de los fallos y errores residuales existentes en la entrada codificada.

Además de la eliminación de bloques, algunos descodificadores permiten la eliminación de anillos o márgenes en los artefactos de los extremos. Estos procesos los introdujo la transformada DCT. Puede que estén ahí en primer lugar porque se aplicó una nitidez excesiva al vídeo durante su exploración en una unidad de telecine. Si, de entrada, la calidad de la imagen es pésima, será imposible resolver este problema en la etapa de descodificación con algún tipo de postprocesamiento trivial.

La interpolación de la velocidad de fotogramas en el descodificador sólo la admite el reproductor de Real Networks. Aparentemente, ningún otro reproductor realiza esta operación. Estas tareas de postprocesamiento se realizan si queda suficiente potencia de procesamiento en la CPU tras el proceso de descodificación. Si la capacidad es insuficiente, estos procesos se omitirán independientemente de las sugerencias o los parámetros de configuración.

Reproductores con publicidad

Al adquirir un reproductor cliente, el comprador se enfrenta a distintas ofertas. Algunas ofrecen un conjunto de características reducido pero en un reproductor gratuito. Otras proporcionan más funciones pero a costa de llenar de anuncios el área circundante a la reproducción del vídeo. En unos pocos casos, la publicidad se muestra antes de reproducir un clip.

Algunos proveedores de contenido ponen objeciones a la colocación de material publicitario inmediatamente antes o después de su contenido. También está la complicación añadida de garantizar que los anuncios cumplan la normativa vigente en el territorio en el que se muestre. Puede que sean más estrictas que en el país de origen del contenido.

Es necesario realizar una gran cantidad de trabajo para adaptar los sistemas de transmisión y asegurarse de que la publicidad se adapta a la audiencia de destino desde un punto de vista cultural, territorial y de consumo. Si los anuncios forman parte del material del programa, no tiene por qué ser tan complicado, pero si se sirven de forma independiente y se muestran bajo el control reproductor cliente, su administración resultará mucho más compleja.

Cuotas de mercado de los principales reproductores

Por supuesto, las cifras ofrecidas por cualquiera de los tres grandes fabricantes de reproductores deben sopesarse cuidadosamente, pero es posible que haya más copias implementadas de las que Apple afirma, ya que esta compañía sólo basa sus datos en estadísticas tomadas a partir del número de descargas.

Frost & Sullivan publicaron unas estadísticas a principios de 2004 en la que señalaban que QuickTime y Microsoft Windows Media tenían una penetración de mercado casi idéntica, y Real Networks se situaba por detrás a cierta distancia. Un comentarista destacó que las dos plataformas líderes estaban muy igualadas y que Apple estaba en disposición de aprovechar cualquier oportunidad de crecimiento que se le presentara.

Tiendo a dar más crédito a las cifras publicadas por entidades independientes como ésta que a las publicadas por los propios fabricantes.

La introducción de MacMini en la feria MacWorld 2005 con el nuevo paquete de software iLife 2005 actualizado, ha demostrado ciertamente que Apple está interesada en ampliar su base de clientes. Todos y cada uno de los ordenadores que Apple comercializa incluyen software de altísima calida ya listos para editar y comprimir vídeo directamente.

Muchas posibilidades de elección

Ningún reproductor o técnica solucionará todos los problemas de implementación que se le presenten. Hay diversos factores que afectarán a su estrategia y elección.

¿Cuál es el mejor? Bueno, eso es una decisión suya. Hay continuas discusiones en Internet acerca de qué códec es el mejor. Algunos dicen que Windows Media. Otros que H.264. Pero la verdad es que ninguno de los códecs es el mejor en todas las situaciones. Windows Media es adecuado para muchas implementaciones, pero las razones para su elección suelen estar más bien en cierta preferencia por la plataforma Windows o la forma en que se adapta a una estrategia de tecnología de la información ya existente.

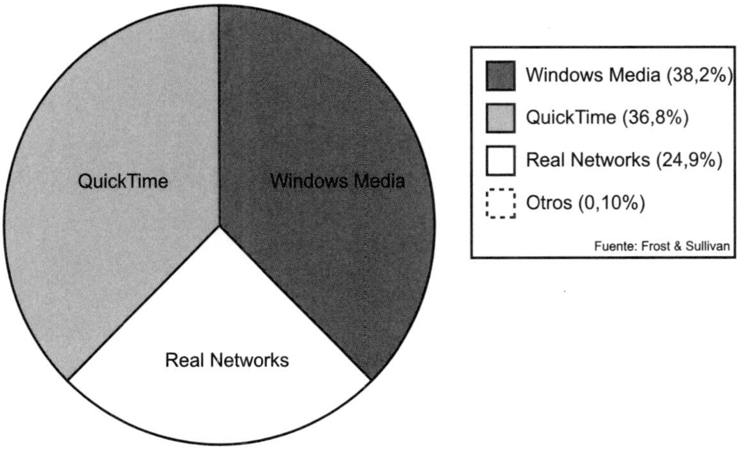

Figura 21.1.

Cuotas de mercado relativas de los principales reproductores (primavera de 2004).

El códec H.264 es una buena elección para servicios orientados al consumidor porque se trata de un estándar abierto y, en teoría, debería funcionar en un número de plataformas y dispositivos más amplio. En lo que se refiere estrictamente a la calidad del vídeo, depende de la habilidad del operador de codificación de la medida en la que el codificador se adapta al contenido objeto de la compresión. Es posible crear casos de demostración que prueben que cualquiera de los códecs mayoritarios es el mejor.

A juzgar por las entrevistas realizadas a distintos implementadores, parece haber un consenso generalizado acerca de que la carga de trabajo de descodificación parece ligeramente inferior en el códec H.264 que en Windows Media, y el mercado parece inclinarse por la adopción del H.264 en lugar de Windows Media.

En los capítulos siguientes veremos detalladamente los tres principales reproductores y consideraremos algunas alternativas.

Capítulo 22

Windows Media

¿Por qué elegir Windows Media?

Si su audiencia de destino se basa completamente en el sistema Windows, entonces la decisión es elegir este reproductor. Éste proporcionará todo lo que desee hacer si implementa un servicio de vídeo o algo que se integre con los productos centrales multimedia.

WM10

Si usa predominantemente equipos basados en Windows en su organización y está seguro de que los usuarios finales también los utilizan, entonces Windows Media (`http://www.microsoft.com/windows/windowsmedia/default.aspx`) es una elección óptima.

Microsoft hace todo lo posible por asegurarse de que el reproductor multimedia se encuentre disponible al instalar el sistema operativo y de que el rendimiento sea el óptimo.

El uso de Windows Media presenta desventajas desde una perspectiva comercial, pero las ventajas que proporciona en un entorno basado en Windows cerrado y controlado probablemente compensen los beneficios derivados de la elección de otra plataforma.

El mismo argumento se aplica a la distribución de vídeo basado en QuickTime si su organización gira en torno a una estrategia de implementación de equipos Macintosh.

WM10 es como una versión beta de prueba abierta al público sólo en la plataforma Windows. Introduce un reproductor nuevo y algunas mejoras en cuanto a la compatibilidad del códec, pero no incluye algoritmos ni motores de codificación radicalmente nuevos. Hay otras funciones nuevas relacionadas con la tienda de música de Microsoft y algunos cambios en la administración de derechos digitales.

Por otra parte, también hay un codificador de la serie 9 más avanzado que admite vídeo entrelazado. Proporciona un soporte más sofisticado para la creación de aplicaciones multimedia en el kit de desarrollo de software, así como una gran compatibilidad para audio, listas de reproducción y el nuevo servicio de tienda de música en línea.

También introduce soporte adicional para transportar contenido de WM9 en otros sistemas como redes de retransmisión y reproductores DVD.

Rendimiento

El rendimiento de la codificación de Windows Media está optimizado para el tipo de contenido multimedia que se suele utilizar en un medio de entretenimiento doméstico.

En la tabla 22.1 se resumen algunas velocidades de bits tomadas del material publicitario de Microsoft. Las velocidades de bits correspondientes al audio y al vídeo se han especificado por separado, de modo que sea posible combinarlas en función del servicio ofertado.

Tabla 22.1.

Rendimiento de la codificación de Windows Media.

Tipo	*Formato*	*Códec*	*Velocidad de bits (mín)*	*Velocidad de bits (máx)*
Vídeo	Película de 720x480x24p	WMV Pro 9	1,3 Mbps	2 Mbps
Vídeo	Vídeo de 720x480x30i	WMV Pro 9	2 Mbps	4 Mbps
Vídeo	Televisión de alta definición (HDTV) de 1280x720x24p	WMV Pro 9	5 Mbps	8 Mbps
Sonido	2 canales, 20 bits muestreados a 48 KHz	WMA Pro 9	128 Kbps	128 Kbps
Sonido	6 canales, 20 bits muestreados a 48 KHz	WMA Pro 9	192 Kbps	256 Kbps
Sonido	6 canales, 24 bits muestreados a 48 KHz	WMA Pro 9	768 Kbps	768 Kbps

La realización de algunas pruebas de compresión indica que estas cifras expresan valores al alza.

La mejor aplicación de esta tecnología de codificación está en el mercado del vídeo de banda ancha de gama alta. Los tiempos de compresión se incrementan dramáticamente a medida que aumentan las resoluciones de las imágenes, y se requiere un importante soporte de hardware para obtener cualquier rendimiento con una calidad de alta definición. El vídeo entrelazado no es demasiado compatible en lo que a algoritmos de compresión se refiere y la televisión con calidad de retransmisión, definición estándar, es difícil de comprimir en tiempo real sin la ayuda de costoso hardware exclusivo.

Reducir el tamaño de la imagen, seleccionar una visualización de fotogramas progresivos en lugar de entrelazados y reducir el umbral de calidad no arruinará su proyecto. Si utiliza una red de banda ancha o una red corporativa, puede realizar estas operaciones y obtener unos resultados de gran calidad con unas velocidades de bits razonables.

El reproductor

Al igual que Real Networks y QuickTime, la apariencia del reproductor es lo suficientemente flexible como para permitir al usuario añadir sus propias marcas distintivas y experiencias de exploración. Ahora esto es una característica de la mayoría de reproductores. Hay ejemplos de distintas máscaras o *skins* en el sitio Web de Microsoft Windows Media.

En la figura 22.1 se muestra la versión 10 del reproductor multimedia tal y como se muestra en la plataforma Windows de forma predeterminada.

Figura 22.1.

La serie 10 del Reproductor de Windows Media en Windows.

El reproductor integra una gran cantidad de soporte para audio, similar al que se encuentra en la aplicación iTunes de Apple.

Las listas de reproducción y el acceso a la tienda de música de Microsoft son adiciones destacadas. La interfaz de usuario también administra la biblioteca de videoclips y el audio.

En la actualidad, el reproductor de la serie 10 no es compatible con Mac OS X, por lo que la experiencia de visualización en este sistema operativo deberá realizarse a través del reproductor de la serie 9, el cual se muestra en la figura 22.2.

Figura 22.2.

La serie 9 del Reproductor de Windows Media en Mac OS X.

Administración de derechos digitales

Un aspecto en el que Windows Media supera a las otras plataformas es en la administración de derechos digitales (DRM). Probablemente sea ésta la capacidad más significativa y lo que más se granjea el cariño de las compañías de televisión y de Hollywood, dado que les encantaría controlar exactamente cómo se pone a disposición del usuario final la experiencia de visualización y exploración. Crear escenarios en los que el contenido sólo se puede reproducir en un momento específico es donde Windows Media eclipsa al resto de reproductores. Estos son los casos que apunta Microsoft en la documentación relativa a la administración de derechos digitales:

- Adquisición de licencia directa.
- Adquisición de licencia indirecta.
- Servicios de suscripción.

- Adquisición y descarga de pistas de audio independientes.
- Servicios de alquiler de vídeo y audio.
- Vídeo a demanda.
- Pago por visión.

La administración de derechos digitales probablemente sea otra razón de peso para la adopción de esta tecnología. En cierta medida, se encuentra disponible en QuickTime (como evidencia el sistema FairPlay implementado en iTunes). Real Networks ofrece administración de derechos sobre la base del control de acceso al contenido. Sin embargo, el control de derechos se esfuma una vez que el contenido se ha descargado y almacenado de forma local.

El modelo de Microsoft depende de que el reproductor pueda solicitar al propietario de los derechos el permiso para la reproducción del contenido. Se trata de un asunto que preocupa a los defensores de la privacidad y a los grupos por las libertades civiles, pero lo importante es que funciona y que se encuentra disponible ahora. El control de derechos de acceso no tiene por qué ser un servicio proporcionado por Microsoft; por ejemplo, el servidor Lysis DRM supone un ejemplo de cómo terceros proveedores entran dentro de la administración de derechos digitales.

Añadir compatibilidad multimedia

Windows Media tiene más dificultades por sí solo que Real Networks a la hora de añadir capacidades multimedia al contenido. Las plataformas QuickTime y MPEG-4 están bastante alejadas de lo que Windows Media o Real ofrecen en cuanto a soporte para contenido distinto de vídeo.

Complementos multimedia

El complemento Envivio TV trabaja de forma conjunta con el reproductor para proporcionar interactividad con la capa de sistemas MPEG-4. Otros complementos, como Anark, ofrecen funciones 2D y 3D en el contexto del reproductor multimedia.

Anark también se encuentra disponible para Mac OS, y si prefiere otra alternativa, el modelador AXEL de Mind Avenue es una opción muy recomendable.

Este enfoque para proporcionar funcionalidad a través de complementos es una buena forma de abrir la arquitectura a terceros. En teoría, es posible añadir cualquier tipo de medios a Windows Media. La infraestructura es menos sofisticada en la administración de objetos multimedia y QuickTime sigue siendo una plataforma idónea para este tipo de operaciones.

La otra desventaja que presenta la distribución de experiencias multimedia en el Reproductor de Windows Media es que es preciso integrar mecanismos de reproducción de una amplia variedad de fabricantes y, aunque sepa que su audiencia tiene el Reproductor de Windows Media instalado, es mucho más difícil de predecir si tienen los complementos de extensión disponibles y operativos.

Multimedia basada en HTML

Windows Media admite algunas presentaciones sincronizadas en HTML. Por ejemplo, es posible incrustar vídeo en una página HTML. Esto permite la inclusión de vídeo combinado y algunos trucos HTML que podría haber realizado con el reproductor de Real Networks, así como el uso del modelo de eventos incrustado, que envía las URL al navegador Web. Sin embargo, en el Reproductor de Windows Media se implementan de forma diferente. Otra alternativa consiste en incrustar algo de contenido HTML en el interior del Reproductor de Windows Media. Con el uso de este método es posible obtener una experiencia de usuario más coherente.

Mecanismos de empaquetado multimedia

Windows Media admite un mecanismo de empaquetado al descargar el archivo de paquetes Windows Media Download (WMD) en el cliente local y, a continuación, desempaquetarlo de modo que los activos se distribuyan por el sistema de archivos según sea necesario. Con este método, la distribución se realiza en el Reproductor de Windows Media con una sola descarga.

Esta solución es inferior al sistema de empaquetado proporcionado por la capa de sistemas MPEG-4 parte 1 y las películas de QuickTime. Ambas mantienen la colección de objetos dentro de los archivos empaquetados y el paquete permanece intacto al reproducirlo. Existe un problema potencial de gravedad cuando Windows Media distribuye archivos arbitrarios en paquetes de vídeo y, a continuación, los distribuye por todo el disco duro bajo la supervisión de otra persona. Es necesario controlar de forma muy estrecha a quienes puedan decidir dónde colocar esos archivos y cuál será su contenido.

Códecs admitidos

Aparte de los anteriores códecs de las series 7 y 8, se proporcionan los siguientes códecs de la serie 9 como parte del soporte para las series 9 y 10:

- Windows Media Video 9.
- Perfil avanzado de Windows Media Video 9.
- Pantalla de Windows Media Video 9.
- Imagen de Windows Media Video 9.
- Imagen de Windows Media Video 9 versión 2.

Compatibilidad con otros formatos

El Reproductor de Windows Media solía admitir los formatos `.ra`, `.rm` y `.ram` empleados por el reproductor de Real Networks, pero dicha compatibilidad se ha retirado en recientes versiones.

Es necesario tener en cuenta que los fabricantes de reproductores propietarios se dedican a ganar dinero con sus productos.

Es poco razonable esperar que admitan y promocionen los formatos de sus competidores a menos que obtengan algún beneficio de ello. Se acusa con frecuencia a Microsoft de eliminar la competencia, pero esa es exactamente la forma que tienen las compañías de hacer negocio.

A continuación, se enumeran los formatos propietarios y estándares abiertos que Microsoft admite en el Reproductor de Windows Media. Esta lista avanza de acuerdo con la importancia aplicada a los distintos códecs y las necesidades comerciales de Microsoft:

- MPEG-1
- MPEG-2
- MPEG-4 parte 2
- Archivos de audio CD (`.cda`)
- MIDI
- Archivos wave (`.wav`)
- Audio de QuickTime (`.aiff`)

Implicaciones para el proceso de creación de estándares de la SMPTE para WM9

De forma bastante interesante, en el otoño de 2003, Microsoft proporcionó las especificaciones del códec WM9 a la SMPTE para ratificar el códec como un estándar abierto. Los comentaristas más ácidos destacaron la coincidencia que esto tenía en el tiempo con el lanzamiento del estándar del códec H.264. Sin embargo, si alguna vez existió la intención de comprometer el hecho de que el estándar H.264 dominara el mercado, todo parece indicar que el tiro les ha salido por la culata.

La medida en la que un estándar se considera abierto depende de las condiciones que rodean a la licencia. Esta no es la primera vez que un estándar propietario pasa al dominio público.

Hasta la fecha, el estándar no se ha ratificado todavía y las condiciones de la licencia aún no se han definido. Este proceso está durando más de lo que Microsoft previó en un principio.

SMPTE es una elección inusual para acometer la normalización de este códec, ya que este tipo de trabajo se asigna normalmente al grupo MPEG o la ITU. Pero éstos ya habían ratificado el H.264 hacía poco, por lo que hubieran sido poco receptivos a la hora de ratificar otro diseño de códec en ese momento. No obstante, la SMPTE tiene experiencia en el ámbito de las imágenes en movimiento y está perfectamente cualificada como organización para respaldar el proceso.

Si el estándar se ratifica y adopta, podría llegar a ser bastante popular, posiblemente a costa del códec H.264, y hay mucha gente en la industria de la transmisión en secuencias y la radiodifusión que ya han invertido una gran cantidad de tiempo y dinero en implementar el códec H.264. El estándar de la SMPTE se denomina a veces WM9 ó VC-9 de forma incorrecta. La SMPTE ha anunciado que lo llamarán VC-1.

Una vez que el estándar se haya ratificado y adoptado, nada impedirá a Microsoft o a cualquier otro alcanzar el éxito con versiones mejoradas y un rendimiento aún mejor, incluso con un códec futuro propietario.

El códec VC-1 puede ser importante en el futuro por su adopción en nuevas plataformas, es decir, siempre que pueda completar el proceso de normalización sin quedar a un lado.

Problemas de licencias

Conviene tener en cuenta que los códecs VC-1 de la SMPTE y WM9 de Microsoft no constituyen la misma entidad legal. La obtención de licencias para WM9 se encuentra disponible a través de Microsoft y bajo sus condiciones comerciales. Esto no implica que se tenga permiso para usar el códec VC-1, cuya licencia se deberá obtener a través de la SMPTE o los agentes que designe. Los dos estándares son similares, pero no son el mismo, y pueden diferenciarse de cierta manera con el paso del tiempo.

La administración de derechos digitales es una característica de Windows Media y no del códec VC-1. La SMPTE sólo se encarga de normalizar la codificación de vídeo y es un error suponer que toda la cartera de funcionalidades de Windows Media se vaya a ofrecer como un estándar abierto con el nombre de VC-1.

Microsoft tiene una página Web con los detalles de los costes de licencia de Windows Media y contratos de muestra que puede descargar.

Reproducir Windows Media en plataformas diferentes de Windows

Todos los sistemas operativos diferentes de Windows (con una cuota de mercado significativa) se basan ahora en UNIX. Estos sistemas son lo suficientemente similares como para que el esfuerzo de ingeniería para obtener compatibilidad entre estos sistemas no sea demasiado intenso. Hay reproductores de Windows Media que se encuentran disponibles en Mac OS y Solaris. Por ahora no existe ningún reproductor para Linux. Esto puede cambiar en un futuro a porque Linux está ganando cuota de mercado. La Historia nos enseña que las versiones del Reproductor de Windows Media en plataformas ajenas a Windows suelen salir al mercado después de la versión para Windows y que suelen carecer de algunas características. Por ejemplo, la reproducción de WM9 en Mac OS X no es compatible con el códec avanzado de Windows Media.

En la actualidad, WM9 es compatible con las plataformas siguientes:

- Windows: Todas las variantes existentes.
- Mac OS X: La versión 10.3 se considera normativa (las versiones anteriores no se recomiendan; la adopción de la versión 10.4 se encuentra en curso).
- Solaris.

El vídeo de Windows Media 9 (o su equivalente, la versión VC-1 de la SMPTE) es uno de los tres formatos cuya compatibilidad es obligatoria en los reproductores DVD de alta definición de consumo de la próxima generación que se encuentran en curso de preparación.

No obstante, el proceso de normalización está siendo más lento de lo previsto, y es posible que se retire la obligatoriedad de incluir el códec basado en Windows Media si no se ratifica a tiempo. Los estudios cinematográficos son algo ambivalentes en la actualidad en los que respecta a este nuevo formato de DVD.

Producir contenido

Si trabaja con Windows Media, lo mejor es que desarrolle su flujo de trabajo en torno a sistemas basados en Windows. Uno de los argumentos para el uso de estándares abiertos es que, entonces, se es libre de elegir la plataforma de producción que mejor se adapte a su flujo de trabajo.

Crear archivos de WM7 y WM8 en Mac OS con Discreet Cleaner es posible, pero las opciones de formato son limitadas y no es una solución óptima.

El complemento Telestream QuickTime

Si opta por implementar el Reproductor de Windows Media y también desea emplear el códec WM9 ó VC-1, la tradición dicta que el sistema de producción debe estar en un equipo Windows. Crear archivos WM9 en Mac OS como una exportación directa desde Final Cut Pro es posible desde hace muy poco gracias al complemento de exportación Telestream Flip4Mac para QuickTime.

Microsoft ha decidido hacer que el códec Windows Media se encuentre disponible en Mac OS y Solaris sólo como un códec incrustado dentro de su reproductor. Sin embargo, no es posible manejarlo al mismo nivel que el resto de códecs que admite QuickTime.

En la feria IBC 2004, Telestream anunció el lanzamiento de complementos para el códec de Windows Media para la reproducción y exportación de contenido Windows Media estándar y de alta definición en la plataforma Mac OS. Se trata de un desarrollo muy importante, y posiblemente uno de los primeros frutos del proceso de normalización del códec VC-1 por parte de la SMPTE, aunque puede que no exista conexión alguna.

Aún deberá mantener algunos equipos Windows con el fin de probar el contenido.

Es posible crear una granja o grupo de codificadores basados en Windows y administrarlos a través de una interfaz administrativa basada en Web. Esta posibilidad se admite desde el lanzamiento de la serie 7. Con el códec de Telestream incrustado en una instalación de QuickTime basada en Mac OS X, es posible emplear toda la compatibilidad de las secuencias de comandos de UNIX y AppleScript para crear un flujo de trabajo automatizado.

El complemento Flip4Mac está muy bien diseñado. Se instala muy fácilmente y la interfaz de usuario obedece todas las reglas correctas del diseño de software de Mac OS.

Esto permite la exportación al formato de Windows Media desde cualquier aplicación que utilice QuickTime. Aunque la codificación se realizará con el códec avanzado, el proceso requiere una extremada capacidad de procesamiento, y si tiene previsto codificar Windows Media con él, se recomienda utilizar el equipo más rápido que encuentre disponible. Funciona bien con hardware cuyas especificaciones son inferiores.

Factores de riesgo del formato WM9

Siempre existe algo de riesgo al seleccionar un formato propietario, y esto se aplica de la misma forma a Real Networks y QuickTime como a Windows Media. Quedará a merced del fabricante, que decidirá ignorar determinado producto o dejar de incluir compatibilidad con el mismo, siempre que así lo dicten sus necesidades comerciales.

Dice la sabiduría popular que, si opta por no implementar WM9, el potencial de captación de clientes se verá mermado. Se suele argumentar que un número considerable de usuarios de Windows ya cuentan con la compatibilidad para la serie 9 instalada al adquirir su ordenador y no están preparados para actualizar a Real o QuickTime.

Ese argumento puede ser válido en el caso de usuarios que no entiendan demasiado de ordenadores. En el caso de un entorno corporativo, en el que el departamento de tecnologías de la información crea un entorno de escritorio estándar, dicho argumento pierde fuerza.

Este departamento puede decidir instalar los reproductores de Real Networks o QuickTime por todas partes y sin que exista ninguna sobrecarga de instalación adicional, ya que es probable que los discos duros estén preparados para clonar/duplicar una imagen estándar o ejecutar algún proceso de instalación automatizado.

Deberá establecer un perfil preciso de la base de usuarios de destino antes de comprometerse con uno u otro formato.

Ventajas de la adopción de Windows Media

Con un servicio basado en Windows Media tendrá la certeza de que una gran cantidad de usuarios podrán ver su contenido. Puede ofrecer servicios multimedia enriquecidos con el conocimiento de que hay una gran audiencia potencial.

Aún así, debe realizar un estudio de la audiencia de destino, ya que es posible que mucha gente ejecute versiones anteriores de Windows. Es posible que algunos de ellos no tengan instalado el reproductor de forma predeterminada, o que las versiones que utilicen sean más antiguas.

Esto podría determinar el códec que se utilice. Por ejemplo, podría optar por códecs WM7 porque también se reproducirán en los reproductores de las series 8 y 9.

Pero tendrá que decidir qué hacer con aquéllos que no tienen el Reproductor de Windows Media y que nunca lo instalarán.

Implicaciones del códec H.264 para Windows Media

¿Supone MPEG-4 y, en particular, el códec H.264 alguna amenaza para Windows Media? Elegir la tecnología de Windows Media es una buena solución para llegar a toda la audiencia que sabe que ya tiene el reproductor instalado.

Aún no está muy claro como acabará toda esta situación de reproductores multimedia, códecs dominantes y liderazgo de mercado. Microsoft debe considerar a H.264 como una amenaza para su posicionamiento en el mercado de la televisión y el vídeo transmitido en secuencias. Ha intentado ganarse ese mercado durante algún tiempo. Los productos WebTV, Ultimate TV, eHome y xBox son ejemplos de las tecnologías que Microsoft ha desarrollado como parte de esa estrategia. Por ahora, el códec VC-1 en el que trabaja la SMPTE parece ser la respuesta de Microsoft a la amenaza potencial que supondría el dominio del códec H.264, aunque su desarrollo se ha realizado más lentamente de lo que se esperaba.

Windows Media no se verá completamente desplazado por ningún otro códec. Siempre que Microsoft lo fabrique, es probable que el códec WM9 tenga éxito y que sea una buena opción. Sin embargo, conviene tener cuidado a la hora de comprometerse completa e irrevocablemente con él, ya que podría quedar fuera de juego.

La compatibilidad con el códec H.264 está ampliamente extendida. Los organismos de normalización de los DVD estás seleccionando H.264 para la distribución de televisión de alta definición pero, para ser equitativos también consideran incluir la compatibilidad con VC-1 al mismo tiempo. Así que tiene dos códecs entre los que elegir. Es mucho más probable que el códec H.264 sea compatible con todas las plataformas. Queda por ver si el códec VC-1 acabará implementándose.

Resumen: ¿Dónde resulta Windows Media más útil?

Así que, si desea llegar a una gran audiencia que se sabe que tiene la plataforma Windows y desea distribuir un servicio de pequeños clips o películas y programas de vídeo lineal con un tamaño razonable, el códec WM9 es una buena opción ya que, al utilizarlo, tiene posibilidad de acceder a una gran porción de la audiencia disponible.

No obstante, conviene tener en cuenta que Microsoft ha determinado la no inclusión del reproductor multimedia de los sistemas operativos vendidos en Europa. Esto no supone que la disponibilidad del sistema operativo sea menor, sino que los usuarios tendrán que instalarlo por separado y que, por lo tanto, tendrán más posibilidades de sustituirlo por una alternativa.

Otras alternativas

Pero, ¿y si no desea usar Windows Media? En el capítulo siguiente veremos los puntos fuertes y débiles del sistema QuickTime de Apple antes de pasar a estudiar Real Networks.

Capítulo 23

QuickTime

Hola, QuickTime

QuickTime probablemente exista desde que hay sistemas de reproducción de vídeo en equipos de escritorio. Originalmente, sólo podía reproducir vídeos de pequeño formato y no incluyó funciones de transmisión en secuencias hasta mediados de la década de los 90 del siglo pasado.

QuickTime fue el primero de los entornos de vídeo en admitir el concepto de códecs complementarios, y Apple ha continuado innovando en la forma en que los componentes se descargan de forma automática siempre que sea necesario.

Con la introducción de los nuevos complementos de códecs Telestream y Real Networks, QuickTime es la única plataforma que puede exportar vídeo en su propio formato, muchos formatos de estándar abierto y todos los de la competencia. Esto es un plus importante.

QuickTime también introdujo la compatibilidad de desentrelazado y telecine inverso antes que sus competidores, y en 1996 añadió la capacidad de reproducir vídeo MPEG en sentido inverso en un momento en el que el formato de vídeo no lo admitía. Ahora damos por hecho la existencia de estas funciones, pero en aquél momento se trataba de algo revolucionario. QuickTime es muy maduro y sólido porque existe desde hace largo tiempo y se halla en un continuo proceso de revisión y cambio de ingeniería de diversos componentes de su infraestructura con el fin de admitir funciones más avanzadas.

La página Web de tráilers de QuickTime (`http://www.apple.com/trailers/`) y el sitio Web que la Warner Bros dedica a *Matrix* (`http://whatisthematrix.warnerbros.com/`) incluyen algunos buenos ejemplos de la calidad que se puede obtener con QuickTime.

¿Qué diferencia a QuickTime de otros formatos?

QuickTime es bastante diferente a los otros dos principales reproductores (Real Networks y Windows Media) en el sentido de que es un entorno (o plataforma) que permite crear una experiencia interactiva, diversa y rica. Se puede construir una reproducción que sea completamente no lineal y que permita la implementación de experiencias multimedia donde QuickTime sea compatible.

Cuando la gente habla de un códec de vídeo de QuickTime, se refieren a uno de los códecs de Sorensen que se incluyen como parte de QuickTime. Un archivo de película de QuickTime puede contener uno o varios formatos de vídeo de entre una amplia variedad. En el archivo también pueden estar presentes otros tipos de medios.

Aparte de la reproducción lineal normal, QuickTime admite las siguientes funciones adicionales que no se encuentran en otros reproductores:

- Número de pistas paralelas masivo.
- Una amplia variedad de tipos de contenido de pistas que no son de vídeo/audio.

- Base de objetos interna.
- Capas de efectos en tiempo real.
- Combado y transformaciones en tiempo real.
- Películas de objetos en QuickTime VR.
- Películas de escenas/panorámicas en QuickTime VR.
- Películas incrustadas en películas.
- Control de secuencia de comandos para interactividad.
- Objetos gráficos.
- Arquitectura musical de QuickTime.
- Conversión de imágenes.
- Códecs de datos multimedia.

La mayoría de estas funciones han estado disponibles en QuickTime desde 1998.

Resulta interesante ver que una gran cantidad de estas funciones ahora se encuentran disponibles en MPEG-4, lo que supone una importante diferencia entre MPEG-4 y MPEG-2. La creación de experiencias interactivas multimedia empaquetadas que se reproduzcan en diversas plataformas es ahora posible en un formato de estándares abiertos.

Así que si ya es capaz de crear una experiencia no lineal en QuickTime, debería ser capaz de convertir dicho contenido con bastante facilidad.

QuickTime también incluye un valioso kit de herramientas de compresión y conversión de imágenes, así como conversores de datos multimedia.

El reproductor

Cuando se utiliza el reproductor de QuickTime, su apariencia es la misma en Windows y Mac OS. La estrategia comercial garantiza que la misma versión se admita en todas partes y que las actualizaciones se sincronicen al máximo para que la experiencia de visualización y el soporte de la interfaz de programación de aplicaciones sean coherentes.

En la figura 23.1 se muestra el reproductor de películas QuickTime 6 en su estado predeterminado. El reproductor de películas QuickTime 7 tiene una apariencia ligeramente diferente.

Figura 23.1.

Reproductor de películas.

La interfaz de programación de aplicaciones de QuickTime

El reproductor de QuickTime se encuentra disponible como una interfaz de programación de aplicaciones (API) que se puede ejecutar desde la misma aplicación que utilice. Usted se encargará de configurar el entorno y colocar la ventana del reproductor en la pantalla de visualización. Con más frecuencia realizará la codificación en Objective C, Java o C++, según la plataforma. Puede utilizar herramientas 3GL como Visual BASIC o LiveStage Pro. Todas las herramientas de creación multimedia, como Director y Flash, le permitirán reproducir películas QuickTime con sus presentaciones.

Capacidades de reproducción interesantes

QuickTime permite la realización de trucos muy interesantes, como la inclusión de ventanas no rectangulares y operaciones de combado sobre el vídeo que se encuentra en reproducción. Puede hacer esto usted mismo si tiene instalada la licencia de QuickTime Pro.

Con la película abierta en la ventana de reproducción, abra el panel de propiedades de la película. A continuación, seleccione la pista de vídeo y examine las propiedades.

En la ficha Ajustes visuales se muestran una serie de controles que permiten cambiar el tamaño de la película y rotarla. Cambiar el tamaño tras aplicar una rotación produce un efecto sobre la imagen que hace que se muestre retorcida. QuickTime realiza todas estas operaciones mientras se reproduce la película y aplica la matriz de distorsión a la salida en tiempo real.

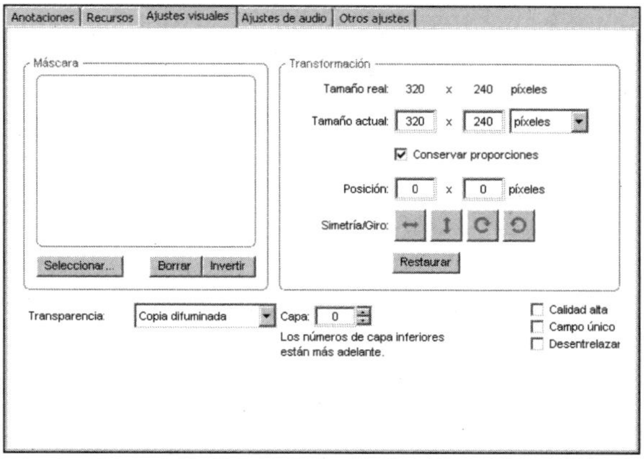

Figura 23.2.

Panel de ajustes de la imagen.

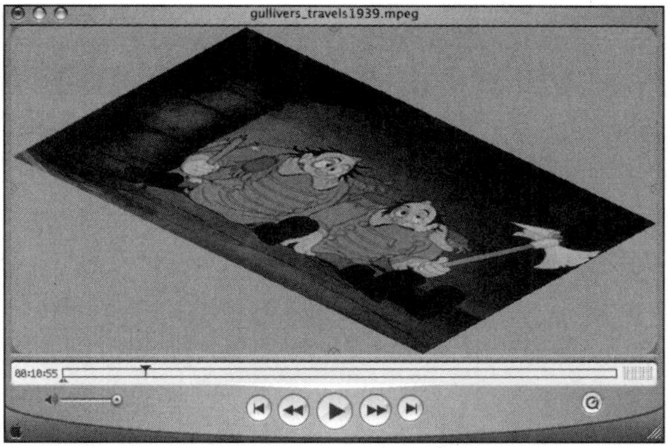

Figura 23.3.

Ventana de reproducción distorsionada.

Máscaras del reproductor

Dado que QuickTime admite la fusión del canal alfa de la salida, es posible contar con reproductores no rectangulares muy interesantes. QuickTime admite máscaras (*skins*) para el reproductor, y el cambio de estas máscaras en el reproductor QuickTime es en realidad una función de la película que se reproduce igual que de la configuración del reproductor. Se trata de un enfoque ligeramente diferente al de otros reproductores multimedia. La apariencia del reproductor multimedia estará completamente bajo su control como proveedor del contenido.

Con posterioridad, las otras plataformas han empezado a admitir máscaras y aperturas de reproducción no rectangulares. Existen algunos ejemplos extremos de interfaces de usuario construidas en torno a ventanas de reproducción en forma de pez o diseños circulares como ojos de buey con los controles situados en la periferia. Algunos de ellos son un auténtico triunfo del diseño artístico sobre las aplicaciones funcionales, pero son igualmente inteligentes y podrían resultar de utilidad en algunas situaciones.

En la figura 23.4 se muestra un ejemplo de una pista AXEL animada en tres dimensiones que se reproduce en el interior de una máscara que emplea un componente descargado de forma automática.

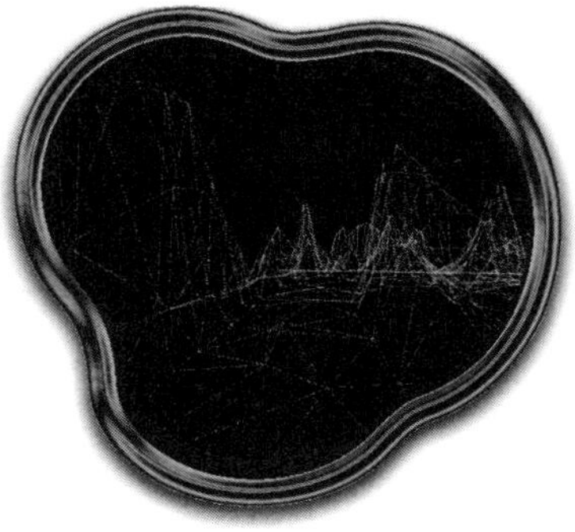

Figura 23.4.

Contenido tridimensional en una máscara no rectangular.

Utilizar estándares abiertos en Quicktime

QuickTime siempre se ha comprometido con la compatibilidad con estándares abiertos. Ya que la arquitectura siempre ha permitido el uso de códecs complementarios, la adición de un nuevo estándar siempre ha sido relativamente fácil cuando ello ha sido necesario.

Para ser justos con las plataformas Real Networks y Windows Media, éstas también admiten múltiples códecs. QuickTime también proporciona una arquitectura musical que contiene un software sintetizador de sonido compatible con MIDI GM y basado en Roland Sound Canvas. Éste permite abrir y reproducir archivos MIDI y guardarlos como archivos en formato AIFF listos para CD, procesando el audio sintetizado sin necesidad de que intervenga el usuario.

La versiones más recientes de QuickTime se han concentrado en la compatibilidad con estándares abiertos empleados en los dispositivos móviles 3G. El desarrollo de un sistema de creación de contenido es mucho más fácil cuando se utiliza QuickTime como fundamento.

Es sorprendente el número de formatos diferentes que admite QuickTime. Es ingente. Es posible convertir una mayor diversidad de formatos que con otras plataformas multimedia, y no sólo vídeo, ya que también se admiten diversos formatos de audio e imagen.

QuickTime y MPEG-4 presentan algunos paralelismos interesantes. Cuando el grupo de estándares MPEG-4 solicitó sugerencias respecto a las tecnologías que se podían utilizar, Apple puso sobre la mesa el formato de archivos QuickTime y Microsoft ofreció AAF. Al final, se adoptó QuickTime como punto de partida. El grupo de trabajo MPEG introdujo algunos cambios estructurales menores, por lo que los archivos de QuickTime y MPEG no son idénticos. Las actualizaciones más recientes a QuickTime añaden compatibilidad para algunos de estos cambios introducidos en el formato de archivos específico de MPEG, lo que sugiere que algún tipo de convergencia se encuentra en curso.

Otros formatos de vídeo

Es posible guardar archivos en formato de RealVideo 10 con el complemento RealExporter (`http://www.realnetworks.com/`) y crear archivos de película WM9 con el complemento Flip4Mac (`http://www.flip4mac.com/`) para Windows Media de Telestream. Mediante el complemento de importación de Telestream, también es posible importar archivos de Windows Media. Ambos complementos favorecen al usuario de Mac OS, ya que los sitúa al mismo nivel de los usuarios del sistema operativo Windows en lo que a formatos de salida disponibles se refiere.

Aplicaciones móviles

QuickTime presenta una gran solidez en el área de las aplicaciones móviles. Apple ha hecho un gran trabajo para asegurarse de que la compatibilidad proporcionada con los estándares 3GPP y 3GPP2 sea la óptima. También se admiten correctamente los estándares de la *Internet Streaming Media Alliance* (ISMA) y, con la introducción de ISMA 2, los perfiles adicionales deberían aparecer entre los parámetros de QuickTime a su debido tiempo.

Compatibilidad con formatos diferentes al vídeo

QuickTime se relaciona perfectamente con una amplia variedad de otros formatos, tanto los que son de vídeo como los que no, incluidos los formatos Macromedia Flash y MIDI. El formato MIDI se admite especialmente bien gracias al paquete de sonido Roland GS incorporado, que tiene su origen en los famosos sintetizadores Sound Canvas.

El reproductor de películas proporciona suficiente soporte como para poder alterar los instrumentos de la pista MIDI, de modo que suene diferente durante su reproducción. Esta compatibilidad MIDI presenta relativamente una sofisticación reducida, por lo que apenas podrá hacer nada más aparte de modificar las asignaciones de edición.

A esta función se accede a través del cuadro de propiedades del reproductor de películas. Cada instrumento se corresponde con un componente MIDI diferente dentro de la pista de música. Normalmente, éstos se asignan a canales MIDI separados, pero no tiene por qué ser así.

Si selecciona una de las pistas de instrumentos, es posible cambiar el sonido de cualquier componente MIDI con el panel de selección de instrumentos.

La compatibilidad de QuickTime para MIDI es lo suficientemente flexible para que sea posible importar una pista MIDI a iTunes para su reproducción, tal y como sucede con las pistas de música creadas mediante las herramientas GarageBand y SoundTrack. El reproductor iTunes puede reproducir MIDI con la misma facilidad que lo hace con un CD de audio, archivos MP3 y otros formatos de música como AAC. Si decide grabar un CD desde iTunes, éste procesa las pistas MIDI y las convierte a formato AIFF para que se puedan reproducir en un reproductor de CD normal. No tiene que hacer nada más; simplemente se hace solo.

QuickTime también es compatible con muchos otros formatos de audio, incluido el formato AAC. QuickTime también trabaja con audio multipista de sonido envolvente para películas, así como con las bajas velocidades de bits requeridas para los servicios de audio destinados a móviles.

Componentes de extensión descargables

Es posible instalar la versión para Mac OS X del complemento Envivio TV junto con el resto de componentes de QuickTime y reproducir contenido multimedia en formato MPEG-4 BIFS. Deberá ponerse en contacto directamente con Envivio para obtener el complemento. Los reproductores de QuickTime descargan automáticamente otros módulos de componentes desde el servidor Web de Apple a medida que los solicita el medio reproducido. Éstos se enumeran en la tabla 23.1 y se admiten tanto en Mac OS como en QuickTime para Windows:

Tabla 23.1.

Componentes de complementos para QuickTime.

Componente	*Descripción*
Be Here	Una tecnología VR de transmisión de secuencias en tiempo real de 360 grados.
Digital Anarchy Microcosm	Un códec de vídeo sin pérdida de 32 ó 64 bits.
EnvivioTV	Un extensor MPEG-4 BIFS para reproducir paquetes MPEG-4 interactivos.
Ipix	VR de 360 grados inmersivo diseñado para aplicaciones inmobiliarias y otros proyectos similares.
Kaydara FBX 3D	FBX para Apple QuickTime permite visualizar cualquier archivo FBX e interaccionar con él mediante el reproductor Apple QuickTime, tanto en equipos Macintosh como Windows. El formato de archivo es compatible con una amplia variedad de herramientas de modelado 3D.

Componente	*Descripción*
Mind Avenue AXEL	Un sistema de modelado 3D interactivo con un formato de modelo tridimensional muy compacto. Este formato permite generar secuencias de comandos en los modelos para animarlos mientras se siguen viendo en el espacio tridimensional.
MPEG-2 playback	Un componente extra opcional que se puede adquirir a través de Apple para mejorar la reproducción de contenido en formato MPEG-2. Se incluye de forma gratuita con las herramientas de creación de DVD Studio.
On2	Un códec de calidad de televisión a pantalla completa.
Pulse	Una plataforma de de tecnología de animación tridimensional para contenido multimedia enriquecido. Está diseñada para aplicaciones de aprendizaje y marketing en línea.
Real Networks	Durante la última parte de 2004, Real Networks lanzó al mercado un complemento para exportar contenido RV10 desde QuickTime en Mac OS. Este complemento no es un importador, sino que hace que cualquier aplicación que pueda guardar un archivo en forma de película de QuickTime ahora pueda guardarlo en formato de Real Video 10.
Streambox	Códec de vídeo de nivel 2 de Advanced Compression Technology.
Windows Media	En la feria IBC 2004, Telestream lanzó un complemento para exportar contenido de Windows Media desde QuickTime. Cualquier aplicación que pueda guardar como una película de QuickTime puede usar este complemento para guardar Windows Media en Mac OS. El complemento Flip4Mac no se puede descargar automáticamente como ocurre con otros componentes ya que hay que comprarlo, pero es un componente de extensión igualmente.
Zoomify	Un códec de imagen que se puede ampliar. Se descarga una imagen a pequeña escala y, a continuación, mientras se aplica el zoom, se descarga la parte de la imagen que se visualiza según sea necesario.
Zygo Video	Un códec de vídeo Web de gran calidad.

QuickTime VR

QuickTime ofrece funciones VR así como películas navegables y objetos gráficos animados. Estas funciones tienden hacia lo que MPEG-4 tiene que ofrecer en la capa de sistemas. Las películas QTVR presentan dos variedades, panorama y objetos. Es posible moverse por el interior de un panorama, que desde su punto de vista es un entorno. Es posible seleccionar y girar un objeto para inspeccionarlo desde todos lados. Los panoramas son simplemente grupos de fotogramas inteligentemente construidos en una película con una capa adicional de control de reproducción que permite el desplazamiento por la película de una forma completamente no lineal.

Utilizan compresión en el nivel de fotogramas pero, debido a que la experiencia es no lineal, los fotogramas P y B carecen de sentido en este contexto.

Efectos

QuickTime contiene algunos efectos especiales para introducir mejoras adicionales en el contenido sin consumir grandes cantidades de velocidad de bits. Estos efectos se describen mediante parámetros y, a continuación, se renderizan para su reproducción. Ejemplos de estos efectos son las ondas, el fuego, la neblina y las nubes. Los efectos se almacenan en una pista diferente que se puede habilitar o deshabilitar de forma independiente según sea necesario.

Incrustar vídeos en películas QuickTime interactivas

Las películas con elementos interactivos de QuickTime se presentan en una amplia variedad de formatos diferentes. Las presentaciones de QuickTime VR se pueden vincular a paneles de películas adicionales que se reproducen dentro del entorno VR. Esto emplea las funciones de combado y cambio de forma en tiempo real de QuickTime que transforman la película durante su reproducción. En la década de los 90 se realizaron demostraciones con películas de QuickTime que se reproducían en mapas de texturas sobre diversas formas topográficas. El caso más extremo fue el de una película proyectada en un toroide; también se utilizan cubos giratorios para mostrar esta capacidad.

Crear un entorno y asignar el vídeo a las superficies del mismo es algo que se puede conseguir desde un punto de vista técnico tal y como quedó demostrado en distintas conferencias de programadores a mediados de los 90. Su implementación era técnicamente complicada, por lo que no hubo demasiados programadores que utilizaran esta técnica. Es posible que este tipo de presentación vuelva a ser popular, dado que las mejoras en Mac OS 10.4 ofrecen un lienzo basado en OpenGL en el que QuickTime proyecta sus películas. Las mejoras en la potencia de procesamiento y de las herramientas de creación también facilitan su mayor uso.

Utilidades de QuickTime

Existen muchas herramientas disponibles para manipular contenido de una película QuickTime. En el sitio Web de QuickTime de Apple (`http://developer.apple.com/quicktime/quicktimeintro/tools/`) se incluye una colección de utilidades que se pueden descargar. En la tabla 23.2 se muestra una lista-resumen.

Tabla 23.2.

Utilidades para QuickTime disponibles en Apple.

Herramientas	***Descripción***	***Disponibilidad***
Dumpster	Una herramienta para ver y editar recursos `moov`. Existen versiones para Mac OS X y Mac OS 9.	Mac OS y Windows
Effects Teaser	Esta utilidad explora la arquitectura de efectos en QuickTime.	Mac OS y Windows
FlareMaker	Una herramienta para explorar los efectos de Lens Flare que incluye QuickTime.	Mac OS
HackTV	Una sencilla herramienta de captura de películas para grabar audio y vídeo.	Mac OS y Windows
Hint Track Profiler	Una herramienta de diagnóstico que representa los paquetes de sugerencias en una película transmitida en secuencias mientras se reproduce.	Mac OS
MakeEffectMovie	Toma las pistas de vídeo de dos películas y crea una película nueva con una pista de efectos para ellas.	Mac OS y Windows
MakeEffectSlideShow	Crea una película de presentación de diapositivas con un efecto al pasar de una pista de vídeo a la siguiente.	Mac OS
MakeRefMovie	Crea películas alternativas para distintas velocidades de conexión a Internet, CPU, idiomas, etc. Necesitará esta herramienta para hacer películas en las que se haga referencia a páginas Web.	Mac OS y Windows
Plug-In Helper	Asocia URL y almacena los parámetros de complementos QuickTime en una película de QuickTime.	Mac OS y Windows
QTStreamSplicer	Esta herramienta añade una imagen a una secuencia que sea exclusivamente de audio en tiempo real (o al principio de una pista de transmisión en secuencias).	Mac OS y Windows

Herramientas	*Descripción*	*Disponibilidad*
RTSP/RTP Proxy	Los usuarios de Mac OS X Server 1.2 y versiones anteriores pueden proporcionar a equipos cliente que se encuentren dentro de una red protegida acceso a servidores de transmisión en secuencias que se encuentren fuera de dicha red.	Mac OS y Windows
Streaming Info Plug-in	Este complemento añade un panel de información al reproductor de QuickTime. Muestra información de transferencia de paquetes relativa a las pistas de vídeo transmitido en secuencias.	Mac OS y Windows

Portabilidad entre plataformas

La principal desventaja aquí es que sólo se puede usar QuickTime en Macintosh y Windows y que, naturalmente, funciona y se integra mejor con Macintosh. Sin embargo, es bastante popular en la plataforma Windows.

En la actualidad no existe ninguna versión disponible para Linux. Cuando se le preguntó al equipo de administración de Apple QuickTime al respecto en una conferencia de programadores celebrada durante el año 2003, la respuesta fue que nunca podría haber una versión para Linux por razones comerciales.

Puede que sea posible reproducir películas de QuickTime en una utilidad como M-Player (`http://www.mplayerhq.hu/`), que aloja las bibliotecas de vínculo dinámico (DLL) de QuickTime de tal forma que creen que se ejecutan en Windows. Se trata de una técnica inteligente para proporcionar compatibilidad del código binario de Windows en Linux. Las DLL ofrecen una biblioteca de código que admite la funcionalidad QuickTime. Debido a que se encuentra disponible como una biblioteca, sólo se dispone de una copia en la memoria compartida por todas las aplicaciones que comparten una película de QuickTime. Hacer que dichas DLL funcionen en Linux con una herramienta de simulación de PC será la única forma de obtener compatibilidad para QuickTime en dicha plataforma, a menos que Apple decida proporcionar ella misma soporte para QuickTime.

Si opta por usar QuickTime en Linux, probablemente su decisión se base en el deseo de desarrollar el flujo de trabajo en un entorno basado en UNIX. Pero dado que Mac OS X ya se basa en UNIX, utilizar QuickTime en Linux no proporcionaría demasiadas ventajas desde un punto de vista técnico. Más bien al contrario, ya que es posible que pierda algo de funcionalidad. AppleScript, por ejemplo, sólo se encuentra disponible en Mac OS. El desarrollo de sistemas de automatización del flujo de trabajo es mucho más complicado sin esta utilidad, y tampoco podrá contar con muchas otras aplicaciones y herramientas que admite Mac OS.

Así que en realidad, la pregunta "¿Funciona QuickTime en Linux?" se aplica principalmente a reproductores instalados en equipos de sobremesa. Si se implementa vídeo de estándares abiertos, incluso esto será discutible; si opta por basarse en la plataforma Linux, hay más soporte disponible. Hay proyectos de código abierto, como M-Player, que pueden ofrecer soluciones si tiene un cliente Linux en el que se reproducen formatos propietarios.

Implicaciones para QuickTime

¿Cómo afecta a Apple la aparición de nuevos estándares abiertos para la codificación de vídeo y el contenido multimedia? Muchas personas no son conscientes de que MPEG-4 se relaciona con QuickTime a través del formato de archivos que Apple permitió al organismo de normalización MPEG-4 adoptar. En este momento, este formato de archivos se diferencia ligeramente del modelo de QuickTime, pero la misma naturaleza basada en objetos permanece prácticamente intacta. Desde la perspectiva de la arquitectura, QuickTime está muy bien situada para sacar el máximo partido a todo lo que MPEG-4 tiene que ofrecer.

Una película interactiva de QuickTime y un paquete interactivo de la capa de sistemas MPEG-4 son muy similares en cuanto a su capacidad. EL proceso de creación es igual desde un punto de vista funcional. Las diferencias yacen principalmente en las estructuras de datos en lugar de en las arquitecturas de las plataformas. Dado que Apple ya ha declarado que admite estándares abiertos en toda su extensión y que ya ha implementado algunas funciones de MPEG-4, es posible que la compañía ofrezca una mayor compatibilidad en futuras versiones de sistemas operativos. Pero esto, por supuesto, es pura especulación hasta que se lance una nueva versión.

Esto es importante porque una gran cantidad de fabricantes de software han desarrollado herramientas sobre la base de la arquitectura de QuickTime. Todas estas capacidades se encuentran disponibles también para los desarrolladores de herramientas en la plataforma Windows una vez que instalen en ella QuickTime.

Con el lanzamiento de Mac OS 10.4 y QuickTime 7, Apple admite el códec H.264 como un componente integrado dentro de la arquitectura de QuickTime. De esta forma se encuentra disponible para cualquiera que desee sacar partido a las funciones de codificación mejoradas.

Factores de riesgo de QuickTime

Si utiliza un códec que es propietario y sólo se encuentra en QuickTime, asume de forma implícita que su audiencia está dispuesta a utilizar Mac OS o Windows. De hecho, a medida que QuickTime evoluciona, será cada vez más difícil mantener su compatibilidad con la versión incluida en el sistema Classic Mac OS. Una cuidadosa elección de los códecs alejará este fantasma durante algún tiempo, pero llegará el momento en que será obligatorio utilizar códecs nuevos, y es poco probable que éstos sean compatibles con la versión empleada en Classic Mac OS.

Elegir contenido de QuickTime para sus medios supone en cierta manera una desventaja para los usuarios de Linux. Resulta interesante el hecho de que tanto el núcleo del sistema operativo como el servidor de transmisión en secuencias de Apple son de código abierto, por lo que si está dispuesto a hacer el trabajo necesario, conseguir que un servidor de transmisión en secuencias se ejecute en Linux no sería tan difícil. Antes de embarcarse en un ejercicio de compatibilidad, busque implementaciones en Internet. Es posible que otra persona ya lo haya hecho con anterioridad.

Hacer un reproductor QuickTime para Linux también presenta algunos problemas técnicos. El formato de archivos de QuickTime se ha publicado, pero es probable que cualquier códec propietario se almacene en dichos archivos en forma de fragmentos de datos opacos que no podrá interpretar.

Hay códecs y formatos de vídeo que se procesan mejor con un flujo de trabajo desarrollado en torno a una arquitectura de QuickTime. La mayoría de los formatos propietarios que no son de Apple pueden encontrarse disponibles como códecs externos controlados mediante aplicaciones, pero ningún otro sistema proporciona toda la flexibilidad que QuickTime ofrece.

Al implementar aplicaciones como Final Cut Pro, iMovie, Adobe Photoshop, Adobe Illustrator, Media 100 y Microsoft Excel, es posible incluir el proceso en AppleScript y conseguir un alto nivel de automatización en el flujo de trabajo. Encontrará más información al respecto en el sitio Web de Apple. Se trata de un aspecto muy atractivo de AppleScript, que no se encuentra disponible en ninguna otra plataforma.

Ocasiones en las que QuickTime resulta de utilidad

Mientras que la filosofía de Real Networks y Microsoft consiste en distribuir cantidades masivas de sus productos, conviene destacar que QuickTime se encuentra disponible en productos en CD mejorados desde hace años. Un gran número de *singles* en CD incluyen instaladores de QuickTime para Windows. Incluso se han distribuido en CD gratuitos que incluyen algunos paquetes de cereales. La distribución y el alcance de QuickTime debe ser más amplia que la de cualquier otro reproductor de vídeo, y aún así aparece en niveles inferiores de los cálculos basados en la industria. Es muy extraño.

QuickTime se encuentra incrustado en cientos de modelos de cámaras digitales diferentes, y esto resulta evidente al grabar películas de 15 segundos con una cámara fotográfica. Se cargan en el ordenador como archivos `.mov` porque ese es el formato empleado en la cámara.

QuickTime ofrece una gran cantidad de servicios de conversión para formatos de imagen y todo tipo de control de medios. Esta compatibilidad facilita el uso de iMovie, iTunes, iPhoto y Keynote en la plataforma Macintosh. La aplicación iTunes para Windows no podría distribuirse sin la compatibilidad subyacente para QuickTime. La instalación de iTunes en un equipo Windows también garantiza la existencia de toda una gama de herramientas multimedia de gran utilidad que pueden aprovechar los creadores de otras aplicaciones.

Otras alternativas

En el capítulo anterior estudiamos Windows Media y en éste hemos echado un vistazo a QuickTime. El otro gran competidor es Real Networks, que ha estado a la cabeza del vídeo y audio transmitido en secuencias desde que estos formatos comenzaron a popularizarse.

En el capítulo siguiente estudiaremos sus puntos fuertes y débiles.

Capítulo 24

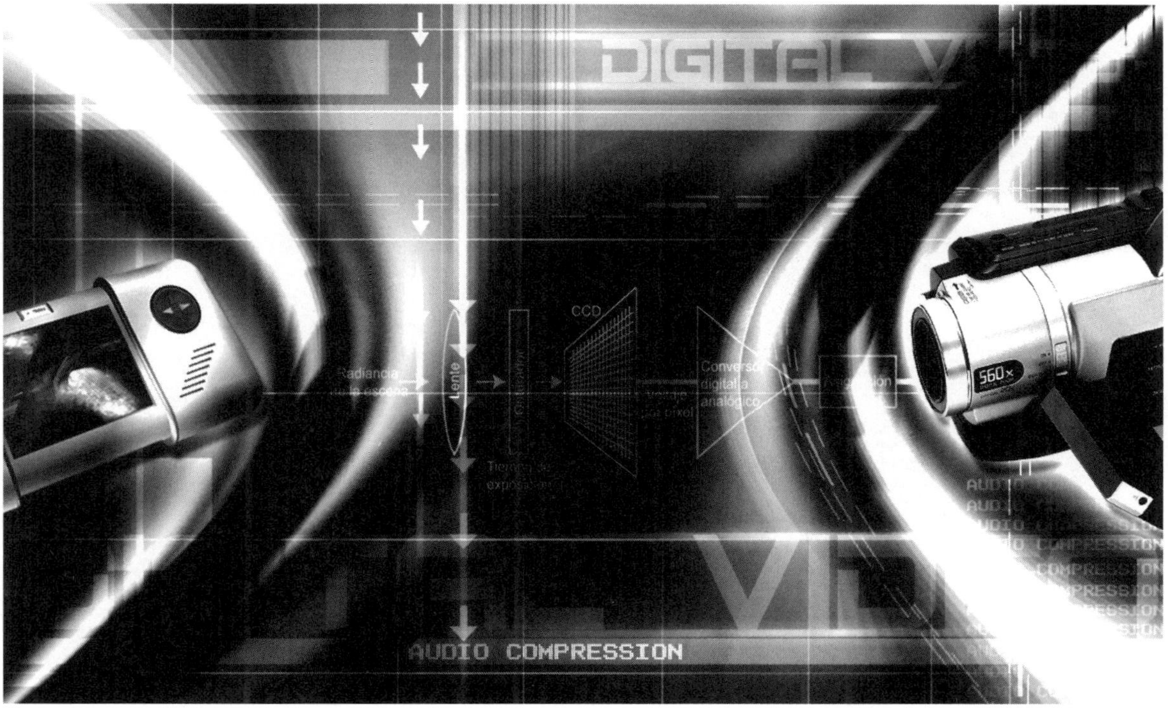

Real Networks

Presentación de Real Networks Media

La historia de Real Networks comienza con la distribución de audio a bajas velocidades de bits a mediados de los 90, cuando la compañía se llamaba Progressive Networks. Esto resultó atractivo para las emisoras de radio y sitios Web de contenido musical de todo el mundo, que empezaron a codificar sus programas en tiempo real y a retransmitirlos por Internet.

En 1997 aparecieron los primeros ejemplos de vídeo transmitido en secuencias, y todos nos quedamos atónitos con este vídeo del tamaño de un sello postal, baja calidad y reducida velocidad de bits que se reproducía de forma entrecortada. Sin embargo, fue el precursor de los actuales servicios de vídeo en línea. Algunos expertos consideran que esto es el futuro de la televisión digital. Había unas pocas empresas que se dedicaban a lo mismo en la década de los 90, pero Progressive Networks pronto ocupó una posición dominante. Con el paso del tiempo, la compañía evolucionó, y ahora se conoce como Real Networks (`http://www.realnetworks.com/`).

RealOne Player

La versión 10 de Real Networks es la encarnación más reciente del códec, lanzada en enero de 2004. La compañía afirma que es más eficaz que el resto de códecs, incluidos WM9 y H.264. Aunque no está comprobado, es posible, ya que el codificador de Real Networks realiza un excelente trabajo a la hora de aprovechar las herramientas de compresión disponibles. Todas las mejoras tienen lugar en la versión 10 del codificador, lo que permite la reproducción de contenido en la versión 10 del reproductor. Si asumimos que un estándar de codificación define la sintaxis de la secuencia de bits de un descodificador, esto no garantiza que se le pueda considerar como un códec nuevo. Simplemente se trata de un modelo con una eficacia mayor que el anterior.

El reproductor RealOne (`http://www.real.com/`) está disponible en una amplia variedad de formatos. La figura 24.1 muestra su apariencia en un sistema Mac OS X.

Figura 24.1.
Reproductor RealOne.

En la actualidad, el reproductor reproduce archivos de película QuickTime gracias al kit de desarrollo de software de QuickTime. Esto resulta interesante porque la única forma que tiene de crear archivos de vídeo de Real Networks es a través de su kit de desarrollo de software o mediante el complemento de códecs para QuickTime que Real Networks lanzó a finales de 2004.

El reproductor se encuentra disponible en varios formatos alternativos. La versión gratuita admite un número de funciones menor. Antes era bastante difícil de encontrar, pero últimamente el enlace se muestra en un lugar destacado del sitio Web dedicado al reproductor RealOne.

Portabilidad para plataformas entre reproductores

Los productos de Real Networks constituyen una solución excelente para la realización de tareas generales de distribución de vídeo y transmisión en secuencias. La cartera de productos disponibles es muy amplia. La compatibilidad es muy buena en Windows, y algunas herramientas también funcionan bien en Linux.

Existen otros reproductores alternativos compatibles para ofrecer vídeo de Real Networks en Linux. La experiencia de Real Networks en el sistema Mac OS ha mejorado últimamente de forma significativa.

Si desea ejecutar un reproductor que admita el usuario, Real Networks ofrece la mayor compatibilidad posible con plataformas de las principales compañías de vídeo transmitido en secuencias.

Los reproductores de Real Networks son compatibles con las plataformas siguientes:

- Linux/Alpha (Debian).
- Linux/Alpha (Red Hat 6.2).
- Linux/Sparc (Red Hat 6.2).
- Linux/PPC 2000.
- Silicon Graphics Irix 6.5.
- Silicon Graphics Irix 6.3.
- IBM AIX 4.2.
- IBM AIX 4.3.
- Sun Microsystems Solaris 2.6 (Sparc).
- Sun Microsystems Solaris 7 (Sparc).
- Linux 2.x (libc6 i386).
- Linux 2.x (libc6 i386) RPM.
- HP-UX 11.
- Unixware 7 (i386).

Se admiten todos los tipos de CPU comercializados en la actualidad, así como prácticamente cualquier combinación de sistema operativo y hardware que pueda encontrar.

Real Networks creó la iniciativa Helix (`https://helixcommunity.org/`) cuando publicaron el código fuente de su reproductor y el servidor de transmisión en secuencias como un proyecto de código abierto. Esto ha permitido a otra gente tomar el reproductor y el servidor y añadir funciones adicionales. A continuación, Real Networks es capaz de absorber esos cambios y mejorar sus propios productos.

En las figuras 24.2 y 24.3 se muestra la apariencia del reproductor Helix en Linux. Como puede apreciar, es posible utilizar temas alternativos de apariencia para cambiar el estilo:

Figura 24.2.

Reproductor de películas Helix en Linux.

Figura 24.3.

Apariencia alternativa del reproductor Helix.

Implementación móvil

El reproductor Helix es una alternativa al uso del reproductor Kinoma en algunas plataformas PDA y móviles. El sitio Web de Helix contiene ejemplos del reproductor en el sistema operativo móvil Symbian.

En la figura 24.4 se muestra un ejemplo de la apariencia del reproductor en dicho contexto.

Figura 24.4.

Reproductor de películas Helix en el sistema operativo móvil Symbian.

Interactividad en RealPlayer

El reproductor de Real Networks permite crear algunas propuestas interactivas de gran interés. Éstas pueden incluir contenido multimedia creado con estas tecnologías:

- HTML y JavaScript.
- Controles ActiveX (sólo en plataformas Windows).
- SMIL.
- Macromedia Flash.

El control JavaScript ofrece algunas posibilidades muy sofisticadas. El complemento de reproducción puede acceder a archivos de código incluidos en una página Web. Real Networks también admite URL incrustadas en el interior de las películas. Las URL de JavaScript remiten a funciones de código en dicha página Web para desencadenar acciones en el momento adecuado de la reproducción.

Mediante la adición de compatibilidad adicional como la del complemento Envivio TV, el reproductor Real Networks también admitirá contenido multimedia de capas de sistemas MPEG-4 parte 1. Esto es similar a las películas de QuickTime interactivas y también permite la realización de multitud de tareas que se podrían haber implementado en Macromedia Flash.

Los productos de Real Networks son una buena elección si crea contenido en vídeo con alguna interactividad que sea razonablemente poco sofisticada. La creación de archivos SMIL con sistemas de producción basados en Web es bastante sencilla, y los componentes que hay en ellos son simplemente archivos gráficos y secuencias de vídeo, por lo que el flujo de trabajo es relativamente fácil de preparar. SMIL es sólo un poco más complejo a la hora de crear páginas Web basadas en HTML.

Este método presenta una pequeña desventaja. Los componentes se recopilan en una colección organizada libremente pero no se agregan en un paquete de la misma forma que se hace en QuickTime o MPEG-4. Si el sistema de publicación experimenta una reducción momentánea del rendimiento que impide la entrega de un activo en el servidor, la experiencia de SMIL se verá comprometida. El activo ausente será un enlace roto en la presentación. Este problema se puede solucionar empaquetando los elementos en archivos zip y transfiriéndolos como un todo. El servidor que se sitúa de "cara al público" los descomprimirá para su implementación. Pero esto supondrá una mayor cantidad de trabajo para los ingenieros.

Para aquéllos momentos en los que desee producir algo más complejo, puede usar Macromedia Flash o incluso MPEG-4 BIFS.

El reproductor incluye un completo paquete de metadatos que permite cambiar la apariencia para producir diseños muy distintivos.

La introducción de la versión 10 de codificación de vídeo de Real Networks mejora aspectos avanzados pero sigue reproduciendo contenido de los reproductores de la versión 9. Real Networks sigue siendo bueno a la hora de proporcionar compatibilidad consistente con reproductores y códecs anteriores, lo cual es bueno para el usuario final que prefiere no tener que volver a instalar el reproductor cada pocos meses.

Producir contenido

La gama de productos Helix incluye Helix Producer Plus y el servidor Helix. Éstos se encuentran disponibles, junto con el resto de herramientas, en el sitio Web de Real Networks. Puede optar por ejecutar las herramientas de producción de Helix o el kit Real Producer, que también se encuentra disponible.

Básicamente, las herramientas de producción de Helix permiten crear una salida de vídeo en formato Real Networks o una salida basada en algunos estándares.

También es posible crear audio (AAC) y vídeo (Parte 2) MPEG-4 y vídeo codificado en formato H.263.

La matriz de compatibilidades es cada vez más compleja a medida que se desarrollan formatos nuevos, y las decisiones comerciales que adoptan los fabricantes de formatos de vídeo propietarios crean nuevos nichos diferentes, incompatibles y exclusivos entre sí. Resulta increíblemente frustrante intentar crear infraestructuras de flujo de trabajo que abarquen toda la diversidad de formatos existente y conseguirlo con el número mínimo de equipos y sistemas operativos. Esta complejidad empujará a la gente a utilizar estándares abiertos.

Es bastante interesante comprobar cómo una compañía que no obtiene ningún beneficio directo de usar un sistema operativo u otro, como es el caso de Real Networks, sólo admite herramientas de producción en equipos Windows o Linux. La compatibilidad con Solaris se ha retirado de los codificadores Real 10. Hasta hace poco, la compatibilidad de Real Networks para Macintosh se basaba en el anterior sistema operativo Classic. Esto implicaba que herramientas como Cleaner, que utiliza el kit de desarrollo de software de Real Networks, sólo produjeran vídeo en formato Real Networks cuando se ejecutaba en el entorno Classic en un Macintosh.

Popwire Technology ha diseñado sus propios códecs nuevos para algunos formatos en lugar de utilizar las bibliotecas ofrecidas por el sistema operativo. Estos códecs se incrustan en sus productos de compresión. Admiten salida de RealVideo y RealAudio en Mac OS X en la versión 2 del software Compression Master independientemente de cualquier otro soporte instalado para dicho formato.

Es posible agrupar algunas herramientas de producción orientadas a Real Networks usando los kits de código abierto de Helix como punto de partida.

Real Networks y Apple han acordado proporcionar de forma recíproca su contenido en sus servidores de transmisión en secuencias. Esto hace que sea posible transmitir en secuencias contenido de QuickTime en un servidor de Real Networks y transmitir contenido de Real Networks en un servidor de transmisión en secuencias QuickTime o Darwin. Aún no es posible crear contenido de QuickTime en un sistema Linux, aunque es posible crearlo en Windows. Es posible crear contenido de Real Networks en los tres sistemas operativos. Para obtener más información sobre los recursos de desarrollo de Real Networks, visite `http://www.realnetworks.com/resources/index.html`.

Complemento de Real Export para QuickTime en Mac OS X

Con el lanzamiento del códec complementario de Real Export para QuickTime (`http://www.realnetworks.com/products/realexport/index.html`), Real Networks ha resuelto la mayor parte de los problemas de integración y también ha puesto el formato a disposición de cualquier aplicación que se integre con QuickTime. Así que, donde Cleaner habría tenido que controlar el kit de desarrollo de software de Real Networks directamente, ahora puede acceder a él a través de la interfaz de programación de QuickTime.

Real Networks ofrece una lista de aplicaciones admitidas, pero éstas son sólo las que se han probado.

Es probable que otras funcionen sin problemas siempre que implementen las interfaces de programación de aplicaciones de QuickTime correctamente. El complemento se encuentra disponible como una descarga gratuita.

Deberá tener la licencia de QuickTime Pro instalada para que el complemento Real Export funcione, pero la licencia no cuesta mucho, y probablemente ya la haya adquirido. Habrá recibido una licencia con las aplicaciones Final Cut o DVD Studio, y las licencias para QuickTime también se incluyen en algunos libros.

Tenga en cuenta que se trata de un complemento de sólo exportación. No es posible utilizarlo para introducir contenido ya codificado en formato Real.

Se admiten los formatos de exportación siguientes:

- Real Video 10: Una pasada (complejidad media).
- Real Video 10: Dos pasadas (complejidad elevada).
- Real Video 10: Una pasada (complejidad elevada).
- SureStream (velocidad de bits múltiple).
- Real Audio 10: Voz.
- Real Audio 10: Música.

Herramientas de vídeo de Real Networks

Si crea archivos de salida de vídeo de Real Networks, utilice Real Producer 10 o Helix Producer. Las herramientas desarrolladas por Real Networks (`http://www.realnetworks.com/resources/toolsplugins/`) son idóneas para la creación de sus archivos propietarios, aunque existen otras aplicaciones alternativas. Estas alternativas deben usar el kit de desarrollo de software de Real Networks, por lo que existen ciertas ventajas derivadas de su compra. En plataformas Linux, puede que de todas formas ésta sea la única herramienta disponible. El software RealProducer funciona muy bien con las tarjetas de vídeo Osprey.

Herramientas útiles

En la página de herramientas y complementos del sitio Web de Real Networks se enumeran una serie de herramientas de gran utilidad.

A continuación, se enumeran estas compañías y productos, aunque la lista no es exhaustiva y puede haber otras herramientas que no están específicamente diseñadas para procesar contenido de Real Networks que también le resulte de utilidad.

- MPI Media Publisher (`http://www.media-publisher.com/`).
- SofTV.net ShowAndTell y SofTV.net Presentation Maker (`http://www.softv.net/`).

- Serious Magic Visual Communicator Pro (`http://www.seriousmagic.com/`).
- Adobe (`http://www.adobe.com/`).
- Accordent PresenterONE (`http://www.accordent.com/`).
- Software Candesent.
- SMILGen (`http://www.smilgen.org/`).
- Macromedia (`http://www.macromedia.com/`).
- Sonic Foundry (`http://www.sonicfoundry.com/`).
- Oratrix Grins (`http://www.oratrix.com/`).
- Codificadores de software y hardware Viewcast Niagra SCX (`http://www.viewcast.com/`).
- Camtasia Studio 2 (`http://www.techsmith.com/`).

Servidores de transmisión en secuencias

Otra importante fuente de beneficios durante los 90 fue la venta de servidores de transmisión en secuencias. Ese mercado lo ocupan ahora una serie de diversas compañías y, para la implementación de contenido transmitido en secuencias a gran escala, en la actualidad se recomienda seleccionar Akamai o Kasenna en lugar de Real Networks. Una interesante iniciativa es el servidor Helix. Se trata de un proyecto de código abierto que empieza a ser bastante popular entre las comunidades académicas y científicas, que ya cuentan con historial en la participación en iniciativas de código abierto.

Factores de riesgo de la adopción de Real Networks Media

El mayor y único riesgo aquí es que los usuarios finales deben descargar un reproductor que no se instala de forma automática cuando compran un ordenador. El Reproductor Windows Media de Microsoft y el reproductor QuickTime de Apple cuentan ambos con una significativa ventaja sobre los medios de Real Networks porque ya se encuentran instalados en sus propias plataformas.

Esto no supone tanto inconveniente como podría parecer. Los consumidores descargarán un reproductor si reciben asistencia durante el proceso. Si ofrece contenido en formato de Real Networks y también prueba los complementos necesarios con algo de JavaScript, entonces es posible realizar una introducción muy sencilla al proceso de descarga e instalación de un complemento. Si emplea el formato y el reproductor de Real Networks, llegará a un segmento de los espectadores de la plataforma Linux que ni Microsoft ni Apple cubren. Puede obtener reproductores de Windows Media para Solaris, pero no para ninguna otra plataforma UNIX.

Probablemente la ventaja más significativa de utilizar Real Networks es que presenta una mayor portabilidad entre distintas plataformas que el resto de reproductores. Sus herramientas de producción solían carecer de cierta portabilidad en la plataforma Mac OS X, pero éste ya no es el caso y presenta una excelente compatibilidad con Linux.

Dado que otras compañías como Popwire Technology también implementan herramientas de producción en Mac OS para los formatos de vídeo Real y Windows Media, ya no existe la limitación de tener que utilizar la plataforma Windows si prefiere usar otra alternativa.

Utilizar estándares abiertos en reproductores de Real Networks

Al igual que ocurre con otras ofertas propietarias, los reproductores de Real Networks también admiten la reproducción de estándares abiertos.

Implicaciones del códec H.264 para Real Networks

¿Supone la emergencia de MPEG-4 una amenaza para la posición de Real Networks en el mercado? Durante algún tiempo, Real Networks ha recibido pocos beneficios de sus reproductores, y su mercado de servidores genera muchos menos beneficios de lo que hacía con anterioridad. La compañía reconoció que esto sucedía y decidió tomar el camino del código abierto de la mano del servidor Helix.

El estándar MPEG-4 representa más una oportunidad que una amenaza para Real Networks, y mientras la compañía continúe sacando algún beneficio de sus tecnologías propietarias, llegar a una audiencia mayor de servicios basados en suscripciones probablemente produzca más beneficios en el futuro. Real Networks está muy bien posicionado para evolucionar hacia algo similar a una compañía dedicada a la retransmisión de contenidos.

Resumen de las principales aplicaciones de Real Networks

Real Networks siempre ha estado disponible, y continúa estándolo, en una amplia variedad de plataformas. Los medios de Real Networks constituyen una excelente elección siempre que facilite a los usuarios el proceso de descarga del reproductor. En un entorno corporativo, puede que necesite adquirir una licencia para obtener un reproductor sin publicidad e instalarlo en toda su organización.

¿Existen otras opciones?

Ya hemos estudiado los principales competidores en el área de la reproducción de vídeo en ordenadores. En el capítulo siguiente veremos algunos reproductores cuyas ofertas son exclusivas y, por lo tanto, responden a las necesidades de pequeños mercados. Estos reproductores específicos de un nicho de mercado generan cierto negocio porque ofrecen características que los otros tres no ofertan.

Capítulo 25

Otros reproductores alternativos

Los otros reproductores

Tras haber dedicado un capítulo a cada uno de los principales reproductores, dedicaremos algunas páginas a estudiar algunas alternativas. Éstas pueden servir de ayuda si sus productos están orientados a un nicho de mercado concreto.

Macromedia Flash

Todo parece indicar que Macromedia Flash probablemente es el más ubicuo de los reproductores multimedia. Macromedia ha realizado un excelente trabajo a la hora de distribuir sus complementos con los principales sistemas operativos. La reproducción en Flash se integra con los reproductores QuickTime y RealNetworks con la misma facilidad con la que lo hace con los navegadores Web.

Es posible crear reproductores de cualquier forma o tamaño e incrustarlos perfectamente en páginas Web. Fíjese cómo el controlador de la figura 25.1 amplía limpiamente la parte inferior del vídeo y sólo incluye los controles necesarios. El cuadro de cierre se encuentra dentro del área del vídeo, pero no tiene por qué ser así, ya que es posible determinar completamente el tamaño, ubicación y apariencia del controlador.

Con algunos de los otros reproductores, tan sólo es posible activar o desactivar el controlador.

Dado que tiene un control total sobre la apariencia del reproductor y debido a que la apariencia es un aspecto del contenido, debería tener la misma apariencia y comportarse de la misma forma en todas las plataformas compatibles.

El reproductor Macromedia Flash ha ganado últimamente en importancia desde la introducción del vídeo en formato Flash. Éste permite reproducir el mismo vídeo dentro del contenido en las plataformas Windows y Mac OS. Muchas de las situaciones en las que es posible que se haya planteado el uso de MPEG-4 BIFS se podrían afrontar con el formato Macromedia Flash. Sólo cuando se llegan a las funciones extremadamente avanzadas del formato MPEG-4, el reproductor Flash requiere demasiado procesamiento para conseguir el mismo resultado.

Debería buscar la implementación de contenido que sea compatible al menos con Flash 6, aunque Flash 7 (`http://macromedia.mplug.org/`) probablemente constituya un nivel base mejor si desea crear importantes cantidades de vídeo y medios mixtos. El reproductor Flash se encuentra disponible para Linux, pero solamente en la variante vanilla x86.

Figura 25.1. *Reproductor de películas Flash.*

Las versiones PowerPC y x86 de 64 bits de Linux no se admiten en la actualidad, y es necesario ponerse en contacto directamente con Macromedia para obtener ayuda en caso de que precise disponer de compatibilidad en estas plataformas. También puede obtener compatibilidad con el reproductor Flash para la plataforma Pocket PC.

Su elección dependerá de sus conocimientos sobre los usuarios finales y lo que tengan instalado en los sistemas cliente de destino.

La creación de contenido para reproductores basados en Flash es bastante sencilla. Puede crear contenido de forma manual mediante las herramientas Flash disponibles a través de Macromedia, realizar exportaciones desde distintas aplicaciones que admitan Flash o descargar la especificación de archivos Shockwave (`http://www.openswf.org/`) y crear los archivos usted mismo con sus propias herramientas de creación de contenido.

Para codificar vídeo en formato Flash, necesitará una copia del códec Sorenson Spark Pro, que se encuentra disponible como una herramienta independiente o como parte del paquete de programas de compresión Sorenson Squeeze (`http://www.sorenson.com/solutions/prod/mx_win.php`).

Forbidden Technologies

El reproductor de Forbidden Technologies (`http://www.forbidden.co.uk/`) se implementa como un subprograma Java, por lo que funciona en la mayoría de situaciones. En los ejemplos proporcionados en el sitio Web de la compañía, los controles se muestran superpuestos al vídeo. En la figura 25.2 se muestra un ejemplo del reproductor.

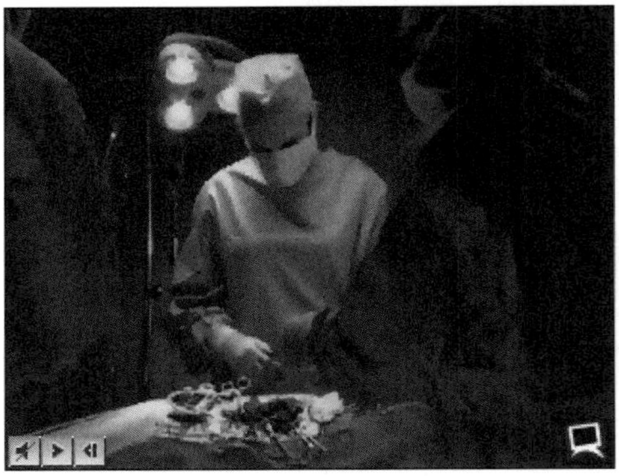

Figura 25.2.

Reproductor de vídeo de Forbidden Technologies.

Este reproductor compacto es ideal para su implementación en aplicaciones móviles. Se trata de un sistema de compresión de vídeo interesante, ya que la compañía decidió implementar una técnica de codificación nueva y original. El vídeo se codifica mediante la compresión de relleno y contornos. Esto significa que el códec busca los contornos más nítidos y los codifica eficazmente y, a continuación las áreas que delimitan estos contornos se codifican en forma de relleno. Esto proporciona al vídeo algunas características dignas de atención. A medida que se reduce la velocidad de bits, la calidad del vídeo se ve afectada, pero sin llegar a mostrar la típica apariencia en bloques de una secuencia de vídeo codificada mediante DCT en macrobloques. En su lugar, parece más bien una copia animada del original. Esto suele afectar al contenido en menor medida. Puede ver este efecto en el fragmento ampliado que se muestra en la figura 25.3.

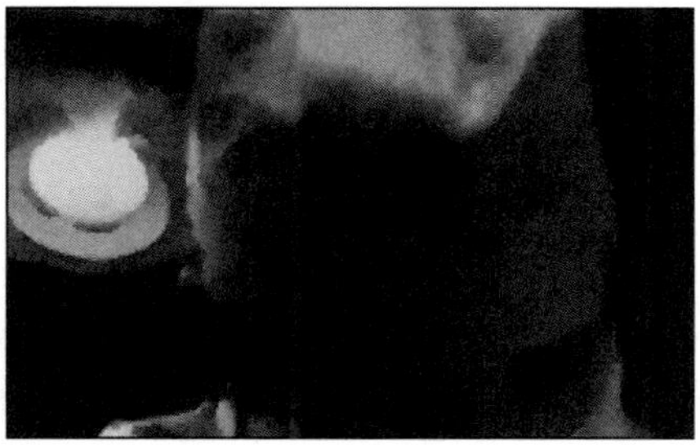

Figura 25.3.

Artefacto de codificación de Forbidden Technologies.

Con la resolución de un teléfono móvil o a través de una conexión telefónica lenta, la experiencia de vídeo es bastante buena. Existe una cierta falta de sincronización con el movimiento de los labios, pero cuando el vídeo se comprime espacial y temporalmente, toda la experiencia se ve comprometida, y preocuparse por la perfecta sincronización de los labios con el audio es una causa perdida.

Reproductor VLC de VideoLAN

Se trata de un reproductor extremadamente popular, porque se encuentra disponible como un kit de código completamente abierto, que puede modificar usted mismo si así lo desea.

La figura 25.4 muestra la apariencia del reproductor VLC (`http://www.videolan.org/`) en la plataforma Windows. Fíjese en la inusual ubicación de los controles en la parte superior de la pantalla.

El reproductor tiene una apariencia ligeramente diferente en Mac OS. En este caso, tal y como se aprecia en la figura 25.5, el controlador se muestra en una ventana diferente, al igual que el reproductor de DVD que incluye Mac OS. Se trata de una forma mucho más elegante de implementar el controlador.

Figura 25.4.

Reproductor de vídeo VLC en Windows.

Figura 25.5.

Reproductor de vídeo VLC en MAC OS X.

A continuación se enumeran las plataformas de sistema operativo que admiten los archivos binarios ya integrados y descargables, los cuales se pueden instalar de forma inmediata:

- Windows.
- Mac OS X.
- BeOS.
- Debian GNU/Linux.
- Mandrake Linux.
- Fedora Core.
- Familiar Linux.
- YOPY/Linux.
- Zaurus.
- SuSE Linux.
- Red Hat Linux.

También se admiten las plataformas de sistema operativo siguientes, pero es necesario que sea el usuario quien descargue y construya el reproductor a partir del código fuente:

- NetBSD.
- OpenBSD.
- FreeBSD.
- Solaris.
- QNX.
- Gentoo Linux.

M-Player

EL proyecto M-Player es otra interesante iniciativa de código abierto. Obtuvo en 2004 el premio Linux New Media al mejor reproductor multimedia, reconocimiento bien merecido.

Si está interesado en los entresijos del códec y el vídeo digital, el sitio Web del proyecto M-Player es un buen lugar en el que encontrar código que pueda descargar y modificar para adaptarlo a sus necesidades. Hay un gran número de codificadores, complementos, kits de interfaz de usuario y diversos artilugios relacionados con este proyecto que encontrará interesantes. M-Player admite algunos modelos de salida de gran interés, lo que incluye algunas visualizaciones basadas en texto que tienen una resolución muy baja pero que crean un efecto similar al de *Matrix* muy fácilmente. Si puede reproducirlas en una pantalla que pueda grabar, podrá generar algunos efectos especiales interesantes.

M-Player incluye de forma bastante interesante las bibliotecas DLL de Windows correspondientes a una gran variedad de códecs, de tal forma que funcionan en Linux y otros sistemas operativos basados en x86. El código también es compatible con una amplia variedad de plataformas UNIX, incluido el sistema operativo Mac OS. Por lo tanto, puede resultar interesante como forma para reproducir formatos de vídeo que no se admiten de ninguna otra forma.

Los elementos internos del reproductor están siendo sometidos a una completa revisión, y el reproductor actual se conoce como software Generation 2.

Si desea obtener más información, visite el sitio Web de M-Player, en la dirección `http://www.mplayerhq.hu/`).

Entorno multimedia Java

El entorno multimedia Java (JMF) es interesante porque, al igual que ocurre con el estándar MPEG-4, ofrece una extremada portabilidad. Siempre que tenga instalada una máquina virtual Java lo suficientemente actualizada (y cualquier otra biblioteca de nivel inferior), es posible añadir el entorno multimedia y reproducir diversos formatos de vídeo.

Cuando esto se combina con la compatibilidad de bajo nivel de la plataforma, la reproducción de vídeo se delega a un entorno multimedia mediante una conexión del kit de desarrollo de software a través de la interfaz de programación de aplicaciones.

Los experimentos que ha realizado el grupo de desarrollo *Interactive News* de la BBC han demostrado que el entorno multimedia Java permite la reproducción en varias pantallas portátiles. De hecho, la aplicación escrita no tenía en cuenta si controlaba QuickTime o Windows Media y funcionaba exactamente igual, con independencia de que se tratara de un sistema Mac OS X o una estación de trabajo de Windows. ¡Eso sí que es portabilidad total!

Una combinación de JMF y MPEG-4 proporcionaría funciones de reproducción única en cualquier parte. Debería poder construir un reproductor básico con el entorno multimedia Java que funcione de la misma forma en todas las plataformas.

Si desea obtener más información al respecto, visite el sitio Web de medios Java de Sun en la dirección (`http://java.sun.com/products/java-media/jmf/2.1.1/formats.html`).

El fragmento de código que se muestra a continuación es todo lo que se necesita para ejecutar el subprograma Java TV en una página Web y que reproduzca un clip de película. El subprograma muestra simplemente un rectángulo que contiene el área de reproducción de la película sin controlador.

```
<applet code=TVApplet.class width=587
   height=510>
<param name=file
   value="media/playme.mov">
```

El entorno multimedia Java es para aquéllos que deseen desarrollar algunas soluciones de reproducción de vídeo más complejas que no se pueden implementar con un reproductor estándar.

Más códecs y reproductores

Existen otros reproductores o códecs a los que debería echar un vistazo si está interesado en probar otras alternativas que vayan más allá de los visto hasta ahora. Algunos de ellos son vehículos para un nuevo códec, por lo que la compatibilidad del reproductor puede ser limitada o depender de otros productos.

- Ogg Vorbis (`http://www.vorbis.com/`)
- DivX (`http://www.divx.com/`)
- Emblaze (`http://www.emblaze.com/`)

- Dirac (`http://www.bbc.co.uk/rd/projects/dirac/overview.shtml`)
- Cinepak (`http://www.cinepak.com/`)
- Ligos Indeo (`http://www.ligos.com/`)
- MP3 (Audio; `http://www.iis.fraunhofer.de/`)

Y ahora la Web

El destino común de todos estos formatos es la Web. Se trata de un gran mercado, pero el mercado televisivo es aún mayor. Existe un intento de obtener sistemas basados en Web destinados a los aparatos de televisión. Funciona (más o menos), pero no de forma convincente todavía. La principal desventaja es el estilo de presentación. El contenido Web simplemente no pasa bien de una página a otra. Aún requiere una gran cantidad de trabajo para crear los mismos principios de diseño que rigen el diseño gráfico en televisión. Y el diseño de la televisión aún no es inherentemente interactivo. Necesitamos un estilo de diseño que combine la interactividad de la Web con la presentación en televisión.

En el capítulo siguiente veremos la implementación de activos audiovisuales en la Web para ver si eso nos ayuda a comprender los retos técnicos existentes.

Capítulo 26

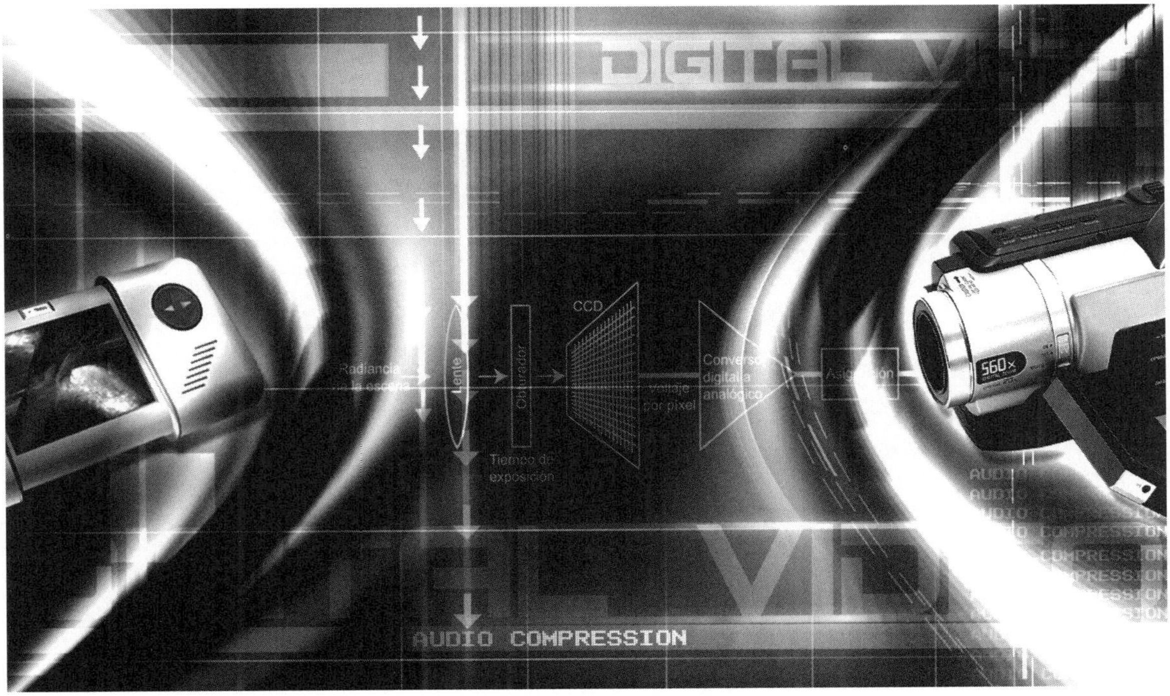

Publicar vídeos en Internet

Distribución Web

La distribución de vídeo por Internet presenta el vídeo digital en forma comprimida como un flujo al que uno se puede unir en cualquier momento. Es como saltar a un tren cuando pasa por la estación sin detenerse.

Puede haber varios flujos, al igual que ocurre con un múltiplex de retransmisión de televisión, pero en este caso, los flujos son sincrónicos y sólo se relacionan con un único programa.

Incluir vídeo en las páginas Web

En los últimos años, se ha vuelto común entre las emisoras, sobre todo entre los programas de noticias, ampliar sus servicios televisivos ofreciendo servicios basados en Web. Al formar parte del mundo de la televisión, naturalmente disponen de un gran depósito de contenidos de vídeo que pueden volver a utilizarlos. Muchos sitios Web de programas ofrecen enlaces a las páginas de los artículos relevantes para que se puedan ver los clips en la pantalla de un ordenador.

El sitio Web de BBC News utiliza un sistema muy complejo de administración de contenidos con un modelo controlado por una base de datos del sitio Web y todos los activos de vídeo, que permite insertar hasta un máximo de 200 clips al día, aunque el sitio no siempre incluye tantos.

A menudo basta con incluir un enlace dentro de una página para abrir una aplicación de reproducción en la que se vea el vídeo. Otras opciones más sofisticadas requieren incrustar el contenido de vídeo en una página Web. Algunos estudios sobre la facilidad de uso indican que la mejor forma de conseguir esto es crear una consola aparte en la que se reproduzca el vídeo. Esta consola se diseña de manera que ocupa solamente el espacio necesario para el vídeo y algunos gráficos o un texto de ayuda; es mucho más pequeña que una página Web normal. Puede colocar la consola en la esquina de la pantalla y seguir trabajando en otra cosa mientras se mantiene a la vista.

Si se inserta el vídeo directamente en el cuerpo del sitio Web principal puede ser problemático, porque entonces el usuario no puede continuar con la navegación. Con una consola independiente, el usuario tiene libertad para navegar mientras el vídeo se almacena o se carga, y toda la experiencia transcurre con más fluidez.

Reproductor o complemento

Si va a crear un sitio Web preparado para la reproducción de vídeo, debe decidir cómo va a presentar el vídeo dentro del contenido. Algunos dicen que el mejor método es incrustar el vídeo dentro de la página Web con un complemento, mientras que otros opinan que es mejor abrir un reproductor externo.

Debe meditarlo con detenimiento, ya que la elección puede determinar si necesitará un diseño simple o complejo, y eso afectará al resultado final.

Por lo general, tiene más portabilidad utilizar un reproductor. El reproductor ya debe de estar instalado y se asigna mediante los mecanicismos de tipo MIME dentro del explorador Web para seleccionar la aplicación auxiliar. Ésta funciona de manera similar, independientemente de la plataforma en la que tenga lugar la reproducción. Siempre que haya un reproductor disponible para todas las plataformas de destino, no habrá problemas. Con algunos reproductores, el espectador se ve obligado a leer anuncios controlados por el fabricante del reproductor. Podría conseguir una ampliación de la licencia del programador para reconfigurar el reproductor con el fin de reducir este efecto.

Complementos y Javascript

Si opta por el método del complemento, es posible que deba trabajar bastante para asegurarse de que el complemento sirve para todos los exploradores y plataformas. Allá por 1998, el sitio Web de BBC News Online introdujo una consola de audio/vídeo que utilizaba marcos y Javascript para solucionar esos problemas, pero la implementación fue muy difícil técnicamente. Algunos métodos no funcionaban bien. Por ejemplo, en algunos complementos se podía cambiar el nombre de un clip, pero en otros no; la página que contenía el complemento tenía que recargarse desde cero porque no se reconocía el comando Javascript para seleccionar una nueva URL. En algunos exploradores y plataformas era necesario usar una etiqueta `<EMBED>`, mientras que en Windows había que usar la etiqueta `<OBJECT>`. Otras dificultades provocaron que el código de Windows tuviera que crearse dinámicamente cuando se utilizaba en Internet Explorer, pero no en el navegador Netscape. La creación dinámica de HTML con Javascript provoca que algunos vínculos de objetos tengan lugar después de que la página empieza a cargarse. Estos vínculos no se resuelven adecuadamente hasta un tiempo después de que la página haya terminado de cargarse. Los desencadenadores de evento `onLoad` podrían provocar que las secuencias de comandos se ejecutaran antes de lo que se pretendía. Entonces producirán errores porque los objetos de destino aún no se han creado adecuadamente (el término técnico es instanciado).

Además, la creación y destrucción dinámica de objetos es propensa a las pérdidas de memoria, porque no es algo que se suela hacer y parece que se escapa a las pruebas de control de calidad cuando se programa el código del explorador.

Otro inconveniente de la incrustación es que la página con el objeto de vídeo debe permanecer cargada. Por tanto, si publica el vídeo en una página que tiene enlaces a otra ubicación, el espectador deja de ver el vídeo muy pronto después de acceder a él. El método óptimo es crear una ventana emergente que contenga el objeto de vídeo.

Esta ventana emergente (consola) permanece en pantalla todo el tiempo que el usuario la necesite, sin afectar a la navegación posterior.

En 1998, otro problema importante era que los complementos admitían distintas API para el control de Javascript. Aún sigue sin existir un estándar para esto. Sería muy práctico que hubiera una serie estandarizada de controles que necesitaran los complementos de vídeo y audio, porque así el código Javascript sería más portátil.

Protocolos

El contenido de vídeo se puede distribuir de distintas maneras, que se indican mediante el método de protocolo, que precede a los dos puntos en las URL. La tabla 26.1 contiene algunos métodos de protocolo comunes.

Tabla 26.1.

Protocolos de distribución de contenido multimedia.

Método	***Descripción***
`file://`	Archivo en un sistema de archivos local.
`http://`	Protocolo de transferencia de hipertexto.
`https://`	Protocolo seguro de transferencia de hipertexto.
`mms://`	*Microsoft Media Streaming.*
`pnm://`	*Progressive Networks Media.*
`rtp://`	Protocolo de Tiempo Real.
`rtsp://`	Protocolo Streaming de Tiempo Real.

Metarchivos

La mayoría de las implementaciones de los reproductores utilizan una referencia o metarchivo, que se menciona en el HTML de la página Web. Este archivo en realidad no contiene ningún contenido multimedia, pero conduce a un archivo o secuencia que sí.

Esto permite ofrecer contenidos multimedia de distintas formas alternativas.

Al emplear un archivo intermedio, se evita que el usuario tenga que volver a publicar las páginas Web cuando se utilice un servidor alternativo.

Otra ventaja es que algunos de estos metarchivos permiten crear listas de reproducción o adjuntar clips de cabecera y avances. Además, normalmente se pueden definir los puntos de inicio y de fin para que un archivo de clip pueda tener varios usos.

Tal y como cabe esperar, las distintas plataformas son compatibles con extensiones de nombre de archivo excluyentes entre sí, y la sintaxis del contenido del metarchivo también es diferente en cada gama de reproductores.

Extensiones de archivo

La tabla 26.2 contiene las extensiones de tipo de archivo para los formatos de los distintos metarchivos. En el Apéndice I aparece una lista más exhaustiva de los tipos de archivo que son relevantes para las actividades de compresión de vídeo.

Tabla 26.2.

Extensiones de nombre de archivo de los metarchivos.

Extensión	*Tipo de archivo*
`.asx`	Metarchivo Advanced Stream Redirector de Windows Media.
`.m3u`	Lista de reproducción de archivos MPEG.
`.mov`	Película de referencia de QuickTime.
`.ram`	Metarchivo de Redirector de RealAudio.
`.rmm`	Metarchivo de Redirector de RealMedia.
`.rpm`	Metarchivo de Redirector de Real Plug-in.
`.smi`	SMIL.
`.smil`	SMIL.
`.wax`	Redirector de audio de Windows Media.
`.wmx`	Redirector de Windows Media.
`.wpl`	Lista de reproducción del Reproductor de Windows Media.
`.wvx`	Redirector de vídeo de Windows Media.

Metarchivos de Windows Media

Los metarchivos Advanced Stream Redirector (`.asx`) proporcionan información acerca de una secuencia de archivos y de su presentación. Los archivos además definen las listas de reproducción y proporcionan al Reproductor de Windows Media información sobre cómo presentar los elementos multimedia de la lista.

Los metarchivos de Windows Media se basan en la sintaxis XML y se pueden codificar en formato ANSI o UNICODE (UTF-8).

El siguiente listado muestra el contenido de un archivo `.asx`, como los que utiliza el reproductor de Windows Media.

```
<asx version="3.0">
<entry>
<ref href="mms://stream.contactright.com/
   media/clip.wmv"/>
<starttime value="00:00:00"/>
<abstract>Descripting abstract
   text</abstract>
<title>Title text</title>
<author>Content author</author>
<copyright>Copyright 2004 ContactRight
   Ltd</copyright>
</entry>
</asx>
```

El archivo `.asx` está configurado para reproducir un clip de vídeo de Windows Media. Podría haberse guardado con la extensión. `.wmv`. Los archivos `.wax` son prácticamente idénticos, excepto en que hacen referencia a archivos `.wma` que contienen audio.

La ventaja de tener archivos `.asx`, `.wvx` y `.wax` casi idénticos es que cada tipo de metarchivo se puede asociar con una aplicación auxiliar o complemento distinto.

Real Networks

Los metarchivos para Real Networks son bastante más simples. Son sólo una lista con las URL de los archivos multimedia que se van a reproducir. En este ejemplo, se invocan algunas descargas progresivas a través de archivos http. Se transfiere una presentación SMIL (lenguaje de integración y sincronización de archivos multimedia) y se reproducen algunos archivos locales. Entonces el metarchivo se detiene. El elemento multimedia al final del metarchivo después de la parada no se reproducirá.

El listado a continuación muestra un metarchivo de Real Networks.

```
http://www.contactright.com/media/
   video1.rm
http://www.bbc.co.uk/media/video2.rm
http://www.contactright.com/media/
   sample1.smil
rtsp://server.real.com:554/sample.smil
file://mymedia/video1.rm
file://mymedia/video2.rm
file://mymedia/sample1.smil
—stop—
pnm:// server.real.com:7070/sample.rm
```

QuickTime

QuickTime utiliza una película de referencia, que tiene la misma extensión de archivo que una película normal. La naturaleza del archivo no se manifiesta hasta que se abre el archivo, momento en el cual se comprueba que hace referencia a otros archivos. Ésta es una función inherente a las películas de QuickTime: pueden hacer referencia a contenidos de vídeo en otros contenedores de películas externos.

Para crear películas de referencia deberá descargar la herramienta `MakeRefMovie` desde el sitio Web de Apple QuickTime: `http://www.apple.com/quicktime/`. Con ésta podrá compilar las películas de referencia de QuickTime binarias a las que hará referencia desde las páginas Web.

Listas de reproducción de archivos MPEG

Los archivos `.m3u` son un formato de listas de reproducción multimedia. Es el formato predeterminado que utilizan Winamp y muchos otros reproductores multimedia. El siguiente listado muestra un ejemplo de lo que contendría un archivo `.m3u` si sólo tuviera una entrada. La primera línea, "`#EXTM3U`" es el descriptor de formato. En este caso describe un formato M3U ampliado. Esta línea es obligatoria.

```
#EXTM3U
#EXTINF:350,ELO - MrBlueSky
/Music/mp3/ELO/Best Of/MrBlueSky.mp3
```

Las entradas de las canciones se indican mediante pares de líneas. La primera línea es la información que se presentará al usuario; la segunda describe la ubicación del archivo que se va a reproducir.

La primera línea del elemento multimedia debe comenzar con "`#EXTINF:`", que denota el comienzo de una grabación. El número que sigue al punto y coma es la duración de la pista en segundos. Una coma separa este valor del nombre de la pista. Este nombre debería ser coherente con la etiqueta `ID3` dentro del archivo MP3.

La segunda línea del elemento multimedia es la ruta del archivo multimedia que se va a reproducir. Es una descripción de ruta de archivo estándar al estilo de UNIX. En este ejemplo, se ubica en el sistema de archivos local.

SMIL

Los contenedores SMIL realizan una función muy similar, pero son neutrales en cuanto al formato. Son compatibles con diversos tipos de archivos multimedia de distintos fabricantes. Es peligroso mezclar varios tipos de reproductores multimedia en una sola sesión, pero, en el momento de su lanzamiento, el reproductor Oratrix Grins era conocido por ser capaz de admitir distintos formatos SMIL. Funciona como un contenedor de complementos, el cual puede abarcar cualquiera de los reproductores de vídeo instalados. Si se empieza a ocupar zonas superpuestas en la pantalla con distintos reproductores, se corre un riesgo; es decir, suponiendo que, para empezar, se puedan ejecutar todos al mismo tiempo.

Una opción más segura es implementar el contenedor SMIL de tal manera que no mezcle formatos y sólo utilice un tipo de archivo multimedia.

El listado a continuación ilustra un ejemplo de contenedor SMIL para archivos multimedia.

```
<smil>
<head>
<!--Presentation attributes. -->
<meta name="author"
   content="www.contactright.com"/>
<meta name="title" content="Title text"/>
<meta name="copyright" content="© 2004"/>
</head>
<body>
<audio src="http://www.contactright.com/
   soundtrack.rm"/>
<video src="http://www.contactright.com/
   visual.rm"/>..
</body>
</smil>
```

Los detalles de la distribución Web

Cuando inserta un vídeo en una página Web, es preferible utilizar las etiquetas `<EMBED>` y `<OBJECT>`. Hay varios problemas importantes derivados de emplear una etiqueta `<A>` y una referencia `HREF=""` a la película.

Cuando se crea un enlace a una película con una etiqueta `<A>` se elude la concordancia del tipo MIME y el explorador no puede invocar correctamente el complemento. Algunos exploradores lo soportan mejor que otros, pero nunca bien del todo. Aunque el explorador intercepte este mecanismo de carga y cree una página virtual con un complemento, no hay forma de controlar el proceso de visualización del complemento. En el Apéndice I se recogen algunos valores útiles de tipo MIME. Fíjese en que algunos de ellos deben estar definidos en los archivos de configuración del servidor Web.

Si no se ha asignado la extensión de archivo, es posible que el contenido del archivo aparezca en la ventana del explorador en forma de texto. ¡Una película así presentada no impresionará a ningún consumidor!

Algunos tipos de archivo, como `.mp4`, `.smil`, `.swf`, y el protocolo `rtsp://` no activarán correctamente QuickTime y otros controladores; si no tiene un complemento que se corresponda con tipo de datos que se va a descargar, podría ser que acabara bloqueándose todo. La etiqueta <EMBED> sirve para todos los exploradores en distintas plataformas. Uno de los atributos es el tipo MIME del contenido. El explorador lo utiliza para seleccionar una aplicación o complemento de reproducción. La etiqueta <EMBED> también cuenta con mecanismos de migración en caso de error que conducen a una página de descarga si no se tiene instalado el complemento necesario para alguno de los contenidos insertados. La tabla 26.3 recoge las direcciones de descarga por si desea incluirlas en sus páginas Web.

Tabla 26.3.

Páginas de descarga de complementos de reproductores conocidos.

Reproductor	*URL de descarga*
QuickTime	`02BF25D5-8C17-4B23-BC80-D3488ABDDC6B`
Real	`CFCDAA03-8BE4-11CF-B84B-0020AFBBCCFA`
Window Media 9	`6BF52A52-394A-11D3-B153-00C04F79FAA6`
Window Media (anteriores)	`22D6F312-B0F6-11D0-94AB-0080C74C7E95`
Macromedia Flash	`D27CDB6E-AE6D-11cf-96B8-444553540000`

La etiqueta <OBJECT> se define como un estándar W3C y debería estar implementada sistemáticamente por todos los exploradores para todas las plataformas, pero no lo está. En Internet Explorer (IE) en la plataforma Windows hay que usar la etiqueta <OBJECT>, pero en todos los demás exploradores la mejor elección es la etiqueta <EMBED>. La etiqueta <EMBED> en IE para Windows no es compatible con el atributo `PLUGINSPAGE`, por lo que no funciona el mecanismo de migración en caso de fallo para descargar el complemento. Así pues, si se intenta reproducir una película QuickTime, la etiqueta <EMBED> tan sólo funcionará en IE para Windows si ya está instalado QuickTime. Por el contrario, la etiqueta <OBJECT> permite especificar un control ActiveX y esto no depende del tipo MIME. Además, si no se ha instalado el control ActiveX, IE para Windows sabe adónde se tiene que dirigir para conseguirlo y le ofrece la posibilidad de descargarlo. La tabla 26.4 enumera los valores `CLASSID` para la etiqueta <OBJECT>.

Tabla 26.4.

Valores de ID de clase para objetos para complementos.

Reproductor	*Valor de ID de clase*
QuickTime	`02BF25D5-8C17-4B23-BC80-D3488ABDDC6B`
Real	`CFCDAA03-8BE4-11CF-B84B-0020AFBBCCFA`
Window Media 9	`6BF52A52-394A-11D3-B153-00C04F79FAA6`
Window Media (anteriores)	`22D6F312-B0F6-11D0-94AB-0080C74C7E95`
Macromedia Flash	`D27CDB6E-AE6D-11cf-96B8-444553540000`

Sí, lo sé, se supone que los valores `CLASSID` son para que los entiendan los ordenadores, no los seres humanos. Sin embargo, me parecía una buena idea reunir toda esta información en un único lugar. Fíjese en que esto sólo se aplica al empleo de la etiqueta `<OBJECT>` en la plataforma Windows. La tabla 26.5 enumera los valores `CODEBASE` para las descargas de ActiveX.

Tabla 26.5.

Valores de descarga de bases de datos de código fuente para objetos para complementos.

Reproductor	Valores de base de datos de código fuente
QuickTime	`http://www.apple.com/qtactivex/qtplugin.cab`
Real	`http://www.real.com/player/index.html`
Windows Media	No hay archivos `.cab` suministrados para el Reproductor de Windows Media, los necesarios se incluyen automáticamente dentro de la instalación del sistema operativo, pero tal vez no sea así en todas las versiones europeas de Windows.
Macromedia Flash	`http://download.macromedia.com/pub/shockwave/cabs/flash/swflash.cab#version=6,0,0,0`

Cuando utilice la etiqueta `<EMBED>` u `<OBJECT>`, especifique una altura para el controlador. El margen depende del tipo de complemento. Los reproductores QuickTime, Real Networks y Windows Media tiene un aspecto ligeramente distinto cuando se renderizan en la memoria intermedia con visualización. La película puede tener conmutadores configurados internamente para activar o desactivar el controlador, o puede tener una máscara alfa o carátula que cambie a otra forma que no sea un rectángulo. Debe saber qué es lo que va a insertar para asegurarse de que se reserve espacio suficiente cuando el navegador elabore el diseño de la página.

Controlar las etiquetas `<EMBED>` y `<OBJECT>` con Javascript es una experiencia, a veces frustrante, que exige mucho tiempo. Todas las compañías principales han incorporado complementos de reproductores de vídeo durante algún tiempo. Sin embargo, no existe un conjunto estandarizado de propiedades y métodos que se puedan activar desde Javascript. Se puede elaborar una solución provisional, pero requiere programar más código Javascript en torno a las aplicaciones de los complementos para que se comporten de manera coherente entre sí.

Un truco para HTML es codificar una etiqueta `<EMBED>` anidada dentro de la gestión de errores de una etiqueta `<OBJECT>`. Permitirá al explorador realizar una conmutación a `<EMBED>` si la página se carga en un explorador que no sea compatible con la incrustación de `<OBJECT>` ActiveX.

A continuación, vemos un ejemplo que reproducirá una película de QuickTime mediante un complemento ActiveX en IE dentro de Windows, pero que en todos los demás exploradores se reproducirá a través de la etiqueta <EMBED>.

```
<OBJECT WIDTH="120"
HEIGHT="100"
CLASSID="clsid:02BF25D5-8C17-4B23-BC80-
   D3488ABDDC6B"
CODEBASE="http://www.apple.com/qtactivex/
   qtplugin.cab">
<PARAM NAME="src" VALUE="MyMovie.mov">
<PARAM NAME="autoplay" VALUE="true">
<EMBED WIDTH="120"
HEIGHT="100"
SRC="MyMovie.mov"
TYPE="video/quicktime"
PLUGINSPAGE="http://www.apple.com/
   quicktime/download/">
</OBJECT>
```

En diversos sitios Web de terceros encontrará más información sobre estas técnicas y algunas utilidades:

- PAGEot: `http://www.qtbridge.com/pageot/pageot.html`
- Qtilities: `http://www.qtilities.com/`
- Adobe Go Live: `http://www.adobe.com/golive/`

Implicaciones de Windows XP Service Pack 2

En Windows XP se han introducido cambios que se instalan con Service Pack 2 (`http://www.microsoft.com/technet/prodtechnol/winxppro/maintain/winxpsp2.mspx`) y que tienen un impacto importante en la funcionalidad de navegación por Internet, especialmente en el área de los controles ActiveX, que ahora suelen estar bloqueados.

Si tiene instalado Service Pack 2 en un equipo Windows XP (como debería), es posible que descubra que se ha modificado el comportamiento de ciertos controles ActiveX en beneficio de una mayor seguridad. Las secuencias de comandos y complementos que antes se habrían ejecutado directamente sin el consentimiento del usuario, ahora se bloquearán totalmente o solicitarán permiso antes de ejecutarse.

La siguiente lista incluye los puntos principales relacionados con la navegación por Internet que deberá revisar.

Se puede encontrar información más detallada en el sitio Web de Microsoft: `http://www.microsoft.com/technet/prodtechnol/winxppro/es/maintain/sp2brows.mspx`.

- Modificaciones de las descargas.
- Modificaciones de los datos adjuntos.
- Mejoras de Authenticode.
- Administrador de complementos.
- Mejoras en la detección de bloqueos.
- Configuración de seguridad de los comportamientos binarios.
- Modificaciones del código para admitir zonas de seguridad de direcciones URL.
- Reducción de BindToObject.
- Mejoras en la barra de información.

- Uso de la configuración del Registro de control de características y la configuración de la zona de seguridad.
- Configuración del control de características en la directiva de grupo.
- Configuración de seguridad de UrlAction en la directiva de grupo.
- Bloqueo de la zona Máquina local.
- Aplicación de la administración de MIME.
- Mejoras en el almacenamiento en caché de objetos.
- Bloqueo de elementos emergentes.
- Reducción de los fabricantes que no son de confianza.
- Restricciones de ventanas.
- Bloqueos de elevación de zona.
- Bloqueo de protocolo de red.

Tenga en cuenta que algunos programas pueden dejar de funcionar al mismo tiempo, lo que podría deberse al cierre de los puertos en el cortafuegos, que impide que esas aplicaciones puedan comunicarse con el servidor.

A veces, se supone que los programas deben responder a las conexiones entrantes, por lo que tal vez deba abrir expresamente ciertos puertos, para permitir que otros ordenadores se conecten con el suyo. Ejemplos evidentes son el correo electrónico, la transferencia de archivos, los escritorios remotos y los archivos compartidos. Si emplea un servidor que contenga una base de datos o sitio Web, los clientes necesitarán tener acceso, el cual se les denegará posiblemente hasta que haga algo al respecto.

Migración a Linux

Cada vez es más común ejecutar navegadores de Internet en Linux. Dado que no todos los fabricantes de complementos coinciden, no todos proporcionan una versión de sus complementos compatible con Linux. Sin embargo, puede ejecutar los complementos de Windows dentro de un paquete especial para que crean que están en Windows, cuando en realidad se ejecutan en Linux. Consulte el sitio Web Codeweavers para ver distintas opciones de migración que podrían ayudar con este tipo de problema: `http://www.codeweavers.com/site/products/`.

H.264 en Internet

Para incluir vídeos con los servicios Web y en línea, las opciones más populares son Real Networks (`http://www.realnetworks.com/resources/samples/embedded.html`) y Windows Media. QuickTime es otra posibilidad, y aunque es excelente y se implementa en muchas plataformas, no hay tantos servicios que opten por QuickTime como los que utilizan Real Networks y Windows Media.

Es muy probable que se imponga la compatibilidad con H.264. Con el tiempo, lo admitirán todos los reproductores de Real Networks, Windows Media y QuickTime, lo cual no impedirá que cuenten con sus propios formatos patentados, sino que permitirá que interactúen. Con algunos reproductores ya está ocurriendo esto. Cuando los tres reproductores ofrezcan la capacidad H.264 y compatibilidad con audio AAC+, no habrá ninguna razón para que todos incluyan un formato patentado. Esto indica que H.264 es una buena elección de cara al futuro.

Las implementaciones de código abierto de un estándar abierto ofrecen una libertad total para comprar el servidor de un fabricante y el reproductor de otro y usar herramientas de edición de distintas marcas. Después se implementa el servidor en cualquiera de las tres plataformas principales (Windows, Linux o Macintosh). Los usuarios pueden ver el contenido en cualquier plataforma que tenga un reproductor H.264 viable.

Si no publica los vídeos en Internet, emítalos de otra manera

El otro público más importante para nuestro contenido serán los telespectadores. Podrían recibir nuestro vídeo a través de un sistema de retransmisión por televisión u otra conexión de red de banda ancha.

La solución de banda ancha se perfila cada vez más como un futuro conducto televisivo mayoritario.

En el siguiente capítulo veremos cómo funcionan los servicios de televisión digital. Esto es importante porque tiene que ver con lo que le ocurre al vídeo después de que lo codifique un compresor.

Capítulo 27

Televisión digital

Emisión de televisión digital

Probablemente sea la forma más común en que se distribuye el vídeo comprimido, al menos cuando se contabiliza por el número de receptores que ven los usuarios finales. La ventaja principal de la emisión es que, aunque se transmite sólo una copia, todo el mundo la puede ver al recibirse por una antena aérea y descodificarse en una forma que se pueda ver en un televisor.

La industria de la televisión digital británica ha implementado tres plataformas fundamentalmente diferentes y hay una cuarta que está ganando aceptación con rapidez.

Televisión digital por satélite

Los servicios de satélite digital en el Reino Unido se basan en vídeo codificado en MPEG-2, contenido dentro de secuencias de transporte MPEG-2, y cierto grado de compatibilidad adicional con la interactividad codificada de Open TV. Los servicios de satélite digital se distribuyen a las antenas parabólicas montadas en el tejado o en la pared exterior de las viviendas.

La organización Digital Video Broadcast (DVB) ha revisado las especificaciones de los protocolos de distribución del satélite digital y ha desarrollado un método de segunda generación. Las técnicas de transmisión DVB-S2 son un 30 por 100 más eficientes que los protocolos de distribución DVB-S anteriores. Esto, junto con las mejoras efectuadas en el código que ofrece H.264, significa que la distribución de HDTV ahora es una realidad.

Televisión digital terrestre

La retransmisión de televisión digital terrestre (TDT) en el Reino Unido utiliza una técnica de compresión basada en DVB muy parecida al servicio por satélite. Una secuencia de transporte transmite los programas y otros datos de la misma forma, pero incluye interactividad con el estándar MHEG. La emisión TDT utiliza el mismo espectro que la televisión analógica, pero sólo emplea algunos de los canales de manera más eficaz.

Nota: Puede inducir a confusión, que MHEG se tenga un nombre parecido al del estándar MPEG, pero son cosas totalmente distintas. MPEG describe vídeo en una forma compacta y codificada; MHEG describe la interactividad en una estructura de escena basada en objetos. Existen similitudes entre los archivos multimedia MHEG y MPEG-4 parte 1, pero lo que ofrece MPEG-4 es mucho más sofisticado.

Televisión digital por cable

En el Reino Unido, los servicios de televisión digital por cable emplean el mismo modelo de secuencia de transporte MPEG-2 basado en DVB que el satélite digital y la TDT. La interactividad se implementa mediante una variante de HTML desarrollada por Liberate. La televisión digital por cable se distribuye mediante una red de cables de cobre conectados directamente a las casas a través de una serie de amplificadores de distribución.

Los operadores de cable también proporcionan conexión telefónica y servicios de Internet. Con las infraestructuras de cabecera adecuadas, también están implementando servicios de vídeo a la carta. Este método tiene todas las probabilidades de verse reemplazado por la conectividad de banda ancha.

Televisión de banda ancha

Cada vez se está investigando más la posibilidad de distribuir señales de emisión de televisión a través de la banda ancha que ofrece por el proveedor del servicio telefónico. A veces se denomina con las siglas inglesas IPTV (por *Internet Protocol*, que es la base de su distribución) o VOD (vídeo a la carta). Los puntos fuertes de las soluciones de televisión basadas en la banda ancha se encuentran en el terreno de la monodifusión más que en el de la multidifusión. El principal factor que limita la banda ancha es la última milla de conectividad, que normalmente se debe al cableado de cobre preexistente. La atenuación de la señal afecta a la fiabilidad y la integridad del flujo de datos. Algunos proveedores de banda ancha garantizan la disponibilidad sólo hasta una distancia limitada desde algún transductor de fibra óptica.

Servicios mixtos

El servicio óptimo se proporciona combinando la televisión digital por satélite o terrestre con la banda ancha para servicios auxiliares. La combinación de la banda ancha con el cable digital podría parecer redundante, ya que sería poner el doble de cables de los necesarios. Ya que se va a molestar en tender el cableado, ¿por qué no instalar alta capacidad con un trayecto de retorno en la misma conectividad?

Plataforma doméstica multimedia

Los servicios europeos de televisión digital están preparando y van a lanzar una plataforma basada en MHP (plataforma doméstica multimedia). Estará disponible de la misma manera para todas las distintas formas de transmisión, por lo que los receptores son muy similares, al igual que las oportunidades de añadir interactividad.

El descodificador

En el Reino Unido y otros países en los que se han implementado los estándares DVB, se utiliza el códec MPEG-2 para la codificación de vídeo. Éste se inserta en silicona, para que la fabricación de los receptores sea económica. En transporte se realiza a través de una secuencia de transporte que multiplexa varios canales en una sola secuencia de bits.

Tecnología DSP en los descodificadores

Aquí tenemos una posible estrategia alternativa que gira en torno a descodificadores con procesadores de señales digitales (DSP), y no circuitos integrados en la aplicación específica (ASIC), que contienen el códec. El DSP se puede cargar con otro códec en cualquier momento, pero los ASIC se conectan mediante cables cuando son fabricados. Texas Instruments (`http://www.dspvillage.com/`) ha demostrado que el códec debería distribuirse como una cabecera al principio del programa para poder cargarse más adelante en el DSP cuando sea necesario, lo cual requiere un sistema cerrado que funcione con eficacia. Ésta es una solución atractiva para los fabricantes de descodificadores que no saben si incluir el códec VC-1 (Windows Media) o el H.264 a corto plazo. El códec se cambia sobre el terreno recargando los chips del DSP con el software nuevo.

Equator Technologies (`http://www.equator.com/`) e Hitachi Semiconductor (`http://www.hitachisemiconductor.com/`) están demostrando un trabajo experimental parecido y muchas otras compañías también están trabajando en este campo tecnológico. Estos chips DSP están diseñados para el procesamiento en tiempo real con algoritmos tan complejos como los que describe el H.264.

H.264 en los descodificadores

Implementar codificadores y descodificadores compatibles con H.264 no es tarea fácil. En el Reino Unido hay alrededor de 10 millones de descodificadores MPEG-2 en hogares de consumidores. Estos aparatos no se van a reemplazar con rapidez.

Actualizar el firmware no es una solución viable, ya que el gasto informático de descodificar H.264 compatible y la memoria necesaria es más de lo que ofrecen estos descodificadores. Esta situación se debe a la distribución gratuita de descodificadores entre los consumidores con la esperanza de que las ganancias por las suscripciones, transcurridos varios años, compensarían el coste del descodificador. Las compañías que contaban con más fondos lograron la máxima penetración en el mercado. Por ello, al menos en el Reino Unido, nadie tiene prisa por cambiar los receptores.

HDTV

Los nuevos mercados para los servicios de televisión presentan la ventaja de que, al no existir una base instalada, un estándar nuevo es una opción viable.

Durante 2004, los organismos normativos pertinentes acordaron que el códec H.264 sería ideal para distribuir las retransmisiones de HDTV en Europa. Ya se había ratificado como uno de los códecs adicionales para su uso en el DVD, siendo otro el de Windows Media.

La televisión de alta definición se está volviendo cada vez más popular y permite emplear las mismas técnicas e infraestructuras que se usan para la televisión de definición estándar. Las velocidades de bits para HDTV son algo más altas para el material sin comprimir. Aquí es donde los nuevos estándares de codificación como H.264 o VC-1 facilitan la transmisión de HDTV en redes SDTV existentes.

Convergencia con el PC

Los receptores parecen cada vez más ordenadores en cajas de aluminio pulido y los PC son cada vez más potentes, así que no es arriesgado prever un buen diseño de una aplicación-receptor en el futuro. Por ejemplo, si el usuario cambia de canal, de acuerdo con la información de lo que el usuario está haciendo, el receptor podrá almacenar el múltiplex en el que suponga que será el próximo canal seleccionado.

En el Reino Unido, los dispositivos sencillos con un sintonizador como El-Gato Eye TV 400, cuando se conectan al servicio Terrestrial Freeview producen una calidad de imagen muy buena, y esta tecnología permite un desarrollo interesante del servidor multimedia para el hogar si los procesos de sintonización y grabación se conectan a un sistema automatizado.

Secuencias de emisión

Los servicios de televisión digital de todo el mundo han estado implementando contenidos de vídeo MPEG-2 dentro de una secuencia de transporte. Estas secuencias de transporte están especificados por el estándar MPEG-2 y son compatibles con los sistemas terrestres, por satélite y por cable. De hecho, es posible técnicamente distribuir la misma secuencia de transporte a todas las plataformas, siempre que incorpore un superconjunto de los flujos de datos complementarios necesarios para las tres. Esto no sería práctico para el consumo público, pero es útil en un entorno de ensayo y prototipo cuando los investigadores desarrollan contenido interactivo y tratan de prever el resultado.

Desarrollo de la secuencia de transporte

Como el mecanismo de secuencia de transporte MPEG-2 está bastante bien evolucionado, el estándar MPEG-4 no pretendía introducir ningún cambio. El estándar MPEG-2 permite que el contenido MPEG-4 se pueda transportar junto con las secuencias MPEG-2 en la infraestructura existente. Esto permite que se desarrollen y ensayen nuevos servicios sin llegar reemplazar completamente los sistemas de emisión que ya están funcionando, cuyo desarrollo habría requerido una importante inversión de tiempo y dinero.

Las organizaciones como DVB rigen los mecanismos de difusión y deciden qué se puede transmitir. Es probable que el códec H.264 se instaure para la implementación de la emisión de HDTV en Europa. Puede ser que otros estándares se consideren aceptables también, como SMPTE VC-1 (basado en Windows Media), siempre y cuando se ratifiquen finalmente como estándares. Sin embargo, cada vez parece más improbable que VC-1 se ratifique a tiempo.

Resiliencia en las secuencias de transporte

Las emisiones de vídeo digital deben distribuir el contenido sin que falten fotogramas y con una calidad de imagen satisfactoria durante largos períodos. La presión comercial dicta que se reduzca la calidad de vídeo a favor de emitir más canales.

El transporte de vídeo es bastante complejo ya que el medio de transmisión está diseñado para conducir múltiples canales. En los días del vídeo analógico, cada canal sólo era una señal de vídeo. La televisión digital transporta un haz o múltiplex de servicios televisivos en cada canal que el receptor es capaz de sintonizar. La figura 27.1 muestra un esquema detallado de esto.

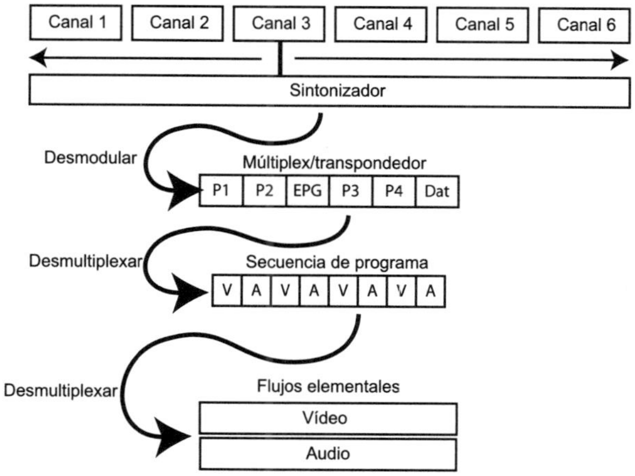

Figura 27.1.

Datos multiplexados.

Un múltiplex puede transportar 6 señales de vídeo con audio en estéreo, más canales de idiomas adicionales y otros flujos de datos complementarios.

El cable digital es algo distinto porque, aunque emplea la misma técnica de multiplexación, las compañías de cable también ofrecen teléfono y conexión a Internet de banda ancha por el mismo cable.

Conmutación a otra secuencia

En los televisores analógicos, esto ocurre de forma instantánea. No es necesario almacenar en vídeo antes de que continúe la presentación. Puede producirse un deslizamiento o salto en los fotogramas mientras se sincroniza la pantalla, pero los televisores modernos hacen esto con mucha rapidez.

Cambiar de canal en un televisor digital es bastante arduo en comparación. Dejando a un lado los problemas con la sintonización y la extracción posterior del programa de una secuencia de transporte multiplexado, parece que en algunos equipos de imagen el mero hecho de cambiar de un flujo local a otro lleva más tiempo del que debiera. La duración de ese retardo depende de las técnicas de almacenamiento en vídeo y de si el receptor es lo bastante inteligente para avanzar un poco de trabajo antes de que el usuario decida cambiar de canal.

Sony está desarrollando productos de alta definición hasta con 7 sintonizadores, que realizarán todos la descodificación al mismo tiempo para que el cambio de una secuencia a otra consista simplemente en conectar la salida a la pantalla, y no a algún tipo de receptor o dispositivo nulo. Al contar con más sintonizadores, se pueden efectuar múltiples grabaciones simultáneas.

Multiplexación estadística

Cuando se fija la velocidad de bits, se introduce cierta ineficacia en el sistema de codificación. Es posible que el vídeo no siempre requiera esa velocidad de bits. Reservar esa capacidad es un despilfarro cuando se multiplexan varias secuencias.

La multiplexación estadística es una variante más avanzada del método CBR/VBR. Supone que en cualquier instante en el tiempo, algunas secuencias se codifican con mucha eficiencia, produciendo índices de alta compresión y necesitando velocidades de bits bajas. Con otras secuencias, las velocidades de bits pueden experimentar un aumento repentino.

Esta teoría sirve siempre que la velocidad de los canales se eleve en momentos distintos.

No funciona cuando se emite simultáneamente el mismo canal varias veces (tal vez con variantes regionales con algún tipo de opción de exclusión del servicio durante una hora cada día).

La multiplexación estadística permite que las secuencias entren y salgan de tal manera que la velocidad de bits se mantenga constante en total. Cada secuencia individual es capaz de consumir más velocidad de bits mientras las demás se quedan momentáneamente sin nada con el fin de proporcionar la capacidad adicional. Esta técnica se emplea en los sistemas de emisión en los que varias secuencias de vídeo se comprimen en programas y después en secuencias de transporte.

La figura 27.2 muestra las velocidades de bits para dos programas cuya velocidad de bits necesita un aumento en distintos momentos. Convenientemente en este caso, uno alcanza el máximo cuando el otro llega al mínimo.

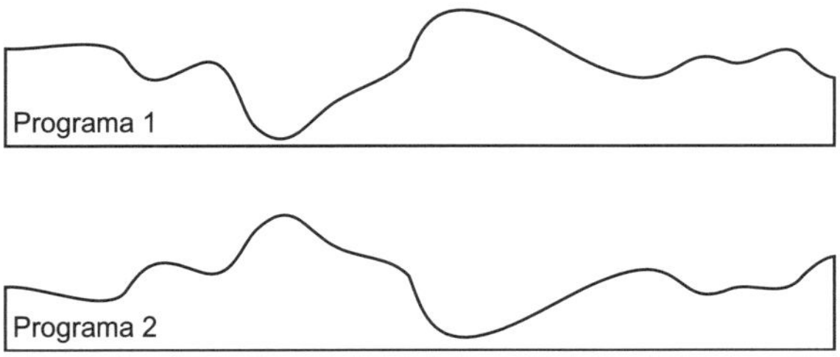

Figura 27.2.

Múltiples canales.

Así, cuando el Canal 1 necesita de repente una velocidad de bits alta, los Canales 2, 3, 4 y 5 están emitiendo probablemente algo mucho menos complejo y que requiere menos bits. La figura 27.3 ilustra lo que ocurre cuando se superponen los gráficos de la velocidad de bits para los dos canales. La velocidad de bits para el programa 1 se ha trazado desde el eje superior hacia abajo.

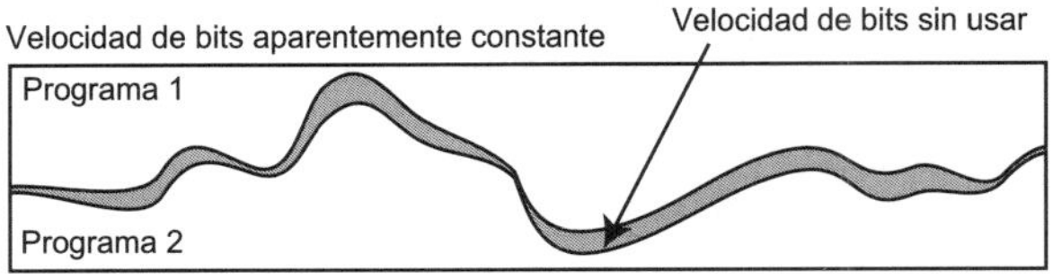

Figura 27.3.

Multiplexación estadística.

Puede haber ocasiones en las que esta técnica no produzca el ahorro de velocidad de bits necesario. Por ejemplo, conviene asegurarse de que el tipo de material que se va a emitir en cada canal es muy diferente.

Agrupar 5 canales de vídeos musicales o 5 canales de deportes que probablemente muestren contenido con mucho movimiento puede mermar los beneficios que se consiguen con la multiplexación estadística.

Desde el punto de vista de la ingeniería de la retransmisión, el inconveniente de la multiplexación estadística es que la codificación de los 5 flujos debe tener lugar al mismo tiempo en el mismo sistema. Puesto que se debe distribuir contenido sin comprimir, los suministros dirigidos al codificador y al multiplexor deben tener una velocidad de bits alta y buena calidad, lo cual aumenta la cantidad de cables necesarios.

La multiplexación estadística es más útil para las emisoras de televisión que para nadie. El material de origen se puede distribuir a los codificadores como vídeo SDI que se reproduzca a 25 Mbps (también conocido como DV25).

Existen formatos con mayores velocidades de bits, como el DV50, pero suelen emplearse en los procesos de producción.

El apagón analógico

La televisión digital lleva varios años emitiéndose en el Reino Unido, y la penetración en los hogares superó el 50 por 100 en 2004. La televisión analógica está cayendo en desuso y probablemente se suspenderá en un futuro inmediato. Las predicciones sobre cuándo se desactivará la televisión analógica varían según el país, pero algunas televisiones locales de Alemania y Gales ya se han cambiado a la distribución totalmente digital. Muchas otras emisoras predicen que deberán transcurrir entre 10 y 15 años antes de que desaparezca la televisión analógica.

Publicación en DVD

El DVD es un contenedor de almacenamiento basado en archivos de acceso aleatorio. El vídeo se comprime mediante MPEG-2 y después se codifica con el algoritmo CSS (*Content Scrambling System*). Las aplicaciones que descodifican este vídeo están disponibles para todo tipo de ordenadores personales y sistemas operativos. El vídeo codificado puede ser PAL o NTSC.

Existe un formato de alta definición denominado MPEG-2/HD, que es uno de los formatos alternativos para los discos HD-DVD de próxima generación. Los tres formatos seleccionados y las velocidades de bits se muestran en la tabla 27.1.

Tabla 27.1.

Formatos de HD-DVD y velocidades de bits.

Formato	***Velocidad de bits***
MPEG-2/HD	15–20 Mbps.
H.264/AVC HD	6–10 Mbps.
Vídeo SD/HD WM9/VC-1	7–12 Mbps.

Es sabido que la interactividad en los DVD está basada en MHEG, que podría ofrecer útiles oportunidades para los creadores de contenidos que puedan de dirigirse a múltiples plataformas. Sin embargo, es muy difícil encontrar pruebas documentales que lo confirmen y deberá adquirir las especificaciones de DVD para enterarse de los detalles exactos. ¡Estas especificaciones sólo están disponibles en Phillips y cuestan 5000 dólares cada una! La información que necesita va a ser costosa y difícil de obtener, lo que probablemente explica por qué no hay muchos sistemas de creación de DVD en el mercado. Los que existen han sido producidos por grandes compañías con un gran presupuesto. Sin duda, estos precios son necesarios para evitar la posible apropiación indebida del contenido de los DVD, pero también es probable que no tenga apenas importancia para las organizaciones de piratería inquebrantables.

H.264 en DVD

Los DVD implementados con H.264 podrían fabricarse con un disco de una sola capa y aun así tener la misma duración de contenido que tiene ahora un disco de doble capa. Esto debería reducir los costes de fabricación que se basan en la duración de ciclo de la producción de cada disco. Al reducirlo de 3 segundos por discos a 2 segundos se recortan los costes de producción notablemente.

H.264 es una de las alternativas seleccionadas para la distribución de vídeo HD en los DVD de próxima generación. Se reproduciría con una velocidad de bits de unos 6–10 Mbps.

Grabadoras de vídeo digital y vídeo a la carta

Las grabadoras de vídeo digital (DVR), como TiVo, han empezado a madurar y a incluir una integración más práctica con otros servicios.

TiVo ahora es capaz de conectarse a servicios habilitados mediante OpenTalk que se comparten entre los sistemas Mac OS de la misma red. En potencia, esto permite ver las imágenes iPhoto y reproducir las listas de canciones iTunes en el televisor. Es el principio de una red multimedia doméstica integrada que no gira en torno a un solo aparato y que funciona de manera distribuida debido a la interoperabilidad que ofrecen distintos fabricantes.

La alternativa es el método eHome o Media Center que está promoviendo Microsoft.

Este sistema se establecería alrededor de una serie de aparatos que utilizarían todos el sistema operativo Windows.

Hay cabida para los dos métodos, aunque en esta fase del juego, todos quieren hacerse con la cuota de mercado a costa del otro. Todo esto evolucionará a lo largo de los próximos años, a medida que se desarrollen las tecnologías. Para que cualquiera de los dos salga ganando, la interoperabilidad mutua debe asegurar que todos salgan ganando. No saldrá bien si predomina una compañía.

Archivos descargables

Los archivos descargables son un mecanismo potencial de distribución para las situaciones de poco ancho de banda. También se podrían emplear para descargar contenidos a una grabadora de vídeo digital en poco menos que en tiempo real. Puede que no importe el tiempo que se tarde en transferir este material.

Podría distribuirse con rapidez, con un ancho de banda rápido o con un mecanismo de transporte-difusión, o con lentitud, a través de un enlace a un módem.

La tabla 27.2 enumera algunos tiempos de distribución para un contenido con la misma calidad de retransmisión a través de distintos enlaces alternativos. Supone una compresión de vídeo H.264 a 2 Mbps y transferir un clip de 5 minutos de duración.

Esta tabla pone de manifiesto que los aparatos DVR conectados a través de módems de conexión telefónica no van a tener suficiente rendimiento y que se requiere una conexión de banda ancha a 500 Kbps o mucho más.

Tabla 27.2.

Tiempos de distribución y velocidades de bits.

Velocidad de bits	***Tiempo de distribución estimado***
Retransmisión a 4,5 Mbps (velocidades de bits MPEG-2 normales)	2 minutos, 15 segundos.
Retransmisión a 2 Mbps	5 minutos.
Retransmisión a 1 Mbps	10 minutos.
Retransmisión a 500 Kbps	20 minutos.
Módem de 56 Kbaudios	4 horas.

Oportunidades de igual a igual

Aquí se aplica el modelo de igual a igual. Algunos sistemas tienen una limitación inherente porque la distribución podría procesarse de manera asíncrona, debido que las velocidades de carga de las líneas ADSL son menores que las velocidades de descarga. Esto impide la distribución de una secuencia, pero afecta al intercambio de archivos a menos que la transferencia se cargue por momentos.

Control de movimiento

Las capacidades de control de movimiento suelen implementarse en la aplicación y son modos especiales de descodificación.

Recuerde la explicación anterior sobre las estructuras GOP. La reconstrucción de cada octavo de fotograma con el fin reproducir el vídeo en modo de avance rápido requerirá mucho trabajo para descodificar los fotogramas delta. Obviamente, para mostrar 7 de esos 8 fotogramas no hace falta potencial de procesamiento informático, pero de todas maneras, es probable que esa tarea se delegara a un coprocesador gráfico. La CPU todavía va a tener que trabajar mucho.

Las funciones de control de movimiento informan sobre la manera en que se configura la codificación. Por ejemplo, se podrían colocar fotogramas I a intervalos útiles y acortar la duración del GOP para mejorar la calidad de la reproducción con avance rápido.

Velocidad doble

Se implementa de una forma muy sencilla: sólo hay que descartar uno de cada dos fotogramas. El procesamiento informático requerido depende de si hay que descodificar un solo fotograma I o varios fotogramas P y B para extraer la imagen necesaria. El vídeo codificado debería reproducirse hacia adelante; las últimas versiones de los estándares permiten la reproducción bidireccional, así que también se admite la reproducción inversa como una labor de ingeniería insignificante.

Pausa

Implementarla es muy fácil porque basta con detener el descodificador. La pausa de los servicios de televisión digital presenta una imagen estática muy estable y de alta calidad en comparación con un reproductor VHS.

Si se acuerda del tipo de artefactos que aparecían en la imagen analógica cuando se pausaba, verá que incluso los artefactos digitales más graves producen una imagen estática de calidad superior.

DVR de alta definición

Las empresas ya están empezando a investigar la distribución de la tecnología DVR, que admitirá servicios HDTV. Pace es una empresa que fabrica descodificadores a los que otras compañías marcan con sus propios logotipos para añadirles valor. Esta empresa ha presentado un producto DVR compatible con HD para la televisión por satélite y por cable.

Recibir televisión en el ordenador

Cada vez un mayor número de suministradores de hardware crean sintonizadores de televisión adecuados para conectarlos al ordenador. Esto permite ver la televisión en una ventana en el escritorio o tal vez plantearse el crear un centro multimedia y un sistema DVR propios.

Alchemy TV (`http://www.miglia.com/`), Hauppauge (`http://www.hauppage.com/`) y ElGato (`http://www.elgato.com/`) son tres empresas cuyos productos están teniendo un éxito particular. ElGato es un caso interesante porque se conecta por FireWire a un Macintosh, lo que indica que se podría conectar a un portátil y recibir la señal de televisión digital en cualquier lugar. Es práctico para la TDT o podría prestarse a los servicios móviles compatibles con DVB-H. Es evidente que la televisión por cable y satélite digital no es adecuada para la movilidad debido al tamaño de la parabólica necesario o a la conexión permanente a un cable.

ElGato además ofrece receptores para servicios de televisión digital y analógica, y permite conectarse a prácticamente cualquier servicio de televisión que se desee. Algunos de sus productos también están preparados para la televisión de alta definición. Ésta es una práctica solución porque básicamente recibe la secuencia de transporte DVB y la aplicación realiza cualquier descodificación y presentación. Esto le permite escribir sus propios módulos de complementos e interceptar el proceso de descodificación para extraer suministros de datos.

Tabla 27.3.

Algunos ejemplos de receptores de televisión basados en el ordenador.

Receptor	*MacOS*	*Windows*
Miglia–Alchemy TV	Sí	No
Hauppage–WinTV	No	Sí
ElGato–Eye TV	Sí	No actualmente, pero técnicamente posible.

Algunas variedades de estos sintonizadores televisivos también reciben radio y, si no se quiere un descodificador externo, una tarjeta PCI es una alternativa viable.

Televisión sobre la marcha y productos móviles de DVR

Otro campo que está ganando interés es el uso del estándar DVB-H. Éste les brinda a los fabricantes de equipamiento móvil la oportunidad de incorporar servicios de televisión que los espectadores puedan disfrutar mientras se desplazan.

Pace (`http://www.pacemicro.com/`) se ha anticipado a la demanda de grabar este tipo de material y verlo transcurrido un lapso de tiempo. En la conferencia de IBC 2004, presentaron un producto DVR de bolsillo que contaba con una unidad de 40 GB y una pantalla panorámica de 5 pulgadas.

Otro competidor en este terreno es Nokia (`http://www.nokia.com/`), con su reproductor multimedia portátil de aspecto muy poco común.

En el siguiente capítulo exploraremos estas tecnologías de vídeo móvil.

Capítulo 28

Vídeo digital en movimiento

Distribución por telefonía móvil

Distribuir contenidos a teléfonos móviles es técnicamente posible gracias a los dispositivos móviles de tercera generación (3G), que emplean perfiles de la organización 3G Partnership Project (3GPP), basados en un derivado del MPEG-4 que usa el códec H.264. Con las velocidades de bits disponibles, cada bit transmitido debe contener datos útiles. El consumidor o el operador paga por el paquete; por tanto, un sistema de compresión que no aproveche al máximo los paquetes también derrocha dinero. Y los clientes no van a consentir eso demasiado tiempo.

Limitaciones de la velocidad de bits

Tenga presente que los anchos de banda disponibles para los dispositivos móviles no tienen más que 64 Kpbs. Si reduce la velocidad de fotogramas del vídeo que codifique, podrá retener más velocidad de bits para la calidad de imagen. Cree clips de corta duración. Treinta segundos es suficiente. Podría descubrir que es preferible trasmitir el vídeo en secuencias a descargarlo, porque la memoria del teléfono es un tanto limitada. Consulte las especificaciones del proveedor de red y tenga en cuenta que no todos los terminales admiten la descarga de contenidos. De todas maneras, puede tratarse de un problema con 3GPP2, que no tenga ninguna relación con el cliente. La transmisión en secuencias no es lo mismo que la descarga progresiva, que también puede se compatible o no. Lleve a cabo una investigación exhaustiva y haga muchas pruebas.

Problemas de calidad

Si va a crear contenidos para este medio, debe usar material original con la máxima calidad posible. Como la compresión renderiza el vídeo con una velocidad de bits muy reducida, el códec debe producir la mejor promediación de la imagen, y eso es algo que hará con más eficacia si el vídeo de partida está limpio.

Lo ideal es que el original fuera Motion JPEG o vídeo sin procesar y sin comprimir. MPEG-2 o MPEG-1 está bien siempre que se comprima sin errores en primer lugar, y el formato DV también es adecuado.

Trate de no emplear un contenido ya comprimido para Internet como material de partida para 3GPP. Las cintas VHS llenas de ruido también son un formato de salida pobre, y todo lo que se haya producido para el consumo televisivo debe examinarse con cuidado, porque probablemente no sea perfecto para los dispositivos móviles.

> **Nota:** Cuando transmita en secuencias a GRPS, 3G y módems de marcación telefónica, emplee Frame Skip Probability, puesto que concede prioridad a mantener la velocidad de bits, sacrificando a cambio la velocidad de fotogramas.

A la hora de codificar el contenido para usarlo en dispositivos móviles cuyas pantallas son muy pequeñas, hay que tener en consideración los siguientes puntos.

- Componga las tomas de tal manera que el encuadre de la imagen se centre justo en la acción.
- Evite los cortes entre escenas.
- Emplee un texto grande y claro.
- Haga paquetes cortos.
- Utilice audio en mono.
- Preacentúe el audio para un tamaño pequeño de altavoz.
- Realice una corrección de gamma en el vídeo de acuerdo con las características de la pantalla.

El tamaño típico de los paquetes solía ser de 90 KB, pero ahora que las redes pueden transferir las descargas más rápido ha subido a 300 KB.

Formatos de codificación

Los formatos de codificación para 3GPP incluyen H.263, AMR, MPEG-4 Perfil simple de nivel 0 y audio AAC. Asegúrese de comprobar el tipo de compresión que requiere la red.

Para 3GPP2, sirve H.263 con el audio en formato QCELP. AMR, MPEG-4 Perfil simple de nivel 0 y AAC también sirven.

Eche un vistazo también al códec y al reproductor de Kinoma (`http://www.kinoma.com`), diseñados pensando en las aplicaciones móviles, aunque están más dirigidos a los usuarios de PDA que a los operadores de telefonía móvil.

3GPP y 3GPP2

Las diferencias entre los dos formatos de archivo 3G son sutiles y se aprecian mejor en forma tabular.

La tabla 28.1 muestra las diversas propiedades de los dos estándares.

Tabla 28.1.

Especificaciones de los formatos 3GPP.

Formato de archivo	*3GPP*	*3GPP2*
Tipo de red	GSM	CDMA2000
Codificación de vídeo	MPEG-4, H.263	MPEG-4, H.263
Codificación de audio	AAC, AMR	AAC, AMR, QCELP
Codificación de texto	3G Text	3G Text
Formato de archivo físico	QuickTime	QuickTime
Extensión de archivo	`.3gp`	`.3g2`

Distintos tipos de redes

El mercado de la telefonía móvil admite distintos tipos de redes, dependiendo del operador y de la zona del mundo en que se utilice el dispositivo. Algunas tecnologías de redes tienen un uso más extendido que otras. Cuanto más eficiente sea la tecnología de redes, mayor será la carga útil de vídeo que se pueda distribuir. Las cargas útiles mayores implican una mejor calidad.

La tabla 28.2 contiene diversos tipos de tecnologías de redes e indica algunas velocidades de bits que podrían ser puntos de partida adecuados para probar los contenidos en cada una de ellas.

Flujo de trabajo de producción

Debería establecer un flujo de trabajo automatizado para la creación de contenidos de servicios móviles. Popwire Compression Engine admite carpetas de control y soluciones orientadas al servidor, ideales para esta aplicación. Si tiene contenido en vivo que quiere transmitir en secuencias, es posible que Popwire Broadcaster sea justo lo que necesita. Puede averiguar más sobre todos los productos de Popwire en su sitio Web: `http://www.popwire.com/`.

El producto Compression Engine está pensado para emplearse en sistemas de codificación de "potencia industrial".

Tabla 28.2.

Tecnologías de redes móviles.

Tipo de red	*Generación*	*Velocidad de bits*	*Calidad*	*Resolución*	*FPS*	*Duración de 90 KB*	*Duración de 300 KB*
GSM	2G	9,6 Kbps	Mala para vídeo	No disponible	No disp.	No disp.	No disp.
HSCD	2.5G	28 Kbps	Buena para imágenes estáticas	128 x 96	4	27 seg.	90 seg.
GPRS	2.5G	24-50 Kbps	Buena para imágenes estáticas	144 x 120	6	19 seg.	63 seg.
EDGE	3G	64-200 Kbps	Buena para la transmisión de vídeo en secuencias	160 x 120	8	11 seg.	37 seg.
UMTS	3G	128-384 Kbps	Excelente	174 x 144	10	5 seg.	17 seg.

Este producto está diseñado para trabajar en un entorno basado en servidores y distribuirá automáticamente el trabajo por un clúster si tiene uno. Como parte del proceso, puede aplicar filtros para limpiar y desenlazar el contenido antes de la compresión.

Otras tecnologías que investigar

Existen varias tecnologías importantes y estándares incipientes relacionados con los sistemas móviles. Si desea investigarlos más, entonces busque en Internet varias palabras claves que le conducirán a algunos documentos de utilidad. Dependiendo del territorio al que desee dirigir el contenido para móviles, estos términos pueden ser relevantes para su operación:

- DVB-H
- WiMAX
- DMB
- BSAC
- ISDB-T
- HSDPA

HSDPA (*High Speed Downlink Packet Access*) es una tecnología de distribución más rápida, desarrollada por Motorola. Transmite 2 Mbps al dispositivo móvil y Siemens tiene planes de introducir capacidades de hasta 1 Gbps, que es unas 20 veces más rápido de lo que permite la tecnología actual. En el sitio Web de la Asociación Global de Comunicaciones Móviles (GSA) encontrará información útil sobre las tecnologías empleadas por los operadores de servicios móviles y las compañías que las desarrollan: `http://www.gsacom.com/`.

DVB-H

El estándar DVB-H (*Digital Video Broadcasting—Handheld*) ha sido desarrollado por la Organización DVB para la emisión de contenido que es como la televisión tradicional para dispositivos de mano como teléfonos móviles. Antes se conocía como DVB-M y DVB-X.

Los dispositivos DVB-H tienen características muy distintas a los receptores normales de televisión en cuanto a potencia, consumo, tamaño de pantalla y movilidad. Incluso los receptores de televisión portátiles son más parecidos a los televisores estáticos que tenemos todos en el salón. El estándar DVB-H también describe los servicios de datos.

Fabricantes como Nokia (`http://www.nokia.com/`) y Pace ya están presentando productos prototípicos basados en este estándar.

Los documentos preliminares y las versiones originales del estándar están publicados en el sitio Web de DVB: `http://www.dvb.org/index.php?id=278`. Hay otro material sobre el DVB-H disponible en IPDC (`http://www.ipdc-forum.org/`), BMCO-Berlin (`http://www.bmco-berlin.com/`), DigiTAG (`http://www.digitag.org/`) y RTT (`http://www.rtt.tv/`).

DMB

El servicio de retransmisión multimedia digital (DMB) es un sistema por satélite que está diseñado para distribuir televisión y radio a dispositivos móviles, como teléfonos y ordenadores portátiles. Es muy reciente y aún está en desarrollo, pero ya se está implementando en Asia. Como se basa en el satélite, se producen interrupciones en el servicio (como cuando el usuario se encuentra bajo tierra), las cuales se están remediando mediante la instalación de retransmisores para asegurar que el servicio sea ininterrumpido.

El diseño tiene en cuenta a los usuarios que pueden estar en tránsito, por lo que se puede usar a velocidades de hasta 150 km por hora.

Con una distribución inicial de hasta 12 canales visuales y 26 de radio, se espera que el servicio alcance los 8 millones de suscriptores para 2010. Los servicios se basan en los estándares MPEG-4 y usan la codificación H.264 para el vídeo. Las presentaciones de vídeo y audio se combinan en un contenedor BIFS, que describe las escenas.

ISDB-T

La retransmisión digital de servicios integrados terrestres (ISDB-T) ha evolucionado a partir de los servicios de televisión digital terrestre (TDT). Es otro ejemplo de cómo estas tecnologías se han adoptado muy temprano en Extremo Oriente. ISDB-T se ha diseñado para ofrecer desde audio hasta aplicaciones HDTV en situaciones móviles.

Este servicio es tan parecido a DVB-H que los dos podrían llegar a convergir en el futuro, pero por ahora avanzan independientemente uno del otro.

WiMAX (IEEE 802.16)

Éste es el siguiente paso hacia adelante desde los estándares Wi-Fi IEEE 802.11, que se han vuelto muy comunes para las redes inalámbricas de corto alcance.

El estándar WiMAX responde a necesidades parecidas a los servicios DMB en Extremo Oriente. También está diseñado para que el receptor pueda estar en movimiento a rápidas velocidades de tránsito. El objetivo es proporcionar velocidades conectividad de banda ancha a los dispositivos móviles a lo largo de un radio entre 40 y 48 km. Es mucho más que el radio de 90 metros de un área de cobertura 802.11.

También se conoce como Mobile-Fi, por oposición a Wi-Fi; otro nombre que recibe es MBWA (*Mobile Broadband Wireless Access*). Es el típico concepto que tiene 300 nombres distintos sólo para confundir a los inocentes. Se ha promocionado como una alternativa a instalar cables de fibra óptica en los hogares de todo el mundo para cubrir hasta la última milla desde la central hasta el consumidor. Aunque todo esto es muy emocionante, también aumenta el espectro de la energía de radiofrecuencia en que estamos sumergidos constantemente.

BSAC

La codificación aritmética de segmentos de bits (BSAC) es la sección de la tercera parte del estándar para la codificación de audio MPEG-4, que permite que la transferencia de datos aumente en incrementos al distribuir audio a través de una red inalámbrica. Se emplea en la plataforma DMB que ya se está desarrollando en Asia.

¿Cómo conseguimos que funcione?

Ahora tenemos una buena idea de la procedencia de nuestro contenido, cómo funciona, a dónde se dirige y cómo podríamos llegar allí.

Esto nos coloca en una posición privilegiada para diseñar y montar un sistema para procesar el vídeo. Podríamos ser un pequeño equipo o una gran empresa.

Sea como sea, lo más probable es que utilicemos las mismas técnicas de codificación, y la diferencia estribará solamente en el tamaño del sistema y la suma de dinero que estamos dispuestos a gastar en él.

En el siguiente capítulo averiguaremos cómo construir la base de hardware para nuestros sistemas.

Capítulo 29

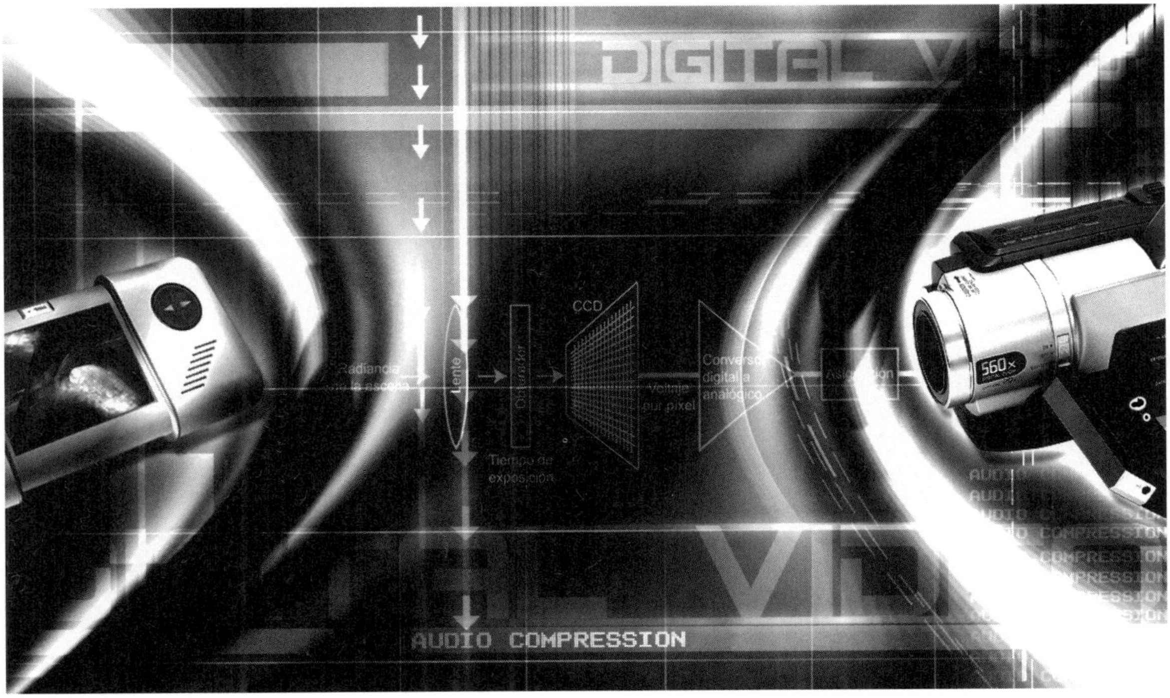

Instalación del hardware de codificación

Vamos a gastar dinero

Este capítulo trata sobre los componentes que se utilizarían para construir un sistema, así como el proceso de diseñar y montar un sistema con esos componentes. Es importante crear un sistema con suficiente capacidad para almacenar el vídeo y existen diversas alternativas de almacenamiento en disco.

En este capítulo, centraremos la atención en el vídeo. La configuración de un equipo de audio ya se ha explicado ampliamente en un capítulo anterior. Para situar todo esto dentro de un contexto en la vida real, al final del capítulo planificaremos como resumen el montaje de tres sistemas diferentes:

- Sistema doméstico de un solo usuario, con ajuste a un presupuesto.
- Grupo de trabajo pequeño que comparte algo de almacenamiento, de coste medio.
- Sistema para una gran empresa, sin restricciones de dinero.

Debería planificar y construir el sistema con la máxima calidad posible. Cuanto más esmero ponga en diseñar el sistema, mejor funcionará a largo plazo. Aunque vaya a usar un sistema muy pequeño, preste atención a la administración de sistemas. Anote la información sobre el sistema, cree copias de seguridad y vacíe la papelera periódicamente.

Planificación del sistema

No hay nada que reemplace a sentarse y hacer un esquema antes de empezar. Probablemente la primera pregunta que se plantee sea cuánto dinero tiene para gastar en este proyecto. Cuanto más complejo sea, más costará. Para organizar la construcción del sistema, puede dividir el proceso en varios pasos o fases:

- Fase 1: Planificación.
- Fase 2: Adquisición.
- Fase 3: Montaje.
- Fase 4: Puesta en funcionamiento.
- Fase 5: Problemas operativos de cada día.
- Fase 6: Actualización.
- Fase 7: Emergencias y recuperación ante desastres.

Concebirlo de esta manera ayuda a centrarse en las necesidades de cada parte concreta de la planificación y del proceso de montaje.

Haga sus sueños realidad

Es una buena idea soñar con el máximo al que puede aspirar su sistema y estudiar cómo construirlo por fases. Después puede evitar meterse en una camisa de once varas que le impida realizar futuras actualizaciones. Un ejemplo de esta forma de pensar sería montar una agrupación de 2 nodos. Es tan pequeña que apenas se puede llamar agrupación, pero como en realidad lo es, es muy fácil agregar un tercer nodo. Si su objetivo final es instalar una agrupación de 10 nodos, empiece con un nodo principal y uno secundario. A medida que vaya ganando dinero con los encargos para los clientes, añada los siguientes nodos cuando se lo pueda permitir.

Fomente las buenas costumbres y los métodos de trabajo fiables

Debería estudiar e instaurar buenas prácticas, como archivar y crear copias de seguridad. Es muy importante tener esto en mente se desde el principio. Más tarde, cuando uno se da cuenta de que necesita medios para realizar copias de seguridad, es difícil justificar el gasto cuando ya ha agotado todo el presupuesto. Las instalaciones más grandes deberían contar con ello en la estrategia de almacenamiento escalonado con un almacenamiento más rápido y más caro, más próximo a los usuarios. Una regla básica es que el coste del almacenamiento se correlaciona con la rapidez del acceso.

Anote la información de todo, aunque trabaje por su cuenta con un sistema pequeño.

> **Advertencia:** Tenga localizadas las mochilas (*dongles*). Son las pequeñas llaves con conectores de periférico que se suministran con algunos programas. Se pueden conectar en puertos de serie, puertos paralelos o interfaces USB. Identifíquelas y etiquételas o registre los números de serie para que pueda saber qué es cada una y dónde se encuentra. Si las pierde tendrá que comprar otra vez el programa. Son la licencia para utilizarlo, así que ¡tenga cuidado!

Creación de un sistema personalizado desde cero

Tal vez le atraiga el desafío de montar el sistema desde cero, por gusto y por ahorrar. En Internet hay varios proyectos de código abierto disponibles con algunos codificadores de vídeo muy buenos. La industria está aprendiendo mucho de estas comunidades de código abierto. La pregunta es si merece la pena el trabajo que requiere. Por supuesto, a veces se disfruta más por el camino, y montar un sistema exactamente como uno lo quiere puede ser una experiencia muy gratificante. No siempre es cuestión de dinero... o de rendimiento.

Decida las prioridades antes de gastar nada de dinero

A la hora de montar el sistema, es importante establecer cuáles son las prioridades. Si va a construir una solución de flujo de trabajo de tamaño corporativo, lo importante será la productividad. Los factores que la afecten influirán notablemente en el balance final. Todo debe diseñarse para reducir el tiempo de espera y para aumentar la producción.

En cambio, si va a montar un sistema para procesar su colección de vídeos o películas domésticas, el rendimiento será menos decisivo y es probable que el factor más importante sea el coste.

Los cineastas semiprofesionales o independientes considerarán que la calidad de salida tiene más importancia que el coste. Las mejoras en la productividad reportan más dinero, porque se puede aceptar más trabajo en menos tiempo. Por tanto, al principio conviene hacer una inversión algo mayor.

Obviamente, el resultado preferible es un sistema que salga barato, pero que procese todo lo que se le pida al instante, sin que cueste trabajo configurar los nuevos trabajos de compresión. Sin embargo, en la realidad tendrá que ceder en algún aspecto.

Así pues, comience con esta lista de requisitos básicos, añada sus propias ideas y ordénelas de acuerdo con sus prioridades. Sólo entonces deberá empezar a examinar el sistema y a elaborar la lista de la compra.

- Plataforma del consumidor de destino.
- Calidad de salida.
- Facilidad de uso en el flujo de trabajo.
- Escala de producción (rendimiento).
- Necesidades de automatización y procesamiento por lotes.
- Elecciones de códecs.
- Coste del montaje del sistema.
- Gastos de funcionamiento continuo.
- Elección del sistema operativo.

El concepto de ciclo de vida

El ciclo de vida del vídeo digital comienza en el punto en que el vídeo entrante se conecta al ordenador. Se pueden tener diversos formatos de origen y aparatos de reproducción.

En un entorno de retransmisión, es casi seguro que el vídeo se habrá digitalizado ya y llegará en uno de los formatos digitales de estándar industrial, probablemente como una interfaz digital en serie (SDI). Tenga en cuenta que los formatos SDI europeo y americano pueden ser distintos y deberá asegurarse de que el equipo que compre sea compatible.

Las organizaciones de noticias están muy interesadas en las posibilidades que ofrece el formato MXF de intercambio de material, por lo que los suministros de noticias podrían llegar como archivos en paquetes MXF en un futuro no muy lejano.

Si el vídeo entrante es analógico, la tarjeta de entrada de vídeo se encarga de muestrear y convertir ese vídeo en una secuencia de valores digitales. El método menos intensivo para el procesador consiste en limitarse a almacenar la secuencia en un archivo.

Lo más probable es que tenga lugar algún tipo de codificación. En los paquetes de edición, es común procesar una versión intermedia o de poca calidad del vídeo, con cuidado de anotar la situación del código de tiempo de ese material en la cinta original. Esto se denomina registro. Edite la copia intermedia y transfiera la lista de decisiones de edición (EDL) con la cinta original a un sistema más costoso, en el que empleará la EDL como una secuencia de comandos de control para llevar a cabo el mismo proceso de edición con el original de alta resolución y con toda la calidad. Esto se denomina conformación. Entre los dos procesos puede haber un paso que requiere que un editor capacitado se asegure de que los puntos de edición son claros y atractivos visualmente. Esto se denomina edición artística. En la figura 29.1 se muestra un ciclo de vida de ejemplo.

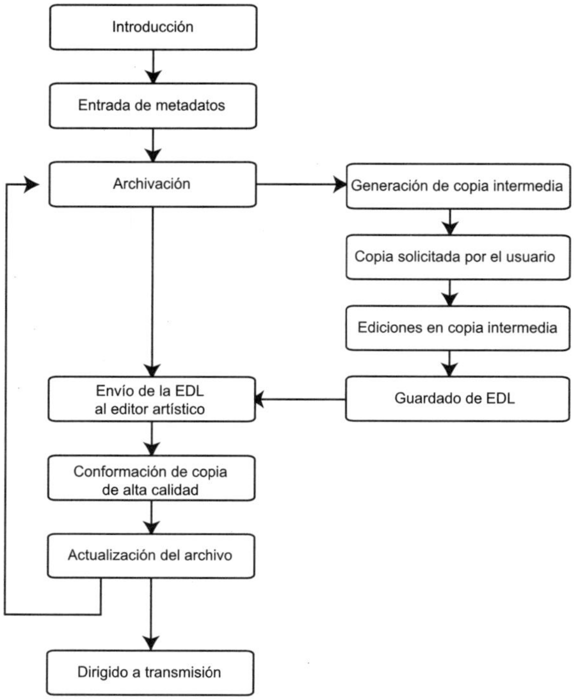

Figura 29.1.
Ciclo de vida de edición.

Resulta evidente que este ciclo de vida se basa en una organización razonablemente grande. Dibuje gráficos para su propio flujo de trabajo aunque esté planificando sistemas pequeños y trabaje por cuenta propia. Así pensará de manera correcta y esto le reportará beneficios cuando crezca su negocio.

Diseño del sistema

Piense en las distintas necesidades de conectividad de su sistema. ¿Qué equipo va a instalar? ¿Qué fuentes y destinos tiene? Decida los estándares para la distribución de vídeo y audio. Elabore listas de equipamiento y mire si cada una tiene un conector Ethernet al final. En caso afirmativo, necesitará una dirección IP asignada. Escriba muchas listas y dibuje diagramas que le ayuden a organizarse.

No es necesario crear muchos diagramas complejos. Unos pocos bocetos de las conexiones del sistema serán de ayuda si necesita hacer tareas de mantenimiento más adelante. La razón principal de todo este detalle es ayudarle a ver lo que va a construir y a planearlo correctamente.

Volveremos a este ejemplo y nos basaremos en él más adelante. Debería preparar al menos la siguiente documentación:

- Diagrama de conexiones que muestre el equipo principal y el cableado necesario.
- Un resumen de los circuitos de cableado.
- Una lista de fuentes y destinos con información de su formato.
- Una serie de presupuestos competitivos para cada componente principal.
- Un plan presupuestario con el capital y los costes de montaje, funcionamiento y mantenimiento.
- Para las instalaciones mayores, un resumen de los requisitos de alimentación eléctrica.
- También para las instalaciones más grandes, un resumen de los disipadores de calor.

Estrategias de compra

Debe ser realista con respecto a lo que necesita y lo que puede conseguir si no tiene mucho dinero. Probablemente pueda prescindir de la CPU más rápida y mejor que acaba de salir al mercado. A los 6 meses ya no será la más rápida, porque habrá salido un modelo mejor para entonces. Puede ahorrarse miles de euros si se mantiene a la zaga de la curva tecnológica. Lo mismo se aplica al almacenamiento en disco y a las versiones de software.

Ofertas en hardware

Si va a comprar hardware de Apple Computer, hay varios proveedores fiables de sistemas remanufacturados. Los equipos remanufacturados incluyen una garantía de fábrica y en esencia no tienen nada mal. ¿Pero y si la caja tiene un pequeño arañazo? Ésas son las buenas ofertas.

Busque líneas de productos de fin de serie. Cuando un fabricante va a presentar un nuevo modelo, las líneas anteriores se suelen vender a precios reducidos. Los precios se rebajan aún más cuando el nuevo modelo sale al mercado. Esto ocurre porque los canales de distribución deben liquidar las existencias anteriores antes de empezar a distribuir los nuevos equipos. Es una forma inteligente de seguir la vanguardia.

Estos sistemas están a buen precio porque llevan en el mercado algún tiempo y normalmente se han solucionado los errores y defectos que presentaban cuando salieron nuevos.

Ofertas en software

Lo mismo se puede decir del software, siempre que la compra funcione en la versión del sistema operativo que haya seleccionado. Si espera a que salga la versión 8 (Creative Suite) de Photoshop y entonces compra la versión 7 en una liquidación, se ahorrará varios cientos de euros. En ocasiones se presentan ofertas por las que actualizarse a la versión actual resulta gratis o, al menos, a un coste reducido. Es probable que el precio de la versión antigua más el coste de la actualización sea menor que el coste de la versión nueva. Por tanto, tiene que instalarla y agregar una actualización. Es cuestión de tomarse una molestia, que le ocupará media hora, para ahorrarse un par de cientos de euros. Pero hay más, tal vez la última versión tenga funciones que ni siquiera necesita.

Más información sobre los proveedores

Para ver una lista de los fabricantes de hardware de compresión, consulte el Apéndice B. En el Apéndice C se recogen algunos fabricantes y productos de software.

Conectividad de vídeo

Existen diversas interfaces para el hardware de vídeo que suelen aparecer cuando se conecta todo el sistema. Cada interfaz tiene ventajas e inconvenientes. Los conectores de la parte trasera del equipo son específicos para cada una. Están orientadas al profesional o al consumidor, aunque algún equipo profesional, como la grabadora de disco duro Sony DSR DR 1000P admite los dos tipos. La conectividad con especificaciones más altas requiere un equipo más costoso.

SDI

Una interfaz digital de serie (SDI) es una versión digitalizada de las señales de los componentes analógicos. Casi todas las conexiones de vídeo dentro de un entorno de estudio se realizarán con señales SDI. Debe conocer las especificaciones de las interfaces SDI en su equipo, porque son distintas entre las estructuras de bits americana y europea, y el hardware puede ser compatible con uno o más protocolos basados en SDI. El estándar SMPTE 259M especifica cuatro variantes básicas:

- NTSC compuesto transferido a 143 Mbps.
- PAL compuesto transferido a 177 Mbps.
- Vídeo por componentes 4:2:2 Rec. 601 transferido a 270 Mbps.
- Vídeo por componentes 4:2:2 Rec 601 (formato 16:9) transferido a 360 Mbps.

Las conexiones se realizan con un cable coaxial de 75 ohmios dotado de conectores BNC. Algunos equipos permiten insertar separadores en forma de T, mientras que otros pueden ser extremadamente sensibles a la caída del volumen de la señal. Esta conexión está bien para unos 30 metros de cable. Los bastidores situados a una mayor distancia se pueden conectar con transductores de fibra óptica, con una única señal local transmitida a través de un cable coaxial.

Recuerde que las señales de audio pueden incrustarse en la secuencia digital en serie o suministrarse por separado.

Compuesto

Es una señal analógica utilizada predominantemente como formato de consumo. Algunos sistemas de estudio autónomos más antiguos y equipos de supervisión de pantalla también pueden utilizar este formato. El vídeo compuesto se distribuye por un cable apantallado y un conector con una clavija RCA (es decir, un conector de audio).

S-video

S-video está diseñado como una conexión superior para un equipo de consumo que transmite las señales de luma y croma por cables separados. Se conecta con un cable de 4 hilos que tiene miniconectores especiales en cada extremo. En caso de emergencia, un cable para el teclado Apple ADB servirá como conector de S-video. Esta señal también se puede distribuir a través de un conector SCART (Péritel).

Conectividad de audio

El audio se presenta de distintas maneras, dependiendo de si el equipo que se va a conectar es de consumo o profesional. En los sistemas de retransmisión, el audio se puede suministrar en diversos formatos:

- Mono sin balance.
- Mono o estéreo dual sin balance.
- Mono o estéreo con balance.

- Audio digital AES.
- SPDIF.
- Sonido envolvente DTS, THX, Dolby, AC3, 5.1, 6.1, 7.1.

Audio de consumo

El audio estéreo de los conectores de salida de línea de los equipos domésticos de alta fidelidad se conecta mediante conectores de audio RCA. En un principio se diseñó para conectar las partes del equipo de música, pero ahora se suelen encontrar en los paneles de entrada/salida (E/S) de audio de ordenadores y en mesas de mezclas. Cada cable transmite una señal mono analógica sin balance.

Audio analógico con balance

En el capítulo relativo al audio puede ver la explicación sobre el audio con balance y cómo funciona. La señal se transmite por dos cables con una toma de tierra común. Seguramente todas las interfaces FireWire y USB externo y las mesas de mezcla admitirán esto. Muchas de ellas además suministrarán la alimentación Phantom de 48 voltios que necesitan algunos micrófonos condensadores. El equipo de calidad profesional tiene conectores XLR con enclavamiento. El audio con balance no suele encontrarse disponible en los paneles de E/S de ordenadores de bajo coste orientados al consumidor.

Audio digital AES

Lo más probable es que los estudios televisivos utilicen audio analógico con balance o audio digital AES. La ventaja de emplear AES es que se pueden incluir hasta 8 canales en la señal de vídeo SDI, con lo que se reduce notablemente la infraestructura de cableados y los costes de su instalación. Esto es más importante cuando se enruta a través de circuitos de fibra óptica, ya que se reduce el número de circuitos y transductores necesarios. Los circuitos son caros y los transductores cuestan muchos cientos de euros cada uno (y al final de cada extremo hace falta uno, en cada circuito). La alternativa son los circuitos de múltiples fibras, que hace que el coste de los incrustadores sea insignificante en comparación.

Audio USB

Constantemente se están desarrollando nuevos equipos. Si sus necesidades con respecto al audio son modestas, mire la interfaz de M-Audio FastTrack. Está diseñada para ser pequeña y económica y se conecta simplemente a un puerto USB que haya disponible en el ordenador. Así es muy fácil agregar al sistema una entrada de audio de buena calidad.

Elegir un sistema operativo

Una plataforma de codificación se puede construir en cualquier sistema operativo. Algunos sistemas operativos se prestan a ello más que otros, debido al software adicional que se instala junto con el sistema operativo, pero todos ellos son viables por igual. Es igualmente posible montar el sistema en Mac OS X o en Linux, Windows o cualquier otro sistema de gama media como Solaris o IRIX.

Las limitaciones en la compatibilidad con algún códec de una marca concreta pueden deberse a las decisiones de marketing que haya tomado el proveedor. Algunos códecs pueden estar integrados en el sistema operativo y, por tanto, es irrelevante la herramienta que se elija, ya que todas las veces se activará la misma maquinaria de códecs. Algunas herramientas pueden ofrecer más controles que otras, por lo que conviene investigar las alternativas. Podría ser mejor buscar una que sea fácil de manejar pero no muy flexible, que tener que adquirir una formación y conocimientos en profundidad para obtener los mejores resultados a partir de una serie de parámetros complejos y precisos.

Construcción en torno a una arquitectura Mac OS

En la plataforma Macintosh, el producto Sorenson Squeeze 4 o las herramientas de compresión de Popwire Technology son la última novedad. Discreet Cleaner puede seguir siendo útil para algunos trabajos. La versión actual se está quedando un poco anticuada y lleva algún tiempo sin actualizarse. Aparentemente no se ha dejado de fabricar el producto, pero no se han anunciado aún futuras actualizaciones.

Construcción en torno a una arquitectura Windows

En la plataforma Windows, están las herramientas de Microsoft Windows Media, que evidentemente funcionarán a un nivel óptimo en esta plataforma, dado que son del mismo fabricante que el sistema operativo. Si lo prefiere, existen otras herramientas especializadas como Canopus ProCoder, y como fue el caso con Linux, puede que también cuente con algunas alternativas de código abierto. Sorenson Squeeze 4 también se encuentra disponible para Windows.

Construcción en torno a una arquitectura Linux

En la plataforma Linux, lo más probable es que deba elegir una de las soluciones de código abierto. Los candidatos obvios son DivX (que es un derivado de MPEG-4) o tal vez el códec Ogg Vorbis.

También existen otros. Si desea optar por una solución patentada, los productos de Real Networks gozan de bastante popularidad, aunque su penetración en el mercado está decayendo en favor de Windows Media y QuickTime en comparación con la cuota de mercado que solía abarcar.

Elegir una CPU

Al final, la cantidad de potencia de procesamiento informático que se utilice será lo que dicte el rendimiento del codificador. Pudiera ser que el sistema se hubiera instalado de una manera que no fuera del todo óptima y estuviera ralentizado al configurar incorrectamente el almacenamiento, o al guardarlo todo en unidades de red remotas y escribir de nuevo en un dispositivo remoto. Suponiendo que no haya hecho ninguna tontería con el diseño de su sistema, lo que cuenta es la potencia de CPU sin utilizar.

¿Un procesador o dos?

Es posible que un ordenador con una sola CPU rápida comprima con más rapidez que un procesador doble que sea un poco más lento, porque tal vez el códec no esté optimizado para el funcionamiento en procesadores duales. Si lo está, debería mencionarse como una característica en las especificaciones técnicas. Los requisitos de hardware del códec deben corresponderse con la CPU. Cuando consulte en Internet la base de conocimiento del fabricante (si tiene una), normalmente le dirigirán a una sección de Preguntas frecuentes (FAQ) o especificaciones con la información que necesita. Como alternativa, si llama por teléfono al fabricante del códec que desea usar, el personal de asistencia técnica para el producto en cuestión debería ser capaz de responder a las preguntas relativas a la elección de una CPU adecuada para ese códec.

Arquitectura del procesador

Es un error basar nuestras suposiciones únicamente en las velocidades de reloj en GHz para las CPU. Algunas arquitecturas de CPU se prestan a la compresión de vídeo por razones muy sutiles.

Las arquitecturas de IBM PowerPC de gama alta tienen aproximadamente el mismo rendimiento computacional que otros procesadores de Intel con un precio equivalente, aunque hay hasta un 33 por 100 de diferencia entre las frecuencias de reloj.

Todos los fabricantes aseguran ofrecer los sistemas más rápidos. Estas afirmaciones deberían tomarse con cierta cautela, a menos que laboratorios de ensayo independientes produzcan los resultados. En cualquier caso se trata de un blanco móvil y, aunque una marca en concreto pueda ser la más rápida del planeta hoy, los rivales desarrollarán y lanzarán productos en el futuro que mejoren ese rendimiento para superar a la competencia.

Memoria de la estación de trabajo de compresión

Recuerde la explicación en un capítulo anterior donde se describían los macrobloques y distintos tipos de fotogramas. Si piensa en cómo se implementa el algoritmo, pronto se dará cuenta de que es necesario disponer de una gran cantidad de datos durante cierto tiempo para que el codificador pueda avanzar y retroceder para poder crear fotogramas B eficientes.

Esto requiere mucha memoria y la memoria más rápida está en RAM. Conseguirá un rendimiento mucho mejor a la hora de comprimir vídeo si construye el sistema con mayor capacidad de memoria física, en vez de depender de que se asigne o se cancele la asignación de memoria virtual.

Regla general: Instale el máximo de memoria que se pueda permitir.

Truco: Compre mucha memoria.

Arquitecturas de almacenamiento en disco

Este tema ocuparía un libro por sí solo, así que solamente vamos a tocar los puntos principales.

Tanto si instala una agrupación de equipos firmemente acoplados como si conecta varios nodos en una red para una colaboración flexible, deberá diseñar algunos mecanismos de almacenamiento para proporcionar espacio suficiente y también permitir que varios equipos puedan acceder y compartir ese almacenamiento. Las dificultades con las que se encuentra son las siguientes:

- Conseguir que siga siendo rentable.
- Aumentarle el tamaño cuando sea necesario.
- Realizar copias de seguridad con regularidad y fiabilidad.
- Recuperar algo de los archivos.
- Mantenerlo todo conectado y que funcione sin problemas.

Los sistemas de almacenamiento se componen de las siguientes piezas:

- Memoria.
- Memoria virtual (en disco).
- Sistemas de archivos en discos internos.
- Sistemas de archivos en discos externos.
- Almacenamientos RAID.

Puede organizar la arquitectura de almacenamiento de la siguiente manera:

- Almacenamiento de conexión directa (DAS).
- Almacenamiento conectado a red (NAS).
- Red de de área de almacenamiento (SAN).

Truco: Consiga suficiente espacio en disco. Se verá en un aprieto si se queda sin espacio cuando esté a punto de terminar un trabajo de compresión largo.

Almacenamiento de conexión directa

El almacenamiento de conexión directa (DAS, del inglés *Direct-Attached Storage*) es el almacenamiento que se conecta a la CPU. Puede compartirlo con otros si lo desea, pero este almacenamiento se conecta y se desconecta cuando lo hace la estación de trabajo, por lo que sólo está disponible para que lo puedan compartir otros usuarios cuando la estación de trabajo está encendida.

Si utiliza un pequeño sistema de un solo usuario, no tiene mucho sentido crear grandes matrices de almacenamiento compartido. Basta con ampliar una estación de trabajo para la compresión con un par de terabytes de almacenamiento.

Es una buena idea conectar más capacidad de disco con FireWire o SCSI. Los discos externos son mejores que instalar más unidades dentro de la carcasa del ordenador principal. Si utiliza matrices RAID en lugar de unidades sueltas conseguirá una capacidad de almacenamiento rápida y amplia. No es una buena idea instalar sistemas RAID para la archivación a menos que formen parte de una red SAN. Los sistemas de archivación deberían tener suficiente protección de paridad para que puedan recuperar automáticamente los datos perdidos si una unidad se estropea. También debería implementar una estrategia fiable y funcional de creación de copias de seguridad.

Opte por RAID 0, que ofrece más espacio en disco y más rápido. RAID 1 ofrece una posibilidad de recuperación mediante la duplicación. Por desgracia, acabará sólo con el 50 por 100 de la capacidad que haya adquirido. RAID 3 es bastante bueno si tiene un número suficiente de unidades, porque la recuperación cuesta un disco más en el que poder almacenar los datos de paridad.

El almacenamiento de conexión directa es apropiado para las instalaciones pequeñas, para añadir estaciones individuales a un grupo de trabajo. Si tiene una empresa e instala una red SAN, no es necesario añadir DAS además de lo que tenga instalado ya.

Unidades conectadas por canal de fibra óptica

Si FireWire, en configuraciones simples o dobles, es demasiado lento para sus necesidades, inserte una tarjeta de interfaz de canal de fibra óptica en una ranura PCI y utilice un sistema de almacenamiento conectado por fibra óptica. Es una manera rápida de cambiar de lugar un vídeo o cualquier tipo de conjunto de datos de gran tamaño. También es una manera rápida de dejar a cero la cuenta bancaria porque es muy costoso.

Las unidades de alto rendimiento sólo se pueden conectar a ordenadores dotados de una interfaz de canal de fibra óptica. La ubicuidad de una conexión FireWire resulta mucho más atractiva (y barata). La conexión por canal de fibra se podría emplear para conectar grandes cantidades de almacenamiento a un servidor centralizado que comparta el contenido con toda una red.

Almacenamiento conectado a red

El almacenamiento conectado a red (NAS, del inglés *Network-Attached Storage*) es el espacio en disco que se monta a través de la red. El sistema de archivos en red NFS, Samba y el protocolo de transferencia de archivos FTP son todas maneras de acceder a los archivos en un NAS. Recuerde que lo que puede parecer un NAS para un equipo, es un DAS para otro equipo que actúa de servidor. Todos los argumentos sobre la capacidad de recuperación del almacenamiento DAS se vuelven a aplicar a ese centro de operaciones.

La figura 29.2 muestra el concepto básico de NAS. NAS es un nombre de moda para el intercambio de archivos que lleva empleándose algún tiempo. Sufre embotellamientos de red, pero está bien para el intercambio de archivos entre 3–10 personas, siempre que se instale una conexión de red rápida, como gigabit Ethernet.

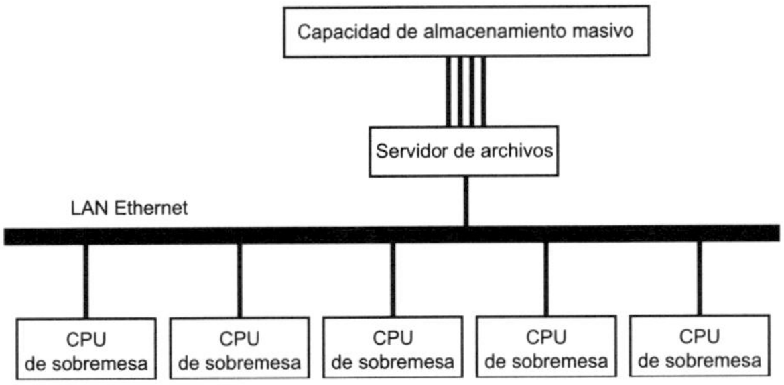

Figura 29.2.

Topología de red basada en un servidor de archivos.

Los sistemas NAS normalmente utilizan NFS o sistemas de archivos comunes de Internet (CIFS) para compartir las unidades. Los sistemas Mac OS también pueden utilizar los protocolos AppleTalk y, cuando los sistemas se integran con una combinación de sistemas operativos, es posible emplear el protocolo Samba.

Decida si va a instalar servidores NAS dedicados sólo va a servir el espacio con una CPU libre. Éste es un buen uso que se puede dar a un ordenador viejo que ha dejado de utilizarse al ser reemplazado por un equipo más rápido para el trabajo de compresión.

El almacenamiento conectado a red es una buena solución para un sistema compuesto por varios nodos. Si tiene media docena de sistemas con una configuración óptima para distintas tareas, le conviene tener un almacenamiento central compartido, en el que poder hacer copias de seguridad a diario y guardar archivos e información de consulta sobre los proyectos. No guarde la salida del compresor directamente en NAS. Guárdela en DAS y cópiela después, cuando haya terminado el trabajo.

Redes de área de almacenamiento

Los sistemas de red de área de almacenamiento (SAN, del inglés *Storage Area Networks*) han ido evolucionando durante varios años y en la actualidad representan la vanguardia del almacenamiento para grupos de trabajo de gama alta. Una red SAN es rápida, tiene baja latencia y se puede compartir con unas pocas decenas de personas (cuando se comparte con más se empiezan a experimentar problemas de tráfico). Donde se ha mejorado el rendimiento es en el terreno de los metadatos. La figura 29.3 muestra cómo se conectan todos entre sí.

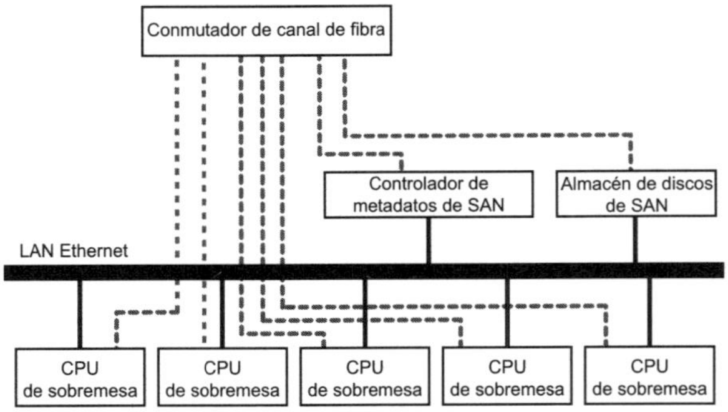

Figura 29.3.

Organización de sistemas SAN.

Si la red SAN está diseñada e implementada adecuadamente, al usuario de la estación de trabajo le parecerá como si estuviera accediendo a una unidad con conexión directa instalada internamente, aunque la unidad se encuentre acoplada en un equipo remoto mediante fibra óptica.

Para conectarse a las estaciones de trabajo y conseguir el rendimiento necesario, la SAN requiere un conmutador de canal de fibra óptica. Esto es fundamental para conseguir que funcione; intentar ahorrar dinero en esto es una falsa economía. El conmutador puede ser fácilmente la pieza más cara de todo el sistema SAN.

Normalmente el estado de un sistema de archivos se consulta desde el servidor conectado a la red. Ése es el mismo lugar en que se almacenan los archivos. La arquitectura SAN delega gran parte de este trabajo a un nodo secundario denominado controlador de metadatos. Este catálogo de sistemas de archivos SAN se almacena ahí y se puede acceder a él rápidamente, porque la red no está saturada con la E/S de archivos. El cliente se comunica con el controlador de metadatos, averigua dónde están almacenados los archivos en el disco SAN y solicita el espacio físico para el archivo a través del enlace del canal de fibra.

Otros aspectos positivos de los sistemas SAN son los siguientes:

- La copia de seguridad se puede integrar en la unidad final de la SAN.
- Los controladores de metadatos se pueden respaldar con un segundo controlador (el coste es incremental y ya estamos gastando mucho).
- El almacenamiento se agrega en un bloque en lugar de en bloques separados por cada usuario.
- El ancho de banda se puede asignar y reservar.

Así pues, tenemos varios artículos de coste importante que añadir al sistema para lograr que un sistema SAN funcione. Los sistemas de almacenamiento SAN no están concebidos para situaciones de un solo usuario o pequeños grupos de trabajo. Están justificados si tiene un grupo de personas trabajando en la producción de una película de Hollywood o en anuncios con una producción masiva y estaciones de trabajo rápidas.

Varias predicciones de las implementaciones empresariales sugieren que las instalaciones SAN serán el doble de comunes que las instalaciones DAS para 2007. Por ahora el sistema DAS supera a la SAN en una proporción de 2 a 1. La mayor desventaja de las redes SAN es que su instalación es muy costosa y están fuera del alcance de cualquier persona, exceptuando a los usuarios de gama alta. Es posible que esto cambie, porque Apple ha estado reduciendo el coste de este tipo de procesamiento informático a nivel empresarial desde hace varios años y el producto xSAN (`http://www.apple.com/xsan/`) es otro paso hacia la reducción del coste de propiedad de la SAN. Aún así, para justificar el coste debe tratarse de un negocio sólido.

Soluciones de gama alta

Si sus necesidades exigen el máximo rendimiento, tal vez desee mirar productos de compañías como Apple, Rorke Data (`http://www.rorke.com/`) o Storage Tek (`http://www.storagetek.com/`). Estas y otras empresas del mismo mercado tienen arquitecturas de almacenamiento optimizadas para el almacenamiento y la distribución de vídeo, que deben tener gran capacidad y acceso muy rápido con baja latencia. Por desgracia, este nivel de rendimiento cuesta mucho dinero.

Planificación de la capacidad de almacenamiento

Se estima que la capacidad de memoria necesaria para instalar sistemas aumentará cada año más del doble. Cuando este crecimiento se incremente, los grupos de discos aumentarán hasta alcanzar tamaños astronómicos en unos pocos años. Esto presenta algunos problemas muy interesantes. Por ejemplo, ¿cómo va a realizar copias de seguridad de todo?

> **Truco:** Digitalice alguna referencia conocida o contenido de prueba (cuadrados y círculos, por ejemplo) para calibrar las velocidades de muestreo del área de trabajo. Corrija las figuras geométricas.

Planificación de la capacidad de almacenamiento para proyectos de DVD

Suponga que piensa distribuir un producto en DVD y desea reunir una colección de activos en una imagen de disco antes de grabarlo. El soporte DVD se presenta en distintos tamaños. Podría optar por realizar una copia master en un disco de una capa y una cara y almacenar 4,7 GB en él. Los discos de doble capa contienen 9 GB aproximadamente. Los discos de doble cara son múltiplos de estas capacidades, en función de cuántas capas tengan en total.

Deberá permitir que se procese y se almacene el contenido en cada fase del proceso de producción. La creación de un disco de 4,7 GB requiere mucho más espacio que ése para conservar todas las copias intermedias.

La grabación del disco se basará en copiar una imagen de él desde el disco duro a un soporte grabable. Si crea una imagen o la crea el software que grabe el disco, deberá reservar el espacio. Es una buena idea crear uno mismo la imagen con el fin de reproducirla en modo de vista previa para hacer una prueba. Los programas profesionales, como DVD Studio Pro, guardan una imagen en forma de proyecto que se puede modificar y previsualizar antes de pasar a la grabación.

Asegúrese de guardar al menos una copia de seguridad para poder deshacer los cambios. Ya que no habrá ordenado los activos dentro del proyecto, como mínimo, tiene que haber espacio para otro DVD igual para los activos sin procesar antes de unirlos en la imagen master del proyecto de DVD. La mayoría del contenido de un DVD será vídeo. Los 4,7 GB son vídeo comprimido. El metraje sin comprimir ocupará mucho más espacio. Cinco minutos de vídeo MPEG-2 a una calidad equivalente al DVD consumen unos 150 MB. En calidad de DV, que es la que podría emplear para la edición, el mismo metraje ocupa 1 GB como mínimo. Con una calidad de estudio de emisión, podría consumir 5 ó 6 GB. Si multiplicamos esta cifra para 5 minutos por 2 horas, tendremos archivos de vídeo con un tamaño entre 100 y 150 GB. ¡Y eso es sólo para una copia! La tabla 29.1 muestra algunas capacidades para distintos formatos de capa de DVD y supone que los cálculos de almacenamiento se basan en la masterización con calidad de estudio profesional. Para la edición de vídeos domésticos es posible que no haga falta tanto almacenamiento.

Tabla 29.1.

Tamaños de proyectos para planificar la capacidad de almacenamiento.

Elemento	*Una capa*	*Doble capa*	*Dos caras (cuatro capas)*
Copia master	5 GB	9 GB	18 GB
Activos sin procesar	5 GB	9 GB	18 GB
Vídeo sin comprimir	150 GB	270 GB	540 GB
Total	160 GB	288 GB	576 GB

El componente del vídeo sin comprimir ocupa la mayor parte del espacio. Debería elegir un editor que realice ediciones no destructivas, empleando una EDL o película de referencia que conserve todos los componentes originales intactos.

Incluso entonces habrá metraje sin usar en el proyecto de edición, lo que posiblemente aumenta las necesidades de almacenamiento en otro 50 por 100. Para cuando haya completado un DVD de 4,7 GB, podrá haber utilizado fácilmente 250 GB de espacio.

Ahora multiplique esta cifra por el número de proyectos en los que quiera trabajar. Y eso es sin contar con el espacio para el archivado y sin reservar un espacio de trabajo adicional para almacenar sesiones de edición de vídeo, crear efectos especiales y cualquier otra tarea secundaria.

¿La respuesta más sencilla? Compre el máximo de espacio que se pueda permitir. No se moleste en comprar un disco de menos de 500 GB para su espacio de trabajo principal, a menos que vaya a trabajar en proyectos pequeños, y piense cómo va a volcar todo ese material a otro soporte para crear una copia de seguridad y hacer espacio para el siguiente proyecto.

La mejor solución podría ser emplear directamente un disco Big Disk LaCie para cada proyecto, colocarlo en la estantería y conectar una nueva unidad para cada trabajo.

Coste del almacenamiento

El coste del almacenamiento en euros por GB se reduce cuando se compran discos duros mayores.

La tabla 29.2 recoge algunos precios por GB representativos de empresas que venden productos de almacenamiento en disco.

Estas cifras sólo sirven para compararlas y pueden variar, aunque el gasto proporcional de unos respecto a otros probablemente permanecerá estable a lo largo del tiempo.

Tabla 29.2.

Euros por GB.

Descripción	***Tamaño***	***Por GB***
Xserve RAID	1,00 TB	3,8 euros
	1,75 TB	2,8 euros
	3,5 TB	2,1 euros
HP StorageWorks NAS	320 GB	6,05 euros
	640 GB	3,76 euros
	1,00 TB	2,95 euros
Unidades de bolsillo portátiles	60 GB	2,03 euros
	160 GB	0,66 euros
	200 GB	0,70 euros
Formac FireWire 400	160 GB	0,60 euros
	250 GB	0,53 euros
	320 GB	0,50 euros
	500 GB	0,52 euros

Estos precios son aproximados y fluctuarán cuando cambien las condiciones del mercado, pero lo más probable es que los precios bajen, no que suban. Lo más importante es el precio relativo. Compre el tipo de espacio de disco que se ajuste a su sistema (y a su presupuesto) y que además tenga la capacidad necesaria. El almacenamiento NAS cuesta aproximadamente el doble que el almacenamiento RAID.

Las unidades de bolsillo son más baratas si se compran las unidades con mayor capacidad. Las sencillas unidades FireWire 400 son las más baratas de todas, así que, a la vista de estas cifras, recomendaría la compra de unidades de escritorio de 500 GB porque tienen un tamaño razonable para trabajar en proyectos y el coste por GB es casi el mejor valor del mercado. Sin embargo, si paga más por un almacenamiento RAID, comprará rendimiento, productividad y capacidad de recuperación ante errores.

Conclusiones sobre la capacidad de disco

Un disco de 80 GB apenas es suficiente para efectuar un proyecto en él. En los sistemas a medida ya se pueden conseguir fácilmente 160 GB. Los discos duros mayores de 250 GB escasean y, si está dispuesto a desembolsar el dinero, los discos Big Disk LaCie de 500 GB ofrecen un tamaño adecuado para el espacio de trabajo de los proyectos de vídeo.

Dado que FireWire nos permite añadir 10 discos con bastante facilidad, podemos pensar en ampliar un sistema con 10 discos LaCie de un terabyte. En un entorno televisivo, esto equivale al trabajo en DV50 de unos 4 días en una gran sala de redacción. Es una solución rápida y esos discos se pueden organizar como un RAID mediante software integrado en el sistema operativo Mac OS. Con discos de esa capacidad probablemente no necesite que estén todos conectados al mismo tiempo y FireWire permite conectarlos y desconectarlos en caliente según sea necesario.

Conexión en red

Estructure el cableado cuando cree el estudio. Conecte los conectores de la red a un tablero de conexiones situado en una posición central. Después realice las interconexiones con cables auxiliares según sea necesario. Después será mucho más fácil renovar la red si la instala de esta manera (véase la figura 29.4).

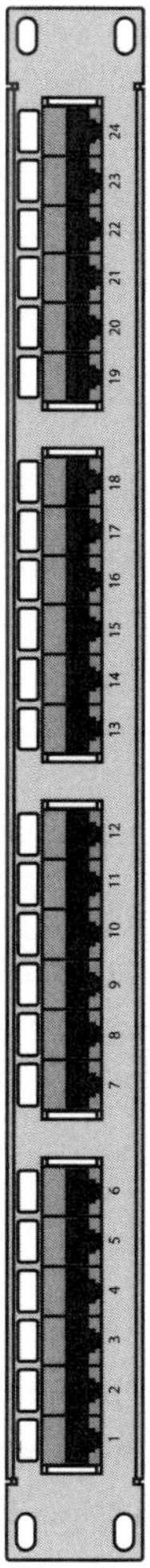

Figura 29.4.

Panel de conexiones Ethernet montado en bastidor.

Es muy importante etiquetar con cuidado todos los cables y enchufes y anotar información sobre el cableado al instalarlo. Asegúrese de actualizar las notas si se produce algún cambio. Utilice códigos de color para identificar los cables que son importantes. Use cables verdes para el vídeo y amarillos para el audio. O use cables rojos para las partes de un sistema en vivo que nunca se deben desconectar y cables verdes para las conexiones menos importantes. La elección es suya, pero asegúrese de aplicar el método coherentemente.

Truco: No lea los archivos a través de la red. Cópielos en un disco duro que esté conectado físicamente mediante la interfaz más rápida posible. La recomendación es la misma para la modificación de archivos.

Si lo hace con orden, el cableado será un activo más. En cambio, si forma un revoltijo de cables como espaguetis, pronto estará tirándose de los pelos tratando de averiguar dónde va conectado todo.

Si tiene cuidado, debería estar bien ordenado, como el cuadro de distribución Ethernet de ADC Telecommunications que se muestra en la figura 29.5.

ADC Communications ofrece una completa gama de soluciones de cableado estructurado que funcionan conjuntamente, así que puede montar un sistema de cableado para audio, vídeo, fibra y Ethernet. Todo el sistema será coherente porque los productos son compatibles. En el sitio Web de ADC (`http://www.adc.com/`) encontrará mucha información además de los detalles de los productos. En concreto hay unas notas técnicas muy útiles y material de demostración sobre las redes.

Figura 29.5.

Un trabajo bien hecho, bien hecho está. Fuente: cortesía de ADC Telecommunications.

Velocidad de Ethernet (10, 100 ó 1000 Base T)

Las redes son rápidas, pero tal vez no sean lo suficiente. Por extraño que parezca, las redes pueden ser más rápidas que los discos, aunque con frecuencia se supone que son más lentas. Una red Ethernet Base T 10 no le proporcionará el rendimiento necesario, a menos que esté dispuesto a hacer las transferencias de archivos durante la noche. Probablemente una red Ethernet Base T 100 sea capaz de servir a un par de estaciones de trabajo desde un almacenamiento compartido para que dos editores puedan trabajar al mismo tiempo.

Si tiene un equipo más grande y algo más de dinero para un cableado de mejor calidad y un mayor número de ordenadores, entonces es preferible una Ethernet Gigabit o Base T 1000. A partir de ahí, puede gastarse una cantidad desorbitada en redes y conmutadores de fibra óptica y a ese nivel probablemente le importará menos el gasto siempre que el rendimiento sea lo bastante bueno.

Truco: No escriba en una unidad montada en red. Es muy lento. Cada línea que escriba en un archivo será una transacción más en red. Es mucho más eficiente copiar archivos enteros por la red.

Como mínimo, debería establecer las conexiones con un sistema de cableado clasificado con la Categoría 5 (CAT-5). Ésta es una especificación de la calidad del cable, los conectores y otros componentes activos.

Además debe asegurarse de que los cuatro pares de hilos del cable de par trenzado no apantallado (UTP) estén conectados correctamente. Existen dos formatos bien conocidos: T568A y T568B. Son muy distintos, y por razones históricas tienen que ver con los sistemas de telefonía anteriores. Si mezcla sistemas telefónicos y Ethernet para poder compartir el mismo cableado estructurado, tenga cuidado de mantenerlos separados cuando los conecte o quemará las interfaces de Ethernet en cualquier PC que esté conectado accidentalmente a la red telefónica.

También debe tener cuidado de usar cables cruzados tan sólo cuando sea adecuado.

Normalmente se emplean para unir concentradores apilables. Los cables cruzados a veces sirven para conectar dos dispositivos equipados con Ethernet. Es lo único que hace falta para crear una red de sólo dos nodos. Tenga un cable cruzado a mano en la caja de herramientas por si lo necesita.

¿Concentradores o conmutadores?

Asegúrese de que su red esté conectada con conmutadores, evite el uso de concentradores. Mire la figura 29.6 para ver cómo se dirige todo el tráfico por un recorrido de señal común dentro de un concentrador.

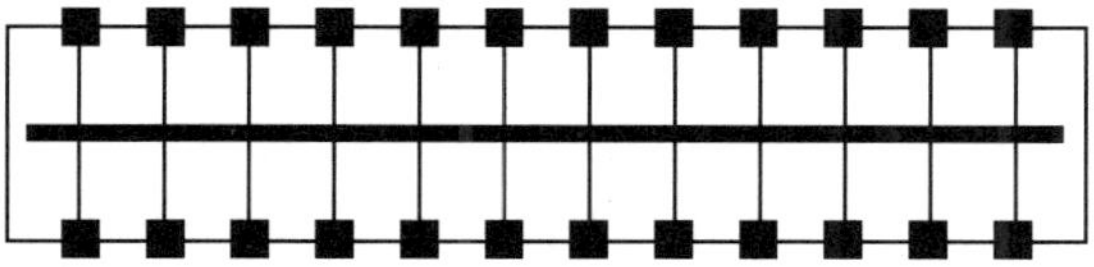

Figura 29.6.

Partes internas de un concentrador de red.

Compare la forma en que funciona un concentrador con las conexiones directas de puerto a puerto que se dan dentro de un conmutador. Nada del tráfico entre dos puertos afecta a los demás puertos, porque no comparten ningún recorrido de señal (véase la figura 29.7).

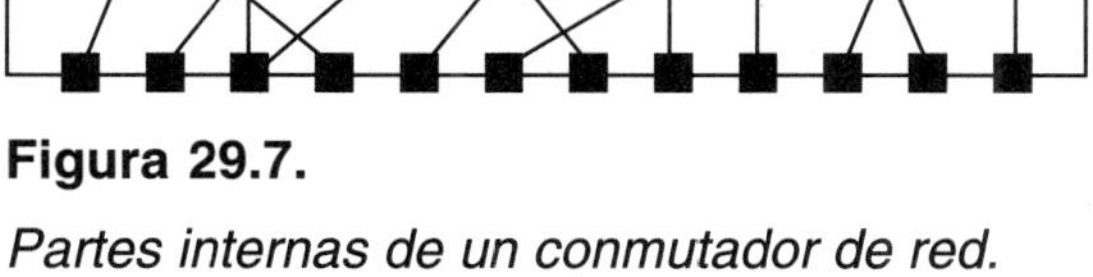

Figura 29.7.

Partes internas de un conmutador de red.

Los concentradores presentan todo el tráfico de red en todos los puertos. Un conmutador conecta un puerto directamente a otro y evita todos los demás. El tráfico es directo y privado y no interfiere con nada del tráfico que circula entre otros pares de puertos. Está muy bien para la distribución de vídeo.

Velocidades de transferencia

Uno de los problemas con el vídeo es que los datos ocupan mucho espacio. El almacenamiento de vídeo requiere mucho espacio para describir el contenido de unos pocos segundos. Se tarda más de lo que hubiera pensado en trasladar el metraje dentro del sistema. Dentro de los límites de su propio sistema, realice varias pruebas para determinar cuánto se tarda en mover una hora de vídeo de un equipo a otro. A continuación, cuando se le presente un cliente con un trabajo urgente, sabrá cuáles son las implicaciones del flujo de trabajo.

SneakerNet

Existe una solución barata, rápida y efectiva para los pequeños equipos. Conecte una unidad FireWire a un ordenador y copie el archivo en ella. Entonces, como FireWire se puede sustituir en caliente, desmóntelo y llévelo a otro ordenador en el que pueda volver a conectarlo. (Debería leer los manuales de instrucciones para asegurarse de que la unidad se pueda extraer mientras está encendida).

El inconveniente es que este método entraña riesgos para la seguridad y que cualquiera podría conectar su propia unidad. Podría protegerse con unidades que exijan códigos de seguridad y software para comprobar que se ha conectado una unidad autorizada.

Y ¿por qué se llama a esta técnica "SneakerNet"? Es porque alguien que lleva este tipo de zapato deportivo es quien transporta los datos por la habitación.

Pantallas de monitor

Si quiere ver qué aspecto tendrá la imagen en pantalla, debería conectar un monitor parecido al que se empleará para ver el metraje. Es una pérdida de tiempo ver un vídeo en un monitor progresivo de alta resolución si se va a distribuir en definición estándar con una pantalla entrelazada. Necesita verlo en un monitor de televisión. Es buena idea también si va a previsualizar contenido MPEG-2 para su transmisión o para la salida en DVD.

Las tarjetas ATI Radeon vienen equipadas con salida S-VHS, que es útil para previsualizar el vídeo y hacerse una idea del aspecto que tendrá. Pero no se deje engañar reproduciendo un master de buena calidad a través de esa salida. Los resultados comprimidos tendrán un aspecto peor en comparación. Intente que la vista previa se parezca lo máximo posible a la tecnología que empleará el usuario final para ver el contenido. Si no, no tiene sentido hacer una vista previa.

Truco: Asegúrese de que el monitor y el cable coincidan con los conectores de la tarjeta de vídeo. Los cables DVI a veces traen los circuitos analógicos conectados.

Consulte el Apéndice M para ver ejemplos de diversos conectores de tarjeta de vídeo.

Tarjetas de vídeo

Éste es un terreno que ha experimentado una innovación constante durante la última década más o menos. Si tiene un buen equipo de grabación de vídeo con una interfaz FireWire, tal vez no necesite una tarjeta de vídeo para realizar el procesamiento. Pero si la necesita, éstas son algunas muy conocidas.

Osprey

Estas tarjetas de vídeo gozan de popularidad con los sistemas basados en Windows. Así mismo, comprobará que las tarjetas de vídeo de Bluefish, Matrox y Digital Voodoo son útiles si se utiliza la plataforma Windows. Pinnacle y, por supuesto, NVidia y ATI también ofrecen soluciones para distintas necesidades. Algunas de las tarjetas de vídeo ATI Radeon incluyen salidas VGA para el ordenador y salidas S-VHS secundarias para la grabación o la supervisión de vídeo.

AJA

En la exposición IBC 2002, AJA presentó la tarjeta de vídeo Kona, que atrajo a las emisoras porque tenía salida de vídeo SDI. Instalando los controladores correctos, se pueden incluir hasta 8 canales de audio en la secuencia de bits saliente.

Blackmagic Design

En la conferencia IBC 2003, Grant Petty (que antes trabajaba para Digital Voodoo) presentó la gama de tarjetas de vídeo de Blackmagic Design (BMD) (`http://www.blackmagic-design.com/`), que marcaron una diferencia increíble en toda la industria de las tarjetas de vídeo.

La tarjeta funciona en entornos Mac OS X y Windows. Existe una gama de tarjetas que varían desde las que sólo son compatibles con el vídeo SDI o analógico hasta las tarjetas de gama alta que admiten alta definición y múltiples formatos. La característica más impresionante de estas tarjetas es el precio. Son un orden de magnitud más baratas que el precio medio del resto del mercado. Es posible instalar un dispositivo de vídeo SDI con un ordenador de 800 euros dotado con una tarjeta de vídeo de 250 euros y programar software para que se encargue de cosas como los títulos y las sobreimpresiones de gráficos. La creencia tradicional de que el software de los servidores de vídeo es costoso se pone en entredicho cuando es posible montar servidores de vídeo por unos 1000 euros por canal con hardware de uso general. Con estos precios, se pueden utilizar tantos canales como sea necesario y reservar algo de dinero para colocar ordenadores de respaldo en un depósito o junto al sistema en vivo como unidades de repuesto que se pueden conectar en caliente.

BMD ha realizado una contribución realmente increíble al mercado de las tarjetas de vídeo integradas. A la larga, esto conducirá a algunas soluciones de productos muy innovadoras cuando se combine con el software creativo.

Optibase

Optibase (`http://www.optibase.com/`) lleva muchos años creando hardware y software de vídeo y tiene algunos productos prácticos. La mayoría de sus ofertas son para la plataforma Windows, pero MPEG Movie Maker 2000 ahora ofrece una solución de hardware para la codificación en MPEG-2 para los usuarios de Power Macintosh. Resulta especialmente útil si va a crear contenido para distribuirlo finalmente en DVD. Esta placa es bastante cara para el usuario no profesional, pero es más barata que las soluciones anteriores, cuyo precio ascendía a 20.000 euros o más.

Emplear un codificador por hardware como éste puede ahorrarle mucho tiempo, porque de esta manera podrá procesar el contenido mucho más rápido. La alternativa es usar un compresor por software.

Soluciones de hardware de codificación

Probablemente interesarán a las emisoras y a las organizaciones grandes con mucho dinero que poder gastar. Las soluciones de hardware son adecuadas cuando la fiabilidad y la calidad del vídeo de salida son más importantes que el coste. El Apéndice B muestra algunos ejemplos de fabricantes de codificadores por hardware para que se informe y les comente sus necesidades.

Alternativas de conversión analógica-digital

Según el equipo que tenga a su disposición, existen varias maneras de convertir el metraje analógico a un formato digital.

Si tiene una videocámara DV, puede sentir la tentación de procesar el vídeo VHS en ella a través del conector de entrada analógica. Sin embargo, la calidad de la conversión analógica-digital deja mucho que desear. Si es el único método de adquisición con el que cuenta, puede que no importe. Una solución mejor es la tarjeta de vídeo BMD DeckLink, que produce el procesamiento de máxima calidad al mejor precio. Los dispositivos AJA I/O también son buenos y se presentan en distintas configuraciones y precios para ajustarse a todos los bolsillos.

Aunque tal vez las grabadoras DV no produzcan una excelente conversión de analógico a digital, una grabadora DVCAM sí puede. Las unidades Sony DSR 11, DSR 45 y DSR DR 1000 son todas buenas opciones para los estudios de bajo presupuesto. DSR 11 es muy barata. DR 1000 es interesante porque tiene un almacenamiento en disco duro de 8 horas en lugar de una unidad de cinta.

Dicho esto, las videocámaras DV no son particularmente adecuadas para la conversión analógica-digital, aunque son unos magníficos dispositivos de adquisición para la grabación directa. Ofrecen una buena combinación de precio-rendimiento.

Evite el uso de conexiones de radiofrecuencia, ya que está concebida únicamente para conectar un reproductor de vídeo a un televisor para reproducir cintas VHS. Es una forma pésima de conectar cualquier otra cosa si pretende realizar transferencias. Los resultados siempre serán totalmente insatisfactorios y no servirán para comprimirlos.

Utilice SCART o S-VHS si va a conectar un sistema analógico. Los conectores de audio RCA no están mal, pero tendrá que utilizar vídeo compuesto. Los sistemas SCART y S-VHS transmiten el vídeo con una mejor calidad. Lo ideal es que convierta el vídeo a un formato digital en cuanto sea posible con el mínimo de copia generacional o conversión.

Truco: Etiquete los enchufes en el cuadro de distribución o desconectará la alimentación de energía de un disco duro conectado en lugar del portátil cuando salga corriendo hacia una reunión. Esto no es bueno para el disco, por no mencionar que puede interrumpir un trabajo de compresión que lleve 3 días realizándose.

Cableado del estudio

El cable coaxial de 75 ohmios se ha venido utilizando durante mucho tiempo para el cableado de los estudios y también de las instalaciones semiprofesionales. Se usa para el vídeo compuesto analógico y también para las señales digitales en serie que producen los estudios profesionales.

Enrutamiento de vídeo y audio

Intentar enrutar el vídeo en un estudio pequeño es bastante fácil. Es fácil desconectar cables de un lado y volver a conectarlos en otro lado, lo que está bien para unos pocos ordenadores y grabadoras de vídeo. Sin embargo, en un entorno de producción o en un estudio de retransmisión importante, es físicamente imposible crear circuitos conectándolos a mano con cables.

En lugar de cableado, se emplea un sistema de conmutación electrónica denominado enrutador. A veces se conoce como matriz porque es una cuadrícula de entradas y salidas dispuestas de tal manera que los puntos de cruce se unen para crear una conexión. Esto permite que cualquier salida se conecte a cualquiera de las entradas. Cualquiera de las entradas se puede conectar simultáneamente a más de una salida. Todo está sincronizado para que la conmutación tenga lugar durante el tiempo de supresión y entonces la nueva fuente esté disponible en el siguiente fotograma. Así pues, se trata de una combinación de un conmutador y un amplificador de distribución.

Algunos tamaños comunes son 8x8, 16x16 y 32x32. Si está dispuesto a gastar mucho dinero, ya existen unidades de 64, 128, 144 y 256 al cuadrado. Si necesita algo más grande todavía, entonces agrúpelos en múltiplos.

Blackmagic Design ha presentado una solución de enrutamiento para grupos de trabajo que es económica y que tal vez sea justo lo que necesita: Workgroup Videohub (véase la figura 29.8).

Aunque a veces deseará enrutar el audio y el vídeo por separado, lo más probable es que prefiera conmutarlos juntos con lo que la mayoría del tiempo enrutarán al mismo lugar. En una matriz muy grande, tendrá una capa de vídeo más dos capas de audio y, si va a producir sonido envolvente, necesitará conmutar cinco o hasta siete capas de audio junto con el vídeo. Esto se vuelve muy costoso y la complejidad del sistema de control aumenta en consecuencia.

Figura 29.8.

BMD Workgroup Videohub.
Fuente: cortesía de Blackmagic Design.

Audio incrustado o audio enrutado por separado

Una solución muy ingeniosa para los costes del cableado masivo en un estudio grande es incrustar el audio dentro de la señal de vídeo, suprimiendo así la necesidad de más de una capa en el conmutador. Esto permite economizar en los sistemas de cableado y también reduce el número de enlaces de fibra óptica necesarios. Los incrustadores deberían colocarse junto al punto donde deban procesarse el audio y el video independientemente.

Las tarjetas de vídeo SID actuales como la AJA Kona y los productos de Blackmagic Design DeckLink admiten la incrustación de audio de la unidad que suministra las salidas de la tarjeta.

El audio con el que sea compatible el equipo podría estar en formato AES digital o, si es analógico, es probable que sea audio con balance. Deberá convertirlo y desconvertirlo, por lo que necesitará software de unión (*glueware*) audiovisual. Este tipo de conversión de E/S está disponible en compañías como Vistek (`http://www.vistek.tvt/`) o Miranda (`http://miranda.com/`). Existen muchas otras más.

Conexión en bucle

Al conectar los cables en el estudio, hay veces en que es necesario probar algo. Es una buena idea instalar unos pocos circuitos más y dejarlos desconectados. Utilícelos para realizar pruebas de conexión en bucle. Si llega un extremo del circuito y lo une a un cable que parece estar defectuoso, pruébelo desde el otro extremo para ver si recibe una señal satisfactoria. También puede ganar un circuito de repuesto, lo cual es útil cuando hay que montar un nuevo servicio rápidamente. Parte del proceso de diagnóstico consiste en eliminar un cable estropeado. Para aislar el problema, sustituya un circuito que sabe que está bien por un circuito que sospecha que es defectuoso.

Interfaces FireWire

FireWire transporta vídeo DV y audio multicanal y también conecta discos duros al ordenador mediante cables de par trenzado doble. Es un sistema de conexión de periféricos muy versátil y eficaz, también conocido como IEEE 1394 e iLink. Consulte el sitio Web de la asociación 1394 Trade Association para más información: `http://www.1394ta.org/`.

Conectividad

El conector de 6 patillas suministra alimentación de bus y el conector más pequeño de 4 patillas no. Existen variantes de los conectores para usarlos en equipo de ciertas marcas.

> **Truco:** Compre algunos discos FireWire baratos para almacenar en ellos los proyectos acabados. Así podrá volver a montar el proyecto muy rápido. Los discos con capacidades inferiores a 40 GB son muy baratos.

Puede comprar tableros de conexiones para FireWire, lo que le permite montar en bastidor mucho equipamiento FireWire y orientar la conectividad hacia la parte frontal del bastidor. ADC fabrica un producto práctico para este mercado, como se muestra en la figura 29.9.

Figura 29.9.

Panel de conexiones FireWire de ADC. Fuente: cortesía de ADC Telecommunications.

Interfaces FireWire con alimentación auxiliar

Otra buena posibilidad es contar con una unidad FireWire de sobra, lista para conectarla, suponiendo que tenga una interfaz

FireWire disponible. FireWire es compatible con la mayoría de los ordenadores nuevos o se puede añadir fácilmente con una tarjeta PCI. Si los puertos FireWire disponibles están siendo utilizados, agregue un concentrador FireWire con alimentación auxiliar. Esto aumenta la conectividad y reduce la carga actual de los puertos FireWire de la placa lógica principal, ya que la alimentación adicional se suministra por separado. Como se comparte el mismo bus FireWire, el rendimiento seguirá siendo el mismo. Éste sólo crece si se instalan más buses FireWire.

Siempre conviene disponer de fuentes adicionales de alimentación auxiliar a la hora de equipar el ordenador con más tarjetas PCI FireWire y concentradores FireWire o USB. Es posible quemar un chip del puente FireWire de la placa lógica muy fácilmente si se intenta arrastrar demasiada corriente. Lo mismo se aplica a los puentes FireWire en tarjetas PCI que no tienen el conector de alimentación auxiliar. Belkin ofrece una útil tarjeta PCI FireWire que tiene un enchufe para el mismo tipo de suministro eléctrico que se podría utilizar con una unidad externa. En la figura 29.10 se muestra un ejemplo de esta tarjeta. Siempre que tenga suficiente capacidad de alimentación eléctrica de sobra dentro del PC, podrá utilizarla para controlar la interfaz FireWire.

AJA Io

AJA (`http://www.aja.com/`) también ofrece una gama de productos de E/S que se denominan Io (véase la figura 29.11). Éstos se presentan en distintos modelos: sólo analógicos, sólo digitales y audio/vídeo multicanal. Ofrecen un rendimiento muy bueno si busca un puente FireWire. Io también transmite vídeo sin comprimir por la interfaz FireWire. Es una solución excelente cuando se combina con Macintosh G5 y se ejecuta Final Cut Pro. Si tiene algo de almacenamiento xRAID a mano en cantidad suficiente, contará con un lugar para almacenar las cantidades masivas de vídeo que deseará procesar.

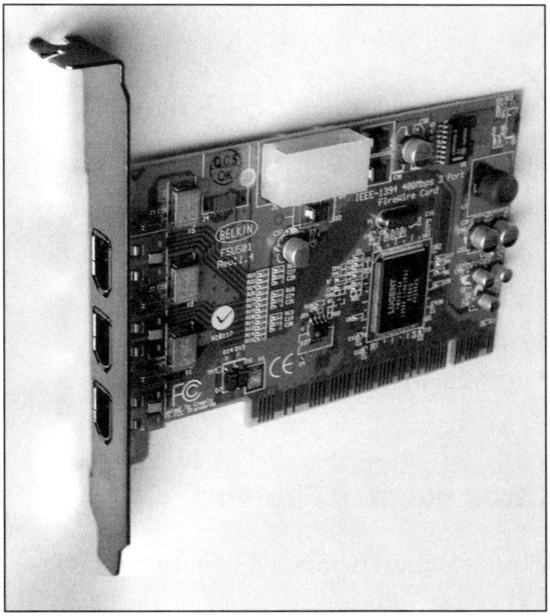

Figura 29.10.

Tarjeta FireWire de Belkin.

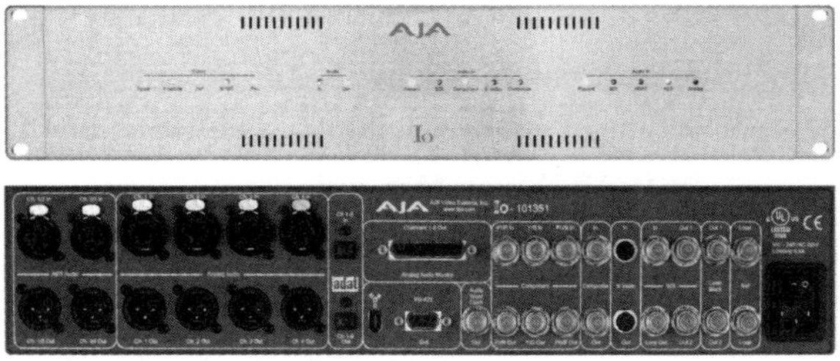

Figura 29.11.

Interfaz FireWire AJA Io (vistas frontal y trasera). Fuente: cortesía de AJA Video Systems.

Blackmagic Design Multibridge

Otro producto nuevo de BMD es Multibridge. Si lo combina con el enrutador de grupo de trabajo y tarjetas de vídeo DeckLink podrá crear una solución de grupo de trabajo muy flexible y articulada. El puente es extremadamente compacto y se puede montar con un bastidor de vídeo de diversas maneras (véase la figura 29.12).

Figura 29.12.
BMD Multibridge.
Fuente: cortesía de Blackmagic Design.

Otros puentes FireWire

Durante algún tiempo ha habido en el mercado otras soluciones más económicas de puentes FireWire, como las de Datavideo y Miranda. El hardware de Miranda también se comercializa bajo otras marcas como PrimaVideo, Dazzle y Hollywood. Son buenos para capturar secuencias breves. Asegúrese de tener sus últimos controladores.

Cámaras DV

La interfaz FireWire es especialmente popular porque algunas cámaras y grabadoras DV ya vienen equipadas con un conector. El software de edición de vídeo como Final Cut Pro o iMovie es consciente de ello y sabe cómo controlarlo con el protocolo adecuado. Basta con conectarlo.

En el equipamiento de Sony, verá que la interfaz tiene la etiqueta iLink y tal vez requiera un conector especial en el extremo del cable para la cámara. Estos conectores son pequeños y frágiles. Puede que le resulte extraño, pero con frecuencia descubrirá que esos cables se suministran independientemente de las cámaras. En tiendas de fotografía encontrará cables con conector FireWire de 6 contactos en un extremo y el miniconector iLink en el otro. Compruébelo en el momento de comprar la cámara, porque es posible que cuando vuelva a casa descubra que tiene que darse otro viaje para obtener los cables necesarios.

Soportes extraíbles

El propósito original del códec MPEG-1 era distribuir vídeo a velocidades de bits que permitieran comprimir una película lo suficiente para que cupiera en un CD-ROM, es decir, para que tuviera un tamaño de 650 MB. El códec no fue lo bastante bueno para hacer esa tarea con la calidad que exigían los consumidores, pero resultó útil para otras aplicaciones de poca velocidad de bits.

Al implementar MPEG-2 en los DVD, el uso de MPEG-1 en CD-ROM quedó totalmente obsoleto. Los sistemas basados en H.264 permiten comprimir lo suficiente el contenido con duración de película para que quepa en un CD-ROM. El códec DivX también está diseñado para reducir proyectos con la duración de una película a archivos del tamaño de un CD-ROM.

Sony está desarrollando cámaras de vídeo que utilizan la tecnología Memory Stick, y Panasonic estaba presentando cámaras en la exposición IBC de 2003 compatibles con varias tarjetas de memoria que se podían emplear al mismo tiempo como una matriz de discos RAID. Esta cámara se fabrica con muy pocas partes móviles, lo que mejora la fiabilidad. Para transmitir vídeo a los dispositivos Sony CLIÉ PDA se utilizan esas mismas tarjetas de memoria, que actualmente almacenan hasta 8 horas de vídeo mediante el códec MPEG-4 Parte 2.

Unidad FireWire externa

Esta forma de trasladar grandes proyectos de vídeo por el entorno de trabajo está ganando popularidad con rapidez. Una gran ventaja es que los dispositivos FireWire se pueden cambiar en caliente, aunque esto no lo permiten los controladores de todos los sistemas operativos. Mac OS admite la sustitución en caliente por defecto; para cualquier otro sistema debería consultar las indicaciones del fabricante del producto en busca de advertencias.

Podría procesar el vídeo en un equipo que tenga hardware de digitalización de alta calidad conectado y, a continuación, pasarlo a un sistema de edición más modesto en el que seguir trabajando. En el mercado existen diversos de tamaños de disco. El más grande es el disco LaCie, cuyo tamaño se mide en terabytes, y que, en realidad, es una matriz cuádruple de 250 MB presentada como un solo dispositivo a través de un conector FireWire. El tamaño de las unidades de bolsillo varía desde 10 GB hasta 80 GB, y próximamente aparecerán tamaños mayores.

Las unidades de bolsillo son excelentes para almacenar proyectos para el cliente y guardarlos no sólo intactos, sino también archivados por separado y a salvo hasta que necesite volver a trabajar con ellos. Es más barato que hacer copias de respaldo en discos DVD o CD-ROM y mucho más cómodo. Clone las unidades si desea una copia de seguridad.

Conectividad FireWire doble

Apple no ha parado de mejorar las capacidades de FireWire y ahora se pueden conectar los sistemas de nivel empresarial mediante interfaces dobles FireWire 800, lo que permite velocidades de transferencia de 1,6 Gbps. Esta técnica algunas veces se conoce como Gigawire, que es el nombre de una marca registrada. Podría optar por este método si va a configurar una agrupación de servidores XServe para compartir una unidad RAID FireWire.

Almacenamiento RAID y FireWire

FireWire es una interfaz adecuada para todo tipo de actividades relacionadas con el vídeo. Sirve para conectar un sistema de almacenamiento RAID a un sistema doméstico o semiprofesional. El conjunto RAID se gestiona desde dentro de la utilidad de disco de Mac OS estándar. Simplemente conecte 6 unidades y ensámblelas formando un conjunto RAID. Siempre que se inicie Mac, el conjunto RAID se montará como un solo volumen en el ordenador. Es muy sólido y se montará automáticamente si se encienden las unidades FireWire después de iniciar el ordenador. La figura 29.13 muestra una captura de pantalla de la utilidad de disco durante la configuración de un conjunto RAID de 6 discos.

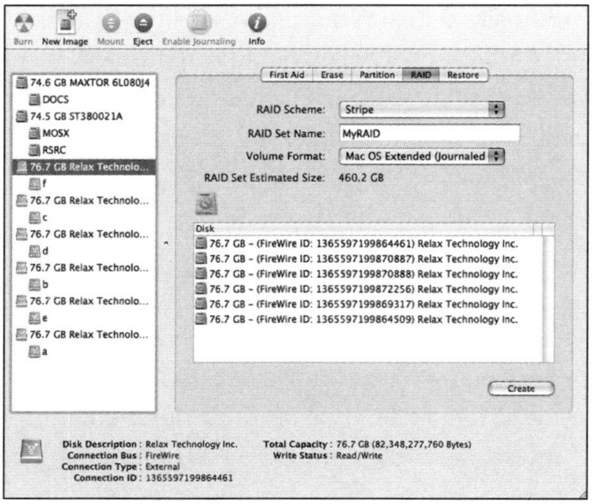

Figura 29.13.

Configuración de RAID en la utilidad de disco de Mac OS.

En este caso se ha seleccionado el Nivel 0 (Stripe). Se podría haber elegido el Nivel 1 (Mirror), que habría dividido la capacidad por la mitad y mejorado el factor de redundancia.

Hay dos advertencias con las unidades FireWire que es importante tener presentes:

- Desmonte los discos antes de desconectarlos o de apagarlos para evitar que el sistema operativo informe que de se han producido errores en las unidades.

- No conecte demasiados dispositivos a una interfaz FireWire a menos que tengan una alimentación eléctrica independiente. Un concentrador FireWire ayuda a distribuir la potencia eléctrica auxiliar, pero no puede suministrar la suficiente para alimentar una matriz RAID de 6 unidades. Estas unidades deberían tener un suministro eléctrico independiente.

Conectividad USB

USB se utiliza principalmente para conectar teclados, ratones y otros dispositivos auxiliares de bajo rendimiento. Sirve para las cámaras fotográficas digitales y escáneres y para sincronizar dispositivos PDA. FireWire sirve para sistemas de resolución o rendimiento mayor y está especialmente indicado para el vídeo digital (empleando los protocolos DV).

Como USB es más rápido, se está desarrollando como una interfaz de audio y vídeo. Por ejemplo, algunos receptores de televisión domésticos en PC distribuirán la salida al puerto USB del ordenador.

Vídeo en USB

El grupo USB Implementers Forum está desarrollando las capacidades de vídeo y publica su trabajo como una especificación de clase de dispositivo de vídeo USB. Otros estándares tratan sobre el uso de USB como un puente a la conectividad Ethernet.

La especificación de la interfaz de vídeo es compatible con lo siguiente:

- YUV422.

- Motion JPEG.

- DV.

- MPEG-1.
- MPEG-2.
- Se está trabajando en MPEG-4 (H.264).

Advertencias sobre USB

No confunda FireWire con USB. Son distintos, aunque muchos de sus usos son parecidos.

Los dispositivos de almacenamiento en llaveros USB, los lectores de tarjetas inteligentes, las cámaras digitales y algunos dispositivos PDA utilizan un protocolo que los identifica como dispositivos de almacenamiento masivo. El sistema operativo debería reconocerlos y tratarlos simplemente como un disco. Por ello, cuando se conecta una cámara digital mediante un USB, puede parecer como una unidad de disco en el escritorio.

Con los dispositivos de almacenamiento masivo USB hay que hacer las mismas advertencias sobre la expulsión y el desmontaje que se aplican al FireWire. Hay que desmontarlos antes de desconectarlos para asegurarse de que ha finalizado todo el volcado al disco y no hay datos incompletos.

Las capacidades disponibles en discos USB montados en llaveros ya empiezan a tener tamaños útiles. 256 MB es casi suficiente para instalar un sistema operativo Linux iniciable. Todavía no es una capacidad suficiente para que pueda servir para el vídeo, pero cuando aumenten las capacidades, dentro de unos pocos años será viable para transferir el vídeo de una cámara a un ordenador sobre el terreno.

Administración de sistemas

En este campo, puede evitar muchos problemas anticipándose a lo que ocurre y después generando algún tipo de advertencia.

> **Truco:** Trate de no leer el vídeo desde la misma unidad de disco duro en la que vaya a escribir la salida. Esto puede destrozar el disco duro, dado que intenta leer y escribir a dos o más partes distintas de la superficie del disco al mismo tiempo y el cabezal se tiene que mover una gran distancia hacia adelante y hacia atrás. Las unidades están fabricadas para soportar esto, pero si trata el sistema con cuidado durará más. Sabrá que un disco está estropeándose porque podrá oírlo. Es un ruido preocupante y no le cabrá duda de lo que pasa.

Por ejemplo, escriba una secuencia de comandos que mida la cantidad de espacio en disco que se está utilizando y que calcule la velocidad a la que se está consumiendo. Compárelo con el espacio restante y calcule una sencilla estimación de cuándo se ocupará todo ese espacio.

Ejecútelo automáticamente con regularidad y configúrelo para que le advierta con un mensaje de correo electrónico cuando se supere cierto umbral, medido en función del porcentaje utilizado o como los días/horas que quedan antes de que el disco esté completamente lleno. Entonces tendrá la opción de continuar (y vivir peligrosamente) o hacer algo al respecto antes de que la situación sea crítica. Todas estas métricas y mediciones le ayudarán a vigilar el estado general de salud de su sistema. Esto es a lo que se dedican los administradores de sistemas en las grandes instalaciones corporativas y no es menos aplicable a un sistema que esté utilizando un solo usuario para su beneficio. Es posible que pueda encontrar las herramientas que necesita en el mercado, ya que cada vez hay más utilidades de administración disponibles.

El comando `df` de UNIX probablemente le diga la mayoría de lo que necesita saber sobre los discos instalados. El siguiente es un ejemplo de la salida de este comando.

```
<BAB>$ df
Filesystem 512-blocks Used Avail Capacity
   Mounted on
/dev/disk1s10 41678080 28207800 13053504
   68% /
devfs 278 278 0 100% /dev
fdesc 2 2 0 100% /dev
<volfs> 1024 1024 0 100% /.vol
automount -nsl [311] 0 0 0 100% /Network
automount -fstab [314] 0 0 0 100%
   /automount/Servers
automount -static [314] 0 0 0 100%
   /automount/static
/dev/disk0s10 77854288 19931944 57922344
   26% /Volumes/PROJ
/dev/disk1s12 31192320 8083576 23108744
   26% /Volumes/APPS
/dev/disk1s14 82628944 11227016 71401928
   14% /Volumes/DOCS
/dev/disk2s10 149859424 43396656
   106462768 29% /Volumes/WSHP
/dev/disk5s9 150121664 126235224 23886440
   84% /Volumes/PEND
/dev/disk7s10 149859424 147592992 2266432
   98% /Volumes/REFS
/dev/disk4s10 149859424 108382560
   41476864 72% /Volumes/TRLR
/dev/disk6s9 150121664 136207512 13914152
   91% /Volumes/CLNT
/dev/disk3s10 149859424 17153760
   132705664 11% /Volumes/PICS
```

Documentación

Lleve un registro de lo que ocurre con sus sistemas, anótelo todo minuciosamente. Como mínimo, registre lo siguiente para futuras consultas:

- Cableado de la red.
- Direcciones de red de todos los elementos del equipo.
- Direcciones MAC de Ethernet (un número de referencia de hardware exclusivo).
- Números de serie de los equipos.
- Discos, cuándo se han adquirido, a qué sistemas están conectados, números de serie, etc.
- Configuraciones de los equipos.
- Software que se ha comprado y número de las versiones.
- Claves de autenticación y códigos de licencia del software para que pueda volver a introducirlos si es necesario.
- Qué software está instalado y dónde.
- Dónde se encuentran los manuales (¡asegúrese de leerlos!)

Truco: Cree una nota permanente de todas las claves de licencia y otra información necesaria para la instalación. Puede que la necesite cuando tenga que volver a instalar algo o solicitar actualizaciones.

Planes de sistemas

Ha llegado el momento de hacer algunos planes concretos del aspecto que tendrán los sistemas de ejemplo. En esta fase, tan sólo trataremos los requisitos de hardware; el software lo abordaremos en el siguiente capítulo.

Aquí veremos tres ejemplos. Todos son verosímiles y se basan en entornos auténticos. El más pequeño es un sistema doméstico o semiprofesional para cineastas que trabajen por cuenta propia. El sistema de tamaño medio es una pequeña productora que crea series televisivas de dibujos animados y tiene que producir diversas variantes del producto acabado. El sistema último y más grande está instalado en una sala de prensa y produce un servicio de noticias las 24 horas y muchos otros boletines en una red nacional.

Sistema doméstico de un solo usuario, con ajuste a un presupuesto

Este sistema es el típico que se instalaría para procesar vídeos caseros. También podría usarlo un cineasta independiente que produzca proyectos documentales cortos de entre 30 y 50 minutos.

El material de entrada se editará en DV con Final Cut Pro. Partiendo de la base de un programa de 30 minutos que supone unas 8 horas de grabación y que queramos guardar (pongamos) 4 cortes preliminares de la película acabada, esto hace un total de 10 horas de metraje DV para una película de 30 minutos. Las mediciones realizadas en experimentos con el software de compresión indican que 5 minutos de DV normalmente ocupan alrededor de 1 GB. Entonces 8 horas consumirían un poco menos de 100 GB. Recuerde que este usuario también hace programas más largos, que podrían requerir 200 GB cada uno.

La estación de trabajo de edición probablemente debería tener un par de discos LaCie de 1 TB conectados. Para empezar, puede bastar un solo disco LaCie Big Disk de 500 GB. Más adelante se pueden añadir unidades mayores (véase la figura 29.14).

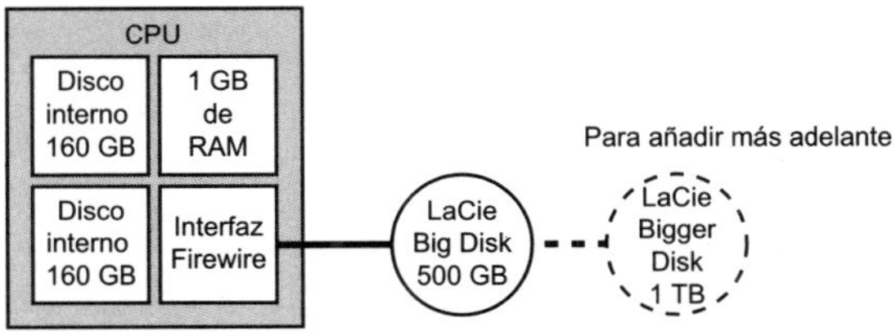

Figura 29.14.

Pequeño sistema de compresión para un solo usuario.

En cuanto a la potencia de procesamiento, un G5 estaría bien, pero este usuario puede realizar lo que necesita con el último modelo de G4, que debería estar a un buen precio ahora que se ha dejado de fabricar. Con 1 GB de memoria y un par de unidades internas de 160 GB, debería contar con un almacenamiento local lo bastante rápido y suficiente memoria para llevar a cabo los trabajos de compresión en un tiempo razonable.

Una alternativa sería una estación de trabajo Windows que funcione a unos 2 GHz con un equipamiento parecido de memoria y espacio en disco. La misma estación de trabajo podría usar fácilmente Linux si se prefiere.

Grupo de trabajo pequeño que comparte algo de almacenamiento, de coste medio

Este sistema es un poco más complicado porque tiene que responder a las necesidades de un equipo de trabajo. Estos profesionales producen una película de 30 minutos de dibujos animados cada 2 semanas y necesitan aplicar algunos procesos de manera automatizada. Estos procesos son idénticos y conllevan algunos trabajos de muestreo y compresión.

El material de entrada es un archivo de salida renderizada sin procesar. El programa dura 30 minutos y el tamaño de trama está diseñado para emitirse como una de las resoluciones HDTV con especificaciones bajas, así que está renderizado a 1080x720 progresivo a 25 fps. No es necesaria ninguna edición, pero el archivo se debe muestrear a 1920x1080 a 25 fps. Después deben crear un master en formato de vídeo de 30 fps y, por último, deben muestrearse versiones SDTV NTSC y PAL a partir del original. El muestreo y los cambios de velocidad de fotogramas deben llevarse a cabo con Adobe After Effects.

Después hay que comprimir los archivos para DVD (región 1 y región 2) y también hay que comprimirlos a una velocidad de bits para hacer demostraciones en un ordenador portátil.

El archivo de entrada ocupará 100 GB para empezar. La tabla 29.3 muestra los archivos de salida que se deben crear para un solo episodio.

Tabla 29.3.

Formatos de salida necesarios.

Formato	*Tamaño*
Copia de demostración con velocidad de bits baja en H.264	350 MB
Copia comprimida en MPEG-2 en formato europeo para DVD	900 MB
Copia comprimida en MPEG-2 en formato americano para DVD	900 MB
Master SDTV muestreado en formato americano 720x480x30 fps	52 GB
Master SDTV muestreado en formato europeo 768x579x25 fps	56 GB
Película de entrada renderizada original	100 GB
Master HDTV/D-Cine muestreado en formato europeo 1920x1080x25 fps	261 GB
Master HDTV/D-Cine muestreado en formato americano 1920x1080x30 fps	313 GB
Total de espacio de trabajo necesario	Aproximadamente 785 GB

Esta estación de trabajo de compresión necesitará un espacio de trabajo de 1 TB por cada episodio que se vaya a procesar. Es una buena alternativa usar una unidad FireWire. Conéctela a la estación de renderizado y cámbiela al sistema de compresión cuando lo necesite.

Dado que esta gente va a producir episodios cada quincena o incluso cada semana y el objetivo es hacer 26 ó 52, es un buen caso para construir un gran almacenamiento basado en RAID. Así se podrían conservar las copias master renderizadas de los 52 episodios, mientras las demás versiones se graban en cintas.

Incluso con proyectos bastante modestos es posible consumir cantidades impresionantes de espacio en disco. En la figura 29.15 se muestra una solución posible con un almacenamiento masivo y una copia de seguridad en una cinta autónoma.

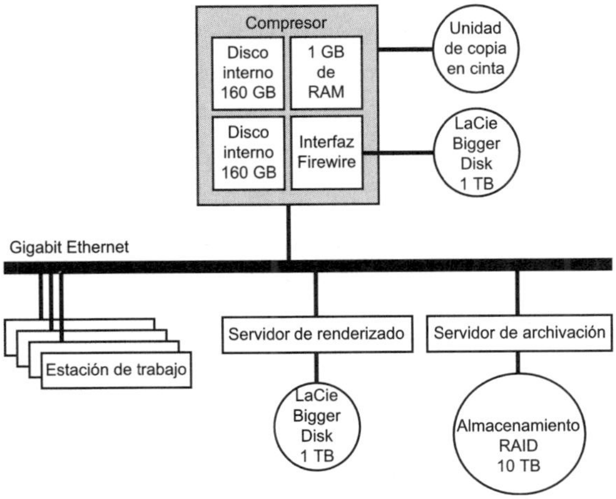

Figura 29.15.

Sistema de gama media para un equipo de animación.

Aquí también podríamos aplicar la misma especificación que para un equipo de compresión. En este caso, con el presupuesto disponible se podría adquirir un ordenador de gama alta, por ejemplo, un Macintosh G5 con procesador doble a 2,5 GHz o un ordenador Intel o AMD de 3 GHz con Windows XP o Linux. Esta configuración tiene la opción de transmitir archivos por Gigabit Ethernet o trasladando a mano la unidad FireWire hasta el equipo de compresión.

También está la opción de automatizar totalmente el proceso mediante secuencias de comandos de control de AppleScripts que utilicen las herramientas de conversión. Es posible crear un sistema que realice este tipo de flujo de trabajo de producción que sólo requiere una persona para colocar el archivo original en una carpeta de control y revisar la calidad del resultado final.

Sistema para una gran empresa, sin restricciones de dinero

Éste es una historia totalmente distinta. Una gran sala de prensa crea una gran cantidad de contenidos cada día. Horas de vídeo que se distribuirán a través de diversos puntos de introducción. A veces se basará en archivos; otras será una grabación en vivo que se debe capturar en disco al vuelo.

> **Truco:** Utilice varios compresores a la vez, cada uno con distintos parámetros, y elija la mejor calidad resultante de todos los productos acabados.

Este sistema necesitará almacenar miles de horas de vídeo en un formato que se pueda volver a utilizar fácilmente o se pueda editar si es necesario. Entre otras cosas, este sistema necesita copias intermedias con una calidad adecuada para la exploración a 1 Mbps y 56 bps para la Web, así como un master DVCAM editable. Las imágenes con esta calidad de exploración permiten usar una intranet para comprobar el material de vídeo. No querrá saturar la red utilizando el vídeo con calidad total para eso. Un sistema como este tiene que estar implementado como una SAN. Las copias intermedias de 1 Mbps y 56 Kbps se pueden almacenar en depósitos distintos. La figura 29.16 ilustra la parte de la instalación de red que nos interesa.

Este sistema presenta muchos procesos automatizados integrados. Cuando se introduce un clip DVCAM nuevo en la SAN, el servidor Solaris lo localiza y se queda con una copia, que después enviará al software Flip Factory. La salida resultante se transmite a los dos servidores de destino.

No es necesario que los servidores de directorio estén en la red de canal de fibra. Los archivos que hay en ellos tienen un tamaño insignificante en comparación con los que se guardan en el sistema principal.

Puede que el dinero no sea óbice cuando se elaboran estos grandes sistemas, pero no es excusa para malgastarlo.

Resumen: Ahora sé montar un sistema para codificar vídeo

Estos son algunos de los factores que afectan al rendimiento de un sistema de compresión:

- ¿Cuánta memoria tiene?
- ¿Puedo leer y escribir en disco sin estropearlo?
- ¿Qué tipo de CPU se va a usar y cuenta con vectorización y otras mejoras de procesamiento que convienen para las transformaciones de vídeo?

Hemos explicado lo que implica la instalación del hardware. Ahora llega el momento de ver los aspectos relacionados con el software del proceso de montaje de sistemas. En el próximo capítulo examinaremos algunas herramientas de software para la compresión y para las demás actividades que debemos llevar a cabo en torno al proceso de compresión.

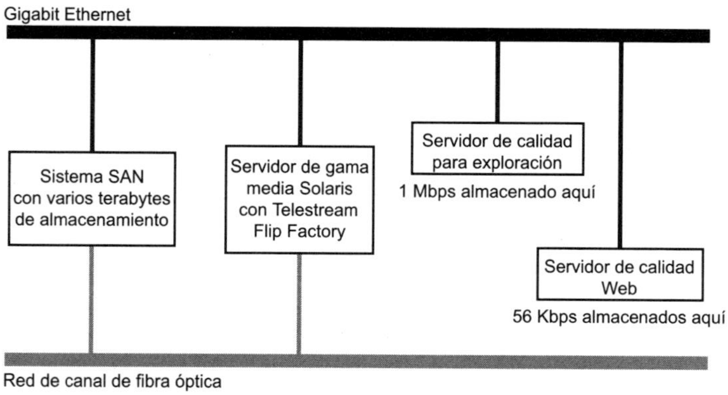

Figura 29.16.

Sistema de gama alta con almacenamiento masivo y automatización.

Capítulo 30

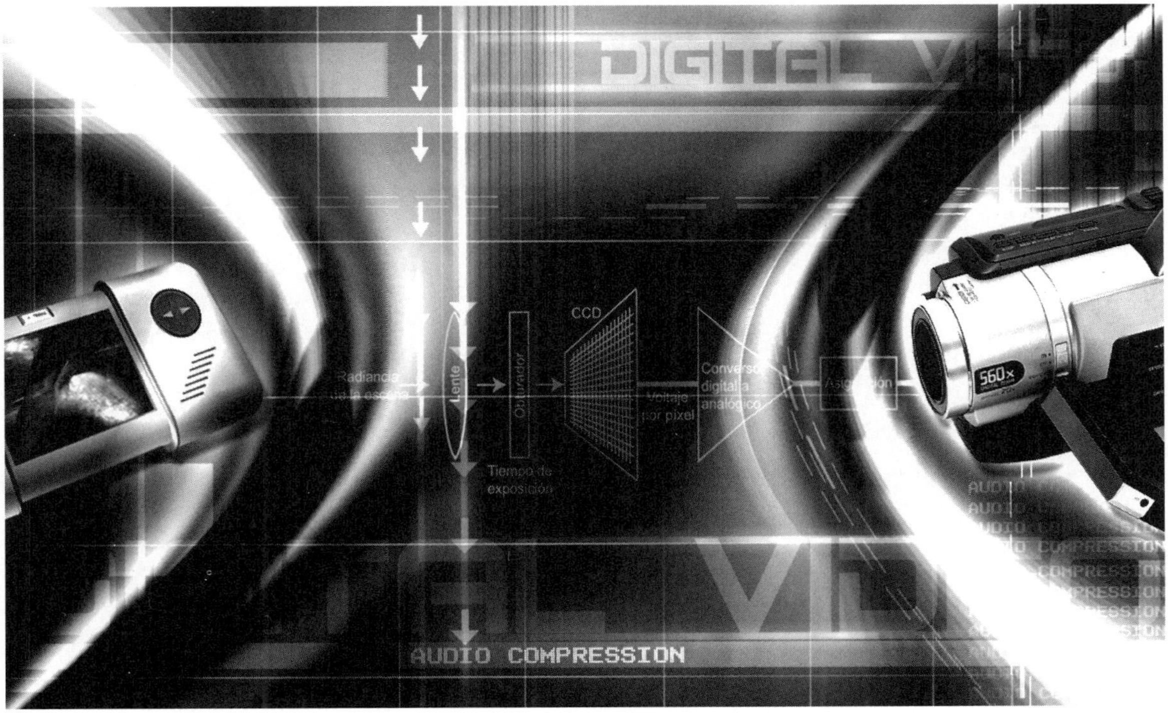

Configuración del software de codificación

Introducción

En el capítulo anterior veíamos los distintos componentes y subsistemas de hardware que conforman los sistemas de compresión. La mayor parte es hardware genérico y es cuestión de averiguar cuánto espacio en disco y qué accesorios son necesarios. El sistema no realizará ninguna compresión de vídeo hasta que se añadan los componentes vitales de software.

Este capítulo examina las alternativas de software. Son importantes las siguientes categorías de software:

- Herramientas de edición de vídeo.
- Herramientas de compresión de vídeo.
- Herramientas avanzadas para modificar el vídeo.
- Pequeñas herramientas con fines especiales.

Existen muchas herramientas de compresión de vídeo entre las que elegir. Las pocas que aquí se incluyen no son una selección exhaustiva y tal vez conozca otras alternativas. No tiene que comprar todas estas herramientas, aunque con un sistema completamente configurado estará preparado para realizar cualquier trabajo que surja.

Puede que descubra que gran parte de lo que necesita es shareware, freeware o código abierto. Configurar un sistema no tiene que ser tan costoso como pudo pensar en un principio.

Truco: Anote todo lo que instale: dónde, cuándo y, sobre todo, si realiza algún cambio. Es muy importante si tiene un grupo de ordenadores, porque es fácil que se pueda producir un desfase de versiones entre ellos.

Portabilidad entre plataformas

Si quiere ejecutar el mismo software en distintas plataformas (es decir, Mac OS y Windows), entonces seleccione Discreet Cleaner o Sorenson Squeeze. Sin embargo, tenga en cuenta que no tendrá necesariamente la misma gama de códecs disponibles en todas las plataformas diferentes.

¿Obtendré la misma salida independientemente de la plataforma que elija?

Si activa el mismo códec en Mac OS que en una plataforma Windows, es probable que la salida no sea idéntica. Será algo parecida, pero ya que los procesos de los estándares sólo describen la descodificación del vídeo, los codificadores tienen mucho margen para añadir funciones que produzcan mejores factores de compresión y aún así cumplir con las especificaciones para el descodificador. Y aparte de las pequeñas diferencias debidas a los problemas de desarrollo de software (errores), puede haber diferencias debidas a las características de implementación. Si está utilizando un códec patentado, es más probable que se cree un archivo coherente.

Como dicen, "cada maestrillo tiene su librillo" y si acaba haciendo algo más que un trabajo informal y ocasional de compresión de vídeo, desarrollará alguna habilidad para seleccionar el mejor codificador y los mejores parámetros para el trabajo, independientemente de la plataforma o las herramientas que utilice ese día.

Soluciones de código abierto

Existen muy pocos editores de vídeo, herramientas de efectos especiales o compresores convencionales disponibles para Linux aparte de las herramientas de Real Networks Producer. Esto puede cambiar a medida que mejore la cuota de mercado de los sistemas de sobremesa con Linux. En cambio, Linux está bien servido por alternativas de código abierto de herramientas patentadas y existen muchos códecs compatibles con la plataforma Linux. Linux es también una plataforma adecuada para construir sistemas automatizados.

> **Nota:** Los recursos de código abierto y shareware no son gratuitos. El beneficio de esta relación debería ser recíproco. Alguien ha donado gran parte de su tiempo; corresponda de alguna manera.

Como alternativa a Linux, el proyecto de código abierto Darwin también ofrece una forma de montar un servidor de transmisión en secuencias encima de un sistema operativo de código abierto basado en este núcleo (*kernel*). Ésa es la base del sistema operativo Mac OS y, aunque sus usuarios echan de menos algunos de los detalles de la interfaz de usuario y las herramientas de nivel superior como QuickTime, podría sentar los fundamentos sobre los que instalar servidores de procesamiento de vídeo. Encontrará más información en el sitio Web de Darwin: `http://developer.apple.com/darwin/`.

Por qué unos códecs están disponibles y otros no

Elegir un sistema operativo informático y no otro afectará a la disponibilidad de los códecs, debido a la política comercial de las compañías de compresión de vídeo. Por ejemplo, algunos códecs sólo están disponibles para la plataforma Windows. Resulta que algunas herramientas que proporcionan estructuras de compresión como Sorenson Squeeze o Discreet Cleaner no admiten algunos códecs en la versión del producto para Macintosh. Esto no se debe a que no se haya migrado el códec de Windows a Mac OS, sino a que el kit de desarrollo de software (SDK) proporcionado por Microsoft para Windows Media y por Real Networks para su códec no era compatible del todo con el sistema operativo Mac OS. Como los dos son formatos patentados, su disponibilidad en las plataformas de distintos ordenadores viene dictada por Microsoft y Real Networks, no por Sorenson o Discreet.

En el caso del codificador de Real Networks, puede que consiga solucionar esta deficiencia de Squeeze y Cleaner instalando el complemento de códecs de Real Networks QuickTime, que debería permitirle exportar mediante el API QuickTime. En sistemas Mac OS, es posible codificar con Windows Media cuando se instala el complemento Telestream Flip4Mac.

Automatización

A menos que vaya a comprimir pequeñas cantidades de vídeo (por ejemplo, un archivo al día), es muy probable que se vuelva una tarea repetitiva y aburrida. Esta actividad no está hecha para el ser humano. A las personas se le da mejor tomar decisiones. A los robots y ordenadores se les da muy bien llevar a cabo la misma serie de instrucciones muchas veces sin cometer errores, siempre que se les den las instrucciones correctas desde un principio.

Por tanto, conviene invertir en introducir suficiente automatización en el flujo de trabajo. Los operadores pueden establecer e iniciar lotes mientras el sistema de compresión realiza la aburrida repetición por sí solo.

Productos como Flip Factory de Telestream o bien el software Popwire Technology Compression Engine son algunos ejemplos de este tipo de arquitectura. Merece la pena añadir más metadatos y control del flujo de trabajo a estos sistemas, para gestionar la lógica empresarial con cierto grado de automatización que ahorre trabajo.

Truco: Plantéese la automatización del flujo de trabajo desde el principio.

Además, si ha realizado algún trabajo con su lógica empresarial y flujo de trabajo, al introducir diversas plataformas de codificación podrá codificar la variedad más amplia posible de formatos. Sólo tiene que asegurarse de que el trabajo se dirija al ordenador adecuado.

Modo de procesamiento por lotes

Algunas herramientas de compresión ofrecerán la posibilidad de definir una cola de procesamiento con varios trabajos que deban procesarse uno detrás de otro. Esto se denomina modo por lotes y se remonta a la época en que los programadores creaban lotes de tarjetas perforadas que debían procesarse. A veces se conoce como funcionamiento autónomo, porque no precisa que haya un operador en una sesión interactiva.

El modo de procesamiento por lotes es muy útil cuando es necesario procesar una colección de archivos de vídeo para un proyecto. Un DVD, por ejemplo, puede tener varios programas adicionales aparte de la presentación de la película. Se podría acceder a ellos en un menú de características especiales, pero aún así habría que codificarlos al igual que la película principal.

Comprar codificadores

Cuando vaya a elegir y a comprar un códec o una aplicación de codificación, decántese por las versiones profesionales o "Pro" si existen. Invariablemente le brindarán un mayor control y es menos probable que se limiten a los ajustes preestablecidos.

Los ajustes preestablecidos están bien para desmitificarlo todo para un usuario sin experiencia, pero son un estorbo cuando se quiere retocar alguno de los parámetros.

> **Truco:** Compre y descargue electrónicamente. Suele ser más económico.

Productos de software de compresión

Cuando decida instalar software de compresión, tendrá que comprar varias aplicaciones de codificación para cubrir todos los formatos que desee. Algunos de los codificadores más excepcionales sólo se encontrarán disponibles con una herramienta en concreto.

Puede que el sistema operativo proporcione los códecs más extendidos. Si sus herramientas de compresión se basan en QuickTime, lo más probable es que los resultados no presenten una diferencia importante al comparar la salida de una aplicación de compresión con la de otra. QuickTime incluye las interfaces del panel de control. Cualquier herramienta que exporte a través de QuickTime será capaz de proporcionar todos los ajustes de parámetros necesarios sin aumentar la complejidad de la aplicación. Algunas herramientas (como los productos de Popwire, por ejemplo) implementan sus propios códecs, que están desarrollados desde cero y están contenidos dentro de la aplicación. Se puede utilizar el códec incrustado o emplear también los códecs QuickTime proporcionados por el sistema operativo. Esto también se cumple para otras aplicaciones que se ejecutan en Windows.

> **Truco:** Consulte la asistencia técnica en línea para buscar la última versión del programa que acaba de instalar.

Busque herramientas que le permitan controlar aspectos adicionales del proceso que las diferencien de otras herramientas. La tabla 30.1 muestra las herramientas que debería adquirir, en función de sus necesidades, y resume lo que está disponible para cada plataforma. Recuerde que esto puede variar a medida que salen nuevos productos.

> **Truco:** Negocie una oferta para comprar el software en masa si quiere muchas copias. Las licencias multipuesto deberían salir más baratas que las monopuesto. Las licencias de sitio deberían ser aún más baratas. Las licencias empresariales para grandes organizaciones deberían ser la mejor oferta posible.

Discreet Cleaner

La aplicación Discreet Cleaner se dirige a los usuarios semiprofesionales y profesionales. Incluye muchas funciones potentes. La ventana principal se muestra en la figura 30.1.

Tabla 30.1.

Herramientas de compresión y plataformas.

Herramienta	***Compatible con Windows***	***Compatible con Mac***	***Compatible con Linux***
Cleaner	√	√	No
Squeeze	√	√	No
Popwire Technology	No	√	Codificación en tiempo real
Real Networks Producer	√	Sólo en Classic OS	√
Complemento Real Networks QuickTime	No	√	No disponible
Windows Media Tools	√	No	No
Complemento Telestream QuickTime	No	√	No disponible
Gama Telestream Flip Factory	√	No	No

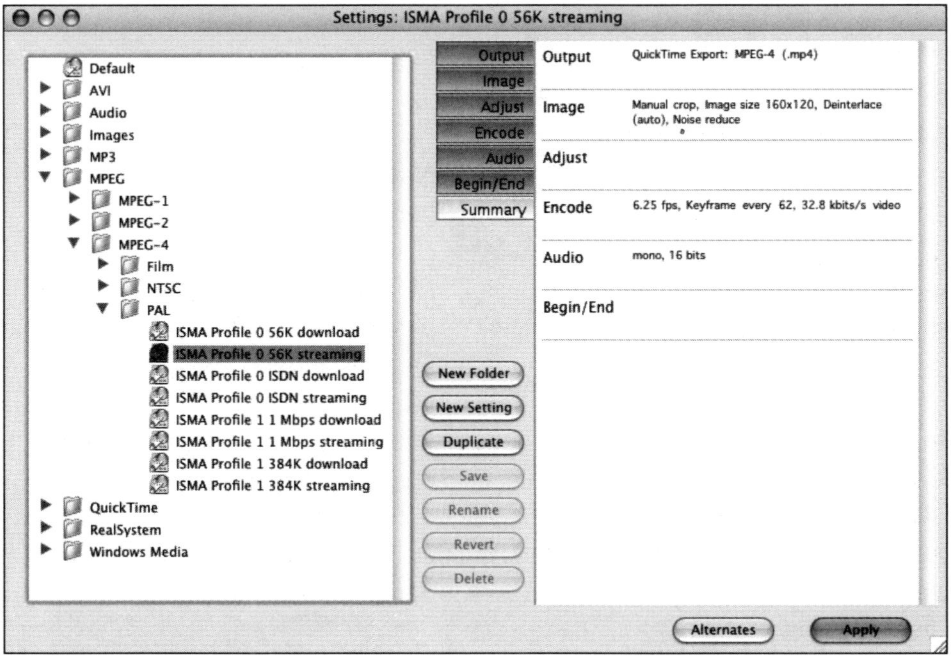

Figura 30.1.

Ventana principal de Discreet Cleaner 6.

Al elegir un clip para procesarlo, puede previsualizarlo y configurar algunos parámetros de preprocesamiento en una ventana emergente aparte (véase la figura 30.2).

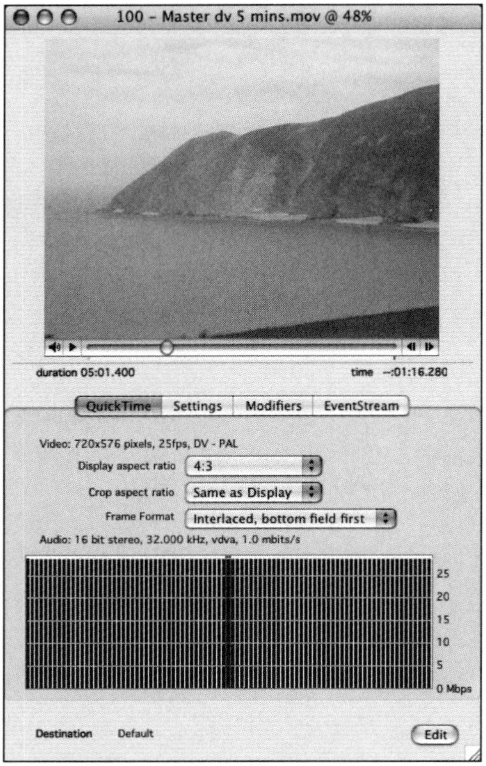

Figura 30.2.

Ventana de vista previa de Discreet Cleaner 6.

En este programa, la indicación de progreso durante la codificación es muy detallada, con muchas estadísticas. La mayoría de herramientas parecidas sólo muestran un indicador de progreso.

Cleaner es ideal para crear material para QuickTime, lo cual se debe probablemente a que al principio se desarrolló como una aplicación basada en QuickTime con el nombre Terran Media Cleaner. Los algoritmos de procesamiento son especialmente sólidos y pueden manejar a cualquier material original de entrada que no esté en condiciones óptimas. Si tiene problemas para conseguir buenos resultados con otras herramientas de compresión, tal vez merezca la pena probar con Cleaner para ver si hace un trabajo mejor.

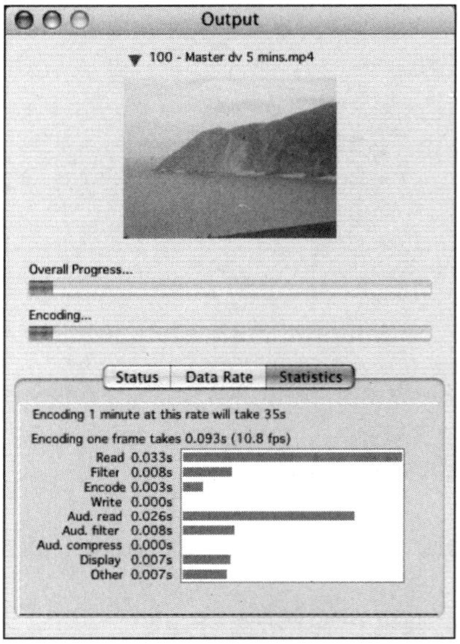

Figura 30.3.

Ventana de progreso y estadísticas de Discreet Cleaner 6.

Nota: Este software lleva mucho tiempo en el mercado y se conocía originalmente como Terran Media Cleaner. En 1996 ya incorporaba muchas herramientas de filtrado de ruido y mejora de vídeo muy eficaces. Por aquel entonces ya existían el desentrelazado, la corrección de gamma y el remuestreo de audio. Ese programa evolucionó y se convirtió más tarde en Discreet Cleaner.

Cleaner 6 para Mac OS y Cleaner XL para Windows son muy parecidos. El vídeo de Real Networks es compatible con XL de forma nativa, mientras que en Mac OS sólo es compatible cuando se ejecuta como una aplicación Classic. La codificación de Windows Media es más compatible con la plataforma Windows porque el SDK incluye un codificador WM9 que no se encuentra en la plataforma Mac OS. Pero se trata de un problema de la compatibilidad de Microsoft con Windows Media, no un defecto de Cleaner.

También permite procesar por lotes y establecer flujos de trabajo. Cleaner incluye carpetas de control, que es una práctica funcionalidad para crear sistemas de compresión automatizados. Cleaner presenta cierta compatibilidad con AppleScript, lo que brinda la oportunidad de crear un flujo de trabajo que lo integre con otras aplicaciones de la plataforma Mac OS. La tabla 30.2 recoge los formatos compatibles con Cleaner.

Además de los formatos de vídeo enumerados en la tabla 30.2, Cleaner también importa y exporta diversos archivos de audio, instantáneas y archivos de animación.

La disponibilidad futura de Cleaner no está clara. Ha pasado algún tiempo hasta que han aparecido las actualizaciones y, aunque el software funciona bien, están apareciendo nuevos formatos (como H.264), que podrían requerir que Cleaner se renueve para sacar provecho de ellos. Está sin confirmar, pero es probable que veamos las nuevas herramientas de compresión de vídeo de Discreet a lo largo de 2005. Mientras tanto, la versión 6 de Cleaner aún sigue siendo una herramienta sólida que se puede utilizar.

Encontrará más información en el sitio Web de Discreet: `http://www.discreet.com/`.

Tabla 30.2.

Formatos de vídeo compatibles con Cleaner.

Formato	***Importar***	***Exportar***
DV	√	√
Kinoma (PDB)		√
MPEG-1	√	√
MPEG-2	√	√
MPEG-4 Parte 2		√
QuickTime (véase la lista separada de la tabla 30.5)	√	√
Real Networks		Sólo Mac OS Clásico.
Vídeo para Windows (AVI)	√	√
Windows Media (WMV)		Compatibilidad limitada con WM8 sólo para Mac OS, WM9 para la versión de Windows.

Popwire Technology Compression Master

La aplicación Compression Master de Popwire Technology es un producto desarrollado más recientemente que Squeeze y Cleaner. Forma parte de una gama de productos dirigidos al usuario semiprofesional y profesional. El paquete completo de herramientas se puede ampliar para los grandes sistemas empresariales que utilicen multiprocesadores o grupos de ordenadores. Los productos de Popwire Technology son una alternativa a Flip Factory de Telestream. Podría elegir uno u otro dependiendo de si su flujo de trabajo se basa en Mac OS o en Windows. El paquete completo de los productos Popwire incluye lo siguiente:

- Compression Master.
- Compression Engine.
- Ingestion Engine.
- Broadcaster (Mac OS).
- Live Engine (Linux).

La interfaz de usuario de Compression Master está construida en torno a una ventana principal, que se muestra en la figura 30.4.

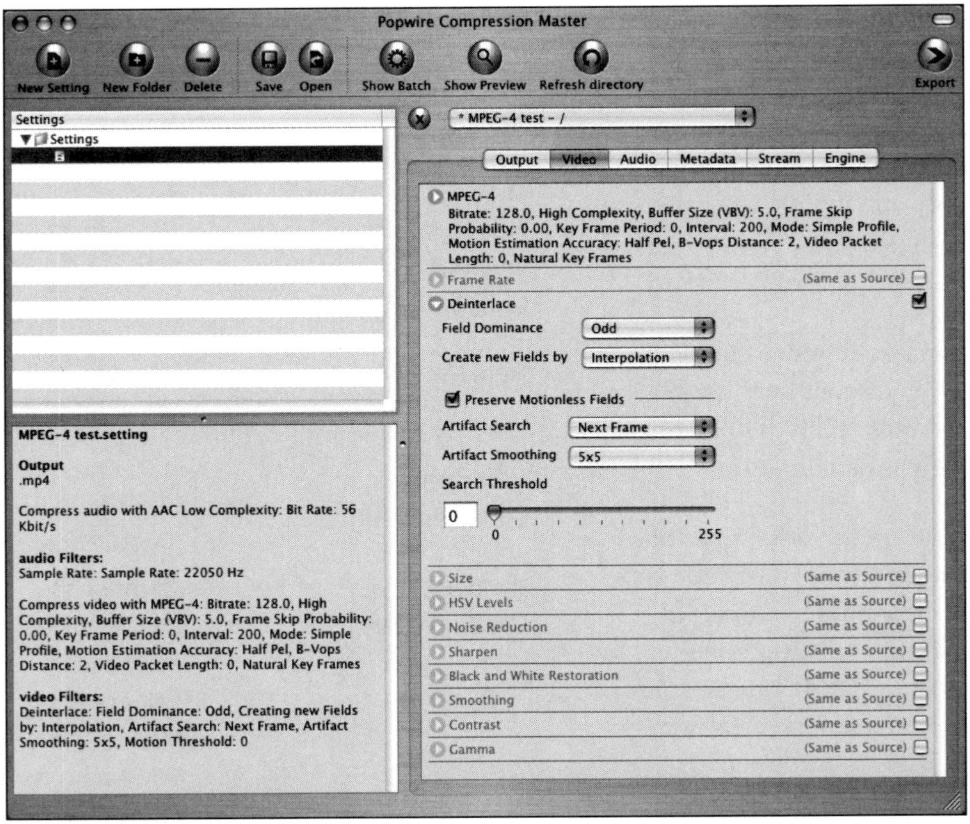

Figura 30.4.

Ventana principal de Compression Master.

Puede ver que se ha abierto uno de los paneles de configuración de parámetros. Éste se despliega en lugar de abrir otra ventana, lo que ayuda a conservar la sencillez y el atractivo de la interfaz de usuario. En esta área encontrará más configuraciones de parámetros de las que pueda ver en ninguna otra herramienta de compresión.

El control del trabajo de compresión se gestiona a través de la ventana de procesamiento por lotes (véase la figura 30.5). También cuenta con una ventana de vista previa para ver los efectos de los ajustes de compresión.

Popwire Technology tiene una gran compatibilidad con los estándares abiertos y un diseño de infraestructuras de servidor y procesamiento por lotes bien desarrollado. Cuenta con muchas funciones eficaces. El detalle del control sobre los parámetros probablemente sea más sofisticado que en ninguna otra herramienta disponible. Este control pormenorizado le permite ajustar con mucha precisión el proceso de codificación y preprocesamiento.

Éste es un terreno en el que los codificadores de Popwire superan el rendimiento de muchas otras herramientas de compresión de la competencia. Algunas aplicaciones tienen que basarse en la compatibilidad proporcionada por el sistema operativo. Todas las herramientas que funcionan así ofrecen un poco más de parametrización y cierto control del trabajo relacionado para añadir valor a la compatibilidad de base. También permiten realizar un preprocesamiento, pero dependen de la calidad de la implementación del codificador con el que vienen incluidas. Como los ingenieros de Popwire Technology desarrollan sus propios codificadores desde cero, puede proporcionar "puntos de enganche" para controlar los parámetros que no estén disponibles en otros productos. El hecho de implementar sus propios codificadores diferencia notablemente a Popwire de los demás fabricantes y le permite penetrar en los sistemas empresariales con mayor facilidad. Y es una ventaja importante que Popwire haya hecho esto sin sacrificar el acceso a la compatibilidad proporcionada por el sistema operativo.

El punto fuerte de este enfoque es que los codificadores proporcionados por la plataforma (a través de QuickTime, por ejemplo) siguen estando disponibles como alternativas. Así, en algunos casos, puede usar dos codificadores totalmente distintos para un solo formato, lo que resulta útil cuando un codificador se bloquea o tiene un rendimiento pobre con una secuencia de vídeo en particular. Es posible que la implementación del otro códec sea capaz de procesar esa grabación sin ningún problema.

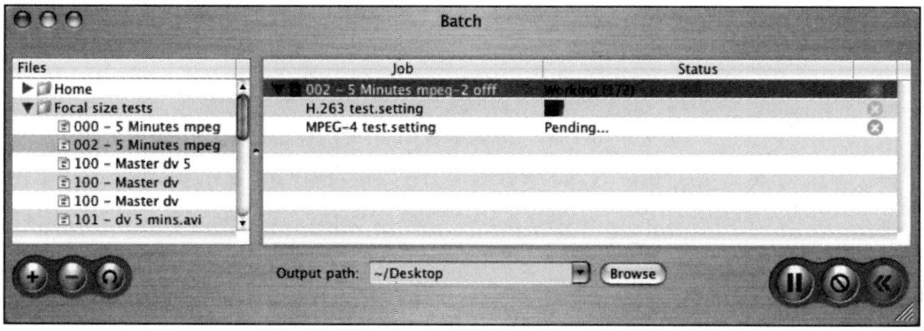

Figura 30.5.

Ventana de control del procesamiento por lotes de Compression Master.

Por lo general, los codificadores de las aplicaciones de Popwire Technology producen una calidad mayor que los que suelen encontrarse en la capa de QuickTime. Tienen un preprocesador más sofisticado y muchas más configuraciones para el ajuste de parámetros. Esto no implica que los códecs de QuickTime sean malos de ninguna manera. Son útiles en un amplio espectro de aplicaciones y en disciplinas en las que la interfaz de usuario se debe simplificar. La interfaz de usuario de Popwire Compression Master permite controlar casi todo lo que se desee, mientras que los codificadores de QuickTime están optimizados para que su uso sea sencillo. Pero aquí tenemos las dos alternativas a nuestra disposición, por lo que es el mejor panorama posible para el técnico de compresión.

El hecho de que QuickTime esté integrado junto con los codificadores incrustados también es importante, porque aumenta radicalmente el número de formatos visuales y de audio que se pueden importar. Aunque es posible exportar a través de QuickTime, se utiliza más bien como un mecanismo de entrada, mientras que la salida se dirige por los codificadores Popwire.

Compression Master tiene algunas funciones muy sofisticadas de filtrado de ruido y desentrelazado. Si tiene grabaciones con graves artefactos de entrelazado, podría eliminarlos con esta herramienta, cuando otras herramientas intentarían conservar los detalles y perderían velocidad de bits. También puede convertir entre los formatos NTSC y PAL como parte del procesamiento temporal. Y lo que es poco común en una herramienta de compresión, también permite añadir marcas de agua, que se pueden tomar de otro archivo de película para que sea más difícil de detectarlas y eliminarlas.

Popwire Compression Engine cuenta con un control del flujo de trabajo basado en servidores con carpetas de control. Puede crear potentes instalaciones de procesamiento de compresión implementando compresores en los servidores y ofrecerlas como un servicio a disposición de los clientes.

Los productos de Popwire Technology funcionan en diversos soportes físicos. Por razones de rendimiento, algunas aplicaciones deben adaptarse al hardware más de lo que pueden proporcionar los fabricantes de ordenadores. Por ejemplo, puede que el software del servidor deba ejecutarse en un equipo Sun Microsystems Solaris para conseguir la potencia de procesamiento necesaria, aunque se podría conseguir un rendimiento parecido con un procesamiento distribuido en clústeres X-Server de Apple.

Las herramientas de cliente están disponibles en Mac OS X. Compression Engine de Popwire se usa en los servidores para Mac OS X o Solaris, y Broadcaster está disponible para Mac OS. Live Engine (Broadcaster) se puede ejecutar en un ordenador Intel de potencia modesta con Linux, si necesita emplear esa plataforma.

La tabla 30.3 recoge los principales formatos compatibles con Compression Master. Se considera que la compatibilidad básica es la de la versión 2, pero para la versión 3 (noviembre de 2004) se ha ampliado la compatibilidad con algunos códecs nuevos. Esto se indica en la tabla. En concreto, es el primer producto para Mac OS X que codifica WM9. Otros fabricantes también están siguiendo su estela.

Tabla 30.3.

Formatos de vídeo compatibles con Compression Master.

Formato	*Importar*	*Exportar*
Secuencias multiplexadas MPEG-1	√	
Secuencias de programa MPEG-1	√	√
Secuencias de transporte MPEG-2	√	
Secuencias de programa MPEG-2	√	√
Secuencias elementales MPEG-2	√	√
MPEG-4 Parte 2	√	√
ISMA (MPEG-4)		√
3GPP (MPEG-4)	√	√
H.263	√	√
Secuencia DV 25	√	√
Secuencia DVCPro 25	√	√
Secuencia DVCPro 50	√	√
QuickTime (véase la lista separada de la tabla 30.5)	√	√
AVI (wRAW)	√	
AVI (PCM)	√	√
AVI (DV)	√	√
AVI (MJPEG)	√	√
AVI (RGB)		√
3GPP (MPEG-4)	√	√
3GPP (AAC)	√	√
3GPP (AMR)	√	√
3GPP (H.263)	√	√
3GPP2 (QCELP)	√3	√3
3GPP2 (EVRC)	√3	√3
Windows Media 7	√3	
Windows Media 8	√3	
Windows Media 9	√3	√3
RealVideo 8		√
RealVideo 9		√
RealVideo 10		√
RealAudio 8		√
RealAudio 9		√
RealAudio 10		√
WAV	√	√
MP3	√	√
GXF	√	
M4A		√3
AIFF		√3

Los códecs que estaban disponibles en versiones anteriores de Compression Master se han perfeccionado. Se han añadido algunos filtros y opciones de procesamiento, además de codificación en 2 pasadas para códecs que antes sólo admitían la codificación en 1 pasada. La nueva versión también permite la transcodificación entre NTSC y PAL. En la versión para la prensa, se ha puesto especial atención en la transcodificación entre DV y MPEG-2 que conserva el entrelazado, lo que es útil para el trabajo de posproducción. Antes era un producto sólido, pero ahora es aún mejor.

Se están añadiendo más códecs y hay programada una versión más para la conferencia de la asociación NAB en abril de 2005. Se espera que la versión de la primavera de 2005 incluya un codificador H.264.

Además de los formatos de vídeo, Compression Master también importa y exporta diversos archivos de audio, incluido RealAudio. Los productos de Popwire Technology toman los datos de entrada de algunos formatos de vídeo que no son compatibles con otras plataformas y tienen algunas características de diseño interesantes y novedosas.

Los codificadores incluyen 2 pasadas y compatibilidad con VBR para producir archivos de salida compactos. Dado que Compression Master importa secuencias de programa y transporte MPEG-2, descodifica sin problemas archivos de vídeo multiplexado. Esto le ahorra el problema de tener que usar DropDV para convertir archivos de emisión terrestre de El-Gato al formato DV, en el que opera Final Cut Pro.

Si va a comprimir vídeo y audio para aplicaciones 3GPP y necesita un flujo de trabajo automatizado, podría formar la base de un sistema versátil y eficaz empleando Compression Master junto con un bastidor de servidores que ejecuten el software Compression Engine.

Si necesita más rendimiento del que puede ofrecer un solo ordenador, puede utilizar Compression Engine implementado en un servidor. Puede seguir utilizando la aplicación Compression Master que ya tiene para crear plantillas de configuraciones y asociarlas con las carpetas de control en el servidor.

Para responder a sus necesidades de codificación en tiempo real utilice Broadcaster, que se ejecuta en Mac OS X (en Linux emplee la aplicación Live Engine). Esto crea una secuencia en tiempo real de vídeo codificado. Estos productos están dirigidos para operadores de telecomunicaciones que trabajen con redes móviles y estén optimizados para ese tipo de formato.

Si va a crear un gran flujo de trabajo de tamaño industrial (para una sala de prensa, por ejemplo), entonces es probable que necesite procesar una gran cantidad de material de archivo o de cintas diarias.

Ingestion Engine proporciona el punto de acceso para las actividades de migración de soporte, ya sea en cinta, analógico o digital, a través de SDI.

Encontrará más información en el sitio Web de Popwire Technology: `http://www.popwire.com/`.

Sorenson Squeeze

La aplicación Squeeze está dirigida al usuario profesional y semiprofesional, en concreto a todas las personas que quieran condensar el vídeo para poder publicarlo en Internet (tal vez de ahí venga el nombre, que significa apretar).

La figura 30.6 muestra una captura de pantalla de la ventana de una sesión. Todo tiene lugar en esta vista.

Sorenson Squeeze presenta un aspecto muy similar en Mac OS y Windows. La diferencia principal reside en los codificadores y los formatos admitidos. La plataforma Mac OS no admite muy bien la codificación de Windows Media, porque el SDK de Microsoft WM está incompleto y desfasado. Sorenson hace lo correcto al basarlo completamente en Mac OS y permitir la compatibilidad sólo con Windows, donde funciona bien.

El cambio más evidente de la versión 4.0 del paquete Squeeze Compression Suite de Sorenson es que la aplicación ha modificado radicalmente su apariencia con respecto a las versiones anteriores. La nueva versión ha experimentado una puesta a punto importante de la interfaz de usuario y el resultado es mucho mejor que la versión anterior. Sin embargo, debería buscar las últimas actualizaciones cada cierto tiempo y asegurarse de que el software esté al día.

Figura 30.6.

Sorenson Squeeze 4.0.

En la nueva versión hay algunos filtros adicionales para preprocesar el vídeo antes de la compresión, pero también se han omitido algunos formatos de archivo anteriores para su importación y exportación.

La versión 4 ahora es compatible con H.264, que cada vez está más disponible en las nuevas versiones de las herramientas de codificación. Sorenson lo llama AVC y no hace mención de H.264. En esta fase, la compatibilidad es bastante básica y se desarrolla en torno al perfil simple avanzado (ASP, *Advanced Simple Profile*).

La compatibilidad con codificaciones alternativas se consigue activando un procesador QuickTime y gracias a una selección del códec H.264 de Apple integrado en Mac OS 10.4.

Es demasiado pronto para sacar conclusiones sobre cuál de las herramientas de codificación H.264 produce los mejores resultados.

Hay pequeñas diferencias en la manera en que ha interpretado cada una el estándar, lo que provoca algunos problemas de interoperabilidad sin importancia, que deberían de estar corregidos mediante un parche de actualización para cuando lea esto. Así pues, si adquiere Squeeze, asegúrese de ejecutar además los programas de actualización disponibles.

Este codificador es adecuado para crear vídeo Web, pero es una primera implementación y no es ideal para el uso con calidad televisiva aún. Esto es típico de muchas de las primeras implementaciones de los codificadores H.264. Estos problemas se solucionarán con el tiempo, a medida que las implementaciones H.264 mejoren y se desarrollen.

Las opciones predefinidas de los menús no incluyen ajustes de resolución para la televisión europea; el rango y el alcance de los ajustes parecen estar optimizados para la distribución por Internet.

Para conseguir una codificación rápida y fiable puede seleccionar los ajustes predeterminados. Sin embargo, los parámetros se pueden configurar a mano con valores mayores. Debido a esto, al códec actuará fuera de su rango óptimo, así que, aunque podría funcionar, los trabajos de compresión requerirían un tiempo anormalmente largo o el codificador podría bloquearse. Los trabajos de compresión breves con los parámetros predeterminados se realizan con bastante rapidez.

Los experimentos simples llevados a cabo con una versión inicial de de Squeeze Compression Suite 4 indican que aún hay que seguir trabajando, pero que será una herramienta excelente una vez que se desarrolle. Ofrece opciones de procesamiento por lotes y flujo de trabajo, e implementa carpetas de control para crear sistemas de compresión automatizada.

La tabla 30.4 recoge los formatos compatibles con Squeeze.

Además de los formatos de vídeo enumerados en la tabla 30.4, Squeeze también importa y exporta diversos archivos de audio, instantáneas y archivos de animación.

Tabla 30.4.

Formatos de vídeo compatibles con Sorenson Squeeze.

Formato	*Importar*	*Exportar*
MPEG-1	√	√
MPEG-2	Sólo Windows	√
MS ISO MPEG-4 vídeo 1		√
MS MPEG-4		√
Real Networks, códec de vídeo 8		√
Real Networks, códec de vídeo 9		√
Real Networks, códec de vídeo 10		√
RealVideo G2 (con SVT)		Sólo Windows
Sorenson MPEG-4 Parte 2		√
Flash MX (Sorenson Spark)		√
audio AAC	√	√
audio MP3	√	√
MPEG capa 1, capa 2 y audio CM		√
Qdesign Music		√
QUALCOMM PureVoice		√
Audio sin procesar y sin comprimir (AIF/AIF)	√	√
ASF	√	
AVI	√	Elimina-do en v4
DV	√	√
MPEG-4 AVC/ H.264 (Sorenson AVC Pro)		√
DVD		√
WMV	Sólo Windows	Sólo Windows
WMA	Sólo Windows	
SVCD		√
VCD		√
SWF	√	√
WAV	√	√
Windows Screen 7	Sólo Windows	Sólo Windows
Windows Media 7	Sólo Windows	Sólo Windows
Windows Media 8	Sólo Windows	Sólo Windows
Windows Media 9	Sólo Windows	Sólo Windows

Formato	*Importar*	*Exportar*
Audio ACELP de Windows Media y serie 8	Sólo Windows	Sólo Windows
QuickTime (véase la lista de la tabla 30.5)	√	√
FLV 1.1		√
Sorenson Video 3.1		√

La versión 4 de Sorenson Squeeze salió en el verano de 2004. Aún es posible que la versión 3 le parezca útil, ya que se ha desarrollado y funcionará con fiabilidad. De hecho, merece la pena tener las dos versiones, 3 y 4, instaladas en el sistema si pasa algún tiempo comprimiendo vídeo. La versión 4 mejorará a medida que se produzcan actualizaciones.

Ejecutar compresores H.264 en Mac OS 10.3 es una experiencia interesante. El archivo está creado, pero no se puede reproducir porque QuickTime no admite de forma nativa H.264 en las versiones anteriores a la versión 7. El botón "Play" en Squeeze no hace mucho más, porque delega la reproducción a QuickTime. La moraleja de este cuento es que debe asegurarse de que todo esté actualizado si quiere trabajar en serio con H.264. Resuelva este problema en concreto instalando Mac OS 10.4 o QuickTime 7.

Cuando se vaya a codificar archivos multimedia en la plataforma Mac OS sabiendo que se van a reproducir en la misma plataforma, Sorenson Squeeze y el códec Sorenson Pro son las opciones acertadas para obtener la máxima calidad posible en el archivo de salida hasta que H.264 esté estabilizado y sea totalmente compatible.

Hay más información sobre Squeeze en el sitio Web de Sorenson: `http://www.sorenson.com/`.

Truco: Compre la versión 2 en cuanto salga al mercado la versión 3. Conseguirá una buena oferta por liquidación para la versión antigua y la actualización puede ser gratuita o bastante económica.

Herramientas basadas en QuickTime

El entorno de QuickTime agrega las funciones de importación/exportación de archivos multimedia y vídeo a cualquier aplicación que requiera de su asistencia. Muchas aplicaciones usan QuickTime para ocultar su complejidad a los usuarios sin experiencia. QuickTime funciona de manera parecida en Mac OS y Windows.

Con las herramientas más sencillas se puede hacer gran parte del trabajo de compresión. El reproductor multimedia es compatible con la exportación a través de QuickTime.

Todas las aplicaciones que exportan a través de QuickTime muestran los mismos paneles de configuración.

Primero se aplican los ajustes de la película (véase la figura 30.7), donde puede seleccionar si va a exportar audio, vídeo o ambos.

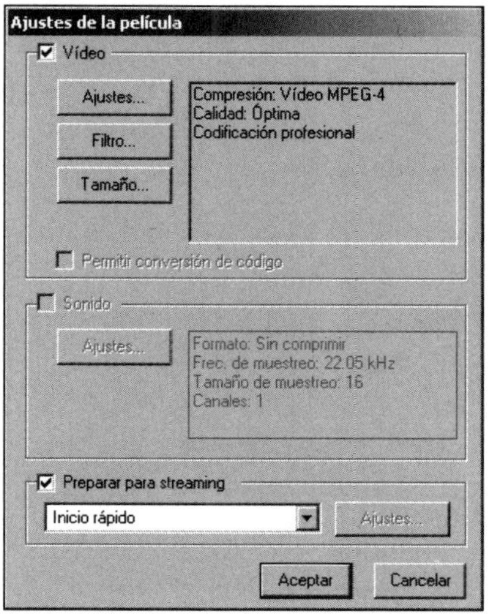

Figura 30.7.

Función para exportar con el reproductor de películas de QuickTime 6.

Si hace clic en el botón **Ajustes** aparecerá una ventana más para configurar los parámetros. Los distintos códecs también pueden incluir ajustes mediante los cuadros de diálogo adicionales de preferencias. QuickTime está diseñado expresamente para simplificar la configuración de todos estos parámetros para que los usuarios con muy poca experiencia en el campo de la compresión puedan aplicar el proceso.

Fíjese en el rectángulo de vista previa a la derecha del panel. Aunque es bastante pequeño, la vista previa se actualiza a medida que cambian los parámetros, para que pueda ver el efecto de introducir distintos ajustes.

QuickTime 7 ahora es compatible con el formato H.264. También admite un gran número de formatos para vídeo, audio, instantáneas y animaciones.

QuickTime no hace nada por sí solo, ya que es sólo un banco de funcionalidades. Lo que despliega su potencial son las aplicaciones que se crean a partir de él. Incluso aplicaciones sencillas como el reproductor de películas sirven para convertir formatos de archivo. QuickTime está integrado en herramientas de compresión como Cleaner, Compression Master y Squeeze para aumentar la funcionalidad. Éstas invocan los mecanismos de QuickTime, que producirá el mismo proceso de codificación independientemente de la herramienta empleada para activarlo. Algunos entornos de codificación pueden ofrecer una mayor funcionalidad y un mayor control sobre los parámetros (véase la figura 30.8). En algunos casos además incluyen algunos complementos de códecs adicionales.

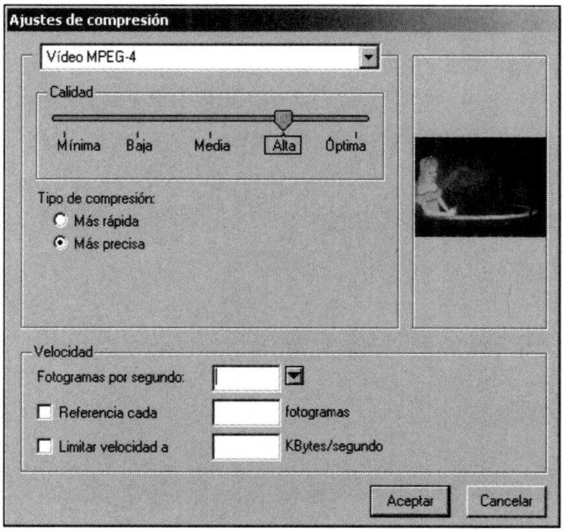

Figura 30.8.

Parametrización de un códec.

La tabla 30.5 recoge los formatos compatibles con QuickTime.

Tabla 30.5.

Formatos de vídeo compatibles con QuickTime.

Formato	*Importar*	*Exportar*
Exportadores de película de Image Sequence		√
3GPP	√	√
3GPP2	√	√
H.264 (compatible con Mac OS 10.4 y versiones posteriores)	√	√
GIF animado	√	
AVI	√	√
DV	√	√
FLC	√	√
Macromedia Flash 5	√	
MPEG-1	√	
MPEG-2	√	
MPEG-4 Parte 2	√	√
PICS	√	
Película QuickTime	√	√
SDV	√	
VDU (Sony DU1)	√	
Animación	√	√
Apple BMP	√	√
Apple Pixlet	√	√
Vídeo Apple sin comprimir	√	√
Cinepak	√	√
Vídeo por componentes	√	√
DV25 NTSC	√	√
DV50 NTSC	√	√
DVC Pro NTSC	√	√
DV25 PAL	√	√
DV50 PAL	√	√
DVC Pro PAL	√	√
Gráficos	√	√
H.261	√	√
H.263	√	√
JPEG 2000	√	√
Microsoft OLE	√	
Microsoft Video 1	√	
Motion JPEG A	√	√
Motion JPEG B	√	√
Photo JPEG	√	√
Planar RGB	√	√

Formato	Importar	Exportar
PNG	√	√
Sorenson Video 2	√	√
Sorenson Video 3	√	√
TGA	√	√
TIFF	√	√
4:2:2 de 10 bits sin comprimir	√	√
4:2:2 de 8 bits sin comprimir	√	√
On2 VP3		√
ZyGoVideo		√
Streambox		√
Microcosm		√

Aunque QuickTime 6 incluye un codificador MPEG-4, es sólo MPEG-4 Parte 2 y no es un perfil muy sofisticado. Sin embargo, es bastante bueno para el vídeo Web o para las aplicaciones de teléfonos móviles. La codificación es razonablemente rápida, pero hay implementaciones mejores. El códec H.264 sustituirá esta implementación a su debido tiempo.

Truco: Adquiera la licencia QuickTime Pro. Merece la pena pagar ese precio para conseguir las funciones adicionales.

Si quiere codificar en el formato de vídeo de Real Networks desde dentro de una aplicación basada en QuickTime para Mac OS, instale el complemento Real Exporter. Igualmente, si instala Flip4Mac de Telestream podrá producir archivos de Windows Media directamente.

Encontrará más información en el sitio Web de Apple QuickTime: `http://www.apple.com/quicktime/`.

Truco: Si sólo necesita un modo de pantalla completa, hay soluciones alternativas que no requieren la licencia QuickTime Pro. Las aplicaciones que reproducen las películas mediante QuickTime pueden medir el tamaño de pantalla y describir un rectángulo de película que lo rellene.

Apple Compressor

La utilidad Compressor viene incluida con DVD Studio Pro y Final Cut Pro para crear archivos comprimidos en MPEG-2 y MPEG-4 (Parte 2). La interfaz de usuario está construida en torno a una ventana principal, como se muestra en la figura 30.9.

El proceso de compresión se puede supervisar en la ventana de vista previa, donde se puede ver el preprocesamiento, los recortes y los efectos del proceso de compresión antes y después desplazando la barra deslizante. En el ejemplo de la figura 30.10 se han exagerado los efectos.

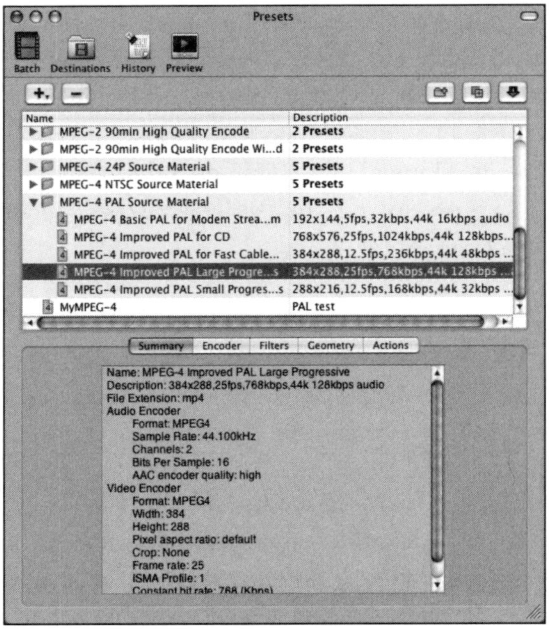

Figura 30.9.

Ventana principal de Apple Compressor.

Figura 30.10.

Ventana de vista previa de Apple Compressor.

El control del trabajo se gestiona a través de la ventana de procesamiento por lotes (véase la figura 30.11). La salida MPEG-2 se utiliza al masterizar discos DVD, por ejemplo. La compatibilidad con MPEG-4 es para crear archivos para Web con los perfiles 0 y 1 de ISMA que se pueden transmitir en secuencias. Compressor también usa QuickTime y además permite exportar en TIFF.

> **Nota:** Compressor es la mejor herramienta para crear paquetes de vídeo codificados en MPEG-1 y MPEG-2 en la plataforma Mac OS X.

La aplicación está diseñada como un entorno para iniciar trabajos de compresión por lotes. Es compatible con OpenTalk (antes conocido como Rendezvous) y ofrece la posibilidad de crear colas de tareas, que ha heredado de la herramienta de composición de Apple, Shake. Esto le permite identificar automáticamente otros equipos de la red que pueden realizar tareas de compresión. Entonces distribuirá el trabajo de compresión por la red LAN a todos los ordenadores que tengan capacidad de procesamiento informático sin utilizar.

Al final del trabajo de compresión, la aplicación envía una alerta por correo electrónico y/o ejecuta un comando AppleScript. Así tiene lugar el posprocesamiento una vez que se ha terminado el trabajo de compresión. Sirve para encadenar sistemas de flujo de trabajo de tal manera que su funcionamiento se base en eventos y no sea necesario estar consultando las carpetas de control todo el tiempo.

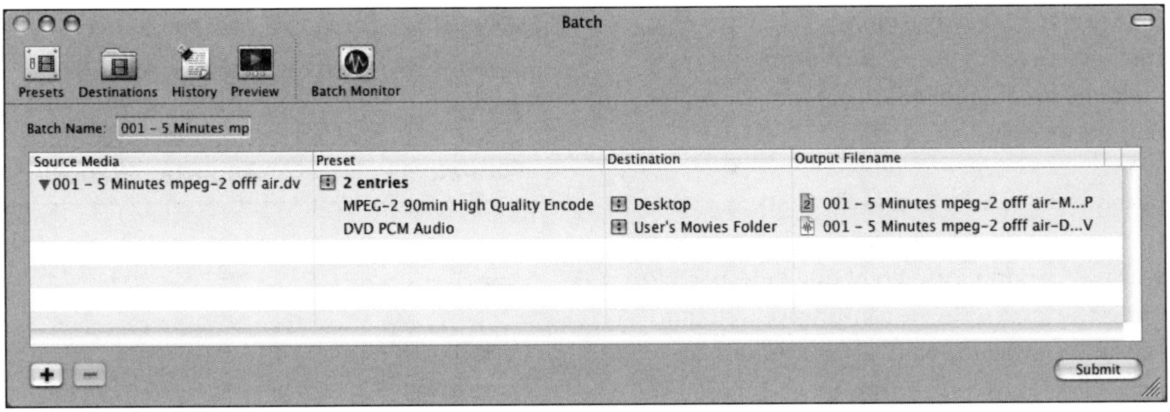

Figura 30.11.

Ventana de procesamiento por lotes de Apple Compressor.

Las aplicaciones de droplet, que permanecen en el escritorio, son otra función práctica que ofrece Apple Compressor. Si arrastra y suelta un archivo de película en el icono del droplet se iniciará un trabajo de compresión. Estos droplets se crean a partir de los parámetros de la lista de opciones preestablecidas.

Telestream Flip Factory

Ésta es una gama importante de productos de servidores de transcodificación. La idea, consistente en desmontar un archivo comprimido y volver a montarlo en un nuevo formato, es original en cuanto no descodifica completamente un archivo a menos que tenga que hacerlo. Los siguientes productos de software forman parte de un sistema coherente para la gran empresa:

- Traffic Manager: Pasarela multimedia.
- Publish: Automatización para la publicación de archivos multimedia transmitidos en secuencias.
- Flip Factory Pro: Conversor de formato universal.
- Flip Factory News: Procesamiento de contenido de noticias.
- Flip Factory News Manager: Automatización del flujo de trabajo.
- Flip4Mac: Complemento para QuickTime en Mac OS que crea archivos de salida Windows Media.

El software de Flip Factory lleva algún tiempo en el mercado como un transcodificador a escala empresarial. Tiene distintas interfaces para la presentación de trabajos y se puede integrar en un flujo de trabajo automatizado y ofrecerse como un servicio a los clientes.

Está diseñado en torno a un flujo de trabajo que se adapta perfectamente a las organizaciones de noticias y deportes que tienen suministros remotos y que distribuyen contenido de retransmisión exterior. Éstos llegan a través de las interfaces de ClipMail y Media Application Platform (MAP).

La arquitectura es bastante completa y está bien estudiada, y funciona en una infraestructura basada en Windows, integrándose con las tecnologías .NET.

Aunque no es un sistema de compresión, transcodificará los contenidos de un formato a otro. Hay un punto en el que la transcodificación se convierte en compresión (cuando se transcodifica de un formato digital sin procesar a uno muy comprimido), pero eso sería entrar en detalles.

Por lo general, todas las herramientas de compresión transcodifican los contenidos.

De hecho, cuando se mira la variedad de formatos E/S, Flip Factory se parece muchísimo a otros productos como Compression Master y Cleaner, pero ofrece mucho más en cuanto a la integración del flujo de trabajo y no está pensada para utilizarse como una aplicación autónoma en un solo ordenador de sobremesa.

Telestream ha empezado a adentrarse en la plataforma Mac OS ofreciendo cierta compatibilidad con QuickTime para Windows Media.

Se trata de una grata incorporación a esta gama de productos y es un paso importante para la integración de los sistemas Mac OS en la industria de la transcodificación de vídeo orientada a Windows Media.

Queda por ver si Telestream migrará más productos a la plataforma Mac OS.

La tabla 30.6 recoge los formatos compatibles con Flip Factory.

Tabla 30.6.

Formatos de vídeo compatibles con Flip Factory.

Formato	***Importar***	***Exportar***
Flujo de sistema MPEG-1 4:2:0	√	√
MPEG-1 IPV SpecterView		√
MPEG-2 4:2:0 <15 Mbps	√	√
Secuencias de programa MPEG-2 4:2:2 <50 Mbps	√	√
Secuencias de transporte MPEG-2 4:2:2 <50 Mbps	√	√
Secuencias elementales compatibles con DVD MPEG-2		√
DV25 (`.dv`)	√	√
DVC Pro 525 líneas	√	√
DVC Pro 625 líneas	√	√
AVI	√	√
Matrox AVI	√	
Avid QMF	√	
QuickTime (Apple Video)	√	
QuickTime (Sorenson Video)	√	√

Formato	*Importar*	*Exportar*
QuickTime (DV 525)	√	√
QuickTime (DV 625)	√	√
QuickTime (Avid MJPEG)	√	√
QuickTime (Media 100 MJPEG)	√	√
QuickTime (MJPEG A)	√	
QuickTime (MJPEG B)	√	
QuickTime (Cinepak)		√
QuickTime (DVC Pro HD)	√	
QuickTime (IPV FMA)	√	√
QuickTime (Raw PCM)	√	√
QuickTime (Qdesign Music 2 (versión 4))		√
QuickTime (Qdesign Music 2 (versión 5))		√
QuickTime (Qdesign Music 2 (versión 6,5))	√	√
QuickTime (MPEG-4 parte 2)		√

Formato	*Importar*	*Exportar*
Windows Media (6.1)	√	√
Windows Media (7)	√	√
Windows Media (8)	√	√
Windows Media (9)	√	√
Windows Media (9 HD)		√
Animación Flash (`.swf`)	√	
DPX/Cineon	√	
Audio (WAV)	√	√
Audio (secuencia elemental MP3)	√	√
Audio (AC3)	√	√
RealVideo (6)		√
RealVideo (7)		√
RealVideo (8)		√
RealVideo (9)		√
RealVideo (10 (Helix))		√
Transmisión por secuencias sin reproductor mediante la aplicación java Clipstream		√

Formato	*Importar*	*Exportar*
RealAudio		√
Windows Media Audio		√
QuickTime (Audio)		√
MPEG-4 (PacketVideo)		√
DivX (AVI)		√
MPEG-4 (AAC)		√
MPEG-4 (3GPP)		√
GXF DV50		√
GXF DVC Pro 50 (PAL)		√
GXF DVC Pro 50 (NTSC)		√
MXF/IMX	√	√
HD 1080i		√
GXF DV50		√
GXF DV50		√

Además de los formatos de la tabla 30.6, Flip Factory accederá a muchos sistemas comunes de edición compatibles con la producción y la emisión. Los servidores de vídeo permiten acceder a almacenes de archivos sea cual sea el protocolo utilizado. Éstos suelen ser protocolos basados en Ethernet, como FTP. Por esta razón, debería tratar de encontrar equipamiento con un conector Ethernet o FireWire, además de E/S de vídeo. Después podrá moverse entre los dos mundos de la informática y la producción de vídeo más fácilmente.

Otras herramientas disponibles

Existen muchas otras herramientas en el mercado para codificar, pero es imposible verlas todas aquí. En el Apéndice C se ofrece información sobre otras compañías y sus productos.

Juegos de herramientas auxiliares

Existen diversos kits de herramientas para manipular archivos. Podría comprar herramientas costosas y potentes, pero es más probable que encuentre todo lo que necesita buscando en Internet algunas alternativas de código abierto. Aquí he seleccionado algunas, pero existen muchas otras. Es una buena idea reunir un juego de utilidades como éstas para que le saquen las castañas del fuego cuando lo necesite.

Truco: Descargue versiones de prueba. A veces incluyen un código promocional para una rebaja en el precio de la versión completa.

Si desea crear vídeo y audio, existen diversas herramientas que vienen con los sistemas operativos sin ningún coste adicional o que se pueden comprar a muy bajo precio.

No se olvide de que también necesitará software de edición de audio.

Herramientas de edición de vídeo

Habrá muchas ocasiones en que tenga que recortar o modificar algún vídeo antes de codificarlo. Podrá solucionarlo si cuenta con una de las distintas herramientas de edición no lineal, que no tienen que ser muy caras. La tabla 30.7 muestra algunas herramientas conocidas de edición de vídeo.

Tabla 30.7.
Herramientas de edición de vídeo para compresionistas.

Producto	***Descripción***
Apple Final Cut Pro	Herramienta destacada de edición de vídeo que se emplea para la producción para cine y televisión. A menos que necesite todas las funciones de la versión Pro, es probable que Final Cut Express pueda hacer la mayoría de lo que desee por un precio reducido. Ésta es la opción ideal para los sistemas basados en Mac OS si el gasto está justificado. Encontrará más información en el sitio Web de Apple: `http://www.apple.com/`.
Apple Final Cut Express	Sirve para la edición de vídeo sencilla y trabajos fáciles, pero es un editor DV solamente y no es compatible con HD ni permite variar la velocidad de fotogramas de las películas. Para eso tendrá que pasarse a la versión Final Cut Pro. En el sitio Web de Final Cut Planet hallará mucha información útil: `http://www.dvcreators.net/finalcutproplanet/`.
Apple iMovie	Si sus necesidades no son complejas y desea cortar algún vídeo casero o grabaciones con una cámara doméstica, la aplicación gratuita iMovie es muy eficaz. Es un buen comienzo para empezar a aprender sobre la edición de vídeo. Con iMovie se puede hacer una cantidad increíble de cosas, a pesar de su relativa sencillez. La versión de 2005 ahora admite distintas relaciones de aspecto.
Adobe Premier	Sólo disponible en la plataforma Windows, éste es un editor conocido y muy utilizado que lleva cierto tiempo en el mercado y ahora está maduro. ES una buena elección para la plataforma Windows si sólo piensa comprar un editor de vídeo. Puede obtener más información en el sitio Web de Adobe: `http://www.adobe.com/`.

Producto	*Descripción*
Avid Xpress Pro	Esta disponible para Windows XP y Mac OS, aunque no ofrece ninguna ventaja frente a los productos de Apple en Mac OS. Tiene algunas funciones interesantes de estabilización de imagen que serán de ayuda para eliminar la holgura de la puerta a la hora de procesar material original de telecine. Encontrará más información en el sitio Web de Avid Xpress Pro.
Avid Free DV	Es una aplicación de edición DV gratuita que se puede descargar. Puede servir a los usuarios de Windows. Se creó una versión para Mac OS, pero no ofrece ninguna ventaja significativa con respecto al programa iMovie, que viene incluido con este sistema operativo.
Media 100	Es una gama de herramientas de edición de vídeo a distintos precios. Algunos productos están disponibles para Mac OS, pero la mayoría se basan en Windows. Una característica fundamental de Media 100 en Macintosh es la compatibilidad con AppleScript. Actualmente no existe nada que equipare esta estructura de automatización. Con éste se pueden efectuar ediciones automatizadas con un altísimo nivel de detalle. Es posible incorporar Adobe PhotoShop, Illustrator, Microsoft Excel y Media 100 a un flujo de trabajo totalmente automático.
Reproductor de películas QuickTime	Si instala QuickTime, merece la pena abonar una pequeña cantidad para obtener la licencia Pro, que permite el acceso a todos los tipos de funciones adicionales del reproductor y de la instalación de QuickTime. La aplicación del reproductor de películas es capaz de editar archivos y exportarlos en otros formatos. QuickTime tiene numerosos códecs integrados, aunque hay que decir que algunos de ellos no son las mejores implementaciones posibles. Muchos de ellos son exclusivos y no se encuentran en ningún otro lugar.
Windows Movie Maker	Equivalente de la aplicación iMovie sólo para Windows. Movie Maker ofrece una funcionalidad parecida que permite añadir transiciones y efectos. Además incorpora funciones de titulado.
Ulead Video Studio	Esta herramienta sirve para editar y ensamblar archivos de vídeo. También puede convertir archivos a los formatos DVD, VCD o SVCD para archivarlos.
Ulead Photo Explorer	Útil para ver y recortar archivos de vídeo. También se puede emplear para ver y editar archivos fotográficos.
VideoReDo	Es un editor de archivos MPEG basado en Windows que puede servirle si sólo desea cortar vídeo sin tener que convertirlo antes. Más información en el sitio Web de VideoReDo.

Debería instalar uno de estos programas en su sistema de compresión. Final Cut Pro sería lo ideal para Macintosh, aunque ya tenga varias otras alternativas instaladas de fábrica. Adobe Premier es una buena elección en todos los sentidos para los usuarios de Windows.

Avid DV Express también puede ser adecuado, pero probablemente no sea necesario que instale los dos.

> **Truco:** Compre todas las opciones que crea que podría necesitar en el momento de adquirir el software. Si decide más tarde que las quiere, puede ser que el distribuidor ya no las ofrezca.

Herramientas avanzadas

A veces, cuando se tiene un archivo de entrada de calidad especialmente mala, hay que recurrir a herramientas de peso pesado. Tal vez el vídeo que está produciendo tiene desgarros, irregularidades, sincronización incorrecta y tanta holgura de cámara que es difícil enfocarlo. O tal vez simplemente esté en un formato incorrecto, no tenga la velocidad de fotogramas adecuada o necesite una restauración.

Arreglar esos problemas no es labor para pusilánimes, a menos que cuente con la ayuda de algunas herramientas avanzadas.

La tabla 30.8 recoge los tipos de herramientas que podrían serle de utilidad. Si sólo compra una herramienta, que sea Adobe After Effects. No obstante, cada una cuenta con unas capacidades prácticas y exclusivas, y si no puede solucionar un problema con una sola de ellas, es probable que alguna de las demás pueda hacerlo.

Es cuestión de aplicar el pensamiento lateral. Cualquier programa que importe o exporte una película QuickTime es candidata para agregarla a su colección de herramientas avanzadas.

Tabla 30.8.

Herramientas avanzadas de ayuda para la compresión.

Producto	*Descripción*
Final Cut Pro HD	Aunque es un editor de vídeo, también ofrece otras funciones como efectos y composiciones de secuencias de títulos. Una característica totalmente olvidada de Final Cut Pro es el lenguaje FXScript, que realiza reparaciones impresionantes de los daños en los vídeos. Bajo el control de una secuencia de comandos, se pueden copiar zonas de la imagen entre fotogramas para hacer todas las reparaciones. La edición Express también es útil, pero tiene algunas limitaciones.

Producto	Descripción
Cinema Tools	Es un complemento para que pueda gestionar una base de datos de códigos de tiempo y decisiones de edición. Esto le permite importar películas y editarlas como si fueran vídeo. Después, las decisiones de edición se pueden volver a exportar a un editor de películas para realizar los cortes. Una vez que la película se ha procesado adecuadamente y se ha configurado la base de datos, Final Cut conserva todos los metadatos mediante Cinema Tools.
Motion	Es una aplicación nueva que proporciona algunos efectos muy fáciles de usar y renderizado de gráficos de movimiento. Tiene un precio muy económico, pero sólo está disponible para Mac OS. Motion es un práctico complemento para un estudio que utilice Final Cut, Pro pero es lo bastante barato para atraer a las personas que sólo usen iMovie.
Apple LiveType	Se incluye con Final Cut Pro y sirve para crear títulos.
Adobe After Effects	After Effects cuenta con algunos mecanismos de análisis muy efectivos para el seguimiento de movimiento. Arregla la holgura de la puerta, especialmente la holgura de puerta compuesta que se introduce cuando la cámara y el telecine entran en conflicto. Al configurar con cuidado los fotogramas clave y definir expresiones en esos puntos de la secuencia, puede asegurarse de que los parámetros se ajustarán a medida que avance la película. Otros puntos fuertes son la corrección de la base de tiempos y la escala de vídeo. Este programa también funciona con formatos de alta definición. También se puede adquirir una mayor funcionalidad gracias a los complementos de otros desarrolladores. Éstos son increíblemente eficaces y algunos contienen motores de renderizado totalmente controlados por secuencias de comandos. Si los conecta a los fotogramas clave con expresiones, podrá sustituir cualquier píxel de la imagen bajo el control de una secuencia de comandos.
Discreet Combustion	Es una alternativa a After Effects que está diseñada para hacer cosas parecidas.
Pinnacle Commotion	Otra alternativa a After Effects, que también es muy potente.

Producto	Descripción
Apple Shake	Si el dinero no es una objeción, podría usar Shake para solucionar algunos problemas. Está diseñado como una herramienta de composición para las películas de Hollywood, pero también tiene funciones para el terreno del vídeo. Ofrece complejos filtros de composición y, por supuesto, se controla mediante fotogramas clave, para que lo pueda emplear para realizar la corrección esencial de los clips de la película. Probablemente no merecerá la pena comprar Shake para usarlo como una herramienta ocasional de reparación. Pero si ya lo tiene instalado, es posible que no haya pensado en él como una herramienta avanzada para arreglar los problemas de sus vídeos.
Ultimatte	Puede permitirle extraer un mate en movimiento del presentador y sustituir el fondo para eliminar la complejidad de los movimientos no deseados. Esto reduciría la velocidad de bits necesaria para comprimir la grabación.
Apple Keynote	Puesto que Keynote puede crear una película como una exportación, podría utilizarlo con el fin de renderizar secuencias de inserción y fragmentos de títulos.
Microsoft PowerPoint	Véase Keynote. PowerPoint exporta en forma de película QuickTime cuando se usa en la plataforma Mac OS. Tiene algunos problemas con las transiciones, que no se renderizan adecuadamente si las velocidades de bits no son lo bastante altas, y es complicado ajustar la sincronización correcta de la duración de las diapositivas.
Motion Director	Programa de estabilización de imágenes para Windows que detecta en los archivos de vídeo el movimiento no deseado de la cámara para reducir el movimiento debido a grabar cámara en mano. Emplea una técnica de análisis estadístico para estabilizar la imagen durante la reproducción.
MPEG2 Works	Es una herramienta con fines generales de tipo "multiusos" para convertir diversos formatos. También convierte entre NTSC y PAL, pero actualmente sólo se encuentra en Mac OS X. (`http://www.mpeg2works.2ya.com/`).
Womble Multimedia	MPEG Video Wizard y MPEG-VCR son dos herramientas diseñadas para reparar archivos MPEG. MPEG-VCR es conocida por tener un buen reparador de grupos de imágenes para cuando quiera preparar archivos para grabarlos en un DVD. Este software (`http://www.womble.com/products.htm`) es sólo para Windows.

Producto	Descripción
Mireth MacSVCD	Es un paquete de herramientas basadas en Mac OS para manipular vídeo de manera que se ajuste al formato SVCD. Ofrece varias utilidades de codificación basadas en DivX y MPEG-2, incluido el componente de reproducción MPEG-2 de Apple. (`http://www.mireth.com/pub/mac-svcd-bdl.html`).
Digital Film Lab	Es un paquete de herramientas que se conectan a Final Cut Pro y permiten crear efectos como los de las películas. Lo fabrica una empresa llamada Digital Film Tools (`http://www.digitalfilmtools.com/index.htm`).
iStabilize	Es una herramienta de estabilización muy útil a buen precio. Si sólo necesita estabilizar algunos vídeos, comprar After Effects puede resultar excesivo cuando tal vez lo único que necesita sea una herramienta de este tipo. (`http://www.iStabilize.de/`).
altShiiva	Es un codificador MPEG-4 diseñado para crear contenido que se va a transmitir a una PSP (Sony PlayStation Portátil). Se basa en las herramientas de vídeo de código abierto de Shiiva (`http://hetima.com/psp/altshiiva.php`).
Kino	Kino (`http://kino.schirmacher.de/`) es una alternativa bastante básica para los usuarios de Linux. Debe instalar otros paquetes para conseguir efectos especiales, pero la línea de comandos programable permite acceder a una enorme potencia de procesamiento de vídeo.

FFmpeg

Existe una herramienta interesante llamada FFmpeg que se encuentra disponible como una utilidad de código abierto en SourceForge.net.

FFmpeg es una solución completa para grabar, convertir y transmitir en secuencias audio y vídeo. Incluye libavcodec, la primera biblioteca de códecs de audio y vídeo. FFmpeg está desarrollado principalmente en Linux, pero es compatible con la mayoría de los sistemas operativos, incluido Windows.

> **Truco:** Pague las cuotas de shareware. Así animará a los programadores y conseguirá que hagan más software nuevo para que lo pueda descargar.

Una novedad reciente de FFmpeg es la compatibilidad con la consola portátil PSP de Sony. La tabla 30.9 muestra los componentes que se proporcionan con FFmpeg. El kit de descarga está disponible en el sitio Web de FFmpeg: `http://ffmpeg.sourceforge.net/`.

Tabla 30.9.

Componentes de FFmpeg.

Componente	***Descripción***
`ffmpeg`	Herramienta de línea de comandos para convertir un formato de archivo de vídeo en otro. También permite capturar y codificar en tiempo real desde una tarjeta de televisión.
`ffserver`	Servidor de transmisión multimedia en secuencias HTTP para emisiones en directo.
`ffplay`	Sencillo reproductor multimedia.
`libavcodec`	Biblioteca que contiene todos los codificadores y descodificadores de audio/vídeo de FFmpeg.
`libavformat`	Biblioteca que contiene analizadores sintácticos (*parsers*) y generadores de todos los formatos comunes de audio/vídeo.

DropDV y el audio incrustado

Algunos sistemas esperan que el audio y el vídeo se almacenen en archivos independientes. Esto tiene algunas ventajas si desea trabajar en ellos por separado y combinarlos más adelante. Cuando se distribuyen las retransmisiones de televisión digital, el audio y el vídeo se multiplexan juntos y, si captura y guarda la transmisión para conservar el metraje, sólo tendrá un archivo, un archivo de audio y vídeo multiplexado MPEG-2. Esto presenta algunos problemas porque hacen falta herramientas especiales para abrir las dos secuencias.

Al grabar el múltiplex MPEG-2 de emisión terrestre con El-Gato Eye TV se producirá este tipo de archivo. Aunque este archivo se reproduce mediante QuickTime en un sistema Mac OS, cuando el archivo se importa a Final Cut Pro el vídeo se separa, pero se pierde el audio. Se trata de un defecto de la implementación del códec MPEG-2 en QuickTime, que tiene pocos visos de remediarse en el futuro próximo o lejano. La solución es conseguir la utilidad DropDV, que separará las pistas multiplexadas y convertirá el MPEG-2 en un archivo de formato DV, que es bastante mayor.

Gamma, sincronismo de color y compresión de vídeo

Durante una prueba para este libro, abrí una grabación de emisión terrestre en Final Cut Pro y desde ahí la exporté como un archivo MPEG-4. La salida MPEG-4 era prácticamente idéntica a la copia en DV, pero la conversión de MPEG-2 al formato DV parecía perder mucha claridad e intensidad. Esto podría haberse debido a la interpretación incorrecta de alguna configuración de la codificación de gamma. O el reproductor MPEG-2 realizó alguna compensación que no ha hecho el DV, o los parámetros de gamma se han perdido en el proceso. Esta situación se está investigando todavía.

Las investigaciones iniciales indican que hay una disensión en el terreno de la corrección gamma. En las artes gráficas se emplea el sincronismo de color para ajustar los colores de acuerdo con un parámetro calibrado. La compresión de vídeo mediante QuickTime nunca ha tenido en cuenta el sincronismo de color. Por tanto, si ha calibrado la pantalla y está usando un perfil especial, no reflejará lo que ocurre en el sistema de compresión. Los compresores normalmente utilizan un perfil genérico RGB con una configuración de gamma inherente. Por ello, tal vez sería conveniente para su sistema de compresión asegurarse de que la calibración del color esté ajustada a un perfil genérico RGB antes de comprimir ningún vídeo. Al menos así cualquier corrección de gamma que aplique en la herramienta no se verá afectada por la configuración del sistema operativo.

Será necesario realizar más pruebas para obtener resultados óptimos, por lo que, como medida de precaución, tal vez desee instalar y probar bien estas herramientas de conversión antes de aplicarlas a un encargo remunerado.

Tenga en cuenta que si ya tiene una aplicación de compresión que descodifica archivos multiplexados MPEG-2, probablemente no necesitará DropDV. Por ejemplo, Popwire Compression Master realiza una labor muy competente desmultiplexando archivos MPEG-2.

AsfTools

Si quiere trabajar con archivos ASF fuera de su editor de vídeo, entonces la aplicación AsfTools es lo que necesita. Es una utilidad gratuita para manejar archivos ASF, WMV y WMA. Hay varias tareas en las que sirve de ayuda:

- Unir archivos.
- Separar archivos.
- Reparar archivos estropeados.
- Convertir del formato ASF o WMV a AVI.
- Extraer audio de archivos WAV.
- Convertir del formato WMV1 o WMV2 a MP43.
- Crear archivos de secuencias "que se puedan buscar".
- Crear archivos ASX.

Esta aplicación sólo funcionará en las plataformas Windows. Hay más información sobre AsfTools en el sitio Web MyAsfTools: `http://www.geocities.com/myasftools/`.

AVI Joiner

Si tiene contenido MPEG almacenado en archivos AVI, entonces AVI Joiner puede serle de utilidad, ya que une varios archivos AVI, DivX, MPEG, MPG y WMV ASF en un gran archivo de película y crea presentaciones de diapositivas con música a partir de fotografías e imágenes.

La aplicación no es gratis, pero tampoco es muy cara. AVI Joiner le permitirá realizar los siguientes tipos de tareas:

- Producir formatos compatibles con AVI DivX, MPG, MPEG, WMV ASF, VCD, DVD y SVCD.
- Unir archivos AVI/MPG/WMV/ASF en un solo archivo.
- Previsualizar la salida antes de realizar la unión.
- Cambiar el orden de los elementos.
- Fusionar un número ilimitado de elementos.
- Importar archivos de audio como música de fondo.
- Añadir efectos de transición.
- Crear una presentación de diapositivas con fotografías personalizadas.

Para más información, consulte la página Web de AVI Joiner: `http://www.hitsquad.com/smm/programs/AVIJoiner/`.

Complementos de RE:Vision Effects

El complemento FieldsKit, creado por RE:Vision Effects, funciona con las herramientas de edición After Effects, Final Cut Pro, Combustion, Premier Pro y GenerationQ y con otras herramientas de efectos. Ofrece unas herramientas de desentrelazado más sofisticadas que las que se suelen encontrar en cualquiera de estas herramientas. Consulte el sitio Web (`http://www.revisionfx.com/`) para más detalles sobre la compatibilidad con las plataformas, ya que puede variar.

Otras herramientas útiles de la biblioteca de RE:Vision Effects incluyen reparación de píxeles, suavizado de imagen y efectos de texto creativo.

Complementos de Red Giant

Dos de los complementos de Red Giant son especialmente útiles para los compresionistas. El complemento FilmFix está diseñado para ayudar a subsanar los problemas que se producen durante el procesamiento de un metraje de película que ya se ha introducido. Puede reparar uniones y desgarros.

También se puede tratar la estabilización, el polvo, los arañazos, los destellos y el parpadeo leve.

El complemento Magic Bullet está diseñado para suavizar la nitidez propia del vídeo y hacer que se parezca más a una película.

Puede encontrar más información sobre estas y otras herramientas en el sitio Web de Red Giant: `http://www.redgiantsoftware.com/`.

Herramientas de audio

Es posible que tenga que pensar en realizar algunos arreglos en el audio. La tabla 30.10 recoge algunas herramientas que debería plantearse usar en Mac OS X.

Tabla 30.10.

Herramientas de audio útiles para Mac OS X.

Herramienta	*Descripción*
GarageBand	Útil herramienta complementaria para Mac OS que permite crear pistas de acompañamiento de audio libres de derechos de autor.
SoundTracks	Herramienta más sofisticada de compilación de pistas de acompañamiento y bucles de audio.
Logic Express	Versión reducida de la herramienta de edición profesional. Ya va por la versión 7.
Logic Pro	La versión 7 de Logic cuenta con muchas más funciones útiles para el músico profesional y el diseñador de sonido. Al igual que ocurre con Compressor y Shake, la aplicación Logic es capaz de distribuir el trabajo a otros procesadores inactivos de la red mediante la tecnología OpenTalk.
BIAS Sound Soap	Es una herramienta "todo en uno" para la reducción del ruido. Se encuentra disponible como un complemento VST, una unidad de audio o como una aplicación independiente.

Analizadores

Si va a realizar diversos trabajos con distintos códecs y tiene una instalación razonablemente grande y compleja, entonces le convendrá invertir en algunas herramientas de análisis. Puede ser hardware o herramientas de software. Querrá analizar las señales de entrada analógicas además de la secuencia de bits digital de salida.

Los analizadores suelen admitir diversos formatos y los productos más modernos, además, son compatibles con H.264, que es una compatibilidad que debería buscar cuando compre un analizador nuevo. Así realizará una inversión con las máximas garantías de futuro.

La tabla 30.11 muestra algunas empresas cuyos productos debería investigar.

Resumen

Combinando los sistemas explicados en el capítulo 29 con el software de este capítulo, deberíamos conseguir una estación de trabajo y un sistema de compresión de vídeo excepcionales.

Aunque hoy pueda estar interesado únicamente en la compresión, el renderizado, la edición y la manipulación de vídeo forman parte de un proceso que precede a la compresión. Si tiene nociones de estas otras artes podrá favorecer a sus procesos de compresión, porque conocerá más técnicas y herramientas para aplicarlas al vídeo que vaya a comprimir.

Tabla 30.11.

Herramientas analizadoras de hardware y software.

Producto	*URL*
VISUALmpeg	`http://www.mpeg-analyzer.com/`
DekTec StreamXpert	`http://www.dektec.com/`
Monitores de forma de onda Hamlet	`http://www.hamlet.co.uk /`
Complemento Test Gear de Synthetic Aperture para Adobe After Effects	`http://www.synthetic-ap.com/`
Sistemas de supervisión DMB de onTimetek	`http://www.ontimetek.com/`
Supervisión de vídeo digital OmniTek	`http://www.omnitek.tv/`
Analizador de H.264 Thales	`http://www.thales-bm.com/`
Control preventivo Pixelmetrix	`http://www.pixelmetrix.com/`
Cinegy Cinelyzer	`http://www.cinegy.com/`

El resultado debería ser una salida de calidad mucho mayor de la que conseguía "pasándolo" por un códec sin prestar atención a los detalles. La tabla 30.12 es un resumen de las herramientas que debería seleccionar como prioritarias para codificar formatos concretos.

Si quiere codificar Windows Media a gran escala, adquiera Windows XP y ejecute las herramientas en él. No es realista hacerlo en una plataforma que no sea Windows hasta que (o a menos que) se revise el SDK y esté completo en todas las plataformas. No obstante, es posible que en el futuro el complemento Telestream contradiga este argumento, ya que permite crear flujos de trabajo en Mac OS X para la producción de contenido de Windows Media.

¿Mi favorito?

Si tuviera que expresar una preferencia, sería por las herramientas Popwire, sobre todo el producto de codificación Compression Master. A pesar de ser muy fácil de utilizar, es en potencia la más eficaz de todas las aplicaciones de codificación, y se adapta desde un solo ordenador de sobremesa hasta una solución de servidor de tamaño empresarial.

Popwire Compression Master sólo está disponible para Mac OS, y para conseguir una experiencia comparable en el sistema operativo Windows, debería pensar en la aplicación Telestream Flip Factory y sus herramientas relacionadas.

Tabla 30.12.

Herramientas de codificación óptimas.

Formato	*Solución de producción óptima*
Real Networks	Codificador Real Networks para Linux o Windows. En la plataforma Mac OS, considere el complemento Real Networks QuickTime como una prioridad. También podría comprar la versión 3 de la aplicación Popwire Technology Compression Master si quiere codificar RealVideo en Mac OS X.
Windows Media	Windows Media Tools para Windows XP. Debería mirar también el complemento de códecs Telestream Flip4Mac con un codificador para Windows Media que funciona en Mac OS X. Popwire Compression Master 3 también es un candidato para la producción con Windows Media en Mac OS X.
Sorenson (o vídeo QuickTime)	Sorenson Squeeze 4 para Mac OS 10.4 o Windows XP.
Códecs basados en QuickTime	Cualquier aplicación compatible con QuickTime que se ejecute en Mac OS 10.4.
MPEG-4 Parte 2	Sorenson es considerado uno de los mejores codificadores para hacer esto. Cleaner o QuickTime también pueden servir. Probablemente la plataforma sea irrelevante, pero recuerde que este códec podría caer en desuso cuando se desarrollen los codificadores H.264.
H.264	La mejor calidad se obtiene con los productos Envivio, pero para un presupuesto más modesto use QuickTime en Mac OS 10.4, o Sorenson Squeeze 4 en Mac OS o Windows XP. Prepárese para instalar actualizaciones, ya que es un códec que aún está en proceso y sólo están disponibles las versiones iniciales de los productos.
MPEG-2	Se puede crear con muchas de las herramientas del mercado. El formato está muy desarrollado. Utilice Apple Compressor en Mac OS. En Windows, la elección fácil es Cleaner XL.

No puedo esperar más

Ha sido muy paciente todo este tiempo mientras hemos estado viendo un montón de cuestiones relativas a la compresión de vídeo y sé que se muere de ganas por empezar a comprimir contenidos. Bien, ¡eso es lo que vamos a empezar a hacer en el próximo capítulo! Vamos a preparar contenido y, en los capítulos siguientes, llevaremos a cabo el preprocesamiento. Y, por último, distribuiremos ese vídeo codificado.

Capítulo 31

Preparación para codificar el vídeo

Introducción

Este capítulo (al igual que los que siguen) trata sobre las cuestiones prácticas de la codificación de vídeo con un buen acabado. El consenso entre los compresionistas (practicantes experimentados en la compresión de vídeo) es que se trata de una combinación de arte, artesanía y ciencia. La parte principal del trabajo implica preprocesar el vídeo antes de que comience la compresión.

El flujo de trabajo

El proceso sigue una secuencia ordenada que se divide en varias secciones principales:

- Colocar el vídeo dentro del sistema (introducción).
- Preprocesamiento temporal, (corrección de la sincronización).
- Preprocesamiento espacial, (corrección del tamaño).
- Corrección de color (graduación y calidad de imagen).
- Eliminación del ruido (limpieza).
- Preparación del audio.
- Codificación del contenido.
- Posprocesamiento y distribución.

La figura 31.1 muestra esto con un poco más de detalles y cada uno de estos temas se tratará en los siguientes capítulos.

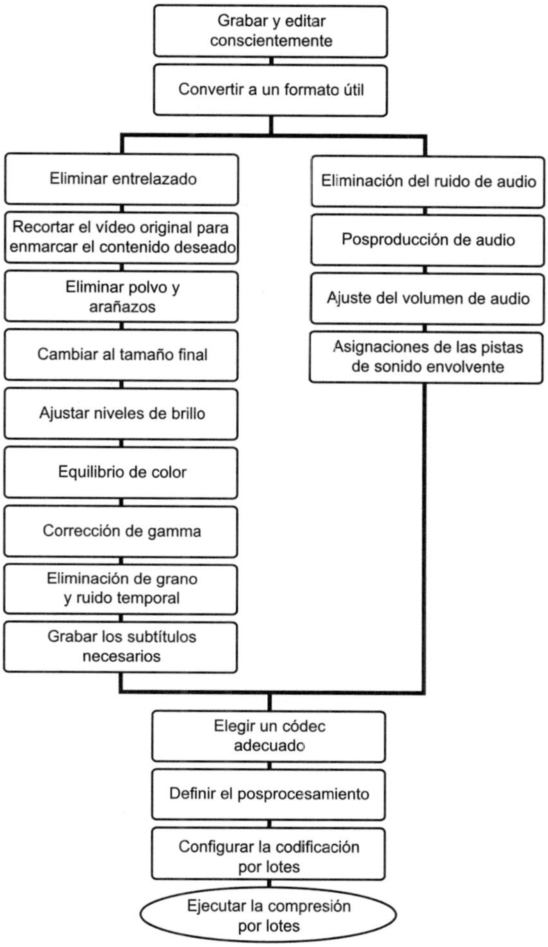

Figura 31.1.

Flujo de trabajo de compresión.

Si lo único que quiere es eliminar algo de ruido del vídeo y todo lo demás está bien, pase directamente al capítulo 36, donde explicaremos la eliminación de ruido.

Del mismo modo, si sólo va a restaurar grabaciones antiguas, diríjase directamente al capítulo 34. Ahí trataremos los arañazos, los errores de seguimiento y las reparaciones de películas dañadas.

Para reducir el volumen de trabajo de codificación es fundamental realizar las operaciones de preprocesamiento en el orden lógico correcto. Si todo esto tiene lugar dentro de una herramienta, estás operaciones se efectuarán en la secuencia adecuada. Sin embargo, si utiliza distintas herramientas para cada paso, entonces es importante hacer las cosas bien desde el principio. Todas las decisiones que se tomen en la fase de preprocesamiento afectarán considerablemente a la salida.

Paso a paso

En los próximos capítulos explicaremos los pasos prácticos para preparar una grabación para la compresión, muchos de los cuales se consideran parte del preprocesamiento. Sugerimos este orden secuencial de los pasos, porque tiende a reducir la cantidad de trabajo que se debe realizar.

Si tiene buenas razones para ello, puede cambiar el orden de estos pasos de procesamiento para que se ajusten a las necesidades de su flujo de trabajo. Sí que debería intentar ceñirse a las fases del procesamiento que aquí proponemos. Por ejemplo, debería realizar el procesamiento temporal antes que el procesamiento espacial. Sin embargo, dentro del procesamiento espacial, tal vez desee recortar antes y escalar después, o primero escalar y después recortar. Debería evitar seguir un orden de procesamiento que deshaga lo que se haya realizado en un paso anterior. Por ejemplo, debería establecer la configuración coherente de todos volúmenes de audio después de mezclar y asignar sonidos a los distintos canales de sonido envolvente. Si no, se corre el riesgo de alterar el volumen total, con lo que tendrá que compensar el volumen de nuevo. Y eso podría introducir más ruido.

1. Planificación.
2. Grabación.
3. Introducción.
4. Edición.
5. Desentrelazado.
6. Estabilización.
7. Restauración.
8. Escalado.
9. Enfoque.
10. Recorte.
11. Corrección de luma.
12. Corrección de gamma.
13. Corrección de color.
14. Reducción de ruido.
15. Sustitución de subtítulos.
16. Recorte de audio.
17. Sincronización audio-vídeo.
18. Reducción de ruido de audio.
19. Posprocesamiento de audio.
20. Normalización de audio.
21. Creación de pistas de sonido envolvente.

22. Instalación de códecs.

23. Posprocesamiento.

24. Control por lotes.

Prepárese

Cuando vaya a decidir qué operaciones de preprocesamiento son necesarias para el vídeo, piense en el material original además de la salida en la que piensa producirlo.

Para preparar el contenido para publicarlo en Internet como una presentación para descargar o como un vídeo en secuencias hace falta un mayor preprocesamiento que para la mayoría de formas en que se puede implementar. En cambio, apenas requiere trabajo tomar un metraje de vídeo entrelazado ya existente y procesarlo para emplearlo en discos DVD, puesto que ya se encuentra en una forma utilizable. No se olvide de que MPEG-2 ofrece cierta compatibilidad con la compresión-entrelazado, que es lo que hace que sea viable para el uso en DVD.

Del mismo modo, la preparación para retransmisión requiere muy poco preprocesamiento antes de que empiece la compresión. Se podría aplicar una conversión de relación de aspecto, por ejemplo cuando se mezcla contenido con relaciones de aspecto 4:3 y 16:9 (véase la figura 31.2). En este caso se puede elegir 14:9, que es un valor intermedio entre los dos.

Todos estos pasos de preprocesamiento son opcionales. La grabación puede estar lista para la compresión enseguida, sin que necesite ningún preprocesamiento.

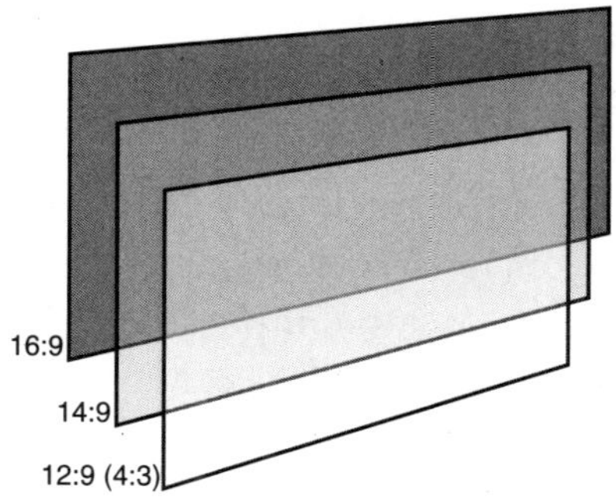

Figura 31.2.

Relaciones de aspecto 4:3, 14:9 y 16:9.

Recuerde también que podría acceder a este flujo de trabajo de preprocesamiento en distintos puntos y que no es obligatorio llevar a cabo todo el procesamiento con una herramienta.

Calidad de imagen

La calidad de las imágenes iniciales que se pretende comprimir puede variar enormemente en función de la forma en que se hayan obtenido.

La retransmisión terrestre de vídeo analógico es de una calidad sensiblemente mayor que una grabación VHS. También habrá que digitalizarla, pero si la puede capturar directamente de la antena, es mejor que utilizar una cinta.

Las emisiones digitales deberían grabarse en formato digital a ser posible. Los productos que capturan vídeo MPEG-2 transmitido en secuencias normalmente sólo se encuentran al alcance de los usuarios de gama alta y la extracción del contenido de vídeo aún es complicada técnicamente. Grabar el flujo de bits transmitido a un archivo es sencillo. Sin embargo, hay que desmultiplexarlo para extraer la secuencia de programa. Antes de que pueda utilizarlo en un editor, tiene que separarlo en las secuencias de vídeo y audio (más trabajo de desmultiplexación). Y tal vez sea necesaria también una conversión de formato, en cuyo caso existe el riesgo de que se altere el valor de gamma.

La mayoría de los problemas referentes a la calidad de vídeo se relacionan con el ancho de banda del contenido de vídeo. Esto equivale a la capacidad de resolución en el eje horizontal.

Los resultados deben tener buena apariencia

En los capítulos siguientes examinaremos los efectos de codificar distintos tipos de contenido para ver qué artefactos se introducen. Los cortes, cortinillas, fundidos y demás introducirán distintas cargas de velocidad de bits codificada y artefactos. El contenido de vídeo que se ha creado con conocimiento de las consecuencias de compresión producirá una salida comprimida que se transmitirá en secuencias más uniformemente.

Contenido que es difícil de codificar

En ocasiones, descubrirá que cuesta codificar parte del contenido de vídeo.

Los coches de carreras, por ejemplo, se mueven a velocidades altísimas. Si el obturador de la cámara está abierto durante cierto tiempo, se producirá un desenfoque considerable debido al movimiento. Como el punto de vista y la posición del coche cambian de uno a otro fotograma, el número de macrobloques reutilizables disminuye drásticamente. El fondo se desenfoca de manera distinta que el coche cuando se graba desde el lateral de la pista. Las cámaras instaladas en el coche están sujetas a todo tipo de movimientos, pero el interior del coche estaría inmóvil con respecto a la cámara. En realidad, esto se podría comprimir mejor que la salida de una cámara situada en el lateral de la pista haciendo muchos barridos para seguir a los coches. Hay que codificar mucha información nueva para casi todos los fotogramas. En la figura 31.3 el tren está desenfocado por el movimiento a propósito para que parezca que se acelera a su paso por las estaciones. Se ve que la imagen contiene objetos que se mueven muy rápido y otros que permanecen estáticos. Los límites entre los dos tipos de objetos son especialmente difíciles de codificar.

Figura 31.3.

Desenfoque de movimiento extremo.

Los paisajes marinos en movimiento y las cascadas son otro ejemplo. Hay mucho movimiento (aunque en el caso de una cascada, se podría generar una simulación muy buena a una velocidad de bits reducida porque el movimiento es cíclico y repetitivo). Las imágenes en movimiento de cascadas se pueden repetir en bucle sin que el espectador lo advierta. Podría utilizar el método estructurado y basado en objetos de MPEG-4 para conseguir un buen efecto aquí, si lo piensa lo bastante pronto en el flujo de trabajo de producción de la escena. La figura 31.4 muestra dos fotogramas de una película sobre cascadas. Si se observan, se ve que son cíclicas y repetitivas; se podrían repetir en bucle con mucha facilidad. Sin embargo, los cambios de fotograma a fotograma son considerables desde el punto de vista del compresionista.

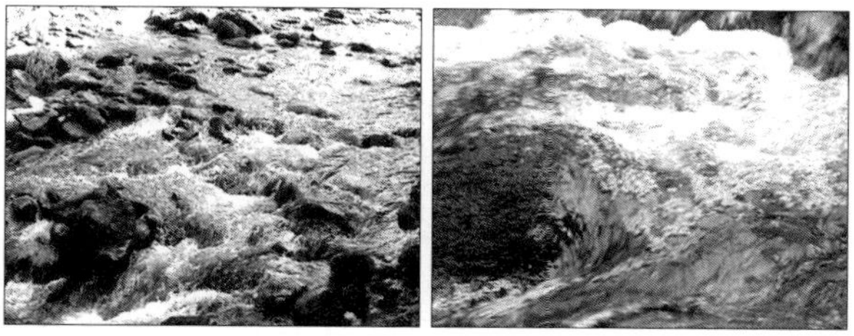

Figura 31.4.

Agua en movimiento.

La compresión de vídeo no se suele tener en cuenta cuando se graba una película. Si tiene una idea general del proceso completo, desde el soporte de salida hasta el flujo de trabajo de las primeras fases, conseguirá resultados que a la larga merecen la pena.

Las nubes que se mueven delante de fondos inmóviles deberían comprimirse bastante bien, porque el movimiento es constante y las formas son relativamente constantes. Sin embargo, sí que varían, el cambio es gradual y entre fotogramas sólo se modifica una pequeña parte de la nube. Como una unidad, la nube simplemente cruza el fotograma. Aquí entran en juego la compensación y la detección de movimiento (véase la figura 31.5). Las nubes se comprimirían muy fácilmente, aunque la gaviota que vuela en el fondo plantearía una dificultad mayor para el codificador.

Figura 31.5.

Nubes que avanzan lentamente.

Los grandes incendios, los primeros planos de llamas y las explosiones provocarán un aumento importante de los requisitos de velocidad de bits, porque el movimiento es rápido y, al mismo tiempo, cambian amplias superficies (véase la figura 31.6).

El vídeo de un fuego presentará cierta actividad cíclica en la imagen, similar a la de una cascada. La posibilidad de que el códec pueda sacar partido de ello depende de que el grupo de imágenes (GOP) sea lo bastante largo y de que el códec almacene en búfer suficientes fotogramas.

Figura 31.6.

Fuego.

Ámbito local o global

Es importante saber si la herramienta que va a utilizar aplica un efecto global en toda la película. A veces preferirá aplicar el proceso sólo a una parte concreta del metraje, o tal vez deseará aplicar el procesamiento de manera distinta en cada parte de la película.

Debe utilizar herramientas que le permitan controlar parámetros con fotogramas clave si es el caso. La experiencia le enseñará a importar y exportar grabaciones entre herramientas de manera no destructiva. Importar y exportar el metraje en las herramientas no debería producir ningún procesamiento como parte de esa exportación, a menos que le haya ordenado a la herramienta que lo haga. Debería controlar lo que ocurre y únicamente permitir al sistema intervenir bajo su supervisión.

Qué es lo siguiente

El siguiente paso es importar vídeo al sistema. Intentaremos hacerlo en el próximo capítulo. Ahora que conocemos las implicaciones del metraje que acabamos de grabar o editar, tenemos alguna idea de si se podrá comprimir. O a menos entenderemos por qué se ve fatal cuando intentamos comprimirlo.

Capítulo 32

Introducción del contenido original

Entrada

Bueno, debería ser obvio que no se puede comprimir vídeo hasta que no se tiene vídeo en el sistema. Debe encontrar un medio de introducirlo por sí mismo o que alguien lo haga. Los equipos pequeños grabarán e introducirán el contenido por su cuenta, mientras que las organizaciones más grandes pueden recibir suministros del exterior.

Preparación del contenido para facilitar su codificación

Podrá obtener muchos beneficios si prepara el contenido de antemano para que se comprima con más eficiencia.

Aplique estas reglas cuando grabe vídeo que vaya a comprimir. Afectarán a la calidad original para mejor:

- Use las mejores cámaras disponibles.
- Ponga en ellas la cinta de mejor calidad que se pueda permitir.
- Sujete la cámara con un trípode y manténgala inmóvil.
- Evite hacer panorámicas con la cámara.
- Evite acercar o alejar el zoom.
- Asegúrese de que la grabación del sonido en vivo tenga el mínimo de ruido que sea posible.
- Sitúe al presentador delante de un fondo fijo.
- El presentador deberá vestirse con ropa de colores lisos. Las chaquetas con estampados provocan artefactos de patrón de moaré.
- Asegúrese de que la ropa del presentador sea de un color distinto que el fondo.
- Ilumine la escena con una iluminación difusa y uniforme que reduzca las sombras.

Al editar el vídeo, tenga en cuenta los siguientes puntos:

- Haga transiciones cortas.
- Recuerde que los cortes rectos están bien.
- No corte entre escenas con demasiada frecuencia.
- Evite el uso de efectos especiales.
- Evite el desplazamiento de texto sobre vídeo en movimiento.
- Evite el texto en desplazamiento en cualquier caso.
- No produzca fundidos de texto.
- Asegúrese de que el texto sea grande y legible.
- Use pantallas azules o verdes y sustituya sus propios fondos.
- Minimice el número de píxeles que cambian de un fotograma al siguiente.

En el estudio de grabación

Como primer paso, conviene tratar de grabar un vídeo óptimo. Puede que el metraje de los archivos no se haya fotografiado en circunstancias ideales. Si sabe que el vídeo se va a comprimir, debería asegurarse de que el metraje nuevo se fotografíe de manera adecuada.

> **Advertencia:** Evite a toda costa el estilo de grabación cámara en mano con el que la cámara va dando sacudidas frente a la cara del presentador todo el tiempo. No queda bien. No es inteligente. Se comprime muy mal. Es sólo una moda pasajera que algunos cámaras aficionados decidieron usar porque eran demasiado vagos para usar un trípode y grabar una escena como debe ser. Todos los demás los imitaron porque pensaron que era una nueva técnica efectista. Las películas que contienen mucha acción con movimientos rápidos son difíciles de comprimir incluso cuando la cámara está fija. Mover la cámara todo el tiempo sólo sirve para aumentar los problemas con los que se tiene que enfrentar el compresor.

Bustos parlantes

Si minimiza el movimiento del presentador y emplea un fondo totalmente estático, pero con atractivo visual, el codificador tendrá muchas posibilidades de mantener una velocidad de bits reducida. En la figura 32.1, el presentador está situado frente a un telón colgado y estático.

Figura 32.1.
Presentador frente a un fondo estático.

Si cuenta con facilidades para sustituir mediante la técnica de llave de croma el fondo detrás del presentador, podrá establecer un flujo de trabajo que introduzca fondos en movimiento o estáticos, según requiera la plataforma de salida. Podría sumarlo al control del flujo de trabajo de su sistema de gestión del contenido para que la salida de la retransmisión aproveche las velocidades de bits más altas. Las versiones del vídeo con ancho de banda reducido pueden tener fondos estáticos para que se compriman con más eficacia.

Movimiento rápido

Cualquier movimiento rápido de la imagen en una gran superficie introducirá un pico en los requisitos de codificación de velocidad de bits. Una escena fija con un camión que la cruza introducirá algún movimiento que el sistema de compresión deberá subsanar, pero la compensación del movimiento debería solucionarlo.

Una panorámica lenta también introducirá movimiento, pero los algoritmos de compresión incorporan detección y compensación de movimiento para aprovechar los píxeles que hayan cambiado de posición en el fotograma.

Elegir el códec antes de grabar

Otra cosa importante que hay que decidir antes de empezar es qué códec utilizará al final para codificar el vídeo, ya que podría determinar algunos de los pasos del preprocesamiento y cómo se van a configurar.

Ciertos códecs son obligatorios si decide presentar el contenido en dispositivos concretos. Por ejemplo, para el DVD es obligatorio MPEG-2. Los teléfonos móviles 3GPP requieren MPEG-4 restringido dentro de un perfil particular que defina la velocidad de bits y el tamaño de imagen.

El tipo de material que vaya a comprimir puede necesitar ciertos parámetros de calidad de servicio que dicte un códec particular. En las salas de prensa informatizadas de hoy en día se utiliza una copia intermedia del vídeo con calidad de exploración para crear una lista de decisiones de edición (EDL) en el flujo de trabajo de producción. Esto requiere un esquema de codificación compuesto totalmente por fotogramas I. El códec Pixlet se diseñó pensando en este tipo de aplicación.

Captura de vídeo

La captura de vídeo se puede realizar de varias maneras. Si el vídeo se grabó con una cámara digital o ya está en formato digital, entonces el proceso de introducción es bastante sencillo. FireWire posibilita el acceso a las cámaras DV, así como a las grabadoras digitales.

> **Truco:** Al introducir vídeo desde una fuente analógica, reproduzca el material original previamente hasta el punto de entrada para evitar problemas de sincronización.

Los equipos de retransmisión pueden contar con un puerto Ethernet al que se puede acceder con un cliente FTP.

El vídeo analógico presenta algunas dificultades más porque hay que convertirlo. Es preferible trasferirlo a un formato digital con un equipo profesional o de calidad de retransmisión, si es posible. Si no, será necesario algún tipo de puente o tarjeta de entrada de vídeo.

Un puente es preferible a una tarjeta de vídeo, porque está optimizado para la transferencia y no carga tanto la CPU. AJA Io podría ser una solución ideal. Las tarjetas de vídeo como las de Blackmagic Design incorporan la posibilidad de establecer un puente de vídeo y pueden convertir de formato analógico a digital mientras se reproduce el vídeo.

Cintas domésticas de mala calidad

La calidad de lo que suministre a la entrada del sistema de compresión tendrá un efecto tremendo en el resultado final de la compresión.

Por ejemplo, la compresión de una grabación VHS de poca calidad siempre se verá afectada por el ruido inherente característico de ese formato. Las antiguas cintas Betamax saldrán un poco mejor, igual que las grabaciones S-VHS, pero si dispone de las cintas master de producción con mayor calidad, conseguirá mejores resultados si trabaja a partir de ellas.

Conversión de archivos

Debería evitar hacer conversiones innecesarias de archivos debido al riesgo de introducir artefactos de codificación. Podría ser que el material original se presentara en un formato con el que no pueda trabajar de la manera que pretende. Tal vez quiere cambiar la duración del clip o empalmar dos segmentos que se presentan en formatos distintos. Convertir a un formato sin comprimir le permitirá editar el contenido y volver a comprimirlo sin apenas artefactos. No es lo ideal, pero puede que sea necesario.

Edición de estilos e implicaciones de las distintas transiciones

Si el editor de película sabe algo sobre el sistema de compresión empleado para crear el programa acabado, podrá tomar algunas decisiones de edición para evitar los artefactos de compresión. El programa editado sufrirá muchos menos problemas cuando se distribuya a través de un sistema de transmisión de velocidad de bits baja.

La edición de vídeo sólo es posible en vídeo que esté codificado únicamente con fotogramas I. DV25, por ejemplo, es un formato *motion JPEG*, y no hay ninguna dependencia entre un fotograma y el siguiente. Es un formato que se puede editar sin problemas. No debería editar los formatos en los que haya una cadencia o estructura entre los fotogramas. En esos casos, primero debería convertir el formato para editarlo después. Si tiene que restaurar el formato original, entonces hágalo cuando haya finalizado la edición. Por ejemplo, es esencial suprimir la reducción 3 a 2 de las grabaciones de telecine antes de editarlas. De lo contrario, la cadencia se verá afectada durante la edición y la reducción no se podrá suprimir correctamente después.

Cortes

Cortar de una escena a otra es otro ejemplo de una técnica de edición que favorece al proceso de compresión. Como el audio se trata por separado, es posible realizar las denominadas ediciones en L. La figura 32.2 muestra una edición en L en la que el vídeo y el audio se cortan en momentos distintos.

Para algunos motores de compresión podría ayudar realizar los cortes de tal manera que el cambio de escena se sitúe en los límites de un grupo de imágenes (GOP), pero lo principal es reducir el número de fotogramas cuyos píxeles son drásticamente distintos de los anteriores y los siguientes (véase la figura 32.3).

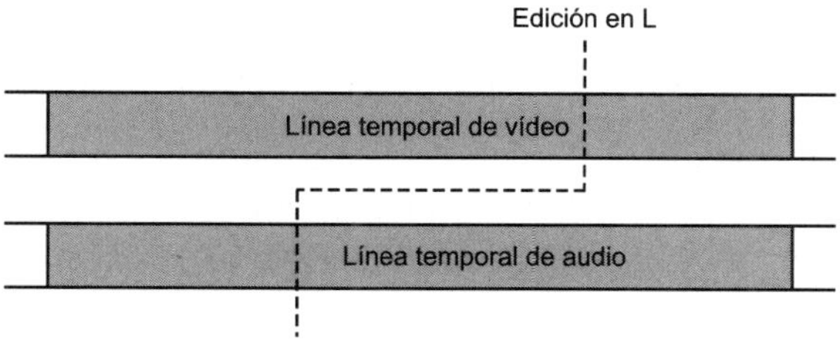

Figura 32.2.

Edición en L.

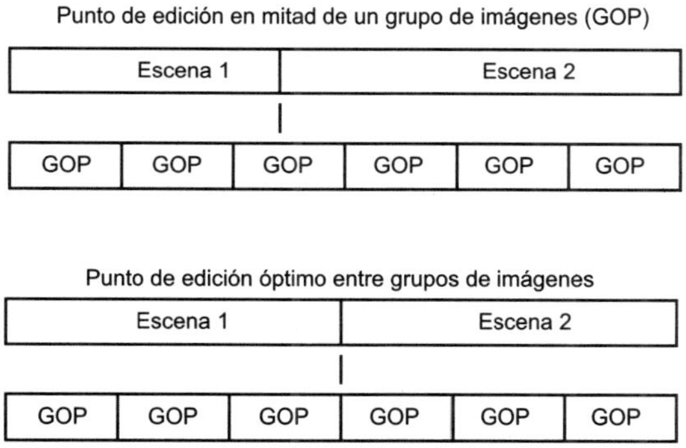

Figura 32.3.

Cortes alrededor de estructuras de grupos de imágenes (GOP).

Es improbable que un ser humano pudiera colocar una edición en el lugar correcto, pero un sistema de edición puede servir de mucha ayuda. Final Cut Pro implementa una pista adicional de sugerencias que se mantiene mientras se edita la secuencia. La pista de marcadores de compresión contiene detalles de los puntos de corte, transiciones y ediciones además de los datos insertados por el usuario. Ésta informa al motor de compresión de que se va a procesar una sección compleja y el codificador optimiza el proceso en concordancia.

Fundidos

Evite los fundidos siempre que sea posible; cualquier cosa que provoque que una superficie grande de la imagen cambie de un fotograma al siguiente y continúe con ese cambio durante algunos fotogramas después no es recomendable para el compresor.
Si quiere una transición especial, utilice mejor una cortinilla.

Cortinillas

Las cortinillas son menos duras para el proceso de compresión. Si el borde está difuminado, aumentará la cantidad de área de la imagen que está cambiando. Cuando cree una cortinilla con borde difuminado, trate de asegurarse que abarque el mínimo de macrobloques que sea posible. La figura 32.4 muestra algunas transiciones de cortinilla y marca las cuadrículas de los macrobloques encima para señalar el área de cambio.

Una cortinilla en diagonal afecta a más macrobloques que una cortinilla perpendicular. Está asegurado que esos bloques cambiaran de fotograma en fotograma. Otros bloques pueden estar también cambiando debido a las imágenes en movimiento que se van a barrer con al cortinilla.

Empleo de vídeo que ya se ha comprimido

Volver a comprimir metraje que ya se ha comprimido con un códec con pérdidas conduce a la introducción de algunos artefactos muy desagradables.

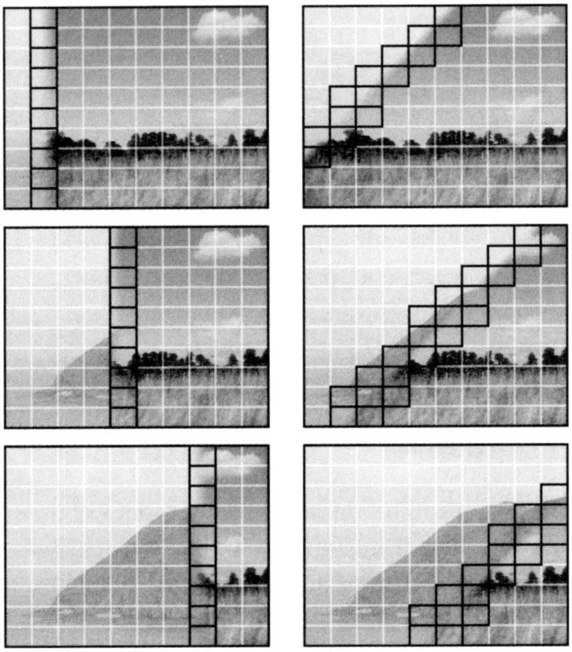

Figura 32.4.

Cortinillas con cuadrículas de macrobloques.

Para empezar, desenvolver un clip de vídeo comprimido puede producir efectos cuadriculados que son resultado del proceso de compresión de los macrobloques en una pasada de compresión anterior. Si los macrobloques tienen el mismo tamaño y la misma posición, este artefacto se puede reducir. Si mueve la imagen sin comprimir y la vuelve a comprimir con otra disposición de los macrobloques, todo se puede estropear enseguida. Por tanto, primero hay que descomprimir y después mover o variar la escala con cuidado.

Telestream Flip Factory transcodifica clips de vídeo descomprimiendo tan sólo lo necesario antes de volver a compilarlos en un nuevo formato. Cuando se convierte de un formato a otro, donde los dos usan un algoritmo de transformación de coseno discreta, no es necesario descodificar la imagen completamente. Puede ser que esta conversión sólo precise una nueva compresión de los macrobloques.

Truco: Emplee transcodificadores como Flip Factory mejor que codificadores en cascada (o en concatenación).

Evitar otros problemas durante la captura

Dependiendo del hardware que utilice, puede experimentar problemas de sincronización a la hora de capturar metraje de formatos anteriores analógicos. El vídeo grabado en los formatos VHS, Betamax y 8mm puede tener algún problema ocasional de sincronización en el vídeo grabado. La tarjeta de captura necesita mantener la sincronización con el vídeo y puede tener problemas para seguir estas inestabilidades temporales.

Podría intentar insertar un corrector de base de tiempos entre el equipo de reproducción y la tarjeta de captura. Algunas tarjetas de captura están diseñadas para poder actualizarse. Las tarjetas de vídeo de Blackmagic Design se cargan con un código que funciona como firmware cada vez que se reinicia el ordenador. Esto permite integrar las nuevas revisiones de ese software en la tarjeta de vídeo sin tener que cambiar los ROM de firmware a mano. Esto aumentará el rendimiento de la tarjeta de captura a medida que se publiquen revisiones posteriores.

La mejor solución es asegurarse siempre de que las señales presentan la máxima limpieza y solidez posibles. Esté atento a los problemas debidos al ruido eléctrico, vídeo, niveles de sincronización y errores en la base de tiempos. A veces, se obtiene una entrada más estable enrutando el vídeo a través de otra parte del equipo y empleando la salida de un monitor o capturando con una cámara DV. Aunque las cámaras DV por lo general no son los dispositivos ideales para la conversión analógica-digital, probablemente es mejor sacrificar un poco de detalle que perder fotogramas enteros debido a una base de tiempos inestable.

Tiempo y dimensiones relativas en el espacio

La siguiente tarea es aclarar los aspectos relacionados con el tiempo en nuestro vídeo. Es importante explicarlo justo ahora porque queremos conseguir la velocidad de fotogramas adecuada y deshacernos de los desagradables artefactos de entrelazado si podemos.

Probablemente sea ésta la parte más difícil del preprocesamiento, así que vamos a analizarla en el próximo capítulo.

Capítulo 33

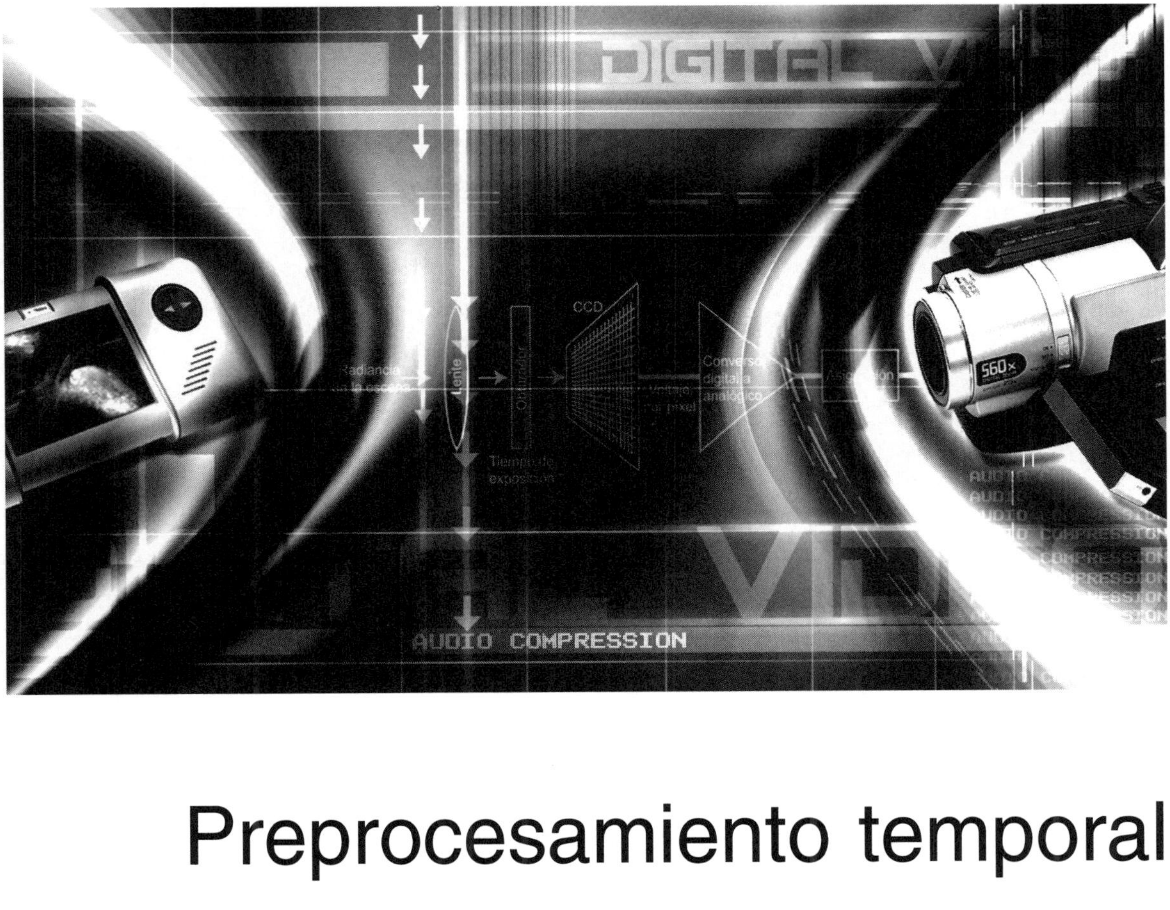

Preprocesamiento temporal

Introducción

El preprocesamiento temporal es una parte importante de la preparación para comprimir el vídeo. Si sale mal, afectará notablemente a las relaciones de compresión y se desperdiciará velocidad de bits al preservar artefactos no deseados en el vídeo para describir el contenido que se quiere distribuir.

Lo principal que nos interesa aquí es eliminar los efectos de entrelazado a la hora de convertir las imágenes a un formato explorado progresivamente. Esta operación además eliminará los fotogramas redundantes que contengan campos duplicados y también es beneficiosa a efectos de la compresión. Podemos descartar la reducción que se introduce al reproducir una película cinematográfica de 24 fps en un servicio televisivo de 60 Hz, como el que se emplea en Estados Unidos. Sin embargo, en territorios como el europeo, donde la pantalla va a 50 Hz, no se transfiere la película a formato de vídeo, por lo que tampoco se reduce el número de fotogramas. No obstante, la conversión de un régimen de pantalla entrelazado a uno progresivo sigue teniendo valor y favorece al proceso de compresión.

Eliminación del entrelazado

La televisión SDTV tiene dos campos por fotograma, con las líneas entrelazadas. No es igual que el vídeo por ordenador, que se digitaliza progresivamente en un pasada. Si va a publicar el vídeo en Internet, deberá eliminar el entrelazado. Si lo deja intacto, el vídeo codificado tratará a los objetos en movimiento con muy poca calidad y se producirá una imagen duplicada. Debido al efecto de entrelazado, aparecen muchas líneas horizontales alternando en la imagen, que soy muy difíciles de comprimir. Examine el contenido para ver si deberá eliminar el entrelazado, porque si ya está en un formato progresivo, este paso es innecesario.

Nota: Para seleccionar una técnica de desentrelazado debe tener en cuenta el tamaño de imagen final que persiga.

Este paso a veces se denomina eliminación del entrelazado o desentrelazado. Es posible que en la interfaz de usuario del software de compresión aparezcan ambos términos indistintamente.

El vídeo entrelazado aporta una enorme cantidad de detalles horizontales al vídeo y hace que el codificador ponga todo su empeño en la compresión de este artefacto, y no de la imagen que se desea comprimir.

Si va a usar un codificador MPEG-1, debe efectuar primero el desentrelazado. Los codificadores más recientes, por lo general, admiten internamente el contenido entrelazado. Puede que para ello deban desentrelazarlo, pero el usuario no tiene que preocuparse por ello.

La figura 33.1 muestra una pelota que se mueve por la pantalla desplazándose una distancia considerable entre un intervalo de campos y el siguiente.

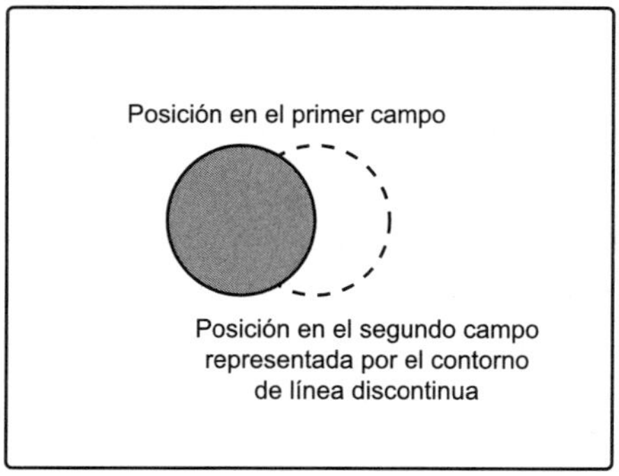

Figura 33.1.

Pelota que se mueve con rapidez.

Si acercamos el zoom lo bastante para ver los efectos del entrelazado, los dos campos presentarán este aspecto cuando los veamos al mismo tiempo (como se verían en una película explorada progresivamente).

En el futuro será más importante eliminar los artefactos de entrelazado (véase la figura 33.2), porque la pantalla de televisión está evolucionando con rapidez hacia una presentación digitalizada progresivamente. Además de convertir el vídeo de definición estándar a alta definición, es necesario cambiar el contenido entrelazado a contenido explorado progresivamente.

Figura 33.2.

Artefacto de vídeo entrelazado.

Truco: Si la plataforma de destino no muestra una señal entrelazada a dos campos por fotograma, es posible que convenga la pena la sobrecarga de procesamiento de desentrelazar el vídeo antes de la compresión. Debería obtener un archivo más compacto que se reproducirá mejor y también tendrá mejor aspecto.

Existen cinco técnicas fundamentales para eliminar el efecto entrelazado. La selección de la mejor depende del tipo de material original que se vaya a utilizar. La tabla 33.1 muestra las alternativas.

Tabla 33.1.

Técnicas alternativas de desentrelazado.

Opción	***Descripción***
Promediación	Combinar los dos campos en una sola trama. No es la mejor opción.
Saltar un campo	Descartar el campo par o impar.
Adaptativa	Promediar las partes estáticas de la imagen.
Telecine inverso	Sólo aplicable a películas de 24 fps transferidas a NTSC.
No hacer nada	No es necesario desentrelazar la salida para retransmisión o en DVD.

La figura 33.3 ilustra una secuencia de cuatro fotogramas con los que vamos a trabajar para demostrar los efectos de estas técnicas de desentrelazado.

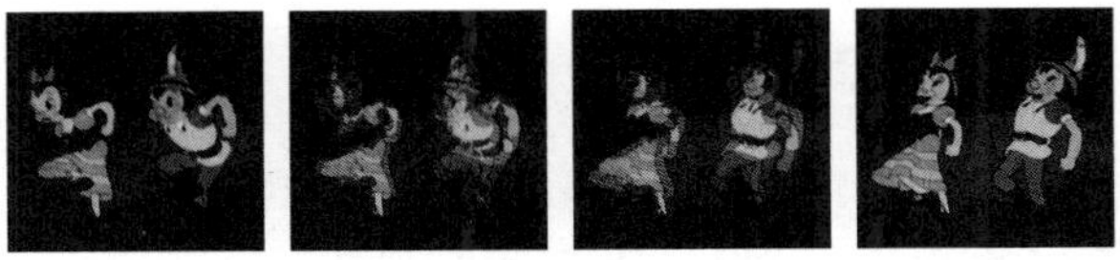

Figura 33.3.

Campos en los que se aplica la transferencia a formato de vídeo.

Observe que parece que los fotogramas segundo y tercero han sido expuestos dos veces. En realidad son una combinación de los campos de dos fotogramas. Hay un fotograma de movimiento entre el primero y el último, pero se ha combinado de dos maneras distintas para crear dos fotogramas donde antes sólo había uno.

Aplicación de la promediación para eliminar el entrelazado

Podría parecer una buena idea promediar los campos, pero no hace más que desplazar el problema del artefacto de entrelazado horizontal. En lugar de tener campos pares e impares, hay un solo campo por fotograma, que se convierte inmediatamente a exploración progresiva. Sin embargo, esto sólo resuelve el problema mecánico. La imagen no se desentrelaza en absoluto y se comprimirá muy mal, desperdiciando ancho de banda. Como vemos, la sencilla técnica de promediación produce resultados insatisfactorios, por lo que no se recomienda.

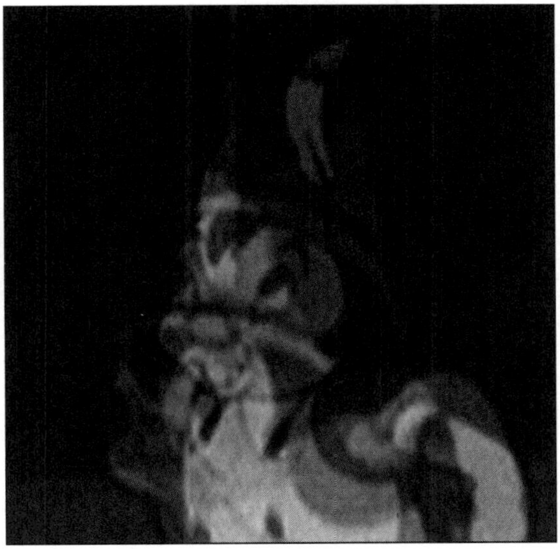

Figura 33.4.

Promediación de campos.

Si la examina de cerca, podrá ver que se ha producido una reducción del grano y las líneas de las imágenes entrelazadas se han fusionado por la promediación, así que la compresión puede emplear menos tiempo en el detalle horizontal, pero el efecto de sobreimpresionado sigue siendo evidente. En este caso la promediación consistía simplemente en tomar pares de líneas, uno de cada campo.

Obviamente, no es una buena solución.

Saltar un campo para desentrelazar

La técnica más sencilla es saltar el campo par o impar, con lo que se conserva la resolución horizontal pero se elimina la mitad del detalle vertical. El ojo es increíblemente tolerante para esto, pero tiene sus implicaciones.

Los tamaños de imagen con una resolución de 720x480 se convierten a 720x240 píxeles y, a menos que tenga lugar alguna corrección de relación de aspecto o de líneas dobles, tendrán una apariencia bastante extraña. Cuando haga esto, piense en la escala de la salida. Existen implicaciones importantes si desea conservar una trama a tamaño completo.

Ahora mire el ejemplo de lo que ocurre en nuestra secuencia de cuatro fotogramas (véase la figura 33.5) si descartamos un fotograma.

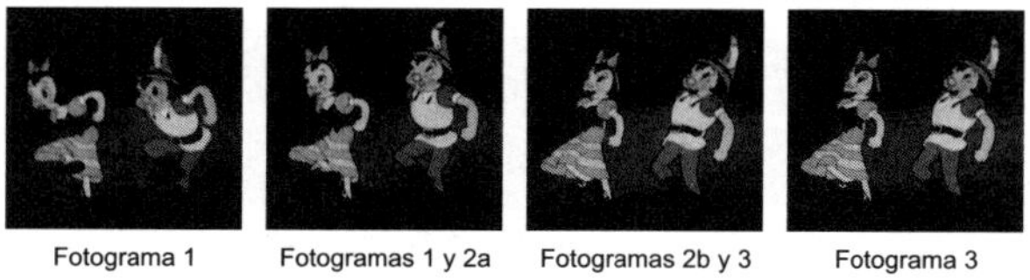

Figura 33.5.

Artefactos aparecidos por saltar un campo.

En los fotogramas segundo y tercero hay algunos artefactos de ruido residual, que se pueden deber al formato empleado para producir el vídeo. En este caso, el vídeo original se presentaba como un archivo MPEG-2 y algunos valores de píxel han migrado de un campo a otro durante el proceso de codificación en MPEG-2. Es un buen ejemplo de por qué no se debería volver a codificar el metraje que ya ha sido comprimido con otro códec.

Fíjese también en que, a pesar de haber eliminado la mayor parte de la doble exposición, en realidad hemos perdido un campo de movimiento y el tercer fotograma se parece mucho al cuarto.

Esta técnica elimina los artefactos de movimiento entrelazado, pero para el contenido basado en películas, producirá un movimiento entrecortado y fotogramas duplicados innecesariamente.

Por eso no sirve para el contenido basado en películas, aunque podría ir bien para el metraje de vídeo normal que se vaya a transferir por Internet.

Desentrelazado adaptativo al movimiento

Este método de desentrelazado, mejor y más sofisticado, emplea una técnica adaptativa.

El procesamiento adaptativo sólo trata las partes en movimiento de la imagen. Las partes estáticas se dejan como están. Para los planos fijos podría estar bien, pero no es muy conveniente para las panorámicas, a menos que el procesador adaptativo sea lo bastante sofisticado para detectar el movimiento.

Aún no se ha inventado una tecnología que simule el efecto del globo ocular humano para convertir una imagen entrelazada en un formato limpio explorado progresivamente; sin embargo, éste es un terreno en el que la informática está investigando continuamente. El rendimiento de las herramientas de procesamiento de vídeo, sin duda, continuará perfeccionándose y la salida resultante sólo puede ir a mejor.

El mayor beneficio del desentrelazado adaptativo es que duplica la resolución efectiva con respecto al método básico de saltar campos.

No obstante, esta técnica también tiene sus inconvenientes, ya que introduce errores en algunos contenidos. Por ejemplo, este método no trata adecuadamente las panorámicas lentas y progresivas en vertical.

En particular, esta técnica adaptativa destroza los créditos en pantalla. La recomendación de los compresionistas expertos sería volver a escribir los créditos en pantalla como fotogramas estáticos.

Los créditos en pantalla también acaban triturados con el efecto Gibas, artefacto de diafonía cromática que brilla alrededor de las zonas de texto.

Podría ser una buena idea aplicar una combinación de técnicas a distintas partes del programa y después volver a unirlas.

Así se explica por qué la fase de preprocesamiento de un proyecto ocupa una proporción tan grande del tiempo que se dedica a trabajar en él.

Telecine inverso para eliminar fotogramas adicionales

Esta técnica es relevante en aquellas situaciones en las que se va a eliminar los artefactos entrelazados del metraje que se originó en película. Fíjese en que sólo está indicada para NTSC 525i30 y no es necesaria para las versiones PAL 625i25 de metraje cinematográfico.

Cuando se convierte una película cinematográfica de 24 fps a los 30 fps que se emplean en las retransmisiones televisivas NTSC, algunos fotogramas se exploran más que otros para aumentar el número de campos.

Es más fácil entender esto si se observan los dos archivos multimedia uno junto al otro, como se muestra en la figura 33.6.

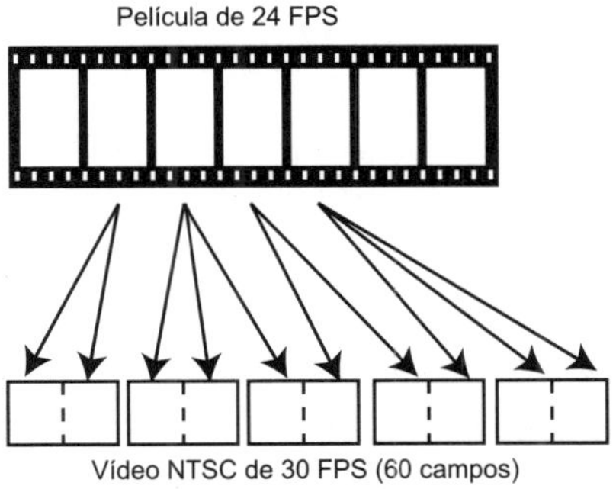

Figura 33.6.

Reducción de telecine.

El primer fotograma de la película se impresiona en dos campos de vídeo, mientras que el segundo se impresiona en tres campos. Este patrón 2-3 se repite en un patrón cíclico de cinco campos, que se distribuyen uniformemente a lo largo de una estructura de campos pares e impares. Los dos formatos están en sincronización cada 10 campos, tiempo durante el cual sólo 4 fotogramas de la película habrán pasado por la puerta. Este patrón cíclico se denomina cadencia y se ilustra en la figura 33.7.

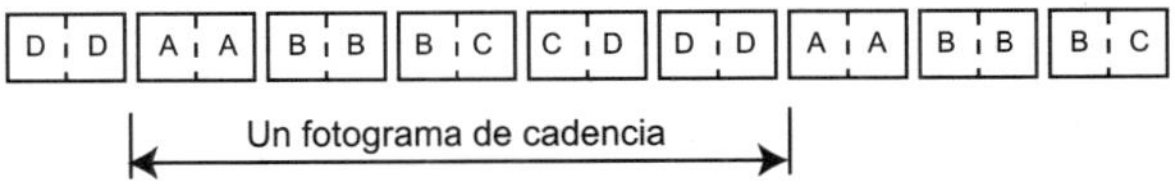

Figura 33.7.

Cadencia de telecine.

En teoría, es posible recuperar los fotogramas correctos saltando aquellos campos que se dupliquen entre sí y combinando los pares correctos de los fotogramas restantes.

Ahora, volvamos a nuestro segmento original de cuatro fotogramas y veamos si podemos recuperar tres fotogramas totalmente intactos extrayendo campos pares e impares de fotogramas distintos.

Puede ver en la figura 33.8 que hemos reconstruido correctamente el Fotograma 2 original que se había sido dividido por la transferencia a formato de vídeo. Quedan algunos artefactos residuales, pero estos se eliminarían si se hubiera utilizado un formato de entrada master de mejor calidad en lugar del original MPEG-2 que hemos empleado para esta prueba.

Figura 33.8.

Reducción eliminada correctamente.

Cuando se pone difícil

Cuando se han empleado métodos de telecine más avanzados, se presentan algunos problemas importantes.

Uno de ellos se debe a que las empresas de tecnología que desarrollan los aparatos de telecine han introducido cierta inteligencia en el proceso de exploración. La película se digitaliza en un almacén de fotogramas a 24 fps y, cuando ese almacén de fotogramas es de puerto dual, la salida se ajusta con una frecuencia distinta. La salida puede combinar la mitad superior de un fotograma y la mitad inferior del siguiente. La transferencia a formato de vídeo no se aplica dentro de los límites del fotograma, sino línea por línea. Y es mucho más difícil desentrelazarlo así, como se hace evidente en el fotograma del centro de la figura 33.9.

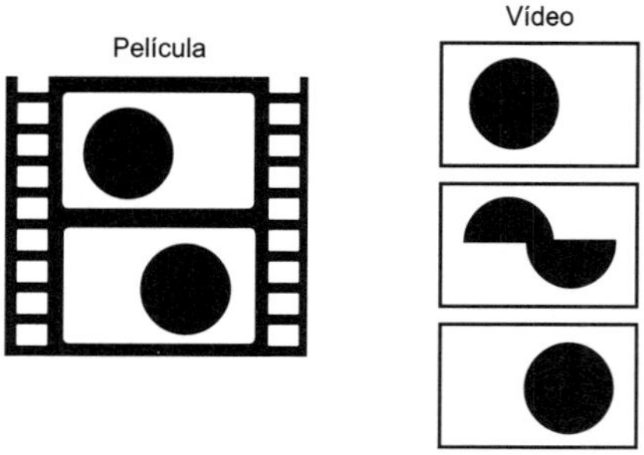

Figura 33.9.

Reducción línea por línea.

Problemas relacionados con la cadencia

Existen convenciones para asignar la cadencia al código de tiempo del vídeo. El preprocesador de codificación que realice una operación de telecine inverso buscará esta asignación para hacer el mejor trabajo posible. Los fotogramas se llaman A, B, C y D. Los fotogramas A y C se repiten dos veces; los fotogramas B y D se repiten 3 veces. Por tanto, la cadencia es 2-3-2-3, por lo que el nombre "reducción 3 a 2" no es del todo exacto.

El clip puede haber sido editado después de la conversión con el telecine. Esta edición debería realizarse con cuidado para evitar la interrupción de la cadencia. Si la cadencia se ve afectada negativamente, el código de desentrelazado debe desplazar al detector de cadencia desde el principio del clip e intentar volver a sincronizarlo, si es necesario, cuando se produce una edición.

La solución es realizar la operación de telecine inverso antes de importar el metraje al sistema de edición no lineal (Premier, Avid o Final Cut Pro), para que lo que se corte sea una secuencia de fotogramas de vídeo explorado progresivamente sin artefactos de entrelazado o cadencia de reducción.

Algunas herramientas de codificación intentarán detectar esta posposición de la cadencia. Discreet Cleaner, por ejemplo, ofrece una fiabilidad razonable si no se le proporciona una secuencia en la que la cadencia está gravemente dañada. Puede tolerar los daños menores.

Algunas versiones anteriores de Adobe After Effects experimentaban problemas con esto, por lo que hay que comprobar el procesamiento del metraje y sanearlo para conseguir el efecto deseado. Aunque After Effects no es una herramienta de compresión, es una herramienta multiusos muy útil para arreglar cosas en los clips de vídeo, por lo que tal vez no tenga que enfrentarse a este problema. Si la cadencia es correcta y no está dañada, After Effects podrá procesar perfectamente secuencias continuas de vídeo de varias horas de duración. Un error de cadencia en la mitad sí provocará un problema. Si ocurre esto, recurra a Cleaner para esa parte de la labor de procesamiento.

Conviene que tenga a su disposición diversas herramientas para analizar el material y supervisar la reducción en el contenido NTSC que se haya originado a 24 fps.

Reducción de telecine afectada

La eliminación de la reducción funciona mejor cuando se procesa metraje de telecine que no haya sido procesado más una vez que se ha convertido al formato entrelazado.

Experimentará problemas al trabajar con un metraje de telecine al que se haya superpuesto un título en movimiento que se haya renderizado empleando movimiento entrelazado, porque entonces tendrá una combinación de contenido reducido y entrelazado dentro del mismo fotograma. El desentrelazado adaptativo podría ser la única forma de procesar esto adecuadamente.

Dominancia de campo

Asegúrese de sincronizar las entradas de muestreo en el digitalizador de vídeo con el campo correcto de la fuente. Si se configura de manera incorrecta, el campo incorrecto se extrae primero, provocando un desagradable artefacto de *twittering*. Hay dos posibilidades (véase la figura 33.10). La forma en que responda el sistema de vídeo depende de la implementación de hardware.

Ninguna de las posibilidades le hace ningún bien a la calidad del vídeo comprimido. Para poder digitalizar el vídeo adecuadamente la sincronización debe estar correcta.

Los algoritmos de compresión funcionan de manera ineficiente con el vídeo que tiene la dominancia de campo invertida por accidente, y la salida resultante es poco atractiva, en el mejor de los casos, y normalmente acabará muy degradada.

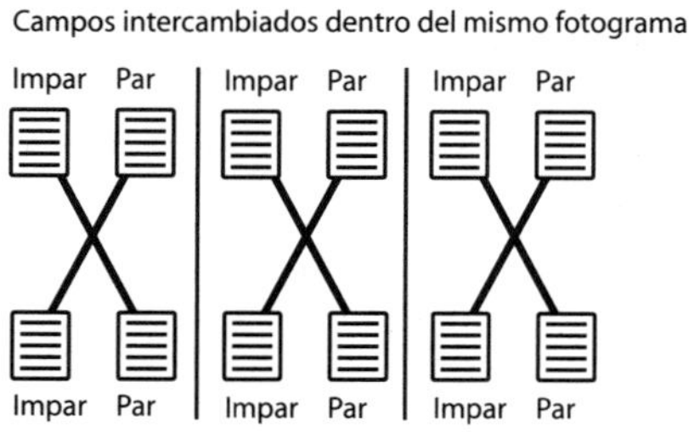

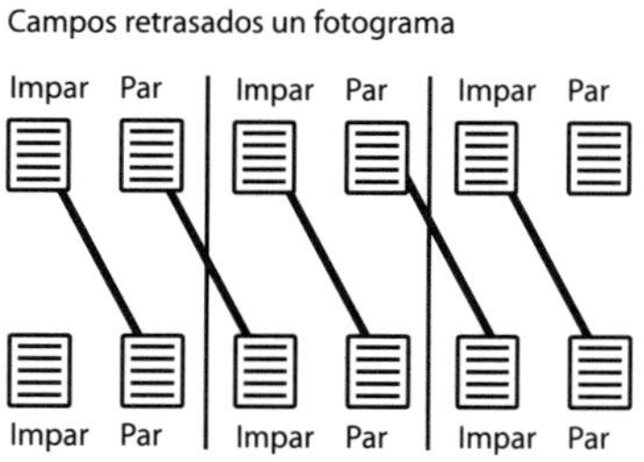

Figura 33.10.

Errores de dominancia de campo.

Otros problemas relacionados con la velocidad de fotogramas

También puede ser que los artefactos relacionados con la base de tiempos se introduzcan durante la modificación de ésta. La figura 33.11 ilustra la diferencia entre las velocidades de campo de 50 y 60 Hz. Se puede ver que las posiciones de sincronización de los fotogramas se alinean a intervalos regulares, pero los fotogramas intermedios se sitúan en posiciones muy distintas. Para convertir entre estas velocidades es necesario llevar a cabo una complicada operación de interpolación de movimiento, o si no, la salida presentará un extraño movimiento entrecortado (que es difícil de ver con claridad, pero que puede ser muy molesto de observar durante cierto tiempo).

Figura 33.11.

Sincronización de 525i30 y 625i25.

Selección de la velocidad de fotogramas

Reducir ligeramente la velocidad de fotogramas permitirá mejorar en algo la calidad de la imagen. No es apropiado para la retransmisión televisiva, pero el vídeo transmitido en secuencias por Internet sí puede beneficiarse de ello. Reducir la velocidad de fotogramas por debajo de 18 fps es excesivo a menos que la velocidad de bits requiera que se distribuya una secuencia de capacidad muy baja. La elección de este valor mínimo se debe a que se empleó durante muchos años como la velocidad de fotogramas para las grabaciones domésticas en película de 8mm. En casos extremos se pueden usar velocidades de fotogramas de 15 o incluso 12 fps. A estas velocidades de fotogramas, cualquier movimiento rápido provoca que los objetos desaparezcan porque se mueven con demasiada rapidez. Este artefacto se conoce en inglés como *submarining*.

Artefactos estroboscópicos

Puede que parezca que las ruedas de un vehículo en movimiento van al contrario, posiblemente debido a un artefacto estroboscópico en el metraje de la película original. La transferencia a formato de vídeo hará que esto tenga un aspecto bastante turbio.

Por desgracia, no se puede hacer mucho al respecto. Si tiene previsto reproducir la grabación en una plataforma no televisiva, reducir la velocidad de fotogramas podría servir de ayuda.

Conviene evitar cualquier tipo de efecto de parpadeo. Los objetos intermitentes que parpadean entre 3 y 49 Hz manifestarán algunos efectos desagradables en pantalla. Aparte de la apariencia poco atractiva en general, existe la posibilidad de que afecte a los espectadores que sufran de epilepsia. Está demostrado que ciertos artefactos de vídeo intermitente pueden provocar ataques epilépticos.

Puede verse cierta intermitencia si las imágenes televisivas se graban con una cámara de 24 fps. La imagen parpadeará o presentará una banda oscura que se desplazará en el eje vertical.

Es posible equipar las cámaras de película con un sensor de sincronizador de señales de vídeo que haga que el obturador de la cámara se abra y se cierre en sincronización con el vídeo. De hecho, este método del sincronizador de señales de vídeo se emplea con las cámaras de vídeo por sistema.

Espaciado

Esto es todo lo que tenemos que ver sobre el procesamiento temporal. Es un alivio superarlo, porque resulta bastante complicado conseguir corregirlo. Ahora podemos pasar a explicar los elementos espaciales. Son los ejes X e Y; acabamos de ver el eje T y más adelante llegaremos al Z.

En el próximo capítulo veremos cómo recortar y escalar, y aprenderemos todo lo relacionado con la interpolación espacial.

Capítulo 34

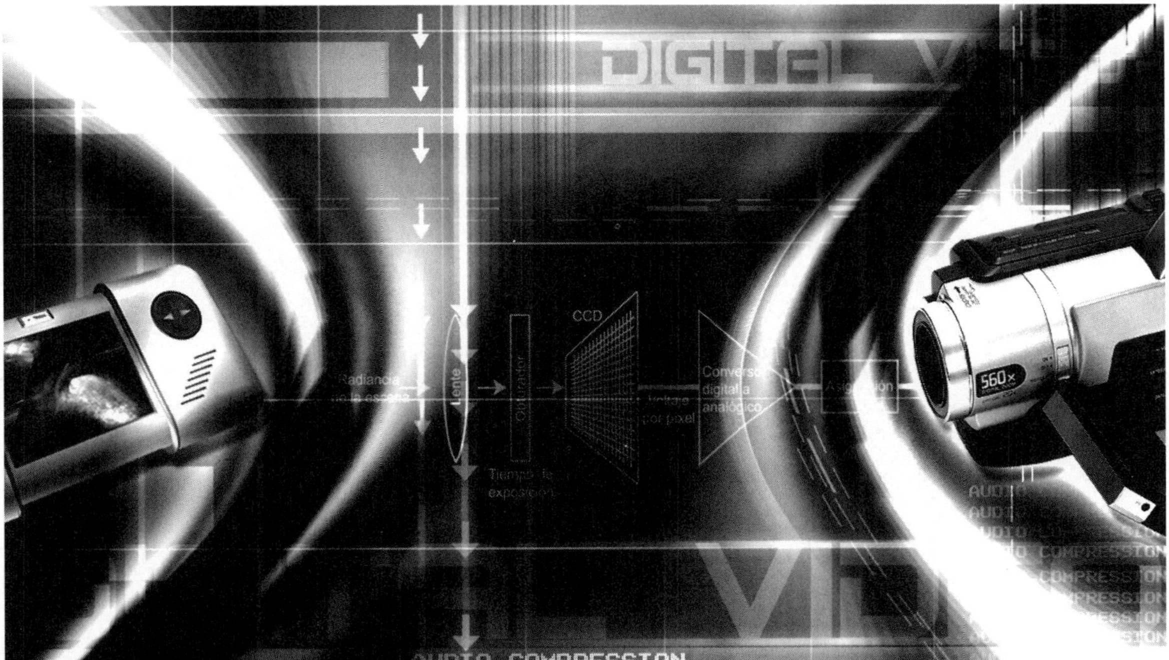

Preprocesamiento espacial

Introducción

Esta fase del flujo de trabajo de preprocesamiento trata sobre el contenido del fotograma. Aquí establecemos las dimensiones globales de los fotogramas y desplazamos el contenido dentro de ellas para que se comprima eficazmente.

Queremos limpiar cualquier ruido en torno a los extremos y enmarcar la parte interesante del vídeo para que no tengamos que comprimir más superficie de la necesaria. Es muy conveniente escalar y recortar para limpiar los extremos.

Ganará algo de calidad si puede evitar estirar o estrechar la imagen. Los píxeles se pueden interpolar o promediar cuando tiene lugar este cambio de escala, lo que produce una pérdida de detalle. Siempre es preferible recortar a una operación de escalado.

En el vídeo pueden aparecer los mismos efectos de solapamiento que explicamos al hablar del muestreo de audio si se graba un material con un diseño muy marcado. Al escalar la imagen cuando una persona que aparece en ella lleva una camisa de cuadros, pueden surgir artefactos de aspecto muy desagradable.

Estabilizar el contenido de película y telecine

Si va a codificar una grabación en película antigua que se ha transferido mediante un aparato de telecine, entonces es conveniente que se asegure de que la película esté limpia antes de que tenga lugar el proceso del telecine. Si se olvida de hacerlo, es posible que más adelante pueda aplicar filtros de reducción de ruido para eliminar el polvo y los arañazos de la película digitalizada.

A menos que su sistema de telecine sea de una calidad especialmente alta y el metraje se grabara con una cámara de plataforma estabilizada de buena calidad, el objeto se moverá por el fotograma. Es algo común que el contenido grabado presente holgura de puerta. Ocurre durante la grabación y también durante la reproducción. Diversos aspectos del proceso de grabación provocan un movimiento indeseado. El vídeo es menos propenso y las cámaras actuales cuentan con estabilizadores integrados para reducir los efectos del movimiento de la sujeción a mano.

La figura 34.1 muestra varios ejes de movimiento. Ahora hay un estilo moderno de operación de cámara muy favorecido por los programas televisivos de moda en el que se opera cámara en mano, incluso en situaciones en que sería mejor una cámara fijada en un trípode. Así pues, este movimiento de mano relativo al fotograma puede ser intencionado. Ahora bien, el movimiento tembloroso puede ser aceptable cuando se cubre la noticia en una zona de guerra o se presenta el punto de vista desde una montaña rusa. Es totalmente innecesario cuando se graba a un cocinero que demuestra cómo preparar una comida en un magacín.

La introducción de cualquier movimiento adicional es negativa cuando se graba contenido que se va a comprimir. El movimiento de mano involuntario se puede seguir y eliminar. El movimiento debido a la holgura de puerta de la cámara del substrato en el proyector o en la puerta del telecine se puede eliminar corrigiendo los extremos expuestos del fotograma. El seguimiento de los extremos de la exposición dejará cualquier movimiento de mano en la grabación si eso es lo que se quiere conseguir.

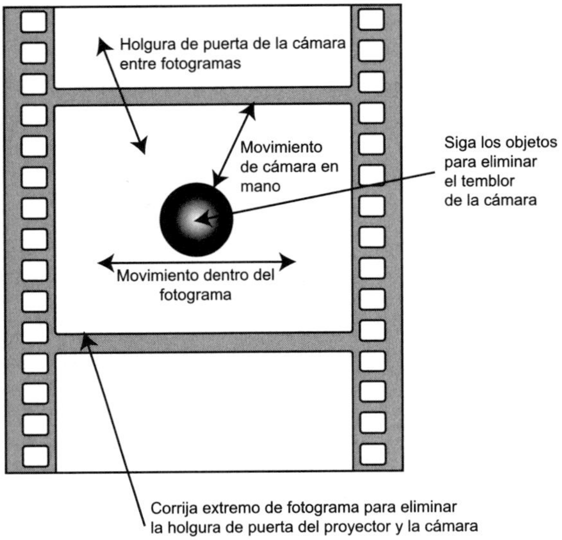

Figura 34.1.
Inestabilidad dentro del área del fotograma.

Algunos de estos artefactos también se aplican al vídeo, pero aquí no contamos con extremos de fotograma que nos sirvan de referencia para el seguimiento. Aún así, se pueden seguir los objetos del fotograma para eliminar el movimiento de la cámara, pero no hay holgura de puerta porque las imágenes no se fijan en un negativo que esté físicamente en movimiento.

Algunas herramientas como Adobe After Effects sirven para estabilizar las grabaciones de tal manera que se eliminen el movimiento de la cámara y la holgura de puerta del telecine. Aquí podrían ser que tuviéramos que sacrificar unos cuantos píxeles alrededor del borde del plano. Habría que recortarlos, pero probablemente se encontrarán en el área sobreexplorada de la imagen por lo que no se verían de todas maneras. El metraje bien estabilizado y limpio debería comprimirse mucho mejor que las grabaciones sin procesar.

Es una buena oportunidad también para graduar y corregir el color del material. Si el contenido se ha importado de un negativo muy antiguo, presentará una coloración morada. Las aplicaciones como Final Cut Pro actualmente cuentan con excelentes herramientas para la corrección de color. Si usa Windows, entonces Adobe Premier le servirá para este tipo de trabajo. Además existen muchos complementos útiles que puede incorporar al paquete de herramientas para mejorar todo el proceso.

Advertencia: Tenga cuidado de no aplicar un enfoque excesivo durante la transferencia del telecine a película, ya que esto afectará negativamente a la eficacia de la compresión.

Si tiene el dinero, las herramientas de gama alta como Shake le proporcionarán mucho rendimiento para aplicar procesos complejos al metraje. Sin embargo, económicamente están fuera del alcance de la mayoría de los usuarios.

La estabilización debería realizarse antes de la eliminación de polvo para tener más posibilidades de copiar píxeles de fotogramas adyacentes para reparar el daño. La eliminación de los arañazos puede ser algo más complicada, porque los arañazos tienden a moverse cuando el vídeo se estabiliza y eso podría ser más difícil de erradicar. Este tipo de restauración se debe efectuar minuciosamente, y los artefactos específicos tal vez tengan que solucionarse de uno en uno.

Las herramientas de la tabla 34.1 son algunas alternativas útiles a Shake o After Effects.

Tabla 34.1.

Programas de estabilización y corrección del movimiento.

Herramienta	***URL***
DeShaker:	`http://home.bip.net/gunnart/video/Deshaker.zip`
Dynapel SteadyHand:	`http://www.dynapel.com/`
2d3 Steadymove:	`http://www.2d3.com/`
iStabilize:	`http://www.istabilize.de/`

Eliminar el polvo y los arañazos

Si el material original procede de una película, es posible que presente arañazos y partículas de polvo. Puede ser que la eliminación del ruido analógico que calcula un promedio de los píxeles de un par de fotogramas no elimine estas motas. Existen filtros de procesamiento de imagen que están diseñados para eliminar el polvo, y en este caso sería adecuado utilizar un filtro intermedio. También podría abrir la película digitalizada en After Affects para eliminar el polvo. La figura 34.2 muestra el polvo y arañazos de un trozo de película antes y después de aplicar los filtros.

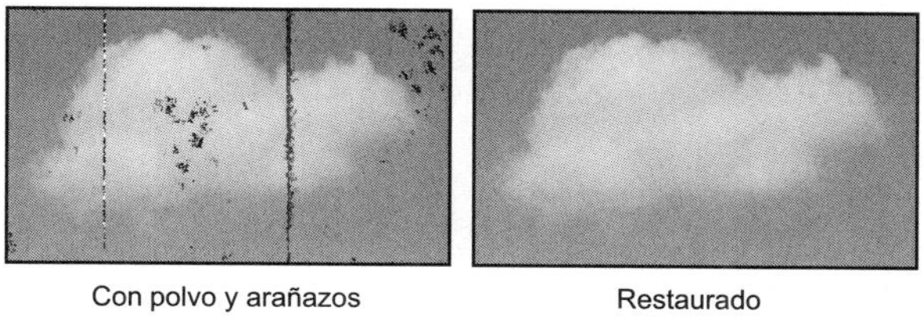

Figura 34.2.

Las partículas de polvo antes y después de aplicar los filtros.

Los arañazos son algo más difíciles de arreglar. Como se trata de un daño mecánico en la película, podría tener un patrón repetitivo que sea cíclico pero no esté sincronizado con los fotogramas. Si se organizan los mapas de píxeles como estarían en la película, podría ser de ayuda aplicar algún tipo de mate y algoritmo de reparación. Depende de lo grave que sea el daño. El filtro de polvo podría eliminar los arañazos finos, pero para los desgarros y los daños graves podría hacer falta una reparación a mano. La película mal reparada se rompe y los empalmes antiguos también pueden requerir una atención especial. La figura 34.3 muestra un arañazo cíclico a la izquierda y una película desgarrada a la derecha.

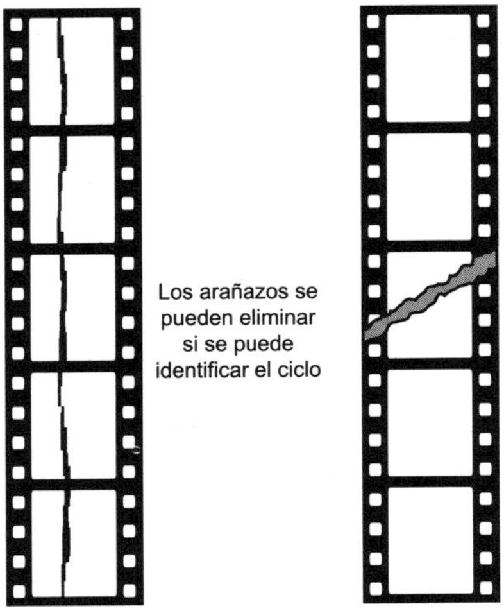

Figura 34.3.

Arañazo cíclico y desgarro.

Figura 34.4.

Partículas de polvo enfocadas y desenfocadas.

Las motas y los arañazos pueden ser más claros o más oscuros dependiendo de si el polvo está en un master positivo o negativo y de si los arañazos dañan el sustrato o la emulsión.

Todo esto forma parte de la restauración, y es discutible si este tipo de trabajo debería realizarse en esta fase o en una anterior antes de que tenga lugar el recorte. Es mejor hacerlo lo más pronto posible dentro del proceso, porque cuanto más se escale y procese el vídeo, más se emborronará el contorno del polvo y los posibles daños. Una partícula de polvo emborronada será mucho más difícil de eliminar que una que esté nítida y bien enfocada, por lo que siempre que decida solucionar el polvo y los arañazos, debería hacerlo antes del paso del escalado. La figura 34.4 ilustra el efecto del escalado en las partículas de polvo, que hace que sea mucho más difícil eliminarlas. ¿Cuál de estas tres partículas de polvo cree que será más fácil eliminar?

Escalado del origen de entrada

La operación de escalado da a la imagen el tamaño correcto para la salida de destino. Si ha estado procesando vídeo para salida en DVD o para la emisión en televisión, esta fase no tendrá importancia, pero sí que es importante para dar al vídeo para Web el tamaño y forma adecuados.

Algunas aplicaciones permiten que el escalado tenga lugar en el cliente. Si decide usar ese método, este paso no será necesario. Se pueden obtener mejores resultados aplicando algoritmos de procesamiento de imagen de calidad más alta durante la compresión. Esto siempre producirá un resultado más limpio que un dispositivo portátil de baja potencia.

Reducción de la escala

Conviene reducir la escala porque producirá una velocidad de bits menor. La ampliación de la escala aumenta la velocidad de bits y sólo es necesaria si la plataforma de destino no puede escalar el vídeo mientras se reproduce.

Este paso puede ser necesario para corregir la relación de aspecto de la trama o bien la relación de aspecto de los píxeles, que son dos cosas muy diferentes. Para la salida televisiva, la imagen de trabajo podría medir 640x480 ó 768x579 para permitirle trabajar con píxeles cuadrados. Para la retransmisión, la escala de la imagen debe ajustarse a uno de estos tamaños para que se vea bien en el televisor:

- 720x480.
- 720x486.
- 720x575.

Todos éstos son tamaños de pantalla de píxeles no cuadrados. Algunas herramientas de producción, como Adobe Photoshop, están introduciendo la posibilidad de trabajar con píxeles no cuadrados. Las nuevas funcionalidades que se introducen en Photoshop con frecuencia se añaden también a After Effects (que en realidad es Photoshop para las películas).

Cuando se varía la escala del vídeo de salida, el vídeo para Web no necesita tener una relación de aspecto estricta de 4:3 ó 16:9. Los reproductores de película y complementos no tienen unos requisitos específicos para esto, por lo que se puede reproducir cualquier tamaño de vídeo dentro de las limitaciones del tamaño de la pantalla.

Es una buena idea hacer que la relación de aspecto de la salida se corresponda con la fuente recortada, a menos que se vaya a aplicar algún tipo de corrección.

Si es posible, asegúrese de que la escala de los dos ejes se reduzca o permanezca en la unidad ("la unidad" es una forma común de describir una escala 1:1, es decir, sin cambio). Esto debería responder a ciertas decisiones tomadas anteriormente al seleccionar la técnica de desentrelazado o al aplicar el recorte. Por ejemplo, si sabe cuál va a ser el tamaño final de la imagen, entonces la operación de recorte puede obligarle a aumentar la escala de la imagen al llegar a este paso. Aumentar la escala es algo "malo" y debería evitarse. Si elige una zona de recorte más acertada, podría ser que no tuviera que aumentar la escala, con lo que el resultado sería una imagen de mejor calidad en el producto acabado.

Recuerde que la aplicación de la técnica básica de desentrelazado que descarta uno de cada dos campos también reduce la resolución vertical a la mitad y descarta las líneas alternas. Al no calcular un promedio entre las dos tramas, los detalles finos se podrían perder si ocuparan sólo una línea del campo eliminado. Este método produce una trama de 720 x 240.

Si va a conservar la relación de aspecto de 4:3 y desea un ancho de 360, debe ajustar la altura vertical a 270. Hay que aumentar la escala de los 240 píxeles y ésta es una relación no integral. Si hace esto se introducirán algunos artefactos muy desagradables. La escala del eje horizontal se reduce y se promediará bien, pero la escala del eje vertical se aumenta y no se promediará bien. La escala de una trama de tamaño 720x240 debería reducirse hasta 320x240 para una relación de aspecto de 4:3 ó hasta 432x240 para 16:9.

Si tiene que reducir la escala de la trama o interpolar entre líneas o píxeles, utilice algoritmos bicúbicos o sinusoides. El método del vecino más próximo introduce algunos artefactos formados por pequeños cuadrados que no quedan bien en una imagen estática ni en una en movimiento, ya que son evidentes y distraen mucho la atención. En breve explicaremos las implicaciones de estos métodos de interpolación con respecto a la calidad.

Respete las reglas de relación de aspecto de los píxeles, es importante recordarlas:

- Use píxeles no cuadrados en televisión.
- Use píxeles cuadrados en ordenadores.

Algunas fuentes de entrada están tan cerca del tamaño de salida deseado que es mejor aplicar un recorte acertado que intentar variar la escala de la imagen.

La entrada procedente de orígenes de 486 líneas debería recortarse simplemente hasta 480 líneas. El recorte evidente que se aplicaría sería eliminar 3 líneas de la parte superior e inferior de la imagen. El vídeo se desplazaría hacia arriba o hacia abajo un número impar de líneas, y esto podría intercambiar los píxeles del campo impar al campo par, lo que podría conducir a problemas de dominancia de campo (es decir, qué campo se emite primero) más tarde en la cadena de retransmisión.

El mejor método es recortar empleando un número par de líneas en la parte superior e inferior, como en los siguiente ejemplos:

- Eliminar 0 líneas de la parte superior y 6 de la inferior.
- O recortar 2 y 4.
- O bien 4 y 2.
- O recortar 6 y 0.

El número par garantiza que luego no aparezcan problemas de dominancia de campo. Como seguramente utilizará varias herramientas distintas para llevar a cabo las fases del preprocesamiento, conviene saber que en la plataforma, la aplicación Compressor que se incluye como parte de Final Cut y el paquete DVD Studio es superior a QuickTime a la hora de ajustar la escala porque los algoritmos de procesamientos son mejores. Pero si sólo dispone de las herramientas básicas de QuickTime, debería bastar.

Una sencilla regla básica es que para 320x240 en adelante, debería minimizar el recorte y aplicar un procesamiento de desentrelazado adaptativo o de telecine inverso para mantener el máximo posible de líneas intactas en la fuente original.

Incremento de la escala

Es probable que al aumentar el tamaño del vídeo a un formato mayor se introduzcan artefactos con la apariencia de irregularidades en los bordes no verticales. Los bordes horizontales también pueden presentar una tendencia a saltar un poco. Esto se moderará si se utilizan algoritmos de interpolación de alta calidad en el sistema de escala.

Hay varias ocasiones en las que se podría usar está técnica de escalado al retransmitir material archivado, por ejemplo, cuando se transforma un vídeo de densidad estándar (SD) de 525 líneas NTSC al formato europeo de 625, como se muestra en la figura 34.5.

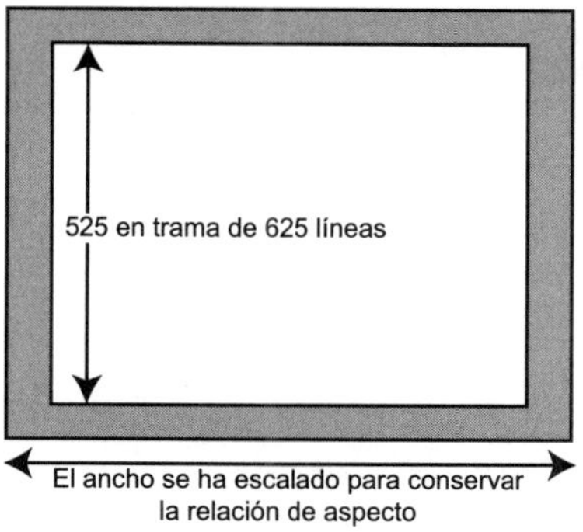

Figura 34.5.

525 líneas en un formato de 625 líneas.

El segundo ejemplo es bastante común cuando las transmisiones para Reino Unido de 405 líneas se ven en una televisión de 625 líneas (o se emiten en los Estados Unidos). La calidad de salida será mejor si el tamaño de imagen se reduce de tal manera que ocupe una ventana de 405 líneas en el medio de una trama de 525 líneas, en lugar de cambiarle la escala para ajustarlo. La sobreexploración de los televisores contará con cierto margen en torno a los bordes. Los tamaños relativos de estos márgenes se pueden ver en la figura 34.6.

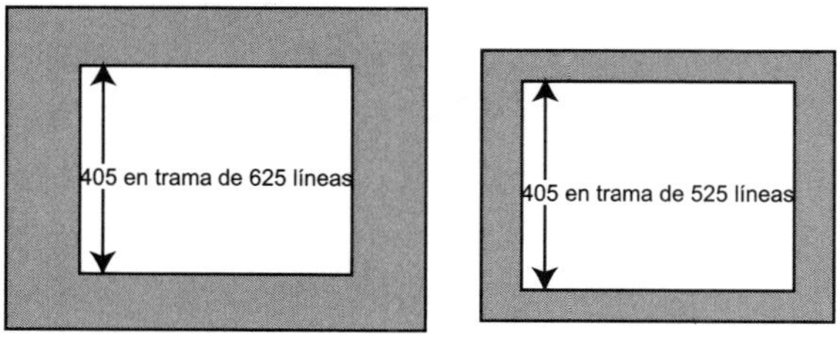

Figura 34.6.

405 líneas en tramas de 525 y 625.

Esto deja una gran área en blanco inaceptable alrededor de la imagen cuando se emite en Europa, por lo que la escala de la televisión de 405 líneas se suele aumentar para que se adapte a las 625 líneas. De lo contrario, el margen que rodea la imagen probablemente sea demasiado ancho. Como la escala 1:1 es demasiado pequeña y 1:2 es demasiado grande, se usa un factor de escala no integral, lo que produce artefactos en las líneas muy desagradables. Por extraño que parezca, 405 probablemente se vería mejor en HDTV porque sería factible un escalado de 1:2 en el eje vertical.

El tercer caso es cuando simplemente se amplía una zona de la imagen. Obviamente, los factores de escala no integrales plantearán problemas.

En todos estos casos, hace falta algún tipo de interpolación. La interpolación espacial debe procesarse independientemente de la interpolación temporal. Se han desarrollado diversos algoritmos para las interpolaciones espaciales.

Interpolación al vecino más próximo

Teniendo en cuenta las posiciones relativas en la trama de cada línea, simplemente se duplica la línea más cercana a la posición correcta. La figura 34.7 muestra cómo se amplía una zona de 4 píxeles de ancho a una zona de 7 píxeles de ancho.

Interpolación lineal

Esta técnica perfecciona el método del vecino más próximo. Calcula una diferencia proporcional entre dos píxeles adyacentes y selecciona un valor que es una combinación de los dos.

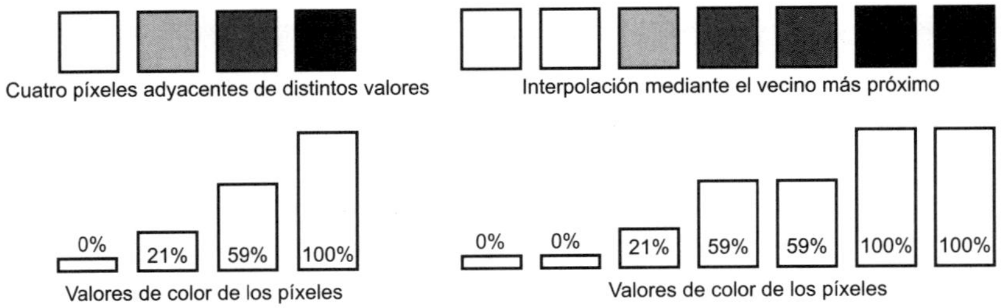

Figura 34.7.
Vecino más próximo.

No se trata de cálculos discretos basados simplemente en dos píxeles, sino que es un ejercicio de ajuste de curva basado en el grado de cambio del valor de los píxeles. Una línea se ajusta a los valores en la cuadrícula de entrada y los valores de salida se calculan proporcionalmente de acuerdo con las posiciones de la cuadrícula de salida. La figura 34.8 muestra el mismo grupo de 4 píxeles escalados mediante un interpolador lineal.

Cuando el cambio de la escala se aplica en dos dimensiones, la interpolación se calcula en dos ejes y se selecciona un valor en función de las posiciones X e Y. También es un proceso de ajuste de curva y se denomina interpolación bilineal.

Interpolación cúbica

El proceso de ajuste de curva se utiliza aquí nuevamente, pero se emplea un algoritmo más complejo que en la interpolación lineal. Este método requiere un procesamiento informático algo más complejo. Deriva una curva *spline* que modela el valor de la intensidad y asegura la transferencia de los valores de la intensidad de los píxeles de la imagen de origen. La posición para el valor de salida se calcula de manera proporcional como la distancia que recorre la curva, pero la interpolación de los valores de intensidad es no lineal. La figura 34.9 debe compararse con atención con la figura 34.8 para ver la diferencia entre los valores de salida.

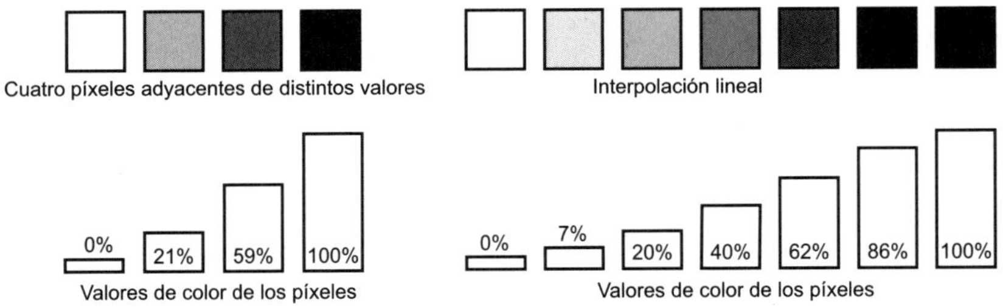

Figura 34.8.
Interpolación lineal.

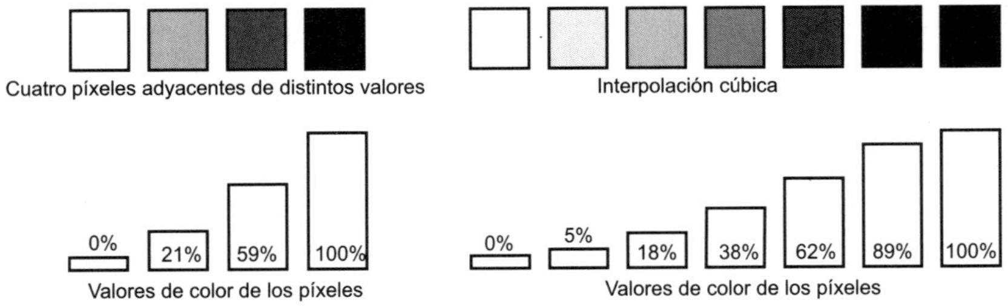

Figura 34.9.
Interpolación cúbica.

Para interpolar en una cuadrícula X–Y de píxeles se emplea una variante bidimensional de la técnica de interpolación cúbica, denominada interpolación bicúbica.

Interpolaciones separadas en distintos ejes/espacios de color

En los casos en que se dispone de una capacidad de CPU limitada, puede ser que convenga aplicar la interpolación bicúbica en el canal de luma y un algoritmo bilineal que requiera un procesamiento informático de menor intensidad en los canales de croma.

Esto mejorará el rendimiento cuando sea necesaria una alta velocidad de transferencia. La información de los colores se almacena a una resolución menor, pero está bien porque el ojo tiene más sensibilidad a la intensidad de la luz que al color. El equilibrio se produce cuando es menos probable que se puedan percibir los efectos.

Problemas con el escalado

Al convertir el vídeo de una resolución mayor a una menor se descarta información, pero la imagen sigue teniendo buena calidad con el tamaño de destino. Esto se conoce a veces como submuestreo.

El aumento de escala no puede introducir más información, pero, gracias a la interpolación, se pueden conseguir buenos resultados si la escala es menos del 150 por 100 del tamaño original. Si se aumenta más, la imagen se verá afectada negativamente.

Definición de los bordes

Suavizar la imagen desenfocándola un poco puede eliminar algunos artefactos de ruido y producir una mejor codificación. Pero eso también puede reducir un poco la velocidad de bits, ya que la codificación de los bordes nítidos requiere incluir coeficientes de alta frecuencia en la salida codificada. Es importante comprender cómo actúan los bordes en la generación de imágenes digitales antes de que podamos tomar decisiones fundamentadas sobre cómo optimizarlos para la compresión.

Si va a operar en los bordes, aplique la corrección sólo al canal de luma. Los canales de croma pueden quedarse iguales a menos que la distorsión sea grave.

Velocidad de cambio

La velocidad de cambio es la capacidad que tienen los circuitos para ajustarse a un cambio repentino y drástico en los niveles de intensidad. Si la velocidad de cambio es insuficiente, los bordes se desenfocarán. La figura 34.10 muestra dos supuestos de velocidades de cambio; uno representa el cambio de negro a blanco y el otro, de gris a blanco. La distancia del cambio puede ser distinta, pero a causa del borde, la velocidad de cambio es igual de rápida debido a la brusca transición. Lo único que se reduce es la excursión.

Con una velocidad de cambio escasa, parecerá que la imagen está desenfocada en la dirección horizontal y es posible que se pierdan los detalles. Las líneas verticales, por ejemplo, simplemente desaparecen. Esto se demuestra en las formas de onda del ejemplo de la figura 34.11.

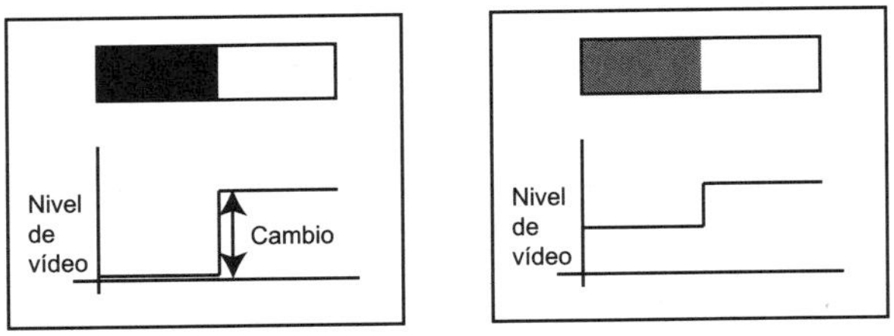

Figura 34.10.

Velocidad de cambio.

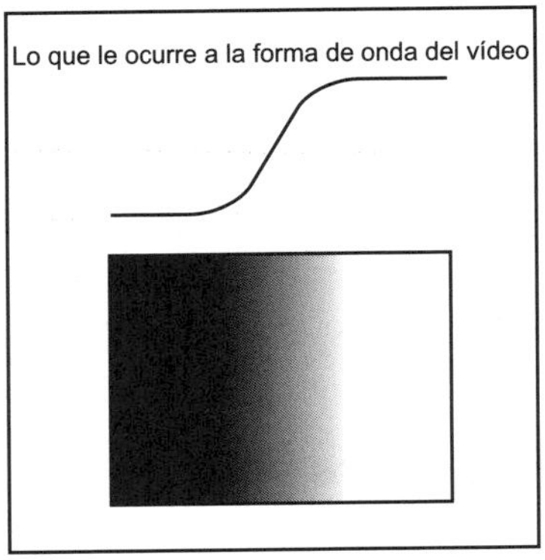

Figura 34.11.

Formas de onda de velocidad de cambio.

Enfoque

Si aplica otros filtros, podrá controlar el enfoque de los detalles del vídeo, pero deberá hacerlo con cuidado para evitar los sobreimpulsos. Existen varios artefactos que conviene evitar y unos parámetros incorrectos en el filtro de enfoque disminuirán la eficacia de la compresión. La figura 34.12 muestra el efecto de un sobreimpulso en las transiciones alrededor de los bordes. Se corre el riesgo de que ocurra esto cuando la película se procesa a través de una unidad de telecine con una calibración incorrecta.

Imagen original en escala de grises

Definición excesiva de los bordes

Figura 34.12.

Halos de enfoque.

El efecto resulta evidente si se reproduce una pequeña parte de la imagen como una forma de onda, como se puede apreciar en la figura 34.13. Sólo debería aplicarse el enfoque necesario para restaurar los bordes limpios.

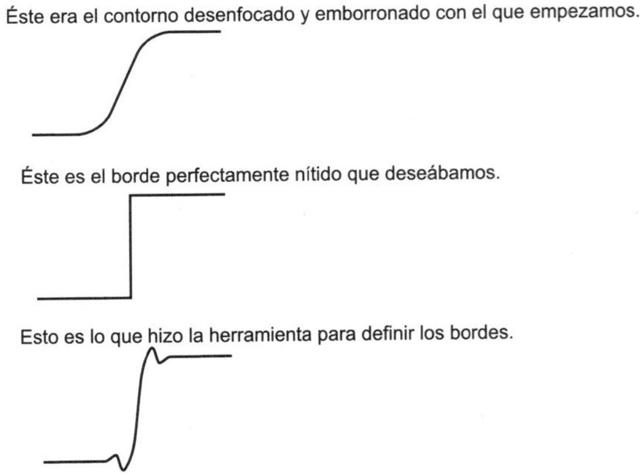

Figura 34.13.

Forma de onda del halo de enfoque.

Daños causados por enfoque de los bordes

No recurra a los filtros de enfoque automático, porque aumentan el detalle de los contornos, pero también introduce más artefactos de ruido, que son más difíciles de comprimir con eficacia. Si tiene que aplicarlos, deberá hacerlo a mano y con cuidado.

No aplique ninguna definición en los bordes si es posible, ya que si no se aplica correctamente, produce efectos de desdoblamiento en las partes donde el detalle de los bordes es excesivo. Cuando una película cinematográfica se transfiere a vídeo se suele aplicar mucha definición de bordes. Es necesario porque se aplica un filtro paso bajo para eliminar los artefactos de solapamiento y parpadeo, lo que sacrifica algunos detalles que se pueden restaurar enfocando levemente los bordes. Sin embargo, tenga cuidado; con frecuencia la definición de los bordes resulta excesiva y se crea un efecto de halo en torno a los objetos oscuros, que resulta es muy difícil de eliminar más tarde.

Recorte del origen de entrada

El siguiente paso es recortar la imagen para incluir una parte deseada de ésta. Es necesario por varias razones:

- Los monitores de vídeo y los televisores están diseñados para la sobreexploración.
- Las pantallas de ordenador no sobreexploran.
- Hay que recortar las áreas de supresión de los extremos.

A la hora de recortar, tenga presente los siguientes puntos:

- Recortar de forma asimétrica está permitido para eliminar el ruido.
- La salida de baja resolución se recorta hasta el área segura.
- Recorte las áreas vacías de formato cinematográfico (*letterbox*) y de corte central.
- Recorte con la relación de aspecto final si no tiene que volver al formato televisivo.

Si supera la velocidad de bits deseada, es preferible reducir el tamaño de fotograma para mantener la velocidad de fotogramas.

Recorte para corregir la relación de aspecto

Para la salida para Web, puede que tenga que procesar una grabación en pantalla panorámica con barras de color negro en la parte superior e inferior del fotograma. No se gana nada codificando estas áreas del fotograma y lo único que harán será consumir una valiosa velocidad de bits que podríamos emplear mejor en la verdadera información de imagen. La figura 34.14 muestra cómo recortarlas.

Cuando vaya a codificar un metraje panorámico con una relación de aspecto y un ancho superior a 16:9, debería conservar el efecto de formato cinematográfico (*letterbox*) para que, llegado el momento, se pueda implementar en un DVD, ya que hay que codificar una trama completa. El contorno general del recorte debería ajustarse a 16:9 para un DVD, pero se puede adaptar a una escala anamórfica de 4:3 para la codificación.

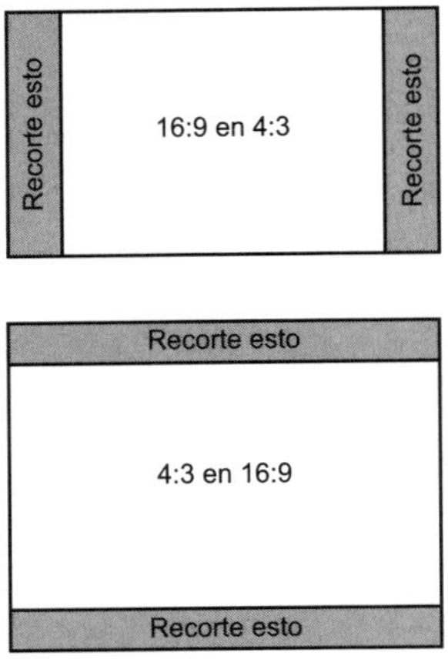

Figura 34.14.

Recortar para corregir las relaciones de aspecto.

Extremos irregulares

Otra razón para recortar es la irregularidad que pueden presentar los extremos debido a problemas de sincronización al introducir el metraje en el digitalizador. Podrían manifestarse en forma de ruido en los extremos izquierdo y derecho o como un rasgado en la parte inferior de la imagen. Además suele aparecer una media línea en la parte superior de la imagen y otra en la parte inferior. Esta media línea es necesaria para ajustar las sincronizaciones en el eje horizontal para que el entrelazado se produzca correctamente. Estas medias líneas también se pueden recortar.

La figura 34.15 muestra una captura de pantalla de las cuatro líneas superiores de un fotograma de vídeo. Después de modificar la escala vertical por un factor de 10:1, la primera línea está en blanco y la segunda presenta algunas señales digitales superpuestas. Hay que recortarlas.

Si va a crear un metraje codificado para una plataforma de destino con una resolución muy baja, como un teléfono móvil, entonces puede recortar tanto como sea posible para centrarse en el objeto.

Áreas seguras

Recorte hasta el área segura, que es una línea divisoria alrededor del borde, que mide aproximadamente un 10 por 100 del tamaño de pantalla. Es importante para ver el contenido en un televisor, porque está diseñado para sobreexplorar la imagen de manera que los bordes antiestéticos queden ocultos. Otros aparatos que muestran la trama completa no requieren este encuadre preventivo del contenido. La figura 34.16 muestra dónde se encuentran las áreas seguras.

Existen otros diseños de áreas seguras, en función de quién haya creado el contenido y cuál sea el objetivo final. La figura 34.17 muestra una retícula del área segura para enmarcar el contenido en un área con relación de aspecto de 4:3 dentro de una trama con relación de aspecto de 16:9.

Figura 34.15.

Recorte para eliminar las líneas de datos de la parte superior.

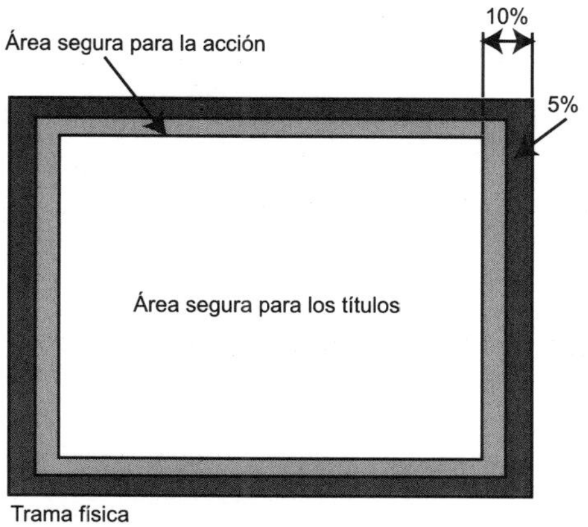

Figura 34.16.
Áreas seguras.

Es importante porque algunos canales de emisión de televisión ofrecen diversos servicios, algunos de los cuales están en formato panorámico de 16:9 y otros en 4:3. Enmarcando así la imagen con cuidado, se introduce un simple proceso de recorte en un punto adecuado de la cadena de retransmisión.

Debe saber que los rectángulos de recorte podrían haberse reducido un poco cuando el contenido ha sido editado a partir de diversas fuentes. La supresión superior e inferior en una pantalla panorámica puede oscilar en vertical. Podría servir de ayuda cargar la película en After Effects para corregir el encuadre. La situación del rectángulo de recorte puede delimitar mediante fotogramas clave para aplicar panorámicas y barridos en el área de píxeles óptima. Al mismo tiempo se puede aplicar un seguimiento del movimiento para estabilizar cualquier artefacto de holgura de puerta. El trabajo empleado dependerá del tiempo del que disponga y de la importancia del metraje.

Visite el sitio Web de Creative Mac (`http://www.creativemac.com/2002/11_nov/features/download8021122.htm`) para ver un artículo sobre las áreas seguras e información sobre la acción de un complemento que se puede descargar e instalar en Photoshop para generarlas.

Modo de visualización sin procesamiento

Tenga cuidado con los modos de visualización que ofrecen las herramientas de codificación. Trate siempre de visualizar el vídeo sin procesar para que, cuando vaya a configurar las regiones de recorte, vea una imagen a la que no se ha aplicado una escala. Así el recorte será más preciso.

Figura 34.17.
Áreas seguras de relación de aspecto mixta.

¿Configuración de recorte local o global?

Debe saber que Cleaner y otras herramientas de compresión normalmente sólo ofrecen una configuración global para cualquiera de los parámetros. Si desea aplicar un preprocesamiento con fotogramas clave, deberá cargar la grabación en otra herramienta como Adobe After Effects. Examine el vídeo para comprobar que el encuadre del recorte esté correcto en todas las ocasiones. Todos los fotogramas deberían caber en el recorte. Si es necesario, redúzcalo al mínimo denominador común. Si el movimiento de la zona de interés es más del que está dispuesto a aceptar, abra el archivo en Adobe After Effects. Aproveche las funciones de seguimiento de movimiento y los fotogramas clave para reposicionar los segmentos de vídeo descarriados de manera que se ajusten mejor a la ventana de recorte.

Las primeras líneas de la parte superior y, posiblemente, hasta 10 líneas de la parte inferior de un vídeo originado en un formato de consumo suelen estar mal sincronizadas. Aquí es cuando aparecen desgarros y medias líneas y se alteran los niveles de luma. En algunas ocasiones se ven datos de texto digital que se parecen a una línea de vídeo de barras de color. Es una combinación del código de tiempo de intervalo vertical (VITC) y las señales de prueba de intervalo vertical (VITS). No deseará que aparezca nada de esto en el vídeo comprimido y, a menos que utilice un equipamiento de mejor calidad o algún tipo de corrección de la base de tiempos y supresión de líneas VITC/VITS, tendrá que solucionarlo mediante el recorte. After Effects permite un recorte y un reposicionamiento precisos con respecto al fotograma. Podría localizar los bordes y corregir la holgura de puerta y las alineaciones incorrectas debidas a la edición conjunta de varias fuentes, pero requiere mucho tiempo.

Codificación del canal alfa

En un capítulo posterior explicaremos los contornos codificados mediante formas que permiten codificar el vídeo en capas y componerlo con un contorno no rectangular. Ésta es una de las funciones de MPEG-4 Parte 2. Por ahora, ninguna de las herramientas disponibles en el mercado ofrece esta función, pero es probable que lo hagan en un futuro. Queda por ver si esta función se incorporará a H.264 o seguirá siendo una característica diferencial entre H.264 y MPEG-4 Parte 10. Es posible que las empresas se muestren reacias a llevar a cabo la implementación hasta que se revise el estándar correspondiente. Cuando se implemente esta capacidad, parece adecuado aplicarla en la misma fase que el escalado y el recorte, ya que en esencia es una operación de recorte.

ZZZZZ

No, aún no ha llegado el momento de echarse una siesta. Ahora es el momento de ver el eje Z. Hemos organizado los ejes T, X e Y con las correcciones temporales y espaciales. Todo se ha escalado y recortado como queríamos, pero puede ser que los colores no estén del todo bien o hayan perdido algo de chispa. Todo eso tiene que ver con el eje Z. Vamos a ver cómo arreglarlo en el siguiente capítulo.

Capítulo 35

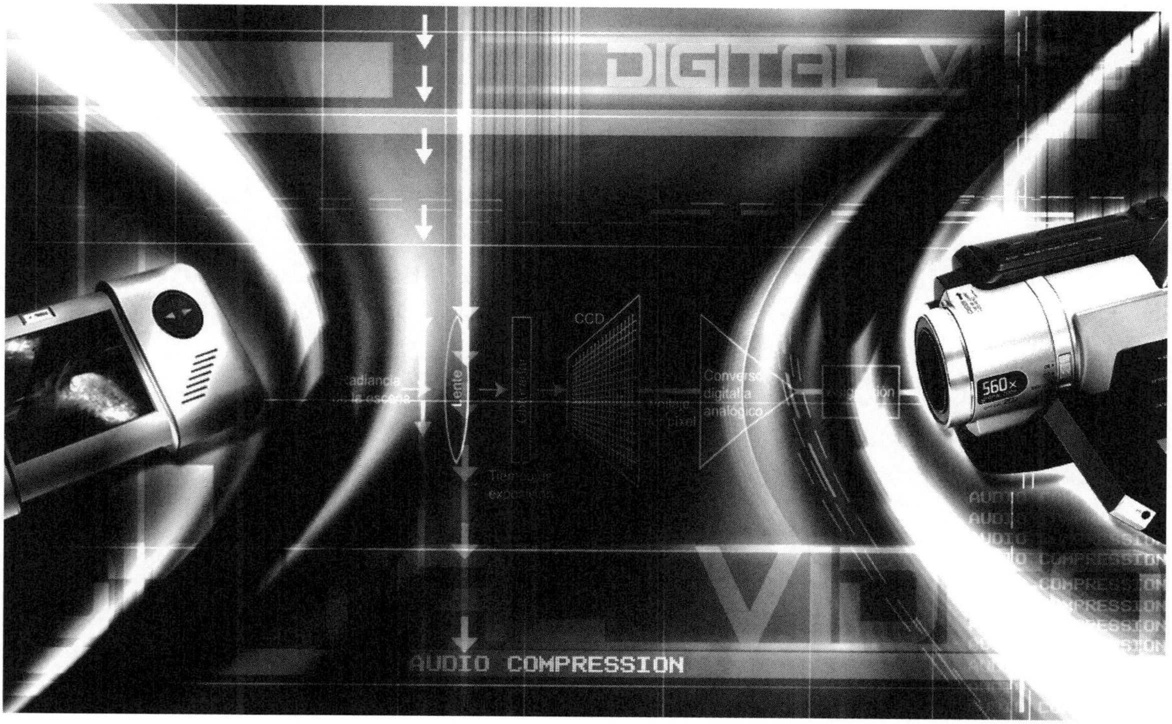

Corrección de color

Luz y sombra

Ahora que el preprocesamiento ha puesto en orden los ajustes temporales y espaciales, podemos centrar nuestra atención en la iluminación y la coloración general de la imagen. Ayuda separar los ajustes de brillo de los que modifican el color, por lo que primero debemos corregir los valores de luma. Después retocaremos el color si es necesario. Es posible que debamos volver a revisar el luma y hacer pequeños ajustes después de llevar a cabo la corrección del color.

La corrección a veces es obligatoria

En ocasiones el metraje que se va a procesar requiere una corrección del color sólo por el tipo de material de que se trata.

Es casi seguro que las películas domésticas antiguas presentarán una coloración violácea debido a que algunos de los tintes de la emulsión se habrán desteñido más que otros. El tinte magenta parece perdurar en una imagen durante más tiempo.

La grabación subacuática confiere una coloración azulada a todo el equilibrio de color, que se oscurece con la profundidad a la que se encuentre el submarinista en el momento de grabar la película o el vídeo. Esto se debe a que los rojos de la iluminación se pierden más rápido que los verdes y los azules. Se han realizado algunos experimentos registrando la profundidad en una pista de datos almacenada con el vídeo, que después se emplean para seleccionar un filtro de corrección de color de acuerdo con la profundidad que se registrara para ese fotograma. Según parece funciona muy bien, pero probablemente requiera algún tipo de calibración.

Compensación del luma

Este paso del preprocesamiento tiene lugar ahora pues si la corrección de luma se aplicara más tarde, el algoritmo de escala alteraría algunos valores de píxeles individuales.

Los nuevos valores de rojo-verde-azul (RGB) generados cambiarían los valores de intensidad. Al modificar el luma en este punto, se consigue que no varíe con los procesos siguientes, a menos que se aplique un gran número de efectos corrección de color y de rotación de tono.

Normalmente, es esta interacción entre las distintas etapas del preprocesamiento lo que parece más complicado para los principiantes. Una vez que divida el proceso en una serie de pasos diferenciados, todo se volverá más fácil y predecible. En ese momento, estará a punto de convertirse en un compresionista experto.

El rango de valores legales

Al reducir el brillo total de una imagen se acentúa el contraste y la saturación del color, lo que hace que se vea más intensa y menos desteñida. También corrige los niveles de color negro. Los niveles máximos de blanco y negro deben revisarse al ajustar el rango de luma.

Los estándares de vídeo definen un intervalo de valores de color permitidos. Este intervalo dicta que los negros deben estar algo por encima de 0 y que los valores máximos de blanco algo por debajo del 100 por 100. Es importante conservar esta gama de colores legales a la hora de retransmitir el vídeo. Todos los ajustes del luma deben permanecer dentro de ese intervalo. Los valores de negro por debajo del nivel legal se denominan supernegros y los valores de blanco por encima del máximo se denominan superblancos.

Los valores exactos que se encuentren dependen de la parte de la imagen de la que se tomen los valores de muestra. En la mayoría de los casos, trabajaremos con un valor de 8 bits. Los sistemas de calidad excelente emplean una resolución de 10 bits, pero es muy raro encontrar este valor fuera de un estudio.

Los valores de 8 bits van de 0 a 255. Normalmente sólo se verán estos valores si se graban los valores de vídeo de la interfaz digital en serie (SDI). No son iguales que los valores analógicos. Los valores 0 y 255 se reservan para transmitir los pulsos de la sincronización. Así, toda la información de vídeo se limitará al intervalo entre 1 y 254. El nivel de negro analógico se define como un valor 16 con gradaciones cromáticas por encima que el valor 0 de SDI. Los colores negros serán un gris muy oscuro, pero no negro absoluto. Los valores máximos de blanco se limitan hasta 219 gradaciones cromáticas por encima del nivel básico de negro. En lo que se refiere a la interfaz, es un valor de bytes de 235. El rango completo entre los extremos de los valores legales dentro de los valores de la interfaz es de 254. Si restamos las 16 gradaciones de desplazamiento respecto al nivel del negro, el valor máximo de blanco es de 238. El espacio entre 219 y 238 es el margen para los superblancos en el dominio del vídeo analógico. De esta manera, cualquier operación de filtrado que provoque que un valor de píxel blanco supere el nivel máximo de 219 no se llevará a cabo, porque se considerará dentro de ese margen y se corregirá.

Esto se ve mucho más claro en una imagen (véase la figura 35.1).

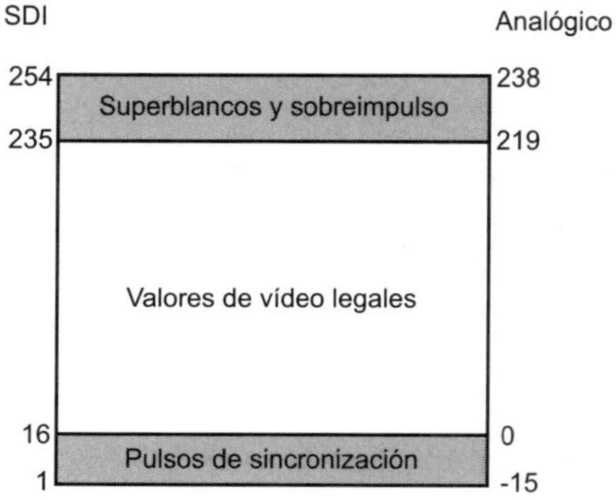

Figura 35.1.
Rango de luma.

Si tiene un origen limpio y el vídeo se ve bien, no tiene que ajustar estos parámetros.

Si realiza todo el trabajo dentro de un sistema de emisión, estas correcciones de los niveles se llevarán a cabo automáticamente.

Compensación

Cuando la grabación se va a mover entre el mundo del vídeo y el mundo de la informática es necesario compensar los valores de luma.

Si tiene algún vídeo que pretende emitir por Internet o a través de un enlace de banda ancha de tal modo que al final se vea en la pantalla de un ordenador, debe reducir el nivel de negro. Además debe aumentar el rango.

Algunos correctores del color le permiten desplazar los niveles de blanco y negro en un gráfico visual en forma de histograma o mediante botones giratorios en una interfaz de usuario de corrección de color. En un sistema más sencillo, tendrá que utilizar los colores de brillo y contraste.

Si va a emplear herramientas basadas en QuickTime, gran parte de esta compensación se realizará automáticamente, con lo que no tendrá que preocuparse por ella.

Las distintas propiedades del vídeo se ajustan aplicando un operador. Este término simplemente describe una herramienta que modifica una parte concreta de la información del vídeo, normalmente sin afectar a las demás propiedades.

Por ejemplo, el color y la iluminación son operadores distintos, aunque de hecho ajustan los valores individuales de rojo, verde y azul para realizar sus respectivas tareas.

Para obtener el valor adecuado para el fondo, ajuste primero el nivel de brillo.

La figura 35.2 muestra que la reducción del brillo provocará la pérdida de alguna información. Se trata de un operador de desplazamiento, no de escala. La corrección del contraste es un operador de escala.

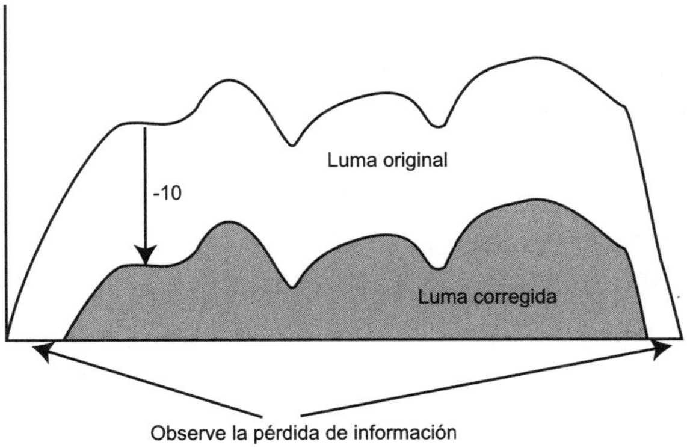

Figura 35.2.

Corrección del brillo.

Herramientas de medición

La figura 35.3 ilustra la paleta Niveles de Photoshop. Presenta un histograma de los valores de los píxeles de la imagen y permite aumentar los valores de negro, el valor de blanco y los medios tonos. Es un poco más complejo para el vídeo, porque es necesario integrar una serie de fotogramas. En After Effects hay controles parecidos y, como se basan en los fotogramas clave, la configuración se pude modificar mientras se reproduce la película.

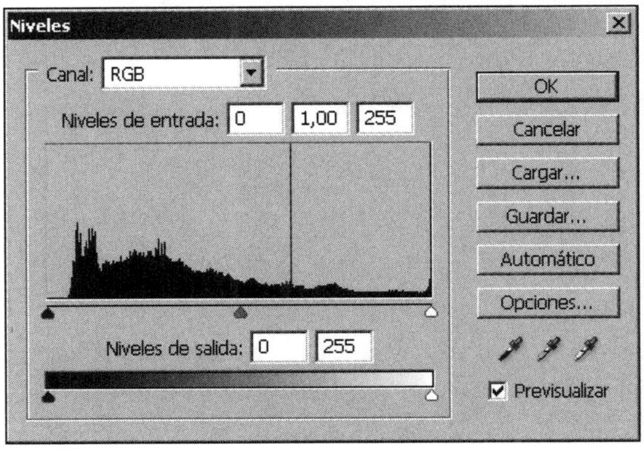

Figura 35.3.

Paleta Niveles de Photoshop.

Observe en este ejemplo que dos colores en particular se muestran en forma de picos en el gráfico del histograma.

Final Cut Pro incluye herramientas de corrección de color y supervisión muy sofisticadas. La figura 35.4 es una captura de pantalla de los monitores de vectorscopio, histograma y forma de onda que muestran las mediciones para una imagen de vídeo con una cara de mujer que casi llena la pantalla. El tono de la piel está ajustado correctamente y la exposición, el luma y el contraste son óptimos.

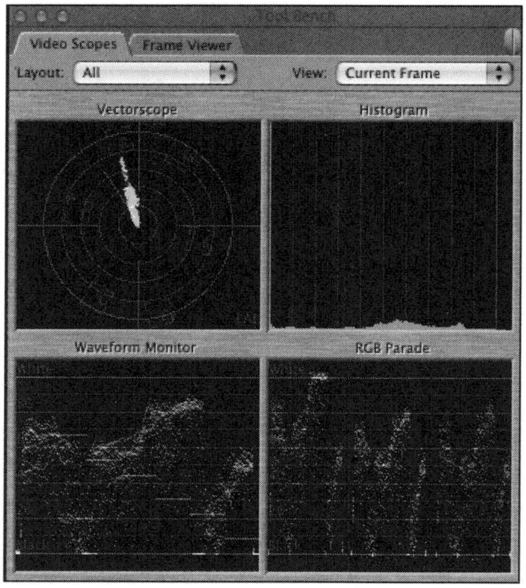

Figura 35.4.

Videoscopios de Final Cut Pro.

Una vez que el nivel de negro esté ajustado correctamente, emplee el control de contraste para ampliar el intervalo de valores y aumentar el nivel de blanco hasta un valor óptimo.

Tenga cuidado con la configuración del contraste. Si lo aumenta demasiado, aparecerán aglomeraciones. La figura 35.5 es una captura del vectorscopio para la misma imagen, pero muestra el efecto de un ajuste excesivo del contraste. En esta imagen, el color de la piel se ha descolorido hasta estar blanco.

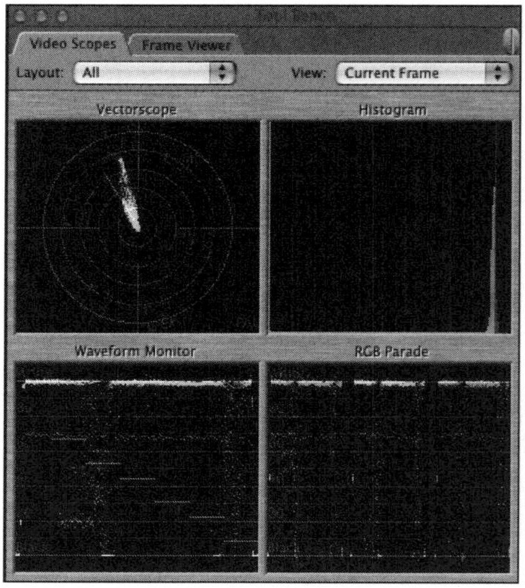

Figura 35.5.

Aglomeración de los blancos.

Fíjese en que el vectorscopio no ha variado notablemente. El equilibrio de color permanece igual. En el monitor de forma de onda vemos que casi todas las líneas del vídeo están al máximo de blanco. Observe también el gráfico del histograma arriba a la derecha. Aquí vemos un pico principal en el número de píxeles cuyo valor se acerca al valor del pico máximo.

Dado que el brillo y el contraste están interrelacionados, debe modificarlos al mismo tiempo. Una buena técnica es reducir el brillo y aumentar el contraste en cantidades iguales. Unos valores típicos en esta fase serían –10 para el Brillo y entre +5 y +10 para el Contraste. Esto reducirá el nivel de negro hasta que desaparezca cualquier ruido inherente y prácticamente devolverá el nivel máximo de blanco al valor que tenía al comienzo.

Debería comprobarlo con herramientas de medición. Si no utiliza un programa tan sofisticado como Final Cut, After Effects o Premier, tal vez pueda abrir una ventana de previsualización en la herramienta de compresión para ver el efecto de la configuración. La ventana de previsualización muestra el resultado, lo que le permitirá comparar los valores originales y los de la vista previa mediante una herramienta de medición.

En Mac OS X, en la carpeta Utilidades dentro de la carpeta Aplicaciones, encontrará un colorímetro digital. Para ayudarle a encontrarlo, puede ver en la figura 35.6 el aspecto que tiene el icono de la aplicación.

Figura 35.6.
Icono del colorímetro digital.

En la figura 35.7 vemos el aspecto que tiene la herramienta cuando se ejecuta la aplicación.

Esta herramienta sólo está disponible en Mac OS, pero existen otras herramientas equivalentes para Linux o Windows. También hay herramientas de código abierto que se pueden descargar de forma gratuita.

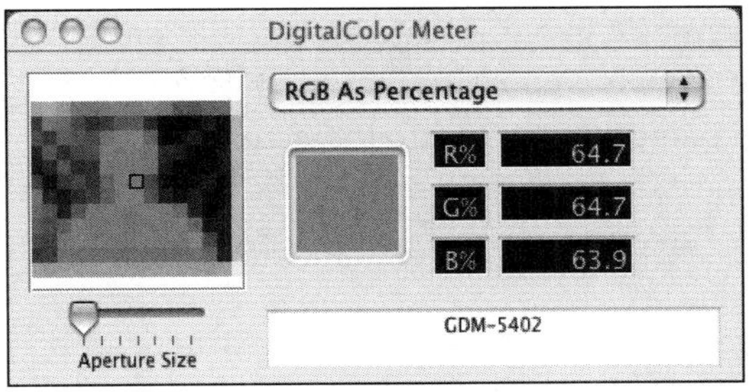

Figura 35.7.
Herramienta de colorímetro digital.

Tal vez se podrían emplear las herramientas de cuentagotas de las aplicaciones de dibujo. Pruebe con su versión de Photoshop o Paint Shop Pro para ver si el cuentagotas funciona cuando el cursor se encuentra fuera del lienzo de trabajo. Después utilícelo para realizar mediciones en la ventana de previsualización del compresor.

Ajuste para conseguir la configuración óptima

Ahora que tenemos una forma de medir los valores, vamos a ajustar el brillo y el contraste para obtener la configuración óptima de negro y blanco para el fotograma que está en pantalla.

No obstante, hay que hacer una advertencia: fíjese en que ninguna de las herramientas de compresión que existen actualmente le permite realizar una configuración con fotogramas clave. La herramienta de compresión suele aplicar estos valores de manera general. Emplee Final Cut o After Effects si desea procesar el luma y adaptar los cambios a distintos segmentos de la película.

Veamos algunas reglas básicas que debemos aplicar al planificar la corrección de luma.

Recuerde que al aumentar el brillo también se aumenta el umbral mínimo de ruido, por lo que cualquier ruido de la zona de color negro de la imagen se hará visible a medida que se eleve el nivel general de luma.

El ajuste de brillo no debería ser necesario cuando el origen esté limpio. Pero reducir el brillo para corregir los niveles de negro también tiene la ventaja de mejorar la codificación eficientemente, debido a la reducción de ruido.

Antes se solía recomendar que el contraste debía aumentarse un +27 antes de la compresión. Los códecs actuales no deberían necesitar este ajuste, ya que tienen una compensación incorporada. Se harán cargo de cualquier compensación automática y el usuario no tendrá que preocuparse por eso. Si tanto el usuario como el códec aumentan el contraste en +27, el ajuste será de 2x27, lo que producirá una gran aglomeración de los niveles de blanco.

Corrección de gamma

El valor de gamma no es el mismo que el luma, aunque están relacionados. La propiedad de luma describe el rango global, mientras que la propiedad de gamma afecta a la linealidad de ese gradiente de intensidad. A menudo, se eleva el valor de gamma en el material que se ha procesado en Macintosh para hacer que los tonos medios se vean mejor en las pantallas de ordenadores Windows, que tienen un ajuste de gamma distinto.

La corrección de gamma se usa para cambiar la forma del gráfico que asigna los niveles de intensidad de la señal de luma y la manera en que se corresponden con los niveles de entrada. Es necesario porque el brillo aparente de un píxel no es necesariamente proporcional a su valor numérico. Las emisividades de las pantallas CRT, Plasma, LED, OLED, TFT y LCD son distintas. Esto se debe a que la naturaleza del efecto químico o electromagnético que genera la luz emite longitudes de onda e intensidades distintas. Aunque sus ojos vean lo que cree que es blanco, el valor real puede variar considerablemente de un tipo de aparato a otro.

La sensibilidad del ojo humano se ve afectada por el brillo que se percibe. Toda la cadena de procesamiento, desde la fotografía inicial hasta el visionado, influirá en el brillo aparente de una escena.

Los efectos de cambiar la gamma

El área que se ve más afectada por los ajustes de gamma es la que abarca los medios tonos hasta los negros extremos. A medida que aumenta el valor de gamma, irán apareciendo los detalles que estén ocultos en las regiones más oscuras de la imagen. Es en este terreno donde las cámaras digitales modernas salen por fin ganando cuando las comparamos con las analógicas. Así pues, si el metraje que se va a digitalizar se ha grabado con un dispositivo digital, y no con una cámara de película, la corrección de gamma puede contribuir a descubrir los detalles que hasta entonces eran invisibles.

Algunos códecs realizan esta corrección de gamma entre plataformas de manera automática. El códec Sorenson no corrige automáticamente la gamma; pero el códec MPEG-4 Parte 2, sí.

Los cambios de gamma no tienen ningún efecto en absoluto en los valores extremos de negro y blanco. Está diseñada para afectar a la linealidad y, por tanto, a los medios tonos. Esta corrección debe aplicarse después de que la configuración de brillo y contraste haya corregido el luma. Éstos son algunos valores comunes de gamma:

- Macintosh tiene un ajuste de gamma estándar de 1,8.
- El vídeo tiene un ajuste de gamma de 2,2.
- Windows tiene un ajuste de gamma entre 2,2 y 2,5, pero no está definido estrictamente.

Al aumentar el valor de gamma, las imágenes parecen más claras, que es lo que desea la gente cuando dicen que quieren una imagen más brillante. Sólo es necesario ajustar la gamma; no toque la configuración de brillo y contraste.

La figura 35.8 muestra algunos gradientes de ejemplo con cambios en la profundidad de bits y en los valores de gamma.

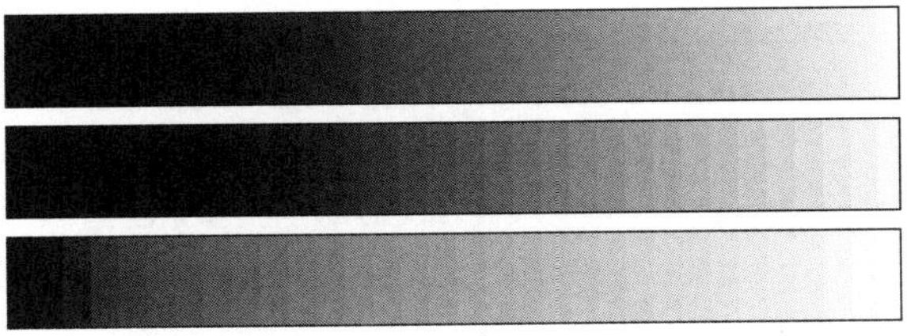

Figura 35.8.

Escalas de grises y gamma.

En la primera banda de píxeles, la intensidad se muestra como un gradiente lineal de negro a blanco máximo. Como la profundidad de color representa un valor de 10 bits, no hay contornos ni escalones.

En la segunda banda de píxeles, se ha exagerado el efecto de la reducción de la profundidad de bits de 10 a 8 bits. La reducción de la profundidad de bits en realidad no provoca contornos tan evidentes, pero lo hemos exagerado para que el efecto se vea bien al imprimirlo. Los contornos se pueden eliminar añadiendo un poco de ruido a la imagen antes de que se defina el umbral. La aplicación sutil de un patrón de interpolación estático no afectará mucho al proceso de compresión, pero si aplica un patrón de ruido en movimiento podría reducir la eficacia de la compresión.

La tercera banda de píxeles aplica una corrección de gamma exagerada para que se pueda ver en la página impresa. En realidad, el efecto es muy sutil y, cuando se ve en pantalla, la imagen se vuelve más agradable a medida que se aumenta la gamma.

Corrección de color

Los ajustes de luma y croma ya deberían estar equilibrados en toda la película como parte del proceso de graduación durante la producción de la película. Sin embargo, si está trabajando en un metraje original que haya grabado por sí mismo, será necesario realizar el proceso de graduación para calcular un promedio del brillo y el color generales de la imagen de toda la película.

Herramientas de corrección del color

La figura 35.9 muestra una captura de pantalla del corrector de color de Final Cut Pro, que permite ejercer un control increíble sobre el vídeo, recuperando el metraje sometido a una grave subexposición, que de otra manera habría quedado inservible.

Figura 35.9.

El corrector de color de Final Cut Pro.

Si va a realizar la corrección del color, deberá aplicarlo con moderación y de distintas maneras en distintos momentos de la película.

Este corrector de color actúa en el contenido de vídeo tratando los negros, los medios tonos y los blancos como rangos independientes. Otros correctores del color cuentan con menos controles y funcionan en espacios de color distintos.

Para cada rango se tiene control sobre el tono y el brillo y la saturación global. En este panel de control verá otros botones y ajustes preestablecidos.

Se puede escoger un color de la imagen con el cuentagotas y utilizarlo como una referencia para fijar el valor deseado en la configuración del píxel. Los valores de color de los demás píxeles de la imagen se interpolarán a partir de ese valor. Para eliminar una tonalidad amarillenta de una imagen, elija el píxel más claro que sea de color amarillo pálido, pero que debiera ser blanco. A continuación, utilícelo como un píxel de referencia y el corrector de color efectúa la compensación eliminando esa cantidad de amarillo de la imagen. El efecto se aplicará de manera proporcional a los valores más oscuros.

Calibración del color

Encuentre el colorímetro digital en la carpeta de utilidades de Mac OS X que hemos comentado anteriormente. Sirve para obtener los valores RGB en las ventanas del original y de la vista preliminar para ajustar los parámetros de brillo y contraste. Mida los negros y los blancos y compruebe que no se producen aglomeraciones.

Si se puede permitir una herramienta relativamente costosa aparte del software de compresión, compre Adobe After Effects. La versión 6.5 es especialmente buena para procesar el vídeo en malas condiciones. Aunque se trata de una herramienta diseñada para crear grabaciones de efectos especiales, permite sacar partido a algunos filtros de corrección.

Problemas de calibración

Sería conveniente tener algunos fotogramas de calibración al inicio del carrete de cinta, ya que actuarán como puntos de referencia a la hora de realizar la configuración.

Asegúrese de que la corrección del color y el procesamiento de vídeo se efectúen en el espacio de color correcto. El espacio de color recomendado para este trabajo es RGB.

En ocasiones, descubrirá que el monitor u otra pieza del equipo está configurado con un espacio de color basado en dispositivos. El efecto de esto es evidente si se combina vídeo en movimiento e imágenes estáticas en los menús de DVD.

Si tiene un fotograma estático y después empieza a reproducir un clip de vídeo desde un punto de entrada que contenga el mismo fotograma, parece que el color varía cuando comienza la reproducción del vídeo.

Es un indicio de que el vídeo se ha procesado en un espacio de color incorrecto en algún punto del flujo de trabajo.

Saturación del color

La saturación del color afecta a los valores RGB de un píxel, pero cuando el vídeo se almacena dividido en componentes, la saturación del color no debería tener ningún efecto en el luma.

Así pues, si desatura el color, sólo conseguirá ahorrar en la compresión de los macrobloques de color.

Detectores del nivel del color

El vídeo analógico está diseñado de manera que los pulsos de sincronización se entrelacen con las señales de vídeo. Hay que reservar ciertos niveles de señales para poder distinguir los pulsos de sincronización adecuadamente. Estos valores reservados no se pueden utilizar para representar un valor de intensidad de vídeo visible.

Por lo tanto, no pueden ser niveles de vídeo legal. La figura 35.10 muestra cómo la forma de onda de este vídeo se ajusta a ese rango legal.

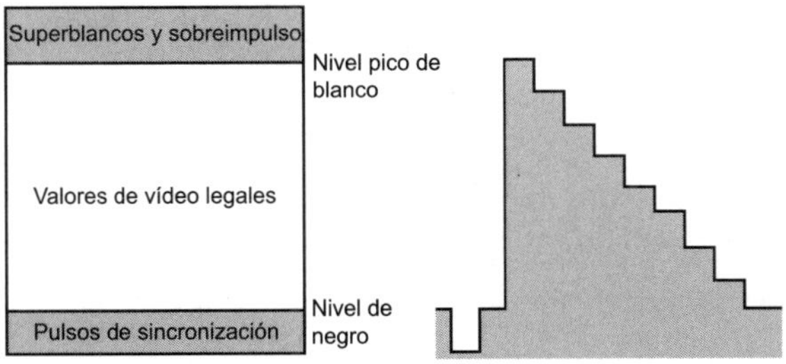

Figura 35.10.

Valores legales para vídeo.

En ocasiones, cuando se varía la escala del vídeo o se recorta, se obtienen ciertos valores resultantes del promedio de los píxeles que se salen del intervalo de colores permitidos. Esto ocurre a veces alrededor del borde de cada fotograma.

Por ejemplo, una persona que lleva una chaqueta de color rojo vivo que se aleja caminando del área de vídeo enmarcada provoca que se generen valores de rojo muy brillante en los límites de la pantalla. Estos valores incrementan la intensidad por encima del valor máximo hasta un área de sobreimpulso, que es ilegal. Los sistemas analógicos lo toleran, y más adelante se fijará a un nivel, se saturará o se aglomerará. Pero esto es totalmente inadmisible para los servicios digitales.

Algunos equipos de procesamiento de vídeo digital se ven tan superados por la llegada de valores ilegales que se paralizan totalmente. Si va de camino a la fase crítica de la emisión, el servicio deja de funcionar.

Aumente la capacidad de recuperación del sistema colocando detectores de nivel en el circuito. Éstos sustituirán las excursiones ilegales por valores aceptables. Es un poco más caro, pero mucho más preferible que interrumpir la emisión.

Es posible que la tarjeta de captura de vídeo le ofrezca protección contra la generación de valores de color ilegales. Las tarjetas de vídeo Blackmagic Design (`http://www.blackmagic-design.com/`) modifican los valores 255 RGB al 100 por 100 de blanco para vídeo y restauran los valores correctos en la salida.

No todas las tarjetas de vídeo hacen esto, por lo que debería consultar la especificación de todas las piezas del equipo que intervengan en el trayecto del flujo de trabajo para encontrar el problema si ve valores de color ilegales en la salida.

Consecuencias de la rotación de tono

La rotación del tono de una imagen provoca algunos problemas graves de velocidad de bits. Lo verá en las grabaciones de conciertos musicales en las que al iluminar al director, las luces del escenario cambian de rojo a verde. Todos los píxeles de la imagen cambian de color. Debido a que el luma se calcula mediante un valor matricial de RGB, se producirán pequeñas variaciones en el luma, pero la mayoría del cambio afectará al croma. Las posiciones de las luces provocarán que se proyecten sombras ligeramente distintas, lo que también afectará al canal de luma. El efecto que el espectador percibe es un aumento importante de los artefactos en forma de macrobloques. Lo mismo ocurre si se utiliza la corrección de color como un efecto especial.

Acabe con ese ruido

Unos pocos capítulos atrás ajustamos el eje T. Después lidiamos con X e Y. Ahora acabamos de meter en vereda al eje Z. Pero la imagen sigue conteniendo algo de ruido. Vamos a intentar encontrar algunas formas de eliminarlo y conseguir que tenga el aspecto perfecto. En el próximo capítulo trataremos las técnicas de eliminación de ruido.

Capítulo 36

Eliminar el ruido

¿Los árboles no le dejan ver el bosque?

La eliminación del ruido del contenido se parece a la restauración de películas; el trabajo merecerá la pena según el valor de la grabación. La eliminación de ruido contribuirá a reducir el esfuerzo que el compresor tiene que hacer para conseguir una velocidad de bits baja.

Artefactos extraños y problemas

Hay unos pocos "errores" desagradables que pueden manifestarse al procesar un metraje original listo para la compresión. Se conocen y están identificados desde hace años. La mayoría de ellos se han heredado del mundo analógico del que se derivan las grabaciones más antiguas. Vamos a enumerarlos aquí y a describir qué es lo que los provoca y si se puede hacer algo para paliarlos.

Problemas de visión y artefactos imaginarios

Algunos artefactos visuales son imaginarios y otros se deben a defectos en la visión del espectador, como el daltonismo o el astigmatismo. Algunos son consecuencias de la forma en que funciona el ojo humano y, por tanto, no se pueden compensar ni corregir.

Ruido en la imagen original

El motor de compresión considerará el ruido del material original como una información diferencial. Existe cierto grado de ruido blanco aleatorio que crea un efecto de centelleo en la intensidad de una señal analógica de vídeo. Se hace evidente cuando se observa de cerca un plano fijo de un estudio. Se supone que el fondo debe permanecer invariable, pero si lo miramos píxel por píxel, centellea todo el tiempo.

Conviene tomarse la molestia de eliminar este ruido antes de aplicar la compresión, ya que reduce la cantidad de trabajo que tendrá que hacer el compresor.

Debería conseguir una mejora evidente conservando los bordes nítidos pero suavizando una amplia área de tono continuo en el canal de luma. Lo ideal es que el suavizado tuviera lugar en el dominio temporal, es decir, en un único punto X–Y, pero también de un fotograma al siguiente. Es similar a la eliminación del grano cuando se procesan las películas y, podrían servir los mismos filtros para la eliminación de grano, si dispone de ellos.

Eliminar el ruido dentro de un solo fotograma es renunciar a algo, pero consigue un resultado prácticamente igual de bueno. Podría provocar algunos cambios en la intensidad media de uno a otro fotograma, pero serán pequeños.

Eliminar el ruido de una imagen con eficacia requiere mucho procesamiento informático. Se puede reducir la carga de la CPU aplicando un filtro de frecuencia de corte alta que sólo actúe en el eje horizontal, ya que es el que se corresponde con la línea de vídeo transmitida, que es donde aparece el ruido. Este corte podría arruinar algunos bordes que tal vez desee conservar.

Distintos tipos de ruido

Ciertos tipos de ruido, como el polvo y los arañazos, deberían haberse eliminado en una fase anterior del proceso. Se han introducido algunos filtros para eliminar los artefactos de desdoblamiento y también para calcular un promedio de los valores de píxeles entre los fotogramas para así eliminar el ruido blanco inherente que se encuentra presente en los transductores analógicos (cámaras).

El ruido analógico no se puede eliminar fácilmente porque sus efectos cubren un área de la imagen y es difícil integrar en un entorno algorítmico las decisiones sobre dónde se sitúan los límites del patrón de ruido. El ojo humano distingue excepcionalmente bien el ruido de la auténtica información de la imagen. Si se concentra, podrá observar el ruido, pero después de un tiempo tenderá a dejar de prestarle atención y olvidarse de él. Aunque es bueno que la vista y el cerebro colaboren de esta manera inteligente, al espectador le resulta bastante cansado y es mejor eliminar el ruido si se puede. Además, el compresor de vídeo realizará mejor su trabajo.

Los artefactos de ruido cíclico y repetitivo se pueden eliminar por medio de algoritmos si se consigue identificar el patrón y el ciclo. Los efectos de la interrupción de la señal y de la interferencia de otras fuentes de radiofrecuencia generan estos efectos cíclicos. Si vive cerca de un aeropuerto, por ejemplo, es posible que observe un patrón repetitivo de líneas descendiendo periódicamente por la pantalla. Son los pulsos del radar que interfieren en la recepción del servicio televisivo, provocando una pérdida momentánea de la señal.

Los aficionados o semiprofesionales que trabajen en un entorno doméstico encontrarán muchas fuentes de ruido, cuyos efectos se pueden minimizar asegurándose de que los sistemas funcionen con un suministro eléctrico limpio, por lo que podría merecer la pena instalar filtros de línea.

El ruido eléctrico de electrodomésticos, motores de coche, cortadoras de césped, maquinillas de afeitar, y sistemas de calefacción central producen un ruido impulsivo que se puede eliminar aplicando con cuidado una compensación de pérdida de datos. Se podría tomar unos píxeles de un fotograma anterior o posterior y pintar los detalles que falten.

Los procesos de producción analógica en grabaciones viejas también podrían introducir varios patrones de zigzag y artefactos de distorsión por dislocación de puntos.

Técnicas de reducción del ruido

La reducción del ruido es la fase final del preprocesamiento de vídeo, y siempre introducirá cierto desenfoque. De hecho, algunos algoritmos baratos de eliminación de ruido se limitan a aplicar una función de emborronamiento. Esto carece de rigor científico y no es el mejor método.

Si va a trabajar con vídeo que se ha convertido a luma y croma, entonces aplique la reducción de ruido al canal de luma y desenfoque los canales de croma. No elimine el ruido de una imagen y la enfoque después, porque volverá a introducir el ruido.

En los tonos de piel y caras se puede enfocar en el luma sin incluir la información de color. Si va a trabajar en el dominio de RGB, cambie el modo de la imagen a LAB y actúe sólo en el canal L.

Reduzca los artefactos de ruido centellante que se producen de fotograma en fotograma analógico abriendo el contenido en Adobe After Effects y aplicando un proceso de eliminación del grano de película. Esto funciona porque el ruido se parece al grano de película, aunque la grabación sea totalmente electrónica y nunca se haya renderizado en película. Algunas herramientas de compresión lo presentan como una función integrada.

Al final del proceso de eliminación de ruido, debería dar la sensación de que hemos quitado una capa de suciedad de las imágenes sin producirles ningún daño. Piense en ello de la misma manera que un restaurador que trabaja en una obra de arte importante.

Errores de convergencia

Cuando el monitor de televisión no está configurado correctamente, pueden aparecer efectos como errores de convergencia, distorsión en barrilete e hiperluminosidad. Estos efectos no se manifiestan en los monitores LCD, porque no hay que ajustar la linealidad. Véase la figura 36.1.

¿La solución?

1. En este caso no se puede aplicar ninguna solución de software. No trate de equilibrarlo modificando el contenido de vídeo.

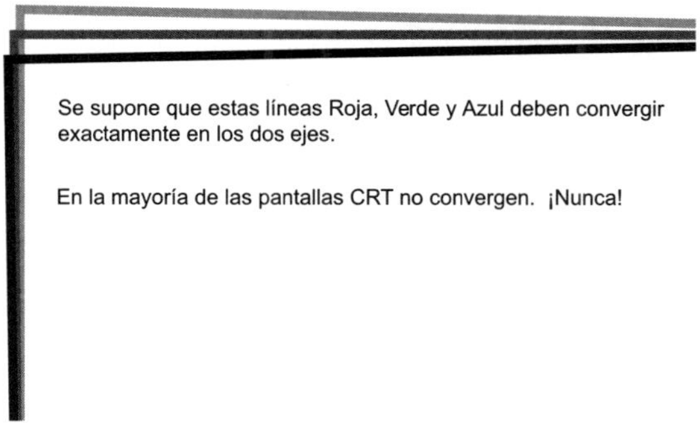

Figura 36.1.

Errores de convergencia en pantallas CRT.

2. No es culpa del vídeo, sino de la pantalla del monitor. Cambie de CRT a una pantalla plana LCD.

3. Vuelva a calibrar la configuración de convergencia de la CRT.

Puntos colgantes

Algunas zonas de color rojo y azul parecen desplazarse aunque los píxeles se encuentren alineados con precisión. Es un artefacto del ojo humano que parece colocar los objetos azules y rojos a distancias diferentes en el eje Z. En realidad no es que una porción de la imagen esté desplazada, sino una consecuencia de que el ojo humano tiene una sensibilidad distinta al azul y al rojo (véase la figura 36.2).

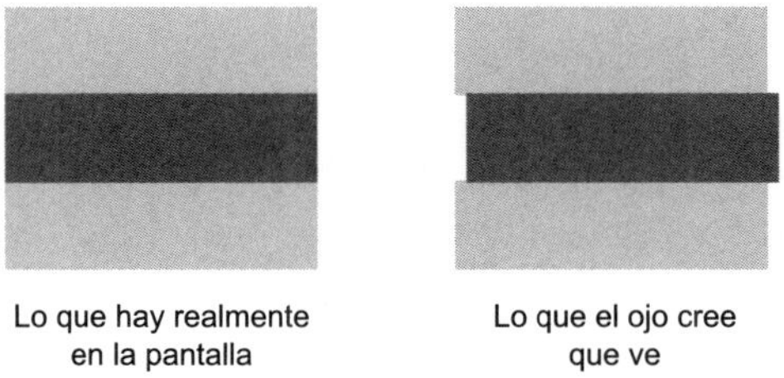

Figura 36.2.

Puntos colgantes.

¿La solución?

1. No es un error, sino un artefacto ilusorio. No se puede arreglar modificando del contenido de vídeo.

2. Es una propiedad de la pantalla. Puede ser de ayuda reemplazar el monitor CRT por un LCD.

Colas de cometa y píxeles oscuros

Las cámaras de vídeo antiguas con tubos de plumbicón solían experimentar un efecto de persistencia cuando una fuente de luz brillante insensibilizaba el fósforo del tubo de la cámara durante un breve período de tiempo. Esto provocaba que el fósforo actuara como si siguiera iluminado durante algunos fotogramas después de que desapareciera la fuente de luz, y la salida de la cámara seguía mostrando una imagen fantasma. Un efecto relacionado sería si el centro de una zona brillante saturara el tubo y lo sobreexpusiera momentáneamente de manera que el centro de la fuente de luz se mostrara oscuro.

Los operadores de cámara aprendían a no dirigir la cámara a las fuentes de luz brillante, porque esto podría causar un daño permanente en el tubo de la cámara. La consecuencia era que aparecían colas de cometa (véase la figura 36.3) siempre que entraba en plano alguna iluminación del escenario.

También podían verse zonas oscuras en las imágenes unos minutos después, cuando el productor volvía a cambiar a la cámara y la sensibilidad del plumbicón no se había reestablecido en toda la superficie o se había dañado permanentemente (véase la figura 36.4).

Figura 36.3.

Colas de cometa.

Figura 36.4.

Sobreexposición simulada del tubo de la cámara.

Las cámaras CCD actuales de vídeo profesional no tienen este problema y es raro encontrarlo en metraje que no sean viejas grabaciones analógicas que se van a volver a utilizar. A veces aparece en las cámaras más baratas, que tienen tiempos de exposición más largos, y también es un problema con las cámaras digitales en ciertas condiciones de iluminación. Es posible que observe un efecto estroboscópico en la cola de cometa debido a que la iluminación tiene un suministro de corriente eléctrica alterna.

Este artefacto es una parte integral del proceso de generación de imágenes. No se puede eliminar fácilmente, porque es un defecto de la cámara y, por tanto, forma parte de la grabación original.

¿La solución?

1. Use una cámara mejor.
2. Retoque a mano cada fotograma del vídeo que vaya a restaurar.
3. Acostúmbrese.

Errores de seguimiento

Los errores de seguimiento (véase la figura 36.5) se producen cuando los cabezales del reproductor de vídeo no están alineados correctamente con las pistas grabadas de la información de vídeo de la cinta.

La solución es realizar un mantenimiento adecuado de los reproductores de vídeo y asegurarse de reproducir el metraje que se ha grabado correctamente en primer lugar.

La corrección del seguimiento podría aplicarse a mano si la cinta se hubiera grabado en una grabadora de vídeo que tuviera un desajuste del seguimiento.

Figura 36.5.
Error de seguimiento.

¿La solución?

1. Ni siquiera se moleste en codificar un material que tenga errores de seguimiento; el resultado será horrible.
2. Aplique una compensación de pérdidas de datos extremas si dispone de ella.
3. Recorte la parte problemática del fotograma si puede.
4. Asúmalo y acepte las consecuencias de una relación de compresión perjudicada y tolere el gran artefacto en pantalla cuando se reproduzca el vídeo.

Sincronización horizontal incorrecta

Es posible corregir la sincronización horizontal incorrecta (véase la figura 36.6) si no es demasiado exagerada. Puede ser que sea necesario programar algún software con fines especiales, por lo que el valor de la grabación determinará si merece la pena el esfuerzo.

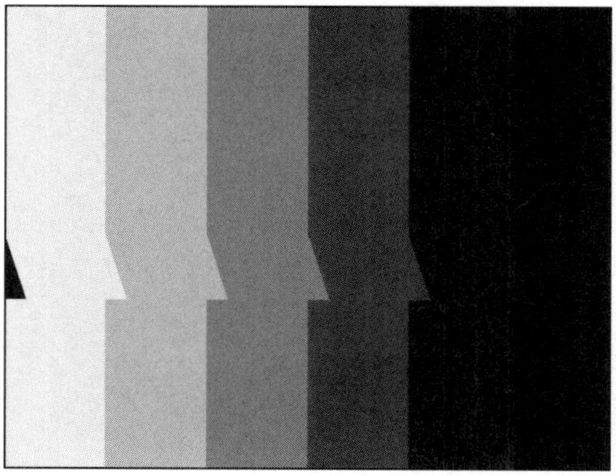

Figura 36.6.
Desgarro horizontal.

¿La solución?

1. Edite a mano todos los fotogramas para volver a alinear el extremo.
2. Escriba un programa que lo arregle.
3. Recorte los bordes para ocultar lo que esté peor.

Artefacto fantasma

Los artefactos fantasma (véase la figura 36.7) están provocados por señales analógicas que rebotan en otra superficie y llegan a la antena un poco retrasadas con respecto a la señal original. Las hojas mojadas de los árboles y los edificios grandes pueden provocarlo.

En teoría es posible eliminar los efectos fantasma empleando técnicas sofisticadas de procesamiento de imágenes, pero en la práctica es difícil de solucionar. A veces es mejor esperar y grabar el programa en otro momento.

Figura 36.7.
Artefacto fantasma.

¿La solución?

1. Descarte la grabación.
2. Consiga que un científico espacial procese la grabación con el sistema de generación de imágenes para las misiones espaciales JPL de la NASA.
3. Acostúmbrese.
4. Vuelva a grabar el programa más adelante.
5. Cambie la orientación de la antena para que reciba desde un transmisor distinto.
6. Cambie la posición de la antena para que no reciba la señal directa a través de los árboles.

Interferencia cocanal

La interferencia cocanal (véase la figura 36.8) probablemente sea el tipo de ruido más difícil de eliminar. Es la consecuencia de las condiciones atmosféricas que provocan que un transmisor situado en otro lugar emita en un intervalo excepcionalmente amplio en la misma frecuencia que el canal que se desea. El vídeo suele estar casi sincronizado, pero se produce un pequeño desfase entre lo que se ve y lo que se graba.

¿La solución?

1. Descarte la grabación.
2. Desenfoque la imagen un poco si el efecto no es grave.
3. Acostúmbrese.

Figura 36.8.

Interferencia cocanal.

4. Vuelva a grabar el programa más adelante.

5. Cambie la orientación de la antena para que reciba desde un transmisor distinto.

Pérdidas de información

Las pérdidas de información (*dropouts*) se producen cuando se pierde momentáneamente la señal. La manera en que se manifiestan en pantalla depende de si se trata de un efecto analógico o digital. La pérdida de información digital se indica por bloques de patrones cuadriculados dispuestos aleatoriamente y líneas. Las rayas o puntos de color blanco o negro que sólo afectan a una línea horizontal cada vez indican una pérdida de información analógica.

¿La solución?

1. Aplique un compensador de pérdidas de datos.

2. Aplique un filtro de convolución intermedio.

Figura 36.9.

Pérdidas de información de la señal analógica.

3. Desenfoque sólo en el eje horizontal.

4. Emplee un filtro de definición de umbral para identificar los puntos blancos, selecciónelos y redúzcales el brillo.

Ruido de electrodomésticos

Está producido por el ruido que generan algunos aparatos domésticos que penetra por los circuitos de alimentación eléctrica. Si está en la grabación, no podrá hacer mucho al respecto. Podrían servir de ayuda los filtros que funcionan con el seguimiento y las pérdidas de información. Para el ruido provocado por lavadoras, cortadoras de césped y secadores (véase la figura 36.10), la solución correcta es obvia: desenchufe el aparato cuando vaya a introducir el vídeo en el reproductor.

Si el problema se debe a que su vecino está cortando el césped, puede esperar a que desconecte la cortadora o pedirle (educadamente) que trate de no hacerlo en los momentos decisivos en que desee grabar o procesar metraje. Otra solución es mudarse a un lugar aislado, pero suele ser demasiado caro o poco práctico. Una solución más barata sería instalar algunos filtros de línea.

Figura 36.10.
Ruido producido por una lavadora.

Como se trata de ruido eléctrico proveniente del mismo suministro eléctrico que alimenta la televisión en que se ha mostrado la imagen, es probable que el ruido sea sincrónico con la velocidad de fotogramas y, por tanto, más o menos constante en pantalla. Si tiene suerte, estará situado cerca de la parte superior o inferior y tal vez se pueda recortar.

¿La solución?

1. Desactive el electrodoméstico problemático.
2. Instale un filtro de línea.
3. Aplique un compensador de pérdidas de datos.
4. Recorte si es posible.

Ruido de radar

Si vive cerca de un aeropuerto puede aparecer alguna interferencia del radar de tierra. El ruido es muy particular. Si las condiciones atmosféricas lo permiten, es posible que lo experimente aunque viva a una gran distancia.

El patrón de ruido (véase la figura 36.11) es distintivo porque es una serie de pulsos bien definidos que provocan pérdidas de información de considerable duración en la señal.

El carácter cíclico puede ayudarle a configurar un filtro, pero es raro que el ciclo esté en sincronización con el vídeo, así que el efecto se desplazará a lo largo del fotograma.

Figura 36.11.
Ruido de radar.

¿La solución?

1. Aplique un compensador de pérdidas de datos.
2. Habilite una habitación protegida contra radiofrecuencia (caro).

3. Cambie la orientación de la antena para que reciba desde un transmisor distinto.

4. Retoque a mano si realmente es necesario.

5. Acostúmbrese.

Solapamiento

Ocurre cuando el entrelazado interfiere con la presentación en pantalla de objetos en movimiento. Es más evidente cuando los bordes horizontales próximos se mueven en vertical, y aparece de repente durante las panorámicas.

Este artefacto será más obvio en versiones NTSC de películas de 24 fps a causa del efecto de reducción. Cuando es evidente en la salida de un aparato de reproducción, debería subsanarse empleando una exploración progresiva en lugar de la presentación entrelazada. La figura 36.12 muestra lo que podría ocurrir durante una panorámica.

Figura 36.12.

Solapamiento durante una panorámica.

¿La solución?

1. Desentrelace con cuidado la grabación o aplique el método de telecine inverso.

2. Tal vez pueda reconstruir los fotogramas dañados con campos o partes de los fotogramas adyacentes. Esto podría ser bastante trabajoso y, el valor la grabación determinará si el esfuerzo merece la pena.

3. Corte y pegue a mano partes de fotogramas resultantes de la pasada de telecine inverso.

Patrones de moaré

Aparecen cuando un patrón repetitivo de la imagen se alinea prácticamente con las líneas de exploración o con la cuadrícula de píxeles de la pantalla. Es casi imposible de eliminar, pero si aplica un poco de emborronamiento selectivo, ayudará a disimularlo.

El ejemplo de la figura 36.13 se ha creado superponiendo dos patrones de dispersión finos, alternando entre ambos el negro y el blanco en cada línea y estirando ligeramente uno de ellos sólo un par de píxeles más. Es lo mismo que si intenta grabar un detalle regular muy fino que casi se encuentra en el mismo eje que las líneas de exploración de la cámara.

Aparece un patrón de interferencia entre los dos patrones de dispersión y se mueve y parpadea cuando el sujeto se desplaza con respecto a la trama de líneas de barrido fijas.

Figura 36.13.

Efecto de moaré.

¿La solución?

1. Aplique una promediación o emborronamiento en un eje o en los dos.

2. Omita un campo de vídeo. No solucionará el problema del todo, pero puede reducir el efecto a expensas de la calidad del vídeo.

3. Elimine el origen del patrón y grabe de nuevo.

Fuga de color

Se produce cuando el área de un objeto de color brillante inunda los objetos adyacentes con el mismo color. Se debe a que la resolución del color es menor que el luma y puede haber una saturación excesiva de la información de color. Podría resultar útil desaturar la imagen.

Si el efecto está muy localizado, la única solución podría ser retocarlo a mano.

El círculo oscuro indica el área que ocupa el objeto, que debería estar coloreada. El área de fuera no debería tener ningún color.

La zona desenfocada a la derecha muestra la fuga de color alrededor de la pantalla debida a la pérdida del ancho de banda de croma.

Figura 36.14.

Fuga de color.

¿La solución?

1. Reduzca la saturación del color.

2. Consiga un descodificador de color mejor.

3. Retoque a mano la imagen.

Artefactos de diafonía cromática

Se produce cuando aparecen finos detalles horizontales a una frecuencia tan alta que escapa a los filtros y los circuitos de color actúan como si se tratara de información de croma codificada. Sin embargo, es información de luma. Esto ocurre cuando se utilizan conexiones compuestas y luma y croma se envían por el mismo cable. Los sistemas compuestos que mantienen luma y croma separados no tienen este problema. Es difícil mostrarlo en forma impresa porque este efecto cambia el color más que la claridad. Se parece mucho al efecto moaré, pero habrá zonas centelleantes de color azul y amarillo que brillarán cuando la imagen se mueva.

Los presentadores de informativos de la BBC solían llevar chaquetas de cuadros y *tweed* de pata de gallo, lo que causaba problemas de artefactos de diafonía cromática cuando la BBC comenzó a emitir en color durante la década de 1970.

¿La solución?

1. Utilice un mejor descodificador PAL, SECAM o NTSC.

2. Dígale al presentador que se cambie de ropa y vuelva a grabar.

3. Desature el color.

Ruido de croma

Es lo que ocurre cuando una superficie de color liso se ve emborronada. Se debe al ruido que se introduce en el canal de croma y parece que afecta más al componente azul que a los demás. Cuando se comprime, presenta un aspecto lleno de cuadros pequeños porque el códec tiene que trabajar mucho para renderizar los detalles finos. El problema es que los detalles finos son ruido. Aparecerá al procesar grabaciones analógicas antiguas y es menos probable que origine problemas con el contenido actual, procesado digitalmente.

¿La solución?

1. Aplique la eliminación del grano de película sólo al canal de croma.

2. Desenfoque el canal de croma.

Distorsión por dislocación de puntos

Es un efecto extraño que aparece alrededor de los bordes de los objetos donde el color cambia de repente. Se debe a que la información de color se filtra en el canal de luma y es peor cuando se conecta el equipamiento con una señal de vídeo compuesto. Si utiliza conectores S-video para distribuir el luma y el croma por cables separados, desaparece el problema.

El área que se muestra en gris a cada lado del objeto en la ilustración es donde será peor el efecto de distorsión por dislocación de puntos.

Si se ha transferido y grabado algún vídeo con distorsión por dislocación de puntos evidente, permanecerá ahí para siempre y no podrá hacer nada para eliminarlo. Mantenga luma y croma separados. Dicho esto, podría ayudar a reducirla un poco eliminando el grano.

Si no elimina la distorsión por dislocación de puntos, aumentará la velocidad de bits de la salida de vídeo comprimido. Estará malgastando gran parte de esa velocidad de bits para conservar los píxeles de la dislocación. Su movimiento se renderizará perfectamente cuando se reproduzca el vídeo comprimido.

Las tarjetas de vídeo ATI Radeon ofrecen una opción para cambiar entre distorsión por dislocación de puntos estática y en movimiento. Lo ideal es que pudiera hacer clic en una casilla de verificación para anularla del todo, pero no es posible. Ésta es la única posibilidad para una señal de salida compuesta que presente este artefacto.

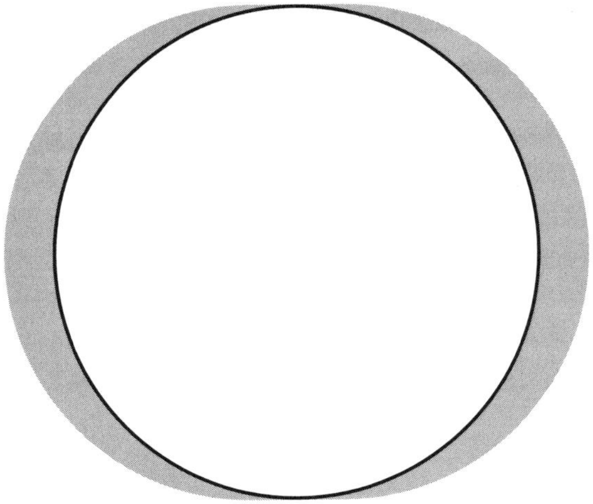

Figura 36.15.

Distorsión por dislocación de puntos.

¿La solución?

1. Reduzca la saturación del color.
2. Aplique la eliminación de grano.
3. Modifique los parámetros de la captura de vídeo o del dispositivo de origen si permiten seleccionar entre distorsión por dislocación de puntos estática/ en movimiento.

Eliminación del ruido temporal

Si su sistema de procesamiento está diseñado para solucionar los artefactos de película, es posible que cuente con un filtro de eliminación de grano. El ruido aleatorio es lo bastante parecido al grano de película para que este filtro pueda hacer un buen trabajo eliminándolo.

Éste realiza una especie de cálculo del promedio entre los fotogramas, pero tenga cuidado porque puede producir un emborronamiento si se abusa de él. A veces se denomina ruido temporal porque se debe a los cambios en el mismo píxel de un fotograma a otro. Por tanto, está en el eje temporal, y no en X o Y.

En la figura 36.16 vemos un ejemplo de una película de dibujos animados.

La imagen muestra un rectángulo ampliado recortado de dos fotogramas adyacentes de una película de dibujos animados de 1939, que se ha convertido mediante telecine y se ha comprimido con MPEG-2.

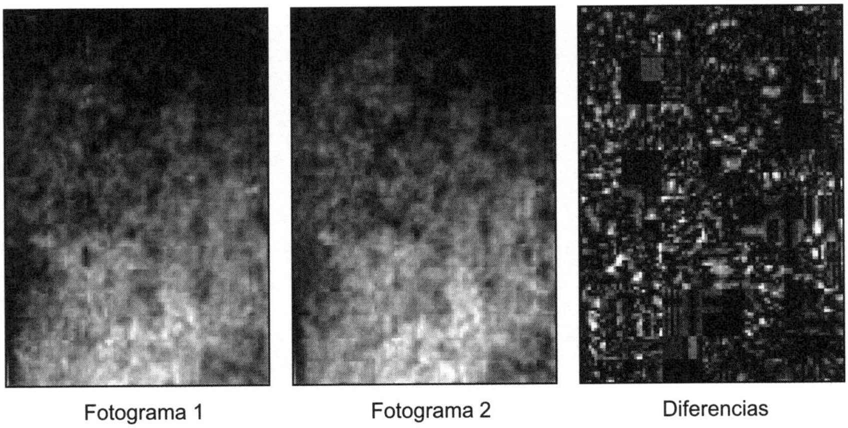

Figura 36.16.

Efectos del ruido temporal y su compresión.

El fondo cambia sutilmente de uno a otro fotograma debido al grano y al desteñido de la emulsión. La compresión no introdujo el ruido de fondo, pero sí introdujo algunos artefactos en forma de macrobloques. Las diferencias entre un fotograma y el siguiente se calcularon empleando Photoshop y se exageraron ecualizando la imagen resultante.

¿La solución?

1. Aplique la eliminación de grano.

2. Aplique desenfoque.

3. El cálculo del promedio con compensación de movimiento entre los fotogramas podría solucionar esto, pero haría falta software/hardware de restauración complejo o caro para implementar esa capacidad.

Efecto Gibbs

Se denomina efecto Gibbs (véase la figura 36.17) a un artefacto parecido a la distorsión por dislocación de puntos y a la diafonía cromática que se manifiesta después de la compresión. Se produce cuando las letras adquieren un efecto de diafonía cromática en torno a los bordes. Es una consecuencia de la pérdida del detalle de alta resolución cuando se activa el filtro de entropía. Los créditos en pantalla deben procesarse por separado del resto del contenido. Conviene volver a diseñarlos y escribirlos del todo para eliminar los problemas que puedan surgir al procesarlos como un vídeo normal en movimiento.

En este ejemplo vemos la palabra ENGLAND dibujada originalmente en un fondo liso. El efecto Gibbs ha provocado algunos efectos armónicos en la transformación discreta del coseno (DCT) para introducir frecuencias resonantes que han añadido un detalle que no estaba en el original.

Podría deberse a que la codificación de entropía haya comprimido los datos demasiado. El efecto suele aparecer alrededor del contorno del texto. Para arreglarlo tendrá que sacrificar la eficiencia de la compresión o dibujar el texto de tal manera que se comprima con mayor facilidad.

¿La solución?

1. Renuncie a algo de eficiencia en la compresión.

2. Sustituya la grabación con páginas de texto fijo.

3. Pruebe con texto de distintos colores y bordes nítidos.

4. Sustituya el texto con una versión limpia delante de un fondo más neutro y estático.

Figura 36.17. *Ejemplo del efecto Gibbs en el texto.*

Subtítulos incrustados

Codificar vídeo con subtítulos incrustados no es lo ideal. Hay artefactos (como el efecto Gibbs) que provocan horribles patrones periféricos alrededor del texto cuando se aplica la transformación DCT. En muchos casos, el tamaño del vídeo es tan pequeño que ningún texto que se grabe será legible.

Si ya tuviera subtítulos incrustados que no hayan sobrevivido a un proceso de compresión anterior, emplee los mecanismos de recorte para eliminarlos.

Si no puede evitar incrustar los subtítulos en el vídeo, intente hacerlos considerablemente más grandes para que se puedan leer en la pantalla a la resolución a la que se reproducirá la imagen. Si tienen que añadirse como parte del procesamiento, asegúrese de que sea lo último que haga antes de comenzar la compresión. Así, las operaciones de escalado, filtrado de ruido y demás no estropearán los bordes nítidos del texto.

El caso ideal es codificar una pista adicional de texto y dejar que el reproductor subtitule el vídeo en una zona separada de la pantalla. Esto se puede hacer con una pista de Real Text en un archivo `.rt`, una pista de texto de QuickTime en un archivo `.mov` o un archivo de Windows Media `.smi` o `.sami`.

Una proposición sonora

Ya está terminado el preprocesamiento de vídeo. Llegados a este punto, debería tener un aspecto excelente. Por supuesto, si empleamos una herramienta que incluya todas estas funciones, no podremos ver las fases intermedias del preprocesamiento.

Tan sólo tenemos que arreglar el audio y estaremos listos para pulsar el botón "¡EMPEZAR!".

En el siguiente capítulo procesaremos el audio para ajustarlo hasta el mejor estado posible.

Capítulo 37

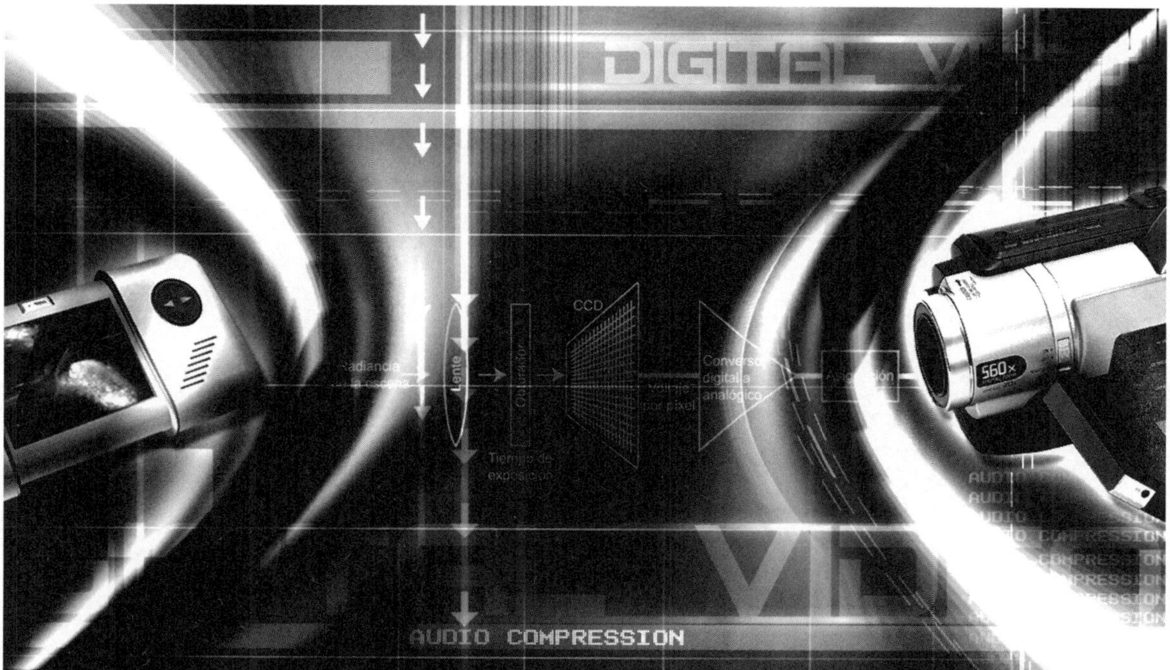

Preparación del audio para la codificación

Preprocesamiento de audio

Ahora que el vídeo está preprocesado y listo para la codificación, debemos procesar el audio. Hay varios puntos que debemos revisar, aunque no hay un orden establecido para ello. Obviamente, queremos asegurarnos de que cada paso elimine los artefactos no deseados sin deshacer lo que hayamos hecho en el paso anterior.

Cortar y separar

El audio normalmente acompaña a algún vídeo, así que las duraciones de ambos deben recortarse para que tengan la misma duración. El software de edición debería mantener las ediciones en la pista de audio a medida que se corta el vídeo; de lo contrario, se perderá la sincronización con el movimiento de los labios. Hay ocasiones en que los procesos de digitalización del vídeo y del audio se llevan a cabo por separado. En tales casos, hay que colocar el audio junto al vídeo y recortarlo con cuidado para que encajen después de haberlos alineado.

Sincronización

El audio digitalizado independientemente debe sincronizarse; un desfase de un par de fotogramas es suficiente para que se pierda la sincronización con el movimiento de los labios, lo que contribuye a que la experiencia de visionado resulte muy insatisfactoria. Compruébelo al comienzo, al final y a intervalos a lo largo de la película. Lo ideal es que la reproduzca entera para revisarla.

Según la manera en que esto se lleve a cabo, la sincronización se podría realizar antes del recorte. Deberá comprobar que el audio está sincronizado al comienzo y al final y en mitad de una inserción. Hay tantas formas en las que pueden relacionarse el vídeo y el audio que tendrá que averiguarlo por sí mismo. Si el vídeo y el audio se han creado por separado, la reproducción de todo el fragmento debería desvelar los problemas de sincronización que haya que corregir. Tenga cuidado de no producir un desfase en una sección al sincronizar otra. Puede ser de gran ayuda usar múltiples pistas en el editor y tendrá que mezclarlas de nuevo más adelante para acabarlas.

Eliminación del ruido de audio

Dejar el ruido en la señal sólo sirve para malgastar la velocidad de bits de compresión. Se supone que el codificador tiene que emplear el tiempo en comprimir el sonido audible que se desea oír. Si codifica el ruido, está desperdiciando parte de su capacidad.

En esta descripción, la eliminación del ruido se sitúa antes del paso de normalización. Sin embargo, al normalizar los niveles de audio podrían destacar el volumen del ruido en los pasajes de silencio. Se podría volver a realizar el proceso de eliminación de ruido o situarlo después de la normalización. Es posible conseguir herramientas como BIAS Sound Soap (`http://www.bias-inc.com/soundsoap`) que eliminarán todo este ruido de una sola vez. Por el precio de estos productos, es una solución muy rentable y probablemente solucione la mayoría de los problemas con los que se tenga que enfrentar.

Zumbido

Use filtros de rechazo (véase la figura 37.1) para eliminar el zumbido y los sonidos cíclicos. Ajuste el rechazo tanto como sea posible, en torno a 50Hz en Europa ó 60Hz en Estados Unidos. Éstas son las frecuencias de la corriente eléctrica. Añada filtros de rechazo en los armónicos de estas frecuencias (aunque el contenido de los armónicos se reducirá en los más agudos).

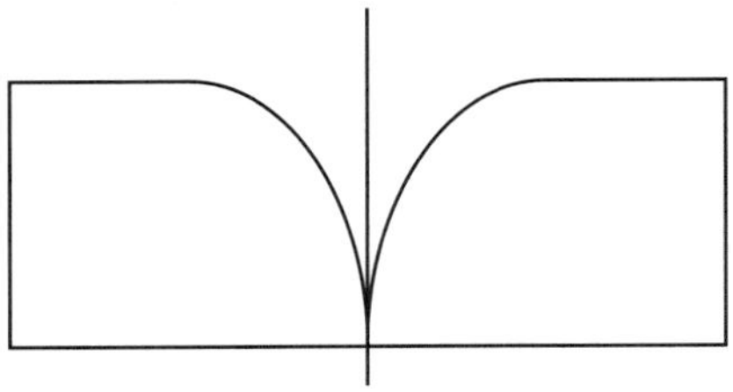

Figura 37.1.

Perfil de filtro de rechazo.

Ruido de baja frecuencia

El ruido de los giradiscos se elimina con un filtro paso alto (véase la figura 37.2). Debe saber que en música hay frecuencias graves útiles de hasta 30Hz que deseará conservar.

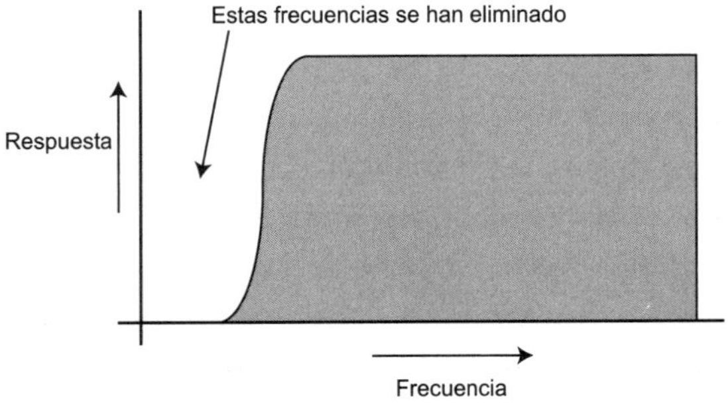

Figura 37.2.

Respuesta del filtro paso alto.

Siseo

Del mismo modo, existen componentes de alta frecuencia que querrá conservar al eliminar el siseo. El siseo se elimina con un filtro paso bajo (véase la figura 37.3), pero debería aplicarse una compuerta para no perder material del programa. Así, el filtro podrá limpiar los pasajes de silencio y se desactivará cuando no se detecte ruido.

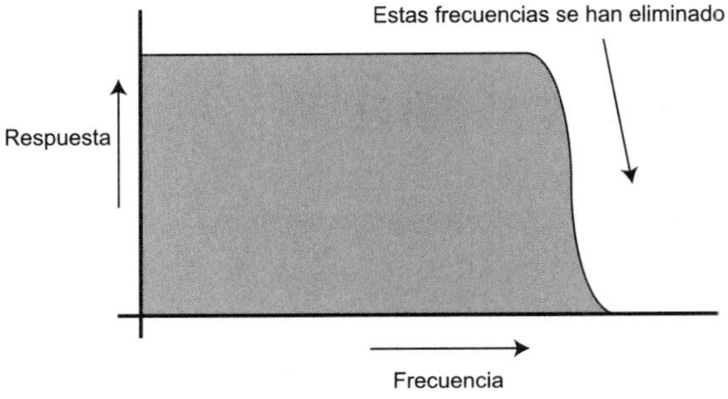

Figura 37.3.

Respuesta del filtro paso bajo.

Herramientas de complemento

Intente obtener un complemento para el software de edición de vídeo que realice todo lo que necesite. Los complementos Waves ofrecen diversos módulos que comprimen, limitan, eliminan el ruido y efectúan casi cualquier procesamiento de audio que pueda desear aplicar a una banda sonora. Funcionan en Mac OS y Windows, así que están disponibles independientemente de la plataforma en la que se desarrolle el flujo de trabajo.

Ruido cíclico

Puede haber otros ruidos cíclicos, como motores u otros sonidos ambientales, que se hayan captado de manera desapercibida.

Podría ser que se repitieran a frecuencias muy bajas y fueran difíciles de eliminar. Pero si tiene tiempo y la grabación del sonido es lo bastante valiosa, puede muestrear algún silencio de la misma fuente que la grabación original e intentar establecer cómo es el umbral mínimo de ruido (véase la figura 37.4) sin ningún audio superpuesto, para contar con una referencia para diseñar un eliminador de ruido más sofisticado.

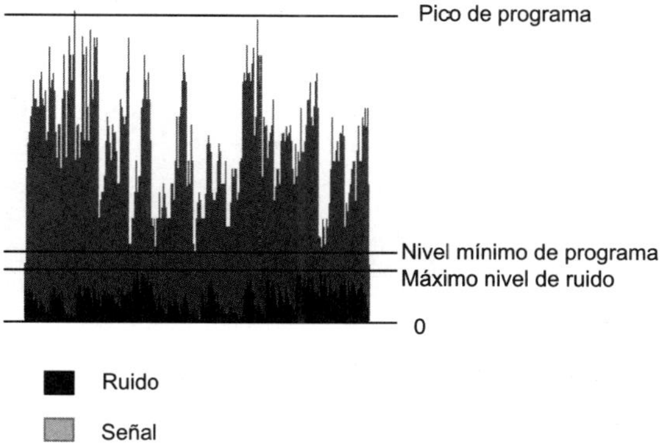

Figura 37.4.

Umbral mínimo de ruido.

En una situación ideal, la fuente de ruido más fuerte será menos sonora que el material más silencioso del programa. Si ese es el caso, entonces se puede aplicar una simple compuerta de ruido.

A menudo el volumen del ruido es mayor que los pasajes más silenciosos, por lo que es necesario realizar un seguimiento inteligente del volumen.

También puede ver que los niveles de la señal del programa tienen una magnitud mucho mayor que el ruido. Esto ilustra la relación señal-ruido.

Compuerta de ruido

Es una buena idea aplicar una compuerta de ruido en la fase de entrada, es decir, cuando la señal analógica se digitaliza por primera vez. Si la compuerta se procesa en el dominio digital, se pude aplicar con mucho más cuidado y de manera selectiva. La figura 37.5 muestra cómo afecta esto a la forma de onda.

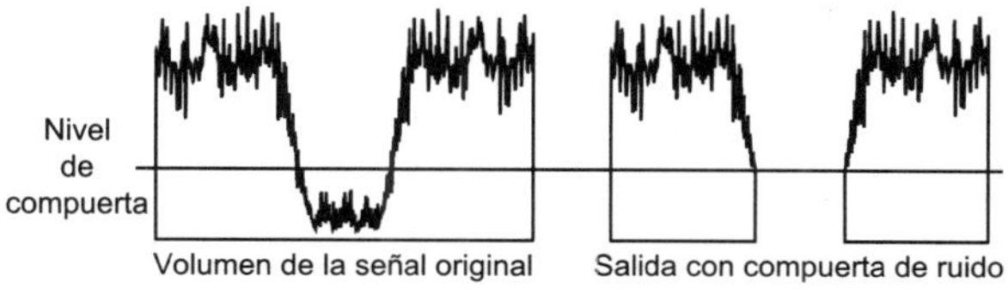

Figura 37.5.

Aplicación de una compuerta al umbral de ruido.

Compatibilidad con los sistemas operativos

Los sistemas operativos actuales incluyen una gran cantidad de funcionalidades de procesamiento de audio y, en el caso de Mac OS 10.4, existen algunos entornos de procesamiento de audio fieles a las muestras, que permiten construir un reproductor de muestras que podría crear un bucle con un ruido de fondo repetitivo y después añadir a la grabación una copia fuera de fase. Esto neutralizaría el ruido sin dañar el audio que se quiere conservar.

El diseño de software que haga este tipo de cosas es trabajo para especialistas y en el mercado existen herramientas que lo hacen con mucha eficacia.

Posproducción de audio

Aplicar un poco de preénfasis al audio puede contribuir a sacar el máximo rendimiento de la plataforma de destino. Los productores musicales lo hacen con las canciones pop cuando las ecualizan para que el sonido sea excelente en los altavoces pequeños. Esto se debe a que la mayoría de las veces, la gente escucha música en el coche o en radios portátiles (con altavoces pequeños).

Los códecs actuales como AAC+ emplean una técnica denominada replicación de banda espectral que vuelve a insertar cierta información al final de la descodificación, en función de lo que encuentre en el flujo de bits codificado. Por tanto, la salida no es una copia exacta del material de entrada, sino que es un simulacro de lo que resulta agradable para al oído humano.

Algunas de estas operaciones aumentan los componentes de ruido que antes se encontraban enmascarados. Para evitar este problema, escoja con cuidado el punto en que insertará este operador de preénfasis en el flujo de trabajo. No debería afectar al enrutamiento de audio hacia las distintas plataformas. Lo mejor es aplicarlo de una manera específica para cada plataforma en el trayecto del flujo de trabajo que sea exclusiva para cada dispositivo de destino. El preénfasis no es siempre necesario si el sistema de reproducción de destino incorpora una función de ecualización (EQ).

Además, debe saber que si aplica preénfasis a los graves y produce la salida en un sistema de alta potencia, aparecerán ruidos retumbantes y guturales.

Ecualización

Si sabe que el audio se va a reproducir en un teléfono móvil con un altavoz pequeño, podría potenciar las frecuencias de bajos para favorecer al punto de recepción. La figura 37.6 muestra la configuración adecuada del ecualizador para los altavoces pequeños en la interfaz iTunes.

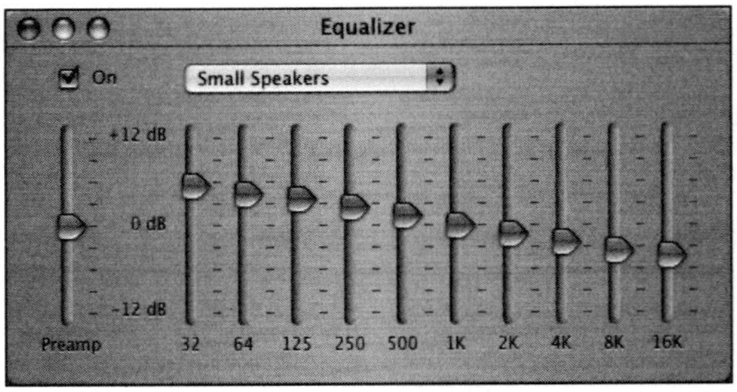

Figura 37.6.

Ajustes de EQ para altavoces pequeños en iTunes.

La codificación de audio para su uso en dispositivos 3GPP se ve mejorada al aplicar un poco de compresión. Ésta es una compresión analógica, del tipo que ceba el extremo de los graves del espectro de frecuencias.

Si sabe que el dispositivo de destino tiene una respuesta de frecuencia limitada, tal vez pueda reducir el trabajo que tiene que hacer el códec de audio si limita la banda del audio antes de que se dirija al códec.

Compresión analógica

La compresión en el contexto del audio analógico también describe un proceso por el que la forma de onda se modifica de manera no lineal para evitar la saturación (*clipping*) y aportar una agradable riqueza al sonido. El compresor modifica dinámicamente su comportamiento de acuerdo con la intensidad del pasaje que se esté procesando. A menudo se combina con una compuerta y un limitador de ruido para que todos trabajen conjuntamente.

El concepto de compresor implica la asignación del volumen de entrada al volumen de salida. A medida que aumenta el volumen de entrada, el volumen de salida se atenúa progresivamente, por lo que la relación es no lineal. Esto tiene el efecto de alisar la forma de onda en la máxima excursión y achatarla más en los extremos. En la figura 37.7 vemos cómo un compresor aplasta suavemente la forma de onda.

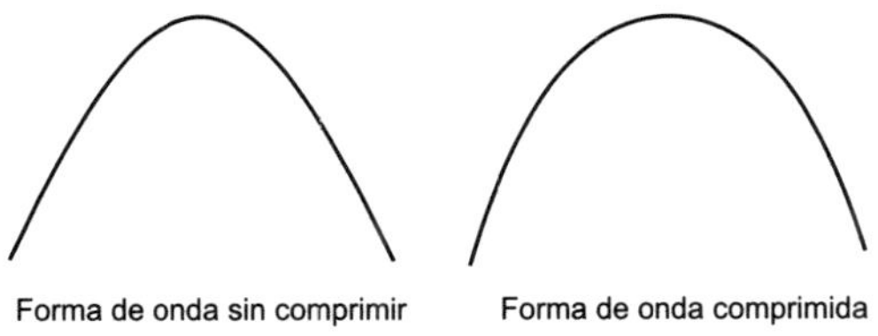

Figura 37.7.
Compresión analógica.

El efecto es sutil pero perceptible y cuando se oye el audio resulta agradable en cierta modo. Al activar el circuito de intensidad sonora en un equipo de alta fidelidad se consigue un efecto parecido.

Ajuste del volumen

Busque el pasaje más sonoro del audio y después ajuste el volumen total de las pistas para asegurarse de que el volumen máximo no supera un nivel de sonoridad aceptable. El volumen global del audio debería ser constante, sin aumentar ni disminuir apreciablemente. En los pasajes en silencio, hay detalles finos que se deben acentuar. Si aplica este ajuste en toda la pieza, los fragmentos sonoros serán demasiado ruidosos y provocará una saturación. Se asemeja a la configuración del brillo y contraste de una imagen.

Debe aplicarse algún tipo de compensación que se ajuste automáticamente, lo que incluye un ajuste de ganancia y un compresor-limitador para evitar que el volumen del sonido fluctúe. El resultado será una pista más uniforme y constante. Si va a codificar un material comercial, debería haber realizado esto dentro del proceso de producción. Es posible que el origen sea una película doméstica o algo que se haya grabado en vivo. Algunas pistas de audio se empalman a partir de varias fuentes distintas. Conviene tener las herramientas necesarias a mano para solucionar los problemas de procesamiento de audio cuando surja la necesidad.

El nivel óptimo es aquél en el que los picos máximos del audio no excedan un volumen que sea 3dB menor que la referencia de 0 dB del indicador de volumen o PPM en el monitor de audio.

Ajustar la ganancia de tal manera que el pasaje más sonoro alcance un volumen conocido como 0 dB es demasiado alto para algunos programas de compresión. El valor recomendado de 3 dB por debajo de la referencia da cierto margen a las herramientas de compresión para solucionar las oscilaciones momentáneas. El volumen de 0 dB se indicará mediante una marca de algún tipo en el indicador de volumen de audio o, si utiliza un monitor LED, se pondrá de color rojo cuando se alcance ese volumen. La figura 37.8 muestra cómo se ajusta el volumen de audio.

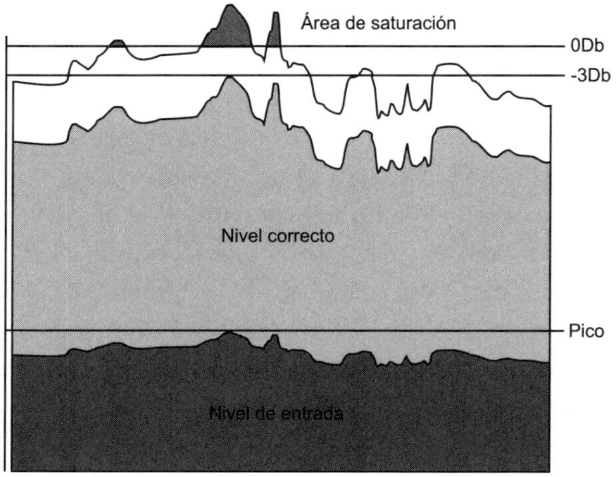

Figura 37.8.

Saturación del audio.

Tenga cuidado de ajustar los niveles de manera coherente en todas las pistas que vaya a codificar. Es importante porque, de lo contrario, desequilibrará sin darse cuenta el paneado de la "imagen" y el sonido no se producirá como se desea.

Esto podría introducir un ruido audible que antes era demasiado suave para oírlo. El uso de filtros de ganancia especiales con compuerta de ruido y limitadores de compresor puede producir una salida lo bastante sonora sin acentuar el ruido de fondo. Todo depende de lo que se haya grabado y de la calidad del material original. Este argumento se aplica por igual al contenido de vídeo y de audio.

Puede ser bastante complicado cuando se procesa sonido envolvente con 5 ó 6 pistas de audio, que deben permanecer mezcladas con el volumen adecuado, no deben perder la sincronización o quedar fuera de fase y pueden contener sonidos de volumen variado. El valor de ese volumen máximo es una suma. No se limite a comprobar un solo canal; puede haber un sonido más fuerte en uno de los demás.

De la misma forma que pueden aparecer aglomeraciones en el vídeo si se configura un nivel de blanco demasiado alto, en el audio la parte superior de las formas de onda se cuadra cuando se produce la saturación. El efecto de esta saturación suena muy mal y puede dañar los controladores de los altavoces del sistema que reproduzca el audio.

Conviene utilizar una herramienta especializada para normalizar el audio.

¿Qué es un vúmetro?

El volumen se controla mediante los vúmetros o indicadores de volumen de la consola de audio. Pueden ser pequeños indicadores mecánicos o una serie de LED dispuestos en una barra. La figura 37.9 muestra el aspecto que suelen presentar en la consola de audio.

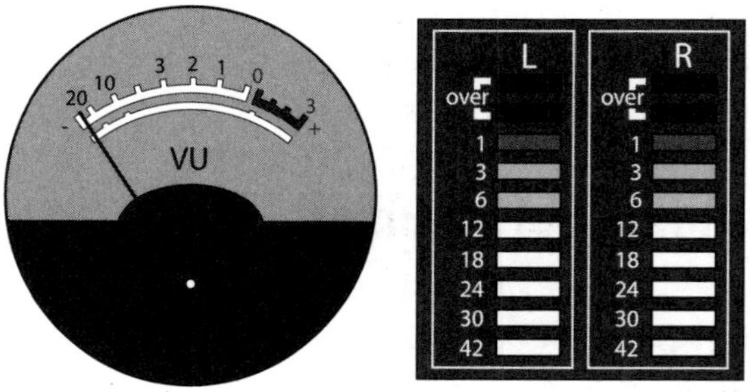

Figura 37.9.

Vúmetros.

El indicador de la izquierda es el diseño electromecánico tradicional. A la derecha vemos un ejemplo de una pantalla electrónica más moderna con gráficos de barras LED.

Asignaciones de pistas de sonido envolvente

Si todo lo que ha hecho hasta ahora lo ha realizado con cuidado, no será necesario reasignar las pistas de sonido envolvente. Pero si las procesa arbitrariamente sin que se asignen las pistas automáticamente, debería comprobar que el sonido esté asociado con los canales adecuados.

Los canales se deben agrupar en pares para que el codificador pueda manejar varios pares estéreo alternativos.

Los sistemas de codificación modernos deberían tener en cuenta los sistemas de sonido envolvente de 5 y 6 canales y deberían hacer automáticamente la mayor parte de este trabajo. Algunos procesos de adquisición permiten introducir sólo dos canales de audio al mismo tiempo, y son estos sistemas los que suelen precisar esta fase de reparación.

El audio mono y estéreo se presentaría como se muestra en la figura 37.10.

El sonido envolvente y otros sistemas de múltiples altavoces son más parecidos a la figura 37.11.

Los sistemas de sonido envolvente de las salas de cine tienen muchos más altavoces, aunque tal vez no actúen todos independientemente. La especificación más alta para las salas de cine es el sistema THX de Lucasfilm, que deben estar calibrados y probados por ingenieros de Lucasfilm antes de poder colocar la placa de THX en la pared.

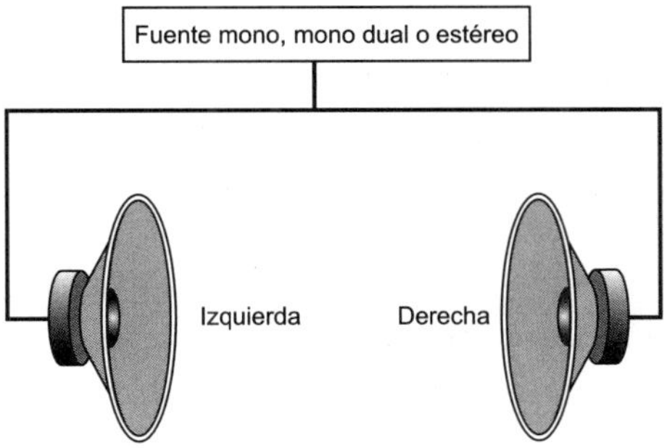

Figura 37.10.

Altavoces estéreo.

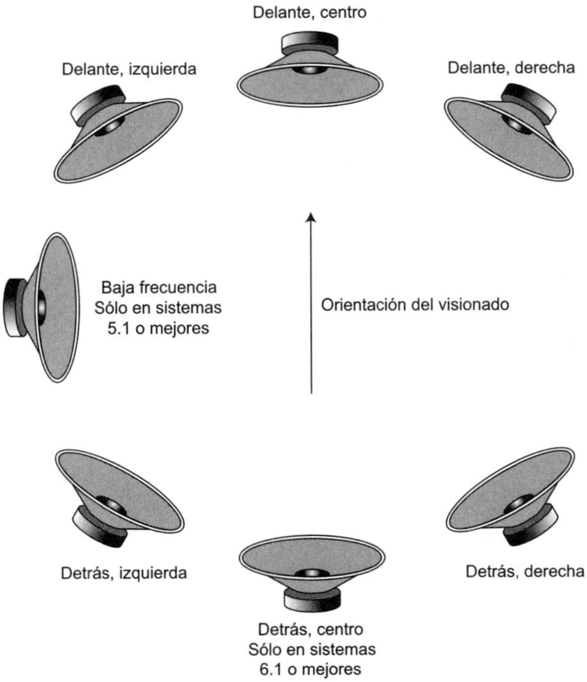

Figura 37.11.

Disposición de los altavoces con sonido envolvente.

Formatos anteriores de procesamiento

Si necesita introducir audio de algunos formatos antiguos, a veces resulta difícil obtener los reproductores. Los discos de vinilo ofrecen la mejor respuesta en frecuencia con velocidades más altas, pero los discos de 78 rpm están fabricados con un material frágil que produce más ruido.

Como es posible modificar las frecuencias de muestreo y cambiar el tiempo de reproducción del audio, podríamos muestrear un disco de 78 rpm a 33 rpm en caso de emergencia. La velocidad de reproducción se puede aumentar después hasta el valor correcto en el dominio digital y volver a muestrearlo. Esto también se aplica a los sencillos de 45 rpm.

Una frecuencia de muestreo de 48 KHz a 33 rpm equivale a muestrear el disco de 78 rpm a 112 KHz. Ofrecería la oportunidad de eliminar más ruido de la grabación que si se hubiera muestreado a 48 KHz y 78 rpm.

La forma de los surcos y la cantidad de movimiento de la aguja de un gramófono son distintas para los discos de vinilo y de 78 rpm. Aún así tendrá que dar con una cápsula y una aguja que sean adecuadas para el tipo de disco que vaya a reproducir, aunque vaya a muestrear a una velocidad menor.

Casos de velocidad de bits baja

El ojo humano es más indulgente que el oído. Asegúrese de que el audio sigue sonando de manera inteligible aunque descienda la velocidad de fotogramas. En los laboratorios de investigación se están desarrollando técnicas de codificación más avanzadas, algunas de las cuales están orientadas al mercado de la telefonía móvil y aportan algunas soluciones interesantes para la sincronización del movimiento de los labios. Puede que sea posible implementar alguna de estas técnicas. Por ejemplo, si delimita el área de interés dentro del fotograma, el codificador podría trabajar más en la expresión facial y mantener la velocidad de fotogramas para conservar la sincronización con el movimiento de labios. Es posible conseguir lo mismo asegurándose de que el presentador permanezca quieto y el fondo sea estático.

Hora de codificar

¡Ya está! Estamos listos para codificar. Todo el vídeo está listo y el audio está configurado. Simplemente seleccione un códec y ponga en marcha el proceso. En el siguiente capítulo ataremos los cabos sueltos, hablaremos sobre el control del trabajo por lotes y cómo iniciar el codificador y habremos acabado.

Capítulo 38

Codificación, ¡vamos allá!

En la recta final

Ya casi hemos llegado al final de nuestro viaje. Aquí es donde tomamos la decisión final sobre cómo vamos a comprimir nuestro vídeo y a llevar acabo ese trabajo de procesamiento para crear el producto final. Todo lo que hemos hecho hasta ahora estaba dirigido a esta parte del proceso y, aún así, parece un paso muy pequeño e insignificante por sí solo.

Recuerde que, al principio del libro, dije que todo consistía en el contexto y el preprocesamiento y que la compresión en sí era una parte bastante trivial del proceso. Ahora lo vamos a demostrar.

La gran renuncia

Cuando comenzamos este viaje comentamos que la compresión de vídeo era cuestión de sopesar factores. Éste es el punto en el que hay que renunciar a algo.

Es posible que quiera tener todo esto:

- Alta calidad.
- Velocidad de bits baja.
- Velocidad de fotogramas completa.
- Codificación rápida.
- Bajo coste.

Tal vez pueda conseguir dos o tres de estas condiciones, pero sólo a costa de las que esté dispuesto a sacrificar.

Una grabadora de vídeo digital (DVR) analógica que esté grabando en vivo la señal de emisión terrestre no puede omitir fotogramas. Por ello, debe reducir la calidad para mantener el rendimiento. La reducción de la velocidad de bits está más relacionada con la capacidad de almacenamiento disponible en un PVR. La capacidad se mide en horas, de acuerdo con la calidad de grabación que se seleccione. Lo más probable es que los sistemas de codificación de alto rendimiento para las soluciones de potencia industrial no resulten baratos.

Mantener una calidad alta a velocidades de bits bajas requiere mucho esfuerzo del codificador, lo que reduce las posibilidades de llevar a cabo el procesamiento en tiempo real. Por tanto, es posible obtener una velocidad de bits reducida y una calidad alta, pero no si quiere que la salida se distribuya con rapidez. Esto se puede conseguir si se gasta más dinero en paralelizar el problema a lo largo de una arquitectura distribuida. Crear cuadrículas o renderizar paredes no es ninguna nimiedad y, desde luego, no es barato.

Los sistemas de grabación analógica son baratos pero experimentan problemas con la base de tiempo, que pueden causar que todo el fotograma llegue demasiado pronto o tarde. El sistema de captura normalmente puede compensar esto, pero no siempre. A veces, el problema está relacionado con la cinta y esto se hace evidente cuando se experimenta un problema de sincronización siempre en el mismo punto de la cinta.

Un problema más difícil que tiene que ver con las bases temporales es la sincronización horizontal, que puede provocar que cada línea se desplace ligeramente hacia a la derecha o la izquierda de su posición correcta. Los bordes verticales presentan un aspecto irregular. Esto introduce algunos componentes de alta frecuencia en el eje vertical, que son difíciles de codificar. Es muy complicado arreglar este problema, por lo que a menudo deberá tolerarlo para no tener que invertir mucho dinero en equipamiento; es decir, a menos que la calidad se convierta en un factor dominante y entonces pueda justificar la implementación de una solución de peso pesado.

Ahora a configurar el códec

Los códecs representan el vídeo como una serie de macrobloques. Si se efectúa una codificación con pérdida en el nivel de los macrobloques, se reduce la velocidad de bits. El codificador emplea mucho esfuerzo en la lógica de estimación/compensación de movimiento. Esto reduce el número de macrobloques que hay que incluir en el flujo de salida, pero requiere mucho procesamiento informático. El códec H.264 requiere un procesamiento informático especialmente intenso, pero es increíblemente eficiente en comparación con todos los demás códecs una vez que se ha comprimido el vídeo.

> **Truco:** Compre siempre las versiones profesionales de las herramientas de codificación. Generarán resultados de mejor calidad que las versiones básicas o de edición limitada.

Si dispone de tiempo, configure el codificador para que dedique el trabajo más minucioso a la compresión. Tardará más, pero a menos que haya prometido más de la cuenta a los clientes, esa compresión no debería tardar más de lo que haya previsto (si tiene alguna experiencia, por supuesto). Active la codificación en 2 pasadas, velocidad de bits variable y cualquier herramienta adicional que incluya el codificador para realizar un trabajo mejor.

Primero elija el códec si es necesario

Escoja el códec que desea usar si la elección no está determinada por circunstancias que escapen a su control. Decida cómo va a procesar el codificador el contenido. Deberá optar entre codificar con rapidez y sacrificar la calidad de codificación o tardar algo más y producir un archivo más compacto.

Ajuste la velocidad de bits para el vídeo

Establezca el límite en kilobits por segundo (Kbps) para la pista de vídeo. En Popwire Compression Master, cuando se codifica con MPEG-4, el intervalo óptimo está entre 16 Kbps y 2000 Kbps. Consulte las especificaciones para el códec que vaya a utilizar para encontrar la configuración óptima.

La tabla 38.1 muestra algunas velocidades de bits/tamaños de archivo de ejemplo para codificar vídeo, que no son más que unas pautas aproximadas; las prestaciones de su servicio dictarán exactamente los valores que debería usar.

Tabla 38.1.

Velocidades de bits de referencia para el vídeo.

Soporte	***QCIF***	***CIF***	***Tamaño completo***
Contenido ordinario transmitido en secuencias	Secuencia de 70 bps	Secuencia de 250 Kbps	Secuencia de 500 Kbps
Contenido superior transferido en secuencias	Secuencia de 150 Kbps	Secuencia de 440 Kbps	Secuencia de 880 Kbps
Contenido descargable	Archivo de 500 KB	Archivo de 1,5 MB	Archivo de 5 MB
Películas descargables	Archivo de 1 MB	Archivo de 25 MB	Archivo de 3,5 GB
Calidad televisiva, SDTV MPEG-2	No disponible	No disponible	Secuencia de 4 Mbps
Calidad televisiva, SDTV H.264	No disponible	No disponible	Secuencia de 2,3 Mbps
Calidad televisiva, DDTV H.264	No disponible	No disponible	Secuencia de 7 Mbps

Un tamaño pequeño de imagen implica una velocidad de fotogramas menor, normalmente de 15 fps. Un tamaño medio de imagen mide aproximadamente un cuarto del área de una televisión de tamaño completo y probablemente pueda admitir una velocidad de fotogramas normal. El servicio de tamaño completo contiene todos los píxeles y todos los fotogramas.

> **Truco:** El contenido con movimiento rápido puede aumentar la velocidad de bits necesaria o puede reducir la calidad para conservar la misma velocidad de bits.

Las velocidades de bits dependen principalmente del número de canales. No es tan sencillo como parece. Un servicio con sonido envolvente y 6 canales se puede distribuir como 6 secuencias de audio codificado de forma diferenciada. En los sistemas de codificación nuevos y de próxima aparición, se codifica con una mezcla mono con señales diferenciales añadidas a velocidades de bits menores para las secuencias adicionales. Éstas deben descodificarse y organizarse en cascada para revelar las pistas adicionales.

> **Truco:** La voz se codificará de manera más eficiente que la música.

Los códecs AAC producen audio muy bueno a 64 Kbps, y audio excelente a 128 Kbps. Es posible conseguir audio de varios canales a velocidades de bits entre 500 y 750 Kbps y un sonido envolvente de calidad superior a 1,5 Mbps o más. Esto mejorará a medida que se desarrollen los códecs.

Complejidad y estimación del movimiento

La complejidad alta se presenta en ocasiones como un parámetro que se puede definir. A veces está preestablecida y puede recibir otros nombres. Busque los valores del codificador que se refieran a estimación o compensación del movimiento.

Si selecciona un ajuste de complejidad alta en Popwire Compression Master se activará automáticamente un algoritmo más avanzado de estimación del movimiento, que ralentiza la codificación pero aumenta la calidad de imagen. Esto debería ser especialmente útil con velocidades de bits bajas.

Controlar la complejidad en el proceso de descodificación

Si es posible, tenemos que comprimir el vídeo de tal manera que al reproductor le resulte fácil descodificarlo. Al aumentar la complejidad del proceso de descodificación se reduce el público de destino porque será necesaria una mayor potencia de procesamiento informático para ejecutar el descodificador. Si podemos mantener un coeficiente reducido de complejidad de descodificación, más personas con sistemas más antiguos y menos potentes podrán ver nuestro contenido.

Es posible que tenga que valorar la relación de compresión y la complejidad de descodificación para conseguir el equilibrio deseado. Podría conseguirlo limitando el uso de alguna de las herramientas de compresión más sofisticadas que ofrezca el codificador.

Para determinar cuál de estas herramientas no tiene que usar, tendrá que definir el perfil del público de destino para establecer qué es lo que podrán descodificar. Por supuesto, debería haber realizado esto algún tiempo antes de pulsar el botón **Aceptar** en la pantalla de inicio del codificador.

Determinar el tamaño del búfer

Defina el tamaño del búfer para el fotograma de vídeo si es necesario. Si tiene acceso a este parámetro, probablemente tenga distintos intervalos de valores para cada codificador. Si configura el codificador para que funcione con poco búfer, podría forzar que el clip se codifique como un archivo de velocidad de bits constante (CBR). Si permite un búfer mayor, puede ser que se active un conmutador interno y el contenido se codifique como un archivo de velocidad de bits variable (VBR). Seguramente preferirá controlar esto explícitamente, pero a menos que utilice una instalación de retransmisión, lo más probable es que no merezca la pena preocuparse por ello.

Definir la forma del tráfico

Suponiendo que tenga acceso a este nivel de control, el verificador de búfer variable controla dinámicamente del tamaño del búfer para el fotograma de vídeo. Esto también se relaciona con los ajustes de VBR y CBR.

> **Truco:** Cuando decida la configuración de las estructuras GOP, recuerde que el máximo para PAL es 15 fotogramas y 18 es el máximo para NTSC si va a realizar la codificación con MPEG-2 para publicar DVD.

Utilice VBR cuando vaya a transmitir contenido en secuencias dentro de su intranet y por Internet. Los búferes se pueden configurar para almacenar entre 5 segundos y un minuto para Internet y las redes de ancho de banda amplio.

Escoja una configuración de velocidad de bits CBR cuando vaya a transmitir en secuencias a redes con un ancho de banda reducido, como redes de telefonía móvil que emplean protocolos GPRS. Para estas redes de ancho de banda reducido, lo ideal es una configuración CBR con un búfer inferior a 5 segundos.

En circunstancias en que la velocidad de bits cambia y se producen picos debido a que el contenido contiene fundidos entre escenas o períodos de mucho movimiento, la compresión en 2 pasadas produce una reducción de bits. No se puede aplicar a las videoconferencias, que deben tener una compresión de 1 pasada y latencia nula.

Omisión automática de fotogramas

Popwire Compression Master y otras herramientas de codificación de Popwire incluyen una función denominada Frame Skip Probability, que entra en juego cuando no se puede mantener la velocidad de bits.

El valor que se defina en este parámetro establece la prioridad para los fotogramas que pueden omitir durante la codificación para mantener la velocidad de bits deseada. Cuando codifique una grabación para emplearla en plataformas como GPRS o móviles 3G, sirve de ayuda debido a las extremas limitaciones del ancho de banda. También es beneficioso para el contenido que se ha transmitido en secuencias a través de una conexión de acceso telefónico por módem.

El software de codificación de Popwire permite configurar los fotogramas clave en cuatro modos diferentes:

- Natural Key Frames Only: El códec decide cuándo insertar un fotograma clave. Este modo se podría utilizar cuando se detecta un cambio de escena, por ejemplo.
- Natural Key Frames With Distance: Funciona de manera parecida a la selección anterior, pero establece un fotograma clave periódicamente, tanto si se detecta un cambio de escena como si no. Es útil para las conexiones con pérdida porque si ocurre un error de sincronización, el reproductor puede reconstruir su imagen de nuevo cuando llegue el siguiente fotograma clave. Puede determinar la distancia máxima en función de la calidad de servicio que se desee ofrecer.
- Key Frame (Every): Los fotogramas clave sólo se insertan en los intervalos indicados.
- All Key Frames: Cuando se emplean velocidades de bits muy altas, se pueden

descartar los fotogramas P y B y codificar solamente los fotogramas I para la transmisión. Produce una calidad de presentación muy buena, pero es menos eficaz en cuanto a los factores de compresión.

Definir el posprocesamiento que sea necesario

En la salida final no es necesario ningún procesamiento adicional aparte de comprimirla en el contenedor de archivos del tipo adecuado. También podría establecer en esta fase el destino para el archivo de salida comprimido.

Podría añadir algunas sugerencias en el archivo si pretende transmitirlo en secuencias. Es obligatorio para los archivos que se van a transmitir en secuencias mediante el protocolo RTSP. Omita este paso si no pretende transmitir los archivos en secuencias.

Otro posprocesamiento posible es incrustar pistas de texto, pistas URL u otros metadatos. Esto debe realizarse después de la compresión. Es mejor producir los textos de los subtítulos como una secuencia de texto aparte y no como una imagen incrustada, ya que produce una presentación más limpia sin artefactos de compresión. Además es mucho más eficiente con el uso de velocidad de bits.

Hay un posprocesamiento que tiene lugar cuando llega al cliente, pero esto es en el descodificador y ocurre después de que el flujo de bits se haya vuelto a convertir en un mapa de píxeles.

Instalar un servidor para la codificación por lotes

Si sólo va a llevar a cabo un trabajo de codificación de cuando en cuando, no merece la pena establecer un proceso de codificación por lotes. En cambio, si tiene un servicio de distribución de vídeo codificado, deseará poder enviar los trabajos de codificación a un grupo de codificadores de manera casi automática. En una situación más extrema, como cuando se tiene un gran sitio Web de noticias en el que se crean más de 200 clips de cinco minutos cada día para diversas plataformas, la única forma de solucionar el problema es un proceso de flujo de trabajo que controle un grupo de codificadores para el trabajo por lotes.

> **Truco:** Realice los trabajos de compresión en los ordenadores más rápidos que pueda encontrar. Así conseguirá una codificación con un movimiento más progresivo, más detalle y mejor sonido, lo que le permitirá acceder con mayor facilidad a una velocidad de datos más alta. ¡Y además terminará el trabajo más rápido!

Algunos productos tales como Popwire Compression Engine ofrecen una solución basada en servidores de potencia industrial. Otras posibilidades de gama alta son las soluciones de Telestream, que cuenta con un producto muy desarrollado para la transcodificación por lotes llamado Flip Factory. En el extremo inferior de la escala y bajo la etiqueta de "a medida " encontramos un flujo de trabajo controlado por AppleScript construido en torno a una aplicación que utiliza QuickTime. Incluso el modesto reproductor de películas que se ejecute en una instalación que tenga la suerte de contar con una licencia de QuickTime Pro se convierte en una potente herramienta al ser compatible con AppleScript.

Truco: Para los flujos de trabajo basados en lotes, utilice Telestream Flip Factory, Sorenson Squeeze, Discreet Cleaner, Popwire Compression Master o Apple Compressor.

La mayoría de las herramientas de compresión implementan el procesamiento por lotes de una manera u otra. Muchas aplican el método de carpetas de control, que son unas carpetas en las que pueden controlar la llegada de nuevos archivos y procesarlos en cuanto los detectan.

Procesos de garantía de calidad

Existen varios puntos dentro del proceso completo en los que el rendimiento de los sistemas debería someterse al control de garantía de calidad. Hay que comprobar la calidad de la imagen entrante. Normalmente se trata de un análisis subjetivo y puede ser que una persona no perciba ningún artefacto, mientras que otra puede estar horrorizada por lo que le parezca una calidad pésima.

Truco: La calidad cuesta dinero. Las herramientas baratas tienen mala calidad, así que compre siempre las mejores que se pueda permitir.

Esto es algo difícil de mecanizar, ya que la medición de la calidad de imagen es una labor dirigida hacia las personas. Se podrían aplicar principios mecánicos ejecutando descodificadores y cotejando la copia comprimida con la original, lo cual triplicará, como mínimo, el tiempo empleado en procesar el vídeo, porque los procesos de descodificación y comparación requieren una potencia de procesamiento informático similar y almacenamiento adicional.

El proceso de comparación debe ser algo "aproximado", ya que resulta difícil definir qué es exactamente un nivel de calidad lo bastante bueno. Una persona que no esté preparada en absoluto, que nunca haya visto pantallas de calidad excelente en los laboratorios, podría estar satisfecha con una calidad aproximadamente igual que la de una grabación VHS. Alguien que haya trabajado como ingeniero de investigación o diagnóstico para la televisión y haya visto las pantallas de televisión de definición muy alta en las conferencias NAB o IBA, considerará que esa misma calidad de nivel VHS deja mucho que desear.

Es difícil hacer este tipo de medición y comparación de manera automática, aun cuando se emplea algún tipo de inteligencia artificial. No existe nada que reemplace a la intervención humana a la hora de establecer la garantía de calidad de la instalación de compresión.

Luego está la parte técnica del proceso. Es posible que le hayan exigido ciertos requisitos de velocidad de bits, y debe verificar que el vídeo codificado cumple con ellos. Por ejemplo, si limita la velocidad de bits de un canal de vídeo en un múltiplex o transpondedor, no puede permitirse que la velocidad de bits del vídeo aumente repentinamente a menos que cuente con una reserva en otra parte del múltiplex. Si la secuencia de transporte que pasa por el múltiplex supera la capacidad de velocidades de bits disponible, el múltiplex se cortará y se interrumpirá la transmisión. El receptor se sincronizará de nuevo, pero los espectadores estarán descontentos.

Resumen: Cómo conseguir siempre una buena calidad

Hay aspectos del procesamiento de vídeo que tienen un efecto material en la calidad de la salida de vídeo comprimido. Para avanzar hacia nuestro objetivo de comprimir alguna grabación, nos será de ayuda comprenderlos. Deberíamos tenerlos presentes mientras planificamos el montaje de un sistema para hacer este trabajo de compresión.

De eso tratan estos últimos capítulos. Todo lo que hemos visto en el libro hasta este punto le preparaba para ese viaje, paso a paso a lo largo del proceso de codificación. En algún momento puede ser que haya pensado que algo no era relevante, pero ahora comprende por qué la compresión de vídeo funciona así. Recuerde la afirmación que hice al principio de uno de los primeros capítulos sobre retroceder en el tiempo y volver a inventar algunas de esas tecnologías para que pudieran comprimir con mayor facilidad.

Ahora puede apreciar 1) por qué la compresión se ha vuelto tan compleja y 2) que se debe a las decisiones tecnológicas escogidas en las primeras etapas del proceso evolutivo de la televisión. Esas decisiones fueron perfectamente razonables en su momento, pero nos están saliendo caras en cuanto a la potencia de procesamiento y al rendimiento en nuestros sistemas de compresión. Con la adopción mundial de los sistemas HDTV con exploración progresiva y que funcionan con formatos de pantalla parecidos en todo el mundo, puede ser que consigamos eliminar parte de esta complejidad en los próximos 10 ó 20 años.

En el último capítulo miraremos al futuro: hacia dónde podría dirigirse el vídeo digital en los próximos años y las implicaciones para la compresión de vídeo.

Capítulo 39

¿Adónde nos dirigimos ahora?

De vuelta a casa

Si ha leído hasta aquí, se habrá dado cuenta de que hay muchos detalles que entender a la hora de comprimir vídeo. Debe conocer muchas cosas además del proceso de compresión, porque la parte principal del trabajo tiene lugar antes de comprimir un solo fotograma.

Si se piensa en cada área de conocimiento por separado, ninguno de los pasos necesarios es demasiado complicado. Es sólo que hay muchos y si comprime el vídeo y olvida alguno de los trucos de preprocesamiento o los efectúa en un orden incorrecto, la calidad de la salida disminuye.

En este capítulo final miraremos más allá de la compresión para examinar algunos temas que surgen en el trabajo avanzado. Además ataremos algunos cabos sueltos y estudiaremos algunas ideas especulativas y nuevas tecnologías que aún no se han implementado, pero que podrían ser interesantes vías de investigación.

Los sistemas de procesamiento informático de alto rendimiento que están apareciendo, creados con agrupaciones masivas en paralelo ofrecen enormes ventajas en cuanto al rendimiento, lo que conduce a nuevas formas de abordar el proceso de compresión con algoritmos distribuidos. Un ejemplo de agrupación masiva en paralelo es la desarrollada por Virginia Tech. Este sistema es una agrupación de 1100 ordenadores Macintosh G5 de procesador doble, que están conectados entre sí mediante una red con conmutación muy rápida y que, además del sistema operativo instalado, cuentan con software para que se pueda compartir el trabajo entre tantos nodos como sea necesario. El sistema de Virginia Tech fue, durante poco tiempo, el tercer ordenador más rápido del planeta.

Los programadores ya están planteándose cómo tendría que dividirse la tarea de compresión de vídeo para distribuirse en tal sistema agrupado. Llevado al máximo, podríamos imaginar una agrupación de 1000 nodos que comprimiría el vídeo 1000 veces más rápido que un solo nodo. Está el problema de separar, distribuir y volver a unir los resultados, pero aunque esto ralentice un poco el proceso, es probable que los beneficios sigan siendo inmensos. Podría ser un avance dividir el vídeo en secuencias basadas en el número de fotogramas en un GOP cerrado, ya que simplifica el proceso de distribución así como la reagrupación de la salida codificada.

El futuro es digital

La televisión analógica está prácticamente acabada. Se están haciendo planes para el apagón final y la sustitución con servicios de televisión digital. De hecho es necesario que ocurra, porque de otro modo, el ancho de banda no estará disponible para los servicios de televisión de alta definición que se pretenden implementar.

La ciudad de Berlín ya ha cancelado todas las transmisiones analógicas y otras pequeñas poblaciones del mundo ya están en camino hacia la migración a una distribución totalmente digital.

¿Qué códec vencerá?

H.264 representa claramente el futuro en lo que respecta a la codificación de vídeo, al menos para los próximos 10 ó 15 años y posiblemente durante más tiempo. El códec VC-1 puede ganar protagonismo si el proceso de ratificación de los estándares, que está encontrando algunas dificultades y está tardando más de lo previsto, se acelera lo suficiente.

MPEG-4 es una gama de estándares importantísima. Abarca numerosas áreas distintas de trabajo y estandariza todo el entorno de edición multimedia. También será importante usar ese entorno MPEG-4 con MPEG-7 y MPEG-21, ya que describiremos el contenido con metadatos y controlaremos los derechos de su implementación con interoperabilidad.

La mayoría de lo que necesitamos para crear contenido MPEG-4 ya está disponible. Pero los archivos multimedia se crean en muchas formas distintas y en dispositivos diferentes. Cada vez han sido más los cambios necesarios para incluir compatibilidad MPEG-4 en toda la cartera de herramientas de edición en soporte digital. Sólo hace falta incentivar a la gente para animarla a crear los complementos o pequeñas actualizaciones.

Si un códec pretende imponerse y perdurar, la implementación del proceso de codificación debe costar el precio que la industria esté dispuesta a pagar. Esto requiere que la complejidad de la compresión no se convierta en una carga para la CPU, para que los tiempos de compresión sigan siendo reducidos.

El códec predominante debe ofrecer además la mejor relación de compresión disponible. A este factor se debe que los datos de salida sean menores que los de entrada.

Además es de vital importancia que la carga de trabajo de descodificación se pueda implementar en un hardware muy económico. Algunas pruebas de HD han demostrado que la HDTV codificada con H.264 presenta una calidad cuestionable en algunos sistemas de sobremesa muy potentes cuando se reproduce. La situación para VC-1 es aún peor porque el descodificador presenta una complejidad mayor. Y esto no va a aumentar sus posibilidades de ser adoptado.

Unos chips de descodificador de hardware especiales solucionarán esto y no está previsto que retrase mucho más la implementación de la distribución de servicios HDTV con codificación H.264.

Tal vez el futuro sea H.264

La codificación con el estándar H.264 es bastante independiente de los entornos MPEG-4. Es un códec independiente por derecho propio. MPEG-4 es sólo uno de los distintos contextos en que se puede aplicar. Dependiendo de si va a retransmitir una secuencia de bits televisiva o un servicio de ancho de banda basado en IP, es posible que pueda incrustar el vídeo codificado en un mecanismo de transporte MPEG-2 o en una secuencia RTSP de algún tipo.

Los complementos de códecs para H.264 estarán disponibles casi seguro para todas las plataformas y entornos en los que se utiliza actualmente la codificación de vídeo y en algunos otros que aún no lo hayan considerado.

La Unión Europea de Radiodifusión (UER) está desarrollando una estrategia para la televisión de alta definición en Europa. Aunque el formato exacto y la presentación no están del todo claros, parece muy probable que se adoptará el códec H.264. Queda por aclarar si el tamaño de trama será de 720 o de 1080 líneas, pero lo más seguro es que la exploración sea progresiva y la velocidad de fotogramas sea de 50Hz. Se están proponiendo velocidades de bits de unos 8 Mbps, lo que permitiría distribuir 2 canales dentro de un único múltiplex TDT. Un transpondedor de satélite digital podría transmitir 5 ó 6 canales de alta densidad con esta velocidad de bits, dependiendo de cómo se realice la multiplexación. Es evidente que H.264 está ganando popularidad en la industria de la televisión digital. Los operadores de televisión por satélite han señalado que es el códec que prefieren para los servicios televisivos de próxima generación.

O tal vez el futuro sea VC-1

Todo lo que podríamos decir sobre el potencial de H.264 se puede aplicar en gran parte al estándar SMPTE VC-1. Los dos se postulan como posibles esquemas de codificación para las retransmisiones de HDTV y para los reproductores de DVD de próxima generación.

El estándar VC-1 es independiente de Microsoft porque va a obtener la licencia a través de SMPTE o sus agentes. WM-9 seguirá disponible como una alternativa que responde a criterios muy distintos para la concesión de su licencia. VC-1 podría encontrarse disponible e implementarse en todos los sistemas operativos. WM-9 estará disponible en Windows y en cualquier otra plataforma que Microsoft considere beneficiosa para su marketing.

Probablemente se podrán adquirir complementos de códecs para VC-1 para la mayoría de plataformas y entornos en los que se use la codificación de vídeo. En esta fase parece que no será tan predominante como H.264, pero aún es demasiado pronto en el ciclo de vida de estos dos códecs y es difícil anticiparse al futuro a corto plazo para ambos.

La mayor incógnita sobre VC-1 es el progreso actual del proceso de estandarización. Parece estar empantanado en una serie de discusiones y no avanza tan rápido como se previó en un principio. Al principio, Microsoft prometió un estándar al cabo de 6–12 meses del comienzo del proceso. Un año más tarde, aún no han marcado ninguna fecha exacta para la publicación del documento final, probablemente debido a que no se calculó bien el trabajo necesario. Al final seguro que se producirá un documento del estándar VC-1, pero la cuestión ahora es si llegará a tiempo para ganar una cuota de mercado que no haya copado ya H.264.

Las posibilidades de que VC-1 se imponga de alguna manera parecen desvanecerse a medida que H.264 gana aceptación. Algunos predicen que si VC-1 se llega a implementar no durará mucho y lo más probable es que lo reemplace H.264, ya que el estándar abierto es más atractivo. Algunos servicios de televisión por satélite han declarado ya que no se plantean utilizar VC-1. Tendremos que esperar a ver cómo evoluciona esto.

Formatos básicos del W3C

Los formatos básicos del World Wide Web Consortium (`http://www.w3.org/TR/2000/WD-smil-boston-20000622/baseline_formats.html`) describen los distintos tipos de archivo multimedia que se emplean dentro de un contenedor SMIL. Éste realiza muchas cosas que Flash y MPEG-4 podrían hacer con presentaciones interactivas, pero carece de la posibilidad de comprimir toda la presentación en un único contenedor.

Parece que queda mucho por hacer con este estándar del W3C, pero sin duda merece la pena observarlo. SMIL ofrece algunos mecanismos de previsualización rápida y presentaciones sencillas, es notablemente fácil de publicar empleando los entornos existentes y sistemas de flujo de trabajo que ya están implementados para publicar sitios Web generados dinámicamente, XML y canales RSS.

Multimedia con MPEG-4

Un rasgo distintivo importante de MPEG-4 trata sobre temas que escapan a los límites de la compresión de vídeo. Entra en juego la generación de modelos en 2D o 3D, y gran parte de MPEG-4 está concebido para el desarrollo de contenido multimedia e interactivo.

Las herramientas de edición multimedia utilizarán vídeo comprimido como un objeto de activos que se agrupará junto con otros activos en una aplicación compuesta que se reproduzca en un dispositivo de destino adecuado.

Encontrará mucha más información sobre MPEG-4 y otros estándares relacionados, como MPEG-7 y MPEG-21, en el sitio Web de MPEG Industry Forum: `http://www.mpegif.org/`.

¿Por qué es diferente MPEG-4 de los demás formatos de vídeo?

Dado que MPEG-4 se parece mucho a un estándar de vídeo, se diferencia un poco de los estándares MPEG anteriores. Los avances en la compresión de vídeo correspondientes a MPEG-1 y MPEG-2 son sólo una pequeña parte de la especificación de MPEG-4. Las demás partes describen el audio estructurado, escenas tridimensionales, mallas y todos los tipos de construcciones basadas en objetos.

Entorno de capa de sistemas MPEG-4

La capa de sistemas MPEG-4 ofrece un entorno de construcción de escenas mucho más sofisticado, que permite estructurar el audio y el vídeo incluso en escenas tridimensionales. También presentan interactividad, compatibilidad con secuencias de comandos y código activo programado en Java y Javascript.

Múltiplex flexible MPEG-4

El múltiplex flexible o FlexiMux ofrece una manera de entrelazar datos de secuencias elementales independientes en una secuencia de bits en serie. MPEG-2 podía hacer esto, pero carecía de algunas capacidades importantes para asegurar que esa puntualidad se pudiera sincronizar con eventos externos.

MPEG-4 está diseñado para administrar un número enorme de secuencias simultáneas y solucionar los problemas de interrelación y sincronización de desencadenadores que son muy difíciles de resolver cuando se implementa MPEG-2 en sistemas de retransmisión de vídeo digital (DVB), por ejemplo.

Modelo jerárquico basado en objetos

El entorno MPEG-4 es un método de estándar abierto para almacenar vídeo basándose en objetos. Es muy parecido al modo en que se almacena el contenido en una película QuickTime, y la promoción de Apple afirmaba que "tanto MPEG-4 como QuickTime proceden del mismo ADN".

Esto promete una gran disponibilidad de herramientas para editar contenido MPEG-4 y no sería muy difícil convertir los mecanismos de exportación que escriben actualmente los archivos QuickTime para que, en su lugar, creen archivos contenedores (BIFS) de objetos MP4.

Descripciones de escenas

MPEG-4 sitúa todos los objetos de vídeo en una descripción de escena. Es posible que la escena se limite a describir una superficie que esté totalmente cubierta por un objeto de vídeo, por lo que no se percibirá una diferencia importante con respecto a la manera en que funciona un reproductor de vídeo MPEG-2.

Esto ofrece importantes ventajas porque este entorno escénico es un verdadero espacio tridimensional. También admite presentaciones muy interesantes que tienen la apariencia de haber empleado una unidad de efectos de vídeo digital. Las escenas se describen en un lenguaje denominado BIFS, que son las siglas inglesas de formato binario para la descripción de escenas (*Binary Format for Scenes*). BIFS ha evolucionado a partir del estándar VRML, que se utilizaba a finales de la década de 1990, pero cuya implementación no se extendió en aquel momento.

Construcción de escenas

En MPEG-4, BIFS ofrece algunas técnicas muy sofisticadas para dividir una escena en los objetos que la componen. El primer plano y el fondo se transmiten por separado y después se componen formando una sola imagen en el sistema de reproducción. El fondo podría ser una imagen estática, mientras que en primer plano podría haber un presentador. El pronóstico del tiempo se suele crear de esta manera, con un gráfico generado por ordenador insertado en el fondo detrás de un presentador.

MPEG-4 permite distribuir imágenes por separado y teniendo en cuenta la eficacia de compresión, podría reducir la velocidad de bits a un 20 por 100, o menos, en comparación con la codificación de vídeo de pantalla completa en MPEG-2.

El contenido interactivo MPEG-4 sólo se ha probado en su forma prototípica por ahora, aunque se ha anunciado mucho como una nueva tecnología en 2001. Las empresas iVAST (ahora conocida como DG2L) y Envivio ya tenían herramientas en el mercado en 2002.

Están empezando a aparecer herramientas para desarrollar los componentes interactivos de capa de sistemas (con BIFS). Existen recursos en Internet como el MPEG Industry Forum (MPEGIF) antes mencionado, con enlaces a los sitios Web de los distribuidores en los que se pueden descargar kits de código abierto y demostraciones de las herramientas patentadas. Véase por ejemplo `http://www.mpeg4.net/resources/`.

Modelo de pantalla multiplanar

La escena BIFS permite crear una presentación multiplanar, como objetos flotando unos delante de otros y cambiando de transparencia. Todos estos efectos están disponibles en los sistemas de codificación anteriores a MPEG-4, pero el código especial tenía que integrarse en la aplicación para administrar los efectos. Ahora, con MPEG-4, es una capacidad integral del reproductor. Esto ahorra mucho trabajo como desarrollador de aplicaciones de reproducción, ya que este reproductor estará incorporado indefectiblemente como un componente del sistema operativo (aunque aún no lo está). Cuando lo esté, el contenido incorporará la inteligencia, para no tener que delegar en la aplicación el control de la toma de decisiones.

Anidamiento

Como una escena BIFS se construye insertando un objeto de vídeo, podrá conseguir el efecto que desea descomponiendo la escena en una serie de paquetes BIFS anidados. MPEG-4 permite incrustar otro paquete MPEG-4 dentro de la escena en la que esté trabajando. Esto supera la complejidad permitida del perfil y nivel que vaya a aplicar. Debería comprobar que el reproductor sea compatible pero, siempre que esta composición cumpla con el estándar, debería funcionar. Ha demostrado ser viable con el complemento EnvivioTV.

Audio estructurado

Si se acuerda, en uno de los primeros capítulos explicamos la compresión del audio lineal introducido junto con el vídeo. MPEG-4 admite varios objetos de audio distintos.

El estándar MPEG-4 describe mucho más que la compresión de audio en formato AAC, que se está volviendo más popular. Además contempla un audio estructurado que permite distribuir muestras de voz y de música con instrucciones sobre cómo volver a sintetizar la salida en el receptor/reproductor. Esto ofrece una manera de distribuir audio de alta calidad a una velocidad de bits extremadamente reducida, pero requiere que el reproductor tenga una complejidad igual que la de un secuenciador MIDI y un sintetizador de software. Esto sobrepasa las posibilidades de los reproductores MPEG-4 actuales, exceptuando los de unos pocos laboratorios, pero es una vía interesante para el futuro desarrollo, especialmente cuando se combine con la descripción de escenas BIFS para que se puedan insertar fuentes sonoras en un entorno tridimensional.

Es muy probable que estos componentes de audio estructurado se editen en otras herramientas como editores MIDI o conversores de texto a voz, herramientas muy extendidas. Sólo hace falta que se incluya la compatibilidad con MPEG-4 progresivamente.

Vídeo codificado con textura

El estándar MPEG-4 considera el vídeo como una textura que se pinta en la superficie de un objeto. Aparte de eso, el vídeo se codifica de manera parecida al proceso de codificación con MPEG-2 empleando algoritmos DCT.

Las formas sencillas como los rectángulos son fáciles y ya se pueden conseguir. Sólo hay que indicar el tamaño del rectángulo necesario. La única limitación es que el tamaño del rectángulo con textura debe ser un múltiplo entero del tamaño de un macrobloque.

La forma del objeto en el que se "pinta" el vídeo puede cambiar de apariencia visual. No es lo mismo que un vídeo codificado mediante formas alfa, sino que se parece a proyectar una imagen de película en el lateral de un edificio. Las superposiciones se saldrán por los lados, pero de todas maneras se seguirán proyectando.

Gráficos animados

Los gráficos animados se usan como objetos de fondo estáticos y pueden ser mucho mayores que el rectángulo de visionado. La imagen del gráfico animado se distribuye al principio de la secuencia y después se le pueden aplicar las panorámicas y barridos que sean necesarios para utilizarlo como imagen de fondo. Algunos sistemas de animación tratan los gráficos animados como sobreimpresiones de caracteres con animación de celdas, pero parece que los gráficos animados no se usan así en MPEG-4. Este tipo de animación se procesa por separado.

Existen ciertas técnicas para mejorar la eficiencia que distribuyen sólo aquellas partes del gráfico animado que son necesarias, cuando son necesarias. Algunas de las herramientas cuentan con una función de análisis del ancho de banda para ayudar a esto. Envivio 4Mation (originalmente conocido como Broadcast Studio Author) integra esta función. LiveStage Pro tiene una herramienta llamada Deliverator que hace el mismo trabajo, pero por ahora sólo sirve para las películas interactivas de QuickTime.

Modelos de malla

El contenido de vídeo se puede aplicar como una textura a un modelo espacial en movimiento. Existen varios ejemplos comunes en los que un pez en movimiento se modela como una malla. Esta malla se distorsiona en el espacio cuando se reproduce una imagen de vídeo que recubre la superficie.

Animación facial y corporal

La animación de caras y cuerpos está diseñada para admitir avatares y otros modelos similares en un caso especial de técnica de aplicación de texturas basadas en mallas. Si se utiliza la animación facial especificada por MPEG-4, las videoconferencias tendrán lugar a velocidades de bits de 1 Kbps o más.

La versión 2 de MPEG-4 es compatible con la animación corporal, y es posible reducir los datos considerablemente empleando estas técnicas estructuradas para recrear la escena deseada.

Esto queda fuera del dominio del vídeo comprimido y pertenece más bien al terreno de los efectos especiales animados por ordenador. Los sistemas de pantalla no suelen tener la capacidad de procesamiento informático necesaria para permitir el modelado fotorrealista de este tipo de animación estructurada, pero ya llegará a su debido tiempo.

Esta tecnología está diseñada para implementarse en situaciones móviles. Cuando la cámara móvil pueda "leer" el rostro con fiabilidad y reducir la expresión a una descripción matemática, será posible obtener velocidades de bits muy bajas.

Perfiles y niveles

Los problemas relativos a la complejidad se han simplificado un poco gracias al trabajo realizado por la alianza ISMA (*Internet Streaming Media Alliance*), que ha desarrollado una serie de perfiles y niveles que delimitan el problema. El reproductor determina cuál es el perfil, para saber qué funcionalidad deberá activar. El nivel le indica el ámbito y el tamaño de los datos que debe procesar.

En el Apéndice G se detallan los perfiles y niveles disponibles para los implementadores del estándar MPEG-4. Debe tener cuidado de codificar el vídeo con un perfil y nivel que se correspondan con el reproductor de destino. Si no lo hace, entonces el reproductor debería mostrar un mensaje de error y advertir de que no es compatible con ese formato. Eso es lo que ocurriría en el mejor de los casos. Los reproductores que no cumplan con la normativa intentarán descodificar la secuencia suponiendo que está bien y enseguida se encontrarán con graves dificultades.

Un reproductor con una implementación especialmente buena podría ser lo bastante inteligente para no tener en consideración los aspectos más complejos del vídeo que no puede descodificar. La reproducción se verá afectada negativamente, pero aparecerá una imagen en movimiento aceptable, aunque no tenga una calidad superior.

Queda mucho para que veamos estos reproductores, ya que el estándar MPEG-4 es aún muy reciente y los requisitos de concesión de licencia son tantos que hacen que mucha gente desista de adoptarlo ahora.

Análisis de riesgos de MPEG-4

Si piensa incluir MPEG-4 en su estrategia, debe conocer los riesgos que entraña. De hecho, sólo hay un pequeño número de empresas que ofrecen herramientas de edición de MPEG-4, que están recogidas en los apéndices. En potencia hay muchas más, pero deben actualizar las herramientas que ya tienen para que sean compatibles con el contenido MPEG-4 además del que ya admiten.

La compatibilidad con BIFS crecerá a su debido tiempo cuando se quiera añadir el mismo contenido interactivo multiplataforma en World Wide Web, DVD, PVR y televisión en abierto. MPEG-4 tiene el potencial de ofrecer ese modelo genuino de "editar una vez, implementar en cualquier lugar".

Actualmente se corre el riesgo de limitarse a un reproductor/códec minoritario. Los aspectos de vídeo son portátiles y se pueden reproducir en una gran variedad de plataformas, pero la compatibilidad con BIFS aún está bastante restringida y las herramientas de edición para este lenguaje son escasas.

Aunque se corren riesgos al adoptar MPEG-4, también se corren riesgos al ignorarlo. Puede que se quede atrás. La situación de concesiones de licencia está prácticamente resuelta y, cuando las condiciones se vuelvan más atractivas, enseguida aumentarán las solicitudes. Si elige lo que hoy en día parece ser una alternativa interesante y se limita a ella, puede que lamente esa decisión al cabo de unos 12 ó 18 meses. Es una buena estrategia optar por dejar abiertas las posibilidades en esta fase.

Aún quedan algunos asuntos pendientes respecto a las licencias múltiples e individuales necesarias para el audio, el vídeo, BIFS y la capa de sistemas MPEG-4. En la actualidad no hay ningún incentivo para solucionarlos porque no hay reproductores y nadie está creando contenido de manera comercial. Estoy convencido de que esto se resolverá adecuadamente cuando llegue el momento.

Por supuesto, ofrece muchas ventajas posibles. El estándar MPEG-4 tiene el potencial de revolucionar totalmente la distribución de vídeo lineal y los servicios multimedia interactivos. Las posibilidades interactivas superan lo que es posible y lo que se ha conseguido hasta ahora en la televisión digital, la televisión interactiva y los productos DVD.

Resumen de las aplicaciones de MPEG-4

Espere a ver los aspectos de vídeo de MPEG-4 (H.264) cuando se implementen en dispositivos móviles. Las agendas digitales personales (PDA) podrían hacer un gran uso de los contenidos multimedia si se pudiera desarrollar un reproductor ligero y compacto con el procesamiento informático lo bastante pequeño.

Se están implementando todo tipo de dispositivos en el mercado de consumo, como unidades telefónicas con directorios telefónicos y funciones de fax integradas; los videófonos, que son distintos de los dispositivos habilitados para la captura de vídeo, tampoco se quedarán muy atrás.

La implementación de la compra de alimentos desde una consola instalada en el frigorífico estableciendo una relación de comercio electrónico con la tienda de comestibles es casi insignificante.

Es posible distribuir guías electrónicas de programación equivalentes en profundidad de su contenido a una revista de programación televisiva publicada en papel. Podrían incluirse dentro del DVR y vincularse a un servicio de datos remoto.

Interactividad portátil entre plataformas

Los experimentos realizados con la herramienta de edición Envivio Broadcast Studio Authoring Tool (ahora llamada 4Mation) han demostrado que es notablemente portátil. Envivio ha producido un complemento (EnvivioTV) que mejora las capacidades de QuickTime, RealNetworks y el reproductor de Windows Media lo bastante para comprender las descripciones de escenas BIFS.

También funciona en Mac OS X y Windows, posibilitando una experiencia de "reproducción en cualquier lugar" que sólo requiere una edición. Esto es algo que llevaban tiempo esperando los proveedores de servicios multimedia y audiovisuales basados en Web.

El equipo de televisión interactiva de BBC News produjo un prototipo de programa interactivo empleando las herramientas Envivio y lo presentó en la conferencia NAB 2003 celebrada en Las Vegas. Este trabajo también se presentó como ponencia en la conferencia Euro-iTV de Brighton en marzo de 2004. Consulte las actas de la conferencia Euro-iTV para obtener más información: `http://www.brighton.ac.uk/interactive/euroitv/index.htm`.

La versión de demostración de BBC Newsnight funciona por igual en cualquiera de los tres reproductores, independientemente del tipo de escritorio que se utilice. La figura 39.1 muestra una captura de pantalla como ejemplo.

Figura 39.1.

Captura de pantalla de la demostración Newsnight.

Envivio merece los elogios por su labor en los aspectos interactivos del estándar MPEG-4. Envivio y el instituto Fraunhofer son miembros de un grupo selecto de investigadores que están llevando esto hacia adelante.

Debería consultar Envivio para más información sobre sus herramientas de edición. El complemento de Envivio será necesario hasta que Apple, RealNetworks y Microsoft implementen la compatibilidad nativa con BIFS en sus reproductores. Si va a solicitar el complemento Envivio, es de bastante mala educación obtenerlo para reproducir contenido que haya creado con los productos de la competencia. Lo honesto es hablar con el personal de Envivio sobre hacer negocio con ellos si tiene planeado explotar su generosidad al proporcionarle un complemento para el reproductor.

Grabaciones obligatorias de interactividad

Las mismas reglas de grabación obligatoria se aplican al contenido interactivo y multimedia. Éste es un hueso duro de roer. Para grabar el material interactivo es necesario que considere el proceso de grabación de una manera totalmente distinta.

La grabación obligatoria de vídeo se basa en la sustitución de un sistema analógico por otra cosa que simplemente digitalice el contenido analógico. Para preservar los datos interactivos que se hayan transmitido, es necesario extraer las partes relevantes del flujo de datos y grabarlas. Esto permite extraer el vídeo digital y almacenarlo también.

Un método completamente digital reduce la cantidad de hardware necesario y la implementación se puede instaurar de una manera más repartida.

Hay problemas con la agregación de marcas de tiempo y la relevancia de reproducir contenido interactivo almacenado, especialmente si enlaza a una conexión en red. Es posible que los servicios remotos a los que se haya accedido cuando se emitiera el vídeo no estén disponibles más tarde cuando se solicite la investigación del cumplimiento de las normas. Estos problemas también tienen importancia para los sistemas basados en DVR que almacenan contenido multimedia para la reproducción con cambio de horario.

Queda mucho por investigar para que la grabación multimedia se convierta en una propuesta viable.

Incrustación codificada mediante formas

Se está trabajando para adaptar la compatibilidad con la composición de vídeo codificado mediante formas de canales alfa presente en MPEG-4 Parte 2 para que también pueda adoptarlo la Parte 10. Esto implica cambios en la estructura de archivos y la introducción de nuevos tipos de átomos. Después de ordenar los macrobloques en el archivo de acuerdo con su secuencia de descodificación, será necesario provocar la descodificación de los bloques con enmascaramiento del canal alfa. Si implementa un mate en movimiento (véase la figura 39.2) para componer una imagen en movimiento sobre otra, es posible con el vídeo codificado con H.264, que es más compacto.

Figura 39.2.

Mate en movimiento codificado mediante formas.

Si utiliza el vídeo codificado mediante formas y las imágenes estáticas como fondo, se ampliarán las posibilidades de ofrecer algunos controles interactivos para ver las imágenes como una presentación de diapositivas con muy poca sobrecarga de velocidad de bits. Puesto que los activos ya se han distribuido, la única sobrecarga de codificación adicional es un pequeño gráfico de botón y un poco de código de comandos.

Datos ocultos dentro del vídeo

Desde mediados de la década de 1970, las emisoras han estado insertando cada vez más información oculta en la secuencia de vídeo. Debido al ancho de banda del sistema de transmisiones, existen límites en la capacidad de estos datos ocultos. Los servicios de texto lo utilizan para distribuir sus datos en las líneas que normalmente quedan fuera del área visible de la imagen. En teoría, se podrían incrustar datos en cualquiera de las líneas que no se empleen para la información de imagen. En la práctica, sólo se usan unas pocas de ellas.

Los circuitos de entrada de vídeo pueden conservar o no esta información en el punto de introducción. Algunos suprimirán las líneas que no contienen verdaderos datos de imagen. En tal caso no podrá usar esas líneas de datos como ayuda para el flujo de trabajo. Si las líneas de datos se conservan intactas, entonces el flujo de trabajo podrá aprovechar estos datos al incluir código adicional complementario.

Señales de Teletexto

La fuente de datos más prolífica aparte de la imagen es el suministro de datos del Teletexto. En el Reino Unido y otro países, ofrece mucha información útil. Por ejemplo, hay una completa programación televisiva de las 24 horas siguientes. También ofrece información sobre los programas, información meteorológica, sobre el tráfico y noticias. Probablemente una de las características más populares de este servicio sean los resultados deportivos en directo, que se actualizan muy rápido en cuanto salen los resultados.

Por supuesto, gran parte de estos datos sólo es útil durante la emisión y su presencia sólo está garantizada en las señales directas de emisión terrestre. Los aparatos de vídeo conservan algunos de los datos, pero la grabación no conserva todas las líneas disponibles. Los datos se ven gravemente afectados por la falta de un ancho de banda suficiente, que tal vez no contenga ninguna información válida.

Los estándares para transmitir los datos de Teletexto son muy conocidos y están a disposición del público en Internet. No es complicado, y un sencillo rebanador de datos que actúe como un umbral del 50 por 100 acoplado a un analizador de trama debería poder extraer la información sin ninguna dificultad, si las líneas son accesibles en el dominio digital.

Subtítulos y transcripciones

El servicio de Teletexto en el Reino Unido (y en otros países) incluye un servicio de subtítulos para sordos en la página 888. Si puede detectar los datos del Teletexto, es posible que pueda extraer los textos de los subtítulos e insertarlos en una secuencia de texto dentro del archivo de almacenamiento de vídeo en el momento de procesar el vídeo. Al conservar las líneas para recortarlas después, puede extraer estos datos de manera independiente, como un proceso separado.

Los datos de las señales panorámicas en las transmisiones PAL también sirven para indicar el tipo de subtitulado que se incluye.

Por ejemplo, indica si los subtítulos tienen lugar dentro de los datos del Teletexto.

Señal de relación de aspecto

Ciertamente es útil saber si el contenido se ha concebido para su visualización con relación de aspecto normal o panorámica. Estas señales se pueden detectar al procesar algún contenido de emisión terrestre. Esta extracción desde un servicio analógico es igual que la extracción de los datos del Teletexto.

En el servicio NTSC, la señal se sitúa en las líneas 20 y 283, pero en el sistema PAL la señal sólo está presente en la línea 20. Además, el formato de la señal también es distinto. En los datos de señales panorámicas en el sistema PAL hay muy pocos valores de datos adicionales dedicados al servicio.

En el formato de conexión S-VHS, la señal panorámica es suministrada por una tensión de equilibrio de corriente continua que no afecta a la transmisión de la información de imagen y que se puede detectar fácilmente en el punto de recepción.

Esta señal también se implementa en los servicios de televisión digital, pero como es natural, se hace de una forma totalmente distinta. Es posible señalizar la relación de aspecto en el encabezamiento MPEG, pero si la señal se distribuye dentro de la secuencia, debe aparecer en el límite de un grupo de imágenes (GOP). El encabezado admite un campo con relación de aspecto de 4 bits que se puede establecer para indicar las muestras cuadradas, de 4:3 ó 16:9. Hay otros valores, pero no tienen importancia. Otro campo de 4 bits en el encabezado describe la velocidad de fotogramas del vídeo. Y una vez más, no se utilizan todos los valores. Estos valores se codifican en el encabezado de la secuencia de vídeo. En este libro no explicaremos los "bits y bytes", pero en el capítulo 14 hablamos algo de la organización y la estructura de la secuencia de bits.

Cuando procese las grabaciones de emisión terrestre, tal vez pueda emplear las señales panorámicas para identificar dónde se encuentran las pausas para los anuncios. Al menos en el Reino Unido, la publicidad se emite en formato panorámico, incluso en las pausas durante las retransmisiones con relación de aspecto de 4:3.

Cine digital y subtítulos

Ahora que las películas se pueden distribuir de forma digital, también se pueden añadir los subtítulos sin que sea necesario crear una impresión adicional. Los datos textuales se almacenan en una pista que se reproduce al lado de la imagen y son los mismos datos que se retransmitirían en un sistema televisivo.

La compañía DTS que desarrolla los sistemas de sonido envolvente ha encontrado una manera de sobreimprimir los subtítulos en el momento de la proyección. Como la compañía es muy versada en la sincronización de bandas sonoras de varios canales en películas y vídeo, resulta muy fácil sincronizar una pista de subtítulos.

El sistema DTS (`http://www.dtsonline.com/`) distribuye el audio en un disco

CD-ROM aparte, lo que permite distribuir una impresión genérica de la imagen de la película, que es la misma para todo el mundo. Para producir las distintas bandas sonoras simplemente se cambia el disco.

Los datos de los subtítulos están sincronizados y se presentan con un proyector auxiliar que renderiza la sobreimpresión y la proyecta sobre la imagen normal. Es una idea tan simple que resulta increíble que a nadie se le haya ocurrido hace años.

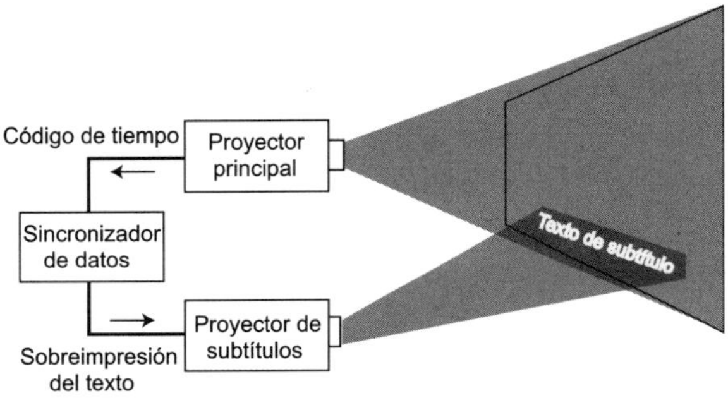

Figura 39.3.

Proyección de la sobreimpresión de subtítulos con el sistema DTS.

Este método es beneficioso desde el punto de vista de la codificación, porque el texto no se codifica muy bien y estos subtítulos estarían en un plano de movimiento distinto, lo que invalidaría el uso de la compensación de movimiento en el área que ocupan.

Sistemas DVR

La convergencia de la televisión y la informática continuará con TV-Anytime y otras tecnologías, que añaden valor a la oferta de visualización.

La industria de la televisión en abierto se enfrenta a un panorama en el que la programación será reemplazada por sistemas de reproducción almacenados en caché y diseñados de acuerdo con los dispositivos TiVo. Esto tiene unas implicaciones importantísimas para la interactividad, y para garantizar que los programas se emitan a las horas programadas.

Sería impensable volver a ver la televisión como antes después de haber usado un TiVo durante cierto tiempo. Fácilmente se convertirá en la forma predominante de ver la tele.

Se especula que TiVo lleva algún tiempo preparando ideas muy buenas para implementarlas en el futuro. Por ahora, ya han innovado en algunas mejoras muy interesantes de sus productos.

PDC

El control de distribución de programas (PDC, del inglés *Program Delivery Control*) (`http://625.uk.com/pdc/`) se introdujo para indicar a un aparato de vídeo el inicio y el fin de la grabación de un programa. Está disponible en el Reino Unido y en algunos servicios europeos de televisión en abierto.

No todas las emisoras han implementado el equipo necesario para ofrecerlo y algunas no siempre cumplen con la puntualidad necesaria para que resulte útil. No obstante, PDC proporciona un práctico mecanismo para activar un proceso de codificación si la información se puede capturar en el momento de la adquisición. El código PDC se transmite aproximadamente una vez cada segundo durante el programa y contiene un código de identificación del programa, que es lo que busca el reproductor de vídeo.

TV-Anytime

TV-Anytime (`http://www.tv-anytime.org/`) es un estándar que ha sido desarrollado por fabricantes y emisoras para describir un subconjunto de los metadatos asociados a un programa televisivo. Este subconjunto podría resultar útil para crear una guía de programación electrónica (EPG) y contiene todo lo necesario para producir experiencias PVR o DVR satisfactorias para el usuario final.

La parte central del estándar gira en torno a la descripción de un identificador de referencia del contenido o CRID (*Content Referencing Identifier*), que identifica de manera exclusiva cada elemento del contenido. Ese elemento podría ser un programa, una serie de programas o incluso un fragmento de un programa. Al utilizar fuentes de metadatos que se encuentran a disposición del público, el dispositivo PVR puede encontrar, gracias a un motor de búsqueda, los CRID que respondan a una consulta particular, que podría ser el nombre del programa u otra información descriptiva sobre el género o el carácter del programa.

Cuando ha obtenido un CRID (o posiblemente varios), el dispositivo PVR los resuelve para descubrir la ubicación del programa, que podría ser una URL en Internet o podría ser la fecha, hora y número de canal para un servicio de retransmisión. El dispositivo PVR realiza los preparativos necesarios para obtener el programa cuando esté disponible.

Metadatos

La preparación de metadatos se está volviendo una parte cada vez más importante del proceso del flujo de trabajo. Gracias a ella, los clientes podrán buscar el contenido con metadatos a disposición del público que se sirve desde repositorios de índices ubicados en Internet.

Aquí es donde se hace evidente la importancia que tiene una plataforma mixta que combina la retransmisión con una conexión en red. Es el modelo que TiVo lleva usando desde que lanzó su servicio. La conexión en red (en el caso de TiVo y los módems de acceso telefónico a redes) sirve para recopilar los datos de la programación. Después se componen y se filtran aplicando las preferencias definidas por el espectador y se activan las grabaciones pertinentes.

MPEG-7

El estándar MPEG-7 está concebido para ampliar los demás estándares MPEG y proporciona una interfaz para la descripción del contenido multimedia. Como tal, no describe los activos multimedia o la experiencia interactiva por sí solo. Eso se realiza mediante MPEG-4. En cambio, MPEG-7 maneja la información sobre los archivos multimedia que facilitan la administración y la archivación. Esta "información sobre los datos" se denomina metadatos.

Por tanto, MPEG-7 estandardiza los metadatos que describen la finalidad y el significado de los archivos multimedia, mientras que MPEG-4 describe los datos esenciales.

Esta abstracción es bastante importante. Si tiene un clip de vídeo, el archivo reproducible se describe mediante MPEG-4, pero la descripción textual de él deberá almacenarse como un objeto MPEG-7.

MPEG-21

Este estándar se basa en los primeros trabajos realizados con MPEG-1, 2, 4 y 7, que describen el contenido multimedia y proporciona la abstracción entre los datos esenciales y los metadatos. El trabajo de MPEG-21, que actualmente está en curso, trata sobre el desplazamiento de los archivos por una red y su consumo por parte de los usuarios en distintas plataformas. También estudia el problema de la administración de derechos digitales. Al igual que los estándares anteriores, los documentos de MPEG-21 se dividen en varias partes. Para que se puedan fabricar productos compatibles se desarrollarán perfiles que reduzcan su complejidad.

Hitos históricos y un vistazo a la bola de cristal

Para situar el trabajo actual en su contexto y ver el trabajo que se está realizando con los nuevos estándares, la tabla 39.1 muestra algunos hitos importantes en el mundo de la compresión de vídeo y audio hasta la fecha. También miraremos un poco al futuro, basándonos en los anuncios y lanzamientos de proyectos que se han hecho públicos por ahora. En el horizonte se presentan algunos desarrollos interesantes. Por supuesto, está por ver si estas predicciones se harán realidad.

Tabla 39.1.

Historia de la tecnología relacionada con la compresión.

Año	*Hito*
1982	Aparecen los discos compactos (CD), que ofrecen muestras de 44,1 KHz a una velocidad de bits de 705 Kbps por canal.
1990	La fecha es aproximada, pero H.261 hace su aparición en algún lugar.
1991	Se presenta QuickTime 1.0.
1992	MPEG-1 produce vídeo en el ordenador personal, Internet y en discos de formato CD.
	Versión de QuickTime para Windows.
1993	Estándar de audio MPEG-1 capa 3 (MP3). Se puede conseguir una calidad aceptable a 80 Kbps por canal.
	Durante este año la ITU empieza a trabajar en H.26P, que más tarde se convertiría en H.263.
	También iniciaron el trabajo en H.26L, que evolucionó a H.264.
	Se presenta la compatibilidad de QuickTime con MPEG.
	Apple, Oracle y British Telecom realizan trabajos experimentales y ensayos de campo en el Reino Unido sobre descodificadores informatizados y la distribución de televisión a través de redes de cable.

Año	Hito
1994	QuickTime 2.0 y presentación de QTVR para Mac OS y Windows.
	Aparecen H.262 y MPEG-2.
1995	Desarrollo de H.263 para las aplicaciones de videoconferencia.
1997	MPEG-2 Advanced Audio Coding (AAC). Normalmente funciona a unos 64 Kbps por canal.
	La ITU formó el VCEG (*Video Content Experts Group*) este año.
	QuickTime 3.0 introduce muchas funciones nuevas.
	QuickTime 4.0 introduce una arquitectura interactiva que después será explotada por LiveStage.
1998	La ITU abre una convocatoria de propuestas tecnológicas para su inclusión en H.26L.
1999	Se estudia el vídeo MPEG-4 Parte 2.
2001	MPEG solicita propuestas para incorporar tecnologías de compresión en el video MPEG-4. Contesta la ITU.
	Todo el mundo se da cuenta de que sería una tontería seguir trabajando por separado y se establece el grupo JVT (*Joint Video Team*). Es un ejemplo perfecto que deberían imitar otros grupos que trabajan en diversos estándares.
2002	AAC+ se presentó con replicación de banda espectral y calidad aceptable dentro de la velocidad de bits de un módem de 56K.

Año	Hito
	Mientras tanto, el grupo JVT paraliza la especificación técnica para H.264 este año.
	Envivio y iVAST muestran codificadores prototípicos y productos de capa de sistemas MPEG-4.
2003	MPEG-4 HE-AAC (AAC de alta eficacia). Actúa a unos 24 Kbps y transmite audio estéreo a 48 Kbps.
	Aparece la versión preliminar de H.264 final y comienzan los problemas de concesión de licencias.
	El grupo BBC News Interactive TV presenta vídeo MPEG-4 Parte 2 codificado en un paquete BIFS creado mediante las herramientas de Envivio.
	La empresa Popwire Technology muestra en la conferencia IBC su producto Compression Master, que codifica en formato H.264.
	Microsoft WM9 ocupa un lugar destacado en IBC.
	En Japón, se venden 3,15 millones de televisores de alta definición.
2004	H.264 destaca en NAB y muchas empresas presentan productos relacionados.
	También en NAB, Apple muestra QuickTime, que reproduce vídeo H.264 video con resolución total de alta definición (1080p).
	Envivio presenta sistemas EPG y VOD complejos y relaciones de compresión muy buenas con sus codificadores de software H.264.

Año	Hito
	Se presenta DVB-H.
	DVB aprueba H.264/AVC y HE-AAC para incluirlos en el estándar para sistemas de distribución en Europa. Esto prepara el camino para la HDTV con sonido envolvente.
	Se lanza VOOM con un servicio de televisión multicanal basada en H.264 con una combinación de contenido SD y HD.
	IBM y otras empresas lanzan el entorno multimedia digital abierto.
	Astra prueba las retransmisiones Euro 1080 HDTV.
2005	Los grupos de trabajo de los estándares buscan una codificación MPEG-4 de audio sin pérdida, cuya aparición está prevista para este año. Éste sería equivalente al audio de CD pero con una velocidad de bits reducida de 325 Kbps por canal.
	H.264 empieza a parecer como el nuevo códec dominante y un digno sucesor de MPEG-2. Las mejoras en H.264 durante su implementación y posteriores indican un aumento potencial 10 veces mayor de los canales dentro del espectro disponible.
	Empieza a desaparecer la compatibilidad con VC-1.
	Se especula que ya se podrán ofrecer capacidades de pantallas HD en consolas de videojuegos.

Año	Hito
	Se espera que comience la transmisión de servicios DVB-H.
	Se desmonta la ley de Moore y los fabricantes de informática buscan formas alternativas de mejorar el rendimiento de los sistemas modificando la arquitectura de los ordenadores ahora que es más difícil reducir más los tamaños de los transistores. Las mejoras en el rendimiento demostradas por la arquitectura IBM Power 5 y el procesador Cell desarrollado para la PlayStation portátil (PSP) de Sony ofrecen cierto consuelo. Estas mejorías en el rendimiento son resultado de un diseño más inteligente, más que de una mayor miniaturización.
	Va ganando popularidad el vídeo móvil en dispositivos portátiles.
	Los centros multimedia domésticos empiezan a ser importantes. Se combinan todos los tipos de dispositivos de consumo híbridos de informática/vídeo para crear soluciones de distribución multimedia para el hogar. Aparecen soluciones alternativas que compiten con el modelo TiVo y lo mejoran en potencia.
	Los sistemas de edición de vídeo de consumo ahora pueden editar contenido HD (como iMovie).
	Se puede acceder a los dispositivos de almacenamiento holográfico de las tecnologías Optware e InPhase.

Año	Hito
	Es posible almacenar 30 GBytes en tarjetas del tamaño de un sello y capacidades aún mayores en flujos de trabajo de hasta 1,6 TBytes por dispositivo.
	Algunos proveedores de televisión digital por cable en Francia han sugerido una distribución estimada de conexión a Internet de 30 Mpbs para usuarios domésticos.
2006	Se espera que se termine durante este año la especificación de codificación de audio espacial (ASC) de MPEG-4. Se pretende que produzca sonido envolvente 5.1 a Kbps por canal con un total de 128 Kbps.
	Deberían empezar a implantarse en Europa servicios HDTV basados en la televisión digital terrestre.
	Se espera que BSkyB ofrezca servicios HD por satélite en el Reino Unido.
	Empezarán a venderse a los consumidores dispositivos inalámbricos de banda ultraancha. La banda ultraancha aspira a distribuir 100 Mbps, aunque Intel trata de llegar a 500 Mbps. Se conoce como WWiSE (*World Wide Spectrum Efficiency*) e IEEE 802.11n.
	Se supone que las emisoras estadounidenses empezarán a abandonar partes del espectro analógico si todo sale según lo previsto con la transición a la televisión digital.

Año	Hito
2007	Las proyecciones de marketing prevén el uso de 100 millones de teléfonos móviles compatibles con DVB-H.
	Se espera que los operadores televisivos empiecen a ceder el espectro televisivo analógico al gobierno federal de Estados Unidos.
2008	Se prevé que 1,4 millones de hogares europeos habrán implementado la televisión de alta definición a tiempo para las Olimpiadas de Pekín.
	Algunas predicciones apuntan a 24 millones de consumidores de HD.
	Los servicios de televisión digital terrestre de alta definición deberían aumentar a medida que la capacidad se libere por el apagón analógico.
	Los proveedores de servicios de cable digital ya deberían comenzar a implementar HDTV europea.
	La transmisión por VDSL orientada al consumidor de servicios IPTV empieza a estar más extendida y a ser rentable.
2009	Se espera que 300 millones de usuarios de móvil dispongan de los estándares DVB-H.
	Las suposiciones actuales indican que la televisión analógica ya estará totalmente desactivada en Estados Unidos. Tal vez sean demasiado optimistas.

Año	*Hito*
	Se prevé que los espectadores europeos tendrán acceso a 500 canales de HDTV en este momento.
	Por esta época, esperamos que las velocidades de bits de distribución se hayan reducido hasta un 50 por 100 de su nivel actual como resultado del desarrollo del codificador H.264.
2010	Existe una posibilidad de que HDTV se convierta en un fenómeno de masas en Europa. La velocidad de bits de 1080p50 y la descodificación serán posibles gracias a las mejoras de hardware. Los primeros que lo adoptaran llevarán algún tiempo utilizando HDTV; ahora muchos más usuarios de gama alta comenzarán a comprar equipo.
	TV-Anytime predice que con 100 euros se comprará suficiente espacio en disco para almacenar 14.000 horas de vídeo.
2012	Las previsiones actuales dicen que la televisión HD dominará en Europa y estará disponible para todos los consumidores a precios asequibles.
	La oficina de comunicaciones del Reino Unido sitúa el cierre definitivo de la televisión analógica en este país a finales de 2012.
2013	Se prevén 130 millones de hogares con televisión de pago.

Conclusiones. ¿Planificamos otro viaje?

Ya hemos terminado nuestro viaje por el funcionamiento de la compresión de vídeo. Si no se ha muerto de aburrimiento, debería tener una base sólida de cómo funciona la compresión de vídeo, suficiente al menos para empezar a hacer alguna compresión por sí mismo. Si quiere estudiar más, debería buscar los libros escritos por compresionistas y expertos en la materia, mucho menos desalentadores.

Conseguir lo mejor de nuestros sistemas de compresión no es sólo cuestión de activar un par de interruptores. Hay que hacer mucho más que eso. Incluso con las herramientas de codificación más sofisticadas, sigue siendo importante que haya una persona en el proceso.

Los programadores se ejercitarán al crear mejores codificadores para el códec H.264 y eso no es todo. En 2003, los expertos se mostraban reacios a tomar en serio el H.264. En 2004, se convirtió en un códec de probada eficacia y se comenzó a adoptar con rapidez, pero se comercializaron pocos productos. En 2005, el mercado para el software H.264 está a punto de hacer eclosión y muchas compañías ofrecen compatibilidad generalizada con la codificación y la reproducción.

Se está trabajando en MPEG-7 y MPEG-21; se habla de la codificación de vídeo escalable y H.265, si bien aún no se ha comenzado a trabajar en ello. Queda mucho por hacer y más viajes que emprender.

Apéndices

Apéndice A. Resolución de problemas

Solucionar los problemas de la compresión

Este apéndice enumera algunos problemas comunes que surgen al comprimir vídeo y ofrece algunos consejos para solucionarlos. La información se presenta en un estilo de preguntas y respuestas.

La imagen no para de saltar

Compruebe la calidad del origen de la entrada de vídeo. Si utiliza VHS, intente realizar la conexión con un conector S-VHS o añada un corrector de base de tiempos entre el reproductor de vídeo y el muestreador digital.

La salida comprimida tiene ruido por todas partes, hasta en las instantáneas

Si el origen tiene ruido de fondo porque es de baja calidad, aplique un filtro de eliminación de ruido si tiene uno.

La imagen se ve borrosa

Active la corrección de gamma y auméntela un poco. Si esto no produce una corrección suficiente, intente modificar también el brillo y el contraste.

Hay ruido en el fondo negro de la secuencia de los créditos

Ajuste el nivel de negro con una herramienta de calibración. Observe la ventana de vista previa para ver los dos ejemplos de la grabación, con y sin procesamiento.

El texto de la secuencia de créditos es ilegible

Probablemente tendrá que volver a escribir los títulos y crear un vídeo adaptado para la compresión como fotogramas estáticos. Evite desplazar el texto en los créditos. Tal vez los créditos sean lo bastante buenos para que se puedan seleccionar los fotogramas estáticos adecuados y adaptarlos en un editor no lineal o con las herramientas avanzadas de efectos.

La velocidad de bits de la compresión no es tan buena como esperaba

Realice todos los pasos de los capítulos 31 a 38. Si sigue obteniendo una mala calidad con la velocidad de bits que desea, intente a reducir el tamaño de imagen y la velocidad de fotogramas.

Los objetos en movimiento se ven dobles o muy borrosos

Aplique un poco de desentrelazado a la grabación antes de comprimirla. Mejor que sea adaptivo.

Quiero una imagen de mayor tamaño ¿debería aumentar la escala?

No, deje que lo haga el reproductor. No tiene sentido desperdiciar velocidad de bits escalando el vídeo y comprimiéndolo después. El reproductor aumenta la interpolación una vez que descodifica el vídeo.

El vídeo de entrada es inestable

Si se debe al movimiento de grabar cámara en mano, de la holgura de puerta o de la cámara o telecine, ábralo con After Effects y aplique el seguimiento de movimiento para estabilizarlo. Recuerde que otras herramientas pueden ofrecer esta misma función.

Hay un movimiento en el fondo que no me gusta

Use una secuencia de comandos de Final Cut Pro FX, o After Effects, Combustion o Commotion, para fijar los elementos problemáticos. Estas herramientas copian los píxeles incorruptos de los fotogramas anteriores o posteriores para eliminar los objetos no deseados.

Los colores son demasiado oscuros y todo parece estar subexpuesto

Cargue el vídeo en un editor no lineal (ENL) como Final Cut Pro y aplique el corrector de color de 3 puntos.

La parte inferior de la trama está muy desordenada y mal sincronizada

Utilice el recorte para eliminarla. La entrada analógica suele presentar cierta inestabilidad cuando se extrae de formatos de vídeo de consumo como VHS.

La velocidad de bits sube mucho en los cambios de escena

Asegúrese de suprimir los efectos complejos en las transiciones como los fundidos.

La cinta original es un corte de un master más largo y se ve fatal

Recurra a la cinta de origen y realice la introducción con ella. Después realice el corte con un ENL. La copia de un formato analógico a otro sólo provoca un daño degenerativo. Esto se denomina pérdida generacional.

He mezclado grabaciones en NTSC y en PAL y el resultado tiembla mucho

Elija el formato de destino y después emplee After Effects para cambiar la base de tiempos para cualquier vídeo que no se encuentre en el formato correcto. A continuación, edítelo todo junto. No envíe al compresor nada que desde el principio tenga un aspecto horrible. Arréglelo antes si puede.

¿Cómo puedo reducir mucho velocidad de bits para la salida para teléfonos móviles?

Aplique alguna de estas correcciones o todas ellas:

- Reduzca la duración.
- Vuelva a renderizar las ediciones para eliminar efectos de transición.
- Estabilice el vídeo en movimiento.
- Realice los recortes en torno al área segura de la acción o del texto.
- Reduzca la velocidad de fotogramas.
- Elija fotogramas estáticos y conviértalos en una presentación de diapositivas.
- Desenfoque los detalles del canal de croma para reducir las frecuencias altas.
- Conviértalo a escala de grises y descarte el color.
- Convierta el audio de estéreo a mono.

¿Debo cambiar la escala del vídeo al pasarlo de un formato a otro?

No siempre. Se puede reducir la escala de un vídeo de 625 líneas hasta 525, pero también podría valer un recorte. Un vídeo de 525 líneas podría introducir artefactos cuando se aumente a 625, por lo que la mejor solución podría ser añadir un margen alrededor de los bordes y conservar el mismo tamaño de vídeo. Realice algunas pruebas y previsualice los resultados.

Los títulos y los subtítulos se ven muy mal cuando se comprimen

Recórtelos y encuadre el área de interés.

¿Cuál es el mejor algoritmo de interpolación que puedo usar?

La interpolación bicúbica es mejor que la bilineal, y ambas son mejores que el método del vecino más próximo.

¿Debería enfocar la imagen?

Debería tratar de no aplicar un enfoque siempre que sea posible. Es lo contrario de la eliminación de ruido e introduce más ruido de grano. El enfoque excesivo hace que los contornos resulten demasiado abruptos y deriva en artefactos de sobreimpulso.

¿Qué es mejor, CBR o VBR?

La velocidad de bits constante (CBR) es adecuada cuando se sabe que el metraje debe ajustarse a una velocidad de bits prevista. La velocidad de bits variable (VBR) produce mejor calidad cuando el contenido se desarrolla "a ráfagas" y requiere un pico cada cierto tiempo en la velocidad de bits. Si quiere VBR pero también algunas de las ventajas de la velocidad de bits constante, emplee técnicas de administración del tráfico y verificación del búfer de vídeo (VBV) para modificar los contenidos del búfer.

El vídeo desaparece cuando el color es brillante

Podría ser que esté generando colores ilegales que la entrada de vídeo no admite. Inserte un detector del nivel de color o desature un poco los colores.

El vídeo salta arriba y abajo muy rápido

Podría tratarse del efecto de *twittering* que aparece cuando la dominancia de campo está configurada de manera incorrecta. Se produce durante la compresión al cambiar el orden de los campos en los parámetros. Algunas herramientas de compresión ofrecen esta posibilidad, pero no todas. Tal vez pueda arreglarlo si cambia la dominancia de campo durante el proceso. Investigue, pruebe y observe la vista preliminar para ver si funciona.

La sesión de compresión parece tardar mucho tiempo

Aparte de la pregunta obvia de si su ordenador está preparado para llevar a cabo esa tarea, es posible que haya establecido los parámetros de compresión fuera del intervalo óptimo de valores y que haya activado todas las herramientas de compresión que tenga a su alcance. Algunos compresores están diseñados en torno a una salida orientada para Internet y experimentan problemas para crear salidas HD o SD con velocidades de bits para televisión.

Quiero aplicar el recorte sólo a una pequeña sección

Importe el vídeo en After Effects o una herramienta de ENL o de efectos que permita cambiar la escala de los fotogramas clave y aplique el escalado y el recorte a las secciones que desee.

El movimiento no se ve del todo bien

Compruebe que ha aplicado una corrección de reducción si es necesario. Si el metraje contiene algo grabado en película, es muy probable que tenga que eliminar la transferencia a formato de vídeo. El procesamiento posterior con los efectos de vídeo y los editores puede haber enmascarado esa reducción.

¿Cuándo debería eliminar el polvo y los arañados de una entrada de película?

En cuanto sea posible. Después de recortar si lo prefiere, pero antes de cambiar la escala. Mejor antes de la eliminación de ruido y del grano. La norma básica es eliminar el polvo antes de realizar alguna operación de emborronamiento.

¿Cómo determino el volumen de audio adecuado?

Busque el pasaje más sonoro, encuentre la forma de onda máxima de esa sección y ajuste la ganancia para asegurarse de que ese pico sólo llegue 3 dB por debajo del volumen de referencia.

¿Cuáles son las mejores velocidades de bits que se pueden obtener?

Para la banda ancha, elija 350–500 Kbps y para el módem, 28–56 Kbaudios deberían admitir una carga útil de 20–40 Kbps. Los teléfonos móviles pueden alcanzar 64 Kbps. La tabla A.1 resume las velocidades de bits típicas en distintos tipos de transporte:

Tabla A.1.

Velocidades de bits para distintos tipos de transporte.

Formato	***Velocidad de bits***
Banda ancha	350–500 Kbps
Módem	28–56 Kbaudios
Televisión en abierto	3–5 Mbps
Vídeo SDTV con MPEG-2	4,5 Mbps
Vídeo SDTV con H.264	2 Mbps
Vídeo HDTV con H.264	5–6 Mbps
Vídeo SDTV sin comprimir	25 Mbps
Vídeo DV de calidad de edición	25–50 Mbps

¿Cuáles son los mejores formatos para los distintos dispositivos?

La tabla A.2 recoge una selección de las configuraciones adecuadas para algunas formas comunes de producir la salida codificada.

Tabla A.2.

Ajustes de compresión de ejemplo.

Formato	***Ajustes***
Formato para móvil con baja velocidad de bits	64 Kbps, imagen *QCIF* o menor y velocidad de fotogramas de 15 fps.
Formato para PDA	160x160 píxeles, colores de 65K y compresión con Kinoma.
Formato de transmisión en secuencias	320x240, 18 fps y compresión con Real, Windows Media, o H.264.
Vídeo con calidad de módem	56 Kbps, velocidad de fotogramas reducida, tamaño de imagen pequeño, audio mono muestreado a 22 KHz.
Vídeo para banda ancha	Cualquier cosa que se pueda comprimir a 500 Kbps. Con H.264, casi podría tener un tamaño televisivo.
Formato de retransmisión	720x579 ó 480, codificado con MPEG-2 a 4 Mbps o H.264 a 2 Mbps.
Formato de almacenamiento y retransmisión	Resolución de televisión, velocidad de fotogramas completa, H.264 de alta calidad a 3 Mbps.

Apéndice B. Proveedores de hardware

Sobre este apéndice

Este apéndice es una recopilación de las investigaciones realizadas en varias conferencias IBC y NAB. Por supuesto, la información que aquí se presenta no es exhaustiva y complementa lo expuesto en el capítulo 29. Algunas compañías cuyos productos tienen un interés especial se explican con más detalle. Están ordenadas por orden alfabético para no insinuar ninguna preferencia especial.

No es necesario que describa las empresas más conocidas:

- Sony.
- Panasonic.
- Hitachi.
- JVC.
- Mitsubishi.
- Sanyo.
- RCA.

ADC

La ventaja de adquirir las soluciones de conectividad de señales y de red de ADC es que ofrece productos que se integran bien entre sí. Actualmente, un sistema de vídeo es una combinación de audio, telefonía, vídeo y Ethernet.

Además de todo esto está la fibra óptica, y los soportes se conectan entre sí con formatos analógicos y digitales. Esto puede ser difícil de administrar coherentemente si se compran productos de distintos fabricantes.

Aún así deberá comprar los productos de enrutamiento de fabricantes especializados, pero el cableado estructurado debería ser mucho más fácil de manejar y su instalación será más económica si puede comprar grandes cantidades en un solo lugar.

AJA

AJA Video Systems fabrica tarjetas de vídeo que tienen algunas similitudes con los productos de Blackmagic Design. Blackmagic Design desarrolla algunos controladores para las tarjetas de vídeo de AJA además de para sus propias tarjetas.

AJA además fabrica los prácticos adaptadores de cable de comunicaciones y conversores montados en bastidor, así como la gama Io de interfaces FireWire.

Belkin

Belkin fabrica todos esos pequeños accesorios y complementos de tarjetas PCI que evitan problemas. Si quema una interfaz FireWire en un ordenador Macintosh, conecte una tarjeta Belkin PCI FireWire y ahórrese el coste de una cara reparación de la placa lógica. Esta empresa también ofrece una gama de productos para iPod.

Blackmagic Design

Esta compañía fue fundada por Grant Petty, que antes colaboraba con Digital Voodoo. Blackmagic ha presentado tarjetas de vídeo a precios que han sorprendido totalmente a la industria. Es posible integrar estas tarjetas en sistemas mediante hardware genérico y construir una infraestructura con calidad de retransmisión a un coste que será varios órdenes de magnitud menor de lo que habría sido hace algunos años.

Blackmagic Design ha empezado a diversificar los productos de vídeo para grupos de trabajo de conmutación y enrutamiento. Será interesante observar esta compañía en un futuro en las exposiciones de IBC y NAB.

Envivio

Envivio tiene mucho atractivo como empresa. Sus productos son innovadores y están en la vanguardia. Esta empresa ha estado implicada en sistemas de compresión basados en los estándares MPEG-4 desde que éstos se publicaron, y probablemente desde antes. Envivio cuenta con algunas soluciones de hardware y software a la codificación en MPEG-4. Es además una de las pocas compañías con competencia y productos que admitan la capa de sistemas de MPEG-4 Parte 1. Esto sitúa a Envivio en una posición privilegiada para sacar provecho de todo lo que el estándar MPEG-4 tiene que ofrecer. Si prefiere atenerse a los estándares, debería examinar las ofertas de productos de esta empresa para ver si tiene lo que necesita.

Asegúrese de mirar los siguientes productos de Envivio:

Tabla B.1.

Productos de Envivio de especial interés.

Producto	*Descripción*
4Caster	Emisión que codifica MPEG-4 ASP y AVC (H.264) en tiempo real para el transporte multimedia y la televisión sobre IP (IPTV). También hay disponible una versión empresarial y una versión móvil compatible con la codificación para teléfonos móviles 3GPP.
4Coder	Codificador que no actúa en tiempo real para IPTV y aplicaciones empresariales.
4View	Descodificador de MPEG-4 para vídeo PAL y NTSC.
4Sight	Servidor de transmisión de secuencias MPEG-4 y H.264 para aplicaciones de ancho de banda y retransmisión.

Producto	Descripción
4Front	Plataforma para producir paquetes BIFS en MPEG-4 a través de un portal de gestión de servicios y una guía electrónica integral.
4Mation	Herramientas de edición MPEG-4 BIFS para crear contenido MPEG-4 interactivo.
4Manager	Servidor de control en tiempo real, dirigido mediante software, para administrar varios sistemas de servidores de transmisión en secuencias y codificadores en un centro distribuidor IPTV.

Hamlet

Hamlet fabrica una gama de prácticas herramientas de supervisión. La más interesante es un monitor de forma de onda portátil que es lo bastante pequeño para trasladarlo con el juego de herramientas para diagnosticar los problemas sobre el terreno.

Leivio Technologies

Leivio es un ejemplo de cómo la industria de la compresión atrae tanto a pequeñas empresas como a grandes compañías. Asegúrese de mirar las ofertas para las pequeñas empresas. A veces tienen algunas funcionalidades innovadoras que pueden resultar de utilidad y que suelen ser muy rentables.

Leivio es una de esas compañías que fabrican productos baratos que simplemente hacen lo que dice en el embalaje.

Optibase

Optibase Moviemaker 200S es una tarjeta periférica que funciona con sistemas Power Mac G5 que utilicen Mac OS. Está diseñada para codificar MPEG-1 y MPEG-2 para productos de DVD, SVCD y VCD. La codificación alcanza hasta 10 Mbps con control remoto de la grabadora de videocasete de origen y transferencia de audio Dolby Digital. Esta tarjeta también ofrece codificación de velocidad de bits variable y detección de escenas.

MovieMaker 400 es una alternativa, una unidad con especificaciones más altas para codificar contendido MPEG-4 y que actualmente sólo funciona con el sistema operativo Windows.

Skymicro

Este fabricante produce la tarjeta PCI Merlin05 que gestiona la compresión por hardware. Actualmente codifica y descodifica MPEG-2 y DV, y es compatible con Windows, Linux, Irix, Solaris y Mac OS X.

Snell & Wilcox

El grupo Snell & Wilcox ofrece una amplia gama de hardware para la retransmisión y para el uso profesional. Tiene un interés especial su nueva gama de hardware de restauración y conversión entre estándares basado en su arquitectura Alchemist y Archangel Ph.C. Las demostraciones de este sistema mostraban una notable capacidad para restaurar las grabaciones viejas. Consiguieron que se pudiera volver a utilizar el material gravemente dañado al solucionar los siguientes artefactos con mucha eficacia:

- Grano.
- Arañazos.
- Parpadeo.
- Holgura de puerta.
- Pérdidas de información (*dropouts*).

Gracias al coste razonable del sistema y a la velocidad de procesamiento, el metraje que no habría merecido la pena restaurar ahora se puede procesar y presentar en una forma que posiblemente sea aun mejor que cuando se grabó. Este sistema está diseñado para aceptar contenido originado en 525 y 625 líneas, y está indicado para las organizaciones que necesitan procesar grandes cantidades de material archivado.

Tektronix

La gama de productos disponibles en Tektronix siempre ha sido muy vasta. Ofrece sistemas de generación de señales de prueba, de supervisión y de procesamiento. Tektronix además proporciona notas técnicas muy útiles que tratan sobre los aspectos técnicos de los sistemas de televisión digital.

Thomson

El codificador Grass Valley ViBE creará salida MPEG-4 y está diseñado para ofrecer una administración fiable del ancho de banda. Por ello, está orientado al sector de la industria dedicado a la retransmisión, donde podría instalarse como parte de una cabecera que suministra un servicio de televisión digital.

VBrick Systems

VBrick Systems lleva algún tiempo desarrollando productos de codificación. Esta empresa proporciona codificadores MPEG-2 y MPEG-4 que funcionan según diversos estándares y con distintas resoluciones.

ViewCast (Osprey y Niagra)

Las tarjetas de vídeo Osprey de ViewCast se han estado empleando desde hace años con sistemas de vídeo basados en Windows. RealNetworks las promociona y actúa como punto de venta para usarlas como parte de los sistemas de codificación de RealVideo. Osprey 100 es una tarjeta PCI de bajo coste que funciona con la mayoría de variantes del sistema operativo Windows. Para los sistemas más profesionales, será más adecuada la tarjeta Osprey 500.

Viewcast también crea el software SCX y los sistemas de hardware de codificación Niagra, que cuentan con gestión de la codificación y almacenamiento para el vídeo codificado.

Información de contacto de los proveedores

La tabla B.2 recoge los datos de contacto de una selección de proveedores que pueden resultarle de utilidad.

Tabla B.2.

Proveedores de codificadores de hardware.

Compañía	*URL*
ADC Telecommunications:	`http://www.adc.com/`
AJA:	`http://www.aja.com/`
Belkin:	`http://world.belkin.com/`
Blackmagic Design:	`http://www.blackmagic-design.com/`
Digital Rapids:	`http://www.digital-rapids.com/`
Envivio:	`http://www.envivio.com/`
Hamlet:	`http://www.hamlet.co.uk/`
Hitachi High-Technologies America:	`http://www.hitachi-hta.com/`
Hitachi:	`http://www.hitachi.com/`
JVC:	`http://www.jvc.com/`
Leivio:	`http://www.leivio.com/`
Mitsubishi TV:	`http://www.mitsubishi-tv.com/`
Optibase:	`http://www.optibase.com/`
Panasonic:	`http://www.panasonic.com/`
Pixelmetrix:	`http://www.pixelmetrix.com/index.shtml`
RCA:	`http://www.rca.com/`
Sanyo:	`http://www.sanyo.com/`
Skymicro:	`http://www.skymicro.com/`

Compañía	*URL*
Snell & Wilcox:	`http://www.snellwilcox.com/`
Sony Professional:	`http://bssc.sel.sony.com/Professional/startpage.html`
Tandberg:	`http://www.tandbergtv.com/`
Tektronix:	`http://www.Tektronix.com/video`
Thomson/Grass Valley:	`http://www.thomsongrassvalley.com/`
VBrick:	`http://www.vbrick.com/`
ViewCast Niagra:	`http://www.viewcast.com/`
Viewcast Osprey Video:	`http://www.viewcast.com/products/osprey.html`

Apéndice C. Proveedores de software

Proveedores de software de codificación

Esta lista se ha recabado a partir de la investigación realizada en varias conferencias IBC y NAB, además de noticias de actualizaciones y nuevas versiones de productos. La lista no es exhaustiva, por supuesto. (Algunas compañías cuyos productos tienen un interés especial se explican con más detalle en el capítulo 30.) Aquí se presentan por orden alfabético para no indicar ninguna preferencia especial. No es necesario describir las compañías más reputadas, pero a continuación tenemos una lista de las más conocidas, seguidas por descripciones más detalladas de otros proveedores de software.

- AVID.
- Fast.
- Apple QuickTime.
- Microsoft.
- Real Networks.
- Discreet.
- Sorenson.
- Popwire Technology.
- Telestream.

Para usuarios de Linux

Gran parte de los avances del vídeo en el sistema operativo Linux son el resultado de una comunidad de entusiastas trabajadores que aúnan sus esfuerzos para el beneficio mutuo de todos. Estamos empezando a ver interés por parte de los fabricantes, y algunos productos se van a distribuir para la plataforma Linux, además de para Windows y Mac OS. Muchas de estas herramientas funcionan desde la línea de comandos, lo que ofrece una forma de crear flujos de trabajo automatizados, ya que se puede incluir la funcionalidad de la línea de comandos en archivos de ejecución de comandos (*shell scripts*).

Si quiere crear un sistema basado en Linux, mire lo siguiente:

- La aplicación xvidcap de Karl Beckers.
- La version controlada por gui de xvidcap es gvidcap.
- La serie de herramientas ffmpeg, que está disponible para todas las plataformas en las que probablemente la vaya a necesitar.
- La aplicación Kino de Arne Schirmacher para la entrada DV Firewire y la edición.
- La herramienta de línea de comandos dvgrab para la entrada DV Firewire.

Existen muchos otros enlaces y recursos útiles disponibles en el sitio Web sobre DV en Linux de Arne Schirmacher. Véase la lista de URL al final de este apéndice para más información.

Adobe

Es muy probable que compre e instale software de Adobe. Los productos de esta empresa son buenos, fiables y sólidos. En la actualidad, no es tanta la compatibilidad con algunos de ellos como antes, pero esto no debería provocarle ningún tipo de problemas porque, por ejemplo, en un sistema Mac OS probablemente utilizará de todos modos Final Cut (Pro o Express) en lugar de Premier. Puede que se deba a esto el hecho de que Adobe dejara de ofrecer compatibilidad con Mac para Premier. En Windows, hay una amplia variedad de alternativas donde escoger.

Canopus (ProCoder)

Es una aplicación de entorno de compresión muy similar a Squeeze o Cleaner. ProCoder sólo está disponible en Windows, pero es una alternativa aceptable y funciona de manera parecida.

La aplicación implementa carpetas de control y es compatible con diversos formatos populares de entrada y salida.

La empresa Canopus lleva algunos años suministrando software de codificación. Durante 2004, se lanzó el programa ProCoder Station, que incluye codificación por lotes y control del flujo de trabajo.

No es una solución económica en absoluto, pero está diseñada para integrarla en una arquitectura en red y compartirla entre muchos usuarios.

Tabla C.1.

Productos de Adobe Software.

Producto	***Descripción***	***Plataformas***
After Effects	Sirve como herramienta avanzada para efectos especiales y trabajos de restauración basados en los fotogramas clave.	Mac OS y Windows
Photoshop	Retoque de imágenes y generación de títulos.	Mac OS y Windows
Encore	Creación de DVD.	Sólo Windows
Illustrator	Generación de títulos, creación de páginas de información y diagramas.	Mac OS y Windows
Premier	Edición de vídeo.	Sólo Windows

Las posibilidades de transcodificación son similares a las que ofrece el producto Flip Factory de Telestream. ProCoder Station está dirigido al profesional y a las organizaciones de tamaño medio y grande.

Aunque el software de ProCoder y ProCoder Station sólo funciona en Windows, debido a que los mecanismos del flujo de trabajo también son capaces de recibir archivos de entrada mediante FTP, se pueden integrar con flujos de trabajo que se basen en Mac OS X y utilicen Final Cut Pro.

Dicas

Dicas ofrece una gama de complementos y codificadores que funcionan en la plataforma Windows. La compañía está dedicada a la presentación de H.264 y tiene productos que operan con interfaces de programación de aplicaciones de Direct Show.

El paquete DS Suite ofrece compatibilidad con MPEG-4, 3GPP y AVC (H.264). Curiosamente, se pueden comprar sólo los módulos que se necesiten, lo que puede ayudarle a ahorrar en gastos.

HipFlics

Lo desarrollan los fabricantes de la aplicación LiveStage para manipular películas interactivas de QuickTime. HipFlics está diseñado para que sea fácil de usar y para explotar las capacidades de codificación incorporadas en QuickTime.

Nero Digital

El codificador Nero Digital cuenta con un codificador de vídeo en MPEG-4 Parte 2 y también es compatible con H.264. El audio se procesa mediante AAC de alta eficacia.

Este codificador puede instalarse en un sistema operativo de PC o incrustarse en un conjunto de chips (*chipset*) codificador/descodificador.

ViewCast

ViewCast fabrica el software Niagra SCX, que resulta útil para controlar una serie de codificadores de vídeo en secuencias basado en Ospreyen un grupo de codificadores de vídeo RealNetworks. Este software se incluye con el sistema de hardware de codificación Niagra.

Vitec

Vitec Multimedia fabrica soluciones de codificación y descodificación MPEG, así como otras herramientas secundarias.

Información de contacto de los proveedores

La tabla C.2 recoge los datos de contacto de una selección de proveedores y aplicaciones de software que pueden resultarle de utilidad.

Tabla C.2.

Software y proveedores.

Compañía	*URL*
3ivX:	http://www.3ivx.com/
AcuLearn:	http://www.aculearn.com/
Adobe:	http://www.adobe.com/
ADS Technologies:	http://www.adstech.com/
AIST:	http://www.aist.com/
Akamai:	http://www.akamai.com/
Anystream, Inc:	http://www.anystream.com/
Apple:	http://www.apple.com/
Asf Tools:	http://www.geocities.com/myasftools/
Atrium Communications Ltd:	http://www.atriumcom.com/dotnet/atrium/ netscape/welcome.htm
AVI Joiner:	http://www.hitsquad.com/smm/programs/AVIJoiner/
Avid:	http://www.avid.com/
BIAS:	http://www.bias-inc.com/
Bitvice:	http://www.innobits.se/
Boris fx:	http://www.borisfx.com/
Canopus (Pro Coder):	http://www.canopus-uk.com/
Dicas:	http://www.mpegable.com/
Discreet (Cleaner):	http://www.discreet.com/
DivX:	http://www.divx.com/
DropDV:	http://www.dropdv.com/
dvgrab:	http://kino.schirmacher.de/article/view/78/1/7/

Compañía	*URL*
FFmpeg:	`http://ffmpeg.sourceforge.net/index.php`
Forbidden Technologies:	`http://www.forbidden.co.uk/`
Fraunhofer H.264 reference software:	`http://iphome.hhi.de/suehring/tml/download/`
gvidcap:	`http://rpmfind.net/linux/rpm2html/search.php?query=gvidcap`
Harmonic Inc:	`http://www.harmonicinc.com/`
HipFlics:	`http://www.totallyhip.com/hipflics.asp`
Huelix Solutions Pte. LtdLtd ScreenPlay:	`http://screenplay.huelix.com/`
ImageMind Software:	`http://www.imagemind.com/`
Inlet Technologies, Inc:	`http://inlethd.com/`
InterMedia Solutions:	`http://www.intermedia-solutions.net/`
IPS Ltd:	`http://www.iplockdown.net/`
iStablize:	`http://www.istabilize.de/`
iVCD:	`http://www.mireth.com/pub/ivme.html`
iVideo:	`http://www.waterfallsw.com/ivideo/`
Kasenna:	`http://www.kasenna.com/`
Kino:	`http://kino.schirmacher.de/`
LiveChannel Pro:	`http://www.channelstorm.com/`
Microsoft:	`http://www.ltimate.com/windows/windowsmedia/`
Nero Digital:	`http://www.nero.com/`
OPTX International:	`http://www.screenwatch.com/`
Pegasys TMPGEnc:	`http://www.pegasys-inc.com/en/product/`

Compañía	*URL*
Pinnacle Systems:	`http://www.pinnaclesys.com/`
Popwire Technology:	`http://www.popwire.com/`
Re:Vision Effects:	`http://www.revisionfx.com/`
Real Networks:	`http://www.real.com/`
Red Giant:	`http://www.redgiantsoftware.com/`
Scientific-Atlanta:	`http://www.sciatl.com/`
Scopus:	`http://www.webcamsoft.com/en/en-index.html`
Sorenson (Squeeze):	`http://www.ltimate.com/`
Tandberg TV:	`http://www.tandbergtv.com/`
TechSmith Corporation:	`http://www.techsmith.com/`
Telestream:	`http://www.telestream.net/`
Ulead:	`http://www.ulead.com/`
Ultimatte:	`http://www.ltimate.com/`
VideoLAN (VLC):	`http://www.videolan.org/`
Virage, Inc:	`http://beta-www.virage.com/index.html`
Vitec:	`http://www.vitecmm.com/`
Vqual:	`http://www.vqual.biz/`
Webcam Corp:	`http://www.webcamsoft.com/en/en-index.html`
Winnov:	`http://www.winnov.com/`
Wirecast:	`http:///varasoftware.com/`
xvidcap:	`http://xvidcap.sourceforge.net/`

Apéndice D. Tamaños de negativos

Resumen de las características nominales

La tabla D.1 es un resumen de las características nominales de algunos de los formatos conocidos de película.

Tabla D.1.

Propiedades de tamaños de película conocidos.

Formato	*Ancho*	*Alto*	*Relac. de aspecto*	*Píxeles de ancho*	*Píxeles de alto*	*Mbytes por fotograma*	*Mbytes por segundo*	*Gbytes por hora*
IMAX	69,6mm	48,5mm	1,43:1	8004	5578	127,72	3065,34	10777
IMAX Dome	69,6mm	50,3mm	1,38:1	8004	5785	132,46	3179,11	11177
Todd AO	52,6mm	23,0mm	2,2:1	6049	2645	45,78	1098,61	3862
Std 70mm	48,5mm	22,1mm	2,2:1	5578	2542	40,56	973,33	3422
VistaVision	37,7mm	25,2mm	1,5:1	4336	2898	35,95	862,72	3033
Cinerama	3x27,6mm	25,0mm	2,72:1	3174	2875	26,11	626,58	2203
CinemaScope (panorámico)	23,2mm	18,2mm	2,55:1	2668	2093	15,98	383,43	1348
CinemaScope	22,8mm	18,2mm	2,35:1	2622	2093	15,70	376,82	1325
Panavision	21,3mm	18,2mm	2,35:1	2450	2093	14,67	352,03	1238
Std 35mm	21,0mm	15,2mm	1,38:1	2415	1748	12,08	289,86	1019
Std 16mm	9,65mm	7,21mm	1,34:1	1110	829	2,63	63,18	222
Pathé 9,5mm	8,5mm	6,4mm	1,33:1	978	736	0,72	12,36	44
Super 8mm	5,5mm	4,0mm	1,36:1	633	460	0,83	19,98	70
Std 8mm	4,6mm	3,4mm	1,36:1	529	391	0,59	14,20	50

Notas:

- El ancho y el alto en la tabla están en píxeles.
- Cinerama proyecta simultáneamente tres imágenes que se deben sincronizar con cuidado. Si se unen digitalmente se conseguirá un mejor resultado que si se explora un submaster combinado ópticamente. El proceso de combinación óptica produce dos bandas más claras en la pantalla donde se unen los segmentos.
- La relación de aspecto de la televisión normal de 4:3 se puede representar como 1,33:1 para compararla con los formatos de película anteriores.
- La relación de aspecto de la televisión panorámica de 16:9 se puede representar como 1,78:1 para compararla con los formatos de película anteriores.
- Se supone que la máxima resolución posible de exploración es de 115 píxeles por mm, de acuerdo con la información publicada de un sistema de exploración de 8K para el formato IMAX. Esto equivale a 2921 píxeles por pulgada. En realidad, las resoluciones de exploración pueden variar enormemente en función del tamaño de la película, el tamaño del grano y la edad del negativo que se vaya a escanear. Los escáneres de película normalmente funcionan con una resolución nominal de 2K, 4K y 6K en el fotograma, y la resolución vertical depende de la relación de aspecto.
- Aunque los cálculos de la velocidad de bits se basan en 24 fotogramas por segundo (fps), también se usa película de consumo a 18 fps para conservar grabaciones y aumentar el tiempo de reproducción.
- La velocidad de bits por segundo y por hora corresponde a datos sin comprimir explorados a la resolución más alta posible.
- Las velocidades de bits para Pathé 9,5 se basan en los cálculos para las imágenes monocromas. Había muy pocos negativos en color (si es que los había) cuando este formato se hizo popular en la primera mitad del siglo XX.
- En este momento no hay cifras fidedignas para el desfase de la sincronización del sonido y el ancho de banda de audio.
- Encontrará más información en el sitio Web de Film Center: `http://www.film-center.com/formats.html`.

Apéndice E. Tamaños de trama de vídeo

Resumen de las características nominales

La tabla E.1 es un resumen de las características nominales de algunos de los formatos conocidos de vídeo. Algunos de ellos se incluyen por razones históricas y otros aún no se han presentado.

Se ofrecen algunas estimaciones de la resolución en píxeles, que se basan en la mejor calidad posible. El detalle resoluble podría ser menor que alguno de esos valores. Defina una referencia para su sistema y la calidad observada para calcular las capacidades de almacenamiento exactas. No ocurre nada si se sobreestima el almacenamiento necesario, pero estas cifras deberían ser lo bastante precisas para las necesidades de planificación de capacidades en la mayoría de los casos.

Notas:

- Aunque PAL se caracteriza por tener 576 líneas, algunos documentos afirman que tiene 574. Debería inspeccionar el material de origen para determinar cuántas líneas tiene. Si es necesario, añada o recorte pares de líneas en la parte superior e inferior para ajustarlo a sus necesidades.
- Los servicios entrelazados tienen una media línea en la parte inferior de cada campo para volver a situar la siguiente exploración entre las líneas del anterior. Esto puede explicar las 2 líneas que faltan, ya que las tramas de 576 líneas podrían construirse a partir de 574 líneas completas más dos 2 medias líneas.
- El servicio de 405 líneas sólo era monocromo, porque lo que no hay ninguna información que codificar en la salida. Por eso requiere mucha menos velocidad de bits de lo previsto.
- Los valores empleados para la resolución de píxel son no cuadrados para los equivalentes visibles y nominales para el valor de trama física. La frecuencia de muestreo y, por tanto, la resolución en el eje horizontal puede variar considerablemente de una a otra aplicación. Los valores indicados se utilizan de manera generalizada, pero se pueden emplear otros valores para distintas relaciones de aspecto de píxel si el sistema de compresión permite el ajuste de sus parámetros.

Tabla E.1.

Tamaños de trama de vídeo.

Sistema	Ancho visible	Alto visible	Relac. de aspecto	Ancho de trama	Alto de trama	Exploración	Fps	Mbytes/ fotograma	Mbytes/ segundo	Gbytes/ hora
405i25	400	380	4:3	500	405	Entrelazada	25	0,14	3,62	12,74
525i30	720	480	4:3	780	525	Entrelazada	29,97	0,99	29,63	104,18
625i25	720	576	4:3	864	625	Entrelazada	25	1,19	29,66	104,28
625i25 panorámico	720	576	16:9	864	625	Entrelazada	25	1,19	29,66	104,28
720p60	1280	720	16:9	1650	750	Progresiva	60	2,64	158,20	556,18
1035i30	1920	1035	17:9	2200	1125	Entrelazada	30	5,69	170,56	599,63
1080i30	1920	1080	16:9	2200	1125	Entrelazada	30	5,93	177,98	625,71
1080p60	1920	1080	16:9	2200	1125	Progresiva	60	5,93	355,96	1251,41
1080p30	1920	1080	16:9	2200	1125	Progresiva	30	5,93	177,98	625,71
1080i25	1920	1080	16:9	2640	1125	Entrelazada	25	5,93	148,32	521,42
1080p25	1920	1080	16:9	2640	1125	Progresiva	25	5,93	148,32	521,42
1080p24	1920	1080	16:9	2750	1125	Progresiva	24	5,93	142,38	500,56

Apéndice F. Perfiles y niveles MPEG-2

Complejidad de MPEG-2

MPEG-2 se ha simplificado al definir un conjunto de perfiles y niveles que ayudan a restringir a las herramientas que codifican y descodifican el contenido MPEG-2. Esto contribuye a que los fabricantes de descodificadores creen productos que ofrezcan un nivel definido de funcionalidad. Así, los fabricantes de codificadores tienen un claro objetivo y unos límites a los que ceñir el diseño de secuencias de bits.

Perfiles MPEG-2

La tabla F.1 recoge los perfiles que se han definido para MPEG-2:

Tabla F.1.

Perfiles MPEG-2.

Perfil	***Descripción***
Simple (SP)	Perfil muy simple que no admite fotogramas B, lo que permite reducir los descodificadores a lo esencial para la implementación en hardware de bajo coste.
Principal (MP)	La mayoría del trabajo dirigido al consumidor se realiza con este perfil.
4:2:2 (422P)	Está siendo estandarizado por SMPTE para su uso en estudios.
SNR	Gracias a que las capas base y de mejora están separadas se consigue una señal base de calidad moderada y salida con poco ruido cuando se combinan las dos. Los transmisores modulan las dos señales en niveles de potencia distintos para que la señal base tenga un mayor alcance. En las zonas de recepción periféricas se verá la señal base, pero puede ser que no llegue la capa de mejora porque el nivel de la señal sea demasiado débil.
Espacial (SPT)	Las transformaciones espaciales distribuyen las capas base y de mejora a dos resoluciones.
Alto (HP)	Las transformaciones espaciales distribuyen las capas base y de mejora a dos resoluciones, pero con anchos de banda más amplios.
Multivisor (MVP)	Mecanismo de codificación especial para la película estereoscópica; tiene dos secuencias separadas, una para cada ojo.

Niveles de MPEG-2

La tabla F.2 enumera los niveles que se han definido para MPEG-2:

Tabla F.2.

Niveles de MPEG-2.

Nivel	*Tamaño*
Bajo (LL)	352×288 píxeles
Principal (ML)	720x576 píxeles (aproximadamente)
Alto 1440 (H14)	1440x1152 píxeles (relación de aspecto normal)
Alto (HL)	1920x1152 píxeles (relación de aspecto panorámica)

Notas:

- Los perfiles SNR, Espacial, Alto y Multivisor no son importantes para la producción de vídeo y, por ello, no los encontrará muy a menudo al comprimir vídeo.
- MPEG-2 no es muy útil para la distribución por Internet.
- Dentro de estos perfiles, los niveles definen los tamaños de trama.

Combinación de perfiles y niveles

Para describir estas combinaciones se utiliza una notación abreviada. Los nombres abreviados para el perfil y el nivel se separan mediante el carácter @. De las 24 combinaciones posibles, sólo las de la tabla F.3 se definen como utilizables en la actualidad.

Si los asignamos al mismo tiempo, conseguimos distintos tamaños de trama y velocidades de bits, como se describe en la tabla F.4.

Tabla F.3.

Perfiles y niveles.

Nivel	*Simple*	*Principal*	*SNR*	*Espacial*	*Alto*	*4:2:2*
Bajo		MP@LL	SNR@LL			
Principal	SP@ML	MP@ML	SNR@ML		HP@ML	422P@ML
Alto 1440		MP@H14		SPT@H14	HP@H14	
Alto		MP@HL			HP@HL	422P@HL

Tabla F.4.

Propiedades de perfil y nivel.

Perfil	*Nivel*	*Abreviatura*	*Ancho*	*Alto*	*Color*	*Velocidad de bits*	*Fps*
Simple	Principal	SP@ML	720	576	4:2:0	15 Mbps	60 pulgadas/ 30 píxeles
Principal	Bajo	MP@LL	352	288	4:2:0	4 Mbps	60 pulgadas/ 30 píxeles
Principal	Principal	MP@ML	720	576	4:2:0	15 Mbps	60 pulgadas/ 30 píxeles
Principal	Alto 1440	MP@H14	1440	1152	4:2:0	60 Mbps	60p
Principal	Alto	MP@HL	1920	1152	4:2:0	90 Mbps	60p
SNR	Bajo	SNR@LL	352	288	4:2:0	4 Mbps	60 pulgadas/ 30 píxeles
SNR	Principal	SNR@ML	720	576	4:2:0	15 Mbps	60 pulgadas/ 30 píxeles
Espacial	Alto 1440 (capa base)	SPT@H14	720	576	4:2:0	8 Mbps	60 pulgadas/ 30 píxeles
Espacial	Alto 1440 (capa de mejora)	SPT@H14	1440	1152	4:2:0	60 Mbps	60p
Alto	Principal (capa base)	HP@ML	352	288	4:2:0 ó 4:2:2	2 Mbps	60 pulgadas/ 30 píxeles
Alto	Alto 1440 (capa base)	HP@H14	720	576	4:2:0 ó 4:2:2	10 Mbps	60 pulgadas/ 30 píxeles
Alto	Alto (capa base)	HP@HL	960	576	4:2:0 ó 4:2:2	13 Mbps	60 pulgadas/ 30 píxeles
Alto	Principal (capa de mejora)	HP@ML	720	576	4:2:0 ó 4:2:2	20 Mbps	60 pulgadas/ 30 píxeles

Perfil	*Nivel*	*Abreviatura*	*Ancho*	*Alto*	*Color*	*Velocidad de bits*	*Fps*
Alto	Alto 1440 (capa de mejora)	HP@H14	1440	1152	4:2:0 ó 4:2:2	80 Mbps	60p
Alto	Alto (capa de mejora)	HP@HL	1920	1152	4:2:0 ó 4:2:2	100 Mbps	60p
4:2:2	Principal (1)	422P@ML	720	576	4:2:2	50 Mbps	60 pulgadas/ 30 píxeles
4:2:2	Principal (2)	422P@ML	720	608	4:2:2	55 Mbps	60 pulgadas/ 30 píxeles
4:2:2	Alto	422P@HL	1920	1152	4:2:2	400 Mbps	60p

Notas:

- SP@ML no es compatible con los fotogramas B.
- La combinación de perfil 4:2:2 @ nivel alto (422P@HL) está estandarizada por SMPTE y no por MPEG.
- El perfil principal al nivel principal (MP@ML) está indicado para la distribución SDTV y los discos DVD a velocidades de bits entre 2 y 6 Mbps.
- El perfil principal al nivel alto (MP@HL) es importante para la distribución HDTV a 20 Mbps.
- Los demás perfiles no son adecuados para la televisión, pero pueden ser útiles en proyectos con otras aplicaciones.
- Es probable que el códec H.264 sustituya muy pronto a estas combinaciones de perfil-nivel, excepto MP@ML y MP@HL.

Secuencia de bits de parámetros restringidos MPEG-1

A veces aparece en las tablas con perfiles como MPEG-1 (CPB). Representa una secuencia de bits de parámetros restringidos MPEG-1, que también debe ser compatible con los descodificadores MPEG-2. Cuando se combina además con las definiciones de nivel, describe un tamaño de trama de 768x576 a 30Hz distribuida a una velocidad de bits de 1,856 Mbps.

Apéndice G. Perfiles y niveles MPEG-4

Complejidad de MPEG-4

MPEG-4 es mucho más complejo que los códecs de vídeo anteriores. De hecho, la codificación de vídeo sólo se expresa en las Partes 2 y 10 del estándar, que describen dos códecs totalmente separados. En primer lugar vamos a resumir las partes componentes del MPEG-4. Después, examinaremos los perfiles y niveles definidos para MPEG-4 Parte 2, que son numerosos y complejos El grupo de normalización de H.264 define un conjunto más reducido y, por ello, la codificación de MPEG-4 Parte 10 también es más simple. Estos perfiles y niveles se describirán aparte de MPEG-4 Parte 2.

Los perfiles están concebidos para definir las herramientas que están disponibles y los niveles definen el intervalo de valores adecuado para las propiedades asociadas a ellas.

MPEG-4: Partes 1 a 21 con revisiones

La tabla G.1 es un resumen de las distintas partes y revisiones que componen el estándar MPEG-4. Cada cierto tiempo se añaden nuevos elementos a esta lista, porque lo que ha crecido un poco durante el tiempo en que se preparaba este libro. Las revisiones se incluyen como elementos secundarios de cada parte. Se han omitido algunas revisiones porque no constan en el sitio Web de ISO y, por tanto, no se encuentran disponibles en este momento. También existe una fe de erratas de los estándares, que se ha omitido.

Tabla G.1.

Partes y revisiones de MPEG-4.

Parte	*Revisión*	*Descripción*
1		Capa de sistemas que define las descripciones de escenas, la multiplexación, la sincronización, en almacenamiento en búfer y protección de la propiedad intelectual.
	1	BIFS ampliado.
	3	Extensiones para la administración y la protección de la propiedad intelectual (IPMP).
	4	Extensiones SI y secuencias AFX.
	7	Uso de la codificación de vídeo avanzada (AVC) en los sistemas MPEG-4.

Parte	Revisión	Descripción
	8	Puntos de código para la indicación de tipo de objeto nuevo.
2		Descripción de los componentes visuales naturales y sintéticos. Es el sucesor de MPEG-2.
	1	Perfil simple escalable, con recuperación ante errores.
3		Descripción de los componentes de audio naturales y sintéticos.
	1	Extensión del ancho de banda.
	2	Codificación paramétrica para audio de alta calidad.
	3	MP3 en MP4.
4		Pruebas de conformidad para los flujos de bits y los dispositivos.
	1	Pruebas de conformidad para MPEG-4.
	2	Extensiones compatibles con MPEG-4 para XMT y los nodos multimedia.
	3	Nuevos niveles y herramientas visuales.
	4	Extensiones compatibles con IPMPX.
	5	Extensiones compatibles con perfil simple escalable, con recuperación ante errores.
	6	Compatibilidad con la codificación de vídeo avanzada.
	7	Extensiones compatibles con AFX.
5		Ejemplos de software de referencia.
	1	Software de referencia para MPEG-4.
	2	Extensiones de software de referencia MPEG-4 para XMT y los nodos multimedia.
	3	Nuevos niveles y herramientas visuales.
	4	Extensiones de software de referencia IPMPX.
	5	Extensiones de software de referencia para perfil simple escalable, con recuperación ante errores.
	6	Software de referencia de codificación de vídeo avanzada y replicación de banda espectral (SBR) de audio.

Parte	Revisión	Descripción
	7	Extensiones de software de referencia AFX.
6		El entorno DMIF (*Delivery Multimedia Integration Framework*), que describe un protocolo de sesión para el transporte de los componentes por interfaces genéricas.
7		Software de referencia visual optimizado.
8		Transporte de componentes MPEG-4 por redes IP.
9		Especificaciones de hardware de referencia.
10		Codificación de vídeo avanzada (H.264).
	1	Extensiones profesionales AVC para añadir transparencia.
11		Descripción de escenas y motor de aplicación (ampliación de la Parte 1 sobre BIFS).
	2	Texto avanzado y gráficos 2D.
	3	Extensiones BIFS de audio.
	4	Extensiones XMT y MPEG-J.

Parte	Revisión	Descripción
12		Formato de archivos multimedia basados en ISO.
	1	Extensiones y directrices de los formatos de archivo.
13		Extensiones para la administración y la protección de la propiedad intelectual (IPMP).
14		Formato de archivo MP4.
15		Formato de archivo de codificación de vídeo avanzada (AVC).
16		Extensión de entorno de animación (AFX, *Animation Framework eXtension*).
17		Formato de texto en secuencias.
18		Compresión y transmisión en secuencias de fuentes.
19		Secuencia de texturas sintetizadas.
20		Representación liviana de escenas.
21		Extensión MPEG-J para la renderización.

Muchos implementadores sólo tienen en consideración algunas partes, no todas las capacidades que define el estándar. Implementar todo el estándar sería un gran desafío para cualquier empresa.

Perfiles y niveles de MPEG-4 Parte 2

Solamente vamos a explicar los perfiles visuales, pero MPEG-4 también admite otros perfiles para audio, gráficos y gráficos de escenas, que carecen de interés para nuestras explicaciones sobre la compresión de vídeo.

Sí tendrán interés para los productores de contenidos que deseen agregar vídeo comprimido con otros tipos de activos para crear presentaciones multimedia interactivas.

Perfiles visuales naturales

Estos perfiles describen el vídeo que se ha filmado o que se basa en lo que normalmente se considera una sesión basada en fotogramas.

Tabla G.2.

Perfiles visuales naturales de MPEG-4 Parte 2.

Perfil	***Descripción***
Simple	Codificación sencilla de contenido rectangular a velocidades de bits bajas para utilizarla en sistemas móviles.
Simple escalable	Proporciona una compatibilidad adicional para las secuencias de distintas calidades que se distribuyan simultáneamente y permite modificar la escala espacial y temporal.
Simple avanzado (v2a)	Perfil simple adicional con más funcionalidades para la compatibilidad con entornos 2D.
Granularidad fina escalable (v2a)	Perfil escalable mejorado con compatibilidad con las estructuras bidimensionales.
Simple avanzado en tiempo real (v2)	Ofrece una codificación adicional gracias al envío de mensajes desde el reproductor, lo que permite codificar en tiempo real para las aplicaciones de videófono.
Interno	Añade objetos de vídeo con forma arbitraria al perfil simple y está indicado para los escenarios más interactivos.
Interno escalable (v2)	Permite modificar la escala espacial y temporal de las regiones del objeto y con el procedimiento para SNR descrito en MPEG-2.

Perfil	*Descripción*
Principal	Completa el Perfil interno de compatibilidad con vídeo entrelazado, gráficos animados y transparencia de objetos.
N-Bit	Cuando el vídeo presenta una profundidad de bits excepcionalmente baja o alta, este perfil añade una compatibilidad con el vídeo de 4–12 bits al Perfil interno.
Eficacia de codificación avanzada (v2)	Ofrece una codificación muy eficiente para los dispositivos de adquisición como cámaras, escáneres y digitalizadores de vídeo.
Simple de estudio	Diseñado para utilizarlo en entornos de estudio.
Interno de estudio	Diseñado para su uso en producciones de calidad superior.

Perfiles visuales sintéticos

Los perfiles de vídeo sintéticos ofrecen descripciones más estructuradas de las imágenes en movimiento.

Serán útiles en el futuro, pero ahora no se tienen en cuenta en los estudios sobre la codificación de vídeo lineal normal.

Tabla G.3.

Perfiles visuales sintéticos de MPEG-4 Parte 2.

Perfil	*Descripción*
Animación facial simple	Proporciona toda la información necesaria para construir un modelo facial sencillo, tal vez para implementar un avatar.
Animación facial y corporal simple (v2)	La animación facial con una funcionalidad adicional para los cuerpos.
Textura escalable	Permite aplicar texturas de imágenes estáticas en superficies.
Textura 2D animada básica	Permite variar la escala para la codificación espacial y SNR y la animación basada en modelos espaciales de instantáneas aplicadas como texturas a las superficies de objetos. También admite la animación facial básica.
Textura escalable avanzada (v2)	Compresión de instantáneas muy eficiente. Además cuenta con mosaicos de objetos, codificación wavelet, formas arbitrarias y escalabilidad.
Interno avanzado (v2)	Combinación del perfil visual interno y los perfiles visuales sintéticos de textura escalable avanzada. Muy adecuado para la interactividad mediante conexión a redes y para archivos multimedia.

Perfil	*Descripción*
Híbrido	Diseñado para admitir aplicaciones interactivas además de formas arbitrarias, escalado temporal de los objetos de vídeo y cierta compatibilidad con los objetos sintéticos.

Niveles

Las descripciones de los perfiles y niveles para MPEG-4 se han simplificado un poco, para ceñirnos únicamente a los atributos que nos interesan a la hora de codificar metraje para utilizarlo en un perfil y nivel de destino. Hay casi 20 columnas de información definida para cada nivel de cada perfil, pero la mayoría sólo es interesante para el implementador del códec o para crear escenarios con múltiples objetos de vídeo.

Tabla G.4.

Niveles y perfiles de MPEG-4 Parte 2.

Perfil	*Nivel*	*Ancho*	*Alto*	*Color*	*Velocidad de bits máx.*	*Fps*
Simple	L0	176	144		64 Kbps	15 píxeles
Simple	L1	176	144		64 Kbps	15 píxeles
Simple	L2	352	288		128 Kbps	15 píxeles
Simple	L3	352	288		384 Kbps	30 píxeles
Simple escalable	L1	352	288		128 Kbps	15 píxeles
Simple escalable	L2	352	288		256 Kbps	30 píxeles
Simple avanzado	L0	176	144		128 Kbps	60 píxeles
Simple avanzado	L1	176	144		128 Kbps	60 píxeles
Simple avanzado	L2	352	288		384 Kbps	40 píxeles
Simple avanzado	L3	352	288		768 Kbps	60 píxeles
Simple avanzado	L3b	352	288		768 Kbps	60 píxeles
Simple avanzado	L4	352	576		3000 Kbps	60 pulgadas/ 30 píxeles
Simple avanzado	L5	720	576		8000 Kbps	60 pulgadas/ 30 píxeles
Escalabilidad de granularidad fina	L0	176	144		128 Kbps	60 píxeles

Perfil	*Nivel*	*Ancho*	*Alto*	*Color*	*Velocidad de bits máx.*	*Fps*
Escalabilidad de granularidad fina	L1	176	144		128 Kbps	60 píxeles
Escalabilidad de granularidad fina	L2	352	288		384 Kbps	40 píxeles
Escalabilidad de granularidad fina	L3	352	288		768 Kbps	60 píxeles
Escalabilidad de granularidad fina	L4	352	576		3000 Kbps	60 pulgadas/ 30 píxeles
Escalabilidad de granularidad fina	L5	720	576		8000 Kbps	60 pulgadas/ 30 píxeles
Simple avanzado en tiempo real	L1	176	144		64 Kbps	15 píxeles
Simple avanzado en tiempo real	L2	352	288		128 Kbps	15 píxeles
Simple avanzado en tiempo real	L3	352	288		384 Kbps	30 píxeles
Natural simple avanzado en tiempo real	L4	352	288		2000 Kbps	30 píxeles
Interno	L1	176	144		384 Kbps	60 píxeles
Interno	L2	352	288		2000 Kbps	60 píxeles
Interno escalable	L1	352	288		768 Kbps	30 píxeles
Interno escalable	L2	352	288		1500 Kbps	60 píxeles
Interno escalable	L3	720	576		4000 Kbps	60 pulgadas/ 30 píxeles
Principal	L2	352	288		2000 Kbps	60 píxeles
Principal	L3	720	576		15000 Kbps	60 pulgadas/ 30 píxeles
Principal	L4	1920	1088		38400 Kbps	60 píxeles
N-Bit	L2	352	288		2000 Kbps	60 píxeles
Eficacia de codificación avanzada	L1	352	288		384 Kbps	30 píxeles
Eficacia de codificación avanzada	L2	352	288		2000 Kbps	60 píxeles
Eficacia de codificación avanzada	L3	720	576		15000 Kbps	60 píxeles
Eficacia de codificación avanzada	L4	1920	1088		38400 Kbps	60 píxeles
Simple de estudio	L1	720	576	YUV + alfa	180 Mbps	60 pulgadas/ 30 píxeles

Perfil	*Nivel*	*Ancho*	*Alto*	*Color*	*Velocidad de bits máx.*	*Fps*
Simple de estudio	L1	720	576	RGB	180 Mbps	60 pulgadas/ 30 píxeles
Simple de estudio	L2	720	576	YUV	600 Mbps	60 pulgadas/ 30 píxeles
Simple de estudio	L2	720	576	RGB + 3 alfa	600 Mbps	60 pulgadas/ 30 píxeles
Simple de estudio	L3	720	576	RGB	900 Mbps	60 pulgadas/ 30 píxeles
Simple de estudio	L3	720	576	YUV + alfa	900 Mbps	60 pulgadas/ 30 píxeles
Simple de estudio	L4	720	576	RGB	1800 Mbps	60 pulgadas/ 30 píxeles
Simple de estudio	L4	720	576	RGB + 3 alfa	1800 Mbps	60 pulgadas/ 30 píxeles
Simple de estudio	L4	2000	2000	RGB	1800 Mbps	30 píxeles
Interno de estudio	L1	720	576	YUV + alfa	90 Mbps	60 pulgadas/ 30 píxeles
Interno de estudio	L1	720	576	RGB	90 Mbps	60 pulgadas/ 30 píxeles
Interno de estudio	L2	720	576	YUV	300 Mbps	60 pulgadas/ 30 píxeles
Interno de estudio	L2	720	576	RGB + 3 alfa	300 Mbps	60 pulgadas/ 30 píxeles
Interno de estudio	L3	720	576	RGB	450 Mbps	60 pulgadas/ 30 píxeles
Interno de estudio	L3	720	576	YUV + alfa	450 Mbps	60 pulgadas/ 30 píxeles
Interno de estudio	L4	720	576	RGB	900 Mbps	60 pulgadas/ 30 píxeles
Interno de estudio	L4	720	576	RGB + 3 alfa	900 Mbps	60 pulgadas/ 30 píxeles
Interno de estudio	L4	2000	2000	RGB	900 Mbps	30 píxeles

Notas:

- Observe que no todos los niveles desde L0 a L5 son compatibles con todos los perfiles.
- Las descripciones de nivel para los perfiles se han omitido cuando no son adecuados para el contenido de vídeo comprimido. Sobre todo son perfiles de vídeo sintéticos que admiten la aplicación de una textura de imágenes estáticas a una malla. Éstos no codifican el vídeo de la misma manera, sino que describen parámetros de renderizado para poder reconstruir una imagen en movimiento como una animación.
- Los tamaños de fotogramas, modelos de color y frecuencias en fps deberían considerarse como orientaciones generales y no como descripciones de valores mínimos o máximos específicos.
- El tamaño del vídeo viene determinado por un límite del número de macrobloques que se pueden utilizar en un nivel particular.
- La información de color sólo se describe cuando es relevante como un parámetro restrictivo del contenido original.
- El perfil visual natural simple avanzado y el perfil visual natural con escalabilidad de granularidad fina se introdujeron en la revisión de la segunda versión para proporcionar compatibilidad con estructuras bidimensionales.
- Los perfiles visuales de eficacia de codificación avanzada, interno escalable y simple avanzado en tiempo real se introdujeron en la versión 2.
- El nivel 3b se introdujo en una revisión de última hora.

Niveles y macrobloques

La especificación de MPEG-4 no dicta los tamaños de fotogramas en píxeles. Dado que el vídeo puede tener formas arbitrarias, el límite se define en macrobloques de 16x16 píxeles, que se pueden presentar en diseños no rectangulares. La tabla G.5 resume estos valores para algunos perfiles y niveles.

Tabla G.5.

Niveles y macrobloques.

Perfil	*Nivel*	*Macrobloques máximos*	*Codificación de forma*
Simple	0	99	
Simple	1	99	
Simple	2	396	
Simple	3	396	
Simple avanzado en tiempo real	1	99	

Perfil	*Nivel*	*Macrobloques máximos*	*Codificación de forma*
Simple avanzado en tiempo real	2	396	
Simple avanzado en tiempo real	3	396	
Simple avanzado en tiempo real	4	396	
Simple escalable	1	495	
Simple escalable	2	792	
Interno	1	198	√
Interno	2	792	√
Interno avanzado	1	198	
Interno avanzado	2	792	
Interno escalable	1	792	√
Interno escalable	2	990	√
Interno escalable	3	4032	√
Principal	2	1188	√
Principal	3	3240	√
Principal	4	16320	√
Eficacia de codificación avanzada	1	792	√
Eficacia de codificación avanzada	2	1188	√
Eficacia de codificación avanzada	3	3240	√
Eficacia de codificación avanzada	4	16320	√
N-Bit	2	792	√

Notas:

- El vídeo de nivel 0 no debe exceder de 176 horizontales ó 144 verticales.
- Estos valores son importantes porque deben caber en los tamaños de búfer acordados por los participantes en el grupo de trabajo del estándar.
- Para que los reproductores cumplan con el estándar es necesario que tengan búferes disponibles de un tamaño determinado.

Tipos de objetos de audio MPEG-4

Las especificaciones de audio de MPEG-4 describen una variedad de algoritmos que se pueden emplear para codificar el audio de la forma más adecuada y eficiente. Éstos se identifican por nombres cortos y descriptivos y valores de ID que se incrustan en la secuencia de contenido. El descodificador reconoce el algoritmo que se ha utilizado para codificar el audio y selecciona el descodificador correspondiente.

La tabla G.6 contiene una selección de los tipos de objetos de audio (AOT) que ya están definidos. Algunos de ellos siguen en desarrollo y tal vez no se hayan estandarizado aún.

Tabla G.6.

Tipos de objetos de audio (AOT) en MPEG-4.

AOT	***Descripción***	***ER***
AAC principal	El algoritmo principal de codificación de audio avanzada.	
AAC LC	Complejidad baja.	√
AAC SSR	Frecuencia de muestreo escalable.	
AAC LTP	Predictor de período largo.	√
AAC SBR	Replicación de banda espectral. Utilizado en HE-AAC (AAC+).	
AAC escalable	Codificación escalable.	√
TwinVQ	*Transform-Domain Weighted Interleave Vector Quantization* (Cuantificación vectorial de intercalado ponderado con transformación de dominio).	√
CELP	Predicción lineal excitada por código. Se utiliza para la codificación de la voz. También está disponible en una forma con capacidad de recuperación ante errores.	√
HVXC	Codificación por excitación del vector de armónicos.	√
HILN	Armónicos, líneas individuales y ruido. Codificador paramétrico.	
BSAC	*Bit-Sliced Arithmetic Coding.*	√
AAC LD	Codificación de bajo retardo.	√
ULD	Retardo ultrabajo. Este algoritmo sólo introduce 6 milisegundos de retardo, lo que hace que sea ideal para su uso en telecomunicaciones o para la producción en directo con micrófonos inalámbricos.	

La mayoría de estos algoritmos se pueden ampliar con capacidad de recuperación ante errores, en cuyo caso irán precedidos de las siglas ER (*error-resilient*) y se identificarán con un valor de ID distinto. En la tabla, hemos indicado esta capacidad en la columna ER.

Ya se ha realizado algún trabajo para describir la complejidad de los datos codificados en forma numérica. Se han definido unidades de complejidad del procesador para cada uno de estos tipos de objetos para ayudar a planificar la capacidad de procesamiento informático necesaria. *MPEG Industry Forum* ofrece más información sobre esto.

Perfiles y niveles H.264

En comparación con MPEG-4 Parte 2, el códec H.264 tiene muy pocos perfiles. Esto no significa que tenga menos herramientas, sólo que existen menos definiciones sobre cómo se puede acceder a ellos en las aplicaciones de codificación. La tabla G.7 resume los perfiles.

Existen 5 niveles principales y otros 10 subniveles. Estos 15 niveles en total están disponibles para todos los perfiles.

Tabla G.7.

Perfiles H.264 (JVT).

Perfil	*Descripción*
Básico	Aplicaciones de baja latencia como las de videoconferencia.
Principal	Diseñado para las retransmisiones.
Extendido	Antes se conocía como Perfil X. Está diseñado para las aplicaciones de transmisión en secuencias.

Perfil básico

Este perfil está diseñado para codificar con rapidez y, en consecuencia, no se permiten las rebanadas B. Por tanto, las imágenes se pueden transmitir en el mismo orden en que se codifican y no se introduce ningún retardo. Presenta las siguientes características:

- Rebanadas I.
- Rebanadas P.
- Filtro de eliminación de bloques durante la descodificación.
- No codifica los campos para el entrelazado.
- La codificación no se adapta a los fotogramas/campos.
- Vectores de movimiento de cuarto de píxel.
- Segmentación de macrobloques para la predicción temporal.
- Codificación de longitud variable (CAVLC).
- No es compatible con CABAC.

- Ordenación arbitraria de rebanadas.
- Ordenación flexible de macrobloques.
- Rebanadas redundantes.

Perfil principal

Este perfil está diseñado para las aplicaciones de retransmisión televisiva. Incluye la mayoría de las características del perfil básico, pero se han omitido algunas de ellas y se han añadido otras. Las capacidades del perfil principal son las siguientes:

- Rebanadas I.
- Rebanadas P.
- Rebanadas B.
- Filtro de eliminación de bloques durante la descodificación.
- Codificación de campos para el entrelazado.
- La codificación se adapta a los fotogramas/campos.
- Predicción ponderada para permitir aumentos repentinos en la velocidad de bits en las transiciones.
- Vectores de movimiento de cuarto de píxel.
- Segmentación de macrobloques para la predicción temporal.
- Codificación de longitud variable (CAVLC).
- CABAC.

Perfil extendido

El perfil extendido está disponible para emplearlo al crear sistemas de transmisión de vídeo en secuencias. Es un superconjunto del perfil básico con algunas características adicionales. Además incluye la mayoría de las capacidades del perfil principal. Veamos un resumen de lo que ofrece:

- Rebanadas I.
- Rebanadas P.
- Rebanadas B.
- Filtro de eliminación de bloques durante la descodificación.
- Codificación de campos para el entrelazado.
- La codificación se adapta a los fotogramas/campos.
- Predicción ponderada para permitir aumentos repentinos en la velocidad de bits en las transiciones.
- Vectores de movimiento de cuarto de píxel.
- Segmentación de macrobloques para la predicción temporal.
- Codificación de longitud variable (CAVLC).
- No es compatible con CABAC.
- Ordenación arbitraria de rebanadas.
- Ordenación flexible de macrobloques.
- Rebanadas redundantes.

Apéndice H. Perfiles ISMA

Los estándares

Las especificaciones se pueden solicitar en el sitio Web de ISMA: `http://www.isma.tv/`, `http://www.ism-alliance.org/`. Comprenden lo siguiente:

ISMA Versión 2.0

La alianza ISMA (*Internet Streaming Media Alliance*) ha publicado la segunda generación de sus especificaciones, que incluye las últimas tecnologías de transmisión multimedia en secuencias. La especificación de la versión 2.0 es una mejora de la versión 1.0 existente del ISMA. Ofrece compatibilidad con nuevos códecs para dispositivos móviles y para televisión de alta definición (HDTV).

La nueva especificación de ISMA 2.0 presenta las siguientes funciones:

- Codificación avanzada de vídeo (H.264/AVC).
- Codificación avanzada de audio de alta eficacia (HE-AAC).
- Transporte IP de audio y vídeo mediante SDP y RTP/RTSP.
- Almacenamiento en formato de archivo MPEG-4 (`.mp4`).

Tabla H.1.

Documentos de los estándares ISMA.

Documento	***Versión***	***Fecha***
Especificación de implementación ISMA	versión 1.0	agosto de 2001
ISMA. Correcciones de la especificación de implementación	versión 0.10	mayo de 2004
Especificación de implementación ISMA con correcciones	versión 1.0.1	junio de 2004
Especificación de autenticación y codificación ISMA	versión 1.0	febrero de 2004
Borrador revisado de la Especificación de implementación ISMA	versión 2.0	diciembre de 2004

La especificación de ISMA 2.0 comienza a considerar los formatos multimedia basados en estándares abiertos para su aplicación empresarial con estos elementos de trabajo:

- Sincronización de objetos multimedia interactivos (*rich media*).
- Transcripciones.
- DRM empresarial.
- Especificación de la migración en caso de errores para los servidores en tiempo real.

Perfiles 1 y 0 de ISMA 1.0

La alianza para la transmisión multimedia en secuencias por Internet (ISMA, *Internet Streaming Media Alliance*) se formó por un grupo de empresas interesadas que deseaban simplificar el desarrollo de los servicios, servidores y reproductores de transmisión en secuencias, definiendo algunas limitaciones para los requisitos de rendimiento y de velocidad de bits. Estas limitaciones se refieren a los niveles de servicio óptimos para el vídeo distribuido por módem, el vídeo distribuido por ancho de banda y los servicios de velocidades de bits más altas en las redes rápidas. En la tabla H.2 se comparan los dos perfiles que se han publicado hasta la fecha.

Tabla H.2.
Perfiles de la versión 1.0 de ISMA.

Atributo	*Perfil 0*	*Perfil 1*
Destino	Aplicaciones inalámbricas y de poco ancho de banda	Banda ancha. Es un superconjunto del Perfil 0 y permite una experiencia de visionado más completa.
Códec	Vídeo MPEG-4 Parte 2, Perfil simple, Nivel 1	Vídeo MPEG-4 Parte 2, Perfil simple o Perfil simple avanzado, Nivel 3
Tamaño de trama	176x144 (QCIF)	352x288 (CIF)
Velocidad de fotogramas	15 fps	30 fps (se supone que 25 en Europa)
Audio	Perfil de audio de alta calidad en el Nivel 2. CELP y AAC de baja complejidad.	Perfil de audio de alta calidad en el Nivel 2. CELP y AAC de baja complejidad.
Frecuencia de muestreo	Hasta 48 KHz	Hasta 48 KHz
Velocidad de bits máx.	64 Kbps	1,5 Mbps

Los parámetros especificados por estos perfiles se han elegido cuidadosamente para que sean realistas, dadas las capacidades tecnológicas actuales. Han sido desarrollados con la participación de otros organismos de normalización. Observe que el perfil para móviles 3GPP es prácticamente igual que el perfil 0 de ISMA, pero diseñado para los dispositivos móviles.

Para ver una descripción detallada de lo que implican estos perfiles, debería consultar las especificaciones de ISMA.

Perfiles 2, 3 y 4 de ISMA 2.0

La nueva versión del estándar ISMA 2.0 añade tres perfiles más, que se resumen en la tabla H.3.

Tabla H.3.

Perfiles de la versión 2.0 de ISMA.

Atributo	*Perfil 2*	*Perfil 3*	*Perfil 4*
Destino	Vídeo de baja resolución o servicios sólo con audio.	Banda ancha. Servicios de vídeo de resolución SDTV.	Aplicaciones HDTV con red de área local rápida.
Códec	Vídeo MPEG-4 Parte 10, Perfil básico, Nivel 2	Vídeo MPEG-4 Parte 10, Perfil principal, Nivel 3	Vídeo MPEG-4 Parte 10, Perfil principal, Nivel 3
Tamaño de trama	352x288 (CIF)	720x576 (D1-PAL)	Desde 1280x720 hasta 2000x1000
Velocidad de fotogramas	30 FPS	30 FPS (se supone que 25 en Europa)	30 FPS ó 60 FPS ... con tamaños de imagen menores.
Audio	Perfil de audio HE-AAC en el Nivel 2.	Perfil de audio AAC en el Nivel 3.	Perfil de audio AAC en el Nivel 4.
Frecuencia de muestreo	Hasta 48 KHz	Hasta 48 KHz	Hasta 48 KHz
Velocidad de bits máx.	1,2 Mbps	3,7 Mbps	15 Mbps

Apéndice I. Tipos de archivo

Tipos de archivo

La mayoría de los sistemas operativos distinguen un tipo de archivo de otro gracias a una extensión de archivo de tres o cuatro letras.

Mac OS Clásico empleaba un código de cuatro letras para el tipo y las propiedades del creador, que se almacenaban en la información de los metadatos. Los dos mecanismos están permitidos en Mac OS X.

Windows utiliza extensiones de archivo para asociar el archivo con una aplicación, mientras que Linux y los sistemas basados en UNIX delegan el reconocimiento del tipo de archivo al software a nivel de aplicación.

Los sistemas operativos se sirven de estos mecanismos de asignación de archivo para ejecutar la aplicación adecuada cuando se abre el archivo, aunque actúa como mediador el intérprete de comandos (*shell*) o la aplicación de buscador/explorador.

La tabla I.1 recoge las extensiones de archivo y el propietario, códec o servicio que va asociado a ellas.

Para más información sobre las extensiones de los tipos de archivo, consulte el sitio Web `http://filext.com/index.php`.

Tabla I.1.

Extensiones de archivo relacionadas con el vídeo y el audio.

Extensión	**Descripción**
`.3g2`	Vídeo/audio para teléfonos móviles 3GPP2.
`.3gp`	Vídeo/audio para teléfonos móviles 3GPP.
`.3gp2`	Vídeo/audio para teléfonos móviles 3GPP2.
`.3gpp`	Vídeo/audio para teléfonos móviles 3GPP.
`.aaf`	Formato de creación avanzada (utilizado por MXF).
`.aif`	Formato de archivo de intercambio de audio de QuickTime.
`.aic`	Formato de archivo de intercambio de audio de QuickTime (comprimido).
`.aifc`	Formato de archivo de intercambio de audio de QuickTime (comprimido).
`.aiff`	Formato de archivo de intercambio de audio de QuickTime.
`.amc`	Archivo multimedia AMC.
`.amr`	Archivo de audio AMR.

Extensión	*Descripción*
`.asf`	Archivo con formato de sistemas avanzados de Windows Media.
`.asx`	Metarchivo Advanced Stream Redirector de Windows Media.
`.au`	Audio UNIX de Sun y NeXT.
`.avi`	Formato de vídeo de Windows (*Audio Visual Interleave*).
`.bwf`	Formato de audio WAVE de Windows.
`.cda`	Pista de audio de CD.
`.cdda`	Pista de audio de CD.
`.cpk`	Formato de película (según indica M-Player).
`.dcr`	Película de Shockwave.
`.dir`	Película de Shockwave.
`.dvr-ms`	Archivo Digital Video Recording para almacenar contenido grabado de televisión terrestre de Windows Media Center.
`.dxr`	Película de Shockwave.
`.ev2`	Vídeo de Emblaze.
`.flc`	Película de AutoDesk Animator.
`.fli`	Película de AutoDesk Animator.
`.flv`	Archivo de vídeo Flash.
`.gsm`	Archivo de audio GSM.
`.hcm`	Archivos FSSD comprimidos mediante Huffman.
`.hcom`	Archivos FSSD comprimidos mediante Huffman.
`.iff`	Archivos de audio de 8 bits para Amiga, similares a `.wav`
`.ivf`	Tecnología de vídeo Indeo.
`.jpg`	Imagen JPEG.
`.kar`	Música MIDI (Karaoke).
`.m15`	Archivo multimedia MPEG-1.
`.m1a`	Audio MPEG-1.
`.m1s`	Audio MPEG-1.
`.m1v`	Vídeo MPEG-1.
`.m3u`	Lista de archivos multimedia MPEG que a menudo se utiliza como lista de reproducción de audio MP3.
`.m4a`	Audio MPEG-4 (AAC).
`.m4b`	Audio MPEG-4 de iTunes (audiolibro AAC).
`.m4p`	Audio MPEG-4 (AAC con protección de derechos).
`.m4v`	Vídeo MPEG-4 (con protección de derechos).
`.m75`	Archivo multimedia MPEG-1.
`.mid`	Música MIDI.
`.midi`	Música MIDI.
`.mii`	Música MIDI.
`.mod`	Archivo de audio multicanal de Amiga.
`.mov`	Película de QuickTime.
`.mp1`	Audio MPEG-1.

Extensión	Descripción
.mp2	Audio MPEG-1 capa 2.
.mp3	Audio MPEG-1 capa 3 (audio MP3).
.mp4	Audio, vídeo y multimedia MPEG-4.
.mpa	Audio MPEG-1 capa 2.
.mpe	*Moving Pictures Experts Group* (MPEG).
.mpeg	Vídeo o audio MPEG-1.
.mpg	Vídeo o audio MPEG-1.
.mpg4	Audio, vídeo y multimedia MPEG-4.
.mpm	Audio MPEG-1.
.mpv	Vídeo MPEG-2.
.mpv2	Vídeo MPEG-2.
.mxf	Formato de intercambio de material.
.png	Imagen PNG.
.prx	Perfil de Windows Media.
.qcp	QUALCOMM PureVoice.
.qt	Archivo de las versiones 1 y 2 de QuickTime (obsoleto).
.qti	Imagen de QuickTime.
.qtif	Imagen de QuickTime.
.qtl	Imagen PAL o SECAM YUV.
.qtvr	Panorama de QuickTime VR.
.ra	Real Audio.
.raf	Primeros archivos de formato de Real Audio.

Extensión	Descripción
.ram	Metarchivo de Redirector de Real Audio.
.raw	Archivo de audio sin procesar (pero que podría contener gráficos).
.rax	Real Audio.
.rf	Clip de Real Flash.
.rif	Parecido a los archivos `.wav` (de 8 y 16 bits).
.riff	Parecido a los archivos `.wav` (de 8 y 16 bits).
.rm	Real Media.
.rmd	Real Media.
.rmi	Windows Media (MIDI).
.rmj	Real Media.
.rmm	Metarchivo de Redirector de Real Media.
.rms	Real Media.
.rmvb	Real Media.
.rmx	Real Media.
.rp	Imágenes transmitidas en secuencias de Real Pix.
.rpm	Metarchivo de Redirector de Real Plug-in.
.rt	Subtítulos transmitidos en secuencias de Real Text.
.rtsp	Archivo descriptor de secuencias RTSP.
.rv	Real Video.
.rvx	Real Video.

Extensión	*Descripción*
`.sami`	Formato de texto de Windows Media para los subtítulos.
`.sb`	Datos de audio sin procesar.
`.sdp`	Archivo descriptor de secuencias SDP.
`.sdv`	Vídeo SD.
`.sf`	Archivo de sonido IRCAM.
`.smf`	Música MIDI.
`.smi`	Formato SMIL de Windows media para los archivos multimedia.
`.smil`	Archivos multimedia SMIL.
`.smp`	Archivo de Sample Vision de Turtle Creek.
`.snd`	Audio UNIX de Sun y NeXT.
`.sng`	Formato de audio heredado.
`.spl`	Reproductor FutureSplash.
`.ssw`	Archivo Flash de Sealed Media.
`.sswf`	Archivo Flash de Sealed Media.
`.sw`	Archivo de audio sin procesar (*signed word*).
`.swa`	Audio MPEG-1 capa 3 (audio MP3).
`.swf`	Reproductor Shockwave Flash.
`.ub`	Archivo de audio sin procesar *unsigned byte*).
`.ul`	Audio UNIX μ-Law de Sun y NeXT.

Extensión	*Descripción*
`.ulw`	Audio UNIX μ-Law de Sun y NeXT.
`.vfw`	Formato de vídeo de Windows (*Audio Visual Interleave*).
`.voc`	Archivo de audio Creative Voice de SoundBlaster.
`.wav`	Formato de audio WAVE de Windows.
`.wave`	Formato de audio WAVE de Windows.
`.wax`	Metarchivo de Redirector de audio de Windows Media.
`.weu`	Configuración de codificación de Windows Media.
`.wm`	Vídeo Windows Media.
`.wma`	Windows Media Audio.
`.wmd`	Paquete de descarga de Windows Media.
`.wme`	Sesión de codificador de Windows Media.
`.wmp`	Windows Media.
`.wms`	Máscara del reproductor de Windows Media.
`.wmv`	Vídeo Windows Media.
`.wmx`	Metarchivo de Redirector de Windows Media.
`.wmz`	Máscara del reproductor de Windows Media.
`.wpl`	Metarchivo de lista de reproducción de Windows Media.
`.wvx`	Metarchivo de Redirector de vídeo de Windows Media.

Tipos MIME

Los servidores Web utilizan valores de los tipos MIME para informar al navegador sobre el tipo de archivos multimedia que se van a descargar.

El navegador entonces podrá activar la aplicación auxiliar o el complemento necesarios para gestionar ese tipo de archivo multimedia.

La tabla I.2 recoge los tipos MIME más conocidos para el contenido audiovisual AV.

Tabla I.2.

Tipos MIME para formatos de audio y vídeo populares.

Reproductor	***Aplicación auxiliar***	***Tipo de archivo***	***Tipo MIME***
Audio 3GPP2	Reproductor	`.3g2`	`audio/3gpp2`
Vídeo 3GPP2	Reproductor	`.3g2`	`video/3gpp2`
Audio 3GPP	Reproductor	`.3gp`	`audio/3gpp`
Vídeo 3GPP	Reproductor	`.3gp`	`video/3gpp`
Audio 3GPP2	Reproductor	`.3gp2`	`audio/3gpp2`
Vídeo 3GPP2	Reproductor	`.3gp2`	`video/3gpp2`
Audio 3GPP	Reproductor	`.3gpp`	`audio/3gpp`
Vídeo 3GPP	Reproductor	`.3gpp`	`video/3gpp`
Audio AIFF con calidad de CD	Reproductor	`.aif`	`audio/aiff`
Audio AIFF	Navegador	`.aif`	`audio/x-aiff`
Audio AIFF	Reproductor	`.aifc`	`audio/aiff`
Audio AIFF	Navegador	`.aifc`	`audio/x-aiff`
Audio AIFF con calidad de CD	Reproductor	`.aiff`	`audio/aiff`
Audio AIFF	Navegador	`.aiff`	`audio/x-aiff`
Archivo multimedia AMC	Reproductor	`.amc`	`application/x-mpeg`
Audio AMR	Reproductor	`.amr`	`audio/amr`
Windows Media	Navegador	`.asf`	`video/x-ms-asf`
Windows Media	Navegador	`.asx`	`video/x-ms-asf`
Audio AU/µ-Law	Reproductor	`.au`	`audio/basic`
Vídeo para Windows (AVI)	Navegador	`.avi`	`video/avi`

Reproductor	*Aplicación auxiliar*	*Tipo de archivo*	*Tipo MIME*
Vídeo para Windows (AVI)	Navegador	`.avi`	`video/msvideo`
Vídeo de Windows	Navegador	`.avi`	`video/x-msvideo`
Vídeo para Windows (AVI)	Navegador	`.avi`	`video/x-msvideo`
Audio WAVE	Navegador	`.bwf`	`audio/wav`
Audio WAVE	Navegador	`.bwf`	`audio/x-wav`
Audio AIFF	Reproductor	`.cdda`	`audio/aiff`
Audio AIFF	Navegador	`.cdda`	`audio/x-aiff`
AutoDesk Animator (FLC)	Navegador	`.flc`	`video/flc`
AutoDesk Animator (FLC)	Navegador	`.fli`	`video/flc`
Audio GSM	Navegador	`.gsm`	`audio/x-gsm`
Música MIDI	Navegador	`.kar`	`audio/mid`
Música MIDI	Navegador	`.kar`	`audio/midi`
Música MIDI	Navegador	`.kar`	`audio/x-midi`
Archivo multimedia MPEG	Navegador	`.m15`	`video/mpeg`
Archivo multimedia MPEG	Navegador	`.m15`	`video/x-mpeg`
Audio MPEG	Navegador	`.m1a`	`audio/mpeg`
Audio MPEG	Navegador	`.m1a`	`audio/x-mpeg`
Archivo multimedia MPEG	Navegador	`.m1a`	`video/mpeg`
Archivo multimedia MPEG	Navegador	`.m1a`	`video/x-mpeg`
Audio MPEG	Navegador	`.m1s`	`audio/mpeg`
Audio MPEG	Navegador	`.m1s`	`audio/x-mpeg`
Archivo multimedia MPEG	Navegador	`.m1s`	`video/mpeg`
Archivo multimedia MPEG	Navegador	`.m1s`	`video/x-mpeg`
Archivo multimedia MPEG	Navegador	`.m1v`	`video/mpeg`
Archivo multimedia MPEG	Navegador	`.m1v`	`video/x-mpeg`
Audio AAC	Navegador	`.m4a`	`audio/x-m4a`
Audiolibro AAC	Navegador	`.m4b`	`audio/x-m4b`

Reproductor	*Aplicación auxiliar*	*Tipo de archivo*	*Tipo MIME*
Audio AAC (protegido)	Navegador	`.m4p`	`audio/x-m4p`
Vídeo (protegido)	Navegador	`.m4v`	`video/x-m4v`
Archivo multimedia MPEG	Navegador	`.m75`	`video/mpeg`
Archivo multimedia MPEG	Navegador	`.m75`	`video/x-mpeg`
Música MIDI	Navegador	`.mid`	`audio/mid`
Música MIDI	Navegador	`.mid`	`audio/midi`
Música MIDI	Navegador	`.mid`	`audio/x-midi`
Música MIDI	Navegador	`.midi`	`audio/mid`
Música MIDI	Navegador	`.midi`	`audio/midi`
Música MIDI	Navegador	`.midi`	`audio/x-midi`
Película QuickTime	Complemento	`.mov`	`video/quicktime`
Audio MPEG	Navegador	`.mp2`	`audio/mpeg`
Audio MPEG	Navegador	`.mp2`	`audio/x-mpeg`
Vídeo MPEG	Navegador	`.mp2`	`video/mpeg`
Archivo multimedia MPEG	Navegador	`.mp2`	`video/x-mpeg`
Audio MP3	Reproductor	`.mp3`	`application/octet-stream`
Audio MP3	Navegador	`.mp3`	`audio/mp3`
Audio MPEG	Navegador	`.mp3`	`audio/mpeg`
Audio MP3	Navegador	`.mp3`	`audio/mpeg3`
Audio MP3	Navegador	`.mp3`	`audio/x-mp3`
Audio MPEG	Navegador	`.mp3`	`audio/x-mpeg`
Audio MP3	Navegador	`.mp3`	`audio/x-mpeg3`
Archivo multimedia MPEG-4	Navegador	`.mp4`	`audio/mp4`
Archivo multimedia MPEG-4	Navegador	`.mp4`	`video/mp4`
Audio MPEG	Navegador	`.mpa`	`audio/mpeg`
Audio MPEG	Navegador	`.mpa`	`audio/x-mpeg`
Archivo multimedia MPEG	Navegador	`.mpa`	`video/mpeg`

Reproductor	*Aplicación auxiliar*	*Tipo de archivo*	*Tipo MIME*
Archivo multimedia MPEG	Navegador	.mpa	video/x-mpeg
Vídeo MPEG	Navegador	.mpe	video/mpeg
Audio MPEG	Navegador	.mpeg	audio/mpeg
Audio MPEG	Navegador	.mpeg	audio/x-mpeg
Vídeo MPEG	Navegador	.mpeg	video/mpeg
Archivo multimedia MPEG	Navegador	.mpeg	video/x-mpeg
Audio MPEG	Navegador	.mpg	audio/mpeg
Audio MPEG	Navegador	.mpg	audio/x-mpeg
Vídeo MPEG	Navegador	.mpg	video/mpeg
Archivo multimedia MPEG	Navegador	.mpg	video/x-mpeg
Archivo multimedia MPEG-4	Navegador	.mpg4	audio/mp4
Archivo multimedia MPEG-4	Navegador	.mpg4	video/mp4
Audio MPEG	Navegador	.mpm	audio/mpeg
Audio MPEG	Navegador	.mpm	audio/x-mpeg
Archivo multimedia MPEG	Navegador	.mpm	video/mpeg
Archivo multimedia MPEG	Navegador	.mpm	video/x-mpeg
Archivo multimedia MPEG	Navegador	.mpv	video/mpeg
Archivo multimedia MPEG	Navegador	.mpv	video/x-mpeg
Audio de QUALCOMM PureVoice	Navegador	.qcp	audio/vnd.qcelp
Película QuickTime	Complemento	.qt	video/quicktime
QuickTime	Reproductor	.qtl	application/ x-quicktimeplayer
RealAudio	Navegador	.ra	audio/x-pn-realaudio
Real Audio	Reproductor	.ra	audio/x-realaudio
RealAudio	Reproductor	.ram	audio/vnd.rn-realaudio
RealAudio	Navegador	.ram	audio/x-pn-realaudio
Real Flash	Reproductor	.rf	image/vnd.rn-realflash

Reproductor	*Aplicación auxiliar*	*Tipo de archivo*	*Tipo MIME*
Real Player	Reproductor	.rm	application/ vnd.rn-realmedia
RealAudio	Navegador	.rm	audio/x-pn-realaudio
RealAudio	Navegador	.rpm	audio/x-pn-realaudio
Real Plug-in	Complemento	.rpm	audio/ x-pn-realaudio-plugin
Descriptor de secuencias RTSP	Reproductor	.rts	application/x-rtsp
Descriptor de secuencias RTSP	Reproductor	.rtsp	application/x-rtsp
RealVideo	Reproductor	.rv	video/vnd.rn-realvideo
Descriptor de secuencias SDP	Reproductor	.sdp	application/sdp
Descriptor de secuencias SDP	Reproductor	.sdp	application/x-sdp
Vídeo SD	Navegador	.sdv	video/sd-video
Música MIDI	Navegador	.smf	audio/mid
Música MIDI	Navegador	.smf	audio/midi
Música MIDI	Navegador	.smf	audio/x-midi
Audio AU/µ-Law	Reproductor	.snd	audio/basic
Reproductor FutureSplash	Reproductor	.spl	application/futuresplash
Audio MP3	Navegador	.swa	audio/mp3
Audio MPEG	Navegador	.swa	audio/mpeg
Audio MP3	Navegador	.swa	audio/mpeg3
Audio MP3	Navegador	.swa	audio/x-mp3
Audio MPEG	Navegador	.swa	audio/x-mpeg
Audio MP3	Navegador	.swa	audio/x-mpeg3
Macromedia Shockwave Flash	Reproductor	.swf	application/ x-shockwave-flash
Audio AU/µ-Law	Reproductor	.ulw	audio/basic
Vídeo para Windows (AVI)	Navegador	.vfw	video/avi
Vídeo para Windows (AVI)	Navegador	.vfw	video/msvideo

Reproductor	Aplicación auxiliar	Tipo de archivo	Tipo MIME
Vídeo para Windows (AVI)	Navegador	`.vfw`	`video/x-msvideo`
Audio WAVE	Navegador	`.wav`	`audio/wav`
Audio WAVE	Navegador	`.wav`	`audio/x-wav`
Windows Media	Navegador	`.wax`	`audio/x-ms-wax`
Windows Media	Navegador	`.wax`	`audio/x-ms-wma`
Windows Media	Navegador	`.wm`	`video/x-ms-wm`
Windows Media	Navegador	`.wma`	`audio/x-ms-wma`
Windows Media	Reproductor	`.wmd`	`application/x-ms-wmd`
Windows Media	Navegador	`.wmv`	`video/x-ms-wmv`
Windows Media	Navegador	`.wmx`	`video/x-ms-wmx`
Windows Media	Reproductor	`.wmz`	`application/x-ms-wmz`
Windows Media	Navegador	`.wvx`	`video/x-ms-wmv`
Windows Media	Navegador	`.wvx`	`video/x-ms-wvx`
Administración de derechos digitales	Complemento	Sin definir	`application/x-drm`

Notas (advertencias sobre estos valores):

- Debería comprobar que los reproductores de destino sean compatibles con los tipos MIME que defina en el servidor.
- Esta lista no es autoritativa sino que es una simple recopilación de los valores que se ven "en su estado natural".
- Puede haber combinaciones de extensiones de archivo y tipos MIME importantes que no se hayan incluido en esta lista.
- Esta información se ha recabado a partir de diversas fuentes en Internet y también de archivos de configuración de servidores en funcionamiento.
- La columna Aplicación auxiliar indica el comportamiento predeterminado.
- Los usuarios pueden sustituir estos ajustes en sus navegadores si lo desean.
- Cuando se configuran los servidores, se asocia una lista de tipos de archivos separados por comas con una sola entrada para cada tipo MIME.

Tamaños de archivo

Si está creando un sistema para llevar a cabo la compresión, deberá suministrarle suficiente espacio para almacenar la película de origen (sea cual sea el formato en que esté) y los archivos de salida de la herramienta de compresión. El cálculo se reduce al almacenamiento de un cierto número de horas de contenido. La tabla I.3 muestra la capacidad de almacenamiento necesaria para un clip de 5 minutos en diversos formatos. Estos datos carecen de rigor científico y sólo sirven para ofrecer una idea básica de los tamaños de archivo, para ayudarle a planificar la capacidad que necesita.

Tabla I.3.

Tamaños de archivo y formatos.

Formato	***Tamaño de archivo***
3GPP 64 Kbps (H.263)	2,867 MB
3GPP 64 Kbps (MPEG-4)	2,867 MB
ISMA Perfil 0 (MPEG-4)	6,9 MB
ISMA Perfil 1 (MPEG-4)	13,9 MB
Vídeo QuickTime Sorenson 2	73,9 MB
Vídeo de QuickTime	96,4 MB
Vídeo QuickTime Sorenson 3.1	90,9 MB
QuickTime MPEG-4 Parte 2	99,9 MB
Secuencia multiplexada MPEG-2	150,0 MB
Motion JPEG B de QuickTime	154,1 MB
Motion JPEG A de QuickTime	154,9 MB
JPEG 2000 de QuickTime	160,5 MB
4:2:2 de 8 bits sin comprimir de QuickTime	165,7 MB
MPEG-2 compatible con retransmisión (Audio y video separados en 2 archivos; el tamaño es el total)	198,9 MB
Códec H.263 de QuickTime con la mayor calidad	209,7 MB
4:2:2 de 10 bits sin comprimir de QuickTime	271,4 MB
Códec Pixlet de QuickTime	310,5 MB
DV25 (estimado)	937,5 MB
PAL DV convertido a partir de MPEG-2 multiplexado con DropDV	1,01 GB
PAL DV grabado con una cámara portátil (***)	1,01 GB
Vídeo por componentes de QuickTime	1,5 GB
DV50 (estimado)	1,875 GB
NTSC 525i30 sin procesar	2,575 GB
PAL 625i25 sin procesar	3,106 GB
YUV420 convertido a partir de MPEG-2 multiplexado con Compression Master	4,43 GB

Formato	*Tamaño de archivo*
SDI formato A, NTSC compuesto (143 Mbps)	5,362 GB
Cine digital, 24 fps 1920x1080 distribuido en HDCAM	5,96 GB
SDI formato A, PAL compuesto (177 Mbps)	6,637 GB
30 FPS HDTV 1920x1080 HDCAM comprimido (7:1)	7,449 GB
SDI formato C, 4:2:2 por componentes (270 Mbps)	10,125 GB
SDI formato D, 4:2:2 por componentes (16:9) (360 Mbps)	13,5 GB
25 FPS 1080x720 definición comercial, sin procesar	16,294 GB
30 FPS HDTV 1920x1080 4:2:2	34,761 GB
Cine digital 24 fps 1920x1080 sin procesar	41,713 GB
30 fps HDTV 1920x1080 sin procesar	52,142 GB

Notas:

- Algunos de los ajustes preestablecidos crean películas pequeñas que son válidas para verlas a esos tamaños.
- La escala de las películas pequeñas no se amplía muy bien.
- El códec de gráficos de QuickTime introdujo algunos artefactos interesantes que podrían servir como efectos especiales si se comprime la película en exceso y después se vuelve a aumentar su escala.

Además de contar con el metraje original sin comprimir, debe proporcionar espacio suficiente para almacenar la salida resultante de vídeo comprimido. La relación de compresión deseada determinará cuánto espacio será necesario. Una forma de calcularlo es tomar la velocidad de bits de destino y multiplicarla por la duración del vídeo. Así sabrá cuántos bytes requerirá el programa acabado.

Un cálculo más sencillo consiste en duplicar la cifra del metraje sin comprimir. Será conveniente disponer de espacio de sobra para cuando aumenten sus necesidades (que lo harán).

Apéndice J. Formatos de vídeo de origen

Formatos de vídeo

La tabla J.1 contiene formatos de vídeo de origen con algún comentario descriptivo sobre ellos.

Esta lista es representativa pero no exhaustiva, por lo que es posible que se le presente contenido en otros formatos.

Tabla J.1.

Formatos de vídeo de origen.

Formato	***Características***
Betacam	Formato de Sony para almacenar vídeo analógico con calidad de estudio.
Betacam SP	Otro formato de estudio de Sony.
Betamax	Formato de vídeo de consumo desaparecido que Sony comercializó sin éxito en competencia con el formato VHS de JVC. VHS ganó la batalla por el mercado, pero aún existe material de archivo en el formato Betamax. Las cintas se emplearon como base para la línea profesional de Sony de sistemas de grabación Betacam.
Digital 8	Sustituto de Video 8 y Hi8 como vídeo digital de consumo. Digital 8 se comprime, pero sólo contiene fotogramas I. La relación de compresión es de 5:1 y el códec es una DCT especial con formato DVC. El rendimiento presenta una velocidad de datos de vídeo de 25 Mbps.
DV	Se suele distribuir mediante interfaces FireWire. DV se comprime, pero sólo contiene fotogramas I. La relación de compresión es de 5:1 y el códec es una DCT especial con formato DVC. El rendimiento presenta una velocidad de datos de vídeo de 25 Mbps.
DVCAM	La variante profesional del formato DV comercializada por Sony e Ikegami. DVCAM se comprime, pero sólo contiene fotogramas I. La relación de compresión es de 5:1 y el códec es una DCT especial con formato DVC. El rendimiento presenta una velocidad de datos de vídeo de 25 Mbps.

Formato	Características
DVCPro	La variante profesional del formato DV comercializada por Panasonic, Philips, Ikegami e Hitachi. DVCPro se comprime, pero sólo contiene fotogramas I. La relación de compresión es de 5:1 y el códec es una DCT especial con formato DVC. El rendimiento presenta una velocidad de datos de vídeo de 25 Mbps.
DVCPro HD	Variante de alta definición del formato DVCPro.
HDCAM	Formato de Sony que tiene una relación de compresión de 7:1 y almacena televisión de alta definición en cintas Betacam.
Motion JPEG	Códec basado en los fotogramas I con codificación de fotogramas individuales mediante JPEG.

Formato	Características
Pixlet	Códec para fotogramas I desarrollado por Apple y Pixar, en el que cada fotograma se codifica mediante *wavelets*.
S-VHS	Versión mejorada de VHS, que produce vídeo aceptable para la compresión.
U-Matic	Antiguo formato analógico que ya no se utiliza; sin embargo, puede haber considerables cantidades de material archivado en este formato.
VHS	Formato doméstico de calidad media-baja. Las cintas se pueden grabar en los modos SP (duración normal) y LP (larga duración). Estas cintas no constituyen una buena fuente de vídeo para la compresión.

Apéndice K. Formatos de audio de origen

Formatos de audio relevantes

En la tabla K.1 se enumera una selección de formatos que podría encontrarse a la hora de procesar y codificar audio.

Tabla K.1.

Diversos formatos de audio.

Formato	***Descripción***
µ-Law	Es un antiguo códec heredado para utilizarlo en las aplicaciones de telefonía. El códec µ-Law está muy extendido en los sistemas basados en UNIX. Posiblemente pueda ser capaz de descodificarlo, pero tiene pocas aplicaciones para los codificadores de hoy en día.
a-Law	Variante del códec µ-Law también empleada en la telefonía. El códec a-Law tiene poco uso ahora que existen mejores códecs a nuestra disposición. Si puede descodificarlo, tendrá acceso a algunos archivos de audio heredados.
AC-3	Formato de sonido envolvente desarrollado por Dolby Laboratories.
AIFF	El audio de los CD introducidos en un sistema Mac OS se almacena como archivo AIFF. La velocidad de bits es de unos 172 Kbps.
ALS	Códec de audio sin pérdida que se está desarrollando como parte del estándar MPEG-4.
Apple Lossless	Es un códec que sólo está disponible en iTunes y en las versions 6.5.1 y posteriores de QuickTime. Este códec está muy bien para comprimir audio para archivarlo o cuando se precisa una codificación sin pérdida garantizada. Reducirá un archivo de audio a un 50 por 100 aproximadamente de su tamaño original, pero no está diseñado como un códec para implementación. El códec Apple Lossless podría servir para incrustar audio en aplicaciones o juegos.
ASPEC	Estándar de codificación de audio basado en DCT.
ATRAC	El códec de audio que se utiliza en los reproductores MiniDisc.

Formato	Descripción
ATRAC3 plus	Versión más avanzada del formato patentado de Sony ATRACS. Se utiliza en los reproductores MiniDisc. Algunos expertos consideran que es superior a MP3.
Audio MPEG-1, capa 1	Variante simplificada de MUSICAM.
Audio MPEG-1, capa 2	Es idéntico al estándar MUSICAM.
Audio MPEG-1, capa 3	También conocido como MP3, se basa en el sistema de compresión de audio ASPEC.
Formato AAC	Parte del estándar MPEG-4 que ha sido sustituida por AAC+. En principio se desarrolló como parte del estándar MPEG-2. Las implementaciones de MPEG-4 están un poco extendidas. Con la misma velocidad de bits que MP3, tiene una calidad mucho superior. Presentando la misma calidad subjetiva, los archivos AAC son mucho menores que los archivos MP3. Gracias a que es otro estándar abierto, ya cuenta con bastante compatibilidad y tendrá mucha más en el futuro. Actualmente se encuentra disponible a través de iTunes de Apple y Rhapsody de RealNetworks, y se utiliza en teléfonos móviles de tercera generación.
Formato AAC+	También conocido como HE-AAC. Es una versión mejorada del formato AAC, que tiene posibilidades de convertirse en el formato dominante en un futuro. Esta variante añade replicación de banda espectral. A 128 bps produce una salida estéreo que, según afirman, no se puede distinguir del original. AAC de alta eficacia se está implementando en XM Satellite Radio y se utiliza en teléfonos móviles de tercera generación.
Formato MP3	Los archivos MPEG-1 capa 3 se han estado utilizando durante algún tiempo para el intercambio de audio. Producen algo de pérdidas, pero si tiene herramientas para extraerles el audio sin procesar, podrán sacarle de algún que otro problema. La calidad del contenido MP3 suele considerarse bastante buena para el consumo, pero las velocidades de bits inferiores a 128 Kbps tal vez no produzcan suficiente calidad. Existen muchas herramientas para crear archivos MP3 y numerosas aplicaciones de reproducción y productos portátiles. Es probable que AAC sustituya a MP3 en un futuro. El principal atributo es la ubicuidad total; el audio MP3 está prácticamente en todas partes.

Formato	*Descripción*
HE-AAC	AAC de alta eficacia. Otro nombre para AAC+.
IMA 4:1	Este códec tiene una calidad lo bastante buena para conservar la codificación de sonido envolvente 5.1 y producir una salida íntegra. IMA comprime hasta un 25 por 100 del tamaño original y no es variable. Es compatible con QuickTime y con el video de Microsoft para Windows. Podría servir para almacenar contenido en un servidor multimedia doméstico en el que quiera a toda costa que el sonido se emita adecuadamente.
MACE	*Macintosh Audio Compression and Expansion* es un códec muy antiguo de cuando se utilizaban ordenadores de 8 bits. Conviene tener un mecanismo de reproducción MACE, pero no debería convertir el contenido nuevo a MACE.
MUSICAM	*Masking pattern adapted Universal Sub-Band Integrated Coding and Multiplexing* (multiplexación y codificación integrada de subbanda universal con adaptación a modelo de enmascaramiento). Está diseñado para su uso en la radio digital o DAB (*Digital Audio Broadcasting*).
QDesign Music	Está considerado como un códec desfasado, cuyo manejo era bastante complicado. Existe una versión más reciente en QuickTime, pero probablemente caerá en desuso cuando el códec AAC vaya ganando popularidad. El códec de la versión 2 es prácticamente igual que MP3 en cuanto a la calidad, pero almacena la información de forma más compacta, lo que produce tamaños de archivo más pequeños. MP3 lo supera en popularidad, pero si nos fijamos en la relación calidad-tamaño, se encuentra entre MP3 y AAC.
Qualcomm PureVoice	Códec de telefonía que es adecuado para la voz, pero no para mucho más. Sirve para extraer la voz de las grabaciones con otro ruido de ambiente, ya que sólo tiene en cuenta la voz. Este códec no funciona muy bien con los niveles de señal altos, por lo que deberá ajustar los niveles antes de codificar. La relación de compresión es muy buena cuando se usa en pistas de audio que sólo contienen voz.
RealAudio	Gama de códecs para distintas aplicaciones, desde voz con baja calidad hasta música en estéreo de alta calidad y sonido envolvente.
SC	Formato de sonido envolvente 5.1. También se ha propuesto para la emisión de radio por satélite a vehículos en movimiento.
Windows Media Audio	También se conoce como WMA. Existen varios códecs alternativos, pero no están disponibles en todas las plataformas. Por supuesto, todos son perfectamente compatibles con Windows.

Audio suministrado con formatos de vídeo de origen

La tabla K.2 contiene formatos de vídeo de origen con algunos comentarios descriptivos sobre el audio que se suele incluir con ellos.

Tabla K.2.

Formatos de audio de origen.

Formato	***Características***
Betacam	Formato de Sony para almacenar vídeo y audio analógico con calidad de estudio.
Betacam SP	Otro formato de estudio de Sony. Audio analógico.
Betamax	Formato de vídeo de consumo desaparecido con audio analógico.
Digital 8	Formato de vídeo digital de consumo muy parecido a DV, pero que existió durante algún tiempo antes de que se extendiera DV. Admite el mismo audio que DV.
DV	El audio se transmite junto con el vídeo cuando se introduce a través de Firewire. Acepta frecuencias de muestreo de 44,1 KHz, 48 KHz y 32 KHz. A menudo hay entradas analógicas en las grabadoras también.
DVCAM	La variante profesional del formato DV. Admite el mismo audio. Es la versión de Sony.
DVCPro	La variante profesional del formato DV. Admite el mismo audio. Es la versión de Panasonic.
DVCPro HD	Variante de alta definición del formato DVCPro. Admite el mismo audio.
HDCAM	Audio digital AES o analógico.
Motion JPEG	Este códec no tiene asociado ningún formato de audio en particular.
Pixlet	Este códec no tiene asociado ningún formato de audio en particular.
S-VHS	Versión mejorada de VHS con audio analógico.
U-Matic	Antiguo formato analógico que ya no se utiliza. El audio será analógico, al igual que el vídeo.
VHS	Formato doméstico de calidad media-baja. Audio analógico.

Apéndice L. Formatos y reproductores

Con qué se reproduce cada archivo

Aunque la compatibilidad con los distintos formatos cambia cada cierto tiempo, los reproductores normalmente continúan siendo compatibles con un formato una vez que lo han adoptado. Una excepción a esto es el reproductor Windows Media de Microsoft, que antes reproducía archivos Real Media, pero ya no es compatible.

Real Networks

Las últimas versiones del reproductor Real Networks son compatibles con los siguientes tipos de archivo de audio y vídeo:

- Todos los formatos de archivo para Real Networks, RealSystems, RealONE, etc.
- Páginas Web HTML.
- Contenido de secuencias de comandos de Javascript.
- Controles ActiveX (pero sólo en plataformas Windows).
- Archivos multimedia SMIL.
- Animaciones Flash.
- Archivos de películas QuickTime.
- Archivos AVI de Windows.
- Archivos de audio MP3 MPEG.
- Archivos de audio/vídeo MPEG 1, 2 y 4.
- Archivos de audio AAC.

Windows Media

La versión más reciente del reproductor de Windows Media Serie 10 Beta es compatible con los siguientes formatos de archivo de audio y vídeo:

- Todos los formatos de archivo multimedia patentados de Windows y Microsoft.
- Pistas de audio de CD (`.cda`).
- MPEG-1 (`.mpeg`, `.mpg`, `.m1v`).
- Audio MPEG-1 Capa 3 (`.mp3`).
- Audio MPEG-1 Capa 2 (`.mp2`, `.mpa`).
- M3U (`.m3u`).
- Interfaz digital para instrumentos musicales (`.mid`, `.midi`, `.rmi`).
- Formato de archivo para intercambio de audio (`.aif`, `.aifc`, `.aiff}`).
- Sun Microsystems y NeXT (`.au`, `.snd`).

- Tecnología de vídeo Indeo (`.ivf`).
- Cierto contenido de QuickTime anterior a la versión 3.0 (`.mov`, `.qt`).

A continuación se indican los formatos que no están admitidos en concreto:

- Contenido de Real Networks (`.ra`, `.rm`, `.ram`). Todos los formatos de Real Networks serán compatibles si instala el reproductor RealONE para Windows.
- El contenido de QuickTime posterior a la versión 2.0 (`.avi`, `.mov`, `.qt`). Todos los formatos de QuickTime serán compatibles si instala QuickTime para Windows.
- MPEG-4 (`.mp4`). El formato MP4 será compatible si instala el reproductor LSX-MPEG de Ligos o el complemento Envivio TV. Para más información sobre el reproductor LSX-MPEG, visite la página Web de Ligos: `http://www.ligos.com/lsx_mpeg_player.htm`. Para más información sobre Envivio TV, visite la página Web del complemento Envivio TV: `http://www.envivio.com/products/etv/download.jsp`.

QuickTime

A continuación vemos una selección de los formatos compatibles con el reproductor QuickTime:

- 3GPP.
- 3GPP2.
- AIFF.
- AU.
- Datos de CD de audio (Mac OS 9).
- AVI.
- FLC.
- Karaoke.
- Macromedia Flash 5.
- MIDI.
- MPEG-1.
- MP3 (MPEG-1, Capa 3).
- M3U (Archivos de lista de reproductor MP3).
- MPEG-2**.
- M4A, M4B, M4P (audio de iTunes 4).
- QCP.
- Película de QuickTime.
- SD2 (SoundDesigner 2).
- SDP.
- SDV.
- SF2 (SoundFont 2).
- SMIL.
- System 7 Sound (Mac OS 9).
- VDU (*Sony Video Disk Unit*).

Es compatible con los siguiente códecs de vídeo adicionales:

- Animation.
- Apple BMP.

- Apple Pixlet (añadido en QuickTime 6.4).
- Apple Video.
- Cinepak.
- Gráficos.
- H.261.
- H.263.
- H.264 (añadido en QuickTime 7).
- JPEG 2000 (Mac OS X).
- Microsoft OLE (sólo para descodificar).
- Microsoft Video 1 (sólo para descodificar).
- Motion JPEG A.
- Motion JPEG B.
- MPEG-4.
- NTSC DV y DVC Pro.
- PAL DV.
- PAL DVC Pro.
- Photo JPEG.
- Planar RGB.
- PNG.
- Sorenson Video 2.
- Sorenson Video 3.
- TGA.
- TIFF.
- Vídeo por componentes.

Nota:

- Pixlet sólo es compatible con Mac OS X.

Es compatible con los siguientes códecs de audio:

- AAC (Audio MPEG-4).
- a-Law 2:1.
- Banda estrecha AMR.
- Codificador sin pérdida de Apple.
- Coma flotante de 32 bits.
- Coma flotante de 64 bits.
- Entero de 24 bits.
- Entero de 32 bits.
- IMA 4:1.
- MACE 3:1.
- MACE 6:1.
- MS ADPCM (sólo para descodificar).
- QDesign Music 2.
- Qualcomm PureVoice (QCELP).
- μ-Law 2:1.

Los siguientes formatos de vídeo requieren la descarga e instalación de un componente o instalar complementos adicionales de Apple:

- On2 VP3.
- ZyGoVideo.
- Streambox.
- Microcosm.
- MPEG-2.

Apéndice M. Conectores

Conexiones

Este apéndice describe las conexiones físicas que tendrá que hacer. Se han incluido para ayudar a reconocer los conectores a aquéllos que no estén familiarizados con ellos. He omitido a propósito las asignaciones de las patillas y las descripciones de las señales, porque es mejor comprar los cables en tiendas que crearlos uno mismo; es decir, a menos que vaya a montar estudios a gran escala.

La mayoría de los diagramas de conexión se muestran orientados directamente hacia las patillas del conector. Cuando puede ser útil, también aparece una vista lateral.

Señales que se van a conectar

La tabla M.1 resume los tipos de señales que se puede encontrar.

Tabla M.1.

Tipos de señales.

Tipo	*Descripción*	*Conector*
SDI	Interfaz digital en serie, que es una versión digitalizada de las señales de los componentes analógicos. Casi todas las conexiones de vídeo dentro de un entorno de estudio se realizarán con señales SDI. Esto significa que las señales diferenciales de luma y croma se transportan en un formato intercalado como secuencias de bits separadas. Lo más común es que vayan a 25 Mbps (DV25) ó 50 Mbps (DV50). Debe conocer las especificaciones, porque son distintas entre las estructuras de bits americana y europea, y el hardware puede ser compatible con uno o más protocolos basados en SDI.	Cable coaxial de 75 ohmios conectado con conectores BNC. Algunos equipos permiten insertar separadores en forma de T, mientras que otros pueden ser extremadamente sensibles a la caída del volumen de la señal. Esta conexión es adecuada para unos 30 metros de cable coaxial. Se pueden utilizar transductores de fibra óptica para conectar los bastidores que estén a una mayor distancia con una única señal local transmitida a través de un cable coaxial.

Tipo	Descripción	Conector
Compuesta	Aunque existen versiones digitales de este tipo de señal, suele ser una señal analógica. En su mayoría es un formato de consumo, aunque también se puede usar en estudios autónomos y equipos de sobremesa para la supervisión.	Un cable apantallado y un conector con una clavija RCA (es decir, un conector de audio).
S-Video	Diseñado como un conector superior, que distribuye las señales de luma y croma por cables separados.	Un cable de 4 hilos con miniconectores especiales en cada extremo. En caso de emergencia, un cable para el teclado Apple ADB servirá como conector de S-Video. Esta señal también se puede distribuir a través de un conector SCART (Péritel).
Audio de consumo	Señales de nivel de línea compatibles con equipos de alta fidelidad.	Conectores RCA, también conocidos como conectores de audio. A veces el audio se suministra por conectores de cuarto de pulgada y también miniclavijas (3,5mm de diámetro).
Audio analógico con balance	Conectividad de audio profesional y de estudio.	Conectores XLR con enclavamiento.
Audio digital AES	Suele ir incrustado en una señal de vídeo.	Diversas opciones de conexión desde panales de conexiones Krone, hasta conectores de cuarto de pulgada y conectores Bantam.
SPDIF	Audio digital de consumo y semiprofesional conectado mediante fibra óptica.	Conectores SPDIF especiales del equipo o suministrados, desde hace poco, en sistemas Apple iMac G5 a través de un conector compatible con una clavija de 3,5mm especial.
FireWire	También conocido como IEEE 1394 e iLink.	La conexión de 6 patillas puede suministrar alimentación de bus, pero la conexión más pequeña de 4 patillas no.

Tipo	*Descripción*	*Conector*
USB	Variantes comunes conocidas como USB 1.0 y USB 2.0. Sirve para conectar teclados, ratones, dispositivos de almacenamiento de poca capacidad e interfaces de audio/MIDI externas.	Conector plano de 4 patillas disponible en varios factores de forma.

Iconos y símbolos

El equipamiento FireWire debería llevar el icono correspondiente junto a los conectores FireWire. Puede ser que el panel con el conector lleve escrita la palabra FireWire (véase la figura M.1); también podría tener el número 1394 cerca.

Figura M.1.

Logotipo de FireWire.

El equipamiento fabricado y autorizado por Sony llevará el logotipo de iLink en lugar del de FireWire (véase la figura M.2).

El equipamiento USB tiene varios logotipos. El icono importante que se coloca en cables y conectores se muestra en la figura M.3.

Figura M.2.

Logotipo iLink de Sony.

Figura M.3.

Logotipo de conector USB.

Conectores de vídeo

La tabla M.2 recoge los distintos tipos de conectores de vídeo de uso normal. Existen algunas variantes que presentan sutiles diferencias entre sí.

Tabla M.2.

Conectores de vídeo.

Descripción	***Imagen***
Cable coaxial BNC de 75 ohmios	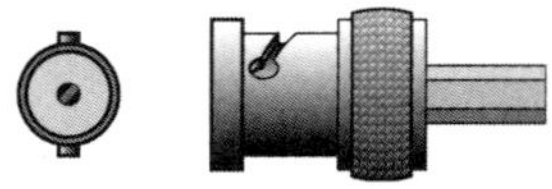
Conector de audio RCA	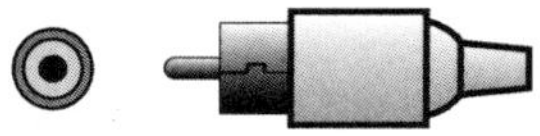
SCART (Péritel)	
Tablero de conexiones MUSA U-Link	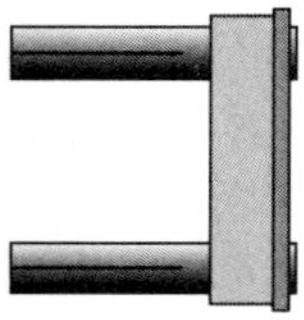
S-VHS	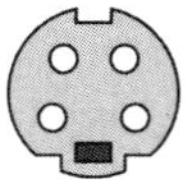
Conector de antena RF	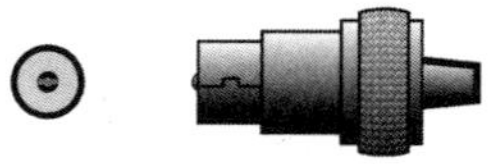

Notas:

- Reúna una colección de adaptadores y acopladores. En ocasiones le sacarán de apuros cuando vaya a conectar un equipo nuevo.

- Los cables con conectores BNC suelen ser adecuados para distancias muy largas. En la mayoría de las situaciones en que se introduce una señal de buen nivel en la entrada, debería bastar con 15 metros. No haga la tontería de utilizar cinco kilómetros de cable. No funcionará sin repetidores.

- Conviene tener cables largos que se puedan conectar en bucle para probar los circuitos.

- Los cables muy largos pueden servir como atenuadores en caso de emergencia. Obviamente no estarán calibrados, pero puede utilizar la pérdida de la señal para reducir la salida con nivel elevado. Pero podría introducir algo de ruido.

- Compre algunos atenuadores.

- Asegúrese de conectar cada cable en su sitio. No conecte señales por componentes con entradas compuestas. A veces parece que funciona, pero se pierde la información del color.

- No conecte equipo de vídeo con RF (cables de antena). Es aceptable en el caso de la supervisión, pero no en muchos más. Dicho esto, los receptores de televisión antiguos pueden servir como monitores baratos, pero sólo pueden tener conectores RF; si trabaja en una emisora no le conviene, pero el videógrafo y compresionista aficionado puede economizar haciendo este tipo de cosas.

Conectores para pantalla de ordenador

La tabla M.3 muestra los conectores empleados para enviar vídeo desde el ordenador a la pantalla. Éstos no suelen ser una fuente de vídeo que se puede comprimir a menos que utilice un convertidor de barrido y reduzca a vídeo la resolución de la salida. Hoy en día, toda la grabación se realizaría dentro del ordenador en forma digital.

Tabla M.3.

Conectores para pantalla de ordenador.

Descripción	***Imagen***
DVI	
EVC	
VGA/D-Sub	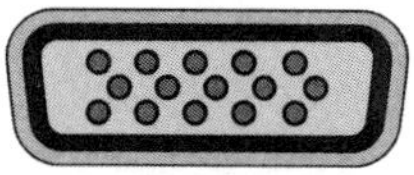
Puerto de video Macintosh	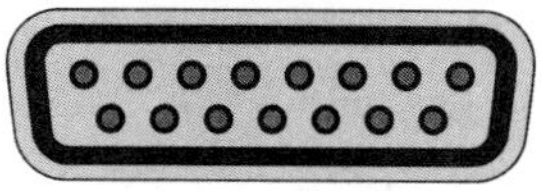
Pantalla plana digital	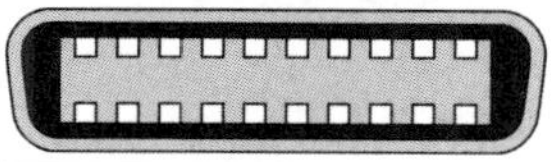

Notas:

- Los cables DVI se presentan en distintas variedades. El conector DVI transporta las señales digitales y analógicas por distintas patillas. Algunos cables omiten las conexiones analógicas que podrían ser necesarias para ciertas pantallas. El cable DVI-D es solo digital. El cable DVI-I transporta señales tanto analógicas como digitales.

- Las longitudes de los cables pueden ser un problema con las resoluciones muy altas. Es posible que deba comprar cables más cortos si no consigue la calidad de vídeo esperada.

- Puede venir bien montar núcleos de ferrita en los cables, ya que aumenta la inducción y cancela los efectos capacitivos, que pueden ser un problema a frecuencias muy altas.

- Descubrirá que le conviene tener en la caja de herramientas adaptadores DVI a VGA y de otros tipos.

- Algunos tipos de equipamiento (los portátiles, por ejemplo) utilizan un formato de conector mini DVI. Deberá utilizar un adaptador para conectar el equipo a cualquier otro dispositivo.

FireWire y USB

Están agrupados porque se puede utilizar para transferir vídeo, audio o ambos. También se pueden emplear para conectar otros periféricos. La tabla M.4 muestra diversos conectores.

Tabla M.4.

Conectores FireWire y USB.

Descripción	***Imagen***
FireWire 400 de 6 vías	
FireWire 400 de 4 vías	
FireWire 800	
USB 1 Tipo B	
USB 1 Tipo A	
USB 1 Tipo A (variante especial adaptada para Apple)	
USB 2 miniatura de 5 patillas	
USB 2 pequeño de 4 patillas	

Descripción	*Imagen*
USB 2 grande de 4 patillas	
Mini USB Nikon	

Notas:

- No pierda los cables de la cámara. Cuesta mucho reemplazarlos, porque sólo los puede facilitar el fabricante de la cámara y éste, o el distribuidor, cobrará más por ellos (debido a que se tienen que pedir como un artículo especial).
- Si algo no encaja, no lo fuerce. Es posible meter algunos conectores al revés si los empuja con bastante fuerza. Al enchufarlos deberían ajustarse perfectamente y dar la sensación de "casar". Si coloca los cables de manera incorrecta, puede ser que suministren tensiones altas donde no deberían o que inviertan la polaridad de algo. Si suministra tensiones de alimentación por las líneas de señales, probablemente provocará un daño irreparable en el equipo, que se producirá tan rápido que no tendrá bastantes reflejos para desconectarlos a tiempo.
- Resulta muy difícil conseguir cables de conexión FireWire muy cortos. La longitud mínima que se puede comprar en las tiendas es de medio metro. Los cables de conexión que sólo miden unos pocos centímetros de largo son prácticos para tener ordenada la parte trasera del sistema informático. Lo mismo ocurre con todos los demás cables. Que sean tan cortos como sea posible.

Conectores de audio

Los conectores que muestra la tabla M.5 son en su mayoría conexiones analógicas.

Tabla M.5.

Conectores de audio.

Descripción	*Imagen*
Conector estándar de cuarto de pulgada	
Conector Bantam	
Miniclavija (3,5mm)	
XLR	
Conector combinado de cuarto de pulgada y XLR	
Conectores para altavoces Neutrik	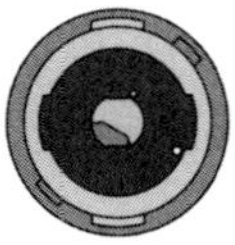

Notas:

- Tenga cuidado al mezclar audio con y sin balance. Utilice un transformador BALUN si puede.
- Los adaptadores macho/hembra para los conectores XLR pueden sacarle de un apuro. Compre unos cuantos.

- El conector estándar a veces no lo es. Aunque entre por la abertura del enchufe, es posible que sea demasiado largo o demasiado corto para acoplarse adecuadamente al resorte dentro del enchufe. Si tiene conectores de distintas marcas en sus cables, podrá probar con otro cable para ver si va mejor.

- A veces, con sacar la clavija unos 0,5 milímetros, el conector se acopla con más fiabilidad. Podría utilizar arandelas de fibra o de plástico que se ajusten al borne de la clavija para no tener que estar sujetando el conector. También podría valer un aro de goma.

- Los cables que se venden para que los músicos puedan conectar las guitarras a las entradas de audio de los portátiles podrían servir para solucionar un problema de conexión entre el equipo de audio y el ordenador.

- Cada vez existen más adaptadores audio-USB a precios económicos. Se venden en tiendas de música para conectar instrumentos analógicos directamente al bus USB.

- Visite el sitio Web de AES para descargar especificaciones de los conectores de audio: `http://www.aes.org/`.

Conectores de comunicaciones y de red

Estos conectores se utilizan para las telecomunicaciones, MIDI y las conexiones de red.

Tabla M.6.

Conectores de comunicaciones y de red.

Descripción	***Imagen***
MIDI (DIN-5)	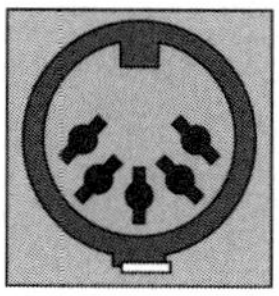
Conector de módem RJ 11	
Conector Ethernet RJ-45	
Conector BT (Reino Unido)	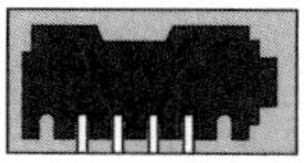
RS 232/485 DB9	
RS 232 DB25	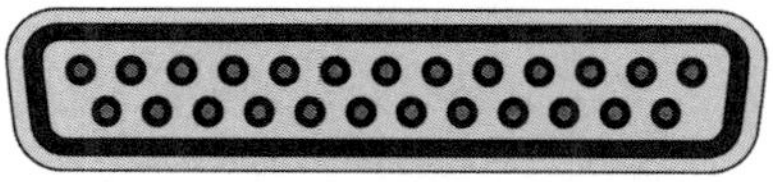

Notas:

- Existen otros formatos de conector DIN.

- Los conectores DIN con 2 patillas suelen ser conexiones para altavoces. No los conecte a una entrada de línea.

- Algunos conectores DIN de 5 patillas transportan audio con o sin balance, especialmente en los viejos equipos de audio de consumo fabricados para el mercado europeo.

- En ocasiones, encontrará un conector DN de 7 patillas en un equipo.

- Debe saber que en algunos conectores DN también se utilizan las entradas de control y podrían tener tensiones de corriente continua más altas de lo previsto.

- Podría ser una buena idea contar con algunos cables multiconector DIN, que tienen un conector DIN en un extremo y conectores de audio (RCA) en los rabillos del otro extremo con una caja de acopladores montados en oposición. Así podrá realizar diversas tomas con distintas configuraciones de conectores y enchufes.

Conectores de fibra óptica

El coste de las conexiones de fibra óptica está disminuyendo lo suficiente para que se pueda extender su implementación.

Tabla M.7.

Conectores de fibra óptica.

Descripción	***Imagen***
Miniclavija 3,5 híbrida de Apple con acoplador óptico	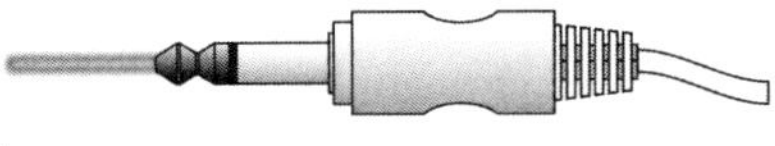
SPDIF óptico	
Canal de fibra	

Notas:

- No doble ni curve los cables de fibra óptica. Están hechos de cristal y se pueden fracturar por dentro.

- Los cables de fibra óptica no se deberían doblar para adaptarse a las esquinas.

Conectores de alimentación eléctrica

Aunque los enchufes de corriente eléctrica de la pared pueden variar, el conector de la parte trasera del equipo será igual en todo el mundo.

Tabla M.8.

Conectores de alimentación eléctrica.

Descripción	***Imagen***
IEC (Reino Unido)	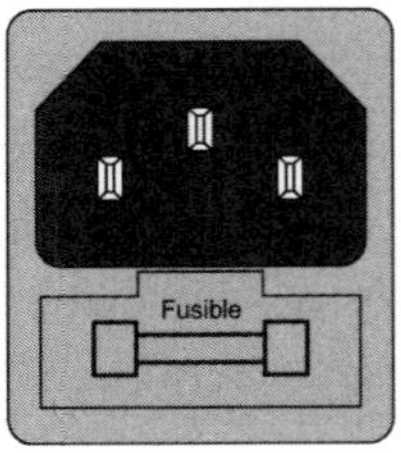
Forma de 8	
Entrada del transformador de corriente continua	

Notas:

- Compruebe la tensión y la polaridad de los suministros de corriente continua.

- Preferiblemente, utilice el cable que venga con el equipo.

- Al sustituir los fusibles asegúrese de que los valores sean los correctos.

- Compruebe que el equipo funciona con la tensión prevista. Los equipos actuales funcionan a 110 voltios y 220/240 voltios. Los equipos anteriores tienen selectores que se deben configurar correctamente antes de encender el equipo.

Direcciones URL interesantes

Aquí presentamos algunas URL útiles en las que puede encontrar más información sobre cables y los conectores y sus patillas.

Tabla M.9.

URL de sitios Web sobre conectores.

Descripción	*URL*
My cable shop:	`http://www.mycableshop.com/techguide.html`
Network Technologies:	`http://www.networktechinc.com/technote.html`
How Stuff Works:	`http://www.howstuffworks.com/`
Tom's Hardware:	`http://www.tomshardware.com/`
RJ Jack Glossary:	`http://www.arcelect.com/RJ_Jack_Glossary.htm`
ADSL guide:	`http://www.adslguide.org.uk/guide/connections.asp`
Webopedia:	`http://www.webopedia.com/`

Apéndice N. Estándares importantes y asociaciones profesionales

Tabla N.1.

Estándares importantes.

Estándar	***Nombre o número***
AAF	Especificación de objetos AAF v1.1
	Especificación de formato almacenado AAF v1.0.1
	Especificación de contenedores de bajo nivel AAF v1.0.1
	Protocolo de edición AAF
AES/EBU Audio	AES-1992
AES/EBU Audio	ANSI S.40-1992
AES/EBU Audio	IEC-958
DVB-H (vídeo digital DVB portátil)	ETSI—EN 302 304
DVB-S2 (HDTV por satélite DVB)	ETSI—EN 302 307
DVB-S (Televisión digital por satélite DVB)	ETSI—EN 300 421
	ETSI—TR 101 198
DVB-T (Vídeo digital terrestre DVB)	ETSI—EN 300 744
	ETSI—TR 101 190
H.264	ITU H.264 (05/03)
ISO MPEG-1	ISO 11172

Estándar	*Nombre o número*
ISO MPEG-2	ISO 13818
ISO MPEG-21	ISO 21000
ISO MPEG-4	ISO 14496
ISO MPEG-7	ISO 15938
SMPTE VC-1	Pendiente de publicación
TV-Anytime Fase 1	ETSI TS 102 822
AACS	Sistema de contenido de acceso avanzado

Tabla N.2.

Asociaciones profesionales y organismos de normalización.

Abreviatura	*Nombre completo*
AAFA	*Advanced Authoring Format Association*
ACM	*Association for Computing Machinery*
ACM SIGGRAPH	*ACM Special Interest in Graphics Group*
AES	*Audio Engineering Society*
ANSI	Instituto Nacional Estadounidense de Estándares (*American National Standards Institute*)
ATSC	*Advanced Television Standards Committee*
AVCA	*AVC Alliance*
BCDF	*Broadband Content Developer Forum*
BKSTS	*British Kinematograph Sound and Television Society*
BSI	Instituto Británico de Normalización (*British Standards Institute*)
CCITT	Comité Consultivo Internacional de Telecomunicaciones (*Consultative Committee for International Telephony and Telegraphy*) (véase ITU)
DTAG	*Digital Terrestrial Action Group*

Abreviatura	*Nombre completo*
DVB	*Digital Video Broadcast*
DVPA	*Digital Video Producers Association*
EBU	Unión Europea de Radiodifusión (*European Broadcasting Union*)
ECMA	Asociación europea de fabricantes de ordenadores (*European Computer Manufacturers Association*)
ETSI	Instituto Europeo de Normas de Telecomunicaciones (*European Telecommunications Standards Institute*)
IEE	Instituto de Ingenieros Electrónicos (*Institute for Electrical Engineers*)
IEEE	Instituto de Ingenieros Eléctricos y Electrónicos (*Institute for Electrical and Electronic Engineers*)
IETF	*Internet Engineering Task Force*
ISMA	*Internet Streaming Media Alliance*
ISO	Organización Internacional de Normalización (*International Organization for Standardization*)
ITU	Unión Internacional de Telecomunicaciones (*International Telecommunications Union*)
JPEG	*Joint Photographic Experts Group*
M4IF	*MPEG 4 Industry Forum* (véase MPEGIF)
MPEG	*Motion Picture Experts Group*
MPEGIF	*MPEG Industry Forum*
NAB	*National Association of Broadcasters*
Pro-MPEG	*Pro-MPEG consortium*
RTS	*Royal Television Society*
SMPTE	*Society of Motion Picture and Television Experts*
TV-AF	*TV Anytime Forum*
W3C	*World Wide Web Consortium*

Glosario

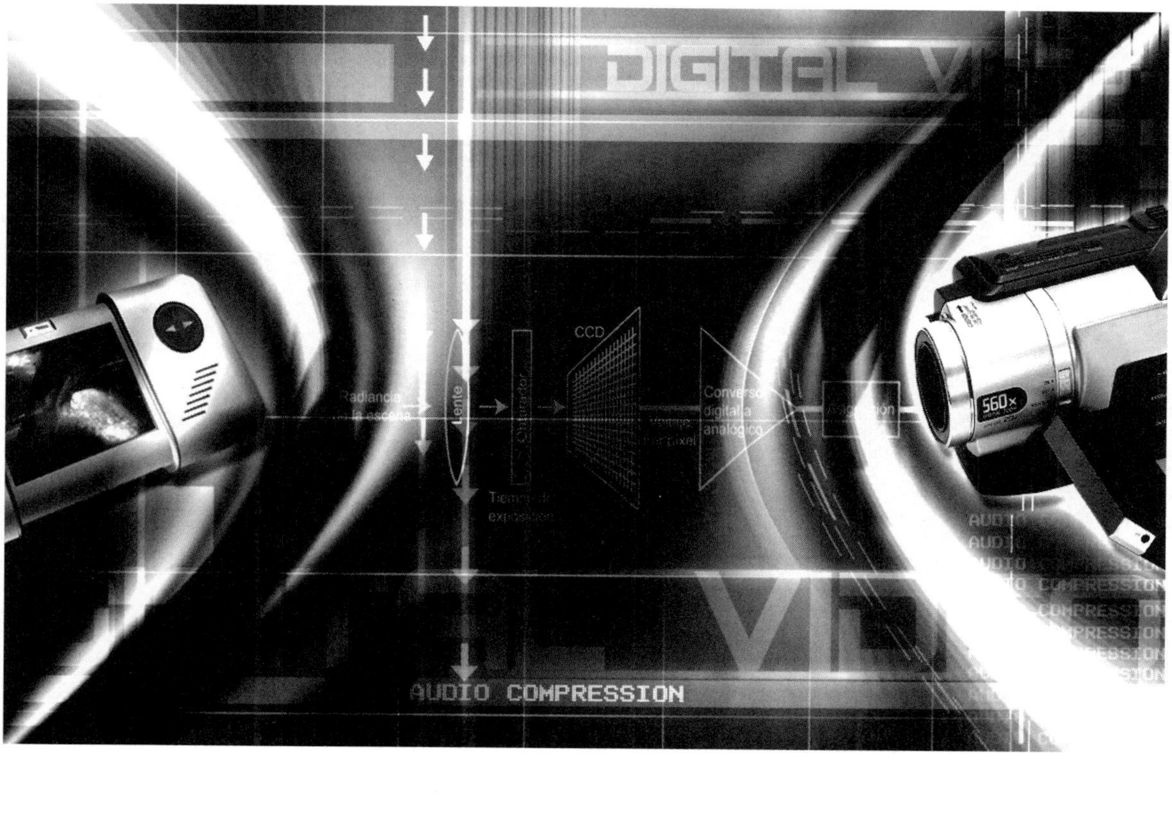

Concepto	*Descripción*
1394	Se utiliza a veces como una abreviatura que describe las interfaces FireWire. Procede del número de la norma IEEE 1394.
14x9	Relación de aspecto intermedia entre 16x9 y 4x3 (12x9) que se adapta razonablemente bien a las pantallas de televisión de ambos tipos.
16mm	Formato de película profesional y semiprofesional. Las películas de bajo presupuesto, los programas televisivos y las operaciones de obtención de noticias se realizaban en 16mm.
16x9	Los formatos de televisión panorámica utilizan una relación de aspecto de 16 unidades de ancho por 9 de alto.
2.5G	Formato de telefonía móvil intermedio basado en el equipamiento 2G con algunas funciones 3G básicas, introducidas antes del lanzamiento definitivo de la tercera generación.
24p	Abreviación común empleada para describir los formatos de película que están digitalizados a 24 fotogramas por segundo (fps) con una trama explorada progresivamente.
35mm	Formato de película y cine de Hollywood para los largometrajes. El material televisivo de alta calidad podría estar grabado en este formato.
3G	Los teléfonos móviles actuales se conocen como 3G porque están basados en una tecnología de tercera generación. 1G era analógica y 2G eran servicios digitales básicos, pero incluían WAP y SMS. 3G presenta vídeo y multimedia y otros servicios de datos.
3GPP	Se basa en los códecs H.264/MPEG-4. Es el nombre abreviado del Proyecto de Cooperación de Tercera Generación (*Third-Generation Partnership Project*), que se formó para facilitar el desarrollo de los teléfonos móviles con interoperabilidad global.
3ivX	Codificador ampliamente disponible basado en MPEG-4. Es independiente, pero ofrece un rendimiento muy bueno y un producto de calidad. Sale bien parado de la comparación con otros codificadores MPEG-4 basados en Windows y QuickTime. La eficacia de compresión es buena. Este códec se encuentra disponible para diversas plataformas, inclusive Windows, Mac y Linux. De hecho, es compatible con distintas variantes de Linux y con algunos descodificadores de televisión también.

Concepto	Descripción
4:1:1	Celda del diafragma con el doble de tamaño para permitir una mayor relación de compresión para croma. Una descripción más funcional del muestreo es 8:2:2.
4:2:0	Una sola muestra de croma por todo el bloque de muestras de luma.
4:2:2	Luma muestreado al cuádruple de la frecuencia subportadora. Croma muestreado a la mitad de la resolución en el eje horizontal y muestreado a la baja en el eje vertical.
4:4:4	Luma y croma muestreados a resolución completa.
4x3	Relación de aspecto normal para televisión. Está siendo reemplazada poco a poco por la televisión panorámica. A veces se denomina 12x9.
70mm	Formato de presentación de películas cinemáticas de gama alta. El negativo se utiliza en vertical para la película de 70mm y en horizontal para las presentaciones de VistaVision e IMAX.
8mm	Formato popular para la producción de películas domésticas que se quedó obsoleto por la introducción de las cámaras de vídeo doméstico. La película se presenta en los formatos estándar y Super 8mm. Sony adoptó una cinta de 8mm como un formato de vídeo.
9,5mm	Uno de los primeros formatos de película domésticos que fue popular antes del desarrollo de los sistemas de 8mm, más compactos.
AAC	La codificación de audio avanzada (*Advanced Audio Coding*) es un formato para comprimir audio que se introdujo con el estándar MPEG-4. Su variante mejorada se conoce como AAC+.
AAC+	Forma más avanzada de codificación de audio basada en la codificación AAC existente más la replicación de banda espectral. También se conoce como codificación avanzada de audio de alta eficacia (HE-AAC).
AAFA	*Advanced Authoring Format* (AAF) *Association*.
ACM Siggraph	*ACM Special Interest in Graphics Group*.
ACM	*Association for Computing Machinery*.

Concepto	*Descripción*
ADC	Conversor analógico-digital.
ADSL	Línea de suscripción digital asimétrica (*Asymmetric Digital Subscriber Line*). Interfaz de banda ancha de alta velocidad doméstica que utiliza la red telefónica existente. Las velocidades de carga y descarga no son iguales.
AES	*Audio Engineering Society.*
AES/EBU	Formato estandarizado para el audio digital que se utiliza mucho en el entorno de la radiodifusión. Los equipos de gama alta tendrán una entrada o salida digital AES.
Anamórfica	Método para reducir la imagen al escribirla en el soporte de almacenamiento (vídeo o película) y después expandirla durante la reproducción. El zoom es un estiramiento isomórfico. El estiramiento anamórfico tiene lugar en un solo eje, por lo que se utiliza para crear imágenes panorámicas cuando el mecanismo de distribución tiene una relación de aspecto estándar.
Ancho de banda	Término prestado de la retransmisión de radio y televisión que describe la capacidad necesaria para transportar la información de un lugar a otro. Los ingenieros de radiodifusión empleaban el término para describir las frecuencias a cada lado de la portadora que se utilizaban como consecuencia de modular una señal de audio o vídeo por una frecuencia de la portadora. Los especialistas en informática adoptaron la terminología para describir de forma bastante libre la velocidad de bits.
Animation	Es un códec especial de QuickTime desarrollado para utilizarlo con el contenido animado. Con el ajuste de máxima calidad no se producen pérdidas. El espacio de color es la resolución más alta posible y muestrea a 4:4:4. El rendimiento es óptimo para las grandes áreas lisas con el mismo color y texto. Sirve para trabajar con secuencias de créditos y, en animación y efectos especiales, también se emplea como códec de transferencia. Se encuentra disponible siempre que se haya instalado QuickTime.
ANSI	Instituto Nacional de Normalización Estadounidense (*American National Standards Institute*).
API	Interfaz de programación de aplicaciones (*Applications Programming Interface*).

Concepto	Descripción
Área de imagen activa	Es la parte de la imagen que más nos interesa a la hora de comprimir vídeo. Fuera de ella hay señales de sincronización y líneas en blanco, algunas de las cuales pueden transportar datos e información sobre los subtítulos.
ASF	Formato de secuencias activas (*Active Streaming Format*). Formato de archivo de Microsoft para la reproducción de vídeo digital en Internet o en un ordenador sin conexión. Es una especie de contenedor con diversos tipos de compresión, incluido MPEG. Forma parte de Netshow, una solución multimedia de transmisión por secuencias patentada de Microsoft. Su mayor competidor es Real Networks. Aunque este "contenedor" admite muchos formatos estándar, los archivos ASF están patentados. Este formato de archivo a veces se conoce como el formato de sistemas avanzados.
ASIC	Circuitos integrados de aplicación específica (*Application-Specific Integrated Circuits*).
Asimetría	Podemos dejar que la codificación tarde más tiempo que la reproducción, a menos que estemos codificando contenido en tiempo real, e incluso así se puede almacenar en el búfer, siempre que no sea una aplicación de videoconferencia. La descodificación debe tener lugar en tiempo real para mantener la velocidad de reproducción.
Átomo	Pequeño objeto componente dentro de un archivo de película estructurado. Se denomina átomo porque generalmente no se puede dividir en componentes menores sin herramientas y técnicas especiales.
ATSC	*Advanced Television Standards Committee.*
AVC	La codificación de vídeo avanzada describe un formato para comprimir vídeo que ha sido desarrollado conjuntamente por ISO MPEG y la ITU. También se conoce como MPEG-4 Parte 10 y H.264.
AVI	*Audio Video Interleaved.* Formato de Microsoft para la reproducción de vídeo y audio desde Windows 3.1. Es un formato multiplataforma, pero funciona sobre todo en Windows. Ha sido reemplazado con el formato ASF, pero algunos desarrolladores multimedia lo siguen utilizando.
Banda ancha	Conexión de telecomunicaciones, normalmente doméstica o para la pequeña oficina, que proporciona velocidades de transferencias de datos de entre 500 Kbps y 2 bps. Se cree que en el futuro se alcanzarán velocidades de 8 Mbps y hasta 25 Mbps.

Concepto	*Descripción*
Banda base	Medio de transmisión que emplea una sola frecuencia portadora compartida por todos los nodos. Cada nodo debe saber el tráfico de los demás para evitar colisiones. Ethernet es una red de este tipo.
Banda estrecha	Otra forma de describir las conexiones telefónicas con módems por oposición a las conexiones ADSL de banda ancha.
Batido	Cuando se mezclan dos señales de frecuencia similar, alternativamente se potencian y se anulan la una a la otra con una cadencia cíclica equivalente a la diferencia entre ellas. Por ejemplo, un motor que gira a 1500 rpm con otro atornillado al mismo chasis que gira a 1200 rpm generará un ruido metálico de 300 Hz. Un monitor de ordenador configurado para explorar a 60 Hz con una lámpara fluorescente iluminándolo que funciona a 50 Hz (la frecuencia de la red eléctrica en Europa) presentará un parpadeo de 10 Hz.
BCDF	*Broadband Content Developer Forum*. Ahora se llama *Broadband Services Forum*.
Betacam	Gama de grabadores de vídeo utilizados para el trabajo profesional y creados por Sony. Los últimos modelos utilizan el formato IMX. La gama Betacam incluye Digital Betacam, al que se suele hacer referencia como Digibeta.
Betamax	Formato de cinta introducido por Sony Corporation para el consumidor. Proporcionaba un buen rendimiento en comparación con el sistema JVC VHS de la competencia, que dominó el mercado. Sony desarrolló el formato de cartucho creando una gama de formatos profesionales conocidos como Betacam y sus derivados.
Bézier	Tipo de curva generada matemáticamente que debe su nombre a un matemático francés. A veces se denomina curva *spline* y se utiliza mucho en el software de interpolación. Sirve para la interpolación espacial, temporal y cromática.
BIFS	Formato binario para la descripción de escenas (*Binary Format for Scenes*). Se deriva de VRML, pero se representa en forma binaria al igual que la descripción de escenas dentro de MPEG-4.
Bit	Dígito binario. La cantidad más pequeña que se pueda representar dentro de un sistema informático.

Concepto	*Descripción*
BKSTS	*British Kinematograph Sound and Television Society*.
Bloque	A veces se emplea con el significado de macrobloque.
BPS	Bits por segundo.
BSI	Instituto Británico de Normalización (*British Standards Institute*).
Byte	Colección de 8 bits reunidos y manipulados como una sola unidad.
Cable digital	Servicios de televisión digital distribuidos, normalmente de acuerdo con un estándar DVB, a través de una infraestructura conectada mediante cables entre la cabecera y el consumidor.
Cámara lenta	Imágenes en movimiento que se grababan a una velocidad más lenta de la que se utilizaba para proyectarlas o verlas.
Capa de sistemas	La parte de un estándar MPEG que describe el contenido de las secuencias de vídeo y audio y el control de su reproducción.
Cascada	Varios pasos de procesamiento conectados en serie, uno detrás de otro. No se recomienda para los logaritmos de compresión.
CCD	Dispositivos de carga acoplada que se utilizan en videocámaras digitales y sensores de generación de imágenes.
CCITT	Comité Consultivo Internacional de Telecomunicaciones (*Consultative Committee for International Telephony and Telegraphy*). Véase ITU.
CD	El disco compacto es un formato desarrollado por Phillips para distribuir audio digital.
CD-ROM	El disco compacto de sólo lectura es un derivado del CD de audio que permite almacenar datos en el disco para que los sistemas informáticos los puedan utilizar.
Centro multimedia	Sistema centralizado que contiene archivos multimedia para compartirlo entre varios sistemas cliente.

Concepto	Descripción
CIF	Formato intermedio común (*Common Intermediate Format*), formato de intercambio común (*Common Interchange Format*) o formato de imagen común (*Common Image Format*), según la fuente de consulta. Describe un tamaño de imagen que mide 352x288 ó 352x240 píxeles, dependiendo de si el origen tiene 625 ó 525 líneas. Es estándar H.261 de la ITU al principio especificaba este tamaño de imagen.
Cine en casa	Sistema para ver las películas en casa como en el cine. Puede ser un sistema independiente o un cliente de una red creada en torno a un centro multimedia doméstico.
Cinepak Mobile	Es una variante para móviles del códec Cinepak.
Cinepak	Es un códec muy antiguo de los inicios de QuickTime.
CMYK	Cian, magenta, amarillo y negro. Los colores primarios que se utilizan para imprimir las imágenes en papel.
Códec	Dispositivo de software o hardware para codificar y descodificar vídeo, audio y otros medios. El codificador y descodificador para un formato de compresión particular. La palabra es una contracción de codificador-descodificador. El códec hace referencia a las dos partes del proceso de comprimir el vídeo y ampliarlo durante la reproducción. Dado que hay que usar codificadores y descodificadores compatibles, suelen ir asociados cuando se distribuyen.
Codificación entrópica	La codificación de la cadena de coeficientes DCT que se crean por la codificación DCT de un macrobloque.
Codificación interna	Codificación de macrobloques que sólo hace referencia a otros bloques dentro del mismo fotograma.
Coeficiente AC	El primer coeficiente de una transformación DCT es el componente DC. Es un valor medio constante de todo el macrobloque. Todos los demás coeficientes son variables en función del nivel de detalle que contenga el bloque. La frecuencia del detalle aumenta de izquierda a derecha y de arriba a abajo. Por tanto, ésta es la parte de la salida DCT que describe el detalle de la imagen en cuanto a frecuencia y es distinta de cero si la imagen en el bloque no es una superficie lisa del mismo color. Los valores de los coeficientes van volviéndose más pequeños según se aproximan la esquina inferior derecha a medida que el detalle disminuye.

Concepto	Descripción
Coeficiente DC	El coeficiente al comienzo de la salida DCT para un macrobloque donde no hay un componente de frecuencia. Esencialmente es el valor medio para los píxeles del macrobloque.
Coeficientes	La salida del algoritmo DCT produce un coeficiente DC, que es el valor medio para el macrobloque de 8x8, más 63 coeficientes AC, que describen la distribución de la frecuencia de los cambios de intensidad de la imagen por todo el macrobloque.
Compensación de movimiento global	Transformación espacial aplicada a toda la imagen para reducir los vectores de movimiento residuales necesarios en cada macrobloque.
Compensación de movimiento	El uso de vectores de movimiento para mejorar la compresión de los macrobloques reciclando los bloques ya descodificados y aplicándoles un movimiento antes de añadir los datos residuales.
Complejidad	La complejidad en la compresión de vídeo indica cómo se lleva a cabo del proceso de compresión; es decir, lo fácil que resulta descodificar. Si el proceso de descodificación es demasiado complejo, es necesario que el hardware tenga más potencia. La complejidad se puede controlar limitando la variedad y el tipo de herramientas de compresión que se emplean durante el proceso de codificación.
Concatenar	El proceso de reunir varios elementos en serie en concatenación. Es distinto de la sumación, que es un proceso aritmético. En un resultado concatenado, los elementos originales suelen estar aún visibles y pueden separarse de nuevo si se dispone de suficiente información delimitadora. A veces la palabra concatenar se emplea para describir los componentes del proceso en cascada.
Contienda	La relación de contienda (*contention ratio*) indica el número de clientes que compiten por un número limitado de conexiones de servicio. Los servicios de banda ancha en potencia podrían ofrecer 500 Kbps, pero si dos usuarios se conectan a un servicio que sólo puede proporcionar 500 Kbps, el rendimiento que obtendrán será aproximadamente la mitad del esperado. Ésa es una relación de contienda de 2:1. La contienda a veces describe el reparto de la velocidad de bits y otras, el número de conexiones disponibles.

Concepto	Descripción
Cuantificación adaptiva	Medio para controlar la cuantificación del audio o vídeo de acuerdo con las demandas inmediatas de la salida de la compresión en forma de secuencias de bits.
Cuantificación	El proceso de reducir la variabilidad de los datos para utilizar uno de un conjunto de valores predefinidos. El ajuste a una cuadrícula es otra forma de entender la cuantificación. El proceso de cuantificación se aplica a la salida DCT para reducir los datos en ese bloque.
DAC	Conversor digital-analógico.
DCT	Los algoritmos de transformación discreta del coseno (*Discrete Cosine Transform*) se utilizan en los codificadores MPEG para comprimir el vídeo.
Desencadenar	Los mensajes de datos incrustados en las secuencias pueden transportar información basada en eventos que provoque que ocurran cosas en el dispositivo cliente.
Dirac	Códec desarrollado por el departamento de investigación y desarrollo de la BBC. Dirac es una alternativa atractiva porque es código abierto y está libre de patentes. Y lo que es más importante, ha sido diseñado de tal manera que no infringe ninguna patente y, por tanto, no está sujeto al pago de derechos de licencia. Utiliza una nueva técnica de codificación que no se basa en DCT. Es un prototipo experimental, pero el código fuente se encuentra a disposición de todo el mundo para su desarrollo.
Dirección IP	La identidad numérica exclusiva de red para un ordenador dentro de una subred concreta. Estos valores pueden estar duplicados en otras redes.
Dirección MAC	La dirección exclusiva del hardware de red para la interfaz Ethernet. Supuestamente está garantizada su exclusividad para todo el mundo, pero algunos fabricantes de tarjetas de interfaz Ethernet han usado el mismo número varias veces. Tenga cuidado con esto al habilitar la conexión de red en equipos de la misma subred con varias tarjetas de un mismo fabricante.
DivX	Estándar popular para comprimir vídeo con una calidad razonablemente buena a velocidades de bits bajas. Una película de dos horas se comprime hasta un tamaño que cabe holgadamente en un CD-ROM. Se deriva del estándar MPEG-4 con algunas mejoras adicionales que hacen que no cumpla con él en varios aspectos sin importancia.

Concepto	*Descripción*
DOM	Los modelos de objetos de documento (*Document Object Models*) sirven para describir la estructura del contenido de una página Web, por ejemplo.
Dominancia de campo	El orden en el se presentan que los campos pares e impares de una trama entrelazada.
DPI	Abreviatura inglesa de puntos por pulgada (*dots per inch*).
DRM	La administración de derechos digitales (*Digital Rights Management*) trata de controlar el acceso al contenido de tal manera que se puedan crear modelos comerciales.
DSP	Procesadores de señales digitales (*Digital Signal Processors*). Son microprocesadores programables que están optimizados para procesar audio y vídeo.
DTAG	*Digital Terrestrial Action Group.*
DV	DV es un formato de vídeo digital estándar que se emplea en los equipos DVCAM y DVCPro. Es un códec de transferencia con varios hermanos relacionados y derivados y se suele emplear con FireWire. DV se usa en la producción televisiva de gama baja, pero en las cámaras de consumo y semiprofesionales de gama alta. Existen variantes para el uso profesional con mayor rendimiento. Todos los códecs basados en DV producen vídeo de buena calidad. El códec DV es compatible con muchos sistemas profesionales y aficionados y lo ofrecen prácticamente todos los sistemas de edición. No debería volver a comprimirlo hasta que esté listo para convertirlo a un formato de distribución.
DV25	Se denomina DV25 al vídeo digital comprimido para transferirse a 25 Mbps. La compresión produce algunas pérdidas, pero el ojo humano es incapaz de detectarlas. Este formato se utiliza en los sistemas de distribución.
DV50	Vídeo digital transferido a una velocidad de bits de 50 Mbps con una compresión tan leve que es casi indetectable con un equipo de medición. Este formato se utiliza en los sistemas de producción.
DVB	*Digital Video Broadcasting.* Parte de la EBU (UER) que estandariza los sistemas de televisión digital.

Concepto	Descripción
DVCAM	Popular formato profesional de grabación y almacenamiento de vídeo que renuncia a algo de calidad para reducir el coste, pero es lo bastante bueno para las grabaciones de noticias para la televisión en abierto. Es probable que gane popularidad como un formato de consumo de gama alta.
DVCPro HD	Es el formato HDTV y opera a distintos tamaños de trama desde 1080i60 hasta 720p60. Admite velocidades de datos más altas y el muestreo de color se ha mejorado con respecto a los demás formatos DV; utiliza un formato de muestreo 4:2:2. Está diseñado para la radiodifusión o para el cine digital. Este formato produce una calidad excelente para todos los usos, pero también tiene un tamaño bastante grande y no está indicado para el aficionado. DVCPro admite relaciones de compresión variables. Los archivos creados en este formato son enormes y, aunque se produce una ligera compresión, se requieren grandes sistemas para poder manejarlos. Este códec sólo es necesario para trabajar en alta definición para las retransmisiones.
DVCPro NTSC	Es la versión estándar norteamericana que va a 30 fps con 525 líneas, espacio de color Y'UV y opera con una relación de compresión de 5:1.
DVCPro PAL	Es la versión estándar europea que va a 25 fps con 625 líneas, espacio de color Y'UV y opera con una relación de compresión de 5:1.
DVCPro50	Sus variantes NTSC y PAL equivalen a los formatos DVCPro con especificaciones más bajas. Debido a la mayor velocidad de bits, la compresión se reduce a 3.3:1 y no a 5:1. DVCPro50 también es compatible con el muestreo de color 4:2:2 pero produce archivos más grandes. No debería realizarse una segunda compresión a menos que se destine a un formato de distribución final. Se trata de un formato de producción.
DVD	Disco Versátil Digital es un formato que fue desarrollado para la distribución de películas y otra serie de datos con un tamaño excesivo para transferirlos al formato CD.
DVD-ROM	El equivalente informático del DVD, diseñado para aplicaciones parecidas a las del CD-ROM, pero con mucha más capacidad.
DVPA	*Digital Video Producers Association* es un grupo de profesionales de ideas afines que colaboran entre sí y ofrecen apoyo mutuo y formación. Sus cursos se caracterizan por ser especialmente informativos.

Concepto	*Descripción*
DVR	Las grabadoras de vídeo digital (*Digital Video Recorder*) describen lo que antes se conocía como grabadoras de vídeo personal (*Personal Video Recorder*). Una PVR normalmente tiene E/S analógica, mientras que una DVR interactúa directamente con un servicio de televisión digital. La distinción es algo confusa y no existe ninguna regla absoluta que determine cuál de los dos términos es el más apropiado.
DWT	Transformación wavelet discreta (*Discrete Wavelet Transform*).
EBU	La Unión Europea de Radiodifusión (*European Broadcasting Union*) regula la estandarización de la televisión en los mercados europeos.
ECMA	Asociación europea de fabricantes de ordenadores (*European Computer Manufacturers Association*).
Emblaze	Uno de los primeros códecs basados en Java que fue interesante, pero que nunca se llegó a extender.
Ensharpen	El códec Ensharpen de TechSmith está diseñado para las aplicaciones de captura de pantalla. Es bastante eficiente para ese uso, pero tiene una disponibilidad limitada en las distintas plataformas.
Estimación del movimiento	La generación de vectores de compensación de movimiento durante el proceso de codificación. Técnicamente, es la parte más difícil de entender del algoritmo.
Ethernet	Sistema de conexión de red para conectar ordenadores entre sí.
Exploración entrelazada	Medio de duplicar la resolución que se percibe explorando sólo las líneas alternas en cada pasada por la pantalla. Hay dos campos, uno para cada una de las líneas pares e impares que se ven.
Exploración progresiva	Exploración desde la parte superior de la pantalla hasta la inferior en una pasada. Las pantallas de ordenador normalmente utilizan la exploración progresiva y los receptores de televisión normalmente utilizan la exploración entrelazada.
Extranet	La conexión de red fuera de una red interna o intranet se denomina extranet.

Concepto	Descripción
FCIF	*Full Common Intermediate Format.* Alternativa a CIF que especifica el tamaño en contextos en los que también se podría mencionar QCIF.
FEC	Corrección de errores a posteriori (*Forward Error Correction*).
FireWire	Interfaz compatible con discos duros y transferencias de vídeo rápidas. Fue desarrollada por Apple Computer y se ha convertido en una interfaz universal para descargar el material de cámaras DV portátiles.
FlexiMux	Multiplexor flexible introducido con la capa de sistemas MPEG-4. Permite crear algunos servicios interactivos y multimedia muy sofisticados, y además resuelve un problema importante con MPEG-2 cuando resulta difícil empalmar las líneas temporales de las secuencias de programa y activar eventos interactivos a partir de ellas.
Forbidden Technologies	Es un códec interesante, cuya codificación se basa en los bordes. Curiosamente, a medida que aumenta la relación de compresión y disminuye la calidad, la imagen comienza a parecerse a un dibujo animado mediante celdas pero conservando el detalle de los bordes hasta el último momento.
Fotograma B	Fotograma diferencial bidireccional.
Fotograma I	Fotograma interno es otro nombre que recibe un fotograma clave en una secuencia de vídeo.
Fotograma P	Fotograma predicho.
Fotograma	Una imagen dentro de una secuencia de vídeo.
Fragmento	Fragmento de datos en un archivo de vídeo con estructuración de objetos que es mayor que un átomo, pero menor que una pista. El proceso de dividir el vídeo en partes a veces se denomina fragmentación. Los fragmentos suelen corresponderse con grupos de imágenes (GOP).
G.711	Códec de audio que admite voz de 3,4 KHz a 56 y 64 Kbps.
G.722	Códec de audio que admite voz de 7 KHz a 48, 56 y 64 Kbps.
G.728	Códec de audio que admite voz de 3,4 KHz a 16 Kbps.

Concepto	*Descripción*
Genlock (Sincronizador de señales de vídeo)	La sincronización de señales de vídeo describe la técnica de sincronizar el obturador de una cámara con una fuente electrónica externa. También se emplea para sincronizar dos sistemas de vídeo arbitrarios. Los entornos de estudio y producción normalmente proporcionan señales de sincronización a través de un amplificador de distribución, para que todo el equipo se pueda sincronizar por igual.
H.221	Estándar que describe la estructura de fotogramas de transmisión. Se basa en la multiplexación de fotogramas para un canal RDSI de 64 a 1920 Kbps.
H.231	Describe una unidad de control multipunto (MCU) para los sistemas de videoconferencia con más de dos puntos extremos.
H.243	Sistema para establecer comunicación entre tres o más terminales con circuitos que tiene una capacidad de hasta 2 Mbps. A veces se denomina conferencia multipunto.
H.261	Códec estándar de la ITU para secuencias de vídeo en videoconferencias. H.261 utiliza el algoritmo de transformación discreta del coseno (DCT) para comprimir vídeo de tal manera que pueda entrar en un ancho de banda de 64 Kbps a 2 Mbps. Este estándar también define los formatos de imagen CIF y QCIF. Es un códec heredado.
H.263	Otro códec estándar de la ITU para las videoconferencias; ofrece una compresión mejor que H.261. Éste se adapta especialmente bien a la compresión necesaria para las bajas velocidades de bits disponibles a través de los módems de conexión telefónica. Probablemente no sea la elección óptima hoy en día. Era un buen códec para utilizarlo en hardware de reproducción de bajo consumo de energía.
H.264	El códec más reciente y avanzado. Es un códec para gobernarlos a todos. Se trata de un códec moderno, desarrollado para aplicaciones de consumo con una relación entre velocidad de bits/rendimiento mucho mejor que MPEG-2. Aunque técnicamente no es un estándar para videoconferencia, algunas compañías de telecomunicaciones están tratando de implementarlo para distribuir contenido de vídeo a teléfonos móviles.
H.26L	Los primeros ensayos del estándar H.264 se realizaron bajo la nomenclatura H.26L.

Concepto	Descripción
H.281	Estándar que define el control de cámara local y remoto para los sistemas de videoconferencia.
H.320	Estándar de la ITU con una velocidad de bits superior destinado a la videoconferencia a través de RDSI o a través de una parte reservada del ancho de banda disponible en una conexión T1.
H.323	Estándar de la ITU destinado a la videoconferencia que se utiliza en redes que no garantizan un ancho de banda disponible. Internet es una red en la que los datos pueden transmitirse "a saltos" y debe intercalarse con tráfico que siga conexiones de punto a punto completamente diferentes. Las implementaciones compatibles también deberán admitir contenido de vídeo en formato H.261 adecuado para utilizarlo en redes TCP/IP con conexiones LAN y WAN y a través de Internet.
H.324	Estándar de la ITU que describe la videoconferencia que tiene lugar en líneas telefónicas estándar con módems.
HDCAM	Formato de cinta de Sony para grabar televisión de alta definición.
HD-Mac	Componente analógico multiplexado de alta definición (*High-Definition Multiplexed Analog Component*). Estándar para la alta definición que se estuvo desarrollando para los sistemas analógicos en Europa. No resultó y fue una experiencia tan costosa e insatisfactoria que disuadió a las compañías de adoptar la alta definición en Europa hasta ahora.
Helix	Proyecto de código abierto iniciado por RealNetworks para ampliar la disponibilidad de los sistemas de producción y de los servidores de transmisión de vídeo en secuencias.
Hi8	El formato de cinta de 8mm de Sony diseñado para el uso de consumo. Hi8 es un formato analógico.
HSL	*Hue Saturation Lightness* (tono saturación luminosidad). Modo alternativo para describir el color sin usar los valores de rojo, verde y azul.
HTTP:	Protocolo de transferencia de hipertexto. Es la manera que tienen los navegadores de Internet de solicitar contenido a los servidores Web. Es un protocolo que describe cómo solicitar algunos datos y cómo los proporcionará el receptor.

Concepto	Descripción
IEE	Instituto de Ingenieros Electrónicos (*Institute for Electrical Engineers*).
IEEE 1394	También conocido como FireWire. El estándar fue desarrollado por Apple Computer y después fue ratificado por el IEEE.
IEEE	Instituto de Ingenieros Eléctricos y Electrónicos (*Institute for Electrical and Electronic Engineers*).
IETF	*Internet Engineering Task Force*. Es un grupo que desarrolla y publica nuevos estándares para utilizarlos en Internet.
iLink	En los equipos Sony se hace referencia a la interfaz FireWire con su nombre registrado.
Indeo Video	Es un formato de vídeo desarrollado por Intel. Mac OS 9 era compatible, pero no se ha facilitado un códec para Mac OS X. La disponibilidad en Windows es más común.
Interpolación de colores	Crea la ilusión de un nuevo color que el medio en realidad no ofrece. Crea tonalidades intermedias combinando puntos del color primario formando varios patrones. Es una forma de conseguir escalas de grises y se suele utilizar en los periódicos.
Intranet	El sistema de red privado del usuario, que puede ser accesible o no a través de Internet.
ISMA	*Internet Streaming Media Alliance*.
ISO	Organización Internacional de Normalización (*International Standards Organization*).
ITU	Unión Internacional de Telecomunicaciones (*International Telecommunications Union*).
JMF	Entorno multimedia Java (*Java Media Framework*). Práctico entorno portátil para desarrollar soluciones multiplataforma y multiformato.
JPEG	*Joint Photographic Experts Group*.
JVT	*Joint Video Team*. Formado al combinar los miembros del grupo de trabajo ISO/IEC/MPEG con el grupo de trabajo ITU-T/VCEG para desarrollar el estándar H.264. A veces se utiliza como otro nombre para H.264, debido a que fue desarrollado por un Grupo Conjunto sobre Vídeo.

Concepto	*Descripción*
Kbps	Kilobits por segundo.
Kinoma	Códec desarrollado para su uso con dispositivos PDA móviles.
LAB	Iluminación más los componentes A y B.
LAN	Red de área local. Normalmente Ethernet a 10 ó 100 Megabits. A veces se implementan 1000 Mbits, lo que se denomina Ethernet Gigabit.
LCD	Pantalla de cristal líquido. Forma especial de cristal que cambia la cantidad de luz que se propaga cuando se le coloca una carga eléctrica a cada lado. Se utilizan filtros polarizadores para mostrar un segmento claro u oscuro de una pantalla. Al principio se utilizaba en calculadoras y ahora se puede emplear en las pantallas de televisión.
LED	Diodo de emisión de luz. Pantalla con autoiluminación que se utiliza para crear los televisores de pantalla plana.
LNB	Filtro de bajo ruido en una antena parabólica receptora de la señal procedente del satélite.
M4IF	*MPEG 4 Industry Forum*. Véase MPEGIF.
Macrobloque	Las imágenes de vídeo se descomponen en bloques de 16x16 ó 8x8 píxeles, para que se puedan buscar similitudes.
Macromedia Flash	Se puede incrustar en presentaciones multimedia, pero tiene algunas limitaciones debido a que está patentado. Es ubicuo.
Malla (1)	Es una serie de polígonos conectados que describen una superficie a la que se puede aplicar una textura. Se utiliza en MPEG-4 como parte del mecanismo de codificación y visualización del vídeo estructurado.
Malla (2)	Estrategia de conexión de red en la que las conexiones de banda ancha de una comunidad se pueden organizar empleando una malla de nodos conectados. A veces se denomina red de intercambio de archivos.
Mapa de bits	Descripción de un área de elementos o píxeles de una imagen. Sería más exacto llamarlo mapa de píxeles.
Mapa de píxeles	Área de píxeles.

Concepto	*Descripción*
Mbps	Megabits por segundo. El vídeo digital que se transmite por satélite mediante la compresión MPEG-2 normalmente usa entre 3,5 y 4,5 Mb/s para transportar la secuencia de contenido.
Microcosm	El códec Microcosm de Digital Anarchy es una implementación de 64 bits sin pérdida. Produce una calidad excelente, pero tiene una disponibilidad limitada. Digital Anarchy ofrece diversos códecs alternativos.
Migración	El proceso de rediseñar un producto para que funcione en otra plataforma. También se suele hacer con el contenido.
Módem	El módem a cada extremo de una línea telefónica se utiliza para crear una conexión de datos entre dos sistemas. Este término es una contracción de modulador-desmodulador. Los moduladores-desmoduladores se utilizan para transferir señales digitales por líneas telefónicas analógicas.
Motion JPEG	Modo de crear archivos de imágenes en movimiento almacenando una serie de instantáneas que se codifican individualmente con el protocolo estándar JPEG. Es un formato sólo para fotogramas clave, pero ahora que el estándar JPEG ha sido revisado dando lugar a la versión 2000 de JPEG basado en wavelets, es un códec algo anticuado. Motion JPEG sigue utilizándose ampliamente ya que está incrustado en muchos servidores de vídeo con calidad de estudio, pero a la hora de elegir los códecs para los proyectos nuevos este formato está anticuado.
MP3	Audio MPEG-1 Capa 3.
MPEG	*Motion Picture Experts Group*. Grupo de trabajo dentro del organismo de normalización ISO/IEC, que se ocupa de la estandarización de las representaciones de imágenes en movimiento en el entorno digital.
MPEG-1	El estándar de vídeo MPEG original para aplicaciones en CD-ROM y otros niveles similares de compresión. Se trata de un formato heredado, sigue siendo útil para algunas soluciones, pero los proyectos nuevos deberían utilizar un códec posterior.
MPEG-2	Se utiliza extensamente para los productos de televisión digital y DVD. Códec perfeccionado en gran medida que sustituye a MPEG-1 en muchos aspectos. Se ha popularizado gracias a la codificación del contenido en DVD y la transmisión DVB.

Concepto	*Descripción*
MPEG-21	Los sistemas de control de derechos del futuro se crearán en torno a los estándares MPEG-21, que describen la manera en que se permite el acceso al contenido MPEG-4 y utilizarán metadatos MPEG-7 como parte del proceso.
MPEG-3	Se canceló porque el trabajo propuesto se incluía en MPEG-2 con una pequeña mejora.
MPEG-4 parte 10	Códec que ha sido desarrollando conjuntamente por los grupos de trabajo ISO/MPEG e ITU-T/VCEG. Actualmente equivale a H.264.
MPEG-4 Parte 2	El estándar de vídeo original para MPEG-4 se denominaba MPEG-4 visual. Aunque la compresión no es tan eficiente como la Parte 10 del estándar MPEG-4, la Parte 2 ofrece algunas funciones interesantes para las aplicaciones multimedia. Estas funciones adicionales se pueden añadir a una versión posterior del estándar MPEG-4 Parte 10. No se recomienda el uso de este códec en los proyectos nuevos.
MPEG-4	Supone un gran salto adelante en la descripción del contenido multimedia. MPEG-4 es el contenedor de la esencia.
MPEG-7	El estándar de los metadatos. Describe el contenido que se almacena en los paquetes de esencias MPEG-4.
MPEGIF	*MPEG Industry Forum.* Antes conocido como *MPEG-4 Industry Forum.*
Múltiplex	En la televisión digital terrestre (TDT) y en la radio digital (DAB), las secuencias de transporte se distribuyen en un múltiplex que equivale a un canal sintonizable en el medio de radiodifusión. El receptor puede extraer entonces una secuencia de transporte (otro nombre para múltiplex) y descomponerla para recuperar los canales individuales.
NAB	*National Association of Broadcasters.*
Nodo (1)	Un elemento dentro de una colección de objetos con estructura de árbol dentro de un archivo o en la memoria.
Nodo (2)	Un ordenador de una red.
NTSC	*National Television Standards Committee.*

Concepto	Descripción
Nyquist	Harry Nyquist postuló la regla de que el muestreo debe tener lugar al doble de la frecuencia máxima a la que se necesite la grabación. Las investigaciones posteriores indican que son necesarias frecuencias de muestreo más altas para recuperar totalmente el perfil de la forma de onda a esa frecuencia, ya que la regla de Nyquist sólo recupera una onda cuadrada a la frecuencia máxima. Gran parte de las ideas que damos por ciertas en telecomunicaciones y medios digitales parten del trabajo que realizó Harry Nyquist a principios del siglo XX, mucho antes de que se inventara la televisión.
Objeto	Fragmento de datos que está contenido dentro de un paquete. El objeto tiene propiedades que se pueden examinar o cambiar y métodos que se pueden ejecutar como un procedimiento.
Ogg-Vorbis	Alternativa de código abierto a los demás códecs para la compresión de audio.
OLED	Diodo orgánico de emisión de luz. Nueva tecnología para crear pantallas que se pueden "imprimir" en un sustrato plástico. Esto permite fabricar pantallas muy flexibles y económicas.
Orientado a objetos	Técnica de encapsular datos con descripciones del comportamiento funcional para que los sistemas se puedan construir con un conjunto de partes componentes. La implementación interna de un objeto es privada y está oculta. Sólo es visible la interfaz de programación de aplicaciones (API) publicada. Esto hace que se reutilice mucho el mismo código.
PAL	*Phase Alternate Line*. Es el formato utilizado en el Reino Unido y otros países en lugar del formato de transmisión NTSC que se emplea en EE.UU. El nombre describe la manera en que la información de color se codifica con una inversión de la fase de la información de cada línea alterna. Para la compresión no nos preocupa esa inversión de fase, ya que la tarjeta de captura la utiliza para descodificar la información de color. Sin embargo, sí que tenemos que asegurarnos de escoger correctamente entre PAL o NTSC de acuerdo con el material que se vaya a capturar, ya que los dos sistemas son incompatibles.
Palabra	Normalmente, 16 bits reunidos en una sola unidad que se manipulan al mismo tiempo. A veces se emplea para describir unidades que tienen más de 16 bits.

Concepto	Descripción
Paquete (2)	Fragmento de datos que se transmite por una red. La transferencia del paquete se concede o se solicita de nuevo en los sistemas con capacidad de recuperación ante errores. El proceso de la creación de paquetes a veces se conoce como "paquetización".
Paquete	Contenedor multimedia. Normalmente se almacena como un archivo.
PDA	Las agendas personales digitales son pequeños dispositivos portátiles que tienen una pantalla táctil para interactuar con ellas.
Píxel	Un elemento de imagen. Describe el color y la transparencia en una única coordenada cartesiana dentro de un plano de imagen.
Pixlet	Es un códec especial desarrollado por Apple para Pixar. Pixlet está diseñado especialmente para distribuir vídeo de alta calidad con precisión de fotogramas por una red corporativa. Cada fotograma se comprime en un solo bloque, eliminando así los artefactos provocados por los algoritmos de compresión basados en macrobloques. La imagen se codifica con un compresor basado en wavelets. El nombre del códec procede de la contracción de Pixar-wavelet. Tiene una relación de compresión bastante buena y las especificaciones citan un ejemplo de la reducción de un archivo de 6 GB hasta 250 MB. Sólo está disponible en la plataforma Macintosh y requiere un procesador G5. El códec de animación es una alternativa viable, a menos que necesite un alto rendimiento. Entonces probablemente podrá justificar la implementación de los equipos G5 que sean necesarios. Una de las características importantes es que es un códec sólo para fotogramas clave.
Pro-MPEG	Foro industrial Pro-MPEG. Comience por aquí la búsqueda cuando necesite información sobre MXF.
Puerto	Una de las miles de conexiones que pueden hacerse a un sistema con dirección IP. Los cortafuegos bloquean los puertos y hay que permitir el acceso a ellos para unir una sesión entre dos sistemas.
PVR	TiVo lanzó por primera vez y con éxito estas grabadoras de vídeo personal, pero los primeros trabajos sobre la idea fueron realizados por el Instituto tecnológico de Massachussets (MIT) muchos años antes. El trabajo del MIT empleaba grabadoras de vídeo analógicas con interfaces en serie controladas por ordenador; algo primitivo, pero funcionalmente reconocible. El futuro de estos dispositivos dependerá de estándares como TV-Anytime.

Concepto	*Descripción*
QCIF	*Quarter Common Intermediate Format.* Normalmente se define como 176x144 ó 176x120, dependiendo de si se utiliza un origen de 625 ó 525 líneas.
QuickTime	Plataforma para desarrollar y reproducir contenido multimedia interactivo y vídeo. No se trata de un códec sino de una plataforma. Tiene algunos códecs exclusivos que no están disponibles en más plataformas, pero, en lugar de ellos, debería utilizar códecs de estándar abierto. Cuando se hace referencia al formato de vídeo, se habla sobre un códec desarrollado de manera conjunta por Apple y Sorenson. Se perfecciona cada cierto tiempo, a medida que se producen nuevas versiones de QuickTime. Es un nombre común para los códecs de Sorenson.
RDSI	Red digital de servicios integrados.
Real Networks, vídeo	Al principio se lanzó en 1996 como un derivado del sistema de audio de Real Networks. Ha sido sometido a revisiones anuales aproximadamente. En 2004, se podía comparar en gran medida con H.264 en cuanto a la eficacia y calidad de la compresión. Formato de reproducción de vídeo versátil y preferido durante muchos años. Está comprobado y es fiable. La tecnología del servidor y del reproductor debería perdurar para poder reproducir los nuevos códecs de estándar abierto, aunque el formato de vídeo Real Networks en sí pierda popularidad. Éstos son los que lo empezaron todo.
Rebanada	Serie secuencial de macrobloques en un fotograma de vídeo. Es un grupo de bloques ordenados horizontalmente y no más de una fila entera con códecs actuales.
REC 601	Recomendación normativa para la codificación de imágenes muestreadas a 4:2:2. Es el estándar principal para los sistemas profesionales y de estudio.
Reducción 3:2	Técnica empleada para convertir una película cinematográfica de 24 fps en vídeo de 30 fps. Los campos adicionales se van insertando periódicamente en secuencias basadas en la repetición del mismo fotograma de película 3 veces y después 2 veces. Dos ciclos de este patrón producen una sincronización de los fotogramas de la película con el vídeo. La secuencia 3232 se denomina cadencia.

Concepto	*Descripción*
Relación de aspecto	La relación entre la altura y la anchura de una imagen. La relación de aspecto estándar es de 4x3 y la panorámica es de 16x9.
Relación de contraste	La relación de la diferencia entre los valores de blanco y negro de una imagen. Es preferible una relación mayor para que se vean los detalles más sutiles.
RGB	Rojo, verde, azul (*Red, green, blue*). La tríada de colores que se utiliza en las pantallas CRT.
RTP:	Protocolo de Tiempo Real.
RTS	*Royal Television Society.*
RTSP:	Protocolo Streaming de Tiempo Real.
RV	Realidad virtual.
Satélite digital	Retransmisión de televisión digital que emplea los estándares DVB desde la cabecera hasta un satélite y de vuelta a la antena parabólica receptora del consumidor.
SBR	Replicación de banda espectral (*Spectral Band Replication*). Técnica para codificar audio de alta calidad con más eficacia.
SCTP:	Protocolo de control de transmisión de secuencias (*Stream Control Transmission Protocol*). Ha sido diseñado para las aplicaciones de telefonía y videoconferencia. Su principal ventaja es que tiene la latencia de transporte baja de UDP y admite muchas conexiones en cada extremo. Esto permite que el extremo que transmite sea compatible con múltiples alojamientos, de tal manera que se puede derivar en caso de fallo, y permite que el extremo receptor sea uno o más clientes.
SDI	Interfaz digital en serie (*Serial Digital Interface*). Se suele utilizar en los entornos de estudio.
SECAM	El estándar televisivo empleado en Francia, que se equivale a PAL y NTSC. Son las siglas de *Système Électronique Couleur Avec Mémoire.*
Secuencia de bits	La salida de un codificador de compresión de vídeo.

Concepto	Descripción
Secuencia de programa	Las secuencias de programa se crean multiplexando las secuencias elementales que contienen los medios. A continuación, estas secuencias de programa se multiplexan en grupos para crear una secuencia de transporte. A la secuencia de transporte se añaden otros datos de soporte, y después se suministra al medio de emisión. Esto a veces se denomina múltiplex o transpondedor.
Secuencia de transporte	Secuencia que transporta uno o más programas de vídeo desde la emisora hasta el cliente.
Secuencia elemental	El códec comprime el vídeo y el audio para formar una secuencia elemental que sólo contiene un tipo de medios. Después, se multiplexan juntos para formar una secuencia de programa.
Secuencia	Un componente que se puede recibir y descomprimir. Las secuencias pueden contener otras secuencias multiplexadas dentro de ellas.
Servidor de transmisión en secuencias	Servidor para distribuir los paquetes que componen una secuencia. Deben distribuirse de manera fiable y continua, a una velocidad media equivalente al tiempo real.
Servidor multimedia doméstico	Servidor doméstico para almacenar grandes cantidades de audio, vídeo y otros medios para el consumo en los hogares.
SheerVideo	Es un códec sin perdida con una relación de compresión baja de 2:1 aproximadamente. Tiene una disponibilidad limitada y sólo es compatible con Mac OS X. Si se necesita más portabilidad, probablemente sea más indicado el códec Animation.
SIF	*Source Image Format.* Suele describir un estándar televisivo del que se deriva una imagen.
SMPTE	*Society of Motion Picture and Television Engineers.*
Solapamiento	Artefacto en el vídeo que muestra una discontinuidad que se vuelve más perceptible cuando los objetos de la misma escena se desplazan en horizontal.

Concepto	Descripción
Sorenson 3	Códec incluido la principio dentro de Apple QuickTime. El códec ahora se encuentra disponible por separado y también dentro de la arquitectura de QuickTime. La versión 3 de Sorenson es un códec que produce buena calidad, aunque la velocidad de bits sea muy reducida. Los artefactos son mínimos a velocidades de datos bajas. El tamaño de archivo y la velocidad de bits aumentan con una configuración de calidad alta. La velocidad de bits a veces se incrementa cuando se encuentra con vídeo que es difícil de codificar. Sorenson 3 es un buen códec para uso general, pero seguramente H.264 lo sustituirá a su debido tiempo. Las versiones de Sorenson anteriores a la versión 3 son códecs heredados.
Sorenson Spark	Es el códec de vídeo que se usa en Flash.
Suavizado	Método para suavizar los bordes irregulares (escalonados) que se suelen ver en los gráficos o el vídeo. Este método reduce las irregularidades rodeando esos escalones con tonalidades intermedias de color o de gris.
Submuestreo	Muestrear una señal analógica a intervalos más amplios para reducir la cantidad de datos grabados. Por desgracia, la información de frecuencia más alta se pierde en la fuente.
T.120	Estándar que describe las conferencias de datos. Incluye referencias a T.121, T.122, T.123, T.124, T.126 y T.127.
T1	Vínculo de red de gran velocidad para conectar empresas a Internet.
TCP/IP	El protocolo de control de transmisión y de Internet (*Transmission Control Protocol/Internetworking Protocol*) describe el formato de mensajes y los mecanismos de conexión que hacen posible Internet. Se construye sobre UDP. Contiene protocolos de confirmación para garantizar que se reciben todos los paquetes, lo cual realiza a costa de la puntualidad de la recepción.
TDT	Retransmisión de televisión digital que utiliza los estándares DVB a través de la infraestructura de emisión terrestre que ya estaba instalada para distribuir los servicios de televisión analógica.
Theora	El equivalente al codificador Ogg Vorbis para la compresión de vídeo en código abierto.

Concepto	Descripción
TiVo	Empresa que desarrolló el primer producto PVR ampliamente disponible.
Trama	El nombre técnico de la serie de líneas de exploración que componen una imagen televisiva.
Transpondedor	En un sistema de satélite digital, se distribuye una secuencia de transporte por cada transpondedor. Cada transpondedor se encuentra bastante separado de los demás.
Triple Play	Servicios de vídeo, telefonía y banda ancha ofrecidos a través de un solo cable. También se utiliza en otros contextos para describir los receptores de televisión que reproducen cintas VHS y DVD.
Truespeech	Truespeech es un códec que sirve para la codificación con poco ancho de banda de la voz (no de música). Fue creado por el grupo *DSP Group*.
TV-AF	*TV-Anytime Forum*.
TV-Anytime	Estándar que describe los metadatos necesarios para que funcione un servicio de PVR distribuido.
UDP	Protocolo de datagramas universal (*Universal Datagram Protocol*). Es un protocolo de nivel inferior dentro de TCP/IP que garantiza la transferencia inmediata de los datos, pero puede perder algunos paquetes.
UER	Véase EBU.
VC-1	El trabajo de normalización del SMPTE que prepara la ratificación de Windows Media Serie 9 se conoce como VC-1.
VC-9	Antiguo nombre potencial para el códec SMPTE VC-1. Otro nombre que identifica la codificación de vídeo de Windows Media Serie 9.
VCEG	*Video Coding Experts Group*. Grupo de trabajo dentro de la ITU que participó en el desarrolló del códec H.264.
Vector de movimiento hacia adelante	Vector de compensación del movimiento que se utiliza cuando el vídeo se reproduce de manera normal.

Concepto	*Descripción*
Vector de movimiento hacia atrás	Vector de compensación de movimiento que se utiliza cuando el vídeo se reproduce a la inversa.
Vector de movimiento	Se utiliza para compensar el movimiento cuando se construye un macrobloque a partir de otro. Estos vectores pueden hacer referencias hacia adelante o hacia atrás y se especifican en dos dimensiones.
Velocidad de bits	El número de bits que se pueden transportar por segundo se denomina velocidad de bits. Algunas velocidades habituales son 56K (para los módems de acceso telefónico), 384K (para la mayoría de las videoconferencias) y 10 Mbps (para una Ethernet de baja velocidad). Los circuitos de Ethernet más rápidos van a 100 y 1000 Mbps.
VHS	*Video Home System* (Sistema de video doméstico). Desarrollado por JVC y extendido en las décadas de 1970 y 1980.
VideoLAN	Desarrollador de reproductores multimedia de código abierto.
VistaVision	Formato de película panorámica de alta resolución. Ya no se encuentra en las salas de cine, pero fue famoso por haberse utilizado como el formato de creación de los efectos especiales de la película *La Guerra de las Galaxias.*
VivoActive	Reproductor multimedia.
VLC	Conocido reproductor multimedia de código abierto.
VOP	Otro nombre para un fotograma de vídeo tal como se describe en MPEG-4.
Vorbis	Véase Ogg-Vorbis.
VP3	Códec de vídeo de código abierto.
VR	Véase RV.
W3C	*World Wide Web Consortium.*
WAN	Red de área extensa.
Wavelet	Algoritmo de compresión más sofisticado que sustituye a DCT.

Concepto	*Descripción*
Windows Media Serie 9	Códec desarrollado por Microsoft como alternativa a QuickTime o Real Networks. Es un códec patentado que se implementa mejor en los sistemas basados en Microsoft Windows. El códec de la versión 9 supuestamente utiliza wavelets y es comparable a H.264. En el momento en que H.264 fue ratificado como un estándar, Microsoft ofreció Windows Media Serie 9 a SMPTE como un estándar competidor. Queda por ver si se convertirá en un estándar realmente abierto y hay una división de opiniones sobre cuál será el resultado. Microsoft ha llegado más tarde, pero pisando fuerte. Aún no predomina en el mundo del vídeo, pero sus ofertas son competentes y fiables cuando se utilizan en la plataforma Windows.
WM9	Abreviatura que hace referencia a los códecs Windows Media Serie 9.
XviD	Códec de vídeo de código abierto.
ZygoVideo	Es un códec muy eficiente a velocidades de datos reducidas, considerado el mejor entre los que operan a velocidades de bits muy bajas. Sin embargo, algunas pruebas indican que la calidad no es tan buena como con Sorenson Video 3 o MPEG-4. Los resultados dependen mucho de la manera en que se definan los parámetros y la naturaleza del vídeo que se vaya a comprimir. La disponibilidad de este códec puede estar limitada y debe descargarse como un componente de QuickTime.

Bibliografía

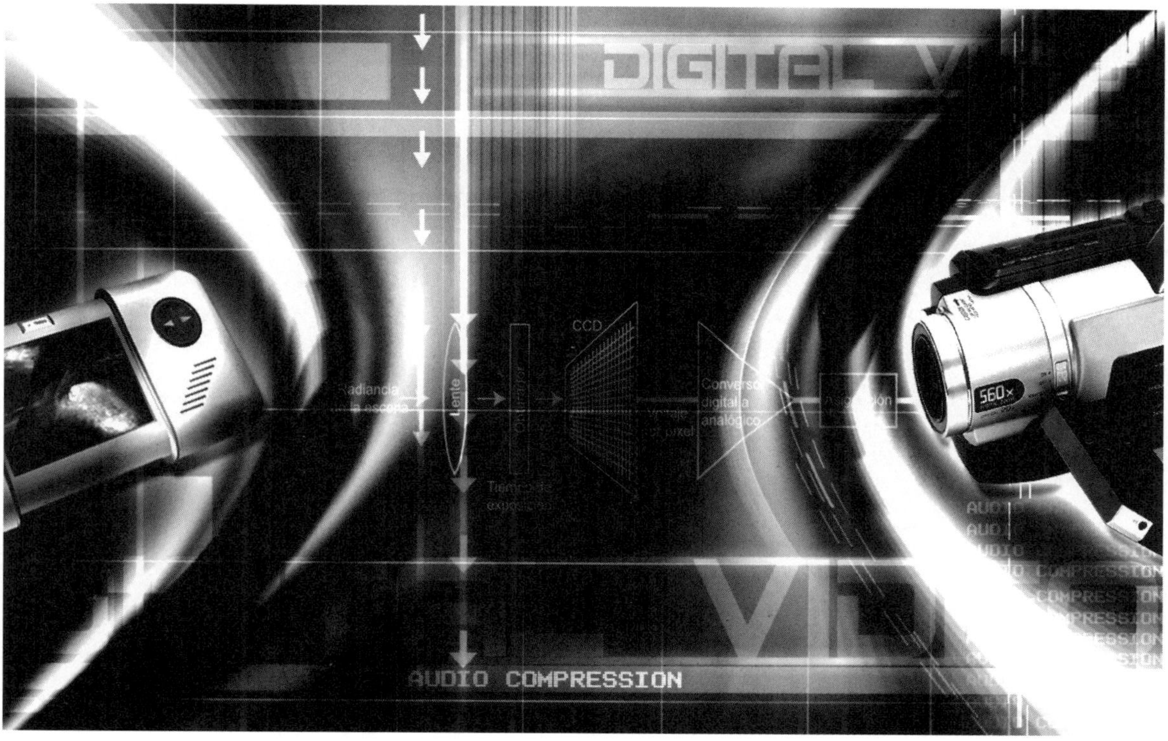

Austerberry, D. *La tecnología del streaming de vídeo y audio.* Andoain: Escuela de Cine y Vídeo de Andoain, S.L., 12/2004.

Born, G. *The file formats handbook.* Nueva York: International Thomson Computer Press, 1995.

Follansbee, J. G. *Get streaming!* Boston: Focal Press, 2004.

Gilmer, B. (Ed.) *File interchange handbook.* Boston: Focal Press, 2004.

Moeritz, S. y Diepold, K. *Understanding MPEG-4.* Boston: Focal Press, 2004.

Ohm, J.-R., van der Schaar, M. y Woods, J. W. "Interframe wavelet coding—Motion picture representation for universal scalability." *Signal Processing, Image Communication* (Volumen 19, Número 9, 2004): 877–908.

Pereira, F. y Ebrahimi, T. (Eds.). *The MPEG-4 book.* Upper Saddle River, NJ: Prentice Hall, 2002.

Poynton, C. *Digital video and HDTV algorithms and interfaces.* San Francisco: Morgan Kaufmann, 2003.

Puri, A. y Chen, T. (Eds.). *Multimedia systems, standards, and networks.* New York: Marcel Dekker, 2000.

Waggoner, B. *Compression for great digital video: Power tips, techniques, & common sense.* Lawrence, KS: CMP Books, 2002.

Watkinson, J. *The MPEG handbook.* Oxford: Focal Press, 2001.

Bibliografía Web

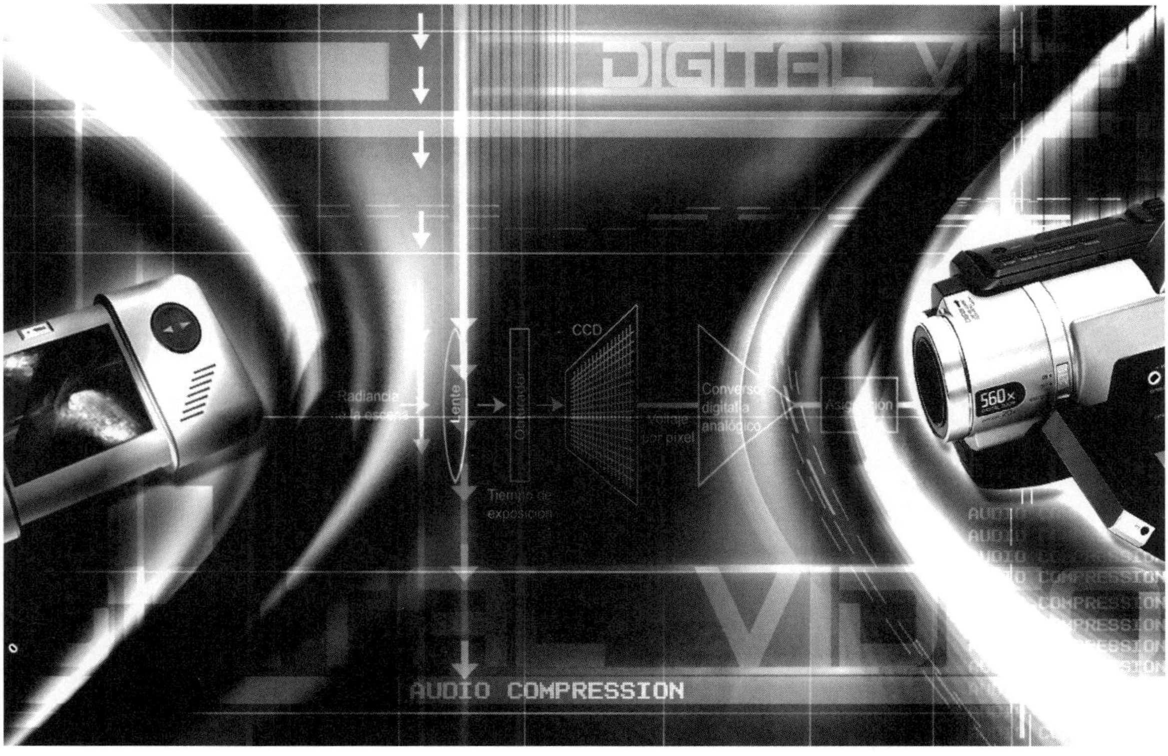

Los creadores de los estándares.

Descripción	***URL***
1394 Trade Organization	`http://www.1394ta.org/index.html`
AACS Licensing Authority	`http://www.aacsla.com/`
AAF Association	`http://www.aafassociation.org/`
ANSI (Instituto Nacional de Normalización Estadounidense)	`http://www.ansi.org/`
Audio Engineering Society (AES)	`http://www.aes.org/`
AVC Alliance	`http://www.avc-alliance.org/`
BSI (Instituto Británico de Normalización)	`http://www.bsi-global.com/`
Digital Video Broadcasting Organization (DVB)	`http://www.dvb.org/`
DVD Forum	`http://www.dvdforum.org/`
EBU (Unión Europea de Radiodifusión)	`http://www.ebu.ch/`
ECMA (Asociación europea de fabricantes de ordenadores)	`http://www.ecma-international.org/`
Especificación ASF	`http://www.microsoft.com/windows/windowsmedia/format/asfspec.aspx`
ETSI	`http://www.etsi.org/`
IEEE (Instituto de Ingenieros Eléctricos y Electrónicos)	`http://www.ieee.org/`
Institution for Electrical Engineers (IEE)	`http://www.iee.org/`
International Webcasters Association (IWA)	`http://www.webcasters.org/`
Internet Engineering Task Force (IETF)	`http://www.ietf.org/`
Internet Streaming Media Alliance (ISMA)	`http://www.isma.tv/`

Descripción	*URL*
ISO (Organización Internacional de Normalización)	http://www.iso.org/
ITU (Unión Internacional de Telecomunicaciones)	http://www.itu.int/
Joint Photographic Experts Group (JPEG)	http://www.jpeg.org/
JPEG 2000	http://www.jpeg.org/FCD15444-1.htm
MHP Organization	http://www.mhp.org/
Motion Picture Experts Group (MPEG)	http://www.cselt.it/mpeg/
MPEG Industry Forum (MPEGIF)	http://www.mpegif.org/
MPEG-4 Industry Forum (M4IF)	http://www.m4if.org/
Pro-MPEG	http://www.pro-mpeg.org/
RFC Archive	http://www.rfc-archive.org/
Society of Motion Picture and Television Experts (SMPTE)	http://www.smpte.org/
TV Anytime Forum (TV-AF)	http://www.tv-anytime.org/
Video Coding Expert Group (VCEG)	http://ftp3.itu.int/av-arch/
World Wide Web Consortium (W3C)	http://www.w3.org/

Convenciones y exposiciones.

Convención	*URL*
National Association of Broadcasters (NAB)	http://www.nab.org/
Audio Engineering Society (AES)	http://www.aes.org/
Broadband Services Forum (BSF)	http://www.broadbandservicesforum.org/

Convención	*URL*
IBC. The World of Content Creation, Management, and Delivery	`http://www.ibc.org/`
Video Forum	`http://www.videoforum.co.uk/`
The Production Show	`http://www.productionshow.com/`
Apple Worldwide Developers Conference (WWDC)	`http://developer.apple.com/`
Professional Lighting and Sound Association (PLASA)	`http://www.plasa.org/`
MIPCOM. The International Marketplace for Entertainment Content	`http://www.mipcom.com/`
MITEL Conference	`http://www.bemltd.com/`
SMPTE Technical Conference	`http://www.smpte.org/`
Cable-Tec Expo	`http://expo.scte.org/`
Euro-iTV conference 2004	`http://www.brighton.ac.uk/interactive/euroitv/index.htm`

Revistas y publicaciones profesionales y comerciales especializadas.

Título	*URL*
DV Magazine	`http://www.dv.com/`
Computer Video Editing	`http://www.computervideo.net/`
Televisual	`http://www.televisual.co.uk/`
IEEE Transactions on Broadcast Systems	`http://www.ieee.org/organizations/society/bt/`
Internet Video Magazine	`http://www.internetvideomag.com/`

Título	*URL*
Film & Video Magazine	http://www.filmandvideomagazine.com/
AV Video Multimedia Producer	http://www.avvideo.com/
Sound & Vision	http://www.soundandvisionmag.com/
Digital Video Editing	http://www.digitalvideoediting.com/
DV & FireWire central	http://www.dvcentral.org/

Otros enlaces.

Descripción	*URL*
2d3 Steadymove	http://www.2d3.com/
3GPP, Proyecto de Cooperación de Tercera Generación	http://www.3gpp.org/
3GPP2, Proyecto de Cooperación de Tercera Generación 2	http://www.3gpp2.org/
3ivX	http://www.3ivx.com/
Accordent	http://www.accordent.com/
ACM Special Interest in Graphics Group (ACM SIGGRAPH)	http://www.siggraph.org/
Act, Inc.	http://www.act.org/
AcuLe@rn	http://www.aculearn.com/
ADC Telecommunications	http://www.adc.com/
Adobe GoLive	http://www.adobe.es/products/golive/main.html
Adobe	http://www.adobe.es/main.html

Descripción	*URL*
ADS Technologies	http://www.adstech.com/es/
ADSL Guide	http://www.adslguide.org.uk/guide/connections.asp
Advanced Access Content System	http://www.aacsla.com/
Advanced Television Standards Committee (ATSC)	http://www.atsc.org/
AIST	http://www.aist.com/
AJA Video	http://www.aja.com/
Akamai	http://www.akamai.com/
Alchemy TV	http://www.miglia.com/
Algoritmo modificado de Floyd-Steinberg	http://www.cs.indiana.edu/pub/techreports/TR458.pdf
Algoritmos derivados Floyd-Steinberg	http://www.wellesley.edu/CS/pmetaxas/ei99.pdf
altShiiva	http://hetima.com/psp/altshiiva.php
American Museum of Photography	http://www.photographymuseum.com/guide.html
American Widescreen Museum	http://www.widescreenmuseum.com/
Analizador de H.264 Thales	http://www.thales-bm.com/
Analog Devices Inc.	http://www.analog.com/
Androme	http://www.androme.be/
Anystream, Inc.	http://www.anystream.com/
AOL Time Warner Inc.	http://www.aoltw.com/

Descripción	*URL*
Apagón analógico en el Reino Unido	http://www.bbc.co.uk/info/policies/pdf/digital_switchover_report.pdf
Apple Computer, Inc.	http://www.apple.com/es
Apple Developer Connection	http://developer.apple.com/
Apple QuickTime developer information	http://developer.apple.com/quicktime/
Apple QuickTime movie trailers	http://www.apple.com/trailers/
Apple QuickTime utilities	http://developer.apple.com/quicktime/quicktimeintro/tools/
Apple QuickTime	http://www.apple.com/es/quicktime/win.html
Apple XSAN	http://www.apple.com/es/xsan/
Archivers.8m.com	http://archivers.8m.com/
Ardour	http://ardour.org/
Arri	http://www.arri.com/
Art Of Lossless Data Compression, The	http://compression.ru/artest/index_e.html
AsfTools	http://www.geocities.com/myasftools/
Association for Computing Machinery (ACM)	http://www.acm.org/
Ateme	http://www.adt-inc.com/products/ateme/ateme_prod_ov.htm
Atrium Communications Ltd.	http://www.atriumcom.com/dotnet/atrium/netscape/welcome.htm

Descripción	*URL*
Audacity	http://audacity.sourceforge.net/
Avid	http://www.avid.es/es/
AVIJoiner	http://www.hitsquad.com/smm/programs/AVIJoiner/
Banda ancha Wanadoo	http://www.wanadoo.es/
BBC News Online	http://www.bbc.co.uk/news/
BBC Ventures Group	http://www.bbcventuresgroup.com/
Belkin	http://world.belkin.com/
Ben Waggoner	http://www.benwaggoner.com/
BIAS	http://www.bias-inc.com/
Big Camera, The	http://www.thebigcamera.com.au/
BitBand Technologies Ltd.	http://www.bitband.com/
Bitvice	http://www.innobits.se/
Blackmagic Design	http://www.blackmagic-design.com/
Bluebell Communications	http://www.bluebell.tv/
BMCO. Berlin	http://www.bmco-berlin.com/
British Kinematograph Sound and Television Society (BKSTS)	http://www.bksts.com/
Broadband Content Developer Forum (BCDF)	http://www.bcdforum.org/home/
Bryant Broadcast Supplies	http://www.bryant-broadcast.co.uk/
Cable-Tec Expo	http://expo.scte.org/
California State University, Fresno	http://www.csufresno.edu/

Descripción	*URL*
Cámara HDR	http://www.spheron.com/spheron/public/en/hdri_spherocamhdr/hdri_spherocamhdr.php
Canford Audio	http://www.canford.co.uk/
Canopus (Pro Coder)	http://www.canopus-uk.com/
Case Western Reserve University	http://www.cwru.edu/
Chips DMB Samsung	http://www.Samsung.com/
Cineca	http://www.cineca.it/
Cinecitta Studios	http://www.cinecittastudios.it/
Cinegy Cinelyzer	http://www.cinegy.com/
Cinema Eye	http://www.cinemaeye.com/
Cinemas Online	http://www.cinemas-online.co.uk/index.phtml
Cinepak	http://www.cinepak.com/
Cintel International Ltd.	http://www.cintel.com/
Cisco Systems	http://www.cisco.com/global/ES/
Codeweavers	http://www.codeweavers.com/site/products/
Códigos de Huffman y números de Fibonacci	http://mathforum.org/epigone/sci.math/twalgixskay/
Coding Technologies	http://www.codingtechnologies.com/
Communicast	http://www.communicast.com/
Communications and Signal Processing Lab	http://www.isr.umd.edu/Labs/CSPL/cspl.html

Descripción	*URL*
Comparación de los formatos de compresión de audio para Internet	http://www.sericyb.com.au/sc/audio.html
Complemento Test Gear de Synthetic Aperture para Adobe After Effects	http://www.synthetic-ap.com/
Complemento Windows Media de Telestream para QuickTime	http://www.flip4mac.com/
Compresión biyectiva antes de la codificación	http://bijective.dogma.net/index.htm
Compresión de audio sin pérdida	http://www.firstpr.com.au/audiocomp/lossless/
Compresión de imágenes, recursos 1	http://www.dogma.net/DataCompression/ImageCompression.shtml
Compresión de imágenes, recursos 2	http://www.acm.org/crossroads/xrds6-3/sahaimgcoding.html
Compresión y análisis de imagen de documento	http://www.cfar.umd.edu/~kia/Publications/Thesis/Thesis-HTML.html
Compresor Motion Wavelets	http://www.aware.com/products/compression/motionwavelets.htm
Compression FAQ	http://www.faqs.org/faqs/compression-faq/
Computer Video Magazine	http://www.computervideo.net/
Consumer Electronics Org	http://www.ce.org/
Content Acceleration	http://www.ehyperspace.com/
ContentGuard	http://www.contentguard.com/
Control preventivo Pixelmetrix	http://www.pixelmetrix.com/

Descripción	*URL*
Creative Commons	http://creativecommons.org/
Creative Mac. Áreas seguras	http://www.creativemac.com/2002/11_nov/features/download8021122.htm
Crystal Vision	http://www.crystalvision.tv/
CTM Debrie Cinematography	http://www.ctmsolutions.com/
Cuantificación vectorial, página de Mohamed Qasem	http://www.geocities.com/mohamedqasem/vectorquantization/vq.html
Dalsa Digital Cinema	http://www.dalsa.com/dc
Darwin home page	http://developer.apple.com/darwin/
Data-Compression.com	http://www.data-compression.com/
Definición (en inglés) de dominio público	http://www.fact-index.com/p/pu/public_domain.html
DekTec StreamXpert	http://www.dektec.com/
Demon Internet	http://www.demon.net/
DeShaker	http://home.bip.net/gunnart/video/Deshaker.zip
Dicas	http://www.dicas.de/
Digital Broadcasting Experts Group	http://www.dibeg.org/
Digital Display Working Group	http://www.ddwg.org/
Digital FAQ	http://www.digitalfaq.com/
Digital Film Tools	http://www.digitalfilmtools.com/index.htm

Descripción	***URL***
Digital Living Network Alliance	`http://www.dlna.org/home`
Digital Rapids	`http://www.digital-rapids.com/`
Digital Television Group (DTG)	`http://www.dtg.org.uk/`
Digital Terrestrial Action Group (DigiTAG)	`http://www.digitag.org/`
Digital Video Producers Association (DVPA)	`http://www.dvpa.com/`
Digi-Vue	`http://digi-vue.com/about.html`
Dirac	`http://www.bbc.co.uk/rd/projects/dirac/overview.shtml`
DirecTV	`http://www.directv.com/`
Discreet (Cleaner)	`http://www.discreet.com/`
DivX Digest	`http://www.divx-digest.com/`
DivX	`http://www.divx.com/`
DMD Secure	`http://www.dmdsecure.com/`
Dolby Laboratories Inc.	`http://www.dolby.com/`
DropDV	`http://www.dropdv.com/`
DTS Cinema Subtitling	`http://www.dtsonline.com/`
DTS	`http://www.dtsonline.com/`
DV Forge	`http://www.dvforge.com/index.shtml`
DV Magazine	`http://www.dv.com/`
DVB-H. Información	`http://www.dvb.org/index.php?id=278`
DVD HQ. Calculador de velocidad de bits	`http://dvd-hq.info/Calculator.html`

Descripción	*URL*
dvgrab	`http://kino.schirmacher.de/article/view/78/1/7/`
DVP Technology	`http://www.dvp.co.il/`
Dynapel SteadyHand	`http://www.dynapel.com/`
EBU. Sitio Web de los estándares	`http://www.ebu.ch/en/index.php`
Ecasound	`http://www.eca.cx/`
Electronics Weekly. Número especial sobre DSP	`http://www.electronicsweekly.com/Issue200.htm`
ElGato	`http://www.elgato.com/`
Emblaze	`http://www.emblaze.com/`
Entrelazado, documentación	`http://broadcastengineering.com/ar/broadcasting_understanding_interlace/`
Envivio	`http://www.envivio.com/`
Equator Technologies	`http://www.equator.com/`
Especificación del formato de archivo Shockwave	`http://www.openswf.org/`
Especificaciones de los DVD Pioneer	`http://www.pioneer.co.jp/crdl/tech/dvd/4-3-e.html`
Estándares televisivos de todo el mundo	`http://www.ee.surrey.ac.uk/Contrib/WorldTV/`
Exposición de las ventajas de DV frente a Betacam	`http://www.dvcentral.org/DV-Beta.html`
Extensiones de archivo	`http://filext.com/index.php`
Eyeheight LegalEyesHD	`http://www.eyeheight.com/`

Descripción	*URL*
FFmpeg	http://ffmpeg.sourceforge.net/
Filmlight Ltd.	http://www.filmlight.ltd.uk/
Final Cut Planet	http://www.dvcreators.net/finalcutproplanet/
Firepad	http://www.firepad.com/catalog/index.php?productID=2
Forbidden Technologies	http://www.forbidden.co.uk/
Formato de película	http://en.wikipedia.org/wiki/Film_formats
Formatos básicos del W3C	http://www.w3.org/TR/2000/WD-smil-boston-20000622/baseline_formats.html
Four CC codec resources	http://www.fourcc.org/
FSSG	http://www.cini.ve.cnr.it/
Fuji TV Network	http://www.fujitv.co.jp/en/
Fujitsu	http://www.fujitsu.com/
George Eastman House	http://www.eastmanhouse.org/
Glosario de After Dawn	http://www.afterdawn.com/glossary/
Glosario de cámaras subacuáticas	http://www.camerasunderwater.co.uk/
Glosario de formatos de Film Center	http://www.film-center.com/formats.html
Glossario de Microtek	http://www.microtek.nl/Community.php?Community=Glossary

Descripción	*URL*
GNU Copyleft	`http://www.gnu.org/copyleft/copyleft.html`
Guía de DSP. Compresión de datos	`http://www.dspguide.com/datacomp.htm`
Guide to Digital Television, The	`http://www.digitaltelevision.com/dtvbook/toc.shtml`
gvidcap	`http://rpmfind.net/linux/rpm2html/search.php?query=gvidcap`
Harmonic Inc.	`http://www.harmonicinc.com/`
Hauppage	`http://www.hauppage.com/`
HDTV.com	`http://www.hdtv.com/`
Helix server	`https://helixcommunity.org/`
HipFlics	`http://www.totallyhip.com/hipflics.asp`
Hitachi High-Technologies America	`http://www. Itachi-hta.com/`
Hitachi Semiconductor	`http://www. hitachisemiconductor.com/`
Hitachi	`http://www.hitachi.com`
HmaxF Ultimate Recursive Lossless Compression Research	`http://www.geocities.com/hmaxf_urlcr/`
How Stuff Works	`http://www.howstuffworks.com/`
HTTP Compression Proxy	`http://es.vigos.com/`
Huelix Solutions Pte. Ltd.	`http://screenplay.huelix.com/`
IBC	`http://www.ibc.org/`

Descripción	*URL*
IBM Research MARVEL MPEG-7 Video Search Engine	`http://mp7.watson.ibm.com/marvel/`
IBM	`http://www.ibm.com/`
IEEE Transactions on Broadcast Systems	`http://www.ieee.org/organizations/society/bt/authorinfo.htm`
ILM OpenEXR	`http://www.openexr.org/`
ImageMind Software	`http://www.imagemind.com/`
IMAX 15/70, información	`http://www.1570films.com/`
Información sobre Betacam	`http://betacam.palsite.com/home.html`
Información sobre vídeo digital	`http://www.digvid.info/`
Inka Entworks	`http://www.inka.co.kr/`
Inlet Technologies, Inc.	`http://inlethd.com/`
Instituto de tecnología de Massachusetts, película de la Sagrada Familia (1996)	`http://cat2.mit.edu/sagrada/`
Instituto Fraunhofer de Circuitos integrados	`http://www.iis.fhg.de/`
Interactive Advertising Bureau (IAB)	`http://www.iab.com/standards/index.asp`
InterMedia Solutions	`http://www.intermedia-solutions.net/`
International Centre of Photography	`http://www.icp.org/`
International Color Consortium	`http://www.color.org/`
International Multimedia Telecommunications Consortium	`http://www.imtc.org/`
Internet Archive	`http://www.archive.org/`

Descripción	*URL*
Internet FAQ Archive	http://www.faqs.org/
Internet Movie Database (IMDB)	http://www.imdb.com/
Interpolación Bayer (código fuente abierto)	http://www.cs.rit.edu/usr/local/pub/pga/Graphics/GIF/gr/dither.c
Intervox Communications	http://www.intervox.com/
IPDC Forum	http://www.ipdc-forum.org/
IPS Ltd.	http://www.iplockdown.net/
ISMA	http://www.ism-alliance.org/
iStabilize	http://www.iStabilize.de/
iVCD	http://www.mireth.com/pub/ivme.html
iVideo	http://www.waterfallsw.com/ivideo/
Jo Blo. Índice de tráilers de película	http://www.joblo.com/movietrailers2A.htm
jp2Tools	http://www.jp2tools.de/English/
JPEG FAQ	http://www.faqs.org/faqs/jpeg-faq/
JVC	http://www.jvc.com/
Kasenna	http://www.kasenna.com/
KDDI R&D Laboratories	http://www.kddilabs.jp/eng/index.html
Kino	http://kino.schirmacher.de/
Kinoma	http://www.kinoma.com/products.html

Descripción	*URL*
Kramer Electronics	http://www.kramerelectronics.com/
LEAD Video Codec	http://www.leadtools.com/video-codec.htm
Leivio	http://www.leivio.com/
Ligos Indeo	http://www.ligos.com/
Limelight Networks	http://www.llnw.com/
Linux TV	http://www.linuxtv.org/
Live Channel, servicio de transmisión en secuencias	http://www.channelstorm.com/
LUC	http://www.luc.ac.be/
Lysis	http://www.lysis.com/
Macromedia	http://www.macromedia.com/
Macrovision	http://www.macrovision.com/
Manga, tráilers	http://www.manga.com/trailers/
Matrix, tráiler	http://whatisthematrix.warnerbros.com/
Media Publisher, Inc. (MPI)	http://www.media-publisher.com/
Medios tonos digitales mediante difusión de puntos	http://portal.acm.org/citation.cfm?id=35039.35040
Microsoft DV-AVI spec	http://www.microsoft.com/whdc/archive/dvavi.mspx
Microsoft TechNet	http://www.microsoft.com/technet/security/bulletin/MS01-056.mspx
Microsoft Windows Media DRM serie 10	http://www.microsoft.com/windows/windowsmedia/es/drm/default.aspx

Descripción	*URL*
Microsoft Windows Media Licensing	`http://www.microsoft.com/windows/windowsmedia/licensing/`
Microsoft Windows Media	`http://www.microsoft.com/windows/windowsmedia/es/default.aspx`
Microsoft Windows Media	`http://www.microsoft.com/windows/windowsmedia/es`
Microsoft Windows XP SP 2	`http://www.microsoft.com/technet/prodtechnol/winxppro/maintain/`
MIPCOM	`http://www.mipcom.com/`
Miranda Technologies	`http://www.Miranda.com/`
Mireth MacSVCD	`http://www.mireth.com/pub/mac-svcd-bdl.html`
MITEL	`http://www.bemltd.com/`
Mitsubishi TV	`http://www.mitsubishi-tv.com/`
Monitores de forma de onda Hamlet	`http://www.hamlet.co.uk/`
MP3 (Audio)	`http://www.iis.fraunhofer.de/`
MPEG Video Wizard	`http://www.womble.com/mvw-text.htm`
MPEG	`http://www.chiariglione.org/mpeg/`
MPEG, información	`http://www.tnt.uni-hannover.de/project/mpeg/audio/`
MPEG-21	`http://www.chiariglione.org/mpeg/standards/mpeg-21/mpeg-21.htm`
MPEG2Works	`http://www.mpeg2works.2ya.com/`
MPEG-4 Net	`http://www.mpeg4.net/resources/`

Descripción	*URL*
MPEG-4	http://www.chiariglione.org/mpeg/standards/mpeg-4/mpeg-4.htm
MPEG-7	http://www.chiariglione.org/mpeg/standards/mpeg-7/mpeg-7.htm
MPEGable	http://www.mpegable.com/
MPEG-LA	http://www.mpegla.com/
MPEG-VCR	http://www.womble.com/vcr-text.htm
M-Player	http://www.mplayerhq.hu/
MXF	http://mxf.info/
My ASF tools	http://www.geocities.com/myasftools/
My Cable Shop	http://www.mycableshop.com/techguide.html
NagraVision	http://www.nagravision.com/
n-ary Huffman Template Algorithm	http://alexvn.freeservers.com/s1/huffman_template_algorithm.html
National Association of Broadcasters (NAB)	http://www.nab.org/
National Museum of Film & Photography	http://www.nmpft.org.uk/
NEC Corporation	http://www.nec.com/
Nero Digital	http://www.nero.com/
Net & TV	http://www.netntv.co.kr/
Network Technologies Inc.	http://www.networktechinc.com/technote.html
Neutrik Connectors	http://www.neutrik.com/

Descripción	*URL*
Nokia	http://www.nokia.com/
NVidia	http://www.nvidia.com/page/home
Official FAQ for alt.binaries.sounds.mp3, The	http://www.top.net/taenus/
Ogg Vorbis	http://www.vorbis.com/
Oki Electric Industry Co. Ltd.	http://www.oki.com/
Olympus SH880	http://www.Olympus.co.jp/en/news/2004a/nr040414sh880e.cfm
Open Mobile Alliance (OMA)	http://www.openmobilealliance,org/
Optibase Ltd.	http://www.optibase.com/
OPTX International	http://www.screenwatch.com/
Oratrix	http://www.oratrix.com/
Pace Micro Technology	http://www.pacemicro.com/
PAGEot	http://www.qtbridge.com/pageot/pageot.html
Página sobre la compresión de vídeo y audio	http://www.cs.cf.ac.uk/Dave/Multimedia/node196.html
Panasonic	http://www.panasonic.com/
Pandora International	http://pogle.Pandora-int.com/
Pantalla de 4000 líneas NHK	http://www.nhk.or.jp/strl/publica/dayori-new/en/rd-0210e.html
PDC description	http://625.uk.com/pdc/
Pegasys TMPEnc	http://www.pegasys-inc.com/en/product/

Descripción	*URL*
Philips Electronics	`http://www.philips.com/`
Pinnacle Systems	`http://www.pinnaclesys.com/`
PLASA	`http://www.plasa.org/`
Popwire Technology (Compression Master etc.)	`http://www.popwire.com/`
Preguntas frecuentes sobre gamma. Charles Poynton	`http://www.poynton.com/PDFs/GammaFAQ.pdf`
Preguntas frecuentes sobre MPEG-1	`http://bmrc.berkeley.edu/frame/research/mpeg/mpegfaq.html`
Preguntas frecuentes sobre MPEG-2	`http://bmrc.Berkeley.edu/frame/research/mpeg/mpeg2faq.html`
Production Show, The	`http://www.productionshow.com/`
Programa Standby	`http://www.standby.org/`
Programming.Source.Data Compression	`http://www.dc.ee/Files/Programm.Packing`
Qtilities	`http://www.qtilities.com/`
QuickTime Streaming Server	`http://www.apple.com/es/quicktime/streamingserver/`
RACINE-S	`http://www.racine.eu.com/`
RCA	`http://www.rca.com/`
RE:Vision Effects	`http://www.revisionfx.com/`
Real Export Plug-in	`http://www.realnetworks.com/products/realexport/index.html`
Real Networks	`http://www.real.com/`
Real Networks	`http://www.realnetworks.com/`

Descripción	*URL*
Real Networks, herramientas y complementos	http://www.realnetworks.com/resources/toolsplugins/
Real Networks, incrustación de vídeo	http://www.realnetworks.com/resources/samples/embedded.html
Real Networks, recursos para programadores	http://www.realnetworks.com/resources/index.html
Recursos sobre compresión de datos/codificación	http://www.hn.is.uec.ac.jp/~arimura/compression_links.html
Recursos sobre DV	http://www.dvcentral.org/index.html
Red Giant	http://www.redgiantsoftware.com/
Reproductor Envivio TV	http://www.envivio.com/products/etv/download.jsp
Reproductor Ligos	http://www.ligos.com/lsx_mpeg_player.htm
Reproductor Linux Flash 7	http://macromedia.mplug.org/
Reproductor RealOne	http://www.realnetworks.com/resources/samples/realone.html
Retro Film Media International	http://www.retrofilm.com/index2.html
RJ Jack Glossary	http://www.arcelect.com/RJ_Jack_Glossary.htm
Rorke Data	http://www.rorke.com/
Royal Television Society (RTS)	http://www.rts.org.uk/
RTSP org	http://www.rtsp.org/
RTT	http://www.rtt.tv/

Descripción	*URL*
Sanyo	http://www.sanyo.com/
Scientific-Atlanta	http://www.sciatl.com/
Sci-Fi movie page	http://www.scifimoviepage.com/
Scopus	http://www.scopus.net/
Serious Magic	http://www.seriousmagic.com/
Servidores multimedia de Microsoft Windows	http://www.microsoft.com/windows/windowsmedia/es/9series/server.aspx
Siemens Business Services UK	http://www.sbs.siemens.co.uk/
Signal Processing and Multimedia Information Infrastructure	http://www-isl.Stanford.edu/gray/iii.html
Sistemas de supervisión DMB de onTimetek	http://www.ontimetek.com/
Skymicro	http://www.skymicro.com/
SMILGen	http://www.smilgen.org/
Snell & Wilcox	http://www.snellwilcox.com/
SofTV.net	http://www.softv.net/
Software de referencia H.264 Fraunhofer	http://iphome.hhi.de/suehring/tml/download/
Sonic Foundry	http://www.sonicfoundry.com/
Sony Professional	http://bssc.sel.sony.com/Professional/startpage.html
SonyStyle, tienda electrónica	http://www.sonystyle.com/
Sorenson Spark Pro Codec	http://www.sorenson.com/solutions/prod/mx_win.php

Descripción	*URL*
Sorenson	http://www.sorenson.com/
Storage Tek	http://www.storagetek.com/
Streamcrest Associates	http://www.streamcrest.com/
Streaming Media Bible	http://streamingmediabible.com/
Sun Java Media	http://java.sun.com/products/java-media/jmf/2.1.1/formats.html
Sun Java, referencia sobre las API	http://java.sun.com/reference/api/index.html
Sun Microsystems	http://www.sun.com/
Supervisión de vídeo digital OmniTek	http://www.omnitek.tv/
Tandberg TV	http://www.tandbergtv.com/
Techsmith Camtasia	http://www.techsmith.com/
Tektronix	http://www.Tektronix.com/video
Telecom Italia Lab	http://www.telecomitalialab.com/
Telestream	http://www.telestream.net/
Televisual Magazine	http://www.televisual.com/
Texas Instruments DSP	http://www.dspvillage.com/
Texas Instruments Semiconductors	http://support.ti.com/
Texas Instruments	http://www.ti.com/
Thesaurus.com	http://thesaurus.reference.com/
Thomson	http://www.thomson.net/
Thomson. Grass Valley	http://www.thomsongrassvalley.com/

Descripción	*URL*
Time For DVD	http://timefordvd.com/tutorial/SurroundSound.shtml
TiVo desktop software	http://www.tivo.com/4.9.4.1.asp
TiVo	http://www.tivo.com/
TiVo, parches para núcleo (*kernel*)	http://www.tivo.com/linux/linux.asp
Tom's Hardware	http://www.tomshardware.com/
Twin VQ	http://sound.splab.ecl.ntt.co.jp/twinvq-e/
Ulead	http://www.ulead.com/
Ultimatte	http://www.ultimatte.com/
Unibrain (productos FireWire)	http://www.unibrain.com/home/
University of Glasgow	http://www.gla.ac.uk/
University of Washington	http://www.washington.edu/
Vara Wirecast	http://www.varasoftware.com/
Vbrick Systems, Inc.	http://www.vbrick.com/
Via licensing org	http://www.vialicensing.com/
Video en dispositivos Palm	http://www.manifest-tech.com/media_pda/palm_video.htm
Video Forum	http://www.videoforum.co.uk/
Video Quality Experts Group (VQEG)	http://www.its.bldrdoc.gov/vqeg/
VideoHelp	http://www.videohelp.com/
VideoLAN (reproductor VLC)	http://www.videolan.org/

Descripción	*URL*
VideoReDo	http://www.drdsystems.com/VideoReDo/?src=dvdrHelp1
Viewcast Niagra	http://www.viewcast.com/
Viewcast/Osprey Video	http://www.viewcast.com/products/osprey.html
Viewsonic	http://www.viewsoniceurope.com/
Virage, Inc.	http://beta-www.virage.com/index.html
Vistek Electronics Ltd.	http://www.vistek.tv/
VISUALmpeg	http://www.mpeg-analyzer.com/
Vitec	http://www.vitecmm.com/
Vqual	http://www.vqual.biz/
Waves, complementos de procesamiento del sonido	http://www.waves.com/
Webcam Corp	http://www.webcamsoft.com/en/en-index.html
Webopedia	http://www.webopedia.com/
Wikipedia	http://en.wikipedia.org/wiki/Main_Page
Win TV	http://www.hauppage.com/
Windows Movie Maker	http://www.microsoft.com/windowsxp/using/moviemaker/default.mspx
Winnov	http://www.winnov.com/
Wirecast	http://varasoftware.com/

Descripción	*URL*
Wireless Multimedia Forum	`http://www.wmmforum.com/`
WIS Technologies Inc.	`http://www.wischip.com/`
Womble Multimedia	`http://www.womble.com/products.htm`
xvidcap	`http://xvidcap.sourceforge.net/`

Índice alfabético

A

B

C

D

E

F

G

H

I

J

K

L

M

N

O

P

Q

R

S

T

U